DIETER KÜHN

DIE SIEBTE WOGE

Mein Logbuch

S. FISCHER

© S. Fischer Verlag GmbH, Frankfurt am Main 2015

Satz: Pinkuin Satz und Datentechnik, Berlin
Druck und Bindung: CPI books GmbH, Leck
Printed in Germany
ISBN 978-3-10-002279-0

Wenn die Seekarte nicht mit der Wirklichkeit übereinstimmt,
gilt die Wirklichkeit.

Skandinavisch, nautisch

Auftakt 9

EINS: DICHTER UND BOTANIKER 13
Einträge Logbuch: Frühgeschichte 45
Gespräch 57
Und Lektüre 74

ZWEI: NEUE DIMENSION UND ALTE LIEBE 83
Projekt: Roman des Weltalls 115
Einträge Logbuch: Übertragungen 141
Stanislaw kommt 157
Gespräch 161

DREI: VERGEBLICHE LEKTIONEN 175
Kriegszeiten 198
Projekt: Haus Ermlitz 209
Einträge Logbuch: Zensur 233
Stanislaw kommt 245

VIER: RUDOLF ROCKER, FRAGEZEICHEN 250
Einträge Logbuch: Edieren 270
Stanislaw kommt 286
Bericht 292
Gespräch 296

FÜNF: AUCH WEGNER MACHT ES MIR SCHWER 309
Störendes Stichwort 341
Einträge Logbuch: Strukturen 342

Stanislaw kommt *375*
Gespräch *378*

SECHS: HARTLAUB, FRAGMENTARISCH *385*
Störendes Stichwort *437*
Unerwartete Begegnung *444*
Einträge Logbuch: Nachwirkungen *453*

SIEBEN: DIE PRÄSIDENTIN IM CASINO *463*

Abgesang *513*

AUFTAKT

ALS ST. PETERSBURG NOCH LENINGRAD HIESS, stand auch ich in der Eremitage vor dem cinemascope-großen Gemälde *Die neunte Woge*. Alte seemännische Bezeichnung für eine besonders hohe, bedrohliche Wassermasse. Entsprechend bewegt geht es auf dem Riesengemälde zu: Überlebende eines Schiffbruchs haben sich in kleinem Grüppchen auf ein Wrackteil, den Mast, gerettet, jemand winkt unsichtbare Helfer herbei mit weißem Lappen. Lautlos tosend das Ambiente schaumgekuppter Wellen, dominierend aufgetürmt eine Woge, die man heute als Killerwelle bezeichnen würde.

Sujet, das Iwan K. Aiwasowski Mitte des 19. Jahrhunderts in zwei Riesenformaten raumfüllend umgesetzt hatte; Titel, der sich eingeprägt hat. Nur baut sich in diesem Buch nicht die neunte, alles verschlingende Killerwoge auf, es bleibt bei sieben mehr oder weniger bedrohlichen Wogen.

Anmerkung zum Untertitel. Logbuch. Ein Wort, das mich schon als frühen Leser faszinierte – es roch nach Weite, Seefahrt, Abenteuer.

In der Seefahrt dient ein Logbuch (gewissenhaft und wahrheitsgemäß zu führen) als Beweismittel, etwa bei Untersuchung einer Havarie. In ein Logbuch werden auch »alle menschlich verursachten Fehler aufgenommen«. Passt damit gleichfalls zu diesem Buchprojekt.

Das Wort »Logbuch« kursiert nicht nur in der Seefahrt, auch in der Medizin wird es verwendet und zwar als »Hilfsmittel zur Dokumentation des Standes der Weiterbildung«. Trifft für dieses Buch ebenfalls zu – dokumentierte Lernprozesse, nun ablesbar.

Ein weiteres Stichwort bietet sich an: ein Logbuch auch als »Betriebsprotokoll« in fortlaufenden Aufzeichnungen. Computergestützt wird es zum »changelog« – dokumentierte Probierbewegungen.

Dieses Logbuch nun berichtet (auch) von Projekten, hinter die ich nicht erleichtert den Schlusspunkt setzen kann. Projekte, die immer mal wieder aufgegriffen, weitergeführt werden, Projekte, die mich mit jeweils spezifischen Schwierigkeiten konfrontieren, Projekte, die wiederholt beiseite oder auf die hohe Kante gelegt werden, Projekte, die ich erneut aufgreife, weiterführe, ergänzend, differenzierend, Projekte, die vielleicht, ja, hoffentlich mehr einbringen, auch für die Leserschaft, als manche gerundet abgeschlossene Arbeit. Denn Schreibvorgänge werden ablesbar, Prozesse der Erarbeitung: Wie gehe ich mit Materialien um? Zuweilen mit Materialien, die sich zu einer Woge massieren können, die mich zu überschäumen droht? Ein Surfer, elegant dahingleitend vor einer sich einhöhlenden Woge – schießt er nicht rechtzeitig unter der Einwölbung der Wassermasse hervor, geht er unter in explosiver Gischt.

Im »Lebensbuch« *Das Magische Auge* habe ich wenig geschrieben über Texte, die ich veröffentlicht hatte. Das hat zu Fragen geführt: Weshalb ich als Schriftsteller in meiner Autobiographie so wenig, ja, fast gar nichts über Gesendetes, Gedrucktes geschrieben habe.

Den Komplex Schreiben hatte ich ursprünglich keineswegs ausklammern wollen, wiederholt hatte ich Kapitel über das Schreiben einbezogen, habe diese Texte jedoch wieder abgekoppelt, wollte das »Lebensbuch« auch für eine Leserschaft schreiben, die meine Publikationen nicht weiter wahrgenommen, nicht näher kennengelernt hat. Ich behielt indes im Hinterkopf, in einem separaten Buch das Schreiben zu thematisieren. Schließlich hat es mein Leben nicht nur begleitet, sondern beherrscht, ab etwa zwanzig.

Ich beginne die Arbeit am »Logbuch« unmittelbar im Anschluss an das »Lebensbuch«: keine Zeitzäsur, keine Auszeit.

So bleibe ich im Duktus. Fortschreibung: schließlich entwickelte sich das Projekt *Siebte Woge* mit der Arbeit an der Autobiographie.

Es wäre allerdings ebenso langweilig wie peinlich, würde ich nun über meine Bücher schreiben, mir Stichworte zuspielend zu jeweils ›authentischer‹ Interpretation. Buchtitel tauchen nur auf am Rande, stattdessen, wie schon angedeutet: Berichte über das Entwickeln von Projekten, die mich lange Zeit beschäftigt haben – mit oft erheblichen Unterbrechungen. Somit Texte, die nun zum ersten Mal in weit entwickelter, jedoch nicht definitiv abgeschlossener Form vorgelegt werden.

Das will betont werden: Mein Logbuch nicht als Sammlung von Texten, die verstreut (oder noch nicht) publiziert wurden, vielmehr ein strukturiertes Buch, in symmetrischen Kontrastbildungen. Die wiederum dem Schreibprozess entsprechen, generell: Wenn ich ein Buch geschrieben habe auf der Basis von Recherchen, so musste, so muss ich mich erst wieder freischreiben, etwa für Kinder erzählend, straight-on, oder für Erwachsene, sei es Erzähltext, Hörspiel oder Theaterstück. Danach bin ich wieder disponiert für ein Buch, das auf Recherchen basiert, weithin. Eine Abfolge von Alternativen, Kontrasten – sie findet Entsprechungen im Aufbau dieses Buchs. Es braucht eine kalkulierte Form, um nicht auseinanderzufallen in Aufzeichnungen, Projektbeschreibungen, Textversuche.

Deren Reihenfolge entspricht übrigens nicht der Chronologie der Arbeit an den Texten, hier durchmischt sich weithin: Text A wird weggelegt, Text B wird erarbeitet oder bearbeitet, Text A wird erneut aufgegriffen, die Arbeit fortgeführt, Text C schiebt sich dazwischen …

Doch hier gleich die Generalperspektive: Das Buch als Selbstporträt des Schriftstellers im Kontext charakterisierender Schreibprozesse.

ns: DICHTER UND BOTANIKER

BERLIN-KREUZBERG, Kottbusser Tor, der »Kotti«. Türkische Obst- und Gemüsestände mit bunt arrangierten Auslagen ... Gruppen von Alkoholikern mit Pullen in den Händen, diplomierte Biertrinker ... türkische Geschäfte und Vereinslokale ...

Wenige Schritte in die Adalbertstraße und ich betrete das kleine Vorgelände des Kreuzberger Museums: Gartenanlage mit Spielflächen für Kinder. Mit dem Fahrstuhl in den dritten Stock: Eingang zum Museum, zum Ausstellungsraum. Ein Schild fordert dazu auf, die Kopfhöhe zu beachten. Schon bin ich im Nachbau, in der Rekonstruktion des Hecks der *Rurik*, der russischen Brigg, in der Adelbert von Chamisso fast drei Jahre lang auf den Weltmeeren umhergeschippert war.

Der rekonstruierte Raum entspricht in Höhe und Breite dem Gemeinschaftsraum, in dem Chamisso mit dem deutlich jüngeren Naturforscher und Schiffsarzt Johann Friedrich Eschscholtz und den beiden Schiffsoffizieren geschlafen, gearbeitet hat; beim Essen wurden es noch zwei, drei Mann mehr – der Raum auch als Offiziersmesse. Angrenzend der eigentliche Heckraum der Rekonstruktion: Kajüte in ganzer Breite des kleinen Schiffs, mit vier Fenstern, die sich von Fenstern damaliger Bürgerhäuser nicht unterscheiden. Womöglich Gardinchen während der Weltreise (in den Jahren 1815 bis 1818)? Der Raum des Kapitäns Otto von Kotzebue, Sohn des damals europaweit berühmten Stückeschreibers August von Kotzebue. Vier Fenster, immerhin, und doch war der Raum recht klein. Da stand ein Bett, da stand ein Tisch, da war ein Spind, da war wohl auch ein kleiner Sessel, da hingen sicherlich Karten an der Zwischenwand zum Gemeinschaftsraum, den der Kapitän jeweils durchqueren musste. Sicherlich nur dünn die trennende Bretterwand.

Im Gemeinschaftsraum ein Tisch. Darüber eine Lichtluke, mit kleinem Schutzgehäuse auf Deck. Bei stürmischer See musste hier abgedeckt, abgedichtet werden mit sicherlich geteerter Persenning, dann war es stockdüster im Raum: keine Bullaugen steuerbord und backbord, das Schiff war auch Kriegsschiff, einige Kanonenluken an Deck, von Chamisso als ehemaligem Leutnant der preußischen Armee im Bericht über die Weltreise aufgelistet, nach Kalibern geordnet.

Der Ausstellungsraum wird beherrscht vom Nachbau des Schiffshecks: setzt auf dem Boden auf, schließt an der Decke ab. Schwarz gestrichenes Holz – der Rumpf der *Rurik* war womöglich rundum geteert. Seile, Taue. Über den Heckfenstern in weitem Bogen die Namensbuchstaben, kyrillisch. Blauweiß die Fahne der zaristischen Marine: ein Exponat. Weitere Exponate in diesem Raum, den das Heck in mächtigem Volumen besetzt. Und doch: dieses Schiff war nicht mal so breit gewesen wie ein kleines Güterschiff auf dem Rhein, wie ein Touristenschiff auf Spree und Landwehrkanal. Die Länge: nur etwa dreißig Meter; sieben Meter Breite; zwei Meter Tiefgang. Mit solch einem Schiffchen befuhr man damals die Weltmeere, sogar bei Expeditionen in den tiefen Süden, den hohen Norden. Chamisso bezeichnete die Brigg als »Nussschale, in der eingepresst und eingeschlossen [ich] drei Jahre lang durch die Räume des Ozeans geschaukelt zu werden bestimmt war.«

Seine nähere Beschreibung: »Das Schiff ist ganz klein, eine Kutter-Brigg von 20 Mann Equipage [Besatzung], 6 Stück eisernen Kanonen, zwei metallenen und zwei kleinen Haubitzen – eine Kajüte für den Kapitän, eine zweite mit vier Betten und der Schiffsraum für die Equipage (die Artillerie ist auf dem Verdeck). Der Kapitän, zwei Offiziere, ein junger, bescheidener, heiterer, wissenschaftlich gebildeter deutscher Schiffsarzt, ich, der Naturforscher der Expedition, in den vier Betten der Kajüte, außerdem in Hängematten im Schiffsraum der Zeichner der Expedition.« Sein Name in französischer

Version: Louis Chorin. Als malender Chronist hat er auch den Gemeinschaftsraum gezeichnet; nach seiner Skizze erfolgte die Rekonstruktion der Kapitäns- und der Viermann-Kajüte.

Alles war sehr eng: »Ein kleiner Tisch mitten im Raum als Arbeitstisch für sechs Personen und Speisetisch für sieben.« Dies also für den ersten und zweiten Leutnant, für Chamisso, für den Schiffsarzt, den Zeichner, den »freiwilligen Naturforscher«; als siebter der Kapitän. Chamisso: »Ich bedaure sehr, dass ich nicht im Schiff ein eigenes Hundeloch gefunden.«

Wie schwirig es für ihn war, an diesem Tisch (mit klarer Priorität für Karten der Offiziere, für Zeichenblätter von Chorin) eine Zeitlücke mit Sitzlücke zu finden, das hat er wiederholt beklagt. Vorherrschend die Enge. Vier Schubladen standen jedem der vergleichsweise privilegierten Mitreisenden in der Gemeinschaftskajüte zu, für Chamisso waren es nur drei. In denen musste untergebracht werden, was man im Koffer mitgeschleppt hatte für die Weltreise in verschiedenste Klimate. In diesen Schubladen mussten auch Belegstücke seiner Forschungstätigkeit verstaut werden, und das dürfte immer schwieriger geworden sein, der Kapitän duldete keine Ausbreitung über den zugewiesenen Stauraum hinaus. Aber man wird Nischen gefunden haben, Verstecke. Die ließen sich aber leicht aufspüren: Packen von Präparaten wurden von Matrosen als Kopfkissen benutzt; größere Belege, vor allem der Fauna, wurden schon mal über die Reling geworfen – Kotzebue konnte cholerisch werden.

Ich stehe, ich sitze, ich mache Notizen im rekonstruierten Heckraum. Kein Knarren von Schiffsholz, wie es die Fahrt auf hoher See ständig begleitet haben muss. Kein Wellenschlag. Kein Sturmgeheul, verstärkt in der Takelage des Schiffs. Kein Getrampel von Matrosen über dem Gemeinschaftsraum. Keine Tiergeräusche an Bord: man hatte Hühner, vielleicht auch Ziegen mitgenommen, wie damals üblich. Keine Kommandoschreie. Kein Raus und Rein von Schiffsoffizieren zwischen Kapitänsraum und Deck. Keine russische Artikulation ringsum: nur mit dem Botaniker Eschscholtz konnte Chamisso Deutsch reden und, eingeschränkt, mit Chorin, dem russischen Maler mit deutschen Eltern – erhebliche Verständigungsschwierigkeiten hingegen mit all den Russen an Bord des Marineschiffs. Gewichtige Probleme dürfte man also wohl kaum erörtert haben im Gemeinschaftsraum, es dominierte das jeweils Alltägliche.

Dieser Raum lässt sich nun ausmessen mit Zählschritten; bei einsfünfundachtzig muss man den Kopf dabei etwas einziehen. Diesen Raum habe ich eine Weile für mich, am Ende der Ausstellung, vor dem Abbau – vorausgehend ein Gespräch mit Edgar Haizmann, dem Rekonstrukteur. So sitze ich ein Viertelstündchen am Tisch, mache Notizen.

Dies ist nicht der Beginn eines biographischen Projekts. Chamisso soll mich heranführen an eine Antwort auf die immer wieder erörterte Frage, ob sich und wie sich Geisteswissenschaft und Naturwissenschaft kombinieren lassen. Etwas schlanker formuliert: Ob sich und wie sich Literatur und Naturkunde verbinden lassen. Adelbert von Chamisso als historische Erscheinung, in der sich Naturwissenschaft und Dichtkunst zwar nicht vereinten, jedoch verbanden, Chamisso als Begleit- und Leitfigur bei Ansätzen zur Realisierung des Projekts einer Fusion. Chamisso als Mann einer Zeit, in der ein großes naturwissenschaftliches »Lehrgedicht« durchaus realisierbar schien. Ein Impuls, aus seiner Zeit herübergenommen in meine Zeit, eindreiviertel Jahrhunderte später. Endlich einlösen, was damals schon geplant war; das dürfte zumindest diesen Versuch wert sein.

Als Dichter des *Schlemihl* war mir Chamisso selbstverständlich bekannt. Zum Lyriker führte mich Robert Schumann mit dem grandiosen Liedzyklus von Frauenliebe und Frauenleben. Als Naturforscher, Botaniker habe ich ihn in einer Ausstellung entdeckt, anno 2000 in Berlin: *Theater der Natur und Kunst*, Untertitel: »Wunderkammern des Wissens«.

In einer der Vitrinen: Herbarblätter mit »montierten« Pflanzenpräparaten aus der Umgebung Berlins, aus Kalifornien, von den Aleuten. Breitstachliges raues Hornblatt …

Einköpfiges Katzenpfötchen ... Kalifornischer Goldmohn ... Auf das Blatt mit dem Herbarexemplar des Goldmohns (von Insekten angeknabbert) ist unten ein kleiner Zettel geklebt, auf dem Chamisso vermerkt hat: »Eschscholzia californica Ch. legit Chamisso prope Portum Sancti Francisci Californiae in arenosis A. D.1817«. Das lasse ich auf sich beruhen, ohne übersetzende Vermittlung, vermerke nur, wiederholend: Eschscholtz ist der Name eines Naturforschers und zugleich des Schiffsarztes auf der *Rurik*.

Ausgestellt waren zudem drei geschnitzte Holzmodelle von Walen, die Chamisso auf der russischen Halbinsel Kamtschatka in Auftrag gegeben und nach seiner Heimkehr dem Zoologischen Museum Berlin überlassen hatte. Keine Souvenirs, sondern Belege für eine, laut Ausstellungskatalog, »grundlegende wissenschaftliche Arbeit über die Wale (Cataceen) Kamtschatkas«, veröffentlicht in einer Ausgabe der »Verhandlungen der Leopoldinischen Akademie«.

Diese Exponate wollen eingeordnet sein in einen chronologischen Ablauf. Also doch einige biographische Notizen, basierend auf dem Essay von Paul Hiepko im zweibändigen Katalog der Kreuzberger Ausstellung. Anmerkungen, die ich hier und dort ein wenig erweitern muss.

Der 1781 geborene Sohn eines französischen Adligen (dessen Schloss in der Champagne während der Revolution enteignet und später dem Erdboden gleichgemacht wurde), zog mit der Familie nach Deutschland, hatte Schwierigkeiten, auch sprachlich, sich als Emigrant einzuleben, gehörte etwa ein Jahr zum Gefolge von Madame de Staël, die im Schweizer Exil lebte, mit größerer Entourage; Chamisso unternahm mit Auguste, dem Sohn der Gastgeberin, »ausgedehnte botanische Exkursionen in die Schweizer Bergwelt«. Noch im selben Jahr, 1812 – er war also schon über dreißig – begann Chamisso in Berlin mit dem Studium der Medizin und Botanik.

Bereits 1813 musste Chamisso abbrechen: Beginn der Befreiungskriege gegen die napoleonische Besatzungsmacht. Für den Exilanten fast eine innere Zerreißprobe. Der vormalige Leutnant der preußischen Armee zog sich nach Kunersdorf zurück, war dort tätig als Hauslehrer auf dem Gut derer von Itzenplitz, in der Nähe von Seelow. Hier schrieb er, zur Unterhaltung der Kinder seines Uraltfreundes Eduard Hitzig, die phantastische Novelle, die ihn berühmt machte: *Peter Schlemihls wundersame Geschichte*. Im gleichen Zeitraum erkundete, erforschte er, gemeinsam mit dem Obergärtner des Gutes, die Flora des Parks, der zugehörigen Ländereien, des Umlandes. Als Ergebnis die erste fachwissenschaftliche Publikation Chamissos: »Adnotationes quaedam ad Floram Berlinensem«.

Chamisso ist eine singuläre Erscheinung: als Prosaist gefeiert, heute noch, als Botaniker anerkannt, heute noch. Zahlreiche Pflanzen sind nach ihm benannt.

Seine Gedichte jedoch sind weithin vergessen – nach einer langen Zeitphase, in der sie Maßstäbe setzten, vor allem in Schulen. Seine ausgedehnte Erzählung von Schlemihl hingegen wird immer wieder neu gedruckt.

Nun arbeite ich an diesem Textversuch nicht mit der Absicht, noch einmal zu bestätigen, was längst bestätigt ist – ich bin kein Botaniker, kann nicht aus eigener Erkenntnis weitere Bestätigung hinzufügen. Doch als Literat will ich den Versuch unternehmen, die beiden Sprachwelten des Chamisso so zusammenzuführen, wie er selbst das leider nie versucht hat. Dabei waren alle Voraussetzungen gegeben.

Ein erster Ansatzpunkt ist schon benannt: Kunersdorf. Hier muss nicht konstruierend zusammengeführt werden, hier zeigt sich eine überraschende Konstellation. An jenem Ort, zu jener Zeit war in diesem *einen* Kopf für einige Monate fast simultan: Die Entstehung eines hochrangigen literarischen Werks und die Entwicklung einer botanischen Systematik. Hier durchdrang, hier überlagerte sich, doch beide Sprachwelten verschmolzen nicht, den alten Traum erfüllend der Fusion einer literarischen und einer wissenschaftlichen Perspektive. Doch in Chamisso waren beide Welten präsent: der *eine* Kopf, der in zwei Richtungen blickt. Wie Janus, der römische Gott.

FASZINATION BOTANIK! Vermittlung wahrer Wunderwerke! Etwa die Großblütige Pfeifenblume: »sogenannte Kesselfallenblume, eine raffinierte Einrichtung zur Insektenbestäubung«. So die Botanikerin Birgit Mory, deren Formulierungen ich mich anschließe.

Die Blüten können, im Durchmesser, bis zu drei Dutzend Zentimeter groß werden. Die Blütenfläche weiß mit dezenter Musterung; in der Mitte »dunkelbraun bis violett«.

Und nun kommt es! »Angelockt durch die schmutzigviolette Färbung und einen aasartigen Geruch, der den Blüten entströmt und an verwesende Substanzen erinnert, setzen sich kleine Fliegen auf den ausgebreiteten Saum der Blütenhülle und krabbeln in die Röhre hinein. Diese ist mit nach innen gerichteten Haaren besetzt, so dass den Fliegen der Rückzug zunächst verwehrt ist. Sie müssen daher bis in den bauchigen Teil der Röhre gelangen. Er schließt die noch geschlossenen Staubblätter ein, die mit dem Griffel und seinen empfängnisreifen Narben zu einer Säule verwachsen sind. Nachdem die Insekten mit dem von einer anderen Blüte mitgebrachten Blütenstaub die Bestäubung herbeigeführt haben, öffnen sich die Staubbeutel und beladen die Fliege. Gleichzeitig welken die Haare der Blütenröhre, und die Bestäuber verlassen sie unbehindert, um mit Blütenstaub beladen wieder in eine andere Kesselfalle hineinzukriechen.«

Das ist derart elaboriert und, in der Tat »raffiniert«, als wäre der Mechanismus präzis konstruiert worden. Die Farben, vor allem der Geruch des Blüteninnern exakt abgestimmt auf eine spezifische, angemessen kleinwüchsige Fliegenart … Die Konstruktion so angelegt, dass die angelockte Fliege ins Blüteninnere hineinkriechen muss, unausweichlich … Schräg nach innen gerichtete Haare im Kriechgang verhindern, dass die Fliege zurückkriecht, sie muss erst ihre genau kalkulierte Aufgabe erfüllen … Streift Blütenstaub ab und wird neu bestäubt … Nun erschlaffen, präzis getimet, fast schlagartig die sperrig nach innen gerichteten Haare, die Fliege kann wieder rauskriechen … Kybernetik vom Feinsten! Dabei ›denkt‹ die Blüte mit ihrer Kesselfalle nicht ›an sich selbst‹, sie sorgt ahnungslos für die Erhaltung der Art: gibt der Fliege etwas mit auf den Flugweg zur nächsten Großblütigen Pfeifenblume – und zu keiner anderen, womöglich ähnlichen Pflanze; es geht ausschließlich um die Bestäubung der *Aristolochia grandiflora*!

Woher ›weiß‹ die Blüte, welche Farbe und vor allem: welcher genau abgestimmte Geruch eine ganz spezielle Fliegenart anlockt? Dann das offenbar zeitrafferschnelle Dahinwelken der sperrigen Haare, der Verhau tut sich auf, der Weg für die findige Fliege ist freigegeben. Die soll ja nicht in Panik geraten in der Falle und künftig diese Riesenblüten meiden mit ihren halbmeterlangen, zusätzlich lockenden weißen Hängefäden. Rasche, überaus präzis koordinierte Abläufe, wie computergesteuert.

TROTZ UMFASSENDER STUDIEN: kein akademischer Posten, keine größere Aufgabe für Chamisso. »Da kam mir zufällig einmal bei Hitzig ein Zeitungsartikel zu Gesichte, worin von einer nächst bevorstehenden Entdeckungs-Expedition der Russen nach dem Nordpol verworrene Nachricht gegeben ward. ›Ich wollte, ich wäre mit diesen Russen am Nordpol!‹, rief ich unmutig aus und stampfte dabei mit dem Fuß. Hitzig nahm mir das Blatt aus der Hand, überflog den Artikel und fragte mich: ›Ist es Dein Ernst?‹ ›Ja!‹ – ›So schaffe mir augenblicklich Zeugnisse über Deine Studien und Befähigung zur Stelle. Wir wollen sehen, was sich tun lässt.‹«

Und Julius Eduard Hitzig (Justitiar und Publizist, Freund von Chamisso wie von E. T. A. Hoffmann) nutzte eine Verbindung zum Stückeschreiber und russischen Staatsrat von Kotzebue, der wiederum nutzte eine Verbindung zum Chef der Russisch-Kaiserlichen Marine; Herr von Krusenstern wiederum wandte sich an den Grafen Romanzow, der, so würden wir heute sagen, für die Logistik und vor allem für die Finanzierung der Expedition zuständig war – und schon war Chamisso als »Titulargelehrter« avisiert für die Expedition.

Die Reise – eine von zuletzt achtundzwanzig Weltreisen russischer Schiffe in jener Ära – sie hatten verschiedene Aufgaben zu erfüllen.

Gebaut wurde die Brigg in privater Initiative des Grafen Romanzow (neuerdings in Rumjanzew transkribiert), dem vormaligen Außenminister, zeitweiligen Reichskanzler, dem Hauptaktionär der Russisch-Amerikanischen Kompanie, doch die *Rurik* segelte unter der Flagge der zaristischen Marine. Die sollte den expandierenden russischen Handel (vor allem mit Pelzen) schützen, sollte russische Handelsniederlassungen hoch im Norden versorgen, sollte verbesserte Schiffsrouten für die Handelsflotte ausfindig machen, sollte, zu sicherer Navigation, vor allem nördliche Küsten vermessen und Hafenbuchten erkunden, sollte zudem die Nordwest-Passage zum Pazifik aufspüren, den kürzesten Weg durch das nördliche Eismeer von Russland über das nördliche Kanada hinweg Richtung Fernost.

Trotz der gezielten Aufträge und Vorgaben: Die Fahrt der *Rurik* als dreijähriges Hin und Her, östlich-westlich, westlich-östlich, nördlich-südlich, südlich-nördlich. Eine fast brezelförmig verschlungene Route, insgesamt.

Eine detaillierte Beschreibung dieser Weltreise führt an Chamisso heran, führt zugleich an ihm vorbei, von ihm weg. Im Ansatz dieses Textversuches jedoch führt die große Reise zu zwei topographisch relevanten Punkten: Die Unalaska-Insel der Aleuten und die Chamisso-Insel weiter nördlich. Zwei Punkte, an denen das große, in Chamissos Zeit erörterte, in unserer Zeit noch immer nicht realisierte Projekt erste Konturen annehmen konnte: Eine *Geschichte der Pflanzen* in metrischer Textform. Den Titel hat Chamisso bereitgelegt: *Historia plantarum*. Unter diesem Aspekt werden die beiden Inseln zu Brennpunkten einer Ellipse.

Über die (nautische) Annäherung an Ellipsenbrennpunkt Unalaska soll der Kapitän berichten. Otto von Kotzebue: zweiter unter zwölf Söhnen und sechs Schwestern aus drei Ehen des damals berühmten Stückeschreibers. Keine weiteren

Angaben zur Laufbahn des Sohnes, gleich ein Auszug aus seinem Buch über die Expedition.

»Selten wird ein Seefahrer einen so grauenvollen und öden Anblick haben als die Insel besonders von ihrer NO-Seite gewährt. Schwarze Lava-Ufer steigen senkrecht aus dem Meere empor bis zu einer Höhe, welche ewiges Eis bedeckt. Die ganze Insel scheint aus lauter Spitzen, dicht nebeneinander liegenden Bergen zu bestehen, wovon einige so hoch sind, dass ihre Gipfel bis in die Wolken reichen. Heute war der Anblick minder traurig, denn selbst die höchsten Gipfel waren wolkenlos und die Sonne malte ihre Eisdecke rosenrot. [...]

Um ein Uhr nachmittags ließen wir die Anker im östlichen Teil des Capitän-Hafens, dem Dorfe Illiuliuk gegenüber fallen. Man liegt hier sehr sicher, und man könnte in der Welt keinen bessern Hafen finden, wenn das Ein- und Auslaufen nur nicht so schwer wäre. Herr Kriukof [lokaler Agent der Russisch-Amerikanischen Handelsgesellschaft] hatte, um uns zu erquicken, ein Bad nach russischer Art bereiten lassen.

Obzwar auf Unalaska und den übrigen Aleutischen Inseln nur zwölf Stück Rindvieh, welche der amerikanischen Kompagnie gehören, befindlich sind, ließ doch Herr Kriukof noch heute einen Ochsen schlachten und schickte täglich der ganzen Mannschaft frisches Fleisch; auch mit Kartoffeln, Rüben und Rettich, den einzigen Gemüse-Gattungen, die hier fortkommen, versorgte er uns aus seinem Garten; diese frischen Lebensmittel gaben uns allen neue Kräfte, und ich hatte die Freude, meine Mannschaft vollkommen gesund zu sehen. [...]

In Unalaska durfte ich nicht lange verweilen, weil die Navigation hier in später Jahreszeit, der starken Stürme wegen, gefährlich ist; ich befahl also, unsern Wasservorrat so rasch als möglich einzunehmen, um die Reise bald wieder antreten zu können.«

Es ging erst mal Richtung San Francisco. Allerdings wurde im weiteren Verlauf der Weltreise Unalaska noch zweimal angelaufen. Die Insel gehört heute zu den USA, liegt im weit gespannten Bogen der Aleuten-Inseln, die von Alaska hinüberführen zur Halbinsel Kamtschatka.

Und nun Chamisso: »Wir haben uns auf Unalaska, wo wir uns zu drei verschiedenen Malen im Früh- und Spätjahr aufgehalten, die Flora besonders zu studieren beflissen. Auf Unalaska (unter der Breite von Lübeck) überragen die Weiden in den feuchten Gründen kaum den üppigen Gras- Kräuterwuchs. Sobald man aus diesen Niederungen die nächsten Hügel hinansteigt, findet man eine durchaus alpinische Flora und es erheben sich nur noch in der untersten Bergregion etliche *Myrtillus*-ähnliche Vaccinien strauchartig über den Boden. Übrigens unterhält ein feuchter Himmel den grünen Mantel der Erde bis zu den nackteren Felsenzinnen und dem Schnee in frischem Glanze und etliche gesellige Pflanzen schmücken diese traurige Welt mit bewundernswürdiger Farbenpracht. [...] Die Orchideen behaupten sowohl durch die Zahl der Arten als durch die der Exemplare in der Flora des Tales und der Höhen einen bedeutenden Rang. Wir zählten deren elf Arten.«

Abweisende Felsen, lockende Orchideen (von kleinem Wuchs) – auf dieser Insel also *könnte* der Entschluss herangereift oder sich eingestellt haben, eine *Historia plantarum* zu schreiben. Chamisso wurde nicht von Eindrücken überwältigt, so konnte sich Phantasie freisetzen, oder, angemessener formuliert: Hätte sich Phantasie freisetzen, hätte der Entschluss zur Realisierung des Projekts fallen können.

Nur widerstrebend bezeichne ich es als Lehrgedicht. Damit knüpfe ich zwar an eine Worttradition an, hege jedoch Vorbehalte gegenüber dem didaktischen Kern des Worts. Eher sollte ich von einem »Tableau« schreiben. Das würde kaum noch didaktisch wirken, würde zudem eher dem Fachidiom der Germanistik entsprechen. Hier wird ein Tableau definiert als »komprimierte Organisationsform von Wissen«. Genau darum geht es im Projekt, das ich mit Chamisso verabreden möchte, posthum.

UNALASKA: biographisch und topographisch solitärer Punkt, an dem virtuell erste Formulierungsversuche unternommen wurden zu einem großen Lehrgedicht? »Man macht wenig deutsche Verse auf und bei Unalaska«, vermerkte Chamisso lakonisch. Immerhin, er hat dort gedichtet, jedoch: »Ich vermisse unter meinen Papieren etliche Stanzen, die mir der Müßiggang eingegeben hatte.«

So lese ich im Buch, in dem Chamisso über seine Jahre an Bord der *Rurik* ausführlich berichtet, ein Buch, das heute wiederholt unter dem Titel *Reise um die Welt* (re)produziert wird.

Wichtig, was Chamisso »vorwortlich« schreibt. Ansatzweise eine Selbstdarstellung, zumindest wird eine Selbstdefinition angeboten: »Ich als Naturforscher.« So bezeichnet er sich gleich im ersten Absatz. Gleich darauf die richtungweisende Formulierung: »Ich [...] als Naturforscher und Schriftsteller«. So wird von ihm selbst benannt, was er in Personalunion vereint.

Das Stichwort wurde und bleibt mir wichtig: *Personalunion*. Und damit gleich meine Leitfrage: Führt von der Personalunion Naturforscher/Schriftsteller ein Weg zur Fusion von Naturwissenschaft (hier: Botanik) und Literatur (hier: Lehrgedicht)?

Chamisso erwähnt, was er eigentlich hätte schreiben müssen: zwei verschiedene Bücher über die Weltreise. In einer für die weitere Öffentlichkeit bestimmten Fassung würde er »den Gelehrten ganz verleugnen«, müsste »vielmehr nur mich selbst in der fremden Umgebung dem teilnehmenden Leser zu vergegenwärtigen trachten«. Also ein subjektiver Bericht für eine Leserschaft, die nicht zur Zunft der Naturwissenschaftler gehört.

»Abgesondert davon würde ich sodann den Gelehrten vorlegen, was ich für jedes Fach der Wissenschaft Geringfügiges oder Bedeutendes zu erkunden oder zu leisten das Glück gehabt hätte.« Also ein Forschungsbericht, allerdings nicht auf eine einzige Disziplin beschränkt: Spezialisierung war noch nicht selbstverständlich, ein Botaniker konnte sich auch als Zoologe artikulieren, ohne suspekt zu wirken. Noch weiter ging er aber nicht, obwohl alles dazu angelegt war: Kein Versuch ins Auge gefasst, subjektiven Report und objektivierenden Forschungsbericht zu verschmelzen in einem neuartigen Ganzen.

Das Buch navigiert vielmehr mit wechselndem Kurs hindurch zwischen Report und Forschungsbericht. Letztlich will er mehr für Freunde als für Fremde schreiben, »da ich von mir unumwunden zu reden und ein Hauptstück meiner Lebensgeschichte vorzutragen mich anschicke«.

Also Autobiographisches als Ausgangspunkt. Das soll in diesem Werkstattbericht umgesetzt werden. Ich suche, ich sichte biographische Situationen, die zur Initiation der Fusion zweier Sprachwelten führen konnten. Grammatisch und inhaltlich korrekter: *hätten führen können*. Anbindung dabei so weit möglich. Beispielsweise an Unalaska – trotz der lakonischen Anmerkung, man dichte dort wenig. Aber ich muss diesen Essay nicht mit der Biographie synchronisieren, ich entwerfe ein Szenario, das Spielraum eröffnet zur Entfaltung eines Erzählgedichts über die Geschichte der Pflanzen.

FASZINATION BOTANIK! Frappierend die Symbiose von Frauenschuh und Krabbenspinne!

Klaus Lunau, Botaniker: »Das untere Blütenkronblatt des Frauenschuhs ist zu einer Lippe (Labellum) umgebildet und tatsächlich schuhförmig aufgetrieben. Ein Blick in den Schuh offenbart häufig Insekten, die im Inneren des Schuhs herumkrabbeln oder dort verendet sind. Die Schuhöffnung ist eine Falle, die zwar den Einschlupf ermöglicht, jedoch keinen Ausgang gewährt, denn der Rand ist umgeschlagen und glatt, so dass es dort für viele Besucher kein Entkommen gibt. Lediglich Krabbenspinnen können am Fadenseil zur Schuhöffnung hinuntergleiten, einen gefangenen Blütenbesucher schnappen und sich wieder hochseilen, um ihn zu verzehren.«

Überhaupt die Krabbenspinnen in ihren diversen Arten! Können ihre Körperfarbe genau dem Untergrund angleichen, vor allem dem einer Blüte, auf der sie jagen, können sich blütenweiß präsentieren oder blassgrün oder bräunlich oder leuchtend gelb oder smaragdgrün. Können sogar UV-Licht reflektieren und damit Beutetiere anlocken.

Wie von selbst finden sich hier perspektiv-erweiternde Formulierungen ein. Etwa mit dem Gesamttitel einer dreiteiligen Fernsehdokumentation des ORF: *Das Genie der Natur*.

VON DER ALËUTEN-INSEL hat Chamisso Pflanzenpräparate mitgebracht, Herbarbelege. Eins von ihnen sah ich in der Berliner Theatrum-Ausstellung. Die gut lesbare Handschrift Chamissos auf einem etikettähnlichen Blättchen, unten auf das Herbarblatt geklebt: »Antennaria alpina, R. Br. Adulta a Sinu Sancti Laurentii, junior ex Unalaska«. Und seine Signatur, mit dem Kürzel AdvCha. Adulte Pflanzen also aus der St. Lorenz Bucht, Alaska. Hohe, dünne Stängel, gelb gefiederte Blüten.

Diese Pflanze hat Chamisso vom Boden abgelöst, hat sie, wohl im bewährten Schnupftuch, mitgenommen auf das Schiff, hat sie gepresst, zugleich getrocknet zwischen saugfähigem Papier, hat das Präparat auf dem Papierbogen »montiert«, hat die Herkunft dokumentiert. Die Lesebrille aufgesetzt, starre ich auf dieses Blatt in einer der Vitrinen: etwas aus der Hand Chamissos, Herbarbeleg aus Unalaska!

In seinen Aufzeichnungen, in seinem Bericht zur Reise hat er die Vegetation der Insel besonders ausführlich beschrieben: Arnica chamissonis ... Artemisia chamissoniana ... Claytonia chamissoi ... Eriophorum chamissonis ... Pedicularis chamissonis ... Saxifraga chamissoi ...

Sachliche Bezeichnungen, sachbezogene Arbeit. Und doch hatte er auf Unalaska seine windgeschützte ›Dichtermulde‹ mit Blick nach Nordosten. Im Blickfeld die Wasser- und Luftfontänen der Wale, über die er gleichfalls schreiben wird in einer speziellen Abhandlung. Ließen sich auch die Wale einbeziehen in das Poem, ihr mächtiges Aufwölben vor dem Abtauchen, ihre Rufe, von denen Fischer der Region berichten könnten, Rufe unter Wasser, zu hören in seltenen Stunden, in denen das Meer sonst schweigt?

Pflanzen und Wale: Stichworte für ein Unalaska-Poem der Verbindung, ja, Fusion von wissenschaftlicher Deskription und dichterischer Artikulation? Dies in metrischer Sprache –

die am ehesten verschmelzen könnte, was sonst separat, ja, disparat bleibt.

Wie aber sollte diese Sprachform strukturiert sein, in welchem Metrum? Was wäre Chamisso am ehesten angemessen und würde mir zugleich Spielraum der Artikulation eröffnen?

CHAMISSO hat, unter diversen Versformen, vor allem die Terzine favorisiert. Jene Versform also, die Dante zur Perfektion (weiter)entwickelt hatte, souverän im Klang, im Rhythmus und vor allem im Reim: virtuose Verschränkung von Verszeilen mit jeweils drei Reimen. Solche Reimtrios finden sich im Italienischen oder Spanischen, auch im Englischen leichter und reichlicher als im Deutschen. So wurden fast alle Übersetzer, die das Schema in deutscher Sprache zu übernehmen, in unsere Artikulation zu übertragen versuchten, vom Reimzwang in die Enge getrieben. Unausbleibliche Folge: Es wurden nicht nur Formulierungen verbogen, es wurden Inhalte überformt oder verformt.

Auch ohne Reim-Verrenkungen: Die fünfhebige Versform hat sich bewährt. Chamisso hat mindestens hundert Druckseiten mit Terzinen hinterlassen. Er muss in einen wahren Terzinen-Rausch geraten sein, reimte eine historische Episode nach der anderen, unter dem Zwang der Reimverkettung einen hohen Ton anstrebend. Fast sein dominierendes Versmaß. Also ist es mehr als naheliegend, ist beinah verpflichtend, diese Form zu übernehmen für ein groß angelegtes Erzählgedicht.

Ich lasse mich auf diesen Versuch ein unter dem Titel, den Chamisso vorgegeben hat und der zugleich Tradition besitzt: *Historia plantarum*. Mit diesem Titel verbunden vor allem der Name Konrad Gesner, der im 17. Jahrhundert, rund eintausendfünfhundert Pflanzen zeichnend und kommentierend, ein voluminöses Kompendium geschaffen hat. *Conradi Gesneri Historia plantarum* ist dennoch Fragment geblieben – Gesner als Opfer der in Europa wiederholt grassierenden Pest.

Die Historia nun im Neuansatz als Entwicklungsgeschichte, als *Evolution*. Hier folge ich der Linie, die vorgegeben ist von Forschern und deren Vermittlern. Neue Sicht in alter Versform. Bevor ich mich auf die General-Organisation solch eines Erzählgedichts einlasse, muss ich erst einmal ausprobieren, ob die Versform trägt. Also ein Probelauf, eine Textprobe.

Damit die Aufteilung des Erzählgedichts in Dreierpacks von Zeilen nicht bloß dekorativ wirkt, will ich – ausgleichend zum Reimverzicht – versuchen, jeweils eine Sinn-Sequenz in drei Zeilen zu bündeln.

Ich sah auf Unalaska Land und Meer
   zugleich, den Küstensaum des Übergangs
   vom Wuchs im Wasser hoch ans Land.
Am Anfang die Bakterie, grün und blau.
   Wie sie entstand, entzieht sich der Erkenntnis.
   Man weiß nur: Alge, die sich rasch vermehrte.
Die band sich denn, per Zufall oder Plan,
   mit Wachstumszellen, die sich selbst kopierten.
   Vereint begannen sie das Pflanzenleben.
Kein Drama der Entwicklung im Silur,
   der dritten der Perioden, noch im Wasser;
   gemächlich war der Übergang an Land.
Auf Unalaska sah ich – Blick nach innen –
   wie See das Pflanzengrün ans Ufer schob,
   im Schaumbereich der Brandung, der Gezeiten:
Die Ur-Landpflanzen, Thallophyten,
   sie glichen noch den Tanggewächsen, also:
   noch ohne Wurzeln, Stängel, Blätter, Blüten.
Aus Gabelung erwuchs in weitrer Gabelung
   der Trieb aus Trieb, das wuchs denn auf der Fläche,
   bespült, ernährt im Wellenschlag an Land.
Doch dann und hier: Vom Boden weg ein Spross,
   nun aufgerichtet, gegen alle Schwerkraft,
   zugleich ein Spross nach unten, in die Nässe:
Verankerung der Pflanze und Versorgung
   mit Wasser wie mit Nährsalz aus dem Boden.
   Und oben die Synthese: Licht und CO_2.

Fossile zeigen: Urfarn war primär,
 ein Nacktgewächs, es fehlten Blatt und Wurzel,
 nur Haftorgane, wassersaugend: Diffusion.
Vom nassen Uferboden: hoch ins Trockne
 in Jahren zu Millionen der Genese
 von Bärlappformen, Schachtelhalm, dem Farn.

Ein Entwurf. Es müssten weitere Informationen eingearbeitet werden, dabei könnte ich auch hier der Schrift »Botanisches Museum Berlin« folgen.
»Die Photosynthesetätigkeit der urzeitlichen Meeresalgen hatte zu einer allmählichen Anreicherung der Erdatmosphäre mit Sauerstoff geführt, so dass nun, an der Grenze vom Silur zum Devon, erstmalig in der Erdgeschichte die Bildung einer Ozonhülle möglich war. Erst dieser Schutzschild gegen die lebensfeindliche kosmische UV-Strahlung machte die Besiedlung des Festlandes durch Pflanzen und später auch durch Tiere möglich.«
Und wieder einmal wird mir bewusst, wie zahlreich, wie komplex die Voraussetzungen sind für unser Leben auf dieser Erdkugel. Mit fortschreitend differenzierender Wissenschaft stellt sich dies als Folge von wahren Wundern heraus.

Und meine Voraussetzungen zu diesem Textversuch? Früher, als Kind, na schön, habe ich seltene Blumen (oder mir selten erscheinende Blumen) gepflückt, zwischen Buchseiten gepresst, getrocknet und auf einem Papierbogen aufgebracht, weiß allerdings nicht mehr, wie. Jedenfalls waren die Pflanzen kaum vorschriftsmäßig »montiert«.
Eine Ära später: Bei längeren Spaziergängen in der Nordeifel entwickelte sich der Plan, Wuchsformen von Bäumen fotografisch zu dokumentieren. Bei genauerem Hinsehen, ja, bei ruhiger Betrachtung zeigen sich die wunderlichsten Problemlösungen beim Vordringen ins Licht, das zur Photosynthese überlebenswichtig ist.
Exemplarisch ein Baum in der Nähe des Klosters Mariawald: Der Stamm in Windungen erstarrt, vertikale Schlan-

genform, und mehrere Äste, kräftig entwickelt, haben sich gestreckt, haben sich vorgearbeitet in Richtungen, die sich erst einmal als richtig, als ergiebig erwiesen, dann aber durch Konkurrenzwachstum blockiert wurden. So bog mancher Ast in seiner Entwicklung ab in Winkeln bis zu neunzig Grad, danach die Fortsetzung der Hauptstreckrichtung in wiederum (fast) rechtem Winkel, dann bricht das Wachstum womöglich ab oder dringt weiter vor in einen Freiraum mit Lichteinwirkung.

So lassen sich Wachstumsgeschichten ablesen, Entwicklungsgeschichten. Freistehende Bäume können sich in alle Richtungen gleichmäßig entfalten, harmonisch, geben ein geschlossenes Bild. Es überwiegt indessen Wuchsgedrängel, damit eine jeweils ablesbare Form der Problemlösung: Wie gelangt ein Ast ins Licht? Welche Schwenks, welche Krümmungen? Die können sogar eine Strecke um einen Stamm herumführen, können waagrecht vom Stamm wegführen, können sich sogar schräg nach unten senken. Zuweilen auch pure Einseitigkeit in dichtem Bestand: der Baumrücken beinah astfrei. Das Suchen nach Lücken, sich windend, sich streckend, ausweichend, neu ansetzend, Seitenäste treibend, die im Kleinen die Wuchsgeschichte imitieren. Sichtbare, erkennbare, dokumentierbare Versuche: Revisionen, Richtungswechsel, Neuansätze, Korrekturen. Konservierte Versuchsanordnungen, bis zum Ablösen der Rinde, zum Absterben des Baums.

Konkrete Beobachtungen, die leicht zu allgemeinen Betrachtungen führen können. Aber es bleibt das Grundgefühl von Defizit. Das lauert während der Arbeit im Hinterkopf, drängt sich in »schwachen Minuten« nach vorn, sitzt dann direkt hinter der Stirnschale und macht klar: Eine Historia plantarum entwerfen ohne eigenen, direkten Zugang zur Botanik, das dürfte äußerst schwierig werden. Ich bin noch nie mit einer Botanisiertrommel (falls es so was noch gibt) durch die Gegend gelaufen, habe nur mal, mit sachkundiger Begleitung, nach Miniatur-Orchideen gesucht an einem kalkhaltigen, sonnenreichen Hang bei Muldenau.

Dennoch: es bleibt der Traum, der Wunschtraum einer Verbindung, ja, Verschmelzung von Literatur und einem Segment der Naturwissenschaft. Der Realisierung dieses Traums will ich mich so weit wie möglich annähern, in Probierbewegungen. Die Lust, botanische Entwicklungen und Phänomene metrisch zu artikulieren. Damit in die Schwebe zu bringen, gleichsam. In eine Form einzubringen, umzusetzen. Damit Verdichtung einleitend. Damit wiederum eine Tradition aufgreifend, sie vielleicht weiterzuführen. Noch der Ansatz könnte ergiebig sein.

So greife ich die Leitfrage auf: Was steuert die Entwicklung? Rückt die Wasserpflanze durch die von Wellen ständig bewässerte Übergangszone, Uferzone weiter vor an eventuell noch durch Gischt besprühtes Land …? Wird die Wasserpflanze durch stürmischen Wellenschlag an Land geschleudert, kann nicht zurück in die permanent feuchte Uferzone …? Wie kommt es zur Entwicklung der von jetzt an notwendigen Wurzel- und Blattformen …? Entwickeln sich Wurzelfasern gleichsam blindlings, dennoch zielgerichtet …? Was lässt sodann Blätter keimen …?

Ergo: Kam alles so, wie es kommen musste oder hätte es auch ganz anders kommen können? Etwa: die Wasserpflanzen verkümmern an Land? Zwar probieren Zellformationen mal dies, mal jenes aus, und nur eine der Spielformen bewährt sich, wird weiterentwickelt im Wechselspiel mit Notwendigkeiten? Und es bleibt bei Wasserpflanzen?

Oder: Blinde Pflanzengene mit weitsichtiger Perspektive? Oder: der zukunftsweisende Entwicklungsweg wie von selbst gefunden vom Meer ans Land?

Trotzige Fortsetzung der Probierbewegungen – mit Wörtern, die ich im zwanzigsten, nicht im neunzehnten Jahrhundert finde. Zweiter Probelauf: trägt die metrische Form der Terzine? Verweigert sie Sprach-Assimilation? Erweist sie sich als hinreichend belastbar? Lässt sich auf dieses Versschema bauen?

Bedingung zur Verbreitung im Devon:
    Lingnin (es macht die Zellenwand stabil)
    und Wurzeln (sie verankern und versorgen);
Cuticula (die Außenhaut der Blätter)
    und Stomata (die Poren zum Transfer
    von CO_2). Plus Sonnenlicht: Synthese!
Verdunstet Wasser, absorbiert das Licht
    als Energie zur Bildung neuer Zellen.
    Zugleich Symbiose, erst mit Fadenpilzen.
Die weitere Entstehung ließ sich Zeit,
    die Pflanzen brauchten keine Schutz-Chemie,
    es gab noch keine Tiere, die sie fraßen.

Stichwort: »noch keine Tiere, die sie fraßen«. Die Entwicklung von Tieren, die sich auch zu Fressfeinden von Pflanzen entwickeln, sie bleibt im Entwurf ausgespart. Die Pflanzenfresser müssen sich erst noch entwickeln in jenem Devon, noch haben Pflanzen die raue Erde für sich, breiten sich erobernd aus, entfalten, entwickeln sich unbedroht, uneingeschränkt, gewinnen an Vorsprung, halten ihn auch weithin, als Urfarn, dann als Farn, als Urbärlapp, dann als Bärlapp, als Ursamenpflanze, dann als Samenpflanze. Und es bilden sich Milben und Spinnen heran, die in Pflanzen Schutz und Nahrung suchen. Tausendfüßler kommen hinzu, und die konnten in Vorzeiten an die zwei Meter lang werden – Skorpione ebenfalls. Aber noch keine menschenähnlichen Lebewesen damals, die sie wahrnehmen konnten.

Gründe genug, das Lehrgedicht allein auf Pflanzen zu fokussieren? Und Chamisso wird festgelegt auf seine Rolle als Botaniker? Aber da sehe ich gleich wieder die Holzmodelle von Walfischen, mitgebracht nach Berlin, dort, anderthalb Jahrhunderte später, im Gropiusbau in einer der Ausstellungsvitrinen, zu denen ich mich herabbeuge. In Chamissos Aufzeichnungen wird Fauna keineswegs ausgespart – also mit der Entwicklung von Flora die (später einsetzende) Entwicklung von Fauna artikulieren? Vom Tang zum Wal, vom Farn zum Dino? Oder, dekorativer: Von der Orchidee zum Kolibri?

ZWISCHEN DEN STICHWORTEN Unalaska und Chamisso-Insel verschaffe ich mir Spielraum für eine Antwort auf die Frage: Woher meine wiederholt stimulierte Faszination für Botanik? Es sind, wie sich bereits zeigte, *vermittelte* Einblicke in Wunderwelten, nicht nur der Schönheiten, auch der elaborierten Vorgänge – fast hätte ich geschrieben: von intelligenten vegetabilen Konstruktionen.

Im Blickfeld, von Tischplatte und Bildschirm aus: die voluminöse Blattmasse eines exotischen Baums mit der Bezeichnung »Kaukasische Flügelnuss«. Jedes zweite Jahr klettern, wie Alpinisten ausgerüstet, Arbeiter im Baum herum, sägen Äste ab – doch ein Jahr später ist früheres Wuchsvolumen fast wieder erreicht. Ein Baum, den ein Botaniker vor etlichen Jahrzehnten gesetzt hatte und der hier in der Rheinischen Bucht ebenso gedeiht wie Zeder und Mammutbaum (Sequoia) – die Region, in der zur Zeit eines Albertus Magnus noch Feigen wuchsen.

Was es mit dem Wort »Flügelnuss« auf sich hat, macht mir eine Fachbeschreibung der Verbreitung von Weiß- oder Hängebirken bewusst. Die setzen im Spätsommer millionenfach millimeterkleine Flügelnüsse frei, »am festen, dunklen Kern zwei häutige, fast durchsichtige Flügel«. Eher ein Samenkörnchen mit Flügelchen. Mit denen aber werden oft erstaunliche Entfernungen erreicht, rotierend und windgetragen; ich lese von anderthalb Kilometern, also etwa einer Meile. So wird für Verbreitung, für Vermehrung gesorgt.

Wahrscheinlich konnten sich jene Birken vor Jahrmillionen nur mühsam vermehren und verbreiten, waren womöglich kurz vor dem Aussterben, weil die Nussflügelchen nicht weit genug trugen, womöglich dem Baum nur vor den Stamm fielen, bis sich nach und nach, irgendwie, die aerodynamische Form entwickelte, die das Samenkorn weit hinaus schweben ließ. Dies in perfekter Austarierung der Flügelchen, wahrscheinlich mit Auftriebswirkung, um längere Flugstrecken zu ermöglichen. Meisterleistungen blinder Selbstgestaltung? Oder vorgegeben durch einen genetischen Masterplan? But who is the Master? Is there any Master? (Ich traue mich nicht so recht, die Fragen auf Deutsch zu stellen, zu leicht heben sich möglicherweise die Brauen von Lesern, bilden sich Stirnfalten.)

Meine Brauen zumindest heben sich beim Wort »Flügelnuss«, denn sie hat neben perfekter Flugtechnik noch eine Begleitwirkung: Die winzige »Nuss«, das Korn, das Körnchen des Samens enthält einen Anteil Öl, das bestimmte Vögel anlockt. Es kann nicht irgendein Pflanzenöl sein, das irgendwelche Vögel anlockt, auch hier ist abgestimmt, und zwar präzis: Es ist Öl von ganz bestimmter Konsistenz, mit einem ganz bestimmten Aroma, das eine ganz bestimmte Vogelart anlockt, die so ein »Korn« aufpickt (nicht aber zerhackt), die es im Verdauungstrakt auch nicht auflöst, sondern (wie, im Prinzip, einen Kirschkern) komplett durch den Darmtrakt schleust und irgendwo wieder ausscheidet.

Doppeltaktik, Doppelprogramm der Verbreitung und Vermehrung durch Luftraum und Darmtrakt. Wie kommt es zur Entwicklung einer so perfekten Flugform, wie kommt es zur Feinabstimmung zwischen Samenöl und Vogelart? Alles blindlings entwickelt, aufs Geratewohl? Ich weiß, ich weiß: Nur so kann die Erhaltung von Art und Gattung gesichert werden, gesichert bleiben, die Evolution ist zur Perfektionierung gezwungen, sonst erlischt Leben, zumindest eine Lebensform. Aber: das Anlocken mit einem bestimmten Ölaroma, die Entwicklung einer perfekten Flugform – von Pflanzenzellen blindlings hervorgebracht? Erstaunlich oft benutzen auch Naturwissenschaftler, auch Biologen das Wort »Wunder«.

VON UNALASKA ZUR BERINGSTRASSE. Der Zwischenwinter verbracht in der Südsee. Chamisso findet Zeit auch zu Studien von Verskunst im malaiischen Sprachraum, in vergleichenden Studien. Das bleibt in diesem nord-orientierten Text ausgespart.

Sinnvoll genutztes Überwintern im milden Klima. Weite Zeiträume, und doch: erstaunlicherweise das Gefühl, selbst in der Inselwelt der Südsee hätte er zu wenig Zeit. »Man fährt wie eine abgeschossene Kanonenkugel über die Erde dahin, und wenn man heimkommt, soll man rings ihre Höhen und Tiefen erkundet haben.«

Dies formuliert im Zeitalter der notorisch langsamen Postkutschen, ihrer erzwungenen und ihrer freiwilligen, oft langen Aufenthalte unterwegs. Dies formuliert im Zeitalter der nur mit wenigen Knoten dahinsegelnden, von Windstille oder Stürmen aufgehaltenen Schiffe (die Fahrt von der Südsee zum Nordmeer dauerte einen Monat), dies im Zeitalter, in dem eine erste Eisenbahnstrecke zwischen Leipzig und Dresden angelegt wird und Chamisso fährt mit als einer der Passagiere in kleinem Waggon – der wohl erste Dichter, der eine Hymne auf das ›Dampfross‹ anstimmen wird, das keine dreißig Stundenkilometer entwickelte, während ich, ihm zeitweise zugewandt, mit knapp dreihundert von Köln nach Frankfurt ›geschossen‹ werde durch Hügel hindurch, über Täler hinweg auf der Hochgeschwindigkeits-Trasse. Relativierungen der Relationen …

UM NOCH EINMAL KOORDINATEN FESTZULEGEN, lasse ich erneut Kapitän Kotzebue zu Wort kommen, nun zur Rückkehr in den Norden.

Auf der weiterhin erfolglosen Suche nach der Nordwest-Passage wurde eine bisher kartographisch nicht registrierte Bucht entdeckt. »Dem allgemeinen Wunsch meiner Reisegefährten zufolge nannte ich diesen neu entdeckten Sund mit meinem Namen: Sund Kotzebue. So unbedeutend die Entdeckung dieses Sundes auch sein mag, so ist es doch ein Gewinn für die Geographie und mag der Welt als Zeichen meines Eifers dienen: denn wahrlich, selbst Cook ist mit dieser Küste etwas nachlässig verfahren. Ich hoffe gewiss, dass dieser Sund mich im künftigen Jahre auf wichtige Entdeckungen führen wird, und wenn sich gleich auf eine nordwestliche Durchfahrt nicht mit Sicherheit rechnen lässt, so glaube ich doch viel weiter nach Osten vordringen zu können, da das Land sehr tiefe Einbuchtungen hat. […] Bis jetzt war die Beringfläche der Schifffahrt gefährlich, da die Schiffe im Fall eines

Sturmes oder anderer Bedrängnisse keinen Hafen kannten, in den sie sich flüchten und Schutz finden konnten. Jetzt ist diese Schwierigkeit behoben, und Schiffe, welche künftig die Beringstraße besuchen wollen, werden den wesentlichen Vorteil dieser Entdeckung bemerken.«

In der weiten Bucht eine kleine Insel, (auch sie) bisher namenlos. Weil sie eine für jene nördliche Region relativ reiche Vegetation aufwies, sollte sie »Botanische Insel« genannt werden. Nun war Chamisso als Spezialist für Botanik an Bord, und so wurde aus einer provisorischen Benennung die offizielle Bezeichnung: *Chamisso-Insel*.

»Das Land, welches uns im Hineinsegeln rechts lag, war eine Insel von sieben Meilen im Umfang, die ich nach unserem Naturforscher Chamisso benannte.

Das uns umgebende Land war felsig und hoch, Schnee sah man nirgends, die Höhen waren mit Moos bedeckt, und an den Ufern wuchs üppiges Gras. Von der nämlichen Beschaffenheit war die Insel Chamisso, wo wir jetzt ein grünes Plätzchen erwählt hatten, um unsern Tee darauf zu trinken. Ich gestehe gern, dass ich mich selten heiterer gefühlt habe als auf diesem Platz, wozu der Gedanke: Du bist der erste Europäer, der dieses Land betritt, wohl viel beigetragen haben mag.

Die Insel, welche nur einen Landungsplatz hat, steigt beinah perpendikulär [senkrecht] aus dem Wasser empor; die Felsen rund umher und die Inseln an der westlichen Seite sind von unzähligen Seepapageien bewohnt, und die vielen Eierschalen, die wir auf unsern Spaziergängen sahen, deuten auf Füchse, welche die Nester zerstören. Hasen und Rebhühner gab es hier eine Menge, und vorüberziehende Kraniche ruhten auf dieser Insel aus. Auf Stellen, die vor dem N-Winde geschützt sind, wachsen einige 2–3 Fuß hohe Weiden, die einzigen Bäume, welche wir überhaupt in der Beringstraße sahen. Als wir aufs Schiff fuhren, bemerkten wir noch einige Seehunde, die sich an der westlichen Seite der Insel auf großen Steinen gelagert hatten.«

Es gibt einen dichterischen Reflex auf die nominelle Übereignung, doch hier entwickelt sich keinerlei Assoziation an eine Botanische Insel:

Wer gab am Nordpol hart und fest
Mir das verfluchte Felsennest?
Der Kotzebue, der hats getan,
Der Meer und Land verteilen kann.
Der gab am Nordpol hart und fest
Mir das verfluchte Felsennest.

Klingt nicht enthusiastisch! Ich frage mich: Was dominiert eigentlich auf jenem Eiland – Felsen oder Pflanzen? Chamisso beschreibt ›seine‹ Insel nicht näher, sie wird nur mit knappen Anmerkungen bedacht. »Die Felsen-Insel, die den Ankerplatz im Hintergrund des Sundes schützt, ist von gemengter Gebirgsart (Quarz, Schiefer). Sie wirkt kräftig [ein] auf die Magnetnadel und verändert ihre Richtung.«
Oder: »Auf der Felseninsel im Innern des Kotzebue's Sund, wächst die *Azalea procumbens* wie auf Unalaska, in der Bucht und auf der Insel St. Laurenz; mit ihr alpinische Weiden, *Cornus suecica*, *Linnaea borealis*, arktische Rubusarten usw. *Empetrum nigrum* und *Ledum palustre* kommen auf dem Moorgrund und unter dem *Sphagnum* überall vor, aber das *Ledum* bildet nicht da den hohen Strauch, der die Torfmoore von Norddeutschland ziert.«
Karge Angaben. Überhaupt dominieren in dieser Phase seiner Reisebeschreibung eher dröge und vermischte Mitteilungen. Eine Vorstellung von der Insel, immerhin ›seiner‹ Insel, vermitteln sie nicht. Doch im Internet finde ich, was ich kaum zu erhoffen wagte: ein Panoramafoto der Chamisso-Insel. Die ist in der Tat unspektakulär – eine von Steilfelsen umrahmte, sanft aufgewölbte Hochebene mit tundraartigem Bewuchs, baumlos. Trotz der monotonen Gesamtwirkung: Chamisso, der Botaniker, sah hier diverse Flora. So entdeckte er eine Eisenhut-Art: *Aconitum delphinifolium ssp. Chamissonianum*.
Das Inselchen ist zweikommadrei Kilometer lang, eins-

kommavier Kilometer breit, am höchsten Punkt erreicht es knapp siebzig Meter. Ostwärts eine Landzunge, an der ein Schiff oder Boot anlegen kann. Auch heute ist die Insel unbewohnt, zum Naturschutzgebiet erklärt vor allem für Vögel: Chamisso National Wildlife Refuge.

Ich male mir aus, wie der Botaniker, Flora sichtend, den höchsten Punkt der sanft ansteigenden, begrünten Fläche erreicht. Verlockendes topographisches Angebot für die Initiation eines Textes, in dem Naturforschung und Dichtung zusammenfinden – und sei es, erst einmal, als Konzept, als Entwurf? Und später die Ausführung, sobald Chamisso, nach jahrelanger Enge an Bord, endlich wieder einen Raum, ein Zimmer für sich hat und für seine Arbeit? Ein Text, der präzis sein müsste in der Benennung, der Bezeichnung botanischer Phänomene und Entwicklungen, ein Text zugleich, der sich freisetzt, freischwingt?

Ein Erzählgedicht, ja, in Terzinen, die sich bewährt haben bei der Evokation weiter Erzählräume. In solch ein episches Gedicht könnte sich Adelbert von Chamisso auch selbst einbringen, frei nach dem Muster, der Vorlage seines Miniatur-Erzähltextes *Adelberts Fabel*.

Da liegt ein Adelbert schlummernd im Freien, umgeben von »Mauern aus Eis«, der Blick somnambul auf Sterne gerichtet, und er nimmt den »ruhigen Kreislauf des himmlischen Wagens um den Polarstern« wahr. Mehr noch, es kommt zur apotheotischen Erscheinung einer schönen Frau von allegorischer Bedeutung, eine wichtige Botschaft vermittelnd.

Transposition: So könnte Adelbert auf dem Inselchen im Kotzebue-Sund der Beringstraße ein Lukrez erscheinen, und im Terzinen-Dialog entwickelt sich die neue Form nicht eines drögen Lehrgedichts, sondern einer dichterischen Umsetzung wissenschaftlich vorformulierten Sprachmaterials. *Historia plantarum*: weitgefächerte Vermittlung, gesättigt von Anschauung auch der Pflanzenwelt im Oderbruch, in den Schweizer Bergen, auf Südsee-Inseln, auf der Halbinsel Kamtschatka. Vergegenwärtigung von Inspiziertem und Analysiertem im Duktus metrischer Artikulation. Der Einfall, der

Entschluss dazu etwa auf der sanft abgeschrägten Hochebene
der Chamisso-Insel.
 Also: das große Erzählgedicht der Geschichte der Pflanzen
anbinden an die Person Chamisso? Damit in seiner Perspektive, jedoch in einer Sprache, die befreit ist von Patina? Gleich
ausprobieren!

Auf meiner Insel (weite Fläche, felsumrahmt)
 sah ich nur Niederwuchs wie in der Taiga,
 ein Bäumchen, sturmgezaust, mal hier, mal dort.
Doch es belebte sich im Innenblick
 die Fläche, die erst so enttäuschend wirkte,
 ich sah nun eine Phase des Beginns:
Erst Niederwuchs, den Küstenstrich erobernd
 in Form von Moosen, strukturiert wie Algen,
 Telome, gabelig verzweigt, im Wachstum.
Ich sah im Farn den Urfarn, inkludiert,
 die Fiederblätter mit Sporangien
 und wechselständig Wedel, auch fossil.
Sah Bärlapp: klein die Blätter, achselständig,
 sah Schachtelhalmgewächse: Sporenblätter,
 geformt wie Schilde, die Sporangien tragen,
ich sah (doch nicht auf meiner Namensinsel)
 wie über Farn und Bärlauch, Schachtelhalm
 sich Bäumchen reckten, knapp zwei Meter hoch,
die Blattspurbündel (wie beim Tang) zentral,
 die Zweige erster Ordnung –

Verstehe und deute ich Geschichte als Ablauf einer Entwicklung, so wird hier Entwicklung nicht artikuliert, es werden
nur einzelne Phänomene hervorgehoben. Da ist plötzlich der
Schachtelhalm, ist plötzlich der Bärlapp, doch wie die sich entwickelt haben, woraus sie hervorgegangen sind, mit welchen
Verzweigungen, Sprossenbildungen, das habe ich nicht nachgezeichnet, da sind Sprünge. War es ›wirklich‹ eine Entwicklung, eine Historia in Sprüngen? Isolierung der Phänomene?
Hier heißt es nacharbeiten.

Also wieder die Frage aufgreifen: Was ließe sich aus jener Vergangenheit übernehmen und umsetzen – in damaliger Intention und in heutiger Artikulation?

FORTSETZUNG DES VERSUCHS, eine metrisch artikulierte, zugleich komprimierte Geschichte der Pflanzen zu entwerfen. Könnte sein, dass ich dabei den Ellipsen-Doppelbrennpunkt Unalaska und Chamisso-Insel aufgeben muss, dass sich der Text selbständig macht, sich ablösend von der virtuellen, posthum durchgeschalteten Verbindung mit Adelbert von Chamisso, sich hinwegsetzt über damalige Sichtweise, damaligen Diskurs, damaliges Idiom. Noch entschiedener für uns und noch weniger mit Blick auf Chamisso formulieren? Den Akzent weniger auf virtuelle Rekonstruktion setzen als auf aktuelle Präsentation?

Sah Lotosblätter, deren Epidermis
  mit kristalliner Feinstruktur
  viskose Flüssigkeiten perlend abweist.
Sah Strahlenblüter, weiß, ganz weiß,
  von eminenter Reinheit, damit Leuchtkraft –
  ermöglicht durch Papillen, konisch spitz,
kalottenartig flach gekuppt, gruppiert
  in Blütenepidermis, dies als Feld,
  seriell gerastert wie ein Katzenauge.

Ja, so könnte das funktionieren. Um Chamisso jedoch nicht ganz aus dem Blick zu verlieren, ein Zitat aus dem Ausstellungskatalog: Er brachte in zwanzig Kisten »eine umfangreiche Sammlung von Mineralien, Pflanzen und Tieren praktisch aller wichtigen Gruppen, dazugehörige Zeichnungen und Notizen sowie Ethnographika« von der dreijährigen Reise mit nach Berlin. Die Zahl allein der botanischen Präparate: über zehntausend.

Chamisso wurde »Mitaufseher des botanischen Gartens« in Schöneberg. Das Viertel lag damals noch außerhalb der Stadt – auf dem langen Fußweg von der Wohnung in der

Friedrichstraße hinaus zum Dienstsitz konnte Chamisso botanisieren!

Er wurde befördert: Erster Kustos am Königlichen Herbarium. Er wertete seine Pflanzenbelege aus, untersuchte zwischendurch Torfmoore im Havelland, veröffentlichte Fachbeiträge, schrieb ein »dickes Buch« für den Schulgebrauch: *Botanik für Nichtbotaniker*. Er verstand sich als Dolmetscher zwischen Fachidiom und Umgangssprache: früher Versuch der Popularisierung von Naturwissenschaft.

Dieser professionelle Botaniker verfasste nach der Rückkehr zwar keinen Erzähltext mehr, leider, schrieb aber weiterhin Gedichte – bis in die letzten seiner (allzu wenigen) Lebensjahre. Er war einmal Schriftsteller, der Botanik studierte, und wurde Botaniker, der Gedichte schrieb.

Chamisso, der forscht und Chamisso, der dichtet, auch auf der Fahrt in Nordmeer und Südsee: ein Wunschbild? Hat sich Chamisso auf der Expeditionsfahrt nicht primär als Naturforscher, als Botaniker gesehen? Und war er in Berlin nicht primär, ja, ausschließlich beschäftigt mit der wissenschaftlichen Auswertung der Herbarienpräparate, von ihm ironisch als »Heu« bezeichnet?

Briefe, vor allem ab 1828, setzen andere Zeichen. Ich zitiere: »Ich bin bei der Botanik und bei den Musen … Die Botanik ist immer stark an der Tagesordnung und nebenbei die Poesie … Ich, mein lieber Freund, habe immer einen Fuß in der Botanik und einen in der Literatur … In der Botanik immer tätig, und in der Poetik so geehrt, gelesen und bewundert, dass ich es kaum glauben kann … Ich gehe von der Botanik zur Poesie und von der Poesie zur Botanik harmlos hin und her … Die Zeit teilt sich zwischen Botanik und Poesie, und ich stehe auf jeglichem Fuß ziemlich fest …« Also reichlich Doppelstichwörter für eine Fortsetzung, Fortführung meines Projekts.

Die Frage nach der Generalperspektive des großen Erzählgedichts schiebe ich noch ein wenig auf, muss erst einmal ganz sicher oder zumindest relativ sicher sein, dass die Umsetzung übernommener Informationen via Dantes Versform funktioniert, dass sie trägt. Dies hingegen hätte kontraproduktiv, womöglich lähmend gewirkt: Ein Entwicklungsschema übernehmen, dann erst ins Detail gehen. So funktioniert das bei mir nicht. Ich muss erst einen Duktus, eine Sprachform, ein Sprachmuster entwickeln in diversen Ansätzen, Anläufen, jeweils mit der kritischen Frage: Läuft das so, trägt das so, könnte das so fortgesetzt werden? So führe ich eine Art Terzinen-Stresstest durch, die metrische Tragfähigkeit erkundend: Wie weit kann der Vers sich noch freischwingen?

Ich lasse mich motivieren durch einen knappen Forschungsbericht aus ›meiner‹ Akademie zu Mainz: die genetische Codierung austrocknungsresistenter Pflanzen.

Der »Bildungsweg der Pflanzen«: weithin kryptisch:
   da reduziert sich und da planatiert,
   da krümmt sich ein, wird übergipfelt
in gabeliger Ausgangsform, dies pendelnd,
   in Dachform asymmetrisch, anadrom,
   als Wuchs im Blatt und in der Achse,
in Protostelen, Poly-, Plektrostelen,
   im Zentrum der Telome radiär,
   mit Einkeimblättern, dem Xylem im Ring,
zuletzt denn trocknungstolerante Flora –

Engländer würden solch einen Text als »brittle« bezeichnen. Auch mir erscheint er überaus spröde. Es fehlen ein paar Fermente. In einem zweiten Anlauf kann es nur besser werden.

Hier jedoch zeigt sich ein technisches Problem: Das Metrum beginnt zu verfälschen. Korrekt wäre: »austrocknungstolerant«. Das Metrum sperrt sich ebenso gegen »zellulären Wasserverlust«.

Worum es geht: Pflanzen können längerfristig darben, bis endlich Regen sie belebt – afrikanische »Wiederauferstehungspflanzen«. Dies mit hóher Wássernútzungséffiziénz. Da fügt sich die vorgegebene Formulierung wieder ins metrische Schema.

Verstechnische Probleme, gewiss, sie müssten jedoch lösbar sein. Tüfteln wird angesagt sein, Formulierungen, die sich metrisch querlegen, dürften da keine unüberwindlichen Hindernisse bilden. Eher knifflige Punkte, vor die ich mich bei weiträumigen Übertragungen oft schon gestellt sah. Da lasse ich mich von schwingungs-resistenten Formulierungen wie »austrocknungstolerante Wiederauferstehungspflanzen« nicht entmutigen. Hier müssen sich Lösungen finden lassen. Wörter, Termini auswählen oder zulassen, die jamben-kompatibel sind ... Mit dem Ergebnis: Metrische Levitation auch lastender Sprachmaterialien ...

Das hoffentlich nicht täuschende Grundgefühl nach diversen Probeläufen, sogar nach dem Terzinen-Stresstest: die Versform könnte tragen. Hier lässt sich weiterarbeiten. Allerdings: Was fehlt, bisher, ist die Generalperspektive, die das metrisch verdichtete Material folgerichtig ordnet. Ein Leitfaden. Ungefähr wie der Faden der Ariadne, der durch die erst einmal unübersichtliche Wissenswelt hindurch-, aus ihr aber auch wieder herausführt. Diesen Faden kann ich nicht selbst wirken, ich bin, ich bleibe angewiesen auf Adaptation, auf Umsetzung. Also erneut Kooperation.

Finde ich sie wieder in Bonn? Im Nees-Institut für Biodiversität der Pflanzen? Bei Wilhelm Barthlott, inzwischen emeritiert, doch weiterhin aktiv? Hier gleich meine Anfrage.

»Lieber Herr Barthlott, lang ists her, seit uns das Stichwort Maria Sibylla Merian zusammenbrachte. In der Zeit der raschen ›Drehzahlen‹ von Büchern erstaunlich: Noch ein Jahr nach Erscheinen wurde eine dritte Auflage gedruckt. Und eine besonders schöne Präsentation auf *MS Polarstern*. Da fährt seither mein Buch in der Bibliothek mit.

Heute die Bitte um einen Hinweis auf eine Publikation zur EVOLUTION DER LANDPFLANZEN – gibt es da einen zuverlässigen Überblick für Nichtexperten? Einen, der auch so naive Fragen beantwortet wie: Woher kam eigentlich das Chlorophyll? Musste ja ganz früh mal aufgetaucht sein, aber woher, wieso?

Die Mail-Anschrift ist übrigens die meiner Gefährtin hier in Brühl.
Und damit Dank im Voraus und herzliche Grüße, Ihr Kühn.«
Die Antwort kam rasch, doch das Verständnis hinkt nach. Das bibliographische Angebot fiel nicht so schlicht aus, wie ich das erhofft hatte, lässt sich nicht eins zu eins übernehmen, ich muss mich auch hier wieder zurechtsortieren, durcharbeiten, um die Generalperspektive in erwünschter und notwendiger Klarheit zu sehen, gleichsam gebrauchsfertig für das Projekt.

UND DOCH will ich Adelbert von Chamisso nicht aus dem Blick verlieren. Gedankensprung, Gedankenflug nach Berlin-Kreuzberg, in das kleine Museum. Und ich versetze mich, nun virtuell, in den rekonstruierten Heckraum der *Rurik*, lasse mich erneut Platz nehmen am Tisch, souffliere mir: Im Nachbau des dreijährigen Ambientes von Chamisso intensiviert sich die Sichtverbindung zu ihm. Dort würde ich mich der Erfüllung des alten Traums näher fühlen. An solch einem Tisch hat er gesessen, recherchiert, notiert. Unter seiner Schädeldecke: beide Welten! Dichter Chamisso und Naturforscher Chamisso in Personalunion. Wegbereiter, Wegbegleiter. Ich muss ihn an meiner Seite sehen, sonst komme ich nicht weit.

Einträge Logbuch: Frühgeschichte

ERSTES STICHWORT: FRÜHGESCHICHTE. Und damit: Rückblick, Rückgriff auf einen Erzähltext, der zurzeit allein in einer Tonaufzeichnung des Hessischen Rundfunks vorliegt, präsentiert in der CD-Sammlung *Erzählerstimmen*.

Ich war fünfunddreißig, als mein erstes Erzählbuch erschien mit dem knappsten aller Titel: *N*. Fünf-und-drei-ßig: In diesem, in jenem Alter waren (und sind) die meisten meiner Kollegen und Kolleginnen womöglich schon ein Jahrzehnt präsent auf dem Literaturmarkt. Fünfunddreißig: das war ziemlich, das war reichlich spät. Ich gewöhnte mich an diese Selbstinterpretation, Selbstaussage: Ich bin ein Spätstarter, als Erzähler.

Vor dem ersten Buch: keine Liste gedruckter Erzählungen, in Zeitschriften oder Anthologien, nur der eine Text, den ich gleich vorlegen werde. Allerdings und immerhin: Hörspiele. Zwei von ihnen in WDR-Hörspielbüchern, 1962 und 1963 erschienen bei Kiepenheuer & Witsch. Ich brauche nicht mal eine Hand, um gedruckte Texte aufzuzählen vor dem Stichjahr 1970: ein Erzähltext, zwei Hörspiele. Die beiden Hörspiele würde ich heute nicht mehr veröffentlichen; bei der Erzählung ist das anders – die kleine Ouvertüre kündet es an. Umgangssprachlich: Zu diesem Erzähltext stehe ich noch.

Ich greife noch einmal auf: Über ein Stipendium kam ich 1957 an das College von Haverford bei Philadelphia, als Teaching Assistant für Elementary German. Mir wurde ein Zimmer zugewiesen in einem der Campusbauten: Bett, Tisch, Stuhl, grün gestrichene Wände – fast die Kargheit einer Gefängniszelle. Viel größer war es auch nicht, dieses Zimmer, aber hier fühlte ich mich frei, hier begann ich, nach allerersten

Versuchen als Schüler und Student, konsequent und kontinuierlich zu schreiben.

Als erstes Projekt: ein Zyklus von Erzählungen mit gemeinsamer, mit verbindender Struktur. Thema mit Variationen. Das Thema: Bewegung zu einem hochgesteckten Ziel, doch es wird nicht erreicht.

Die Erzählungen oder eher: Erzählungskapitel waren chronologisch gereiht. Das erste Kapitel eines ›Törns‹ in mythischer Vorzeit: Erzählversion der *Argonautika*, das Goldene Vlies (oder Fell) als Ziel. Noch heute besitze ich die Ausgabe der deutschen Übertragung des hellenistischen Epos von Apollonios Rhodios, das ich nach Amerika mitgenommen hatte auf der elftägigen Fahrt des griechischen Passagierschiffs. Damalige Bleistiftmarkierungen am Textrand: ich folge ihnen, komme dem damaligen Ich aber nicht mehr auf die Spur. Die *Argo*: abgedriftet. Das Fahrtziel: verschwommen. Die Personen: zu Schemen geworden, auf Namen reduziert. Das *Argo*-Textprogramm: gelöscht.

Randnotiz. Erst seit ein, zwei Jahren weiß ich: Das sagenhafte »Goldene Vlies« hatte ein historisch reales Pendant. Im vorderasiatischen Bereich jener Segelexpedition wurden Schafsfelle zur Goldgewinnung benutzt – körniges Flussgold verfing sich im Vlies, im Fell.

Zweites Erzählkapitel: Die letzte Seefahrt des Raimundus Lullus, des katalanischen Philosophen, Theologen, Missionars des 13. Jahrhunderts. Dreimal reiste er von Mallorca nach Nordafrika, wollte möglichst vielen Menschen den Weg zu seinem Gott weisen; bei der dritten Missionierungsreise wurde der Greis mit Steinwürfen vertrieben, dabei schwer verletzt, wurde auf ein Schiff getragen; er starb (so heißt es) beim Anblick seiner Heimatinsel. Hier war sie wieder, meine Urgeschichte: Ein hochgestecktes Ziel wird nicht erreicht.

Vage Erinnerung auch an ein Kapitel über einen der Alchemisten, die nicht nur hochstaplerische und betrügerische Goldmacher waren, sondern Männer in Laboratorien, die sich in der Ausstattung kaum von Laboratorien damals zeitgenössischer Chemiker unterschieden. Zwar arbeiteten sie hin auf

Weißglut-Läuterung verschiedenster, vermischter Materialien zwischen Blei und Urin, Zinn und Lehm, Schwefel und Blut, letztlich aber ging es um einen Schmelzprozess, der zu neuer, höherer Lebensform führt, zur Selbstläuterung.

Eine Zeitphase, frühe sechziger Jahre, in der mich Alchemie faszinierte, wenn auch eher als Denkmodell. Ein Modell, das verwitterte, zerbröselte, zerbröckelte.

Das letzte (der insgesamt sieben) Erzählkapitel führte in meine damalige Gegenwart: Das erste Atom-U-Boot, *Nautilus*, fährt unter der Eiskappe der Arktis zum Nordpol. Doch das wird nur für einen der Offiziere im geöffneten Turm des schließlich aufgetauchten U-Boots zur Erfahrung: die nun schon als fremdartig empfundene ›frische Luft‹ – nach langer Belüftung durch die Klimaanlage an Bord. Während der Unterwasserfahrt dominierten Zeichen und Ziffern auf Anzeigern. Das Ziel wird erreicht und gewinnt kaum an Realität.

Das hochgesteckte Ziel, mit dem Erzählzyklus *Vergebliche Bewegungen* literarisch interessierte Öffentlichkeit zu finden, ich habe es nicht erreicht, der Titel des Erzählbands wurde zur Formel eigener (vorläufiger) Vergeblichkeit. 1959 schickte ich das Typoskript nacheinander an zwei Verlage, erhielt Absagen. Und begann unsicher zu werden in der Selbsteinschätzung, wollte mit dem Projekt nichts mehr zu tun haben, zog einen Schluss-Strich. Ich sparte nur eine Erzählung aus.

Sie wurde angeregt durch ein (für mich jetzt namen- und titelloses) Buch über die Kreuzzüge des Mittelalters. Und ich las, schon damals in den Vereinigten Staaten, ein Buch über die letzte Fahrt des Christoph Kolumbus, vermittelt im Bericht des Diego, der das Scheitern miterlebt, miterlitten hat.

Die Erzählung blieb in einer Mappe liegen, jahrelang. Erst 1965 veröffentlichte ich sie in der Zeitschrift *neues rheinland* – Vorlage für eine Anthologie, die 1985 Karl Corino herausgab. Nun die Vorlage für den Nachdruck.

WIR WOLLTEN alle Völker der Kirche zuführen, wollten das Land befreien, in dem der Herr mehr als dreißig Jahre gelebt hatte, wollten selbst frei werden durch diesen Kreuzzug. Es wurde uns gesagt, die Erfüllung der Zeiten sei nah, alle Reichtümer göttlicher Gnade stiegen zu uns herab: Jahr der Verzeihung, Jahr der Verheißung, Jahr des Jubels.

Und wir zogen zum Rhein: aus Gruppen wurden Scharen, aus Scharen Kolonnen, die sich am Fluss stauten; auf die Fähre warten, schreien, winken, feilschen, bezahlen, fluchen, Gepäck in das Boot werfen, nachspringen – die Fähre stieß ab.

Tag um Tag durch Deutschland: übernachten auf Feldern, in Scheunen, in Kreuzgängen; kaufen, tauschen, stehlen. Hinter dem Wagen hergehen, im Wagen sitzen, wieder gehen: Wochen an Wochen lagen vor uns, Wochen um Wochen gingen, fuhren, gingen wir.

Ungarn; weite, trockene Ebenen: jeder Schritt warf Sand hoch, jeder Wagen zog eine Staubfahne, alles von Sandstaub gepudert, selbst Brot und Fleisch schmeckten nach Staub.

Am Horizont: immer neue Reitertrupps, die uns überholten, wieder verschwanden. Wir saßen auf stoßenden Wagen, ringsum Ebene, grau, nur fleckig bewachsen, vor uns, hinter uns Wagen, Pferde, Männer, überwölbt von Staub.

Nicht mehr aufschauen, nur gehen, hocken, gerüttelt werden, und wenn sich der Blick hebt: Ebene, Ebene, Hütten hier und dort, schräg aufgerichtete Brunnenbalken.

Dreimal schon war er über den Atlantik gefahren, dreimal schon hatte er vergebens die Ost-West-Durchfahrt nach einem Indien gesucht, dessen höchste Erhebung der Paradiesberg war. Statt Indien entdeckte er auf seiner ersten Fahrt Amerika, die Fahrt wurde zum Triumph. Von der zweiten Fahrt kehrte er verbittert zurück. Er fuhr zum dritten Mal: sie brachten ihn in Ketten nach Spanien. Ein viertes Mal wollte er jetzt die Ost-West-Durchfahrt suchen. Nach langem Verhandeln gab man ihm vier Schiffe: die Segel morsch, die Seile gesplissen, die Bretter vom Holzwurm angebohrt.

Und er vertraute sich wieder dem Meer an: Dünung, die zwischen Horizont und Horizont schwingt, das Wasser gestaltlos in Wellenberg, Wellental, Wellenberg. Und er vertraute sich wieder dem Wind an: Bewegung weit über die Horizonte hinaus, wachsend, schwindend, kraftvoll und körperlos. Dieser Wind sollte ihn paradiesischer Gegenwart zutragen, dieses Wasser sollte die Küsten des Lichts berühren: er wollte den Paradiesberg finden, von dem jeden Morgen die Sonne aufsteigt, Berührungspunkt zwischen Himmel und Erde. Kolumbus hatte auf den vergangenen Fahrten Meeresströmungen beobachtet, Seegras, Lufttemperaturen, Vogelflug und Magnetnadel, er hatte seinen Kurs nach den Sternen berechnet. Er wollte segeln, wohin keine messbare Bewegung führt. Das Ziel, das er mit fast abgewrackten Schiffen erreichen wollte, war eine Vision: Dies war die Entdeckung, die Gnade, die er von der letzten Fahrt erhoffte. Er nannte sie die Große, die Hohe Fahrt, als er aufbrach.

Jeder Schritt warf Sand hoch, wir gingen, gingen, machten halt im brennenden Dorf: einer unserer Trupps hatte es geplündert. Tote auf Rücken und Bauch, Stichwunden. Der Priester stellte sich auf einen Wagen, wir warfen uns nieder. Der Boden brandig.

Mehr und mehr Männer kamen uns entgegen, ausgehungert, erschöpft; wir sahen ihnen lange nach, manche schlossen sich an; abgerissen, wehrlos zogen sie zurück, bald niedergemacht von Ungarn.

Trupps lösten sich vom Heer, streiften durch das Land, suchten Brot, Wasser, Fleisch: sie überfielen Dörfer, trieben Schafe zusammen, schleiften Männer am Pferd und schnitten das Seil ab, wenn die Körper sich nicht mehr rührten.

Nur die Wagenräder vor mir, Füße, die mit jedem Schritt Staub aufwarfen; oft ging ich mit geschlossenen Augen, die Hand am Wagen: fühlen, wie die Beine sich bewegen, fremd geworden, ein Schritt nach dem anderen, tausend, zehntausend, Tage und Wochen hindurch. Auf dem Karren hocken: die geschmolzene Gruppe, die Horizonte klar, am Straßenrand Tote – gestorben an Fieber, gefallen in Geplänkeln; Pferdegerippe, das Fleisch von Hungernden abgeschält. Weitergehen, Staub, der Hals rau, die Zunge ein Stück Holz; den

Hunger nicht mehr spüren, nur noch Bewegung sein, betäubt von Erschöpfung, ausgebrannt vom Licht.

Die meisten Segel wurden von der ersten, plötzlichen Bö zerfetzt. Ein Schiff wurde von Brechern so schwer beschädigt, dass es sich kaum noch über Wasser halten konnte. Die nächste Küste war Española. Kolumbus aber durfte nach ausdrücklichem Verbot des Hofes seine Insel nicht mehr betreten. Der Sturm nahm zu, uns blieb keine Wahl, wir mussten vor der Küste ankern. Wir schickten einen Boten mit Bittbrief in die Stadt. Man wies ihn ab. Wir segelten weiter, gerieten in einen Orkan, die Schiffe wurden verstreut. Ich stand auf dem Hinterdeck neben Kolumbus, wir hielten uns an den Seilen fest: grauschwarze, von Wirbelwinden aufgetürmte Wellen, tiefe Wolken. Das Schiff drehte sich, sackte ab, wurde hochgestemmt. Er kam erst wieder an Deck, als am nächsten Tag eins unserer Schiffe gesichtet wurde und später am Nachmittag auch die beiden anderen. Brecher hatten die Boote von Bord gerissen, die Ladung war teilweise verlorengegangen. Er hörte schweigend die Berichte an.

Das Meer war in den folgenden Wochen ruhiger. Segel wurden ausgebessert, Seile neu gespannt. Dann wieder Sturm. Der wuchs von Tag zu Tag. Wir trieben ohne Segel. Das Steuer drehte leer, wenn das Heck gehoben wurde, es schlug nicht mehr aus, wenn es zurücksank. Immer wieder tosten kristallgrüne Massen über Bord. Die Stürme kamen aus verschiedenen Richtungen, hielten wochenlang an. Wir kamen während dieser Zeit knapp 70 Meilen voran. Die Schiffe waren leck. An den Pumpen wurde pausenlos gearbeitet. Als nach vier Wochen der Sturm noch kein Ende genommen hatte, legten wir Gelübde ab. Der Sturm hielt an.

Der Aufbruch von Byzanz: dichtgedrängt sahen wir, wie die Stadt hinter gebläthem Segel zurücksank; Geruch von geteertem Holz, Salzwind; das reine Blau, vom Schiff aufgeschnitten in kristallenes Weiß.

Im Lager von Nikäa: Das berittene Heer werde durch das

Landesinnere ziehen, wer keine Rüstung, kein Pferd habe, solle unter Bischof von Freising den längeren Küstenweg nehmen. Unruhe, Diskussionen, Beschwerden: Man will uns abschieben, weil wir kein Geld haben, und wenn wir endlich ankommen, falls überhaupt, hat das Reiterheer schon alles entschieden. Manche bestiegen gleich wieder die umkehrenden Schiffe; ich feilschte um ein Pferd. Geschrei und Streit beim Aufbruch des Heeres: viele zogen mit ihrem Gepäck zu den Reitern; flehen, beschwören, beschimpfen: einer der Reiter wies die Männer zornig zurück, wurde mit Steinen beworfen, schlug mit der Breitseite des Säbels zu, wurde vom Pferd gerissen, andere Reiter sprengten herbei, man fiel den Pferden in die Zügel, die Reiter schlugen nicht mehr allein mit der Breitseite der Schwerter; wir verschafften uns Raum.

Nach der Landung bei Cariai erforschten wir das Landesinnere. Wir entdeckten ein Flussbett, in dem Gold schimmerte. In der Nähe fanden wir verlassene Goldgruben. Kolumbus ließ sich Proben des Flussgoldes zeigen, stieg in die verfallenen Schächte, winkte mich heran: Dies müssen die Bergwerke Salomos sein; diese Insel ist das Ophir der Alten.

Er zeigte mir eine Karte, die er gezeichnet hatte: Ich habe herausgefunden, dass die Erde nicht rund ist, sagte er. An einer Stelle hat sie eine Erhebung wie die Warze einer weiblichen Brust. Dieser Berg liegt bei Indien. Wir sind ungefähr hier, also ganz in der Nähe. Es sind höchstens neun Tagesreisen. Wir müssen nur die Durchfahrt finden. Auf diesem Berg liegt das Paradies.

Wir segelten weiter. Wir entdeckten eine neue Küste, fuhren an ihr entlang, suchten eine Durchfahrt. Das Land hieß Panama. Kolumbus stand Tag und Nacht an Deck und suchte die Küste ab. Als wieder Sturm aufkam, lenkten wir die vom Holzwurm durchbohrten, von Brechern leck geschlagenen Schiffe in eine Bucht. Zehn Tage Warten – dann forderte die Mannschaft, dass etwas geschehe, sofort, unbedingt. Wir durchfuhren die Brandung, aber der Sturm trieb uns zurück. Einige Tage später kam es auf den Schiffen zu Schlägereien.

Wir durchsegelten die Brandung und mussten nach zwei Tagen wieder das Land ansteuern. In einer Flussmündung warfen wir Anker. Es regnete eine Woche lang. Der Fluss stieg. Unser Anker riss raus, wir trieben auf die nächste Karavelle zu. Ihre Mannschaft kappte rechtzeitig die Ankerseile. Wir landeten in einer anderen Bucht.

Als wir wieder aufbrechen wollten, meuterten die Mannschaften. Wir gründeten eine Siedlung. Gleich in den ersten Tagen zogen sie in Gruppen los. Wenn die Indios Besitz und Frauen verteidigten, wurde geschossen. Von allen Seiten kamen daraufhin bewaffnete Indios und sammelten sich im nächsten Dorf.

Die Schiffe wurden durch die Brandung ins offene Meer gesteuert. Ich blieb mit einem Trupp zurück und baute das Lager ab. Dabei wurden wir von etwa 400 Indios angegriffen. Unsere Waffen waren besser, aber wir hatten zehn Mann verloren, als die Indios sich endlich absetzten. Kolumbus konnte uns nicht zu Hilfe kommen. Die Riffe ließen sich im Dunkel nicht mehr ausmachen, der Sturm hatte zugenommen, die verrotteten Schiffe durften nicht noch einmal die Brandung durchfahren. Er war auf Deck hin und her gelaufen, erzählten sie später, er hatte in alle vier Winde nach Hilfe geschrien.

Das Heer löste sich in immer kleinere Gruppen auf, denn die Dörfer waren oft leer, das Wasser in den Brunnen war meist verdorben, Hühner und Schafe waren weggetrieben in Täler, die wir nicht fanden. Und dann die ersten Angriffe: Es kam auf schnellen, wendigen Pferden, schlug zu, trabte davon; wir hatten immer Verluste. Argwohn gegenüber den griechischen Führern: vielleicht verrieten sie uns an die Türken. Dazu noch Umwege: Täler, die in andere Richtungen führten als vorausgesagt, oft mussten wir umkehren oder Höhenzüge überqueren, immer wieder angegriffen von schnellen, ausgeruhten Reitern: immer neue Verluste.

Unsere Pferde magerten ab, brachen sich Knöchel im Steingeröll, wurden von den Angreifern verletzt: wer sein Pferd verlor, zog zwischen uns zu Fuß weiter, bis er nicht mehr gehen konnte; wir banden die Kranken, Verwundeten am Sattel fest, gingen neben den Pferden; die Füße wund, jeder Schritt warf Sand hoch, alles von Staub überzogen. Wenn die Körper auf den Pferden sich nicht mehr regten, begruben wir sie, banden andere auf die Pferde.

Wir segelten nach Spanien zurück. Das Holz unter der Wasserlinie glich Bienenwaben. Tag und Nacht standen wir an den Pumpen. In Krügen, in Kesseln schleppten wir Wasser hoch. Wir gerieten wieder in einen Sturm. Die Schiffe sanken ab, unaufhaltsam. Wir ließen sie am Strand von Jamaika auflaufen. Sie füllten sich mit Wasser. Auf Vorder- und Hinterdeck bauten wir strohgedeckte Hütten. Der Empfang der Indios war nicht gerade freundlich gewesen.

Als die letzte Ration Wein und Zwieback verteilt war, ging ich an Land. Durch Versprechen erreichte ich, dass man uns Reis und Cassavefrüchte brachte. Im nächsten Dorf traf ich zur Sicherheit das gleiche Abkommen. Ich hatte Glück: für meinen Helm konnte ich ein Kanu eintauschen. Als ich bei den Wracks anlegte, rief mich Kolumbus zu sich: Diego, einer muss nach Española. Es sind 300 Meilen, aber es gibt keinen anderen Ausweg. Ruf die Männer zusammen, sie sollen abstimmen.

Auch die Männer sahen keine andere Möglichkeit, nur wollte keiner fahren. So musste ich es tun. Das Kanu wurde geteert, ein Mast eingelassen. Sechs Indios ruderten. Fünf Tage und vier Nächte lang rudern und segeln. Ich saß ununterbrochen am Steuer. Am dritten Tag waren meine Beine empfindungslos.

In Española führte der Gouverneur wieder einmal einen Rachefeldzug gegen die Indios. Er vertröstete mich von Monat zu Monat. Als er nach sieben Monaten ein großes Siegesfest feierte und dabei 84 Kaziken foltern, aufhängen und verbrennen ließ, gab er endlich ein Schiff frei.

In Jamaika war die Luft immer feuchter geworden, immer heißer. Die Männer zusammengepfercht auf den Wracks; eines Abends überfielen sie die Indios, raubten mehrere Kanus, ließen Kolumbus und wenige Männer zurück, brachen auf nach Española. Nicht weit von der Küste gerieten sie in einen Sturm, die meisten ertranken. Die anderen retteten sich ans Ufer, zogen raubend, mordend durch das Land. Die Abgaben der Indios blieben aus. Kolumbus war ausgehungert, erschöpft, krank, als unsere Karavelle endlich anlegte. Wir trugen ihn vom Wrack.

Weiterziehen: Pferde, beladen mit Erschöpften, Kranken, Verwundeten; weiterziehen durch ausgetrocknete Täler, über wüste, leere Hochflächen; weitergehen mit halb geschlossenen Augen, den Zügel in der Hand: gehen, gehen, ausgebrannt vom schattenlosen Licht, betäubt von Erschöpfung, gehen, immer weitergehen und nicht mehr wissen, warum und wohin, gehen, und immer wieder Angriffe, Verluste.
Schließlich die Sonnenfinsternis: windstill, bleigrau, unwirklich das Land; die Sichelform.
Als das Licht wieder wuchs, zogen wir die Fährte zurück, an Sandhügeln vorbei, an Pferdegerippen; Fliegenmyriaden; wieder Angriffe; wieder Pferde, Verwundete zurücklassen, weiterziehen; nur noch gehen, gehen, um sich schlagen, weiterziehen, nach Wasser und Fleisch suchen, Tote zurücklassen, weiterziehen, weiter, kämpfen, gehen.
Als ich das Lager sah, wollte ich laufen; ich fiel auf das Gesicht, schrie nach Wasser.

EINE VON SIEBEN ERZÄHLUNGEN also; die anderen, wie schon betont, sind annulliert. Und damit ein Stichwort, das unauflöslich, unabdingbar zur Tätigkeit des Schreibens gehört, wenigstens zuweilen: Das Auslöschen von Geschriebenem, sogar von Gedrucktem. Zurücknehmen, zerstören, unsichtbar machen!
Das fällt nicht so dramatisch aus wie in Bildender Kunst: Erzählt wurde mir von einem Bildhauer, der in einem rasenden Anfall von Selbstkritik im weitläufigen Atelier mit dem Vorschlaghammer Gipsmodelle zertrümmerte. Da geht es in meiner Branche leiser zu, hier ist höchstens zu vernehmen das

Geräusch von zerrissenem, von zusammengeknülltem Papier, das in einen Papierkorb gestopft oder in eine Papiertüte gesteckt wird, die ich diskret in einem Container verschwinden lasse.

In den sechziger Jahren konnte man es sich noch erlauben, im Garten Papier zu verbrennen; immerhin habe ich ein Erdsieb schräggestellt über der Feuerstätte im Garten des Schwiegervaters – brandschwarze Placken sollten nicht hinüberschweben zur angrenzenden Bundesstraße. Nun das Verschwinden in Containern. Nun das lautlose Löschen einer Datei, dies möglichst auch im digitalen »Papierkorb«. Es soll allerdings Möglichkeiten geben, im Bauch des Computers doppelt Gelöschtes wieder aufzuspüren, also wird kurz vor dem letzten Stündlein nur Magnetisieren der Festplatte helfen oder deren Zertrümmerung. Ich bitte darum. Auch müsste dafür gesorgt werden, dass nicht USB-Sticks in Schubladen oder sonstwo herumliegen, auf denen extern abgespeichert ist, was gelöscht werden sollte. Schnitzeljagd im Reich des Digitalen.

Ich bin in diesem Punkte etwas dünnhäutig, nach einer lang zurückliegenden, jedoch nachwirkenden Erfahrung. Hans Bender, seinerzeit noch als Herausgeber der Zeitschrift *Akzente*, erzählte mir vor vielen Jahren, ein Dozent der Germanistik hätte für eine eventuelle Publikation in der Zeitschrift einen Essay eingereicht, in dem explizit einige meiner frühen Hörspiele analysiert und kritisiert wurden. Der Verfasser hatte sich auf Texte konzentriert, die im Printmedium nicht veröffentlicht waren, hatte sich Sendskripte aus dem WDR-Archiv verschafft.

Mit jenen Texten hatte der Autor leichtes Spiel! Denn: Texte, die ich in Hörspielbänden (noch einmal) vorstellte, sie hatte ich genau durchgesehen; für schwache Texte hingegen hatte ich nichts mehr getan – so wirken schwache Texte, im Vergleich, noch schwächer. Gerade die misslungenen Versuche, nie mehr revidiert, erschienen jenem Germanisten besonders aufschlussreich – zumindest in seiner Intention.

Bender lehnte die Arbeit ab. Und ich war gewarnt! Ich setzte mich im Funkhaus Köln mit einem Dramaturgen zusammen, wir gingen die Karteikarten meines ›Haussenders‹ durch und ich ließ Sperrvermerke anbringen. Schadensbegrenzung!

Ich sagte mir und sage es nun wieder: Jeder hat das Recht auf Einsicht, auf »gewandelte künstlerische Überzeugung« (wie es juristisch relevant heißt), kann also zurückziehen (oder erheblich verändern), was er mal vorgelegt hat.

Dennoch: die Kategorie Vollständigkeit ist unter Philologen als Editoren primär. Für mich ein Begriff von eingeschränkter Bedeutung. Zwei konträre Grundhaltungen, ja, Mentalitäten treffen aufeinander: Das Interesse eines (selbstkritischen) Autors an der Zusammenstellung (hoffentlich) relevanter Texte und das Interesse eines Herausgebers an Komplettierung. Hier kritisches Sichten, dort Drang zur Vollständigkeit. Anders kontrastiert: Ein Autor, der als kritischer Leser eigene Texte akzeptiert oder revidiert oder verwirft, und ein Editor, der sich der Wertung so weit wie möglich enthält, für den Text gleich Text ist.

Ich habe mich mit dieser Frage nicht auseinandergesetzt, indem ich diskursive Ausführungen las zur Frage von Editions-Leitwerten, es blieb bei gelegentlichen, eher zufälligen Seitenblicken. Etwa mit der Rezension einer Neuerscheinung aus dem Nachlass eines Schriftstellers, dessen Name hier nicht wichtig ist, es geht ums Prinzip: »Die langsame Hinrichtung eines Schriftstellers besorgen die Verwalter seines Erbes, die meinen, sie dürften uns kein Blättlein vorenthalten, über das einst die Hand des Meisters glitt.« Oder, wie es in einem Programmheft der Kölner Philharmonie hieß: »Vollständigkeit: zwar ein wichtiges Kriterium, aber kein künstlerisches.« Hier ist es auf den Punkt gebracht!

Gespräch

FREUND WERNER (Klüppelholz, Publikationen im Printmedium hauptsächlich über den Komponisten Mauricio Kagel) stellte Fragen, ich gab Antworten für einen »Materialienband« zu meinem Werk. Ich habe den Text, nach zweiundzwanzig Jahren, zum ersten Mal wieder gelesen und sehe keinen Grund für Änderungen.

Hier kommt zur Sprache: Autobiographisches im Selbstporträt als Schriftsteller, in der fortgesetzten Inspektion der Werkstatt, im Werkbericht in Fortsetzungen. Viele periphere Kontakte! Zuweilen aber auch Interviews, die sich zu Gesprächen entwickelten in konzentrierter Artikulation.

Du hast ein so breites wie beständiges Interesse an den Künsten, vor allem an Musik, Malerei, Film. Dieses Interesse schließt stets auch die unmittelbare Gegenwart ein, und überdies ist es kein von oben her informierendes, vielmehr scheint die Kunst für dich buchstäblich ein Lebensmittel zu sein. All das ist für einen Schriftsteller keineswegs selbstverständlich.

Beginnen wir mit deiner eigenen Kunst, der Literatur. Über dein Verhältnis zu Robert Musil ist, von dir selbst und anderen, bereits so viel gesagt worden, dass die Gefahr des Überdrusses droht. Doch wie steht es mit deiner Beziehung zu den beiden anderen Großvätern, Übervätern der literarischen Moderne, zu Proust und Joyce?

Mein Verhältnis zu Proust ist noch bewundernd distanziert. Ich habe zwar einige der Bände der *Recherche* gelesen, aber in größeren Zeitabständen, nicht systematisch. Ich kenne überhaupt kaum jemanden, der die gesamte *Recherche* gelesen hat.

Unter Autoren heißt es zuweilen schon mal, ironisch: Das nehme ich mir vor, wenn ich das Ruhestandsalter erreicht habe, dann setze ich mich damit auf den Balkon ... Also, das Gebirgsmassiv dieses vielbändigen Romans habe ich mir bisher – außer bei gelegentlichen Annäherungsversuchen – meist aus der Ferne angesehen. Die Ausgabe steht aber griffbereit, irgendwann werde ich sie lesen, bestimmt.

Anders ist es bei Joyce. Er ist einer meiner drei literarischen Hausheiligen. Ich muss allerdings gleich sagen, dass ich zwar Englisch studiert, sein Werk aber nie im Original gelesen habe, komplett. Den *Ulysses* hatte ich seinerzeit in der Übersetzung von Goyert gelesen, diese Ausgabe besitze ich noch; damals hatte mich dieses Werk sehr beeindruckt, aber kaltgelassen. Dann kam die Übersetzung von Wollschläger, und die habe ich langsam und genau gelesen, mit wachsender Begeisterung. Ich habe auch die früheren Werke von Joyce gelesen, aber auch für mich ist *Ulysses* der Roman aller Romane der klassischen Moderne. Das Besondere an Joyce ist mir im Vergleich zu Musil deutlich geworden: Der Österreicher ist in seiner Denkweise modern, in der Schreibweise jedoch recht konventionell, austriakisch umständlich. Der Ire aber hat eine völlig neue literarische Form entwickelt, völlig neue Schreibmethoden. Auch wenn ich ihn nicht ständig lese – er ist beinah ständig präsent als Herausforderung. Also, noch einmal: Joyce ist einer meiner »Hausheiligen« der Literatur.

Wer zählt außerdem dazu?

Tolstoi und Flaubert. Hier muss ich gleich sagen, dass ich noch nicht alles gelesen habe, was Tolstoi an erzählenden Texten geschrieben hat. Und seine Traktate interessieren mich nicht. Die beiden großen Romane – *Krieg und Frieden*, *Anna Karenina* – die habe ich zweimal gelesen und bestimmt nicht zum letzten Mal. Auch Flauberts *Madame Bovary* habe ich in zwei verschiedenen Übersetzungen gelesen. Auch die *Education sentimentale*, die *Trois Contes*. Den stark parfümierten Roman *Salammbô* mag ich nicht so sehr.

Was ich an Tolstoi wie an Flaubert vor allem bewundere: das vollkommen sinnliche Erzählen. Seit Musil ist es weithin üblich geworden, Erzähltes sich selbst kommentieren zu lassen. Nicht durch eingeschobene Essays, wie bei Musil oder Broch, sondern durch ständiges Transponieren ins Allgemeine, meist brillant formuliert. Ein Beispiel: Borns *Erdabgewandte Seite der Geschichte*. Da mag ich seinen Roman *Die Fälschung* entschieden lieber, der vertraut mehr auf die Geschichte als auf den Kommentar. Ich ziehe Bücher vor, von denen Konklusionen *abzulesen* sind, in die sie aber nicht schon *eingebracht* sind, als Verdauungsferment. Klingt etwas krass. Ich sollte eher sagen: Da ist eine Beimischung von Diskursivem im Erzählerischen, und diese Beimischung ist ein Ferment, das die Arbeit der Leser erleichtert.

Von Flauberts oft beschworener »impassibilité«, der Undurchdringlichkeit des sozusagen objektiven Kamerablicks, könnte ich mir vorstellen, dass sie deine Aufmerksamkeit findet.

Ja, es wird schwer sein, den Anblick eines Phänomens zu vermitteln und zugleich den Durchblick durch das Phänomen. Oder: gleichzeitig zu erzählen und zu deuten. Man sollte etwas hinsetzen, rums, als Block, und den nicht mit Pailletten brillanter selbstkommentierender Formulierungen überdecken. Solch ein sinnliches, nicht-kommentierendes Erzählen hat allerdings wenig mit dem »objektiven Kamerablick« zu tun – der ist wirklich nur »sozusagen«. Die neuen Techniken, mit denen Foto und Film digital manipuliert werden können, sie werden es uns rasch abgewöhnen, von objektiven Fotos und objektiven Bildsequenzen zu sprechen ... Mit dem Kamerablick hat auch nur John Dos Passos kokettiert oder operiert, in seinen USA-Romanen. Bei Tolstoi und Flaubert sehe ich eher die Perspektive von Personen, die Erscheinungen ausgeliefert sind. Die nehmen Realität als etwas Kompaktes wahr, das Reflexion nicht so leicht durchdringt oder in die Schwebe bringt. Das klingt jetzt unzulässig allgemein. Aber die Antworten sollen ja nicht zu ausführlich werden, damit hinterher nicht gekürzt werden muss. Worauf ich hinauswill, das möchte ich wenigstens an *einem* Beispiel deutlich machen, diesmal von Stendhal: Die berühmte Sequenz, in der Fabrice im Roman *Die Kartause von Parma* über das Schlachtfeld irrt, Zeuge eines völlig undurchschaubaren Geschehens! Der Autor hebt nicht ab in die Vogelperspektive, stellt die Schlacht nicht dar als Folge von geplanten, weithin geordnet ablaufenden Aufmärschen, als Aufstellung beinah geometrisch arrangierter Einheiten, die nun zweckmäßig gegeneinander geführt werden, die Schlacht wird aus der Perspektive eines umherirrenden und verwirrten Individuums dargestellt. Der Autor hat hier beinah schon den Kamerablick eines Dokumentarfilmers, der hinter seiner Hauptfigur herläuft, über ihre Schulter filmt, und sei es noch so wackelig, wie seinerzeit bei Leacock.

Jetzt bin ich *doch* der Kamera-Metapher verfallen! Deshalb, zum Ausgleich, noch eine kleine Ergänzung: die Wahrnehmung im Roman von Stendhal ist vorgreifend modern. Sie wurde eingelöst vor allem von Soldaten des vorigen Weltkriegs. Böll erzählte mir mal, wie er von Frankreich nach Russland verlegt wurde, dort in einen nächtlichen Kampf geriet und überhaupt nicht wusste, wo die Front verlief, rechts von ihm oder links von ihm oder vor ihm oder hinter ihm, es war ein – in der Tat – völlig undurchschaubares Geschehen. Eine Erfahrung. Solche Erfahrung kann durch einen Erzähler vermittelt werden, der Leser kann an ihr teilhaben. Eine souveräne, abstrahierende Betrachtung dagegen vermittelt *Einsichten*, und keine *Erfahrungen*. Das heißt: Erfahrungen, die man als Leser mitvollzieht und die man nicht fertig vorformuliert bekommt.

Für dieses unkommentierte Erzählen will ich ein winziges Beispiel bringen, aus dem hoffentlich zuverlässigen Gedächtnis. In *Krieg und Frieden* ziehen drei Mann in die Schlacht von Borodino, sie sehen unterwegs einen Koch, den sie kennen, sie rufen ihm etwas Hänselndes, etwas Spöttisches zu; dann kommt das historische Ereignis der Schlacht napoleonischer gegen russische Truppen, über dieses Ereignis ist viel in Büchern geschrieben worden, aus übergeordneten Gesichtspunkten, und Tolstoi erzählt nun, wie nach dieser Schlacht die drei Mann im allgemeinen Durcheinander wieder den Koch sehen, und sie rufen ihm fast genau das Gleiche zu. Mit keinem Wort wird das von Tolstoi kommentiert. Aber wir können an dieser Darstellung beispielsweise ablesen: Kleine Gewohnheiten werden auch durch riesige Ereignisse nicht verändert.

Beschreibe bitte ein wenig deine Stellung zur literarischen Vätergeneration – zum Beispiel Heinrich Böll, mit dem dich ja zumindest die rheinische Herkunft verbindet, zum Beispiel Max Frisch, der sich wie du zuweilen, etwa im Gantenbein, *ebenfalls als Liebhaber des Konjunktivs zeigt.*

Über Böll kann ich mich nicht distanziert äußern. Wir haben uns in höflichen Zeitdistanzen ziemlich regelmäßig gesehen: nur ein Mittelgebirgshöhenrücken zwischen Abenden, wo ich zeitweise wohne, und Langenbroich, wo er zuletzt in großen Zeiträumen wohnte. Gisela und ich fuhren zu ihm, er kam mit seiner Frau zu uns. Ich habe ihn im Krankenhaus besucht, im Aggertal, habe ihn in Stunden erlebt, in denen es ihm psychisch sehr schlecht ging. Das wirkt nach, wenn ich davon spreche. So sehr ich Böll als Person mochte, so nah er mir zuweilen war – der Umgang mit seiner Literatur fiel mir schwer. Seine Schreibmethode hat mich nicht animiert, seine Texte lagen kaum auf meiner »Wellenlänge«. Ein Buch wie *Ansichten eines Clowns* habe ich nie so recht angenommen, ein Buch wie *Billard um halbzehn* gefiel mir hingegen, auch weil es formal interessanter ist.

Anders bei Frisch. Ein paarmal habe ich zwar auch mit ihm beisammengesessen, in öffentlichen Räumen, aber daraus entwickelte sich keine Fortsetzung der Kommunikation, wie zeitweise etwa mit Hildesheimer. Frisch ist für mich einer der wichtigsten zeitgenössischen Autoren. Und das nicht wegen des Konjunktivs, mit dem ich eine kurze literarische Liaison hatte. Ich habe vor wenigen Jahren den *Stiller* noch einmal gelesen und fand den Roman wieder so gut, so intensiv wie beim ersten Mal. Solche Proben müssen zuweilen gemacht werden:

Hält ein Buch einer kritischen zweiten Lektüre stand? Frisch hat seine berühmtesten Romane und Stücke zwar in den fünfziger Jahren publiziert, aber eine Erzählung wie *Der Mensch erscheint im Holozän* beweist, dass er seine Höhe gehalten hat.

Und wie schaut's mit den Zeitgenossen aus, was nimmst du aus der unendlichen Flut der literarischen Neuerscheinungen überhaupt zur Kenntnis? Gilt gleichermaßen für Schriftsteller, was Mauricio Kagel von den heutigen Komponisten behauptet: außer der eigenen Musik hörten sie nur die der Vergangenheit?

Dafür bin ich zu neugierig! Aber eine ausgewogene Antwort kann ich darauf nicht geben. Hier spielt sehr viel Subjektives mit. Auch wenn ich mich aus dem Literaturbetrieb ziemlich konsequent heraushalte, fast nie mehr auf Buchmessen auftauche, nicht mehr an Podiumsdiskussionen et cetera teilnehme – ich kenne einige Autoren. Und für deren Bücher interessiere ich mich eher als für Bücher von Autoren, die ich nicht mag, als Personen. Vielleicht geht es Kritikern auch so, nur kaschieren sie das.

Du sprichst von der Flut der Neuerscheinungen. Manchmal wird gejammert, es gebe sehr viele, aber keine erstklassigen Bücher mehr in unserer Sprache, und dann will ich dieser Behauptung Titel entgegensetzen, und sie fallen mir nicht rechtzeitig ein. Jetzt habe ich zu einer Notlösung gegriffen. Ich stelle auf einem Bord eines Bücherregals alle Bücher zusammen, die mir besonders wichtig sind. Natürlich eröffnen die erste Reihe meine »Hausheiligen«, aber dort stehen zum Beispiel auch die ersten drei Romane von Grass – nicht mehr die Nikolaussäcke der späteren Romane, die er mit allerlei Kram vollstopfte, wenn ihm der Erzählstoff ausging. Und, selbstverständlich, *Stiller* und *Gantenbein* von Frisch, nicht aber *Homo faber* – erscheint mir zu konstruiert. Und *Die Fälschung* von Born. Und Handkes *Wunschloses Unglück* und der *Kurze Brief zum langen Abschied*. Und so setzt sich das fort zum ganz oder ziemlich Aktuellen. Damit genug vom name-and-title-dropping ... Denn, wie gesagt, alles ist hier ziemlich subjektiv. Wie bei den meisten Autoren. Uns interessiert oft eher die Machart, die Schreibmethode. Hier unterscheiden wir uns von den meisten Lesern. Wir sind als Leser nicht unbefangen; als Kritiker wären auch wir nicht immer gerecht. Zu einem meiner Gelöbnisse gehört es auch, keine Rezensionen zu schreiben.

Das Auffälligste beim Betreten deiner im übrigen ja keineswegs spektakulär möblierten Wohnung: die Dominanz von Bildern, von nicht sehr zahlreichen, dafür überwiegend großformatigen Bildern. Was fasziniert dich an der Malerei? Dass sie wie die Literatur konkret zu erzählen vermag, dass Bilder als erstarrte Momente eines unendlichen Romans zu lesen wären?

Das muss ich erst mal auf der Zunge zergehen lassen: »erstarrte Momente eines unendlichen Romans« ... Ach, die Story ist hier einfacher. Ich besitze – bis auf wenige Ausnahmen – nur Bilder von Malern, die in meinen Augen sehr gut, ja, hervorragend sind, die vom Kunstbetrieb aber nicht akzeptiert werden. Ich kaufe deren Bilder nicht, um im Verborgenen hin und wieder ein wenig ausgleichende Gerechtigkeit zu üben, ich kaufe nur Bilder, die mich beschäftigen, ja, fixieren. Diese Bilder sind sehr unterschiedlich. Keine abstrakte, keine informelle Malerei. Solche Bilder schaue ich mir zwar mit höflichem Interesse an, aber was meinen Stoffwechsel beschleunigt, das sind Bilder, die zeitgenössisch sind im Ausdruck, im Gestus, aber noch Sichtkontakt haben zur augenfälligen Realität. Wenn ich in Museen gehe, suche ich meist als Erstes die Abteilung des großen Umbruchs auf, der etwa 1860 begann (nach dem genialen Vorläufer Turner) und bis zur Erschöpfung des Expressionismus führte. Also, natürlich, auch unser aller Superstar van Gogh, der ja Eindringlicheres gemalt hat als die maßlos überzahlten Blumenbilder, und Monet und Kirchner und Pechstein und Schmidt-Rottluff, der frühe –

ein paar Namensmarkierungen für eine Kunstepoche, in der man sich aus der vorherrschenden akademischen Sicht- und Malweise löste, sie durchbrach oder aufsprengte, und sichtbar wurde völlig Neues, das die Natur so nicht zu bieten hatte.

Aber – Moment! – bevor die nächste Frage kommt, rasch noch eine Verbeugung vor Frans Hals. Auch einer meiner »Hausheiligen« – es sind ja nicht nur literarische. Es gibt eigentlich einen doppelten Frans Hals. Der eine ist der offizielle Porträtist reicher Leute, die Wert darauf legten, dass jede Spitzenrüsche und jedes Pelzhaar schön fein gepinselt wurde. Wenn aber Frans Hals Menschen von geringerem sozialem Status malte, er also keine Rücksicht mehr nehmen musste auf die ästhetischen Wünsche zahlender Herrschaften, so griff er zu breiteren Pinseln, und er malte in einem fast schon expressiven Stil. Also: die Frau mit der Eule auf der Schulter, die Malle Babbe, Der lachende Knabe, Der fröhliche Zecher. Und so weiter.

An solchen Bildern kann ich mich nicht sattsehen: aus der Distanz und – Lesebrille auf der Nase – ganz aus der Nähe: Mut, in Pinselstrichen dokumentiert. Und diese Expressivität im 17. Jahrhundert! Zu solchen Bildern kehre ich immer wieder zurück. Wenn ich gelegentlich in Kassel bin, besuche ich garantiert den Mann mit dem schwarzen Schlapphut. Und staune jedes Mal neu. Und denke an Corinth, der einmal gesagt hat, sinngemäß: Donnerwetter, der malt ja wie wir! Diese Bilder, in denen etwas gewagt wurde, sie sind erstaunlich lebendig geblieben! Die haben Zukunft vorausgenommen und deshalb haben sie viel Gegenwart.

Deine Affinität zur Malerei mag zugleich in deinen literarischen Absichten begründet liegen. Viele Passagen deiner Bücher sind durch eine geradezu fotografische Genauigkeit im Detail gekennzeichnet; du greifst zuweilen selber zur Fotokamera. Wie verhält sich das Sehen zum Beschreiben?

Zum Stichwort Kamera: ich fotografiere sehr selten. Dann fast nie zur Dokumentation, sondern um Details herauszustellen. In Portugal, zum Beispiel, hatte ich nur alte Holztüren fotografiert – bemalte oder mit Resten von Bemalung. Oder, in Holland: nur blaue Quallen, deren Wasseröffnungen Assoziationen weckten an Masken, auf dem Strand liegend im Schräglicht der Morgenstunde. Aber: auf Reisen nehme ich den Fotoapparat kaum noch mit; es genügt mir, zu *schauen*. Aber ich schaue kaum fotografisch genau, und ich habe kein fotografisch exaktes Gedächtnis. Manchmal hat etwas, das ich nicht bewusst wahrnehme, eine stärkere Nachwirkung. Oder, was ich im flirrenden Zustand emotionaler Erregung sehe.

Über fotografische Genauigkeit beim Beschreiben von Details in meinen erzählenden Büchern müssten sich andere äußern. So wichtig mir solche Details sind: entscheidend ist die *Sehweise*, die *Gesamtoptik*. Und da habe ich, bei einer Reise nach Wien, erstmals mit Bewusstsein einen der großen Brueghels bewundert, die Kreuztragung Christi. Eine Landschaft mit einem Gewimmel von Figuren, ich habe Christus mit dem Kreuz erst mal gar nicht gesehen. Denn im Vordergrund wird eine Frau attackiert, wird offenbar auch beraubt, und alles in ihrer Umgebung gafft dorthin, auch der Blick des Betrachters wird von dieser Detailszene angezogen. Erst wenn der freikommt, sieht man – ziemlich in der Bildmitte – Christus mit dem Kreuz. Aber dicht vor ihm fährt ein Wagen, wie ein Heuwagen, auf dem sitzen mehrere Menschen, und die starren zu einem Bach, durch den der Wagen gleich gezogen wird von den Pferden, und vielleicht werden sie da steckenbleiben oder sie kippen um. Kurzum, die Menschen auf diesem Bild sind jeweils auf das Nächstliegende fixiert, und die große historische oder symbolische Szene: Christus mit dem Kreuz, sie wird von den wenigsten wahrgenommen. Von den schätzungsweise zweihundert Figuren auf dem Bild schauen vielleicht zwölf oder fünfzehn zu Christus, mehr oder weniger beiläufig.

Diese Erfahrung, dass die meisten Menschen auf das jeweils Nächstliegende fixiert sind, die hat der Maler zur Methode seiner Darstellung gemacht, hat eine höchst figurenreiche Szenerie gemalt und in sie ist der Vorgang eingebettet, um den es geht. Sonst hebt Malerei hervor, in betonendem Ausschnitt: Abraham will Isaak opfern – so etwas wird in den Vordergrund gerückt, beherrscht das Bild. Bei Brueghel dagegen geht das Besondere im allgemeinen Treiben der Welt beinah unter.

Besonders krass ist diese Perspektive beim Sturz des Ikarus: vorne pflügt ein Bauer, hinten fährt ein Schiff, aus dem Meer ragt ein Bein des Abgestürzten. Eine Momentaufnahme! Aber mit Verlängerungen: der Bauer wird weiterpflügen, hat wahrscheinlich gar nicht gesehen, dass jemand vom Himmel fiel, und das Schiff wird Kurs halten. Dass ich solche Bilder mit Aufregung betrachte, hängt wohl auch damit zusammen, dass ich auf solch einem Gemälde nachträglich meine Arbeitsweise bestätigt sehe: eine Figur wie Oswald von Wolkenstein wird nicht – wie das in einem Künstlerroman des 19. Jahrhunderts weithin geschehen wäre – auf einem Podest, einem Sockel betont und damit isoliert, sie bleibt eingeschlossen in ihr soziales Ambiente, in ein figurenreiches Ensemble.

Also eine Art Erzählperspektive in der Sehperspektive der Malerei. Um ein Stichwort von vorhin aufzugreifen: Kontakt zur Realität, wenn auch nicht deren realistische Abbildung. Da müsste eigentlich aber auch der Surrealismus in der Malerei deine Begeisterung finden?

Eigentlich nicht so sehr ... Ach so, Max Ernst! Aber nur der Max Ernst der dreißiger Jahre, und etwas davor und danach. In den fünfziger Jahren wurde er, scheint mir, zum Kunstgewerbler: keine Intensität mehr, kein Wagnis, nur noch die gefällige Verwertung von bewährten Motiven. Noch schlimmer ist der Abstieg oder Absturz des Salvador Dalí. Der hat, ebenfalls in den dreißiger Jahren, ein paar großartige Gemälde hervorgebracht, aber nach dem Krieg produzierte er spätsurrealistischen Nippes und Tinnef. An dieser Einschätzung änderte auch ein Besuch nichts, den ich bei ihm gemacht hatte, in Port Lligat – da war er außer Dienst, der Schnurrbart hing. Aber jetzt keine Anekdoten, nur noch ein Statement: Bei Max Ernst, bei Dalí der unaufhaltsame und höchst betrübliche

Verlust an Intensität. Das bestätigt sich bei so mancher großen Werkschau auch anderer Maler. In Bremen habe ich die große Schmidt-Rottluff-Ausstellung gesehen; die Bilder, die er als alter Herr malte, wurden in den Farben immer leckerer, und formal wusste er schon viel zu gut, wie es geht, wie es läuft …

Der Name Coltrane mag uns zur scheinbar wirklichkeitsfremden Kunst führen, zur Musik. Du verirrst dich zwar kaum jemals in die Oper, bist jedoch ein leidenschaftlicher Konzertbesucher. Voraussetzung ist gewöhnlich, dass Beethoven auf dem Programm steht, insbesondere Kammermusik, Schubert, Brahms oder eben Musik der jüngsten Vergangenheit, modernerer Jazz oder zeitgenössische Avantgarde.

John Coltrane, mit 37 Jahren gestorben, ausgepowert – ja, der gehört auch zu meinen ›Hausheiligen‹. In der Erzählung *Und der Sultan von Oman* habe ich die Hauptfigur Begeisterung für diesen Tenorsaxophonisten artikulieren lassen. Auch bei Coltrane: das Durchbrechen gewohnter Formen. Protuberanzen an Intensität! Feinen Altherrenjazz, wie ihn schon das junge Modern Jazz Quartet zelebrierte, der lässt mich kalt oder kühl. Beim Hören von Coltrane dagegen findet enormer Energietransfer statt. Er wurde zum Schluss immer radikaler, extremer im musikalischen Ausdruck – bis in Bereiche, in denen Kommunikation äußerst erschwert wird. Dennoch, Coltrane steht für mich nicht in einer Seitennische, sondern in der Figuren-*Haupt*allee. Die Grenzen des Gewohnten überschreiten, Wahrnehmungs- und Darstellungsformen zertrümmern, um neue zu entwickeln, das feiere ich nicht bloß bei einem John Coltrane, das bestimmt auch sonst meine Vorlieben in der Musik. Da ist mir ein Ligeti entschieden lieber als ein Werner Egk, Lutosławskis *Trois poèmes d'Henri Michaux* sind mir entschieden wichtiger und lieber und näher als Orffs *Carmina burana*.

Du bist nicht nur ein aufmerksamer Betrachter musikalischer Werke, sondern auch ein kritischer Hörer unterschiedlicher

Interpretationen. Bei Beethovens Klaviersonaten verfügst du bestimmt über vier oder fünf verschiedene Gesamtaufnahmen ...

Ja, könnte stimmen. Bei den Streichquartetten ist es ähnlich. Aber es kristallisiert sich doch jeweils ein Interpret, eine Interpretation heraus, die mir besonders wichtig sind. Bei den Klaviersonaten stehen, insgesamt, die von Gulda für mich im Vordergrund, bei den Quartetten die Einspielungen des LaSalle- und des Alban-Berg-Quartetts. Aber ich höre diese Aufnahmen nicht ausschließlich. Mit jeder neuen Interpretation werden neue Facetten eines Werkes herausgearbeitet. Mit jeder *guten* neuen Interpretation!

Deine Beschäftigung mit Musik ist so passioniert, dass fast die Vermutung naheläge, sie hätte auch Auswirkungen auf deine literarische Arbeit?

Direkt natürlich nicht, aber das setzt du mit deiner Frage auch nicht voraus. Musik, die ich liebe, ist auch eine ständige Herausforderung: sich nicht bequem zurücksinken zu lassen, schreibend. Das meine ich jetzt als Metapher.

Und zu den Interpretationen: es gibt Aufnahmen, Aufführungen, die bestimmte Affinitäten in mir zur Resonanz bringen. Und die, indirekt, auch das bestätigen, was ich als Schriftsteller will. Damit das nicht so allgemein bleibt, nenne ich ein paar Namen. Beethovens Sinfonien konnte und kann ich nicht als staatstragende Symphonik hören, unter der Stabführung eines Herbert von Karajan oder Georg Solti, die sind für mich nur erträglich in zwei Gesamtaufnahmen: Der ersten von René Leibowitz, in den sechziger Jahren, und der Einspielung unter Roger Norrington. Ich bin nicht immer für die musikalische Reformkost der Aufnahmen auf alten Instrumenten – das kann ja Formen musikalischer Magersucht annehmen! – aber bei Norrington, der in den von Beethoven notierten Metronom-Tempi spielen lässt, bei Norrington ist es eine prägnante, eine federnde Artikulation, wie ich sie in meinen Erzähltexten in immer neuen Ansätzen zu realisieren versuche. Also: indirekte Verwandtschaft. Schlankheit, auch bei umfangreichen Büchern: Schlankheit der Formulierungen. Nur nicht behäbig Gespreiztes, betulich Altfränkisches oder altfränkisch Betuliches! Um das noch mal auf Musik zu übertragen: bei Bach, in der h-Moll-Messe, bitte nicht die Massenchöre von Breitmaulfröschen, wie unter Klemperer, sondern ein kleines, schlankes Ensemble von drei Dutzend Sängern, wie unter Gardiner. Da gerate ich heftig in Mitschwingung.

Ich möchte uns nicht zu einer Reise in die Romantik verleiten, aber dennoch fragen: Besitzt die Musik etwas, das der Literatur fehlt?

Das ist fast schon eine rhetorische Frage! Aber bitte erlasse es mir, den Unterschied zu definieren. Du kannst mich hier höchstens zu einer Anmerkung verleiten über die unterschiedliche *Rezeption* von Musik und Literatur – die Lyrik einmal ausgenommen. Das einzelne Musikwerk lässt sich in einem Zeitraum rezipieren, der erheblich überschaubarer ist als der Zeitraum, in dem man ein Werk der erzählenden Literatur rezipiert. Die Gesamtfigur einer Klaviersonate oder eines Quartetts oder einer Sinfonie ist in ungefähr einer halben oder dreiviertel Stunde präsent. Das lädt ein zur Wiederholung. Auch Bücher laden ein zum wiederholten Lesen, ich tu das ja auch gelegentlich, habe den *Stiller* genannt in diesem Zusammenhang, könnte auch die *Blechtrommel* nennen – bei Romanen dehnt sich die Zeit der Wahrnehmung erheblich aus, wird vor allem unterbrochen, unausweichlich, während ich ein Werk der Musik in *einem* Durchgang hören kann.

Kurzum: Musikwerke, die mir wichtig sind, sie höre ich öfter; wiederholtes Lesen literarischer Werke dagegen ist (noch) selten bei mir. So hat es Musik leichter, meine Ohren, als Literatur, meine Augen zu finden.

Gut, die raschere Verfügbarkeit von Musik, die ihr heute übrigens zum großen Schaden gereichen dürfte, ist eines ihrer

Spezifika. Aber ich möchte noch einmal beim Verhältnis von Musik und Literatur insistieren. Komponisten, von Weber über Berlioz, Wagner, Debussy bis hin zu Henze oder Kagel haben immer wieder in literarischer Absicht zur Feder gegriffen, so als ob sie ein Ungenügen am Erzählen mit abstrakten Tönen empfunden hätten. Wäre nicht auch umgekehrt denkbar, dass sich ein Schriftsteller von der gesteigerten Abstraktion der Musik reizen ließe?

In welcher Form? Doch wohl nicht zum Komponieren! Da sind die Vorbedingungen ja erheblich komplexer als beim Schreiben, das setzt ein Studium voraus, solch ein Studium habe ich nicht absolviert, auch habe ich keine musikalische Praxis. Also, reden wir weiter vom Rezipieren. Und natürlich reizt mich hier die – ja, »gesteigerte Abstraktion« könnte ich nur bedingt sagen, denn zugleich ist Musik ja etwas enorm Sinnliches, vielfach auch Emotionales. Übermittlung auch von Emotionalem – das ist in der Musik leichter als in der Literatur.

Ich kann mit solchen Stichworten aber nicht begründen, woher meine zeitweilige Fixierung auf Musik kommt. Es gibt Tage, da bin ich ganz einfach *gierig* darauf, Musik zu hören – vor allem, wenn ich von einer Reise zurückkomme. Da kann es geschehen, dass ich einen ganzen Nachmittag aufmerksam, ja, intensiv Musik höre. Ich kann Musik nicht nebenbei hören, als sogenannte Sekundär-Aktivität. Höchstens unfreiwillig, im Hotel, im Frühstücksraum, aber das ist meist Soft-Musik, die löst sich sofort auf. Sonst suche ich mir aus, was ich hören will, konzentriere mich darauf. Das Hören von Musik gehört bei mir offenbar zum psychischen, zum mentalen Stoffwechsel. Hier wird durch das Rezipieren auch stimuliert. Dabei stimuliert mich ein Haydn nicht so sehr wie ein Beethoven – bei ihm ist das Potential an innerer Energie größer. Man sprach und schrieb da ja vom Élan terrible ... Diese Energie aber ist gebunden an Formen, und bei Beethoven sind es durchweg sehr dichte, sehr *komplexe* Formen. Was ich bei ihm vor allem bewundere: Im Gegensatz zu vielen

Künstlern, die im Alter immer konzilianter wurden (dazu gehören auch Arnold Schönberg und Bela Bartók, nicht aber Strawinsky), im Gegensatz zu vielen anderen ist Beethoven musikalisch *entschiedener* geworden. Er ist rücksichtslos seinen Weg weitergegangen, sich musikalisch *so* zu äußern, wie man sich musikalisch vorher noch nie geäußert hatte. Hier fällt mir wieder mein Lieblingswort Intensität ein: er ließ in seiner Intensität nicht nach.

Dem entnehme ich, dass dich radikale Haltungen anderer Künstler, wie sie sich beispielsweise im Spätwerk Beethovens zeigen, ermutigen.

Ja, aber eher indirekt. Hier ist ja kein Wettbewerb mit Zeitverschiebung. Ich bin im literarischen Ausdruck kein eigentlich radikaler Autor. Aber wo ist in einer literarischen Großform je wieder die Radikalität eines Joyce erreicht worden? Andererseits, ich bin bestimmt auch kein affirmativer Autor. Ich bin sicher, dass ich in der *Trilogie des Mittelalters* [mittlerweile *Das Quartett des Mittelalters*] die Form der Biographie entschieden weiterentwickelt habe. Oder, im Roman *Die Kammer des schwarzen Lichts* habe ich gleichsam *mehrstimmig* geschrieben, kontrapunktisch. Weiterentwickelt habe ich die Ausdrucksmöglichkeiten wohl auch in einigen meiner Hörspiele.

Insgesamt: Muster, die ich einmal entwickelt habe, mag ich nicht reproduzieren, ich setze eigentlich mit jedem Buch neu an, und das bringt offenbar Kritiker in Schwierigkeiten: sie müssen bei fast jedem meiner Bücher einen Neuansatz suchen. Da haben sie es bei Fortsetzungstätern unter Autoren erheblich leichter. Also, ich bin kein eigentlich radikaler Autor, etwa wie ein Franz Mon, aber ich versuche ständig, neue Schreibmodelle, Schreibmethoden zu entwickeln. Hier unterscheidet sich *N* sehr von den *Ausflügen im Fesselballon*, *Die Präsidentin* unterscheidet sich sehr von *Stanislaw der Schweiger*. Also: sich nie mit einer Schreibmethode zufriedengeben, die man entwickelt hat, neue Ansatzpunkte suchen, inhaltlich und formal – ja, dazu kann mich, indirekt, auch das Hören intensiver Musik ermutigen. Als Herausforderung und Stimulation.

Das Stichwort Radikalität nochmals aufgreifend – mir scheint, dass sich die Radikalität, also das Gegenteil von Anpassung und Kompromissen, die ein Autor mit sich selber, mit Auftraggebern, mit dem Publikum schließt, dass sich Radikalität während der letzten Jahrzehnte in allen Künsten allmählich und erheblich verflüchtigt hat. Teilst du meinen Eindruck?

Das ist eine ziemlich allgemeine Frage, da fällt mir die Antwort schwer. Ich muss sie splitten.

In der zeitgenössischen E-Musik, deren Entwicklung ich so einigermaßen verfolge, ist dieser Trend sehr deutlich. Aber man hatte die musikalischen Materialien in den vergangenen Jahren auch völlig ausgereizt! Dabei hatte man weithin den Kontakt mit dem Publikum verloren. Rhythmus war aufgegeben, Melodie war aufgegeben, Redundanzen wurden vermieden – offenbar aber kommen wir ohne Redundanzen nicht aus, und wir verzichten nicht gern auf Rhythmus und Melodie. Nun versucht man, diese Elemente wieder aufzugreifen. Vielleicht kann auch so Neues entstehen, noch nicht Gehörtes.

Anders ist es in der Literatur: ihre allgemeine Entwicklung im deutschsprachigen Bereich, nach dem Krieg, steuerte nicht so allgemein hin auf die Eroberung immer extremerer Artikulationsformen. Was sich freilich rasch änderte, das waren die Moden. Das lässt sich besonders deutlich beobachten bei kleineren Formen, also bei Hörspiel und Schauspiel. Als ich mein erstes Hörspiel herausbrachte, 1960, dominierte das von Brecht direkt oder indirekt angeregte Parabelstück. Danach blühte es märchenhaft auf, da beherrschte die Bühnen ein heute vergessener Mann wie Audiberti, da führte man Giraudoux wieder auf, der zurzeit wieder im Winterschlaf ist. Dann kam, wenn ich das richtig auf die Reihe bringe, das dokumentarische Theater, mit Reflexen beim Hörspiel. Und es wurde das Neue Hörspiel kreiert – hier versuchte man, Sprachformeln zu hinterfragen auf Bewusstseinsstrukturen, und zwar mit der Methode von Konfrontation und Montage. Danach das O-Ton-Hörspiel, und kaum war das proklamiert, wurde auch schon sein naher Tod vorausgesagt, der denn auch eintrat, in self-fulfilling prophecy. Die Erschöpfung der Formen wird jeweils dadurch beschleunigt, dass Autoren der B- und der C-Liga sofort die in den Feuilletons erörterten, die erfolgreichen, die preisgekrönten Muster aufgreifen und damit eine rasche Sättigung des Markts erzeugen. Ich glaube von mir sagen zu können, dass ich nie direkt einem Trend gefolgt bin. Natürlich gibt es Interaktionen, Reflexe, aber ich habe meine eigenen radiophonen Formen entwickelt, und es gibt hier einige Hörspiele, die nach zehn, zwanzig Jahren noch völlig frisch wirken. Nichts nimmt schneller eine Patina an als das Modische. Dagegen setze ich, trotzig: Sehr wichtig im Kopf eines Autors ist der Querkopf.

Und Lektüre

In der letzten Phase der Überarbeitung dieses Buchs lese ich Max Frisch: *Aus dem Berliner Journal*. Die Lektüre der Neuerscheinung hat Auswirkungen, Rückwirkungen, die wollen zumindest notiert werden.

Das erste Stichwort in Heft (Rollbuch) Nummer 1 des Jahres 1973: »Übernahme der Wohnung (Sarrazin Straße 8).« Dies in Berlin-Friedenau. Es werden Erinnerungen aktiviert an Tage und Wochen, die ich in jener Wohnung verbracht habe – Marianne wieder in der Zürcher Wohnung, mir wurde der Wohnungsschlüssel anvertraut. Ich arbeitete am Schreibtisch, an dem auch die Journalnotizen formuliert wurden: weitflächige, aufgebockte Holzplatte. Zur Rechten an der Wand, in großem Format, ein Stadtplan von Berlin – eins der typischen Geschenke von Uwe Johnson: Vermittlung präziser Fakten. Vom Tisch der Blick auf Fassaden gegenüber – die Wohnung in der Beletage. Also muss ich dicht ans Fenster treten oder nebenan auf den kleinen Balkon gehen, um einen Streifen Himmel zu sehen.

Ein paar hundert Meter vom Haus entfernt die Bundesallee, und dort die damals berühmte Buchhandlung Wolff, später »Zauberberg«. In der Nähe, »fußläufig« zu erreichen, das (damalige) Haus von Günter Grass. Auch hier vermittelte Marianne Frisch: zwei, drei Wochen auch mal in der Niedstraße, in der (abgetrennten) Wohnung von Anna Grass.

Lektüre also des gekürzten Journals (heikle Sequenzen zur »Ehe-Ruine«, zur Trennung wurden herausgelöst; Mariannes Persönlichkeitsrechte mussten geschützt bleiben). Ich stoße auf ein Stichwort, das einen Adrenalin-Schub auslöst: Autor und Erfolg. Frisch berichtet von »ziemlich horrenden

Auflagen« im sechsstelligen Bereich. Solche Zahlen war ich bei Gesprächen mit Heinrich Böll aber fast gewohnt, sogar: Tausendstes Tausend. Dies etwa auf der Impressumseite der Taschenbuchausgabe des *Irischen Tagebuchs*. Max Frisch, mit »horrenden« Umsatzziffern konfrontiert, fragt sich: »Und was bestätigt es? Und wenn das Gegenteil stattfände: wäre ich dann den eigenen Produkten gegenüber vielleicht weniger unsicher?« Einige Zeilen weiter ein Satz, den ich mit Bleistift markiere: »Das stete Bewusstsein, dass man unterschätzt worden ist, könnte produktiver sein.«

Dazu ließe sich einiges sagen, Herr Frisch, dazu hätte ich einiges sagen können! Bei der Einführung zu einer Lesung im Funk, bei einer gemeinsamen Veranstaltung feiert mich Denis Scheck stets als den »meistunterschätzten Autor« des gegenwärtigen Literaturbetriebs. Auf einem Podium setze ich dann ein mildes Lächeln auf, stelle damit anheim, will mich nicht selbst, womöglich kopfnickend, als Außenseiter präsentieren. Das Urteil lässt sich aber rasch und leicht verifizieren, Stichworte SWR-Bestenliste, Literaturpreise, Rezensionen.

Also, die Kontrasterfahrung, von Frisch als Alternative in die Selbstreflexion einbezogen, Stichwort Erfolg: Kann das stete Bewusstsein, man werde unterschätzt, produktiv(er) machen? Wie könnte meine Antwort lauten?

Ein Stichwort, das sehr leicht, allzu leicht zu Selbststilisierung verleiten könnte. Ich sehe mich, hoffentlich unstilisiert, doch eher so: Ärgere mich schon mal ein Viertelstündchen über krass demonstrierte Gleichgültigkeit, mein Grundgefühl wird allerdings nicht beeinflusst. Ich neige nicht zur Resignation, schon gar nicht zur Depression, dafür gibt mir meine Lebensform keinerlei Anlass, und so nicke ich der Alternativ-Version von Frisch eher zu. Ich habe es mir, innerlich wie äußerlich, so eingerichtet, autosuggestiv: Ich gerate weder unter Erwartungsdruck noch setzt Erwartungssog ein. Was ich als Hörspielautor zuweilen hören musste: Schreiben Sie noch mal so was wie – bei Büchern, die nicht »im Gespräch« sind, ist das kaum zu erwarten oder zu befürchten! Die Folge:

Ich fühle mich frei, zu machen, was mir notwendig scheint. Der Verlag lässt mich gewähren.

Generell: Produzieren ist meine Domäne; auf Rezeption habe ich keinen Einfluss. Da lässt sich auch nicht nachhelfen. So was führt leicht in die Nähe des Peinlichen, bleibt zudem wirkungslos. Sich in Erinnerung bringen, weckt kaum Zuwendung. Also kein Klinkenputzen! Selbst, wenn ein andrer die Klinke für mich herabdrückt.

Eine typische Situation. Ich spreche in einem Funkhaus einen neuen Text ein. Gehe anschließend mit dem Redakteur durch einen der Flure. Sehe ein Türschild, das auf die Hörspielabteilung verweist. Bitte den Redakteur, mich quasi einzuführen, es ist schon lange nichts mehr von mir zur Sendung übernommen worden.

Herzlicher Empfang: Da kommt ja der Kühn, hochgeschätzter Autor …!

Ich, dämpfend: Ich bin hier eher als Karteileiche, ihr habt seit Jahren nichts mehr von mir gesendet.

Wie bitte?! Kann gar nicht möglich sein! Die Sekretärin wird beauftragt, das gleich zu checken. Kommt zurück mit dem Bescheid: Seit einem halben Jahrzehnt keine Übernahme eines Kühn-Hörspiels. Na so was, hätte man tatsächlich anders eingeschätzt! Wird sich ändern, muss sich bessern, gut, dass Sie reingeschaut haben.

Ich gehe mit dem Redakteur Kaffee trinken, wir sprechen über Schmetterlinge: der Admiral am Eifelhaus … die Segelfalter am umbrischen Castello auf dem Hügel …

In den folgenden Jahren: Keine Hörspiel-Sendung in jener Funkanstalt. Lektion, einen Schlusspunkt setzend: Wenn Initiativen nicht von der anderen Seite erfolgen, lässt sich nicht nachhelfen, nicht mal mit freundlicher Begleitung »aus dem Hause«.

Fazit: Ich mache, ich schreibe weiter. Bei allen Lebenswendungen, Lebenswechseln: die einzige ungebrochen kontinuierliche Leidenschaft! So bilde oder rede ich mir ein, ich könnte die von Frisch angedachte Alternative bejahen: unterschätzt und dennoch produktiv bleiben. Noch einmal: kein

Sog, kein Druck. Das Grundgefühl, mich frei entfalten zu können.

NOTWENDIGER SEITENBLICK: Wie viele Bilder werden gemalt, bei denen man schon vor den ersten Pinselstrichen weiß: Wird nicht gekauft, wird nicht in Galerien angeboten, womöglich in Museen ausgestellt. Und wie viele Kompositionen entstehen, weil es einfach sein *muss* – ohne vorab einzuplanen, ob sich dafür jeweils ein Podium, eine Funkanstalt, ein Phono-Unternehmen finden ließe. Da capo: Produzieren ist unsere Sache, öffentliche Rezeption entzieht sich unserem Zugriff. Man malt, komponiert, schreibt erst einmal für sich selbst: um sich zu unterhalten, zu überzeugen, zu beeindrucken.

Doch das fällt schwer, weithin, denn unablässig wird beim Schreiben relativiert. Der Einfall, der spontan als grandiose Lösung erscheint (»Toll« rufe ich mir lautlos zu), kann schon am nächsten Tag verworfen werden (»War aber doch nix«). Sätze, die ihre Form gefunden zu haben scheinen, sie werden in Tateinheit aufgebrochen, neu geschrieben. So geht das laufend.

Dies »en detail« aber auch »en gros«. Im Zeitabstand, beim Rückblick zerbröckelt, zerbrösel so manches, das festgefügt schien. Oft rigid begrenzte Halbwertzeit. Die Sendeskripte (von Hörspielen oder Features) der sechziger, siebziger Jahre, auf recht dickem, durchweg gelbem, stark holzhaltigem Papier hektographiert, sie beginnen zu zerbröseln. Auch die Magnetisierung von Tonbändern lässt nach – mit Sicherheit werden sie nicht umkopiert, in der »Migration« der Datenträger, die – entgegen ersten euphorischen Erwartungen – Gespeichertes nicht unbegrenzt bewahren können. Verebben, Verstummen, Entschwinden.

Das lässt sich auch so sehen: Vieles muss nicht erst verrissen werden, es erledigt sich von selbst. Eine Schreckensvorstellung hingegen wäre für mich, beispielsweise, eine vollständige Edition all meiner Hörspiele, irgendwo irgendwie aufgegriffen und kompiliert unter dem obsoleten Vorzeichen eines Editionsprinzips der Vollständigkeit, dem Wunsch und Willen eines Autors zuwiderlaufend. Da wähle ich lieber selbst aus und stelle Texte zusammen, die für mich zählen, auch auf die Gefahr hin, dass doch ein, zwei Texte dabei sind, die für mich, in größerem Zeitabstand, nicht mehr relevant sind.

Es hilft, es schützt wirklich nur eines: rechtzeitig aussortieren. Befreundete Maler reißen bemalte Leinwandflächen von Keilrahmen. Auch wurde mir erzählt von einem Bildhauer, der mit einem Vorschlaghammer Gipsentwürfe zertrümmert hat. Da geht es bei mir leiser zu: das Geräusch von zerfetztem Papier, meine Hände als Reißwolf. Aufstöhnen, zwischendurch.

Und wieder an die Arbeit! Gelegentlich: Thermik des Gelingens. Das ist schon Kick genug, da braucht es keine Zusatzimpulse. Gerd (Dudek, hervorragender Jazzer auf dem Tenor- und Sopransaxophon): »Die beste Droge bist du selbst.« Den Satz übernehme ich gern.

Freie Entfaltung: Dies in einer gesellschaftlichen (Ausnahme-) Situation, die das ermöglicht: Jahrzehnte des Friedens in Zentraleuropa, Jahrzehnte in einer Gesellschaft, die, wenn auch mit Abstrichen, demokratische Entwicklung sichert. Was ständige Wachsamkeit fordert. Dies auch in der Konfrontation mit Kontrastbildern. Nach dem Leitsatz, übernommen von einem Repräsentanten der Astrophysik: Man sieht seine Wirklichkeit deutlicher, wenn man über entlegene Möglichkeiten nachdenkt. Hier wäre zu ergänzen: über *scheinbar* entlegene Möglichkeiten wie Repression, Zensur.

Weiterhin das Stichwort Lektüre. Im *Berliner Journal* intonierte Frisch auch das Thema Altern. Als eine der Folgeerscheinungen: »Ein geschichtliches Interesse an der eignen Biographie und an der Biographie andrer.« Frei umgesetzt: reflektierende Aufzeichnungen, die Selbstwahrnehmung präzisieren (können). Und: absichernde, vergewissernde Seitenblicke.

Was ich, in früheren Jahren, bei meinem Vater leicht kurios fand: Dass er bei der täglichen Lektüre der *Süddeutschen Zeitung* bei Todesanzeigen immer gleich nach dem Jahrgang schaute, das mache ich jetzt auch, nicht unbedingt bei der *Süddeutschen*, aber, zum Beispiel, bei Jahrbüchern der Mainzer Akademie. Obwohl ich seit zwei Jahrzehnten an keiner der Sitzungen teilgenommen habe – die eine oder andere Person könnte ich ja kennen. Und ich sehe Jahrgangszahlen irritierend, verstörend nah herangerückt an das Todesjahr. Schreckensmeldungen aus dem ferneren und näheren Ambiente nehmen zu.

Der beobachtende, fast lauernde Blick auf mich selbst gewinnt an Schärfe. Wanderungen, die etwas kürzer, Spaziergänge, die etwas langsamer werden. Der Weg, der vom Eifelhaus erst mal recht steil hangaufwärts führt: auf halber Höhe bleibe ich schon mal stehen und souffliere mir Interesse an der auffälligen Wuchsform eines Baumes, der mir in früheren Jahren nicht weiter aufgefallen, an dem ich einfach vorbeigegangen war.

Denn: das Herz, dessen Klappe von Geburt an nie richtig schloss, es betont sich manchmal, beinah rumpelnd … Und: Im Dunkeln fahre ich nicht mehr so gern Auto, schon gar nicht bei Dunkelheit plus Regen … Und: die Trennschärfe beim Hören lässt nach – wie bereits bei meiner Mutter … Bei geringem Geräuschpegel allerdings keine Hörprobleme.

So bringe ich mich, zuredend, gleich wieder auf Schwung: Leben, bisher, ohne Schmerzen, ohne gravierende Krankheit – gelind der Diabetes. Randerscheinungen … Zentren noch nicht erreicht … Also Gedanken Richtung Zukunft, wie lang oder kurz sie auch sein mag. Weitere Projekte.

Doch vor neuer Intonation eine Anmerkung zur Stoffwechselstörung. Die habe ich nicht erwähnt, um mir einen Auftritt zu verschaffen als gläserner Autor, das Stichwort führt dazu, dass ich mich für Strukturen und Funktionen meiner Körperzellen zu interessieren, mich über sie zu informieren beginne. Mehr als vereinfacht die Vorstellung, die ich von der Schule mitgebracht und behalten habe. Dieses Modell sehe ich so karikiert: »Es ist eine hübsche Vereinfachung, sich die Zelle als Ballon vorzustellen, gefüllt mit einer salzigen, wässrigen Suppe, in der einige Spaghettifäden namens DNA und einige Bohnen, Proteine, herumschwimmen.«

In der Tat, so schlicht hatte ich mir das vorgestellt, sogar abzüglich DNA-Spaghettifäden und Protein-Bohnen: Nachwirkungen schematisierender Zeichnungen von einem Brühebeutelchen und mittenmang der Zellkern, in dem es irgendwie kompliziert zugeht, doch Näheres, Genaueres weiß man (noch) nicht. Das weiß ich heute noch immer nicht mit notwendiger Genauigkeit, ich schaffe nur Annäherungen.

Anstiftend, überleitend der Terminus »Rezeptoren«. In der Hülle, der Membran meiner Zellen sitzen Rezeptoren, die dafür sorgen, dass Glukose, mit dem Blutkreislauf verteilt, sodann durch Insulin vermittelt, ins Innere der Zelle eindringen kann, zur Ernährung. Was bei Diabetes Typ zwo aber nicht mehr so recht funktioniert: Insulinmoleküle können nicht mehr vollständig an Insulinrezeptoren von Gewebezellen andocken und Glukose ins Innere schleusen: Insulinresistenz.

So nehme ich mir vor, mich (auch) über diesen Transfer genauer zu informieren. Oder mir eine wenigstens modellhafte Vorstellung von Abläufen in Zellen erarbeiten, die mich milliardenfach konstituieren. Überhaupt will ich so langsam wissen, genauer, womöglich molekülgenau, was in meinem Körper vor sich geht – bevor alles wieder auseinanderfällt.

Neue Anforderungen an das Gehirn. Und damit erhöhter Verbrauch von Energie. Unter allen Organen fordert das Gehirn die größte Energieversorgung, und das rücksichtslos: »Selfish brain«. So nennt sich auch eine Forschergruppe der Universität Lübeck. Über deren neue Erkenntnisse lese ich in einem Beitrag der Sparte »Natur und Wissenschaft« der FAZ. Ich zitiere und paraphrasiere.

Das Gehirn, diese Megakombination von Neuronen, verschafft sich resolut Zugriff auf mindestens zwanzig Prozent der verfügbaren Nahrungsenergie. Die wird nur in Form von Glukose oder Traubenzucker aufgenommen – hier resorbiert das Gehirn allein zwei Drittel der Zuckermoleküle, sprich: einhundertdreißig von insgesamt zweihundert Gramm täglich bei einer Person von normalem Gewicht. Bei Engpässen regelt das Gehirn, mein Gehirn, dass andere Organe weniger Zuteilung erhalten.

Im Nachkriegs- und Notjahr 1921 sind Gehirne von Verhungerten untersucht worden. Dabei wurde festgestellt, dass Gehirne nur etwa zwei Prozent ihrer Substanz verloren hatten, während es bei Leber, Nieren oder Milz an die vierzig waren. Bei alarmierendem Mangel stoppt das Gehirn den Glukosetransfer in Fettgewebe und Muskulatur, zieht Glukose an sich: »Brain pull«. Zudem: Hirnzellen haben keine Insulinrezeptoren, Glukose wird direkt aufgenommen. Ebenfalls eine Sonderregelung des ›selbstsüchtigen Gehirns‹. Bei hohem Energieverbrauch blockiert es offenbar Insulinrezeptoren, erhöht so den Blutzuckergehalt, eignet sich vermehrt Glukose an. So jedenfalls stelle ich mir eine kritische Situation vor.

Hoher Glukose- und hoher Stromverbrauch im Gehirn! Zuweilen habe ich das Gefühl, ich muss dem Gehirn entweder nachhelfen oder nachgeben. Doch ich werfe nichts ein, ich gebe nach, strecke mich aus. Und glaube zu spüren, wie Stromspannung im Hirn absinkt; ruhigere Alphawellen bilden sich, und ich schlafe erst mal eine Runde, egal, zu welcher Tageszeit.

Übrigens habe ich das Gefühl, ja, mache die Erfahrung: Das Hirn arbeitet auch nachts. Gaukelt mir nicht nur Erotisches vor, versetzt mich nicht nur in Stadtregionen oder Landschaften, in denen ich mich überhaupt nicht mehr zurechtfinde, heckt nicht nur eine Kette von Hindernissen aus beim Weg zu einem Bahnhof oder Termin, harmonisiert nicht nur bei Konflikten bis hin zu irrealen Versöhnungsszenen, konfrontiert mich nicht nur mit konfusen Manuskripten, bei denen kein Durchkommen ist, das Gehirn sortiert nachts aus, rückt zurecht, bereitet vor. Selbst, wenn ich mich am Tag zuvor beim

Schreiben verfranzt habe – am nächsten Morgen weiß ich, wie es weitergeht. Meistens.

Was aber mit Selbsttäuschungen verbunden bleibt: die Erfahrung fast permanenter Selbstrelativierung.

ZWEI: NEUE DIMENSION
UND ALTE LIEBE

HEDWIG BORN im Jahre 1932 (vorerst allein) in Wolkenstein/Selva. Anreise per D-Zug nach Brixen. Weiter mit der Schmalspurbahn durchs Grödnertal nach Wolkenstein im Talkessel vor dem Sella-Gebirgsmassiv ... Kleiner Bahnhof, Endstation: die Gleise führen in einer Schleife um das Häuschen herum ...

Zentral die Kirche, verstreut Bauernhäuser ... Hedwig in der Ferienwohnung, die Familie Born bereits im Vorjahr gemietet hatte. Vier Zimmer mit verglaster Veranda im Haus des Bauern und Holzschnitzers Perathoner: Villa Blazzola, umgeben von Wiesen; freier Blick Richtung Seiser-Alm, Langkofel. Zehn Minuten Fußweg zum Ortskern.

Hedwigs Kinder noch jenseits der Alpen. Selbst Hund Trixi: nicht schon aus Göttingen mitgebracht in das Südtirol, aus dem er stammt; kein Jaulen, kein Kratzen an der Tür ... Stille im Haus – die leise Arbeit des Holzschnitzers ... Fern die Viertelstundenschläge und Stundenschläge der Kirche ...

Ein Foto zeigt Personen aufgereiht, die sich Beginn der dreißiger Jahre in Wolkenstein getroffen hatten. Links Max Planck, Mathematiker und Quantentheoretiker, nun im Erscheinungsbild eines alternden Försters; hagerer, hochgewachsener Mann. Dann eine kleine Lücke, aus der seine erheblich jüngere Marga herausgeschlüpft war mit dem Fotoapparat. Sodann Weyhl, der in diesem Szenario nicht weiter auftauchen wird. Neben ihm wiederum Annie, Frau des Physikers Erwin Schrödinger (Wellenmechanik, Einheitliche Feldtheorie), dann »Hedi« und Max Born. Auch dieser ›Guru‹ der

Quantentheorie: in Wanderstiefeln, weißen Kniestrümpfen, Bundhose, Janker; der obligatorische Rucksack.

Ich entwerfe den Text mit Blick auf Hedwig Born. Würde ich den Fokus auf Max Born richten, ich geriete rasch in einen Sog von Fachbegriffen, der mich von ihm fortreißt. An der Seite ihres Mannes hat Hedwig etliche solcher Termini erlernt, wenn auch, zum Teil, eher nebenher. So kann sie physikalische Begriffe homöopathisch dosieren – wichtig für diesen Textversuch.

Die Rolle der Leitperson muss ihr nicht zugeschrieben, gar ›angedichtet‹ werden, die übernahm sie vielfach, auch in Wolkenstein. So wird das Spotlight auf sie gerichtet – Streulicht fällt dabei auf Born und Einstein.

Erster Auftritt, 1916, des Albert Einstein im Hause Born. Der Besucher mit der Geige im Kasten, er wollte mit Born musizieren. Ohne langen Vorspruch zog er von den Hemdsärmeln die »Röllchen« ab, die mobilen Manschetten, und sie spielten Haydn – Einstein als »Haydn-Missionar«.

Aber noch wichtiger, für Hedwig: Vermittlung von verbalisierenden Bildern für abstrakte Erkenntnisse der Theoretischen Physik – wie dies auch von Einstein intendiert wurde. Sie korrespondierte und kommunizierte gelegentlich mit ihm. (»Es ist wohl nicht verwunderlich, dass gerade er mir half, mich unter den ›objektiven Naturwissenschaftlern‹ nicht mehr wie auf eine eisige Mondlandschaft verschlagen zu fühlen.«) Hedwig Born dürfte also ziemlich ›auf dem Laufenden‹ gewesen sein, ist damit fast akkreditiert als Person der Vermittlung.

ZUM RAUM DIE ZEIT ... Zeit eingebunden in den Raum ... Raum eingebunden in Zeit ... In sich gekrümmtes Raum-Zeit-Kontinuum ... Damit das Stichwort Relativitätstheorie. Lässt die sich auf verständliche, womöglich auf »allgemeinverständliche« Weise vermitteln?

Ich suche einen Ansatzpunkt für erzählerische Vermittlung des Unanschaulichen. Glaube ihn hier zu finden: Vermittlung durch eine Vermittlerin. Hedwig Born hat Gedichte geschrieben, wenn auch konventionelle, hat (zumindest) ein Theaterstück verfasst, hat an einem Roman gearbeitet.

Zwei Textproben: Eckwerte im Spektrum ihrer metrischen Artikulation. Vorab ein früher Gedichttext: März 1918, Einstein zum 39. Geburtstag. Scherzhafte Empfehlung von »Borns Versicherungsinstitut«, dies mit Blick auf Einsteins Phobie, es könnte in seine Wohnung eingebrochen werden trotz dutzendfacher Türsicherung. Ein Ausschnitt.

> Ehren, Geld und hohe Orden
> Gibt es heute nur fürs Morden,
> Doch wer friedlicher Natur
> Vegetiert im Dunklen nur.
>
> Wir versichern gegen Feuer
> Jede Habe, noch so teuer,
> Gegen Diebe, Hagel, Blitz
> Den beweglichen Besitz.

Auf der Gegenseite des Spektrums: Schluss-Sequenz eines Gedichts, das sie zu Beginn jener dreißiger Jahre geschrieben hat.

> Ich lieb den Duft vom frischgeschnittnen Grase,
> Den Holzrauch, winters durch die Luft getrieben,
> Des Weines Blume, süß und voll im Glase –
>
> Ich liebe Dich, als wär ich Dir verschrieben –
> Wie ich auch gegen meine Schranken rase:
> Ich liebe – ach, und will ja doch nicht lieben.

Falls die letzte Strophe Biographisches umsetzt, so darf angemerkt werden, dass sich die Liebeserklärung nicht an Max Born richtet, sondern an dessen Kollegen Gustav Herglotz. Etwa acht Jahre lang spielt er in Hedwigs Leben eine fast beherrschende Rolle. So wird er auch in diesem Szenario auftauchen, in dem es freilich nicht primär um Beziehung geht, sondern um Vermittlung eines komplexen Sujets.

Hedwig schreibt einen Brief an Herglotz im Mathematischen Institut Göttingen: Spezialist für partielle Differentialgleichungen der Funktionentheorie, für Differentialgeometrie, Theoretische Physik, Astronomie, Strömungslehre, Geophysik; eher bekannt durch seinen Beweis des Cohn-Vossen'schen Satzes von der Starrheit der Ei-Flächen.

Beim Abschied in Göttingen wurde Hedwig bewusst, dass sie etwas falsch gemacht, eine entscheidende Chance verpasst hatte. Alle Zeichen standen damals auf Trennung von Max; er hatte sich daran gewöhnt, daran gewöhnen müssen, dass sie abends lang wegblieb, auch mal über Nacht, dass sie in die Mansarde gezogen war, um ihr eignes Reich zu haben, samt Büchern und Grammophon.

Und nun sitzt »Hedi« in Wolkenstein und »Gusti« arbeitet in Göttingen. Wieder akut schmerzhaftes Bewusstsein, auf das wichtigste aller Stichworte nicht reagiert zu haben. Max allerdings wollte eine Scheidung vermeiden, wiederholt sein Hinweis auf Verantwortung gegenüber den Kindern; dagegen konnte sie nichts aufbieten. So hat sie sich dreingefunden in die offene Situation ohne Bruch, im Arrangement zu dritt. Doch nun fühlt sie sich in der Klemme. Weiteres mündlich, demnächst hier in Wolkenstein? Formeln der Sehnsucht. Liebevolle Grüße.

STICHWORT für Hedwigs Projekt der Vermittlung: Borns Monographie über Einsteins Relativitätstheorie soll in neuer Auflage erscheinen. Unverändert der Haupttext; über einen kurzen Begleittext jedoch wird verhandelt.

Zur Vorgeschichte: Born wollte der Erstausgabe ein Foto und eine Lebensskizze Einsteins voranstellen. Das lief auch gut an, er hat Frau Einstein den Entwurf zugeschickt, und sie hätte Born küssen mögen, so gut hat es ihr gefallen, nur ja kein Wort daran ändern, bitte! Der Text erschien denn auch, zumindest in der ersten Auflage. Doch gleich nach

Erscheinen musste sich Meister Lauer zu Wort melden, His master's voice: So was gefällt ihm nicht, das muss er missbilligen, ablehnen, andere Fachkollegen ebenso, solch ein Zusatz gehört sich nicht für ein wissenschaftliches Buch, auch wenn es sich an einen größeren Kreis wendet oder zu wenden glaubt.

Born hat sich dem Votum gefügt, hat vorausgesetzt, dass Einstein hinter dem Diktum stand, hat Ferdinand Springer gebeten, bei der zweiten Auflage Foto und Lebensskizze wegzulassen. Da hat sich Springer mit Recht gewehrt: Weder Born noch der Verlag hätten es nötig, den Rückzug anzutreten. Was aber doch geschah.

Nun aber ist erneut Umdenken, Umdisponieren erfolgt: In die neue, die fünfte Auflage soll doch wieder das Foto aufgenommen werden, ein neueres Foto, versteht sich, es gibt hier Auswahl genug, Fotos von Einstein sind fast Markenzeichen – das kann dem Buch nur helfen. Und die biographische Skizze von damals, die soll Born erweitern, aktualisieren, die muss wieder ins Buch, gleich vorneweg. Keine falsche Angst bitte vor Popularisierung, nicht einmal unter dem Zeichen des großen Einstein! Da fügt sich selbst Born.

Indirekte Legitimierung für Hedwig: Popularisierung scheint nicht mehr tabu zu sein, sie könnte also die Neuausgabe mit einer kleinen Publikation begleiten – ein oder zwei Druckbögen. Sie will Born nicht die Deutungshoheit überlassen, nur weil er Formeln einbringen kann, und das in Hundertschaften. Gerade, weil ihr Beitrag zur Vermittlung des kaum Vermittelbaren kontrastierend knapp bleiben soll, braucht sie Gespräch, Diskurs. So hat sie Paul Ehrenfest nach Wolkenstein, in die Villa Blazzola eingeladen.

AN EINER UMSETZUNG fachwissenschaftlichen Idioms in weithin verständliche Artikulation hatte Hedwig schon mal gearbeitet, dies mit einem Gedicht, von dem Born einmal sagte – wenn auch nicht ganz ernsthaft – es sei eine »adäquate Abbildung« der Allgemeinen Relativitätstheorie.

Hedwig Born in einem Brief an Einstein, nach (eher beiläufigen?) Vorgesprächen mit ihm über sein zentrales Forschungsgebiet:

Herr Newton sagte einst voll Schwung:
Erfährt ein Stein Beschleunigung,
Wird er im Raum, sofern der leer,
Auf grade Bahn getrieben,
Fällt weg auf Nimmerwiederkehr,
Ist nichts von ihm geblieben.

Viel froher macht mich Ihre Lehr':
Der Raum, er krümmt sich um sich her;
Ein Stein, der fortzufallen denkt
Wird durch Materie abgelenkt,
Er sternschnuppt rings um sie herum,
Denn Raum und Zeit, sie bleiben krumm.

Born, das hört sie echohaft, erhebt sogleich Einwände: Es kann nur irreführen, wenn man glaubt, man könne komplexe Phänomene erzählerisch aufarbeiten. Das sei zwar denkbar, hätte aber keinen Sinn. Einstein, ja, Einstein hat klargemacht: Es wäre eine Abbildung mit inadäquaten Mitteln – etwa so als würde man eine Beethoven-Sinfonie als Luftdruckkurve darstellen.

Und weiter: Wenn man sich vor Verschwommenheit hüten will, muss man Mathematik betreiben. Lebendiger Inhalt und Klarheit sind Antipoden; eins räumt dem anderen das Feld. Hier lässt sich auch nicht die sogenannte Erfahrung heranzitieren. Erfahrung liefert nur ungefähr richtige, mehr oder weniger wahrscheinliche Sätze. Und was die Anschauung betrifft: Die Physik hat sich von ihr als Erkenntnisquelle abgewandt.

Hedwig, gleichfalls echohaft: Gut, aber du willst verstanden werden. Wozu sonst an die fünfhundert Seiten einer als »allgemeinverständlich« deklarierten Interpretation von Einsteins Relativitätstheorie, hervorgegangen aus »populären Vorlesungen« – jedenfalls von dir so bezeichnet. Von anderen auch so aufgegriffen und empfohlen: Ein Buch in »der besten Born'schen Tradition verständlicher Darstellung«. Dies allerdings nicht mit Dutzenden, sondern mit Hunderten – zuweilen fingerlanger – Formeln. Damit eher ein Handbuch für Physikstudenten höherer Semester, womöglich für Kollegen, jedoch alles andere als eine allgemeinverständliche Einführung, da täuschst du dich, da machst du dir was vor. Die meisten Nichtfachleute denken eher in Bildern als in Begriffen. Erst recht in Bildern statt in Formeln. Da fällt mir gleich auch der Satz ein: »Kein Wissenschaftler denkt in Formeln.« Einstein!

Und wieder Born, echohaft: Natürlich denken wir nicht in Formeln. Aber wir brauchen Formeln, um zu vermitteln, was bei unserem Denken, unserem Herumgrübeln schließlich herausgekommen ist. Bilder und Analogien sind stets ein schlechter Ersatz für exakte Begriffe, für Formeln. Die machen es möglich, Wesentliches in knapper Form auszudrücken. Letztlich geht es um begriffliche Zusammenhänge, man könnte also, im Grunde genommen, nicht nur auf Formeln, auch auf geometrische Figuren verzichten und alles in Worten der gewöhnlichen Sprache vortragen. Nur wäre das Buch dann derart weitschweifig und unübersichtlich geworden, dass Springer es nicht gedruckt hätte – kein Leser würde sich durch so ein Konvolut hindurcharbeiten.

Sie wiederum, im Echo früherer Gespräche, ja, Auseinandersetzungen: Es gibt trotzdem Möglichkeiten, das Komplizierte, das Komplexe knapp und übersichtlich zu formulieren. Es muss zum Beispiel möglich sein zu erklären, weshalb Raum, die Zeit integrierend, gekrümmt ist. Fast alle haben Schwierigkeiten, sich das vorzustellen: ein gekrümmtes, vierdimensionales Raum-Zeit-Kontinuum.

Und Born? Eine Antwort etwa in diesem Sinne: Es erwartet auch keiner, dass man sich das vorstellen kann. Wer kann sich schon unsichtbares Licht vorstellen oder unhörbare Töne? Dennoch gibt es ultraviolettes Licht, gibt es Ultraschall. Wenn man zugibt, dass hier die Sinne versagen, jedoch Methoden der Physik weiterführen, so muss man sich halt dazu entschließen, das auch für die Lehre von Raum und Zeit zu akzeptieren.

Und Hedwig? Prinzipiell mag er ja recht haben. Und trotzdem: Amerikaner kriegen das manchmal noch hin mit der Vermittlung, da werden oft überzeugende Bilder entwickelt, und ich nehme an: mit Zustimmung von Einstein. Zum Beispiel, wenn erklärt wird, weshalb ein erheblich beschleunigter Meterstab in einem starken Gravitationsfeld kürzer wird im Vergleich zu einem stationären Meterstab, oder warum eine Uhr dort langsamer geht als eine hierorts stationäre Uhr.

Hedwig Born wird vorgeschoben – ich selbst will ja versuchen zu verstehen, was Einstein in der Relativitätstheorie entwickelt hat. So hatte ich mir, blindlings vorbestellend, das Werk beschafft, das mir verständliche Einführung in Einsteins Relativitätstheorie versprach: jenes Buch des Nobelpreisträgers Born. Den Kauf hätte ich mir sparen können. Hunderte von Druckseiten über Einsteins Relativitätstheorie(n), doch vor dem Verständnis werden Sprachbarrieren errichtet – für mich zumindest.

»Wir ziehen durch P eine Parallele zur ct-Achse und behaupten, dass diese den rechten Eichkurvenast $F = +1$ nicht noch in einem zweiten Punkt schneidet, sondern gerade in P berührt. Mit andern Worten, wir sagen, dass kein einziger Punkt dieses Eichkurvenastes links von der Geraden liegt, sondern dass der ganze Ast rechts von ihr verläuft, alle seine Punkte also x-Koordinaten haben, die größer sind als die Strecke OP.

Das ist in der Tat der Fall. Denn für jeden Punkt der Eichkurve $F = x^2 - c^2 t^2 = 1$, ist $x^2 = 1 + c^2 t^2$; also ist für den Punkt P der Eichkurve, der zugleich auf der x-Achse $t = 0$ liegt, $x^2 = 1$, für jeden andern Eichkurvenpunkt aber ist x^2 um den positiven Betrag $c^2 t^2$ größer als 1.«

Ein Born-Zitat, stellvertretend für zahllose Textsequenzen, die (auch) Hedwig nicht in den Kopf wollen, mit denen sie sich eher vor den Kopf gestoßen fühlt. Dabei ist hier nicht mal eine der Seiten wiedergegeben, die von oben bis unten mit (oft mehrere Zentimeter langen) Formeln gespickt sind.

VERSTÄNDLICHE VERMITTLUNG des überaus komplexen Phänomens Relativitätstheorie: es verfolgt mich, mit weiten Intervallen, seit der Schulzeit.

Beim Aufräumen fällt mir ein schmaler Band in die Hände: Lincoln Barnett, *Einstein und das Universum*, Amsterdam 1950. Beim Durchblättern registriere ich: Markierungen von Anfang bis Ende; gelegentliche Anmerkungen in meiner Schülerschrift. Ich folge den geschlängelten Linien damaliger Betonung, lasse mich zurückführen zu Erklärungen, die als Ferment lange Nachwirkung hatten, Umsetzung herausfordernd.

Albert Einstein im Vorwort: »Wer es einmal unternommen hat, ein abstraktes, wissenschaftliches Thema allgemeinverständlich darzustellen, kennt die großen Schwierigkeiten eines solchen Versuchs. Häufig wird entweder der Kern des Problems nicht berührt und durch oberflächliche Darstellung und unklare Umschreibung leichte Verständlichkeit vorgetäuscht, oder es wird dem Leser ein fachmännischer Bericht geboten, dessen Schwierigkeiten unzugänglich bleiben und ihn entmutigen.« (Was in Barnetts Buch jedoch nicht geschieht. Kein Anlass also, neu zu formulieren, gleichsam übersetzend, was als Formulierung auf mich eingewirkt hat.)

Barnett zur Raumzeit, einstimmend auf das Grundprinzip Relativierung: »Nie hat der Mensch eine Uhr benutzt, die nicht auf das Sonnensystem geeicht gewesen wäre. Was wir eine Stunde nennen, wird immer auf ein räumliches Maß zurückgeführt, nämlich einen Bogen von 15 Grad in der scheinbaren täglichen Umdrehung des Firmaments. Und was wir ein Jahr nennen, ist einfach die Maßeinheit, die man aus der vollen Umlaufbahn der Erde um die Sonne gewinnt. Ein Bewohner des Merkur würde ganz andere Zeitbegriffe haben, denn Merkur macht seine Reise um die Sonne in einem Zeitraum von 88 Erdentagen, währenddessen er sich einmal um seine eigene Achse dreht. Folglich sind auf dem Merkur ein

Jahr und ein Tag dasselbe. Aber unsere Zeitbegriffe werden erst recht sinnlos, wenn wir uns außerhalb unseres Sonnensystems begeben.

Die Relativitätstheorie lehrt uns: Es gibt nichts Derartiges wie ein festes, von einem Bezugssystem unabhängiges Zeitintervall. Es gibt in der Tat nicht einmal so etwas wie Gleichzeitigkeit; es gibt kein ›Jetzt‹ außer Beziehung zu einem System. [...] Alle Zeitmessungen sind in Wirklichkeit Raummessungen, und umgekehrt hängen die Raummessungen von den Zeitmessungen ab.«

PAUL EHRENFEST besucht Hedwig Born. Dies auch, um mit »Hedi« über belastende Beziehungsprobleme zu sprechen. Auf ihren Wunsch.

Ja, ich bin in Wolkenstein, verehrter Ferdinand Springer, könnte Ehrenfest dem Verleger schreiben. Und: er trifft sich wiederholt mit Hedwig Born. War bei ihr zum Tee eingeladen, sie haben gemeinsam »diniert«, sind gewandert, und fast jedes Mal wurde erörtert, wie weit sich Erkenntnisse der Relativitätstheorie auf verständliche Weise einem größeren Publikum vermitteln lassen. Eine Frage, die Springer als Verleger eventuell interessieren könnte, mit Blick auf eine kleine, eine wirklich kleine Schrift von Hedwig Born. Die von Ehrenfest beratend begleitet wird. Zumindest beim Zwischenstopp in Wolkenstein auf dem Weg nach Mailand, zum Kongress.

Im Brief, vorerst abschließend, die Mitteilung, Max Born befinde sich zur Zeit in Amsterdam. So bleibt vielhundertseitiger Einspruch diesmal ausgeschlossen.

Ehrenfest: Nach leidvollen Erfahrungen zeigt er Verständnis für leidvolle Erfahrungen anderer. So wurde er für Hedwig zum vertrauten und vertrauenswürdigen Freund in der Krisenzeit der Ehe: Vermittler zwischen »Gusti« und »Hedi«. Stundenlange Gespräche, nun auch im Haus des Perathoner, über die brüchige Ehe mit Born, über Hedwigs wechselnd intensive Beziehung mit Herglotz. Das hat schließlich auch

Vorrang vor Popularisierung der Relativitätstheorie. Ehrenfest drängt auf Klärung, auf definitive Entscheidung, somit auf Scheidung.

Hedwig: Ja, sie hätte zu Lou Andreas-Salomé gehen sollen, zur Beratung. Diese Frau hätte ihr sicherlich helfen können, die hat in ihrem wilden Leben klare Entscheidungen getroffen, hat ihrem Andreas schlicht Adieu gesagt, wenn die Zeit wieder gekommen war, ist aufgebrochen zu einem Besuch beim jeweiligen Partner, zu einer gemeinsamen Reise. Die musste ja nicht immer so weit führen wie ihre Reise mit Rilke nach Russland.

Die aufregende Entdeckung, damals: Die ehemalige Geliebte von Rilke, ehemalige Freundin von Freud, sie machte gerade das Gartentörchen zu, als Hedwig droben am Hainberg spazieren ging; so kamen sie ins Gespräch vor dem Haus mit Blick auf Göttingen in der Mulde. Die Dame um die siebzig, immer noch attraktiv, auf ihre Weise, immer noch aktiv als praktizierende Psychoanalytikerin. Hedwig besuchte sie damals mehrfach, las Bücher von ihr, hörte dies und das aus ihrem bewegten Leben: bewundernswerte Offenheit der Lady. Ja, sie hätte damals den entscheidenden, den ersten entscheidenden Schritt tun, sich bei ihr offiziell zu Beratung und Behandlung anmelden sollen, oder umgekehrt, zu Behandlung und Beratung – da hätte sich eine deutlichere Perspektive mit Blick auf Gusti entwickelt.

Dennoch das Thema Vermittlung. Und eine Stich-Probe, um erneut zu begründen, wie notwendig Vermittlung wäre des von Max Born vergeblich Vermittelten. Ich nehme eine Nähnadel, steche seitlich in den Buchblock, schlage die vom Zufall bestimmte Seite auf.

»Wenn wir des öftern die Näherungsformeln ($Formel$) und ($Formel$) verwenden und die Abkürzung ($Formel$) verwenden, erhalten wir nach kurzer Rechnung ($Formel$) und damit für die Impulskomponenten in der x-Richtung ($Formeln$, jeweils eine Druckzeile lang) und in der y-Richtung ($Formel$, hochkomplex) in die Erhaltungssätze von oben eingesetzt also (*F o r m e l n* , die einen Raum von etwa zehn Druckzeilen einnehmen!).«

Hier, auch hier: Eine Sprachbarriere ist errichtet – besonders hoch auf zahlreichen Buchseiten dieser Art mit Formeln, Formelreihen, Formelformationen. Selbst da, wo Born zu vermitteln glaubte, auf Formeln verzichtend, selbst dort steht auch für mich eine (Fach-)Chinesische Mauer.

Hedwig auf einer Wanderung, ihr Blick auf den Boden gerichtet – nur kurz mal schaut sie hinauf zu den Gipfeln von Langkofel, Plattkofel. Und gleich wieder den Blick auf den Boden gerichtet, ausfächernder Suchblick.

Sie pflückt Blumen im Spektrum von Barium, von Gelborange zu Grün und Blau. Sichtbar gemachte Spektralanalyse – das Spektrum nicht so weit wie bei Sonnenlicht, Koronarlicht. Eine Vorlage in einem Farbdruck, von Hedwig zufällig aufgeblättert und gleich die Idee: Spektrum für Gustav. Denn es traf ein Brief ein aus Göttingen: er wird sich in die Bahn setzen.

Hedi lässt das Barium-Spektrum beginnen mit kleinem, kurzem Rotakzent, hier bietet sich Klatschmohn an – Fruchtknoten kugelig, Narbenscheibe flach. Und eine kleine Büschel-Nelke, die Blütenblätter grob gezähnt. Reicht eigentlich schon. Sie hat noch den Blutroten Storchschnabel im Blick, aber trotz des Namens erscheinen ihr die Blütenblätter etwas zu sehr ins Rosige getönt, passen nicht ins Konzept.

Und sie pflückt weiter, kommt zum breiten Segment Gelborange. Hier ist das Angebot des Monats üppig. Gelbe Wiesenraute, doch da heißt es aufpassen, die Blütenblätter in den Rispelbüschen fallen früh ab – hier aber halten sie sich gerade noch. Die Staubblätter indes bleiben gelb, immerhin. Haltbarer, länger blühend: Schöllkraut. Dessen Milchsaft soll gegen Warzen helfen, hier kein Bedarf, wahrscheinlich. Echtes Barbarakraut, die Blühzeit bald zu Ende, doch in dieser Höhe hält sich alles ein bisschen länger, dieses Blattgrün bleibt bis zum Barbaratag im Dezember.

Hier auch: Brillenschötchen, hellgelb die Blüten in lockerer

Traube; siedelt sich gern im Alpenreich an. Und hier: echtes Labkraut, in dichtem Blütenstand, kommt im Tiefland selten vor! Echter Nelkenwurz, in lockeren Rispen. Das sind natürlich mehr Farbvarianten als das Barium-Spektrum erlaubt, aber Hedi muss etwas nachhelfen, den Augen zuliebe. Gelbes Sonnenröschen muss mit dabei sein, bietet sich an auf trocknerem Boden. Setzt einen kräftigen Akzent, nicht wahr?

Ja, fließend oder gleitend der Übergang zum Grün. Guter Heinrich, fast als Leitgrün. Soll auch als Heilpflanze gedient, eventuell sogar geholfen haben, kann man notfalls essen als Wildgemüse. Grüner Knäuel, die Blütenstände in kleinen Rispen. Ackerfrauenmantel. Der trittfeste Wegerich. Dafür, dass im Barium-Spektrum das Grün einen so großen Teil einnimmt, war die Auswahl von Grünblütern schmal, sie muss etwas nachhelfen mit einem Anteil Efeu.

Und schon geht es hinüber ins Blau, abschattiert zum Violett. Als Farböffner: die Kornblume, gleich mehrfach. Springt förmlich ins Auge. Und die Akelei, macht sich breit auf den Bergwiesen. Hat auch schon die nötige Neigung zum abschließenden Violett. Das wär's schon, im Blaubereich. Vereinfachte Version des Spektrums. Eher Modell des Barium-Spektrums als Wiedergabe. Doch reichlich Farbe im Strauß für Gustav Herglotz.

UND WIEDER BARNETT, im Büchlein, das ich als Schüler nicht nur gelesen, sondern studiert hatte, mit (intermittierender) Langzeitwirkung.

Der vermittelnde Physiker zu Phänomenen des Retardierens und Reduzierens bei der Annäherung eines Systems an die Lichtgeschwindigkeit. »Ein Messstäbchen, das sich mit 90 Prozent der Lichtgeschwindigkeit vorwärtsbewegt, dürfte um etwa die Hälfte seiner Länge zusammenschrumpfen; danach geht die Zusammenziehung noch rascher vor sich. Wenn der Stab Lichtgeschwindigkeit erreichen könnte, würde er auf ein Nichts zusammenschrumpfen. In ähnlicher Weise würde eine Uhr, die sich mit Lichtgeschwindigkeit bewegte, vollständig zum Stillstand gelangen. Hieraus folgt, dass nichts

sich jemals schneller bewegen kann als das Licht – ganz gleich, welche Kräfte im Spiele sind. So enthüllt die Relativitätstheorie ein anderes fundamentales Naturgesetz: *Die Lichtgeschwindigkeit stellt die Höchstgrenze der Geschwindigkeiten im Weltall dar.* [...]
Nach der Relativitätslehre müssten sich bei einem Menschen, der sich beinah mit Lichtgeschwindigkeit durch den Weltraum bewegte, Herzschlag, Atmung und andere Körperfunktionen relativ verlangsamen. Er könnte aber nichts von dieser Tempoveränderung spüren, weil seine Uhr genau in dem gleichen Maße zurückbliebe. Nach dem Urteil eines stationären Beobachters würde dieser Mensch indessen weniger schnell ›altern‹. Man stelle sich nun – wie in einem Roman von Jules Verne – einen Weltraumforscher an Bord eines Raketen[raum]schiffes vor. Dieser Gelehrte durchquert den Kosmos mit einer Geschwindigkeit von etwa 270 000 Kilometern pro Sekunde, um bei seiner Rückkehr nach zehn Erdjahren zu seiner großen Verwunderung festzustellen, dass er nur um fünf Jahre älter geworden ist!« Das prägte sich ein!

In einem zweiten Brennpunkt der Bewusstseins-Ellipse: der Fahrstuhl im Weltraum. »Um den Gravitationseffekt beim Licht klarzumachen, ersann Einstein eine imaginäre Szene. Sie fingiert einen Fahrstuhl, der fern von jedem Gravitationsfeld mit konstanter Beschleunigung in den leeren Raum aufsteigt. [Nun] feuert ein Schütze, der im Weltraum umherstreift, aus Übermut eine Kugel auf den Fahrstuhl ab. Die Kugel trifft eine Seitenwand des Aufzugs, schlägt glatt durch und tritt an der gegenüberliegenden Wand wieder heraus. [...] Der Fahrstuhl setzt seine Aufwärtsbewegung fort. Nach einer Weile dringt plötzlich ein Lichtstrahl durch eins der Schusslöcher. Da die Lichtgeschwindigkeit ungeheuer groß ist, durchmisst der Strahl die Strecke zwischen seiner Eintrittsstelle und der gegenüberliegenden Wand im Bruchteil einer Sekunde. Der Strahl trifft die gegenüberliegende Wand an einer Stelle, die um den Bruchteil eines Millimeters tiefer liegt als seine Eintrittsstelle. Wenn sie [die Beobachter im Fahrstuhl] an der Newton'schen Lehre festhalten, müssen sie sehr erstaunt sein, denn dann sind sie von der gradlinigen Fortpflanzung des Lichts überzeugt. Kennen sie jedoch die Spezielle Relativitätstheorie, dann werden sie an die Gleichung m = E/c² denken, laut der Energie Masse hat. Da Licht eine Energieform darstellt, so werden sie zu dem Schluss gelangen: Auch Licht besitzt Masse und wird daher durch ein Gravitationsfeld beeinflusst. So erklärt sich die Beugung des Lichtstrahls.

Aus diesen rein theoretischen Überlegungen folgerte Einstein: Das Licht beschreibt wie jeder andere materielle Körper eine Kurve, wenn es das Gravitationsfeld eines massiven Körpers passiert.«

VERMITTLUNG auf diese Weise muss nicht wiederum vermittelt werden, übersetzend oder umschreibend. So würde ich Hedwig Born auch nicht den Versuch zuschreiben, die Spezielle und die Allgemeine Relativitätstheorie in ähnlicher Prosaversion zu vermitteln. Dafür müsste Hedwig Born nicht nach Wolkenstein versetzt werden. Das bleibt nur plausibel, solange ein anderer Ansatz gesucht und gefunden würde. Und das wäre bei dieser Frau, die auch Gedichte schrieb: Transfer über Gedichte.

So konzipiere ich in ihrem Namen ein Projekt für sie (und mich): Umsetzung von Grundideen der Relativitätstheorie(n) in einem schmalen Band mit kurzen Gedichten, die schlagartig erhellend wirken (sollen). Zündpunkte, Zündfunken.

Gleich noch eine Anmerkung zum Stichwort Vermittlung: Es kann nicht darum gehen, Inhalte von Naturwissenschaft(en) in ›poetische Form‹ zu bringen, oder, wie man früher gesagt hätte: sie einzukleiden. Dichtung wird vielfach missverstanden als Einkleidung eines Gedankens. Jedenfalls war das für mich, für uns so festgeschrieben im Gymnasium. Interpretation bedeutete demnach: Man zieht den Text wieder aus, entkleidet ihn, hat nun als Substrat den nackten Gedanken vor sich.

Anders gesagt, geschrieben: Es kann nicht (bloß) darum gehen, wissenschaftliche Materialien zu poetisieren. Eher ließe sich vorstellen: Wissenschaftliches Material wird freigesetzt, in die Schwebe gebracht, Material wird Spielmaterial. Dies jedoch in steter Sichtverbindung zu beobachteter oder rechnerisch ermittelter Realität oder ›Realität‹.

Dies als Stichwort zu einer weiteren Randbemerkung: Das Erklärungsmodell Fahrstuhl mit Loch erscheint mir manchmal antiquiert.

Selbst der Weltraum, in den man sich Anfang der dreißiger Jahre hinausdachte, war vergleichsweise schlicht ausgestattet. Mittlerweile ist das Raum-Zeit-Kontinuum mit dem explosionsgleichen Anwachsen von astronomischen Erkenntnissen ins Unermessliche gewachsen. Da wird neuer Ansatz notwendig: ein Kapitel für sich. Und Hedwig Born? Sie hätte sich heute wohl noch eher, noch rascher, noch entschiedener ihrer privaten Sphäre zugewandt.

PAUL EHRENFEST: Professur in den Niederlanden, in Leiden. Brillante Vorlesungen, instruktive Seminare, Übungen, Kolloquien. Weiterentwicklung nichtlinearer Verfahren und Denkmodelle. Hinweise auf Diskontinuitäten, speziell im Ehrenfeld'schen Theorem. Eins seiner Stichworte: Übergangswahrscheinlichkeiten.

Dieser Mann von Anfang fünfzig fühlt sich fast schon zu alt, um bei Entwicklungen der Theoretischen Physik mithalten zu können – vielfach extreme Kontraste zwischen neu entwickelten Theorien und Theoremen.

Seit etwa 1930 begann Ehrenfests Lebenskurve abzusinken. Er gestand ein, er verliere den Kontakt zu Entwicklungen in seinem Forschungsgebiet. Er komme in der Lektüre nicht mehr mit. Diese Flut von Briefen, Vorträgen, Kongressbeiträgen, Zeitschriften-Artikeln, Fachbüchern …!

Ja, der vielfach gefeierte Ehrenfest, der die Gabe besaß, Unanschauliches dennoch anschaulich zu vermitteln: Faden gerissen, Verbindung unterbrochen, der Subkontinent driftet davon, er hat das Nachsehen. Das stimmt ihn zusätzlich herab in seinem Hang zum Depressiven. Ehrenfest als Kronzeuge einer Entwicklung, die nicht mal ein hochgradiger Spezialist mitvollziehen kann.

Als er seinerzeit Einzug hielt in Göttingen, mit Frau und Tochter, mit Assistent und Papagei, und eine der heftigen Diskussionen mit Born über die Relativitätstheorie führte, da rief der Papagei, und konnte es nicht oft genug wiederholen: »Aber meine Herren, das ist doch keine Physik!«

Ja, Ehrenfest gibt zu, wenigstens unter Freunden, dass ihm Entwicklungen der Theoretischen Physik über den Kopf wachsen, er kann letztlich nicht mehr mithalten – alles zu unanschaulich! Müsste hier, speziell hier, nicht nachgearbeitet werden?

WANDERUNG südwärts Richtung Tieja-Sattel, Sella Tieja, und weiter zur Comici-Hütte. Grasmatten mit Blütendekoration. Hedwig und Paul spielen durch: Ein Mann in jenem Fahrstuhl im Weltraum, auf magische Weise nähert sich das Vehikel der Lichtgeschwindigkeit. Und nun deutliche Veränderungen: Bisher unsichtbare Sterne im Infrarotbereich werden rot, damit für das Auge sichtbar, rote Sterne werden grün, grüne Sterne violett und violette Sterne wechseln über in den Ultraviolettbereich, werden damit für das menschliche Auge wieder unsichtbar.

Und, von außen gesehen, mit überstarkem, irgendwo im Weltall schwebendem Teleskop: Der Fahrstuhl verkürzt sich in der Länge, behält jedoch die Breite. Und beim gefunkten Uhrenvergleich zeigt sich: Die Uhr an Bord des Fahrstuhls wird mit weiterhin anwachsender Geschwindigkeit immer langsamer. Auch hier wieder angenommen, der Fahrstuhl erreicht virtuell die Lichtgeschwindigkeit, so geht die Zeit nicht weiter und der Widerstand wird unendlich.

Das wäre als Vorgabe bereits viel zu lang etwa für ein Haiku! Also ein Limerick? Etwa über die retardierende Borduhr im kontrahierten Fahrstuhl und den entsprechend verkürzten Astronauten?

Notwendig wären Texte, die der Leserschaft wie ein Blitz ins Hirn fahren, schlagartig erhellend. Also am ehesten Gedichte – sowieso schon Formen des Komprimierens, und die müssten wiederum komprimiert werden. Natürlich könnten drei oder fünf Zeilen keine Weltformel enthalten, damit wären die kleinen Gebilde überfrachtet, aber dies müsste möglich sein: Jeweils einen Aspekt der neuen Welt der Relativitätstheorie aufreißen in einem Kurztext, der Erkenntnis überrumpelnd vermittelt. Keine weitschweifigen Erklärungen, wieso in der Annäherung an Lichtgeschwindigkeit eine Bewegung im Raum-Zeit-Kontinuum zur Verlangsamung des Zeitablaufs im bewegten System, zur Verkürzung gestreckter Objekte führt im eingekrümmten Kontinuum, sondern, beispielsweise, ein Limerick, in dessen erster Zeile ein junger Mann in den leeren Raum fliegt so schnell wie das Licht, er startet am Dienstag, kehrt zurück schon am Montag, sprich: am Tag *davor*, in einer Abkürzung der Raum-Zeit-Kurve, sie wiederum relativierend …

Und Hedi beginnt mit der Improvisation, Paul Ehrenfest hilft mit, einen Limerick in der Reimform zurechtzurütteln. Die Probierbewegungen werden übersprungen, hier gleich das Resultat:

Es tat ein Pilot seine Pflicht,
flog in den Weltraum, schnell wie das Licht,
der Start war am Dienstag,
die Landung am Montag:
gewann einen Tag, verlor kein Gewicht.

Doch bei einer Zwischenrast hört sich das schon anders an, befindet Ehrenfest. Das ist lustig, das reimt sich, aber es stimmt nicht, kann so gar nicht stimmen. »Schnell wie das Licht.« Sie wissen ja nun beide: Nur Licht kann so schnell sein wie Licht. Da capo! Je mehr sich der namenlose Astronaut mit dem exemplarischen Gefährt der Lichtgeschwindigkeit annähert, desto größer der Widerstand, die Masse. Schließlich, bei dreihunderttausend Kilometern die Sekunde, wäre beides unendlich.

Also, wir dürfen den Inhalt nicht dem Reim opfern, diesem fatalen, manchmal albern wirkenden Reimzwang. Die Vermittlung umzusetzen in eine Serie von Limericks oder anderen Kurzgedichtformen, das treibt uns wortwörtlich in die Enge. Die Kurzformen vermitteln nicht, die tippen nur an. Die sind nicht raumgreifend. Und was uns betrifft – wir können uns bei der Vermittlung nicht frei entfalten.

Nun gut, na schön – was jetzt?

So geht beiden, fürs Erste, die Puste aus. Doch sie fassen einen Entschluss: Wir sollten gemeinsam weiterarbeiten, wenn auch vorerst mit aufschiebender Wirkung. Ehrenfest wird einen Tag früher als geplant Richtung Mailand aufbrechen, zum Kongress. Denn es ist geplant, dass »the prof« ihn abholt, Sir Frederick Lindemann, Viscount Cherwell, Professor der Experimentalphysik in Oxford, Leiter des Clarendon-Laboratoriums, vor allem aber: persönlicher, noch dazu befreundeter Berater von Winston Churchill. Damit häufige Besuche und Aufenthalte in Sir Winstons Landsitz Chartwell, ja, und damit das Stichwort für den Knackpunkt, zumindest für Ehrenfest: Die geradezu besorgniserregende, fast schwindelerregende Eloquenz von Sir Frederick, er hat mal bei geselligem Beisammensein auf Chartwell in animierter Runde binnen zwei Minuten, Wiederholung: in *zwei* Minuten alle wesentlichen Aspekte der Relativitätstheorie vermittelt, dies, wie es heißt, auf verständliche Weise, und das ohne unzulässige, unstatthafte, unprofessionelle Vereinfachung. Seither ist Sir Frederick bei Churchill hoch angeschrieben. Dem Lindemann-Impact, sagt Ehrenfest, fühlt er sich nicht gewachsen, dem wäre er jedoch ausgesetzt, pausenlos, gnadenlos, wenn er Stunde um Stunde mit Sir Frederick im Dienstwagen, in der Staatskarosse verbringen muss, im »Fond«, womöglich Schulter an Schulter, und Sir Lindemann redet auf ihn ein von Brissanone bis Milano, sie gleiten dahin auf einem Redestrom, dagegen ist der erst mal begleitende Eisack nur ein gelindes Wässerchen. Ja, und er, Paul, wird immer kleiner, während Sir Frederick wieder über sich hinauswächst, zumindest rhetorisch. Nichts für Ehrenfest, da fährt er lieber mit der Bahn, zweiter Klasse.

Hedwig nach Ehrenfests Abreise. Wieder allein unterwegs, stundenlang. Sie liebt den Blick auf die Langkofelgruppe, den

Schlern, die Santnerspitze. Doch die rotgrauen Felsmassen verlieren bei einer der Wanderungen an Konsistenz.

Hedwig auf der Seiser-Alm. Einer der Bäche hinüber und hinab zum Eisacktal. Gleichmäßig verteiltes Himmelsgrau, glattgestrichen wie mit breitesten Pinseln, somit keine Lichtreflexe auf dem Wasser, kein Glitzern, Gleißen. Was sie aber innehalten lässt: die Gleichförmigkeit, Gleichmäßigkeit des Fließgeräuschs. Stetiges Fließen, hörbar an einigen Steinbrocken: Riesen-Streuwurf im mäandernden Bachverlauf. Von kleinem Aufschäumen betonte Gleichförmigkeit.

Sie nimmt wahr, macht sich bewusst: dreidimensionaler Vorgang. Der Raum hier wie wahrgenommen. Das Zusammenfließen von kleinen Wasserläufen zum Bach, Wiesenhänge herab, über Wiesen heran, gleichförmig, gleichförmig, aber wieso eigentlich? Eine der Hauptquellen könnte stocken ... Eine kleine Lawine von Steingeröll könnte kurzzeitig aufstauen ... Ein Rind könnte mit einer Kolik, nach einer Kolik umfallen, wieder staut sich Wasser, bis es über den Kuhleib hinwegläuft ...

Doch wie auch immer: gleichförmig, gleichmäßig, gleichförmig das Fließen, das damit verbundene gleichmäßige, gleichförmige, gleichmäßige Geräusch des Fließens. Es floss so gleichförmig dahin, als Kinder während der Inflation Geldpacken als Bauklötze stapelten ... Floss so dahin, als Hunderttausende vor Verdun krepierten ... Floss so dahin, als erste Kanonenrohre gegossen wurden ... Floss so dahin, als man sich noch mit Schwertern bekämpfte ... Bach fließt, fließt, fließt mit verstörender Gleichmäßigkeit ... Fließt zu ihr heran, fließt unter ihr weg ... Sie kann kräftigen Schritts über den Steg schreiten, kann über ihn hinweghumpeln, kann sich auf dem Steg ausstrecken wie bei einem Schwächeanfall: Es wird nicht eine Sekunde lang, eine Sekunde kurz eine Geräuschlücke entstehen, als würde das Wasser sich kurz verschlucken – die Stille, die verneinende Stille ringsum wird durch das Plätschern, Gluckern, Schnalzen, Schlippen nur noch grundiert.

Am Wasser sitzen bleiben, Gedanken mitfließen lassen, talwärts. Ja, dieses Wasser wird noch fließen, wenn sie, Hedwig, nicht mehr hier ist, wenn sie überhaupt nicht mehr ist, wird fließen, als hätte nie eine Hedi an diesem Wasserlauf gestanden, gekauert, gehockt. Das Fließen, Fließen in sich hineinfließen, durch sich hindurchfließen, aus sich wieder herausfließen lassen – und das wär's denn?

DER HOHE BESUCH angekündigt von aufgeregten Rufen und eiligen Schritten im Haus, schon eilte der Perathoner, in der Arbeitsschürze, Schnitzmesser in der Hand, in die Wohnung mit dem Ruf: A rorois, a rorois! Sein Weib hinterher, im Küchenkittel: A rolrois, a rolrois! Schon hörten sie Motorgeräusch. Wie auf ein Zeichen warfen der Perathoner und sein Weib die Schürze, den Kittel ab, machten sich bereit, den »Herrschaften« die Haustür zu öffnen, das wollten sie sich nicht nehmen lassen. Ah, und da stand er schon: echter Rolls Royce, in Wolkenstein vorgefahren an der Villa des Holzschnitzers Perathoner und seiner Familie, am Haus mit der Ferienwohnung der Deutschen. Und dem Rolls Royce entstieg erst der Chauffeur, mit vorschriftsmäßiger Kopfbedeckung, eilte nicht um den Wagen herum, machte nur die zwei Schritte zur hinteren Tür, zum hinteren Fond oder Schlag, wie man in solch einem Fall wohl eher sagt, riss den auf und dem schwarzen Rolls Royce entstieg: Frederick Alexander Lindemann.

War höchstpersönlich in Wolkenstein, Selva Gardena, eingetroffen, auf Sandpisten mit großstädtischem RR. Ein Rolls Royce in Wolkenstein! Nachbarn der verstreuten Häuser in Sichtweite, Sichtnähe sind an die Fenster getreten, vor die Haustüren, das Glanzstück vorwiegend ladinisch kommentiert, ladinisch bejubelt, vor allem von Kindern.

Hedi, da bin ich! Umarmung zur Begrüßung. Die Perathoners in Habachtstellung, sie wurden von Lindemann mit huldvollem Kopfnicken gegrüßt. Auf den ersten Blick eine bedeutende Persönlichkeit. Hedwig wird dem Ehepaar später vermitteln, wie bedeutend der Besucher war. Zum Beispiel: Frederick Alexander Lindemann hatte in frühen Jahren Tennis gespielt mit Ihro Hoheit, dem Kaiser Willem wie mit Seiner Hoheit, dem Zaren Alexander. Service Alexander, Return Alexander, Vorhand Alexander, Rückhand Alexander, Spiel, Satz und Sieg Alexander, natürlich der russische.

Die Limousine, fast Staatskarosse, blieb erst mal vor dem Haus mit geschmeichelten Besitzern stehen, der Chauffeur wiederum verharrte neben dem Gefährt, um Betatschen durch Alpenbubenhände zu verhindern, das Plattdrücken von Alpenbubenrotznasen und Alpenmaidenschniefnasen an den leicht verstaubten Wagenfenstern, um erstmalig eine Innenausstattung mit Mahagoni und Leder zu sehen in diesem Fahrzeug, das so fremd wirkte, als wäre es an unsichtbarem Fallschirm vom Himmel herabgesenkt worden, lautlos aufsetzend. Der Chauffeur begann mit sichtlich weichem Lappen die Chromteile vom Staub der noch längst nicht asphaltierten Alpenstraßen zu reinigen, vor allem der Straße durch St. Ulrich, Gröden, St. Christina.

Lindemann begleitete die ›Urlauberin‹ ins Haus, in die Wohnung, die Veranda mit offnen Fenstern. Schön hast du's hier! Der kleine Satz von weit schwingender Armbewegung betont. Schon wurde die gesamte Dolomitenwelt im Sichtbereich südwärts zur Dekoration für Sir Lindemann. Er ließ sich von Hedi diverse Bergnamen vorsprechen, Langkofelgruppe, Sellagruppe, und ganz hinten muss man sich die Marmolata denken, über dreitausend Meter hoch, also ewiger Schnee. Great!, rief der Besucher, doch seine Wahrnehmung reduzierte sich auf das Glas, das ihm Hedwig reichte, ein Reisender ist traditionell durstig. Kurzer informatorischer Rundblick in der Veranda: Aha, hier wird auch gearbeitet? Und wo steckt Paul, unser Paulchen?

Ist früher aufgebrochen. Muss einer sozialen Verpflichtung folgen, aber da ist er diskret, keine näheren Angaben über Ort und Person seiner Intervention.

Unser kleiner Mann der Quantensprünge ... Petersburger Quantensprünge ... Zugleich, zweifellos, Kontinuitäten, ehrenfeste. Na dann bis Milano. Und hier? In der Gilde, der Branche, der Zunft der Theoretischen Physiker funktionieren noch immer die altbewährten Buschtrommeln, und die haben Sir Lindemann gemeldet, dass geplant, zumindest geplant war, an einem vielversprechenden Projekt zu arbeiten, zumindest dafür vorzuarbeiten, womöglich daran weiterzuarbeiten. Codewort: *Understanding Einstein*. Wäre übrigens für die Oxford University Press interessant, in englischer Version. Also wäre er an möglichst frühzeitigen Informationen interessiert. Zur Abrundung gleich noch Lindemanns Angebot, ein Vorwort zu schreiben, was für den Absatz, den Umsatz im UK nicht uninteressant sein dürfte. Genügend Interesse bekundet?

Hedwig bedankt sich »für die Blumen«, muss aber gleich einschränken: Allzu weit ist sie, trotz Paul als Berater, nicht gekommen. Liegt an der heiklen und sperrigen Materie wie an ihrer heiklen, schwierigen Privatlage. Sie will nicht ins Detail gehn, aber die Buschtrommeln werden in der Branche wohl auch vermittelt haben, dass in der Ehe von Max und Hedwig der Haussegen schief hängt. Kurzum, die private Situation wirkt zurück auf ihr Vermittlungsprojekt. Sie hat den Kopf nicht frei. Der Mann, den sie liebt, okkupiert fast das gesamte Bewusstsein, da haben es Limericks über gekrümmte Raumzeit reichlich schwer. Kurzum, sie weiß nicht, ob aus dem Projekt letztlich etwas wird.

Also Turbulenzen … Genau sein Gebiet! Zumindest eins der Gebiete: Berechnungen von Trudelbewegungen aus dem Steuerruder geratener Jagdflugzeuge. Kam ja wiederholt vor, Verluste unter Piloten. Hat damals im Royal Flying Corps das Problem einigermaßen gelöst, über Berechnungen und bei einem viel beachteten Selbstversuch: hat über dem Flugfeld die Maschine ins Trudeln gebracht und erfolgreich abgefangen. Müsste in übertragenem Sinne auch hier gelingen. Wo steckt das Problem?

Kurzer Arbeitsbericht; Hedwig mit dem Rücken zum Arbeitstisch, Sir Lindemann auf und ab schreitend – er habe lang genug gesessen, mittlerweile. Aha, es geht um knappe, verständliche Vermittlung der Relativitätstheorie – volles Verständnis bei ihm! Hat sich ja selbst mal in die Richtung vorgewagt, auf Bitte von Churchill. Aber, um Himmels willen, warum wollt ihr beiden das in Gedichtform temptieren?! Ausgerechnet in Gedichtform?!

Gedichte seien nun mal ihre Form, sich zu artikulieren. Hat das bei diesem Thema sogar mal mit Einstein ausprobiert, in einem gemeinsam ausgeheckten Gedicht. Wenn sie ihn richtig verstanden hat, spricht für Einstein nichts dagegen, dass die besondere Sprache der Formeln eine Entsprechung findet in der besonderen Sprache der Gedichte. Das Ungewöhnliche, das Außerordentliche, das beinah Märchenhafte der Relativitäten nicht in womöglich bräsiger Prosa vermitteln, es müssen Funken überspringen. Und das ginge, das geht wohl nur bei Aphorismen oder Gedichten. Sie hat da mit Paul den einen oder anderen Anlauf unternommen. Versuchsballons ...

Also, mit Ballons kennt er sich ebenfalls aus. Hat im Krieg den Luftraum von London durch Sperrballons gegen Angriffe deutscher Zeppeline verteidigt, erfolgreich. Würde hier auch sofort eine Sperrlinie von Fesselballons hochziehn. Vermittlung der Relativitätstheorie, zumindest der Allgemeinen, durch Gedichte – greift zu kurz, Hedi, das greift entschieden zu kurz!

Wieso? Sie sieht wirklich nur diese Möglichkeit, diesen Ansatzpunkt: Knappe Gedichte gegen Formeln, die ebenfalls verknappen. Ist doch eine erfolgversprechende Perspektive!

Die sehe ich nicht. Hedi, tut mir leid, aber ich sehe die nicht. Was Max auf fünfhundert Seiten ausgebreitet hat, ausbreiten musste, willst du das auf ein paar Gedichte reduzieren? Es geht nur mit Prosa, glaub es mir. Am besten verbunden mit einer Story. Aber jetzt, der Fahrer wartet, der Magen knurrt – lass uns beim Essen drüber reden. Stichwort Hotel.

Das große und das kleine Zimmer im Hause hatten sie schon bezogen, kein Gepäck mehr im Rolls Royce, das hatte der Hausbursch ehrfurchtsvoll in das Zimmer und in die Kammer getragen. Die paar Minuten, Minütchen vom Haus zum Hotel wollte Sir Lindemann, obwohl sonst betont sportlich, nicht zu Fuß absolvieren, das schien ihm auch mit Blick auf die Gemahlin des hochgeschätzten Kollegen Born unangemessen. Du kommst im Wagen mit, das wird dir zusätzlichen Respekt verschaffen im Dorf.

Die kurze Fahrt vom Perathoner-Haus zum Hotel, dessen Besitzer oder Pächter ebenfalls Perathoner hieß. Der Chauffeur sprang aus dem Wagen, riss vor Hedwig die Tür, den »Schlag«, auf. Einzug in den »Speiseraum« des kleinen Hotels. Da hätte eigentlich eine ladinische Blaskapelle einen ladinischen Einzugsmarsch spielen müssen.

Die Getränkekarte. Erst mal Wein aus Friuli, Friaul, später eventuell Wein aus heimischer Lage. Und die Bestellung der Mahlzeiten nicht über den Kellner, sondern nach direkter Rücksprache mit dem Koch, der nicht wusste, wie ihm geschah, er musste sich offenbar erst mal landfein machen. Ein Problem, auch für ihn: Der Herr aus England ist strenger Vegetarier. Eine vegetarische Mahlzeit in Wolkenstein 1932 – ja, wie soll das gehn? Wildpret, Rinderbraten, Salz- oder Stampfkartoffeln, alles selbstverständlich, aber ve-ge-ta-risch? Ihre Lordschaft an den Koch: Was habt ihr denn hier an Gemüse? Möhren, Kohlrabi. Na, zur Not. Potatoes, Kartoffeln gibt's ja wohl auch im Grödnertal. Kein Speck, bloß keinen Speck! Speckfreie Gemüsepfanne oder so was in der Art, der Koch soll mal Phantasie entwickeln.

Die Verständigung mit dem Chauffeur, obwohl gleichfalls Engländer, verlief einfacher, die Auswahl war denn auch, der Ortslage angemessen, bescheiden. Während der Koch erst mal kopfkratzend in der Küche stand, eine Gemüsekombination aushecknd, servierte der Kellner den bestellten Wein aus Friuli, Friaul.

Und Sir Lindemann griff auf, setzte fort: Lass doch mal hören, wie weit ihr gekommen seid, Paulchen und du.

Hedwig rezitierte den Limerick, halblaut.

Dieses Männlein im Fahrstuhl – habt ihr das womöglich zur Leitfigur erkoren?

Immerhin ein Vorschlag von Albert.

Auch ein Genie hat seine schwachen Stündlein. Also, dieses Fahrstuhlgehäuse im Weltraum, dieses Unikum solltest du in die Remise stellen. Da muss was andres her! Vorbereitend ein großer Schluck Wein. Er ist nun mal bekannt für seine raschen Einfälle und Entschlüsse, also her damit, her damit, ja, da taucht schon was auf, sieht nach Lösung aus, sieht sehr nach Lösung aus, taucht auf, taucht auf, kommt an die Wasserfläche, U-Boot, ein U-Boot, nein *das* U-Boot, *Nautilus*, erdacht von Jules Verne, zigarrenförmig, durchbricht die Wasserfläche wie ein Wal, ein Riesenwal, hat aber so viel Bewegungsenergie, der Himmel weiß, woher, dass dieses Wunderschiff die Bewegung schräg aufwärts einfach fortsetzt, in den Luftraum, gleich anschließend in den Weltraum, wird zum Raumschiff, gleitet immer weiter hinaus – das wär doch die Lösung!

Und wie wird das angetrieben? Wie soll ich mir das vorstellen?

Keinen Gedanken daran verschwenden! Hat sich Einstein bei seinem Fahrstuhl ja auch nicht gemacht. Kein Seilzug von dreihunderttausend Meilen bis zum Mond, dann von ein paar Millionen innerplanetarisch – setzte sich einfach in Bewegung, Gedankenantrieb, Gedankenschubkraft. Hier auch, hier erst recht. Hohe Geschwindigkeit, immer mehr beschleunigt. Schiff im Raum. Und das mit Taucherschleuse. In der könnte man viel besser beobachten, wie seitlich einfallendes Licht bei starkem Gravitationsfeld leicht eingekrümmt wird. Untersuchungen auch über Solarwinde, daran wäre er sehr interessiert, da könnte seine Schrift an Bord ja auch mitgeführt werden, eine unter den zwölftausend der Bibliothek, mit angegliederter Naturaliensammlung, Kunst- und Wunderkammer. Bleibt nur die Frage offen: Wer übernimmt das Kommando an Bord? Weiterhin Kapitän Nemo? Und ihm zur Seite unser Paulchen, das einen Raumwechsel dringend bräuchte, und sei es als Wechsel in den Weltraum? Immerhin: Fahrstuhl in der Remise, Weltraumschiff flottgemacht, und jetzt kriegen wir endlich mal was zwischen die Zähne.

Die Suppe, auch in diesem Hotel alpenländlerisch: Bouillon mit Ei und Fladerlstreifen. Das vegetarische Pfannengericht sodann: verbrutzelt. Disappointment. Zum Ausgleich eine weitere Flasche Wein bestellt, diesmal aus dem Meraner Anbaugebiet: als leicht geltender Roter. Grundierung eigentlich für ausgedehnten Mittagsschlaf. Stattdessen ein Spaziergang, in doppelter Hinsicht sinnvoll, auf der Seiser-Alm. Hinauf mit dem Dienstwagen, fünfhundert Meter Höhenunterschied. Fortgesetzter Höhenflug: Lindemann-Monolog. Das *Nautilus*-Raumschiff aber noch immer mit leerer Kapitänskajüte. Vorerst Siesta-Grundstimmung. Falls ihm auf dem Weg nach Milano eine passende Besetzung einfällt, wird er telegraphieren.

ABREISE LINDEMANN, Ankunft Annie Schrödinger. Wie verabredet holt Hedwig sie im Hotel ab. Annie ist noch droben im Zimmer, ein Stubenmädchen wird losgeschickt. Bitte so lang Platz nehmen. Hedwig setzt sich in einen der drei Sessel im Raum, die als Halle bezeichnet wird. Ein Gast gegenüber, er schaut kurz von einem Buch auf, nickt ihr zu, liest weiter. Kein Bild ruhiger Konzentration, Hedwigs Aufmerksamkeit wird hinübergezogen, obwohl sie, an ihm vorbei, zum Fenster schauen will mit dem Geranienkasten davor und dem Kirchturm dahinter. Der Mann, etwa vierzig, liest, vorgebeugt sitzend: das Buch auf den Oberschenkeln, in Knienähe. Er krümmt die linke Hand ein zur Kralle, kratzt mit Vehemenz am Haaransatz über der Stirn, ein Wirbel von Bewegungen. Hält kurz ein, weiterlesend, kratzt sich über dem linken Brillenbügel, während die rechte Hand das Buch hält. Dann macht er die linke Hand flach, die Finger nun dicht beisammen, nicht mehr rechenartig voneinander abgespreizt, er scheint über die Stirn zu wischen, wiederholt. Dann nimmt er mit der rechten Hand die Brille ab, fährt über Nase, Augen, Stirn, setzt die Brille auf, nimmt sie kurz darauf wieder ab, bearbeitet das Gesicht, findet Ruhe für eine Buchseite oder zwei.

Annie Schrödinger stapft die Treppe herunter; Wanderstiefel, Bundhose, Pullover; der Rucksack schon umgehängt. Umarmung und gleich der Aufbruch. Fragen zur Anreise, zur Situation zu Hause. Eine Frage auch zum auffälligen Verhalten des Mannes in der »Halle«, offensichtlich ein Nervenbündel.

Ja, der war Annie schon am Vortag aufgefallen, sie hat den Hotelier gefragt, was mit dem Mann los ist. War von SA-Männern »in die Mangel genommen worden«, in einem der berüchtigten ›Dienstsitze‹. Näheres wurde nicht übermittelt, lässt sich aber vorstellen, zumindest denken. Ohne Absprache: so etwas wie eine Schweigeminute. Und Hedwig gibt wieder, was sie vom Perathoner weiter erfahren hat: Zahlreich die Übergriffe von Mussolinis »squadri« in Alto Adige, Gewalt an der Tagesordnung.

Abschnittweise führt der Weg an einem Bach entlang. Weidende Rinder mit Glocken an Ledergurten um die Nacken. Wiesen, die sich als saftig bezeichnen lassen. Blumen, die Hedwig benennen kann.

Annie Schrödinger: hat offenbar die Reise, diesen Abstecher nach Wolkenstein unternommen, um sich Zumutungen ihres Mannes zu entziehen. Dominant nicht nur die Quantensprünge im Kopf des theoretischen Physikers, auch seine Bocksprünge. Ja, er springt, in übertragenem Sinne, von einer Umlaufbahn in die andre, Polygamie in Tateinheit, aber hier in Wolkenstein muss sie das nicht fortgesetzt miterleben, miterleiden, nun ist ihr Kopf frei. Dazu müsste sie freilich erst mal wieder Anlauf nehmen. Hedi soll dabei helfen.

Also spricht Hedwig über ihr Projekt der Vermittlung: von diskurslähmenden Formeln zur verständniszündenden Formulierungen.

Erst mal, als Starter der Fortführung, eine Äußerung über notwendig adäquate Artikulation neuer Erkenntnisse. Hier hinkt Sprache Erkenntnissen oft jahrhundertelang hinterher. So sind wir längst Bewohner einer Kugel. (Und gleich die alte Frage für Zentraleuropäer: Ist Australien ›eigentlich‹ rotationsmäßig unter uns oder über uns?) Und doch, mehr als ein halbes Jahrtausend nach der Geburt des Kopernikus »geht« in unserer Sprache noch immer »die Sonne auf«. Wo doch letztlich jeder weiß, zumindest wissen sollte, dass sich zur Zeit des ›Sonnenaufgangs‹ die (jeweilige) Erdregion der Sonne entgegendreht. Höchste Zeit, dass endlich auch in der

Sprache und im Bewusstsein vollzogen wird, was Kopernikus entdeckt und formuliert hat. Solange die Sonne aufgeht, kommen wir nicht weiter; wir müssen uns selbst in Rotationsbewegung versetzen, mit unserer Erdkugel! Jeden Morgen müsste im Rundfunk vermeldet werden: Heute um (beispielsweise) 6 Uhr 21 dreht(e) sich unser Erdabschnitt der Sonne entgegen. Oder so ähnlich – müsste unter Konsultation eines Astronomen fachgerecht formuliert werden! Jedenfalls, solche bewusstseinsprägenden, weil sprachformenden Zwischenansagen wäre man Kopernikus und uns allen schuldig.

Andererseits wären, so Hedwig, umständlich ausführliche, womöglich formelgespickte Darlegungen von Systemen auch nicht angemessen. Und formelkurze Gedichte? Hat ihr Sir Frederick Lindemann, Viscount Cherwell, »the prof«, schwungvoll ausgeredet. Scheint ihr auch im Rückblick überzeugend. Einsteins Fahrstuhl möchte sie sich nicht mehr anvertrauen, das Gefährt wirkt im vierdimensionalen Raum-Zeit-Kontinuum reichlich simpel. Und sie lässt *Nautilus* auftauchen, nun als Weltraumschiff, zigarrenförmig, mit magischer Antriebskraft, und zwölftausend Bücher in der Bordbibliothek, aber noch immer ist die Kapitänskajüte leer, in den Mannschaftsräumen rührt sich nichts. Hedwig will nicht einen reaktivierten Kapitän Nemo an Bord sehen, es müsste eine Figur sein mit mehr Präsenz, sonst bleibt auch hier die Vermittlung auf halber Strecke – ob Annie den befreienden Einfall hat?

Sie erbittet Bedenkfrist, wird zum Abendessen hoffentlich einen Vorschlag liefern können. Hat sowieso mit Erwin verabredet, dass sie aus Selva anruft. Er kann ihr vielleicht einen Tipp geben.

Den kann sie beim Abendbrot in der Veranda in der Tat präsentieren: Alice! Alice im Wunderland! Jetzt aber im wahren Wunderland, vierdimensional! Diesmal nicht durch das Kaninchenloch, sondern durch die Taucherschleuse. Und sie schaut hinaus durch Panzerglas. Immer schneller die Bewegung von *Nautilus* im Raum, es stellen sich Effekte ein, die Alice ja schon kennt: manches wird größer, manches kleiner – auch sie selbst bei wachsender Geschwindigkeit, Alice schrumpft, das Raumschiff schrumpft, zumindest in der Länge. Natürlich fliegt das Raumschiff über die Planetenbahnen hinaus in das Reich der Sternriesen, das Reich der Zwergsterne, vor allem der Farbverschiebungen wie gehabt: Bisher unsichtbare Sterne im Infrarotbereich werden rot, rote Sterne werden grün, grüne Sterne violett, und violette Sterne wechseln über in den Ultraviolettbereich, werden damit für das menschliche Auge wieder unsichtbar. Die Geschwindigkeit zurückgenommen, rote Sterne wieder infrarot, ultraviolette Sterne violett und Alice wird wieder größer – ja, ja, dreimal ja, das Ganze wird nun erzählbar, Alice in *Nautilus*!

Wechselseitige Umarmungen der beiden Frauen. Hedwig imitiert Jodlerrufe. So könnte es gehn! Alice in der vierdimensionalen, nun ganz realen Wunderwelt! Die Story der Entdeckung kommt flott. Sie wird sich das Buch besorgen – das meiste hat sie mittlerweile vergessen. Nur vage Erinnerungen an Begegnungen mit diversen tierähnlichen Erscheinungen, hier könnte womöglich die Bordbesatzung rekrutiert werden.

Und wieder Annie: Ja nun ergibt sich alles wie von selbst! Vorbeiflug von *Nautilus* mit Alice an einem sonnengleichen Gestirn mit übergroßer Masse, entsprechend stark das Schwerkraftfeld, einwirkend auf die Emission des Lichts, ein nanokleines Experimentalloch in der Taucherschleuse, der entsprechend dünne Lichtstrahl erscheint Alice hinter dem Spezialfenster zur Schleuse denn auch leicht, sehr leicht gekrümmt.

Und Hedi: Die Uhr an Bord des Weltraum-U-Boots leicht retardiert, nicht mehr synchron mit Uhren auf der Erde, wie ein Vergleich per Funk erweist. Gleiches Retardieren auch im Körper der kleinen, in der Körperlänge nun auch noch leicht verkürzten Alice. Und in ihrem Leib: Atome, Moleküle lassen in der Binnenschwingung nach, reduziert auch der Austausch von Botenstoffen. Als Folge: im Vergleich mit einer jetzt einfach mal fingierten Schwester ist Alice bei ihrer Rückkehr etwas verjüngt, das heißt: retardiert im Altern. Auch das ließe sich ausführen, ausspielen! Jetzt haben wir jedenfalls den Ansatz! Jetzt kommt alles von selbst in Gang. Falls nichts dazwischenkommt.

Hedwig am Tisch in der Veranda, einen Brief schreibend an ihren Sohn in Göttingen, c./o. Familie des Kollegen, des Freundes Weyhl. Sie berichtet, dass sie (wenn auch, situationsbedingt, nur zuweilen) an Gedichten zur Relativitätstheorie arbeitet, durch Beratung unterstützt von konträren Freunden wie Ehrenfest und Lindemann, beide mittlerweile abgereist, doch in zwei, drei Tagen wird Max zum Resturlaub kommen und –

Sie blickt auf, vor der Veranda erscheint eine Person, erst nur Kontur im Gegenlicht, nur Silhouette, doch dann – Aufschrei, gedämpft, sie springt auf, läuft zur Tür, schon ist der Mann im Raum, heftige Umarmung, aus der sie sich nicht lösen. Kleines, anhaltendes Zucken in ihrem Körper. »Ich krieg eine nasse Schulter …«

»Sorry.« Sie nehmen ein wenig Abstand, Hände haltend, mustern sich. Sie schüttelt den Kopf. »Du Ei des Kolumbus, jetzt bist du hier aufgetitscht?!« Wieder Umarmung, fast: wechselseitiges aneinander Heranreißen. »Jetzt mach ich die andere Schulter nass.« Wieder Verharren in der Umarmung. »Ah, Gusti, jetzt muss ich lauter Fragen auf einmal loswerden, ganz schnell. Wie kommst du her? Ich meine speziell?«

»Speziell? Ich bin ums Haus rumgegangen, weil dein Hauswirt nicht aufgemacht hat.«

Ja, die sind in Brixen. Er liefert wieder eine Partie von Nachtwächterfiguren bei seinem Händler ab. Und sie ist mitgefahren, zu Einkäufen. Und jetzt und er?!

Nun, er hat sich, ihrem Briefimpuls folgend, in den D-Zug gesetzt, ist zuletzt mit der Schmalspurbahn hier rauf und nun ist er hier! Musste sie unbedingt sehn. Und fühlen.

Umarmung. Das Zucken in ihrem Körper. Er murmelt ihr zu, was nur für sie bestimmt ist. Sie löst sich von ihm. »Jetzt geb ich Flüssigkeit ab und du hast noch immer keinen Begrüßungsschluck. Der Perathoner hat uns ein teuflisch gutes Gesöff spendiert: Berglerschnaps, angesetzt auf Wurzeln des

Gelben Enzians, drei Wochen in die Sonne gestellt, mit Pausen, damit das schön zieht. Knallharter Alpentrunk, nur zu empfehlen!«

Schließt sich an eine rasche Bewegungsfolge. Prost! Der Besucher schaut sich nun erst in der Veranda um. Ihr Blick hingegen fixiert: sein dichtes, fast schon weißes, glatt zurückgekämmtes Haar. Randlose Brille. Die kleine Warze zwischen Nase und Oberlippe. »Gut schaust aus. Siehst wieder verdammt gut aus! Schau lieber Richtung Dolomiten, ich darf mich nicht wieder in dich vergucken! Nicht schon wieder!«

Also, in zwei Stamperln, der Enzianschnaps. »Ah, der putzt aber den Rachen! Raue Trinksitten hier. Hab ich beim Schreiben gestört?«

Nur ein Brieflein. Der Roman ruht. Sie pokelt herum an Gedichten: Vierdimensionaler Raum sich relativierender Vorgänge, Abläufe. Aber jetzt wird sogar die Relativitätstheorie relativ. »Hab weiche Knie, muss mich setzen.« Und schwingt sich auf seine Oberschenkel.

Sie an sich heranziehend, merkt er an, dies müsste, dürfte eigentlich keine Ausnahmesituation bleiben. Wenn sie, seinerzeit in Göttingen, das Stichwort aufgegriffen hätte, das sie sich mehrfach –

Sie lockert die Umarmung. Schlägt vor, einen Vertrag zu schließen mit der Verpflichtung, sich nicht mehr vor Augen zu führen, wie es *wäre*, wenn sie sich damals anders entschieden *hätten*. Jetzt noch der verpassten Chance nachjammern – das hält sie nicht durch! Ich freu mich riesig über deinen Besuch, aber ich möchte dazu übergehen und sagen, es ist der Besuch eines sehr guten Freundes, aufgetaucht aus der Vergangenheit. Statt alles wieder hochkochen zu lassen. Komm, noch ein Stamperl und dann zuckeln zum Hotel. Wo hast du überhaupt dein Gepäck?

»Steht an der Haustür. Nur der kleine Vortragskoffer. Musste ja alles schnell, schnell gehn!«

Projekt: Roman des Weltalls

In meiner Autobiographie bereits ein Kapitel über »Sphären und Galaxien«, und nun, im (zeitversetzt) begleitenden Logbuch, ein weiteres Kapitel über den Weltraum, in dem wir dahindriften? Dass beide Bücher gekoppelt sind, reicht nicht aus zur Begründung; die Ergänzung, Erweiterung ergibt sich mit dem Schreibprozess.

Mit Blick auf das Naturpoem, das ich Chamisso soufflieren wollte, posthum, habe ich eine Monographie (Habilschrift) konsultiert: *Das literarische Tableau zwischen Kunst und Wissenschaft* von Annette Graczyk. Hier fand ich (verstreute) Hinweise auf ein Projekt, das Goethe nie realisiert hat, von dem nur eine Absichtserklärung überliefert ist sowie der Titel: *Roman über das Weltall*.

In einem Brief an Charlotte von Stein, Dezember 1781, wird das Vorhaben zum ersten Mal erwähnt und benannt. Das Projekt wird von Graczyk wie folgt skizziert: »Keine pluralistische Meinungs- und Diskursvielfalt im heutigen Sinne, sondern die Kumulation und Integration des Wissens zu einem möglichst stimmigen Gesamtbild der Erde.« Hier dürfte Goethe »Rekapitulation« wichtiger gewesen sein als »Belehrung«. Dies als »wahre Geschichte«, die nicht bloß akkumuliert, die vielmehr expliziert »wie sich das Geschehene auseinanderentwickelt«.

Goethe, 1798 in einem Brief an Knebel: »Man muss im Einzelnen versuchen, was im Ganzen unmöglich werden möchte.«

Formal plante Goethe offenbar einen Prosatext, einen Briefroman. Was erneute Annäherung leichter macht. Hier nicht als Versuch der (virtuellen) Rekonstruktion eines ungeschriebenen Werkes, sondern: abgelöst von Reminiszenzen an Goethe und seine Zeit. Lediglich der (von mir leicht modifizierte) Romantitel als Schreibimpuls.

Auch hier ein Versuch, der eher an einem Prozess teilnehmen lässt als Resultate weiterzureichen. Annäherungen in Ansätzen. Damit, unvermeidlich: Sollbruchstellen, fragmentierend.

Doch es bleibt dabei: Ich will *genauer* wissen, in welchem Mega-Ambiente ich aufgetaucht bin – und wieder verschwinden werde. Spezifische Konditionen, spezielle Probleme, unvermeidliche Relativierungen.

ZU BEGINN DES NEUEN JAHRTAUSENDS: Wiederholt radeln Olga und ich von Kreuzberg nach Treptow, unter den Platanen der Puschkin-Allee. Jenseits der U-Bahnstation ein erster feuchtkühler Anhauch herüber von der Spree. Sodann, auf der Wiese vor der Archenhold-Sternwarte: Blick auf die sogenannte Himmelskanone, das einundzwanzig Meter lange Rohr, über der Dachplattform der Warte schräg hochragend.

Selbstverständlich haben wir das Superteleskop auch aus der Nähe bestaunt, bei einer Führung. Kein Blick allerdings durch das Riesenrohr, dafür aber Einblick, stimulierend, in die Bibliothek. Die Hauszeitschrift *Das Weltall*, von Alice Archenhold redigiert, von ihrem Mann regelmäßig mit Publikationen versorgt: Essays ... Hinweise zum jeweiligen Sternenhimmel ... knappe Arbeitsberichte ... kurze Mitteilungen – einige hundert Titel. Die werden erwähnt aber nicht aufgelistet im Bericht von Dieter B. Herrmann über diese Sternwarte.

Archenhold, Jahrgang 1861, hatte schon in frühen Jahren diverse Arbeiten publiziert. Eine mit dem kuriosen Titel: »Über das Sternschwanken«. Oder, anlockend: »Grönlands erste Durchquerung«. Später ein Bericht über seine Entdeckung des »ausgedehnten Nebels« im Sternbild Perseus. Archenholds Spezialgebiet jedoch: Veränderungen von Sonnenflecken und deren Auswirkungen auf das Magnetfeld der

Erde – dieser Vorgang illuminiert durch Nordlichter, Polarlichter.

Kommt hinzu: Archenholds posthume Beziehung zu Tycho Brahe (1546–1601). Er reiste zur kleinen Insel Ven (im Sund zwischen Dänemark und Schweden), beteiligte sich an Ausgrabungen der Warte Stjerneborg, die Brahe tiefgelegt hatte – seine Instrumente sollten nicht auf dem dort reichlich vorhandenen Sand stehen, sondern auf festem Grund. Das Kellergeschoss wurde freigelegt, dabei fand Archenhold einige Relikte (für ihn fast Reliquien) des großen Astronomen, der als Erster (nach 1054) das Erscheinen einer Supernova registriert und publiziert hatte in einer der Schriften, die er selber druckte. Brahe konstruierte sogar seine astronomischen Instrumente – darin hatte sich Archenhold mit ihm verbunden gefühlt.

(Es muss, ergänzend, aber gleich noch darauf hingewiesen werden, dass Brahe auch als Alchemist tätig war in eigenem Labor. Er sah Bezüge zwischen den sieben Planeten und den sieben Metallen; für ihn war Alchemie die »irdische Astronomie«. Damit wird sich Archenhold allerdings nicht weiter befasst haben.)

Und wieder, im Zeitsprung, zur Baugeschichte der Sternwarte im Treptower Park. Auch hier gewinnt Archenhold an Kontur in seiner Besessenheit, Findigkeit, Hartnäckigkeit bei der Realisierung des Projekts: das längste Linsenfernrohr der Welt zu entwerfen.

Hier wird die Geschichte des Initiators auch zur Geschichte der wilhelminischen Ära, zumindest in einem Sektor, einem Segment. Die Gewerbeausstellung von 1896, für die das Riesenfernrohr aufgebaut wurde, umgeben von einem Holzgebäude in historisierendem Stil. Eigentlich sollte das am Ende der Ausstellung abgerissen werden, trotzte aber ein weiteres Jahrzehnt der Witterung, um schließlich, eine halbe Dezennie vor dem Ersten Weltkrieg, durch den klassizistischen Bau ersetzt zu werden. Archenhold in seiner Rede zur Einweihung des Neubaus, pointierend: »Die Epoche der Hindernisse ist überwunden, jetzt beginnt die Periode der Schwierigkeiten.«

Forschungstätigkeit verband sich für ihn mit Öffentlichkeitsarbeit, die zugleich die Sternwarte finanziell absichern sollte durch möglichst zahlreiche Besucher, die für Eintritt und Vorträge zahlten. Und weiterhin verfasste er Schriften, etwa zum Auftauchen des Kometen Halley: »Kometen, Weltuntergangsprophezeiungen und der Halley'sche Komet«. Assoziationen hier an den Kometen Hale-Bopp, den ich, Februar 1997, bei vorwiegend klarem Nachthimmel wiederholt bestaunte. Fast ein Jahrhundert zuvor hatte man weithin befürchtet, ein Komet würde eine Giftgasschleppe hinter sich herziehen und die Erde müsse sie durchqueren – mit apokalyptischen Auswirkungen. Doch auch hier: Archenhold sorgte für Aufklärung.

UND NUN EIN GRUSS des Erdballs an das Raum-Zeit-Kontinuum, vermittelt durch Voyager 1, gestartet August 1977 und wohl noch immer unterwegs – falls nicht eine Kollision mit einem Asteroiden erfolgte.

Von Titan-III-E-Centaur-Raketen wurden die Raumsonden Voyager 1 und 2 in eine Sonnenumlaufbahn gestartet und weiter hinaus zur Erkundung von vier Planeten und zwölf Monden. Dabei hat Voyager 1 den zuvor gestarteten Voyager 2 überholt, auch in der allgemeinen Wahrnehmung: Während ich dies schreibe, hat die Raumsonde das Sonnensystem verlassen, rast interstellar immer weiter hinaus, hinein in den Raum.

Auf der »Grand Tour« in langjährig berechneter, durch Planetenkonstellationen geförderter »Swing-by-Schleudertechnik« schwang die Raumsonde an Jupiter vorbei, flog die Jupitermonde Callisto, Ganymed, Europa, Iko und Amalthea an, fotografierte sie, weiter ging es Richtung Saturn. Voyager 1 vermittelte ein genaueres Bild vom legendären Ring und gleich auch vom Mond Titan, der über eine ähnlich dichte Atmosphäre verfügt wie unsere Erde, auch wurden die Monde Rhea und Dione, Tethys und Enceladus angesteuert, fortgesetzt sodann die Flug- und Schwingbewegung zum Uranus, nach etwa neun Jahren erreicht, und weiter das »Swing-by« zum Neptun, dort waren es bereits zwölf Flugjahre.

August 2012: Nach insgesamt 35 Flugjahren verließ Voyager das Sonnensystem, setzte an zum ersten, wenn auch unbemannten, interstellaren Flug. Schwingt weiter, immer weiter hinaus in den vierdimensionalen Raum-Zeit-Kosmos, und irgendwann irgendwo dort draußen, so die Hoffnung, ja, Erwartung einiger Erbauer, entdeckt ein nicht-terrestrisches, technisch versiertes Lebewesen die etwa vier Meter große Apparatur, dockt an und setzt, die Piktogramme sofort oder sukzessiv kapierend, die beiden kupfernen, vergoldeten »Records« in den korrosionssicheren Aluminiumhüllen in Gang, hört Grüße eines UN-Generalsekretärs namens Waldheim, eines US-Präsidenten namens Carter, Grüße zusätzlich in rund sechzig Sprachen, danach Geräusche, wie sie für unseren Erdball bezeichnend sein sollen: Herzschlag und Grillenzirpen, Hyänenruf und Schlammgeblubber, Küsse und Schmiedehammerschläge, Pulsarimpulse und vor allem Musik: senegalesische Trommeln, mexikanische Mariachi-Musik, chinesische Ch'in-Musik, ein peruanisches Hochzeitslied, Bachs zweites Brandenburgisches Konzert und Pop und Rock'n'Roll und Ausschnitte aus der *Zauberflöte*, aus Beethovens dreizehntem Streichquartett, dem in B – mit der großen Fuge am Schluss?

Und wenn keine der beiden Langspielplatten abgehört wird, so setzt die Raumsonde ihren stummen Flug fort über Jahrzehnte, Jahrhunderte, Jahrtausende, ja, womöglich, ohne Havarie, über Zehntausende, Hunderttausende von Jahren hinaus, hinein in den Weltraum, den vierdimensionalen, während es auf der Erde menschliches Leben womöglich nicht mehr, längst nicht mehr gibt, verstummter Planet, die Raumsonde mit den stummen Tonaufzeichnungen weiter und weiter hinausschwingend in die Raumzeit, schließlich angesaugt von einem Schwarzen Loch, eingesaugt, zu einem Pünktchen komprimiert, einem miniaturisierten Elementarteilchen – und dann?

WELTRAUMFAHRT: Max Born relativiert hier, das Wort sei eine Täuschung. »Mit dem ungeheuerlichen Weltraum hat die Sache nichts zu tun. Es handelt sich um supra-atmosphärisches Umzirkeln der Erde und Vorstöße zum Mond und den nächsten Planeten, kurz: um Erforschung der Nachbarschaft der Erde.«

Dabei würde allein schon ein Flug zum Mars rund 260 Tage dauern, vorausgesetzt, man könnte bei günstigster Konstellation, energiesparend, im Hohmann-Orbit anfliegen (und zurück). In einem Moskauer Institut wurde das bereits simuliert, sechs Mann in einem Modul mit der Fläche von zweiundsiebzig Quadratmetern, 540 Tage lang. Ein Versuch mit der Leitfrage: Wie kommt eine Mannschaft derart lange Zeit miteinander aus in räumlicher Enge?

Schwerelosigkeit konnte beim Dauerversuch nicht simuliert werden – also Distanz zur antizipierten Realität. Und immer noch die Möglichkeit, bei Panik oder Brand auszusteigen. Dennoch, der Versuch galt als erfolgreich: keine Krise im Team, kein Koller, keine Schlägerei, lediglich Ermüdungserscheinungen: nachlassende Aktivitäten, verlängerte Schlafphasen – und immer mehr Spielfilme, digital gespeichert.

NACH DIESER INTRADA als Herausforderung: der herbeizitierte »Roman des Weltalls«.

Ich versuche, mich einzustimmen, höre mir erneut eine Aufnahme an von Haydns *Schöpfung*. Akkorde und fahle Streicherklänge, gleichsam schwebend: musikalische Beschwörung vorweltlicher oder urweltlicher Finsternis, des noch ruhenden Chaos. Dann, von Haydn wirkungsstark inszeniert: »Es werde Licht« – schmetterndes Fortissimo von Chor und Orchester. So wird suggeriert: Licht bricht hervor.

Schon in altägyptischen Pyramidentexten wurde vorausgesetzt: Am Anfang war ein Urgewässer, ozeanisch, »in dem noch inexistent, als reine Potentialität, der Urgott Atum schwamm. Die Welt entstand, als dieser Gott ›zu sich kam‹, als Sonne aufging und Luft und Licht um sich verbreitete.« (Assmann)

Was bei Haydn allerdings schlagartig, explosionsartig geschah, geschieht. Doch was explodiert da? Urmaterie, so sehr verdichtet, dass Lichtprotuberanz hervorschießt ...?

Dass ein Lichtfeuerball entsteht, der sich vehement Raum verschafft …? Assoziationen, die über das Licht-Fortissimo hinausgehen. Also alles auf Anfang!

In der Kosmogonie der griechischen Antike wird primär gesetzt das Ei, das sich jäh öffnet, sich halbierend, und es gewinnen an Präsenz der Himmel und die Erde. Somit: ein Welt-Ei. Auch im alten Japan war Ausgangsobjekt der Entstehung von Himmel und Erde »eine chaotische Masse in Form eines Eies«. Für kanadische Indianer war alles eingeschlossen in einer Schachtel, in der wiederum eine Schachtel steckte, in der wiederum eine Schachtel steckte, und so weiter bis hin zur allerkleinsten Schachtel in all den Schachteln – hier eingeschlossen das noch nicht freigesetzte Licht der Welt. Neutral formuliert: Am Anfang war in Schöpfungsmythen verschiedenster Völker ein erstaunlich kleines, eiförmiges Containment.

Nun setze ich nicht an zu einer Weltgeschichte der Kosmogonie, ich übernehme nur Parameter: Erst lichtloses Chaos … Containment, und sei es eiförmig … Astrophysiker wie Mathematiker der Theoretischen Physik gehen gleichfalls aus von einem Containment des Chaos. Demnach von einem modifizierten, gleichsam modernisierten Welt-Ei. Wie groß könnte, sollte das gewesen sein? Giga-Ei, Mega-Ei, Makro-Ei? Dino-Ei?

Astrophysiker gehen radikal weiter in der Berechnung des Komprimierungsgrades der Urmaterie, des Urstoffs, des Urplasma. Also ein Mikro-Ei? Reicht längst nicht! Demnach ein Nano-Ei? Es wird (auch) von mir erwartet, wird (auch) mir zugemutet, dass ich mir vorstellen soll, das extrem komprimierte, Millionen, nein Billionen, nein Trillionen Grad heiße Urplasma sei noch kleiner als das Atomteilchen Proton gewesen, sprich: ein unsichtbar winziger Punkt. Ja, es wird mir, wird uns zugemutet: Der Punkt, der sich im Urknall unvorstellbar rasch entfaltete, der Punkt, aus dem sich das gesamte Universum entwickelte, vor 13,7 Milliarden Jahren, dieser Punkt soll kleiner gewesen sein als ein Atom, »vielleicht so winzig wie ein milliardstel Proton«.

Sollte das nicht bloß ein Phantasieprodukt von Mathematikern sein, verliebt in ihre Rechenmodelle, so wäre aus einem prinzipiell unsichtbaren Nano-Korpuskel der gesamte Kosmos entstanden. Dass die unvorstellbar heiße, unvorstellbar dichte Urmasse von unvorstellbar hohem spezifischem Gewicht so verschwindend klein gewesen sein soll – ich kann es noch immer nicht glauben. Der unwahrscheinlich komprimierte Urstoff etwa in der Größe unserer Erde, die ja ein kleiner, sehr kleiner Himmelskörper ist – wäre das nicht ein eher akzeptables Angebot?

Wie groß oder klein auch immer: Das Containment von Materieplasma explodierte. Davon lässt sich ausgehen, darin herrscht Konsens. Das würde, das müsste ich also an den Anfang des Romans setzen.

EIN URPUNKT als Ursprung: Offenbar gibt es so etwas wie eine anthropologisch fixierte Sehnsucht nach einem Mittelpunkt der Welt, in der man es sich einrichtet, wie auch immer.

Erst einmal war die Erde der Mittelpunkt. Dies sogar mit sternweiter Schutzhülle. Im »Lexikon des alten Ägypten« lese ich, dass »Nut, die Himmelsgöttin, mit ihrem Körper das Himmelsgewölbe symbolisierte. [...] Man stellte sich vor, dass der vornübergebeugte Leib der auf Zehen und Fingerspitzen gestützten Göttin sich über der Erde wölbte. [...] Der sternenbedeckte Leib der N. symbolisierte auch den Lauf der Gestirne.«

Ein über die Erdenwelt gebeugter, ein bestirnter Frauenleib – schöner konnte die bergende Hülle nicht sein. Und mütterlich ist der Himmel auch noch: »Mögest du aufsteigen zu deiner Mutter Nut.« So wird freilich nicht ein ›gewöhnlicher Sterblicher‹ animierend angesprochen, dies gilt nur für verstorbene Pharaonen: »Dir soll eine Leiter zum Himmel geknüpft werden, und Nut wird ihre Arme ausstrecken nach dir.«

Der Himmel wurde freilich nicht nur mythologisiert. Im Mittleren Reich, also etwa ab 2000 vor heutiger Zeitrechnung, wurden bereits Planeten unseres Sonnensystems geortet und benannt: Jupiter, Merkur, Saturn, Venus. Dies jeweils mit ägyptischer Benennung. Die ist erstaunlich präzis beim Mars: »Horus der Rote«. Mir rätselhaft, wie man mit bloßen Augen die Planeten entdecken, bei Mars sogar die rotbraune Grundtönung registrieren konnte!

(Ich wüsste nicht einmal, in welche Richtungen ich jeweils den Blick richten muss. Was beim überwiegend verschlierten Nachthimmel ohnehin nicht viel brächte. Entschieden anders dürfte das vor Jahrtausenden bei klarem Wüsten-Nachthimmel gewesen sein, da war die Milchstraße, die ich nur zweimal in voller Klarheit zu sehen bekam, ein sicherlich gewohnter Anblick, man sah sich wirklich: überwölbt.)

Auch drei Jahrtausende später, im Mittelalter: Die Erde, die überwölbte, bildete ganz selbstverständlich den Mittelpunkt, umgeben, ja, umhüllt von den sieben Kristallschalen der Planeten, einschließlich Sonne.

Mit Kopernikus wurde allerdings die Sonne zum Mittelpunkt, umkreist von Planeten.

Noch später verlagerte sich das Sonnensystem an den Rand der Milchstraßen-Galaxie.

Schließlich wurde mit neu entwickelten Geräten entdeckt, dass viele Lichtpunkte, die man in bisheriger Menschheitsgeschichte für Sterne gehalten hatte, weitere Galaxien sind, zum Teil noch größer als die Milchstraße, ja, einer der Lichtpunkte kann sogar einen Galaxienhaufen markieren.

So rückte der ersehnte Mittelpunkt immer weiter von uns ab, oder: wir wurden immer weiter von ihm abgerückt. Und richteten uns aus auf einen Punkt, der letztlich erschlossen, rück-errechnet wurde aus der simultanen Fluchtbewegung im Raum. Anders formuliert: in die Raumzeit rückwärts gezogene Fluchtlinien schnitten sich in Modellrechnungen in jenem Urpunkt unvorstellbar verdichteter Masse-Energie, die schließlich explodierte. Was von da an gleichmäßig in alle Richtungen davonflog, das wurde, das wird kontinuierlich angetrieben von Dunkler Materie oder Dunkler Energie – bisher nicht nachgewiesen, aber einkalkuliert. (»Gibt es die Dunkle Materie wirklich, oder müssen wir über Alternativen nachdenken?«)

Jedenfalls: nur etwa zwanzig Prozent von Masse im Weltraum werden sichtbar. Der Raum, den die expandierende (vielleicht schon wieder kontrahierende) Universumsblase bildet, mit den wachsenden (oder gewachsenen) Distanzen zwischen Galaxiesystemen, diese Räume sind erfüllt von Kosmischer Hintergrundstrahlung, auch von Emissionen im Frequenzbereich der Röntgenstrahlung. Hintergrundsignale für Radioteleskope.

Wie unvorstellbar klein auch immer der Startpunkt gewesen sein mag: hier also könnte der *Roman des Weltalls* ansetzen und das Erzählmodell einer explosiven Genese entwickeln. Dabei müssten allerdings viele einwirkende, mitwirkende Faktoren, Phänomene berücksichtigt werden, die für mich Fremd(Fach)Wörter bleiben (müssen): Neutronensterne ... braune Zwerge ... kaltes Gas ... baryonische Materie ... Spiegelmaterie ... Vakuumenergie ... Axionen ... Bullet-Cluster ... Gezeitenzwerggalaxien ... runzlige Geometrie ... skaleninvariante Fluktuationen ...

So dehnen sich, fast explosiv, die Wortfelder aus einer fremden Sprache innerhalb meiner Sprache. Hier auch das Wort »Inflation« – freilich nicht in unserem Wortverständnis. Für Astrophysiker, Astronomen ist es gleichgesetzt mit: Expansion. Vom Urpunkt, Urpünktchen, Urpunktpartikelchen aus errechnet: um das Zehn-Billionen-Billionenfache. Und wie sähe das Ende der Expansion des Universums aus?

Im Angebot (unter anderem!) das Erklärungsmodell *Big Whimper*. Alles dünnt aus, verdämmert, verliert sich; immer mehr Raum, immer weniger Licht. Um T. S. Eliot zu zitieren (der hier freilich nicht in Begriffen der Astronomie dachte!): »This is the way the world ends,/This is the way the world ends,/Not with a bang but a whimper.«

Bis dahin hat es noch reichlich Zeit. Oder eher: hatte es Zeit. Denn was nun sichtbar (gemacht) wird, es hat Millionen, ja, Milliarden Jahre gebraucht, bis es als Lichtzeichen von uns registriert werden kann. Inzwischen dürfte sich sehr viel geändert haben dort draußen ringsum.

Fast gebe ich mich zufrieden mit dem Erzählmodell, dem Szenario vom erst explodierenden, dann erlöschenden Weltall, doch dann lasse ich mich auf erneute Lektüre ein, schließlich hat sich Gegenlesen vielfach bewährt.

Recht bald schon muss ich zur Kenntnis nehmen, dass jenes Standardmodell »offene Enden« hatte, dass es von Astrophysikern, Kosmologen, Mathematikern als »naives Modell« der frühen achtziger Jahre des vorigen Jahrhunderts eingestuft wird, denn: Der Urknall war kein singuläres Ereignis vor 13,7 Milliarden Jahren, diesem Urknall (fortan nicht mehr als Urknall bezeichnet) ging womöglich ein ähnlicher Großknall voraus, kann ein späterer Großknall folgen. Big Bang nur noch als »kosmischer Phasenübergang«.

So müsste dieser Vorgang in den Roman des Weltalls integriert werden: Der bisher wirksame Treibsatz von Dunkler Energie lässt nach, Gravitation wirkt zunehmend ein auf die mit Galaxien gesprenkelte Raumblase – Kontraktion. Alles, sich verdichtend, zurück zum Ausgangspunkt! Dort ballt es sich in unvorstellbarer Dichte, zugleich Miniaturisierung zur erneuten Singularität! Alles auf Anfang!

Und es kommt zu erneuter Explosion, rapider Expansion in der Abfolge eines zyklisch expandierenden und kollabierenden, sich kontrahierenden Universums – das neue Modell eines »selbstreproduzierenden inflationären Universums«.

Dies mit einer weiteren Dimension: *Ewigkeit* als »natürliche Konsequenz der Kombination von Inflation und Quantenphysik«. Denn es sind »Quantenfluktuationen«, die vom erneuten Anfangszustand zu erneuter Expansion führen. Darunter kann ich mir überhaupt nichts mehr vorstellen. Ich notiere nur noch: Der »Rückprall« (bounce) führt von einer Kontraktionsphase zu erneuter Expansion.

So müsste im Weltallroman eine Wiederholungsschleife eingebaut werden: Die Milliarden von Jahren während Expansion kommt zum Stillstand, Gravitation gewinnt die Oberhand über Schwarze Materie, diesen Treibsatz der Expansion, das Universum kontrahiert, alles, was sich ausgebreitet hatte auf der Explosionsblase, es kehrt zurück zum

Ausgangspunkt, aus der Multidimensionalität wird (wieder) Singularität, die ein Universum in sich birgt.

Dieses expandierende, wieder kontrahierende, wieder expandierende, wieder kontrahierende, wieder expandierende Universum: eine unendliche Veranstaltung. Einer der Buchtitel, denen ich als Leser begegne, lautet denn auch: »Endless Universe. Beyond the Big Bang«. Schon hier lässt sich ablesen: Über den Big Bang, den Urknall, ist auch Paul J. Steinhardt hinaus.

Ein in Jahrbillionen, also letztlich ewig pulsierendes Universum. Für den Roman des Weltalls heißt das, hieße das: Nicht *der* Anfang, nur *ein* Anfang wird gesetzt.

Und so ließe er sich fortschreiben, der *Roman des Weltalls*: Explosion, gleichmäßig in alle Richtungen fortwirkend, sprich: kugelförmig. Unfasslich schnell wachsende Kugel. Genauer: eine sich unfasslich rasch ausdehnende *Kugelschale*. Der Kosmos nicht als mehr oder weniger locker gefüllter Kugelraum, sondern als kugelförmiger Leerraum, schalenförmig umfasst. Dies mit wachsender Distanz zwischen Urpunkt und Kugelschicht. Die Schale reich bestückt mit entstehenden Sternen, dann Galaxien. Dies zu Milliarden. Mit dem unablässig vergrößerten Durchmesser wachsen auf der kontinuierlich vergrößerten Kugeloberfläche die Distanzen zwischen Galaxien. Scheinen von uns wegzudriften: Infrarotverschiebungen machen das ablesbar. In dieser Kugelschale: explodierende Sterne, Supernovae, erlöschende Sterne. Und: Schwarze Löcher.

Es wird immer schwieriger, einen klaren Anfang zu setzen für den Roman des Weltalls. Denn der eine Punkt extrem verdichteter, zugleich miniaturisierter Materie, aus dem sich explosiv der expandierende Kosmos entwickelt, dieser Punkt der Singularität könnte Entsprechungen finden in weiteren Punkten der Singularität, die, in einem Bang nach dem anderen, gleichfalls zu kosmischen Blasen expandieren. Das relativ neue Postulat der Parallel-, der Mehrfachwelten. Das *Uni*versum nun als *Multi*versum.

Die These besagt, laut David Deutsch, »dass ganze Universen parallel nebeneinander bestehen – mit allen Galaxien, Sternen und Planeten, die alle zur selben Zeit und gewissermaßen auch im gleichen Raum existieren. Normalerweise stehen sie nicht in Verbindung miteinander. Wenn es allerdings überhaupt keine Verbindung gäbe, hätte es auch keinen Sinn, sie zu postulieren. Wir postulieren sie, weil sie einander bei Quantenexperimenten tatsächlich beeinflussen. [...] Wir können sie nie betreten oder nennenswert mit ihnen kommunizieren.«

Es wird mir, wird uns also zugemutet, uns nicht nur in der Milchstraßengalaxie, uns nicht nur auf einer expandierenden Blase, bestückt mit Milliarden von Galaxien mit jeweils Milliarden Gestirnen (welcher Art auch immer) quasi heimisch zu fühlen, sondern in einem von x (oder n) Universen. Mich in jene Dimensionen von Raum und Zeit hineinzudenken, das ist (für mich, vielleicht auch für andere) die wahre, die mentale Relativitätslehre!

All jene Weltraumbilder flottieren nicht durch neutrale Räume abstrahierenden Denkens, sie gruppieren, formieren sich in meinem Kopf, begleitet, untermischt von Gedanken und Gefühlen. So sehe ich mich, Texte lesend, Bilder bestaunend, auf einem kleinen, entsprechend bedrohten Himmelskörperchen inmitten eiskalter oder fusionsheißer Riesen, milliardenfach in Milliarden von Systemen. Das wirkt zurück auf das Grundgefühl (auch) meines Stellenwerts, meiner Position im Weltraum-Großenganzen, mentale Relativitätserfahrung.

Dies auch in der Konfrontation mit Fachwörtern, die Annäherungsversuche an ein Erklärungsmodell markieren, zugleich aber blockieren. Ständig versuche ich, mir etwas anschaulich zu vermitteln, es weiterzureichen, aber wie viel muss ich dabei ausklammern?

Nur ein paar der sperrigen Begriffe, die mir signalisieren, dass ich höchstens Reduktionsmodelle erarbeiten, vorlegen kann. Dabei kann ich Gravitationsbande so wenig integrieren wie die Periode der Veränderlichkeit von Cepheiden, wie

Resonanzen in der Gravitationswechselwirkung von Sternen, wie H-II-Gebiete, wie Zeitdilatation und Akkretion, auch wirkt Corioliskraft nicht förderlich ein auf mein Erkenntnisvermögen, unter Präzession kann ich mir nichts vorstellen, schon gar nicht unter dem Poynting-Robertson-Effekt. Kurzum, Virialsätze konvertieren nicht zu Aussagesätzen, überall Verzögerungs-Parameter der Erkenntnis.

Nicht einmal die (immer präziseren) Fotos immer weiter entfernter Objekte habe ich richtig gesehen, erst kurz vor Redaktionsschluss dieses Buchs hilft mir ein angelesener Vergleich: Die verschiedenen, sehr unterschiedlich gestalteten Galaxien et cetera sehe ich stets in einem dichten Gewimmel von Lichtpunkten, habe mir damit über all die Jahre hinweg ein falsches Bild vom Kosmos gemacht nach diesen Bildern, bis mir eine retuschierte Aufnahme der Galaxie NGC4151 (!!) deutlich macht: Galaxien driften dahin in leeren Räumen. Sah alles erfüllt von Lichtkörpern, wo doch in unermesslich weiten Räumen lichtlose Leere, Leere, Leere herrscht. Was dennoch an Hunderten, Tausenden von Lichtpunkten auf Weltraum-Aufnahmen zu sehen ist, das sind »Vordergrundsterne« unserer Milchstraßen-Galaxie, die immerhin einen Durchmesser von zirka hunderttausend Lichtjahren hat und entsprechend viele Gestirne einschließt. Die fremden, die fernen Objekte müssen jeweils durch Milchstraßengewimmel hindurch sichtbar gemacht werden – als würde durch ein Fenster hindurch fotografiert, an dessen Scheibe Dutzende, Hunderte von Regentropfen hängen. Dieses flächendeckende Gewimmel von Sternen muss ich wegdenken, wenn ich mir nach den vermittelten Langzeit-Fotografien ein Bild machen will von fremden Gestirnsformationen. Da habe ich mir ein falsches Bild gemacht oder: habe die Bilder, die mir vermittelt wurden, falsch gesehen.

Und gleich noch ein Zitat (wenn auch schon mal eingebracht), aufgespürt im Themenheft von *Spektrum der Wissenschaft*, ein Satz, bezogen auf das Universum, das eventuell ein Multiversum ist: »Wenn wir unsere eigene Wirklichkeit besser verstehen wollen, müssen wir mehr über entlegene Möglichkeiten nachdenken.«

Scheint übertragbar. Schon überlege ich, ob ich den Satz als zweites Motto meinem Logbuch voranstellen soll. Fast so etwas wie ein Universalsatz.

UND ANDERE, von höher organisierten, womöglich intelligenten Lebewesen bewohnbare Gestirne? (Max Born: »Fixsterne, von denen manch einer bewohnbare Planeten haben mag.«) Die mentale Relativitätslehre findet auch hier ein wirkungsmächtiges Stichwort: Nach statistischen Berechnungen und Schätzungen von Astrophysikern wird es, sollte es, dürfte es unter den Milliarden von Galaxien mit jeweils Milliarden Gestirnen an die zehn- bis fünfundzwanzigtausend belebte Gestirne geben. Tatsächlich belebt?! Sollten wir auch in dieser Hinsicht relativiert werden?

Mittlerweile kann ich (gelegentlich die FAZ-Beilage »Natur und Wissenschaft« lesend, auch Zeitschriften wie *Bild der Wissenschaft, Spektrum der Wissenschaft*) ein neueres, ein weiteres Angebot nachreichen: Es wird geschätzt, dass es allein in der Feuerrad-Galaxie etwa hundert Milliarden Sterne und ebenso viele Planeten gibt (genauer: Exoplaneten, also Planeten außerhalb des Sonnensystems. Bereits 1995 wurde der erste von ihnen nachgewiesen – freilich als Gasplanet). Es erschiene fast unwahrscheinlich, wenn unter den (geschätzten) hunderttausend Millionen Planeten allein im Feuerrad-System nicht der eine oder andere, ja, womöglich eine Vielzahl die notwendigen Voraussetzungen zur Entstehung und Entwicklung auch höherer Lebensformen bieten würde.

Ein genaueres Bild jener fast modellhaft spiralförmigen Galaxie (fünfzehn Millionen Lichtjahre entfernt) wurde vor kurzem vermittelt durch (sieben zusammengefügte) Bilder, vom Weltraumteleskop Hubble gesendet an das Space Telescope Science Institute in Baltimore.

Das eindrucksvolle Bild, das uns hier vermittelt wird, es gibt den Zustand wieder vor fünfzehn Millionen Jahren. Schon vor rund vier Jahrhunderten wurde jener Lichtpunkt als Galaxie identifiziert und im Himmelskatalog des Charles Messier unter Nummer 83 verbucht.

Ein Astronom, der fast zwei Jahrzehnte vor Goethe geboren wurde und ein Jahrzehnt vor Beethoven starb. Er war auf Kometen fixiert und registrierte, publizierte deren zwanzig in seinem Verzeichnis, entdeckte nebenbei undeutliche, bisher nicht genauer wahrgenommene Leuchtkörper im All, katalogisierte sie. Als M1 der Krebsnebel, und es folgten (jetzt nur aus Lust an den Benennungen aufgezählt), ein Schmetterlingshaufen, ein Wildentenhaufen, ein Herkuleshaufen, ein Adlernebel, die Andromedagalaxie, der Dreiecksnebel, Orionnebel, Ringnebel, die Sonnenblumengalaxie, Black-Eye-Galaxie, der Kleine Hantelnebel, der Eulennebel, ja, und die Feuerradgalaxie M 53. Alles bereits entdeckt im achtzehnten Jahrhundert!

SPÄTESTENS HIER ist die Frage fällig: Wo könnte in diesem Galaxienraum eigentlich Gottes Thron stehen, der wenn auch metaphorische?

Noch einmal muss ich das Mittelalter eines Hermanus contractus oder Raimundus Lullus heraufbeschwören. Wie leicht hatte man es damals mit einer Antwort auf diese Frage speziell von Christen: Die Erde, flach oder kugelförmig, sie ist überwölbt oder umhüllt von Kristallschalen, an denen jeweils ein Planet befestigt ist ... die jeweils kleinere in der jeweils größeren Schale ... jenseits dieser Schalen das Empyreum und irgendwo dort draußen/droben Gottes Stätte, fast Heimstatt, und sei es mit Thron. Ja, zu jenen Zeiten hatten all die schönen, uns begleitenden Fiktionen noch pseudo-solide Fundamente: der Thron auf einem gewölbten Sockel von Kristallschalen.

Die waren sogar noch aufeinander abgestimmt in der Resonanz ihrer Umdrehungen: der harmonische Gesamtklang der Sphärenmusik. Aber hier ist uns vor lauter Sehen das Hören vergangen. Die Schalen sind längst zerbröselt, wir sehen uns in einem System von etwa hundert Milliarden Gestirnen in einem Kosmos von möglicherweise wieder hundert Milliarden Galaxien, in denen wiederum Spiegelwelten, anders dimensionierte Universen expandieren oder kontrahieren. Wohin da mit Gott und erst recht: mit »Gottes Thron«? Allgemeiner, also angemessener gefragt: Wenn zu Hermanns oder Ramons Zeiten das Gottesbild dem Stand auch der Naturerkenntnis entsprach, wie könnte heute das Gottesbild konturiert sein?

Erst einmal: um falsche, einlullende Vertrautheit schon in der Schreibweise aufzugeben, möchte ich eine alte jüdische Tradition aufgreifen und das Donnerwort wie folgt ausschreiben, ausdrucken: G'tt.

Sollte G'tt ein personenhaftes Wesen sein, perfektioniert, optimiert nach unserem Bild, eine Kraft, eine Macht mit wechselndem Aufenthaltsort, so müsste Er/Es absolut weltraumresistent sein. Einen Gott als Person, wie ihn auch Michelangelo gemalt hat, ihn hätte es im Vakuum mit 273 Gad minus zwischen Gestirnen mit einigen Millionen Hitzegraden atomisiert. Ja, wenn wir davon ausgehen, dass G'tt ewig ist, so müsste Er auch mit oder neben oder im Schwarzen Urloch existiert haben, in der Singularität jenseits des Ereignishorizonts; nach dem (jeweiligen) großen Knall wäre G'tt in die unvorstellbar schnellen Bewegungs- und Entwicklungsabläufe einbezogen worden. Aber auch in die Kontraktion, in die Rückkehr zur Verdichtung in Schwarzem Megaloch, Ultraloch. Für ein unendliches Wesen fast wie Einatmen, Ausatmen.

So kann ich nur das Bild aufgreifen, das im *Magischen Auge* gleichsam bengalisch illuminiert wurde: G'tt als Hybrid-Cloud, Supercloud, hochkomplex, polydimensional. Ich betone noch einmal: Diese Cloud ist den Compoundschaltungen von Großrechnern in der zur Zeit kommerziell umworbenen Cloud um n Dimensionen überlegen, ist analog und virtuell, faktisch und kontrafaktisch zugleich. In Analogie: wie Materie von dunkler Materie, eventuell Antimaterie begleitet wird, so wie das Universum als Multiversum auch Spiegelwelten einschließen kann, so könnte in G'tt die höchste Stufe der Komplementarität bestehen in Präsenz und Abwesenheit, in Existenz und Nichtexistenz – zumindest in unserer beschränkten Wahrnehmung. G'tt: fähig, wahre Wunder zu kreieren, sich selbst in ihnen zu feiern, aber auch bereit zur

Flucht, als »Deus fugitivus« unserer vergleichsweise staubkornkleinen Welt der Selbstvernichtung die Präsenz entziehend, auf andere belebte Welten verteilend.

LEBEN AUF ANDEREN GESTIRNEN, Leben auf unserem Gestirn: mit welcher Genese? Schon seit etwa einem Jahrhundert gibt es eine (erst mal unwahrscheinlich wirkende) Hypothese, Stichwort *Panspermie*. Soll heißen: Überall im Weltraum (zumindest in unserer Milchstraßen-Galaxie?) gibt es so etwas wie ›Samen‹, und die machen die Entfaltung höher organisierter Lebensformen möglich auf Planeten – soweit sie notwendige Voraussetzungen mitbringen wie Atmosphäre und Wasser. Das war und blieb erst mal reine Theorie.

Doch gegen Ende des zwanzigsten Jahrhunderts kam es zu überraschenden Entdeckungen: interstellarer Staub mit Lebensspuren, Lebenselementen, mit absolut resistenten Archaea-Bakterien. Auch Meteoriten als Transmitter. Einer der Kometen transportiert sogar CO-Enzyme, unerlässlich für die Bildung von Gen-Bausteinen.

So etwas wie Keimflug im All. Die Bakterien, Aminosäuren, Enzyme, die an Transmittern nachgewiesen wurden, sie müssen noch sehr viel resistenter sein als Extremos, die sich hienieden von Methan ernähren und Sulfat atmen, jene Archaea-Bakterien müssen auf ihrem langen, langen Flug Überlebenspraktiken entwickelt haben gegen Weltraumkälte, harte Gamma-Strahlung, müssen zuletzt auch noch Kollisionen überstehen, überleben beim Einschlag auf Gestirnen.

Biochemische Evolution scheint also möglich im Weltall. Nur müssen jeweils ähnlich günstige Voraussetzungen bestehen wie auf unserer Erde. Das belebte Gestirn muss die richtige Größe haben als Planet: die jeweilige ›Sonne‹ darf nicht zu groß, in ihrer Strahlkraft nicht tödlich sein; so etwas wie ein Mond muss die Planetenachse stabilisieren; der Planet muss einen Metallkern haben für ein Magnetfeld, das Lebensformen schützt vor kosmischer Strahlung. Vor allem aber muss genug Wasser vorhanden sein, das weder zu Dampf noch zu Eis wird.

Hier nun gleich das Stichwort »Leben« – dies nicht nur auf unserem blauen Planeten. Ich greife noch mal auf: Bei den hundert Milliarden Planeten allein in der Feuerradgalaxie wäre es kaum vorstellbar, dass bei derart vielen Angeboten die Entwicklung von Lebensformen ausgeschlossen bliebe. Was jeweils voraussetzt, dass es eine Atmosphäre gibt und: Wasser.

Wasser zumindest gibt es schon auf dem Saturnmond Enceladus. Dreimal wurde der etwa 500 Kilometer große Trabant vor wenigen Jahren von der Raumsonde »Cassini« angeflogen, bis auf hundert Kilometer Nähe, dabei wurde fotografisch festgehalten, dass am Südpol Fontänen austreten, vor allem aus Wasserdampf. Kürzlich ausgewertete Messdaten lassen, mit einiger Sicherheit, diese Rückschlüsse zu: Der Saturnmond ist von einer Eisschicht umschlossen; unter dem Südpol jedoch Wasser von großer Tiefe – etwa so viel wie im Lake Superior, dem größten der fünf dominierenden Seen Nordamerikas.

Kurz vor ›Redaktionsschluss‹ dieses Logbuchs lese ich zudem von einer neuen Entdeckung mit dem Weltraumteleskop Herschel (der Europäischen Weltraumagentur ESA): Auf dem fast tausend Kilometer großen Asteroiden Ceres (im Gürtel zwischen Mars und Jupiter) lässt sich Wasser nachweisen, genauer: Wasserdampf. Verdampfendes Eis …? Eisvulkane …? Jedenfalls, so schätzen Forscher der ESA, entstehen auf dem Asteroiden pro Sekunde sechs Kilo Wasserdampf. Also Wasser reichlich, und das auf einem Asteroiden!

Und weitere Wasser-Offerten! Das Weltraumteleskop Kepler gab im Sommer 2013 seine Funktionen auf. Bis dahin hatte es etwa zweitausend (oder dreitausend?) extrasolare Planeten registriert. Als die letzten noch gesendeten Messdaten Anfang 2014 ausgewertet waren, hatte sich die Zahl um fast ein Dreivierteltausend erhöht. Unter ihnen, nein: ihnen allen voran, zwei Wasserplaneten im Sternbild Leier. Dort wird die relativ kleine Sonne Kepler 62 von mehreren Planeten umkreist, und hier scheinen Kepler 62e und Kepler 62f rundum aus Wasser zu bestehen. Aber noch liegen (so das Fachidiom) die Daten nah am statistischen Rauschen.

Direkt zu sehen ist das ozeanische Gewässer ohnehin nicht, dazu ist das Kepler-System zu weit von uns entfernt, eintausendzweihundert Lichtjahre, doch Modellrechnungen und Computersimulationen führen nah an ein sicheres Ergebnis heran: Wasser schon mal auf zwei Exoplaneten. Was könnte weiter erscheinen im »Prognosekorridor«?

Zur Osterzeit 2014 werden vom Seti-Institut in Kalifornien weitere Neuigkeiten aus dem Kepler-System veröffentlicht. Diesmal geht es um fünf Planeten des Sterns Kepler 186, nur 490 Lichtjahre von uns entfernt. Verglichen mit all den Lichtjahr-Millionen, Lichtjahr-Milliarden, scheint das Planetensystem also fast vor unserer Haustür zu schweben. Bleibt aber dennoch unerreichbar. Kurze Umrechnung: Einem Lichtjahr entsprechen rund 9000 Milliarden Kilometer; multipliziert mit 490 ergibt das rund 44 000 000 Milliarden Kilometer. Wiederum in Zeiträume umgerechnet: Was vom Nasa-Weltraumteleskop registriert wurde, in Messdaten vermittelt, ist ein Zustandsbericht aus dem ersten Viertel des 16. Jahrhunderts. Wir sind umgeben von tiefgestaffelter Vergangenheit.

Selbst mit einem unwahrscheinlich beschleunigten Raumfahrzeug (unter extremstem Energieverbrauch) wären Astronauten mehr als ein halbes Jahrtausend unterwegs zur näheren Erkundung von Kepler 186f, bräuchten unausweichlich ebenso lang für den Rückweg, da wäre es bei der vorherrschenden Instabilität menschlicher Verhältnisse mehr als fraglich, ob eine Landung (in den Kühltruhen rechtzeitig wieder aufgetauter) Astronauten noch irgendwo irgendwie vorgesehen, ja, ob sie nicht vielmehr total vergessen wären im anhaltenden Tumult auf Erden.

Und was könnten sie mitbringen, nach aktueller Auswertung von Messdaten des Weltraumteleskops? Bestätigung oder Widerlegung des Auswertungs-Ergebnisses: Kepler 186f ist nur etwa zehn Prozent größer als unsere Erde; Wasser auch dort, und das dürfte flüssig sein; dazu, mit einiger Sicherheit, Gestein. Und eine kommode Distanz zur dortigen ›Sonne‹, also eine »habitable Zone«. Auf Kepler 186f könnten sich also Lebensformen entwickelt haben, ja, das Gestirn könnte womöglich »bewohnbar« sein. Statistisch gesehen: ein Exoplanet unter Millionen von Möglichkeiten im Raum mit Milliarden von Exoplaneten, zum Teil auch mit Exo-Monden.

Zumindest auf einem Teil all jener Exoplaneten mit virtuellen oder potentiellen Lebensformen könnte es auch intelligente Lebewesen geben. Womöglich technisch begabt, ja, innovativ. Begegnungen könnten da erst recht nicht mehr stattfinden – selbst bei (theoretisch) angenäherter Lichtgeschwindigkeit wäre die Mannschaft eines Raumschiffs Tausende von Jahren unterwegs, so lang kann sich auch der resistenteste Astronaut nicht einfrieren lassen. Irgendwann fällt ohnehin mal der Strom zu den Kühlaggregaten aus. Und überhaupt: eine derartige Geschwindigkeit scheint technisch noch längst nicht realisierbar. Selbst dann bleiben, nein: blieben die Flugzeiten astronomisch.

Wenn schon nicht direkte Begegnungen, so zumindest Austausch von Signalen? Seit Jahrzehnten werden, gleichsam als Lockrufe, modulierte Richtstrahlen in den Weltraum gesendet, seit Jahrzehnten wird mit enormem Aufwand von Geräten nach Antwortsignalen gesucht, ganze Felder von Horchgeräten werden zusammengeschaltet, aber bisher wurde immer nur Galaktisches Rauschen registriert, die Gesamtheit unmodulierter elektromagnetischer Emissionen von Sternen und interstellarer Materie. Doch es wird weiterhin, die Bereitstellung von Geldern begründend, davon ausgegangen, außerirdisches Leben sei technologisch von hohem, also vergleichbarem Rang. Schlichte anthropozentrische Projektionsformen von Astrophysikern, die am allerliebsten mit außerirdischen Astrophysikern kommunizieren würden. Und sich gar nicht vorstellen können, dass es intelligente Lebensformen geben könnte ohne extrasolar-kollegiales Interesse an Astrophysik (oder Astrobiologie). Oder dass es Lebewesen von noch höherer Intelligenz geben könnte, die sich unnötige Bemühungen ersparen. Oder: die lieber nichts zu tun haben wollen mit Lebewesen, die zur Zerstörung ihrer Umwelt, ihrer Lebensbedingungen, ihrer selbst tendieren.

Doch einmal angenommen, es gäbe Exoplaneten mit Lebewesen, für die Hightech ebenfalls selbstverständlich ist, und sie senden, in gleichen Denkmustern, Signale aus, auf der 21-cm-Frequenz der Strahlung von Wasserstoff, den es im Kosmos ja überall gibt, wie steht, wie stünde es dann mit der Kommunikation von unserem technikbeherrschten Planeten zu einem anderen technikbeherrschten Planeten? Die Signale sind nicht schneller als das Licht, müssen also mehrere tausend oder zehntausend (Licht)Jahre unterwegs sein, bis sie aufgefangen werden können; eine Antwort wäre gleichfalls mehrere tausend oder zehntausend (Licht)Jahre unterwegs, bis sie ihrerseits aufgefangen, empfangen werden kann – bis dahin ist wohl alles längst wieder vergessen, bis dahin ist eine avisierte Exo-Zivilisation womöglich schon wieder untergegangen, wurde irdische Zivilisation erneut abgelöst etwa von Barbarei, die simple Lebensformen sucht und (er)findet.

Kurzum, es erscheint mir als recht schlichte Projektion, davon auszugehen, Leben auf anderen Welten fände gleichfalls in Hightech-Ambiente statt. Auf alternativen Gestirnen könnten Lebensformen völlig anders entwickelt sein. Wenn wir nicht davon ausgehen, dass dort nur »niedrige Lebensformen« vorherrschen, sich eher komplexe, ja, intelligente Lebensformen entwickelt haben, so wäre zu fragen nach alternativen Formen der Kommunikation.

Selbst auf hoher Stufe einer Entwicklung: Denkbar wären intelligente Lebewesen, die nicht so wissbegierig sind wie der Homo sapiens, Lebewesen, die nicht viele Kilometer lange, mit Magneten ausgestattete Rundtunnel bauen tief unter der Erde und kirchturmgroße Detektoren, um herauszufinden wie sich unsichtbar kleine Teilchen verhalten unter diktierten Konditionen. Lebewesen, die nicht Raumsonden ausschicken, die Gesteinsproben unwirtlicher Gestirne analysieren und die Ergebnisse zu Instituten funken. Lebewesen von womöglich noch höherer Entwicklungsstufe als manche von uns, Lebewesen, die dennoch an ständiger Weiterentwicklung technischer Möglichkeiten nicht sonderlich oder gar nicht interessiert sind. Und schon gar nicht an Mitteilungen über ihre Binnenwelt hinaus.

ICH HATTE 1979 ein Hörspiel geschrieben und regieführend realisiert unter dem Titel *Galaktisches Rauschen*. Mit Spielmodellen versuchte ich zu vergegenwärtigen, wieweit es artikulationsfähige Lebewesen geben kann, die Kommunikationssysteme entwickelt haben, jedoch keine modulierten Signale aussenden zu ›anderen Welten‹, damit eventuell auch zu uns.

Eins der Spielmodelle: Kommunikation über Tentakel. Wobei Segmente der Schädeltentakel bereits thematischen Bereichen entsprechen. Und emotionale Reaktionen? Sie können lautlos, aber sehr direkt sein: K-Tentakel werden rasch eingezogen, etwa, wenn der weiche Basisbereich von harten Endabschnitten berührt wird – aggressives Verhalten?

Jedenfalls: Auf dem fiktiven Beispiel-Planeten findet kein Austausch akustischer Signale statt, vielmehr von sensorischen Kontakten – so etwas wie eine Berührungs-Morsesprache. Im Kommunikationsvorgang wird nur wahrgenommen, was an den Tentakeln zu verspüren ist, schon ein Dritter kann da also nicht teilnehmen.

Ein Spielmodell direkter Kommunikation: Keine zwischengeschalteten Geräte, keine Sender und Empfänger, also auch keine Telekommunikation. Damit wäre die Frage beantwortet, warum in solch einem Fall auf modulierte Lockzeichen keine Antwort erfolgt.

Andere Welten als wirklich andere Welten! Also vielleicht, also hoffentlich auch mit anderen sozialen Mustern. Und menschenähnliche Wesen, falls existent, verhalten sich wie – zum Beispiel – geflügelte Lebewesen auf unserer Erde.

Beobachtungen auch im Schlosspark, an den Wasserflächen: Wer im Flug attackiert, dicht über einen Teichspiegel hinweg, ist erfolgreich: Blesshuhn vertreibt Blesshuhn, Ente vertreibt Ente – wer mit Schwung angeflogen wird, hebt ab, fliegt ein Stück weiter, landet wieder im Wasser, setzt die Nahrungssuche fort. Dabei bleibt es meist auch. Offenbar genügt es weithin, Stärke zu *demonstrieren.*

Auf unserer Loggia: Amseln, im Winter angelockt von Körnerfutter, vertreiben sich gegenseitig in raschem Anflug. Doch eine Ausnahme: Eine Amsel, auf der Metallstange hockend, wird von einer Amsel attackierend angeflogen, bleibt aber sitzen. Daraufhin schwenkt die Angreifer-Amsel ab, fliegt weg.

Falls es in der Vogelwelt doch zu direktem Kampf kommt, wird der jäh abgebrochen, sobald einer der Kontrahenten sich als stärker erweist: Balzkampf zwischen Braungänsen, sie stehen voreinander, hochgereckt, schlagen sich mit den Flügeln, rechts links, rechts links, dreschen mit voller Wucht aufeinander ein, weithin hörbar das Aufklatschen, das Wort »Flügelschlag« gewinnt neue Bedeutung. Plötzlich aber bricht der Schlagaustausch ab, eine der beiden Gänse fliegt weg, landet drei, vier Meter weiter im Wasser; Situation geklärt, Fall erledigt.

Da haben wir, medienvermittelt, andere Bilder im Kopf: Wer, meistens von mehreren, zusammengeschlagen wird, schließlich auf dem Boden liegt, kriegt noch, womöglich mit Anlauf, Fußtritte an den Kopf versetzt, und sei es bis zum Exitus.

Und dann der fast kontinuierlich fortgesetzte Einsatz ständig weiter entwickelter Waffentechnik ...!

Zweites alternatives Kommunikations-Spielmodell: der Klangbaum. Ein Trägermast von etwa einem Meter Durchmesser, rund zwölf Metern Höhe. An diesem Mast, etwa achtzig Zentimeter über dem Boden, rundum Balken, waagrecht herausragend, circa sechs Meter weit. Auf den Balken-Enden senkrecht die Klangwalzen: zylindrische Resonanzkörper mit Saiten. Die längste der Klangwalzen etwa neun Meter, die kürzeste dreißig Zentimeter hoch. An jeder Klangwalze vierundsechzig Saiten, in gleicher Proportion verkürzt wie die Gesamtheit der vierundsechzig Klangwalzen.

An diesem Klangbaum findet Kommunikation statt. Dabei

wird vorausgesetzt, dass es so etwas wie eine Tonlehre gibt. Jeder Klangwalze entspricht ein Themenbereich, jeder Tonstufe wird eine spezifische Aussage zugeordnet. Äußert man sich über erotische Gefühle, so kann eine Tonstufe bedeuten: »sanft«, eine andere »weich«, eine dritte »zart«, eine vierte »wild«, eine fünfte »besessen«. Die Ausdrucksmöglichkeiten bleiben nicht begrenzt durch die jeweils 64 Tonstufen, es lässt sich auch zusätzlich artikulieren durch Tonhöhenverteilung, Anschlagsart, Tondauer.

Dieses Spielmodell als indirekte Antwort auf die Leitfrage, warum man aus jener Region nur Rauschen registriert: Es findet auf jenem Planeten ausschließlich direkte akustische Verständigung statt, keine Übermittlung über größere Entfernungen hinweg, keine Tele-Kommunikation. So ist auch diese Region »stumm« – von dort hört man auf der Empfangsstation Erde nur unmodulierte elektromagnetische Emissionen, das übliche Weiße Rauschen.

Ich weiß nicht, wie sich Astronomen, Astrophysiker fühlen, beruflich unablässig konfrontiert mit jenen überwiegend lebensfeindlichen Weiten, mit jener niederdrückenden, niederschmetternden Vielzahl von Gestirnen in jenen schwindelerregenden Raumdimensionen. Für mich jedenfalls entwickelt sich eher ein Grundgefühl der Bedrohung als der Bewunderung, wenn ich, bei seltenen klaren Nächten, vom Balkon des Eifelhauses einen Blick hinaus, hinauf, hinunter in den Sternenraum riskiere.

Astronomie: nicht bloß ein Exkurs, informationsbeflügelt, das wird zu einer, ja: existentiellen Erfahrung. Nichts mehr erscheint mir selbstverständlich, vieles ist vom Phänomen zum Rätsel geworden. Und ich sehe, nach dem vermittelten Blick hinaus, weit hinaus, eigentlich zu weit hinaus, auch scheinbar Normales, Gewohntes als etwas Ungewöhnliches.

Und es wächst in seiner Bedeutung für mich das Wort *Wärme*. Die Wärme des anderen Körpers neben mir, in Reichweite, der Wärmetransfer in Umarmungen auf dieser winzigen Insel in einem Weltraum der ewigen, der tödlichen Kälte.

Klingt vielleicht etwas pathetisch, aber: Die ausstrahlende und haptisch erfahrbare Wärme des anderen Körpers neben mir wird nun erst recht in aller Intensität wahrgenommen – bevor meine Körperwärme, Lebenswärme sich verflüchtigt.

Einträge Logbuch: Übertragungen

STICHWORT ÜBERSETZUNGEN. Meine ersten Versuche. Scheinbar verschollen in einer Endmoräne von Typoskripten, Manuskripten, erst freigelegt bei vorbereitenden und begleitenden Arbeiten an diesem Buch. Übertragungen von englischen Gedichten des Autors, den ich als Schüler, als Student sehr bewunderte – und diese Bewunderung setzt sich fort. Nun werde ich nicht meine Übertragungen dreier Gedichte von T. S. Eliot einrücken, es bleibt, beispielhaft, bei der jeweils ersten Strophe.

Ich arbeite freilich nicht korrigierend, optimierend nach, vergleiche nicht einmal mehr mit den Vorlagen, übernehme die Übertragungen so, wie ich sie mit zwanzig, einundzwanzig getippt hatte: Zeichen für eine Tätigkeit, die sich später wiederholen wird, so intensiv wie extensiv. Hier gleich die Eröffnungsstrophe von *Gesang für Simeon*.

Herr, die Hyacinthen Roms blühen in Krügen und
An verschneiten Hügeln vorbei zieht die Wintersonne;
Das Jahr ist spröd geworden.
Mein Leben ist leicht wie eine Feder auf meinem
   Handrücken
Und wartet auf den Wind des Todes.
Staub im Sonnenstrahl und Erinnerung in Winkeln
Warten auf Wind, der ins Todesland hinüber erstarrt.

Kein Kommentar, nur die Erwähnung, dass englischsprachige Lyrik für mich primär war: zu Thomas Stearns Eliot kamen Wystan Hugh Auden und Dylan Thomas, der in jenen fünfziger Jahren in den USA gefeiert wurde wie ein »crooner« – mit seiner sonoren Stimme vor allem auf LPs. Lang nachhallende Echos auch bei mir: »And death shall have no dominion« ...

Hier die grandiose Eröffnung des Gedichts *Marina*, wieder von Eliot.

> Welche Meere welche Ufer welche Felsen und welche Inseln
> Und Wasser das am Bug leckt
> Und Duft der Kiefer und die Drossel die durch den Nebel singt
> Welche Bilder kehren zurück
> O meine Tochter.

Und, fast wie ein Abgesang, zumindest auf jene frühe Arbeitsphase, die erste, große Strophe von *Gerontion*.

> Hier bin ich, ein alter Mann in trocknem Monat,
> Ein Knabe liest mir vor und ich warte auf Regen.
> Bei den Thermopylen war ich nicht dabei,
> Im warmen Regen hab ich nicht gekämpft,
> Auch habe ich im Salzsumpf knietief, messerschwingend,
> Von Fliegen zerstochen, nicht gekämpft.
> Mein Haus ist ein zerfallnes Haus,
> Und der Jude hockt auf dem Fensterbrett, der Besitzer,
> Ausgeheckt in einer Kneipe Antwerpens,
> Besudelt in Brüssel, zusammengestaucht und geflickt in London.
> Nachts hustet die Ziege im Feld droben,
> Fels, Moos, Steinkraut, Eisen, Dreck.
> Die Frau versorgt die Küche, macht Tee,
> Niest, wenn sie abends im mürrischen Ausguss stochert.
> Ich ein alter Mann,
> Ein dumpfer Schädel in windigen Räumen.

KLEINE ERGÄNZUNG zu Bert Brecht: ein Funkbeitrag, zu dem ich nähere Angaben nicht mehr einbringen kann. (Es muss um 1998 gewesen sein.)

Ich stellte eins der sogenannten Chinesischen Gedichte von Brecht vor, einen Vierzeiler mit dem Titel »Die große Decke«.

Der Gouverneur, von mir befragt, was nötig wäre
Den Frierenden in unsrer Stadt zu helfen,
Antwortete: Eine Decke, zehntausend Fuß lang,
Die die ganzen Vorstädte einfach zudeckt.

Aufgespürt hatte ich den Vierzeiler in einem schön aufgemachten Band: Der Umschlag gelbes Leinen mit eingeprägten chinesischen Schriftzeichen, eine Klarsichtfolie um das Leinen geschlagen und schwarz aufgedruckt Verfasser und Titel: Antony Tatlow, *Brechts chinesische Gedichte*. Hier lernte ich einiges über Brechts Arbeitsweise und viel über die höchst unterschiedlichen Sprachstrukturen des Chinesischen und des Deutschen. Damit wiederum: über die spezifische Problematik des Übertragens von Gedichten.

Zuerst: Brecht hat nicht aus dem Chinesischen übertragen, und sei es nach einer Rohübersetzung oder Interlinearversion eines Sinologen, er hat eine englische Übersetzung übersetzt, und das höchst eigenwillig. Das Gedicht, das ich eben zitierte, vielmehr: aus dem ich zitierte, es zählt eigentlich fünfzehn Zeilen; nur vier von ihnen hat Arthur Waley übersetzt; also blieb auch Brecht bei vier Zeilen.

Mein Werkbericht im Werkbericht soll knapp gehalten bleiben, also stelle ich nur drei der elf Zeilen vor, die Waley und damit Brecht nicht übersetzten. Für diesen kleinen Exkurs bietet Tatlows Buch alle nötigen Vorgaben: die chinesischen Schriftzeichen, ihre phonetischen Pendants, englische und deutsche Prosaübersetzungen.

Der Titel des Gedichts könnte lauten: »Lied über die fertige Damastjacke«. Ein Gouverneur kommt übrigens nicht vor im Gedicht von Po Chü-yi (772–846). Die fünfzehn Zeilen seines Gedichts bestehen aus jeweils sieben Schriftzeichen. Die haben in den ersten Zeilen diese Bedeutung, wortgetreu:

Wasser/Welle/Muster/Jacke/gemacht/neu/fertig
Seide/weich/Baumwolle/gleichmäßig/warm/auch/leicht
Morgen/aufwachen/gut/einhüllen/zugekehrt/Sonne/
sitzen

Wie soll, wie kann man dies übertragen, sofern man sich nicht über die Vorlage hinwegsetzen, sofern man nicht vermitteln, sich vielmehr in den Vordergrund formulieren will? Von meinem Sprachsystem aus betrachtet und beurteilt, bin ich mit drei Zeilen meist unverbundener Wortzeichen konfrontiert; keine Verbindungswörter, keine Verknüpfungsfloskeln. Die Schriftzeichen stehen offenbar gleichrangig nebeneinander. Eine wörtliche Übersetzung wäre nur eine Bestandsaufnahme von Sprachmaterialien. Lassen sich aus solch einsilbigen Texten Gedichte europäischer Tradition machen? Übersetzungen gleicher Vorlagen durch Klabund und Günter Eich vergleichend, staune ich: Es sind durchweg freie Paraphrasen, ja, Phantasien über chinesische Gedichte. Im Vermitteln wird verstellt, im Aneignen entfremdet.

In gewohnter Manier könnte man die ersten drei Zeilen etwa folgendermaßen übersetzen:

Die neue Jacke mit dem Wellenmuster ist nun fertig:
Weich die Seide, glatt das Leinen, leicht, doch warm ...
Ich wache auf, ich schlüpfe rein und setz mich in die
Morgensonne.

Die meisten Übersetzer würden hier auch noch Reime einbringen! Aber auch reimlos wäre solch eine Version zu wortreich, damit zu ver-bind-lich. Strenge Zäsuren werden ausgespachtelt; Sprachpölsterchen zwischen erratischen Wortzeichen ... Die Qualität des Fremden müsste entschiedener herausgearbeitet werden; die Übersetzung müsste zur Herausforderung werden, uns dem ganz Anderen zu stellen, die fremden Sprachstrukturen müssten einwirken auf eigene Sprachmuster – nur so kann es zu einer Begegnung mit dem Fremden kommen. Nur so wird mir, Zeichen um Zeichen,

Wort um Wort (rückwirkend) bewusst, in welchem Sprachmedium ich arbeite. Und: wie dieses Sprachmedium zugleich Bewusstseinsmuster, Bewusstseinsstruktur ist. Weiter: Wie verschieden unsere inneren Organisationsformen der Weltwahrnehmung sind. Hier darf nicht verkleistert werden. Also erneuter Versuch, die drei Zeilen zu übertragen. Meine Version liest sich so:

Die neue Jacke – Wellenmuster fertig!
Weiche Seide, glattes Leinen, warm doch leicht.
Am Morgen: aufgewacht! Reingeschlüpft!
Zum Sonnensitz!

Ende dieses Werkstatt-Zwischenberichts. Die Sprache bringt es an den Tag: Jenes China ist nicht nur zeitlich fern, es bleibt fremd. Darüber können noch so schöne Metren und Reime nicht hinwegtäuschen.

ICH HABE MEHR ALS HUNDERT LIEDTEXTE des Oswald von Wolkenstein und des Neidhart ›von Reuental‹ aus dem Mittelhochdeutschen übertragen, auch die beiden überragenden Epen, den *Parzival* des Wolfram von Eschenbach, *Tristan* des Gottfried von Straßburg, da wäre es fast kurios, wenn nicht auch dieses Hauptkapitel meiner Übertragungsarbeit thematisiert würde. Allerdings nun unter einem Namen, der sich mit keinem der Titel meines *Mittelalter-Quartetts* verbindet: dem Tanhuser, populär als Tannhäuser.

Tanhuser, ein Seitenblick: Titel eines Beitrags in einer längst verschollenen Festschrift zum 85. Geburtstag von Käte Hamburger, zu deren Füßen ich irgendwann irgendwo mal gesessen habe. Hätte ich Tagebuch geführt, so könnte ich jetzt wahrscheinlich aufwarten mit Orts- und Zeitangaben, nun aber bleibt das in der Schwebe. Jener »Seitenblick« wird hier verkürzt; es wird eher ein Zeichen gesetzt als ein Exkurs gestartet. Textpräsenz (im Medium der Übertragung) eines Dichters, Musikers, sicherlich auch Vortragskünstlers im dreizehnten Jahrhundert.

Wir wissen recht wenig über ihn; allein in den beiden Jahrzehnten zwischen 1245 und 1265 hat er Lebensspuren hinterlassen, direkt und indirekt. Für uns also eher eine Legenden- und Sagengestalt. Vor allem im 19. Jahrhundert (als mächtiger Auslöser vor allem Wagners Oper!) ist er so sehr Gestalt von Texten geworden, in Gedichten, Epen, Dramen, Novellen, Romanen, dass weithin der Tanhuser vergessen wurde, der selber Texte geschrieben hat.

Nur sechzehn Texte von ihm sind einigermaßen zuverlässig überliefert; sie haben eine erstaunliche Bandbreite der Artikulation. Typisch für ihn ist vor allem die Form des Leichs. Der lässt sich, in seinen unterschiedlichen metrischen Abschnitten, in etwa mit einer Tanzsuite vergleichen. Dazu hat der Tanhuser disparate Elemente zusammengefügt.

Noch einmal: dies ist nur ein *Seitenblick* mit Tanhuser-Texten, einer Auswahl aus der Auswahl, die 1981 in der Festschrift erschienen war.

Und gleich eine erste Textprobe aus einem Leich, in dem der Dichter mit Namen von Ländern, Städten, Personen ein freies Spiel trieb. Er beginnt mit einer teils imaginären, teils realisierbaren Tour d'horizon eines real-fiktiven Globetrotters, die Optik verengt sich zusehends, wie im Zoom wird der Dichter und Sänger herangerückt.

Auch ich war in Armenien –
ich ging dort beinah drauf!
Verpasste Antiochia, doch kam in die Türkei.
Dort war so allerlei passiert,
ich will das mal besingen.
Vatazes: seine Generosität bezwang die Griechen.

Ravenna hat sehr viele Rechtsgelehrte.
Die Wissenschaft Astronomie,
ich will sie in Toledo nicht erlernen –
die Schwarzkunst spielt dort mit.
Und Zauberei taugt gar nicht viel.

In Irland gibt es viele Iren stark im Glauben.
Und kältefeste Kleidung wird in Norwegen gebraucht.
Und weiter: der von Dänemark besetzte viele Inseln.
Auch der von Österreich: ich kann ihn nicht vergessen –
er war ein kühner Held;
ich hab bei ihm gewohnt.

Und der von Bayern hat durchaus den Rang von Königen.
Hab keinen derart generösen, großen Fürsten mehr erlebt,
so rundum rühmenswert.

Heda, Tanhuser, bleib stets an seinem Hof,
zieh nur nicht weg! Dann mögen dich die Mädchen,
dein Kummer wird vergehn.

Ein Liedtext nun über eine Liebe, die keine Erfüllung finden kann. Das Schema des Hohen Minnesangs, doch es wird durch Übertreibungen parodiert: die nun garantiert unerfüllbaren Forderungen einer umworbenen Dame. Der dennoch treue Dienst des Mannes wird nicht belohnt. Eine von zwei Strophen:

Einen Baumstamm, riesengroß,
soll ich ihr aus Indien bringen.
Meinem Drängen gibt sie nach,
hört nur, wenn ich dies vollbringe:
Muss für sie den Gral beschaffen,
den Herr Parzival behütet,
und den Apfel, den einst Paris
liebeshalber Göttin Venus gab,
und den Mantel, der die Dame
ohne Makel ganz umhüllte.
Außerdem die Wundertat,
die mir wirklich sauer wird:
hat Verlangen nach der Arche,
die den Noah aufgenommen.
Heia hei!

> Brächt ich die, wie lieb wär ich ihr dann!
> Heute so und morgen so,
> (alles Gute!) und jetzt: so –
> Hilfe, Hilfe, her zu mir!!
> Was tut mir die Liebste an,
> die so schön ist und so gut,
> dass sie mich nicht glücklich macht?
> Ach, wie traurig stimmt mich das.

Sieben Texte hatte die ich damals übersetzt. Damit das Kapitel nicht ausufert, erlege ich mir eine numerische Begrenzung auf: nicht mehr als drei Beispiele.

Es folgt ein spätes, großes Lebenslied, in dem Tanhuser seine Abhängigkeiten von hohen Herren besingt, vor allem von Herzog Friedrich II. Offenbar war Tanhuser zeitweilig reich belehnt: Er habe, so erzählt er in seinem Lied, einen schön gelegenen Hof in Wien gehabt, ferner sei er in Leopoldsdorf (bei Lassee im Marchfeld) begütert gewesen und in Himberg (südöstlich von Wien, heute eingemeindet). Doch seit dem Tod des Herzogs, so klagt der Dichter, Musiker, Sänger, könne er von den Lehnsgütern keinen Zins mehr einziehen – er konnte die Pfänder nicht mehr einlösen, der Nachfolger des Mäzens hat das Lehen eingezogen.

Später wurde Tanhuser Mitglied des Deutschen Ordens. So ist er in der berühmten Manessischen Handschrift auch dargestellt, erheblich stilisiert.

Im Text aber, der nun folgt, kommt (hinter oder neben allen Stilisierungen) eine Person zum Vorschein, erscheint historische Distanz verkürzt. Viele realistische Details und zugleich hohe literarische Stilisierung. So wird Distanz gewahrt, bleibt Fernes fern und Fremdes fremd.

> Ich hatte einen Hof in Wien, der lag wahrhaftig schön,
> auch Leopoldsdorf gehörte mir, das nah bei Lassee liegt;
> in Himberg hatt ich schöne Güter – Gottes Lohn für ihn!
> Werd ich jemals wieder Zins von dort beziehn?
> Man solls mir nicht verdenken: ihn beklage ich mit Recht.

Mit ihm starb alle meine Lust – so muss ich ihn betrauern.
Wo willst du dich denn künftig niederlassen, Tanhuser?
Kennst wieder niemand, der dir aushilft in der Not?
O weh, wie lang schon läuft das so! Ein Jammer, dass er
tot ist.

Mein Maultier trägt nur leichte Last, mein Pferd
   schleppt sich dahin,
und meine Knechte gehn zu Fuß. Meine Taschen
   sind geleert.
Mein Haus, es steht ganz ohne Dach – und Klagen
   hilft hier nichts.
Mein Zimmer ohne Tür – ich halte das nicht länger aus.
Mein Keller, der ist eingestürzt, die Küche ausgebrannt,
mein Stadel, der ist ohne Wand, das Heu ist mir zerstoben.
Man mahlt und backt nicht mehr für mich,
   und selten wird gebraut.
Die Kleidung ist mir viel zu dünn – so zahlt sich alles aus!
Mein Hausrat: keinem gibt er Grund zum Neid,
   zum Ärgernis.

BANGE FRAGE: Wer außerhalb der Fachkreise und weniger Freaks liest eigentlich noch Literatur des Mittelalters? Ich meine jetzt nicht Literatur, die uns das Mittelalter romanhaft näherbringen will, etwa in diesem Stil: »›Pass auf dich auf, Daddy‹, rief der Knappe seinem Vater zu, als der ausritt …« Erfundenes Beispiel, aber so ähnlich habe ich das beim Blättern in einem Mittelalter-Bestseller gefunden. Hier aber geht es um Literatur des Mittelalters, in Originaltexten oder Übertragungen.

Zur Rezeption kann ich nun keine Analyse vorlegen, nur eine Anekdote anbieten, vielleicht ist es auch nur ein Anekdötchen.

Ich wieder im Eifelhaus, umgeben von Bäumen. Vom Arbeitstisch aus der Blick in eine kurze und schmale Sichtschneise Richtung Hohlweg, der ans Grundstück heran und an ihm vorbeiführt. Zufällig aufblickend, sah ich an der Oberkante des Hohlwegs ein Blaulicht herankommen, allerdings nicht eingeschaltet, nur als blaue Glaskuppel. Ein Streifenwagen – höchst ungewöhnlich auf diesem steilen Offroadweg mit ein paar Wochenendhäusern. Der Streifenwagen bog ein in mein tor- und zaunloses Grundstück. Rasend schnell versuchte ich zu rekapitulieren: An welcher Autobahn-Baustelle könnte ich, eventuell nachts, die vorgeschriebene Geschwindigkeit deutlich genug überschritten haben, um persönliche Vorsprache einzuleiten? Ein Polizist stieg aus, Dienstuniform, Dienstwaffe. Ich trat vors Haus und fragte scheinheilig unbefangen: Suchen Sie mich? Der Polizist kam näher und rief die paar Stufen hinauf: »Ich bin nur gekommen, um Ihnen zu sagen, wie toll ich Ihren Parzival finde!« Etwas verkürzend war dieses Buch gemeint: »Der Parzival des Wolfram von Eschenbach«.

Eine mehr als gelinde Überraschung! Ich lud ihn sofort ins Haus ein; da saß er denn in seiner Uniform am Esstisch. Natürlich war meine erste Frage: Wie sind Sie denn an dieses Buch gekommen? Es hatte, schon mit der einleitenden Zeitreise nach Eschenbach zu Wolframs Zeit, einiges Aufsehen erregt, und so hatte sich die Redaktion der Zeitschrift P.M. (»Welt des Wissens«) entschlossen, erstmalig einen Text nachzudrucken, der bereits in einem Buch vorlag. Eine Zeitschrift, deren Leser sich vorwiegend über technische Entwicklungen auf dem Laufenden halten wollen, es geht eher um Triebwerke als um Gralsritter. Die Sequenz der Zeitreise hatte den Polizisten so fasziniert, dass er in Düren die (damals noch nicht von einer Kette integrierte) Buchhandlung aufsuchte und das dicke Buch kaufte. Draußen schlug er es auf, ließ Seitenkanten am Daumen entlanglaufen und sagte sich, was ich wörtlich zitieren kann: »Au, da ist aber viel Gedicht drin!« Ausgedehnte Texte, die auch noch in metrisch gebundener Form zu lesen, darin war er nicht geübt, doch er nahm das Buch mit in den Urlaub, sogar an den Strand, und es wiederholte sich der Ausruf seiner Frau: »Du mit deinem Parzival …!«

Weitere Fragen lagen nah, vor allem: Welche Schulbildung hatte der uniformierte Beamte von etwa vierzig? Realschulabschluss, dann Polizeischule. Er arbeitete aber nicht nach, etwa über ein Fernstudium, es war bei Real- und Polizeischule geblieben. Dort waren Namen wie Wolfram und Neidhart mit Sicherheit nie gefallen, er brach auf in eine fremde Welt.

Als ich Elisabeth Borchers, Cheflektorin des Suhrkamp-Insel-Hauses, diese (bald bewährte) Anekdote erzählte, meinte sie gleich, man sollte mal eine Lesung in einer Polizeischule organisieren. Dazu kam es nicht, doch das Erstaunen blieb: Von der »Mittleren Reife« (wie es damals hieß), von der Ausbildung in einer Polizeischule der Sprung zur Lektüre eines Buchteils über Zeit und Werk des großen Dichters – und dann sogar Lektüre der Übertragung! Ich zog Schlüsse: Man muss offenbar nur neugierig und unbefangen sein, dann gelingt hier, auch hier, der Einstieg. Sprachlich vereinfachend: Es kommt also rüber. Zumindest: Es kann rüberkommen.

Nach der ersten Überraschung eine zweite: Im Insel Verlag erschien, ebenfalls stattlich in Umfang und Aufmachung, »Neidhart aus dem Reuental«. Der Polizist war mittlerweile vergessen. Ich wieder mal im Eifelhaus. Ein Anruf aus der Polizeiwache des Städtchens Heimbach: »Moment, ich geb weiter.« Und ich, lautlos: Hilfe, was hab ich denn jetzt wieder gedreht?! Doch es war ›mein‹ Polizist: »Ihr Neidhart-Buch ist ja *noch* toller!« Auch die Liedtexte ...? Ja, auch die ›Gedichte‹! Jedenfalls mehrere! Und in Neidharts Namen wurde ich eingeladen, die Staumauer des Rursees unter seiner Führung von innen zu besichtigen.

Stimulieren Besuch und Anruf nicht die Hoffnung, dass (vermittelte) Literatur des Mittelalters Resonanz auch bei nichtspezialisierten Lesern finden kann?

MIT ABSCHLUSS auch der Tanhuser-Übertragungen war hinter das Thema Übersetzen nur scheinbar ein Schlusspunkt gesetzt. So forderte mich dreieinhalb Jahrzehnte nach Erscheinen des Longsellers der Wolkenstein-Biographie dieser großartige Dichter von Liedtexten noch einmal heraus zu Revisionen für eine erweiterte Neuausgabe. Im Lauf der Jahrzehnte hatte sich das Instrumentarium der Entschlüsselung der oft sehr dichten Liedtexte verfeinert; diese Ergebnisse wollte, konnte ich nicht ignorieren, auch forderten mich einige der ›Gedichte‹ heraus, die ich bisher nicht übertragen hatte. Und eine neue Sicht auf seinen finanziellen Status: aus dem nicht übermäßig begüterten Mitglied des kleinen Tiroler Landadels wurde, nach einem Beutezug in Nordafrika, ein schwerreicher Mann.

Neue Materialien, neue Fakten, neue Erkenntnisse. Dennoch: Dass ich nach dem *Mittelalter-Quartett* kein fünftes Großprojekt angehen wollte, stand fest. Und dabei bleibt es.

Doch es stellte sich – sukzessiv und gleichsam subkutan – eine andere Herausforderung ein: Dante, *Commedia*. Ein Schreibprojekt besonderer Art, es muss freilich noch ein Weilchen auf sich warten lassen. Jedenfalls keine Gesamtübertragung – davor bewahre mich vor allem das *Paradiso*! Vor dessen Lektüre ist auch Peter Weiss ausgewichen, eingestanden im *Gespräch über Dante*. »Es ist mir noch nicht geglückt, die ganze Komödie zu lesen. Nur den *Inferno*-Teil kenne ich, so wie ein heutiger Leser ein solches Werk eben kennt […] Vom *Purgatorio* überblicke ich nur die niedrigsten Gelände, dann verliert sich die Dichtung immer mehr ins Ungreifbare. Je höher es den Berg der Läuterung hinaufgeht, desto weniger komme ich mit. […] Das Weltbild, das Dante schildert, ist für mich sehr entlegen.«

Die Herausforderung für meine Übersetzungsversuche erfolgte indirekt. In nicht einmal einem Jahrzehnt erschienen drei Prosa-Übersetzungen der *Commedia*: Walter Naumann, 2003; Hartmut Köhler, ab 2010; Kurt Flasch, 2011. Höchste Zeit, sagte ich mir, dass endlich wieder die Versform respektiert wird, die allein dem großen, dem übergroßen Dichter gerecht wird.

Ich ziehe einen bewährten Vergleich heran, Stichwort Waffeleisen: Von Prosa-Übersetzern wird meist zu viel Teig auf dem Waffelraster ausgegossen, der schiebt sich beim Erhitzen über die Ränder hinaus, flächig formlos.

In einer Zeit, in der *Form* im literarischen Diskurs der Medien kaum eine Rolle spielt, nicht einmal mehr zum Stichwort taugt, geht man denn auch weithin über den Verlust an Form hinweg. Genau hier aber sehe ich eine Herausforderung: Auf aktuellem Stand der Textexegese metrische Verdichtung riskieren. Was Dante komprimiert hat, zuweilen bis zum Extrem, das darf nicht locker ausgebreitet werden.

Und noch etwas: Bei Wolframs *Parzival* machte ich wiederholt die Erfahrung, dass übersetzende Ordinarii nicht akzeptieren können oder wollen, was ironisch oder gar komisch klingt im überlieferten Text. Da behalten sie, in merkwürdiger Selbstverpflichtung, einen hohen, einmal angestimmten Ton bei. Harmoniewechsel, Tonwechsel, Brechungen werden übertönt. Es wird eingeebnet.

Genauso wenig wird akzeptiert, dass ausgerechnet Dante zu jähen Tonwechseln fähig ist, zu ironischen Äußerungen, zu komischen Interludien. Bei Dante erst recht fühlen sich Ordinarii verpflichtet, einen hohen Ton festzuschreiben, obwohl der unversehns zum hohlen Ton wird.

Wo gedichtet wurde, muss auch in anderem Sprachmedium verdichtet werden. Dazu zwingt vor allem das Metrum. Dante war ein Mann der harten Konturen, auch sprachlich. Doch was geschieht, weithin? Die Verwandlung von Marmorblöcken in Schwemmstein. Unfreundlicher Vergleich, gewiss, aber vielleicht illuminiert dieses Bild die Notwendigkeit neuer Lösungen beim Sprachtransfer. Darauf besteht Dante, auch posthum herausfordernd. Versmaß zwingt zum Komprimieren, Intensivieren – wobei es Engländer mit ihren durchweg kürzeren Wörtern auch hier etwas leichter haben.

Doch selbst beim Dante-Transfer im englischen Sprachraum: neuerdings der Verzicht auf die verkettenden Dreifach-Reime. An gereimten (deutschsprachigen) Übertragungen vor allem des neunzehnten Jahrhunderts zeigt sich: Reimzwang verbiegt, verkrümmt weithin die Texte. Hier muss ich den Ausspruch eines Germanistik-Ordinarius wiederholen: Gereimte Übersetzungen von *Parzival* oder *Tristan* klingen wie eine Mischung von Schillers *Glocke* und Wilhelm Busch. So was darf einem Dante schon gar nicht angetan werden! Also: Versmaß der Terzinen, die bei Dante vielfach auch kleine Sinn-Einheiten bilden.

Somit: fünf Hebungen pro Zeile, als Norm elf Silben. Manchmal geht es bei unseren oft silbenreicheren Wörtern nicht anders, ich muss sechs Versakzente setzen, doch ich spare, ausgleichend, bei anderen Zeilen wiederum Silben ein, komme aus mit vier Zeilenakzenten, bleibe damit bei der gesamten Silbenzahl.

Nun kommt es auf den Versuch an. Ich habe probeweise (fast eine Form der Selbsterprobung!) jeweils einen Canto aus Inferno, Purgatorio, Paradiso zu übertragen versucht. Es folgt jeweils ein Ausschnitt: Textproben, Klangproben, mehr nicht.

Als Erstes der Beginn des dritten Gesanges aus »Inferno«. Hier muss nicht viel Vorgeschichte in Erinnerung gerufen werden, nur ein paar Stichworte: Dante, als Erzählfigur fünfunddreißig, setzt Karfreitag 1300 an zu umfassender Begehung des Jenseits, des Totenreichs. Er verlässt sich vor allem auf die Führung von Vergil, der in seinem *Aeneis*-Epos, im sechsten Kapitel, vom Gang in die (vor der Zeitenwende noch ›heidnische‹) Unterwelt erzählt hatte. Ein Kapitel, in dem sich Dante gern bediente, wenn auch souverän umgestaltend.

Vergil und Dante bleiben bei der Begehung Seite an Seite, mehr als nur kollegial. Das zeigt sich bereits beim Gang durch die Vorhölle jenseits des Stadtmauertores.

Durch mich geht es hinein zur Stadt des Leids,
   durch mich geht es hinein zum Dauerschmerz,
   durch mich geht es hinein zu den Verlornen.
Gerechtigkeit erwies mein Hoher Schöpfer,
   geschaffen haben mich die Allmacht Gottes,
   die Höchste Weisheit und die Erste Liebe.
Vor meiner Zeit ist nichts erschaffen worden,
   es gab nur Ewiges. Das bin auch ich.
   Die ihr hereinkommt, gebt die Hoffnung auf.

In düstren Lettern sah ich diese Schrift
  gesetzt am obren Bogen eines Tores.
  Ich sagte: »Meister, ich verstehe nicht den Sinn.«
Und er zu mir, als Klugheit in Person:
  »Es hört hier jede Form des Zweifels auf
  und alle Feigheit findet hier den Tod.
Wir haben den besagten Punkt erreicht,
  an dem du Kreaturen leiden siehst,
  die den Gewinn des Intellekts verfehlten.«
Er legte, heiter lächelnd, seine Hand
  auf meine, und ich fühlte mich ermutigt.
  Er führte mich in den Geheimbereich.
Es waren Seufzen, Heulen, hohe Schreie
  im sternenlosen Luftraum zu vernehmen –
  ich konnte mich der Tränen nicht erwehren.
Verschiedne Sprachen, Schreckensdialekte,
  Schmerzenslaute, Wutakzente,
  schrille, heisre Stimmen, Handgeklatsche –
es herrschte dort ein wildes Durcheinander,
  rotierend in der dauerfinstren Luft
  wie Sand in einem Wirbelsturm.

Beim Übertragungs-Probestück aus dem *Inferno* wollte ich es einige Zeit belassen, einer ersten Regung folgend. Aber dann warf ich mir Feigheit vor dem Text vor, setzte an zu einem Übertragungsversuch beim zweiten Canto des *Purgatorio*.

Die Sonne stand bereits am Horizont,
  von dem der hochgewölbte Meridian
  Jerusalem in Scheitelhöhe kreuzt,
indes die Nacht, auf andrer Seite kreisend,
  am Ganges aufstieg mit dem Bild der Waage,
  das ihr entsinkt, sobald sie sich erhebt,
so dass am Punkt, an dem ich stand, Aurora,
  die schöne, mit den weißen, roten Wangen,
  in rascher Überalterung vergilbte.
Wir standen dort schon länger an dem Ufer

wie Menschen, die noch ihre Route planen,
im Herzen gehen, mit den Körpern stehen.
Plötzlich aber: Wie beim Nahen eines Morgens
im Westen drüben überm Meeresspiegel
der Mars in dichtem Dunst sein Rot betont,
so sah ich dort (ich säh es gerne wieder!)
ein Licht, das auf dem Meer so rasch sich nahte
dass nicht mal Fliegen als Vergleich genügt.
Mein Blick war erst ein wenig abgelenkt,
ich wollte meinen Meister etwas fragen,
dann sah ich's wieder: sehr viel größer, heller!

Nach dem Auszug aus dem dritten Canto des ersten Buchs,
des zweiten Cantos aus dem zweiten Buch nun der Anfang
des ersten Gesangs des dritten Buchs.

Die Glorie des Bewegers aller Dinge
durchdringt das Universum und erstrahlt
in einem Teile stärker und in andrem schwächer.
Im Himmel, der das meiste Licht von Ihm empfängt,
dort war ich und ich sah, was nach dem Abstieg
keiner zu vermitteln weiß noch kann.
Denn unser Intellekt, der sich dem Ziel
der Wünsche naht, vertieft sich dort so sehr,
dass die Erinnerung nicht folgen kann.
Wahrlich: Was im Reich der Heiligkeit
mein Geist an Schätzen speichern konnte,
das soll nun Inhalt des Gesanges sein.

Stanislaw kommt

WER DIE SIEBEN DOMINIERENDEN KAPITEL dieses Logbuchs liest, muss den Eindruck gewinnen, ich würde hauptsächlich auf der Basis von Recherchen arbeiten, sprich: begleitet von Fach-, von Spezialliteratur. Jedoch: Schreiben auf der Grundlage von Recherchen und freies Erzählen, es hält sich in etwa die Waage.

Stellvertretend für diverse Erzähltexte habe ich Sequenzen aus einem Roman zusammengestellt, der in der Backlist überwintert: mal sind es im Halbjahr zwei Verkäufe und vier Remittenden, mal vier Verkäufe und zwei Remittenden. Kein Rauschen im Blätterwald. Und das bei einem Buch mit der Hauptfigur eines Vampirs!

Freilich in einer bisher unbekannten Form des Vampirismus: ausnahmsweise ernährt er sich nicht von Blut, sondern von Sprach- und Musikgeräusch – wahrer Ohrenschmaus für ihn, so was hat er zum Fressen gern.

Wie es sich gehört, residiert Fürst Stanislaw in einem Karpatenschloss. Er übt Macht aus in seinem Territorium durch unüberhörbares Schweigen. Das hat verzehrende, hat verheerende Wirkung: er saugt und schmatzt seinen Mitmenschen die Wörter vom Munde weg. Wird sein Hunger mit Wörtern nicht gestillt, verschlingt er Geräusche. So ist es still geworden um ihn her. In weitem Ring ist sein Schloss umgeben von einer Zone unerhört verdichteter Geräusche, aus der näheren Umgebung des Fürsten gleichsam evakuiert. Denn im Zentrum des Rings herrscht für Schloss- und Landbewohner der Horror vacui, die Angst vor der Stille. Man wehrt sich gegen diese belastende Stille, gegen das dominierende Schweigen, indem man Sätze reiht, Geräusche schichtet, Musik und Krach macht. Dabei können Klangmassen entstehen von einer Dichte, in die sich kein Nagel mehr einschlagen ließe. Freilich: schon die Angst vor dem Schweiger höhlt Klangmassen aus, dünnt Wortketten aus. Denn mühelos schlürft und saugt, mampft und schlabbert Fürst Stanislaw in sich herein, was man ihm an akustischem Futter vorwirft. Als Assoziation: ein Schwarzes Loch, das Materie im Schwerkraftfeld an sich heran und in sich hereinzieht. Hier ist es Sprach- und Klangmaterie. Viel Vampirfutter in diesem Buch, also wird Fürst Stanislaw wieder freigelassen, freigegeben, soll saugen, saugen. Denn selbst der Aufenthalt in der Fürstenloge der Karpatenoper genügt ihm nicht.

DER AUFFORDERUNG DES GASTGEBERS FOLGEND, tritt der Gast an die Brüstung der Loge, schaut hoch zu den gemalten Wolken, den gemalten Teppichen auf diesen Wolken, den gemalten Sängern, Streichern und Bläsern auf diesen Teppichen, die meisten Personen nackt, bis auf Zufallsdrapierungen vor dem Geschlecht: ein Deckengemälde, das sich kaum von Deckengemälden westlicher Opernhäuser unterscheidet.

Der Gast blickt nun in die Logen, die sich nach rechts und nach links reihen: da unterhalten sich stehend Damen und Herren, da blättern Damen und Herren in Programmheften, da schauen Damen und Herren umher mit Operngläsern, richten sie vorzugsweise auf gegenüberliegende Logen. Zwei weitere Logenreihen über der Loge, in der Gast und Gastgeber stehen; ihre Loge fast in der Mitte des hufeisenförmigen Bogens. Der Gast schaut hinunter in das Parkett, zu den Stuhlreihen, in die von beiden Seiten festlich gekleidete Personen rücken, bereits sitzende Personen zum Aufstehen zwingend – alles wie gewohnt in Opernhäusern weiter westlich.

Nun soll der Gast, sich über die Brüstung vorbeugend, einen Blick werfen in die noch leere Repräsentationsloge nebenan: sie ist gewiss doppelt so breit, doppelt so tief, doppelt so hoch wie die Loge des Gastgebers. Zwei Sessel mit goldverzierten Lehnen, reich besticktem Brokat; dahinter drei Stühle.

»Alles ganz normal, wie?«, fragt der Gastgeber, und der Gast, sich wieder aufrichtend, kann bloß nicken: alles wie in einem französischen oder deutschen oder englischen Opernhaus. Da lächelt der Gastgeber, und seine weißen, in ihrer Helligkeit vom roten Samt der Brüstung noch betonten Hände krümmen sich, als wollten die Fingerspitzen sich unter den Handrücken verstecken. Er bestätigt, dass zunächst nichts Außergewöhnliches hier geschehen wird: der Zuschauerraum wird sich füllen, der Dirigent wird auftreten, in den Logen wird man die Lichter löschen, ein Atmen, Knistern, Rascheln, dann die ersten Takte der Ouvertüre, der Vorhang wird hochgleiten, Sänger werden singen und zum Gesang passende Gebärden vollziehen, alles wie gewohnt, weiter westlich.

Der Gastgeber fordert den Gast auf, Platz zu nehmen auf einem der beiden Stühle, deren Sitz- und Rückenflächen mit rotem Samt bezogen sind, wie die Wände, wie die Decke der Loge. Lässig setzt sich der Gast, hat offenbar schon auf zahlreichen Logenstühlen gesessen, er schlägt ein Bein über das andere. Freilich, so sagt der Gastgeber, sich zum Gast hinüberneigend, um leiser sprechen zu können, freilich soll er mal abwarten, bis nebenan der Graf eintrifft mit seiner noch ziemlich jungen Frau, vielleicht auch mit zwei, drei Begleitern. Zuerst werde man nur das leise, hier in der Nebenloge etwas dumpf klingende Zuschlagen der Logentüre hören, dann die Schritte, ebenfalls deutlich hörbar durch die dünne Trennwand, dann das Zurechtrücken der beiden Sessel und vielleicht auch der Stühle. Danach, recht bald schon, werde es in der Nebenloge wieder still: kein Husten oder auch nur Hüsteln, kein Reden, Murmeln, Flüstern, nicht einmal Wispern – nichts, einfach nichts wird nebenan zu hören sein. Nun könne er, als Gast, der Meinung sein, dieses Verhalten sei in einer Oper wünschenswert, beziehungsweise angemessen. Wenn der Graf, und auf ihn allein komme es hier an, wenn der Graf erst einmal eine Arie lang auf seine Weise geschwiegen habe, dann noch ein Chorstück lang und zu Beginn einer nächsten Arie, ein unüberhörbares Schweigen, das auch in die nächsten Logen vordringe, gleichsam hinüberwachse, weiter und weiter, dann werde sich dieser erste Eindruck von Normalität als täuschend erweisen.

Der Gast lächelt, reckt sich ein wenig: Musiker breiten im Orchestergraben Notenblätter auf kerzenbeleuchteten Pulten aus, plaudern, scherzen; Hornisten, Trompeter, Posaunisten lassen ihre Instrumente blinken; Oboisten stecken sich Mundstücke zwischen die Lippen, zum Anfeuchten; Geiger und Bratscher legen sich weiche Tücher auf die linken Schultern, gegen die Halsschlagadern.

Gespräch

Auch Uwe Schultz stellte mir Fragen, und ich gab Antworten für jenen »Materialienband« des Jahres 1992.

Uwe Schultz war damals Literaturredakteur des Hessischen Rundfunks. Einer der Ersten, wenn nicht der Erste, der mit mir ein Gespräch vor dem Mikrophon führte, während der Buchmesse 1970. So etwas war zu jener Zeit ohne Vorlauf möglich: Wir begegneten uns am Stand des Verlages, spontan lud er mich ein, ihn zum Funkstudio im Messegelände zu begleiten, ein Gespräch über *N*.

So leicht geht das heute nicht mehr, es wird über Wochen, ja, Monate im Voraus vorgeplant, obwohl technische Voraussetzungen die Spontaneität eher fördern könnten: leichtere Digitalkameras ... Geräte für Audio-Aufzeichnungen im Format eines Taschenbuchs ... Und doch sehe ich schon Tage vor der Abfahrt zu einer Buchmesse in Frankfurt oder Leipzig schriftlich aufgelistet, mit wem zu welchem Zeitpunkt ein Interview stattfinden soll, dies in vorab bestimmter Länge, netto.

Das meiste, im Branchenjargon, »versendet sich« – kaum ausgestrahlt, schon echolos. Doch es gibt Ausnahmen. Zu denen gehört das folgende Gespräch. (Ich habe die Druckvorlage gelegentlich ein wenig gerafft, gestrafft.)

N ist, bewusst abgekürzt, ein Buchstabe, der einen historischen Hintergrund hat: Napoleon, Napoleon auf Korsika. Er ist noch nicht Kaiser, er könnte etwas anderes werden. Er muss nicht Feldherr werden, hier wird er als Landwirt, als möglicher Landwirt in einer anderen Existenzform simuliert. Sie haben 1970 mit diesem Buch die literarische Bühne betreten.

Sie haben die Möglichkeit einer ganz anderen Existenz Napoleons in vielfältiger Weise durchgespielt. War der Napoleon als Feldherr und Kaiser für Sie ein Ärgernis? Warum haben Sie ihm ganz andere Existenzmöglichkeiten vorgehalten? Als Vorwurf?

Natürlich ist der Napoleon vor allem des überflüssigen und menschenmordenden Russlandfeldzugs ein Ärgernis für mich. Bis zu diesem Punkt führe ich das Buch freilich nicht. Ich habe den Fall Napoleon Bonaparte als Modell genommen. Dieses Modell soll zeigen, wie geschichtliche Entwicklungen verlaufen können. Dabei bin ich von diesem Bild ausgegangen: Ein Zug fährt auf einer Strecke und kann dabei nur jeweils *einer* Weichenstellung folgen; ich lasse den Zug aber wieder ein Stück zurückfahren, lege die Weiche um und lasse ihn versuchsweise auch in eine Richtung fahren, die *nicht* tradiert ist. Im Rückblick sieht die Entwicklung stets konsequent und folgerichtig aus. Ich will aber zeigen, wie viele biographische Möglichkeiten es gegeben hat, die nicht realisiert wurden. Beispielsweise: Bonaparte, ja, als Landwirt, Bonaparte als Artillerie-Instruktor in der Türkei. Auch dies war in der Biographie des Bonaparte angelegt, das lässt sich an Briefen, Tagebüchern, Aufzeichnungen verifizieren, hier waren echte Entscheidungspunkte. Ich nehme also auch die nicht verwirklichten Möglichkeiten in das Buch herein, erzähle mit, was *nicht* historisch geworden ist. Also die Wirklichkeit des Hauptweges und die Möglichkeiten der Nebenwege.

Dieser Vergleich mit der Eisenbahn, die auf verschiedenen Gleisen fahren kann, die Weichen erlauben viele Abzweigungen: Das ist auch eine geschichtsphilosophische Hypothese. Es würde bedeuten, dass Napoleon, wie er sich historisch entwickelt hat, andere Wege hätte gehen können. Dass der Faktor Zufall eine entscheidende Rolle gespielt hat. Dagegen steht eine andere geschichtsphilosophische Hypothese, nämlich, dass die historische Größe sich nach einem Gesetz vollzieht. Deswegen komme ich noch mal zurück auf die Frage des Ärger-

nisses. Wollten Sie Anstoß daran nehmen, die historische Größe in ihrer Gesetzlichkeit gewissermaßen zu akzeptieren?

Ja, es gibt einen Slogan, der fatalistisch besagt: Es kommt, wie es kommen muss. Dagegen setze ich einen anderen Slogan als Arbeitshypothese: Es kommt *so*, kann aber auch *anders* kommen. Und wie Sie eben erwähnten: Der Faktor Zufall spielt natürlich eine große Rolle. Aber für einen Bonaparte war die gesellschaftliche Veränderung durch die Französische Revolution mindestens genauso wichtig. Sie hat Bonaparte erst die Möglichkeit gegeben, aufzusteigen. Er hätte noch so begabt sein können, noch so einfallsreich: er wäre nicht nach oben gekommen in der Militärhierarchie, solange die Monarchie nur Adligen den Aufstieg ermöglichte. Also: ein Zusammenspiel von Zufall, von geschichtlichen Situationen, von sozialen Faktoren. All dies möchte ich *simultan* sehen – nicht nur, um die hoch-gefeierte Person zu relativieren, sondern um zu zeigen, wie viele Faktoren zusammenwirken bei einem geschichtlichen Ereignis. Damit setzt für uns im Rückblick die Überlegung ein: An welchem Punkt lässt sich eine als notwendig erscheinende geschichtliche Entwicklung womöglich doch in eine andere Richtung lenken? Also kein Fatalismus gegenüber historischen Entwicklungen!

Kein Fatalismus gegenüber historischen Entwicklungen, auch keine Devotion gegenüber historischer Größe. Das ist sicher eine Methode, sich den Fakten und Personen zu nähern. Nicht zufällig ist ja zum Beispiel der Existentialismus von Sartre mit einem absoluten Freiheitsbegriff ausgestattet, das heißt: Das Wesen kann seine Existenz selbst bestimmen, es entscheidet über seinen Weg durch die Geschichte in absoluter Freiheit. Im Zusammenhang ist vielleicht auch von Bedeutung, dass Max Frisch sein Stück Biografie *herausbringt, dort ist es der Professor Kürmann. Er hat die absolute Freiheit, seine Existenz zu wählen. Er wählt sie in verschiedener Form, ähnlich wie bei N. Mehrere Lebenswege, Existenzwege werden durchgespielt. Haben Sie sich, als Sie das Buch schrieben, bewusst auch diesen*

Formen genähert, haben Sie gewusst, dass diese Möglichkeitsform im Augenblick eine literarische Methode war?

Ich weiß nicht genau, wie Sartre das gemeint hat, ich lese keine philosophischen Texte, kann hier nicht mithalten. Aber das Erzählmodell N zeigt eigentlich, dass absolute Freiheit der Selbstverwirklichung nicht möglich ist. Ich habe eben schon auf den Faktor Französische Revolution hingewiesen: Wäre die Revolution nicht gekommen, hätte Bonaparte keine Möglichkeit gehabt, sich in der militärischen Laufbahn zu verwirklichen, wie er sich das gedacht und gewünscht hat. Freiheiten und Notwendigkeiten im Wechselspiel; dies wollte ich in meinem Erzählmodell deutlich machen, und dabei habe ich nicht nach Sartre, auch nicht nach Max Frisch geschielt. Direkter Auslöser war für mich die berühmte Frage Trotzkis, sinngemäß: Wäre die Oktoberrevolution möglich gewesen, wenn Lenin nicht zum rechten Zeitpunkt am rechten Ort gewesen wäre? Diese Frage habe ich weiter zurück in die Vergangenheit übertragen: Wäre das Kaiserreich, wäre die Diktatur, wäre der Russlandfeldzug Napoleons möglich gewesen ohne das Wechselspiel vieler Faktoren? *Das* interessierte mich.

Lassen Sie uns das Wechselspiel unmittelbar auf Ihre Person beziehen. Sie haben Germanistik, Literaturwissenschaft studiert, haben über Robert Musil promoviert, mit der Arbeit Analogie und Variation. *War es für Sie von einer gewissen Zwangsläufigkeit, dass Sie sich als Autor mit* N *vorgestellt haben und dann beim Schreiben geblieben sind? Wie war da das Spiel von Zufall und Notwendigkeit?*

Wenn ich hier zurückdenke, gab es mal so etwas wie eine Vorentscheidung: Ich hatte, noch vor dem Abitur, in einer Handelsschule einen Schreibmaschinenkurs belegt. Ich kann also im Zehnfingersystem schreiben. Sehr praktisch! Ich hatte dann Deutsch und Englisch studiert mit der Absicht, Lehrer zu werden. Während des Studiums schrieb ich die ersten Hörspiele. Damit entstand die Frage: Soll ich das Staatsexamen machen, anschließend Referendar werden, in den Schuldienst gehen …? Ich habe mir gesagt: Das mache ich nicht! Ich werde versuchen, mich als Schriftsteller zu etablieren. Für den Fall, dass ich später mal einen anderen Beruf suchen muss, habe ich promoviert, um dann wenigstens mit dem Doktortitel aufwarten zu können. Der spielt im literarischen Betrieb freilich keine Rolle – den benutze ich höchstens Behörden gegenüber. Also: da war eine bewusste Entscheidung! Doch der Übergang war gleitend: erst Hörspiele, die ich während des Studiums schrieb, dann Hörspiele des freien Autors – das Schreiben für den Funk ermöglichte meine Existenz als freier Schriftsteller. Ich hatte nie einen anderen Beruf, nie einen Nebenberuf, war immer darauf angewiesen, aus dem Schreiben meine Einkünfte zu beziehen. Dabei lebte ich vor allem von Hörspielen. Die ersten Bücher brachten finanziell wenig ein – das änderte sich erst mit der Wolkenstein-Biographie.

Und die Frage, in welchem Maße Zufall und Notwendigkeit eine Rolle spielten? Sie wollten sagen, es hat im Grunde keinen anderen Weg für Sie gegeben. Ohne Rückversicherung sind Sie in die Autorenexistenz gegangen.

Ja, mit der Vorentscheidung, *nicht* in den Schuldienst zu gehen. Aber die Entscheidung wurde mir leichtgemacht dadurch, dass schon die ersten Hörspiele relativ erfolgreich waren. So wurde ich hier ein-programmiert …

Sie haben mit einem gewissen Nachdruck Sartre und Frisch für sich als literarische Kronzeugen dementiert. Sie haben aber über Musil promoviert. Welchen Einfluss hat Musil auf diese erste Arbeit gehabt? Stichwort: die Möglichkeitsform.

Da möchte ich erst noch zwei Sätze zu Max Frisch sagen. Ich hatte eben nur reagiert auf das *Zitat*, das Sie gebracht hatten. Bei Sartre, wie gesagt, bin ich nicht eingelesen, aber Max Frisch – das möchte ich bei der Gelegenheit doch einschieben – zählt für mich zu den Hauptautoren meiner Zeit! Beeinflusst aber hat mich im Denken Robert Musil. Sehr wichtig sein Gedanke: Es gibt eine Wirklichkeit, also muss es auch Möglichkeiten geben. Das hat sich in mir fusioniert mit der Überlegung von Trotzki. Aber: meine *Schreibweise* ist sehr weit entfernt vom austriakischen Stil Musils. Außerdem, nach dem zweiten Buch, *Ausflüge im Fesselballon*, hatte die Relation Möglichkeits- und Wirklichkeitsdenken für mich keine Bedeutung mehr. Als Vaterfigur aber ist Musil für mich sehr wichtig gewesen. Selbstverständlich habe ich, wie sich das für einen Sohn gehört, auch meine Ablösungsprobleme von dieser Vaterfigur, ich sehe vor allem das Verhältnis zwischen Erzählung und Essay im Roman kritischer als früher. Meine literarischen Hausgötter sind mittlerweile eher Flaubert und Joyce. Das beschleunigte die Ablösung.

Diese Ablösungsprobleme scheinen ja im Zusammenhang mit Musil gelöst. Sie haben ein Stichwort gegeben mit dem Titel: Ausflüge im Fesselballon. Das ist ein Buch gewesen, das sich an die Erstlingsarbeit N anschließt. Sie simulieren da eine Existenz, die Sie auch schon erwähnt haben, nämlich die Lehrerexistenz. Es ist der Lehrer Wolfgang Braemer, der am Anfang und Ende jeweils Hefte korrigiert. Eine bei Lehrern nicht sehr beliebte Tätigkeit. Dazwischen unternimmt er Ausflüge in die Freiheit. Sie werden sehr traumhaft simuliert. Ist das auch ein Stück Autobiographie, indirekt natürlich? Sind Sie da an einer möglichen Existenz vorbeigegangen, haben noch mal rübergeschaut und gesagt, eigentlich sollte es das nicht sein?

Ich habe mich da mit dem Beruf Lehrer schreibend identifiziert, habe dabei aber auch andere biographische Möglichkeiten durchgespielt, zum Beispiel in der Kriegszeit, Nachkriegszeit – die ich in Bayern erlebte. Ich hatte in den ersten sechs Jahren in Köln gewohnt, hatte einen der ersten Brandbombenangriffe miterlebt. Damals wurde meine biographische Entwicklungslinie auch von der Entscheidung meiner Eltern bestimmt, aus Köln wegzuziehen. Meine Eltern waren früh schon äußerst skeptisch über die Entwicklung und sagten, das Ganze geht schief. Also sind wir bereits zu einem Zeitpunkt aus Köln weggezogen, als das noch gar nicht üblich war. Damit waren neue biographische Möglichkeiten gegeben. All dies bringe ich erzählend wieder in die Schwebe, beziehe andere haarscharf *nicht* verwirklichte Möglichkeiten der Biographie mit ein. Die Übertragung des historischen Modells *N* auf eine heutige, fast durchschnittliche Existenz.

Sie verwenden eine Art Collagetechnik. Sie stellen gegeneinander in relativ harten Schnitten, die fast an den Film erinnern: einmal das reale Leben, dann die Phantasieausflüge im Fesselballon. Was bedeutet das für Sie, schreibtechnisch? Welche Kontraste sollen freigelegt werden?

Also, ein Fesselballon ist an einem Drahtseil befestigt, kann sich nicht fortbewegen. *Ausflüge im Fesselballon* sind faktisch nicht möglich, der Bewegungsspielraum des Realschullehrers Braemer ist gering, die Möglichkeiten, die er sich ausdenkt, lassen sich kaum verwirklichen. Aber es hat zu verschiedenen Zeiten biographische *Angebote* gegeben. Braemer hat nur nicht den Mut oder den Schwung oder die Initiative aufgebracht, den Sprung zu wagen in eine andere Existenzform. Das war es, was mir bei den *Ausflügen im Fesselballon* wichtig war.

Sie haben sich dann allerdings wieder einer anderen historischen Gestalt zugewandt: Marthe Hanau, eine Finanzspekulantin in den zwanziger Jahren. Eine Frau, die mit ungeheuren Tricks der Werbung, der Vortäuschung, des Betrugs in Frankreich ein Vermögen zusammenbrachte. Das ist dann in einem Skandal zusammengebrochen. Sie ist zugrunde gegangen, nachdem sie andere wirtschaftlich zugrunde gerichtet hatte. Was hat Sie plötzlich an dieser wirtschaftskriminellen Existenz interessiert? Da sind harte Fakten gewesen. Sie mussten recherchieren, Sie mussten sich mit wirtschaftlichen Transaktionen befassen, Sie mussten Börsen und Markttech-

niken der Hochfinanz recherchieren. Wie kamen Sie an diesen Bereich?

Da spielte auch wieder Zufall mit. Ich hatte davor ein Buch geschrieben mit dem Titel *Siam-Siam*, fabulierende Geschichten mit hochstaplerischen Figuren. Ich suchte also Materialien über hochstaplerische Praktiken und fand ein Buch mit biographischen Skizzen von Personen am Rande des Legalen. Darunter einen kurzen biographischen Aufsatz über Marthe Hanau. Da war mir sofort klar: eine ungeheure Geschichte! Freilich als Modell: Was kann an der Börse durch die Presse manipuliert werden? Wie weit kann man durch Imagebildung manipulieren? Wie kann man manipulieren, indem man undurchsichtige Verschachtelungsgesellschaften aufbaut, Holdings und Superholdings? Wie groß ist da der Spielraum? Nun hatte ich das Glück, dass in meiner Familie ein Börsenfachmann ist [mein Vater], der mir solche Techniken erklären konnte. Damit ergab sich ein Aufbruch in einen mir vorher fremden Bereich. Was ich bei Bonaparte und im Fall Braemer durchgespielt habe: Jemand bricht in andere Lebensbereiche auf – das versuche ich auch für *mich* als Autor zu realisieren, indem ich immer mal wieder einen Aufbruch in eine andere Richtung wage. Hier nun führte er in den Wirtschaftsbereich. Ich habe möglichst genau erzählt, *was* Madame Hanau gemacht hat, mich interessierte, *wie* das funktioniert. Einfach zu sagen: Sie hat Aktienkurse manipuliert, das wäre mir zu abstrakt, zu allgemein, ich will es *genau* wissen. Also ließ ich mir erklären, wie man einen Aktienkurs manipuliert. Ich finde es spannend, wenn man das *konkret* darstellen kann. Später ist über diesen Fall der Film mit Romy Schneider gedreht worden, *Die Bankiersfrau*. Da lief das genauso, wie ich es in einem Kapitel meines Buches vorweggenommen habe: Nur die tollen Kostüme, nur die tollen Autos dieser Frau ... Ich sehe Romy Schneider gern, der Film war opulent, aber die Manipulationen wurden nur *erwähnt*, wurden nicht *vorgeführt*. Da bin ich entschieden mehr ins Detail gegangen!

Ja, nicht nur ins Detail; Sie wollten mit der Herausstellung der Manipulationen wohl auch sichtbar machen, dass eine bestimmte sehr freie, sehr werbefreudige, sehr fiktionale Wirtschaftsform auch zur Kriminalität einladen kann. Sie haben in diesem Buch ja eine Art Gegenmodell durchgespielt. Sie lassen Ihre Hauptfigur Marthe Hanau auch in der DDR auftreten, und zwar als Brigadeleiterin. Dort soll sie ebenfalls wirtschaftlich ruinös wirken. Was aber nicht gelingt, allenfalls kann sie ein paar Statistiken fälschen. Der wirtschaftliche Freiraum ist nicht groß genug. Bedenken wir, dass es Mitte der siebziger Jahre war. War damit bewusst auch von Ihnen eine dezidierte Kapitalismuskritik auf den Weg gebracht?

Interessante Frage. Ich mache jedes Jahr Lesungen, mit anschließenden Gesprächen. Und da wurde in den siebziger Jahren dem Autor permanent die Frage gestellt: Was ist die gesellschaftliche oder gesellschaftskritische Relevanz Ihres Textes?! Während heute die Frage lautet: Was bringt mir Ihr Text bei meiner persönlichen, privaten Selbstverwirklichung? Da hat sich das Blatt gewendet! Aber ich bin sicher, dass ich damals nicht ins Gigantische gegangen bin: keine dezidierte Kapitalismuskritik. Nur funktionieren Börsenmogeleien nicht ohne Börse, und die Börse gehört zum kapitalistischen System. So ist das kapitalistische System die Mutter der Börse, und die Börse ist die Mutter der Marthe Hanau, und die hat – obwohl lesbisch – viele Kinderlein hervorgebracht, oder: sie hat immer wieder Nachahmer gefunden.

Lassen Sie uns, bevor wir zu einem Text kommen, in dem Sie sich von historischen Vorgaben lösen, noch einmal auf eine Frage zurückkommen, die für Ihre Arbeit, glaube ich, ganz grundsätzlich ist. Sie haben schon erwähnt, dass Sie in dem Erzählungsband Siam, Siam *historische Figuren zum Teil aus dem 18. Jahrhundert abrufen. Da geht es darum, dass in einer französischen Gesandtschaft ein Mann sich mit einer Frau identifiziert. Mal von diesem Fall abgesehen, es tauchen immer wieder entlegene historische Fälle auf. Sehr interessante Kon-*

stellationen, häufig sehr aussagekräftig in Bezug auf eine Variation der Existenz. Mann als Frau, Zwillinge in einem Körper verbunden. Extremsituationen des Existierens, jetzt aber auch in historischer Entrücktheit. Wie finden Sie die Stoffe?

Was Sie gerade erwähnten: Zwillinge in *einem* Körper, also siamesische Zwillinge – auch das ist für mich ein Erzählmodell gewesen. Das machte mir die Reaktion einer Leserin bewusst: »Mein Gott, Sie haben ja die Geschichte meiner Ehe erzählt!« Also: Partnerschaft ins Extrem getrieben. In diesem Fall: zwei Menschen, die nicht mehr voneinander loskommen und von der Vorstellung schwärmen, sich mal auseinanderschneiden zu lassen. Aber so, dass jeder der beiden überleben kann! Auch wieder eine Geschichte als Modell. Ich merke, dass ich heute in den Begriff »Modell« verliebt bin. »Modell« klingt eigentlich verdammt abstrakt. Aber ein Modell ist für mich erst interessant, wenn es sinnlich konkret erzählt ist. Auch beim Beispiel der siamesischen Zwillinge, die durch die Entführung einer Lufthansa-Maschine erzwingen wollen, dass sie endlich operativ getrennt werden.

Das ist eine erfundene Geschichte, aber noch mal zurück zu meiner Frage. Die historischen Stoffe, wie finden Sie die?

Ich kann hier einen Fall nennen: Die phantastische Geschichte, dass 1710 vier Irokesenhäuptlinge von Amerika nach England gebracht wurden, um die Segnungen, den Glanz und den Glamour der europäischen Kultur kennenzulernen. Sie sahen Shakespeare-Dramen, Opern, Gemäldeausstellungen und vieles mehr und sollten damit motiviert werden zum Kampf gegen die franko-kanadischen Indianer. Als Vorlage hatte ich – zufällig – einen Aufsatz der englischen Zeitschrift *History today* gefunden mit dem Titel *The Four Indian Kings*. Da dachte ich: Nanu, was soll denn das sein, Indianerkönige?! So las ich die Story und war sofort entbrannt. In dem Fall also kann ich die Anregung genau benennen.

Zufall war wohl häufiger im Spiel, aber lassen Sie uns von den historischen Vorgaben, den Fakten, die Sie wie auch immer gefunden haben, ein wenig lösen. Sie hatten dann eine frei fiktive Erzählung geschrieben, Stanislaw der Schweiger. *Vorgabe ist eigentlich nur, ja, ich würde fast sagen: Wieder das Modell Dracula. Sie haben jedoch eine ganz andere Variante ins Spiel gebracht: Nicht der Blutsauger, sondern der Wort- und Geräuschverschlinger. Wenn man hört, wie Sie aus diesem Roman vorlesen, hat man das Gefühl, es bereitet Ihnen großes Vergnügen.*

Ich bin ganz sicher, die Grundstimmung des Schreibenden überträgt sich. Ich gehöre zu den etwas naiven Leuten, die sich beim Lesen ungern langweilen, die hier nicht allzu viel Rabatt gewähren, obwohl mich literarische Methoden mehr interessieren als reine Inhalte. Also, ich bin sicher, dass sich emotionale Intensität überträgt.

Ist diese Freude beim Vorlesen auch beim Schreibvorgang da, oder gibt es Blockaden, setzen Sie neu an, überarbeiten Sie? Gibt es auch einen Durchlauf schnellen Schreibens?

Im Entwurf ist es ein »Durchlauf«. Aber dann folgen viele Phasen des Überarbeitens. Der Punkt, den man dabei beachten muss: Der Text – jetzt muss ich ein englisches Leihwort übernehmen – darf nicht *overworked* werden. Also, die Spontaneität, die beim Erzählen selbstverständlich sein muss, nicht nur beim mündlichen Erzählen, diese Spontaneität muss erhalten bleiben, obwohl der Text möglichst präzise, das heißt: auch rhythmisch präzis gearbeitet sein muss. Also ein Wechselspiel von Spontaneität und künstlerischem Kalkül. Sonst: wenige Maximen. Zum Beispiel noch den Lehrsatz von Hemingway, aus dem Gedächtnis zitiert: »Hör dann auf zu schreiben, wenn du weißt, wie es am nächsten Tag weitergeht.«

Ja, diese Methode, sich nicht auszuschreiben, sondern die Fortsetzung einzuplanen, das ist auch von anderen Autoren über-

liefert. Aber wie sieht für den Autor Dieter Kühn nun der Schreibtag aus? Schreiben Sie morgens, wie Thomas Mann, schreiben Sie regelmäßig jeden Tag? Wie geht die Vorbereitung vor sich?

Das hat sich bei mir ziemlich fest eingespielt. Als ich anfing zu schreiben, war ich noch Student, aber schon Familienvater. Damit ergab sich die Frage: Wann ist es im Haus am ruhigsten? Wenn die Buben im Kindergarten waren, in der Schule ... Also habe ich mich von früherer Nachtarbeit auf den Vormittag umgestellt, und bei dieser Arbeitsgewohnheit bin ich geblieben. Mein Kommunikationsdrang ist morgens ohnehin noch gering, da bin ich am liebsten in einem Zimmer für mich. Nachmittags steigt die Kurve, abends bin ich am kommunikativsten. Also mache ich nachmittags Erledigungen oder lese, was ich zum Arbeiten brauche oder schreibe Briefe. Abends nichts mehr, was mit Schriftstellerei zu tun hat.

Sie sind aber auch mal Stadtschreiber in Bergen-Enkheim gewesen, 1980/81 für ein Jahr. Sie haben dann 1984 ein Buch veröffentlicht, den Roman Die Kammer des schwarzen Lichts. *Das ist die Geschichte, man könnte fast sagen: die Leidensgeschichte eines mit Ihnen nahezu gleichaltrigen Mannes, der mit dem Beruf Schwierigkeiten hat. Aber auch die politisch unruhige Szene in Frankfurt und um Frankfurt herum, Startbahn West, das Hüttendorf, alles das kommt mit ins Spiel. War das für Sie in Frankfurt, genauer in Bergen-Enkheim, eine neue Erkundung einer regionalpolitischen Szene? Ist es für Sie wichtig gewesen, dies in Ihre Arbeit einzubeziehen?*

Soziales Engagement habe ich in Frankfurt wenig realisiert. Ich bin natürlich im Hüttendorf auf dem Areal der geplanten Startbahn West gewesen, aber nur besuchsweise, mit einer Autorin [Helga M. Novak]. Formen des sozialen Engagements habe ich in letzter Zeit vor allem in zwei Bürgerinitiativen realisiert. Das Wahrnehmen von sozialen, von gesellschaftlichen Problemen ist jedoch in Frankfurt, in der für mich neuen Umgebung, geschärft worden – überhaupt das Wahrnehmen von Umgebung. Angenommen, ich würde einen Roman schreiben, der in den achtziger Jahren in Düren spielt, dann wäre jenes Düren wie ein Bild, das zu lange an der Wand hängt – man nimmt es nicht mehr bewusst wahr. In Bergen-Enkheim war es anders: Es umgab mich für ein Jahr ein neues Stadtbild, und ich nahm alles bewusster auf. Damit war für mich das Ambiente dieses Romans vorgegeben. Nun geht es in diesem Buch allerdings nicht um ein Erkunden der gesellschaftlichen Situation im Rhein-Main-Becken, sondern um das Erkunden eines Weges, den man heute – etwas pathetisch – Selbstfindung nennt. Ein Mann hat eine psychosomatische Krankheit und versucht, den Grund für die Krankheit zu finden. Dabei entwickelt er ein Erklärungsmodell nach dem anderen: Ist der Beruf schuld, sind es Beziehungsprobleme? Er revidiert andauernd die Vorstellungen über sich selbst. Das wollte ich möglichst *konkret* erzählen, dieses permanente Neuansetzen der Selbsterklärungen, Selbstdeutungen. Immer wieder denkt man, nun hätte man endlich den springenden Punkt erfasst, schon muss wieder revidiert werden.

Ist von Ihnen beabsichtigt gewesen, da ein Psychogramm der Generation zu schildern, die mit bestimmten politischen Erwartungen aufbrach, doch mit ihren Hoffnungen in eine absteigende oder sich sanft senkende Linie gerät? Ist es mehr als die Schilderung dieser Person, auch ein Stück Zeitanalyse?

Mir liegt es nicht sehr, mich auf das rein Subjektive zu konzentrieren, deswegen breche ich auch immer wieder auf in neue Regionen. Natürlich war hier für mich die Verflechtung des Individuums mit der gesellschaftlichen Situation wichtig, das permanente Wechselspiel. Die psychosomatische Krankheit hat private Gründe, sie hat offenbar auch gesellschaftliche Gründe. Exakt auseinanderdividieren können wir das kaum. Und ich wollte beide Bereiche zusammen darstellen. Selbst, wenn sich die Hauptfigur des Romans intensiv auf sich selbst einlässt, ich wollte mich als Autor nicht nur mit *einer* Perspektive identifizieren, ich wollte auch das gesellschaftliche Umfeld einbringen.

DREI: VERGEBLICHE LEKTIONEN

Im Abstand von Jahren, Jahrzehnten tauchte er als Erinnerung auf: Marschall Caulaincourt. Hatte sich vor allem eingeprägt durch seinen Bericht über die zwei Wochen, die er Schulter an Schulter mit Napoleon verbracht hatte, erst in einer Kutsche, dann im Schlitten auf der Fluchtfahrt von Russland nach Frankreich, von der Beresina zur Seine. Begleitende Schlittenfahrt im Bewusstsein, freilich mit langen Zwischenstopps, in denen sich Gefährt und Personen ablösten.

Eingesetzt hatte die Fixierung mit einem Feature, das 1966 vom Westdeutschen Rundfunk gesendet worden war. Ich spüre das hektographierte Deckblatt des Sendeskripts auf und sehe mit Staunen, welchen Stellenwert zu jener Zeit ein Stundenfeature der Hauptabteilung Politik noch haben konnte: Erstes Programm, Sonntag, 20.30 – besser konnte ein Sendetermin nicht sein! Längst sind mit Programmreformen (und sogenannten Programmreformen) solche Beiträge auf immer spätere Abendtermine verschoben worden, Verdrängungsprozesse im Namen des Infotainment. Nun schließen sich hier aber keine weiteren Ausführungen an zum Quotendenken auch bei öffentlich-rechtlichen (nicht nur über Werbeeinnahmen finanzierten) Funkanstalten.

Caulaincourts Memoiren folgend, hatte ich aus vereinzelten, im Text verstreuten Segmenten zwei große Dialoge montiert: intensive und extensive Auseinandersetzungen des Marquis mit dem Empereur. Als Untertitel, damals: »Widerstand von innen«. Doch Widerstand – so sehe ich das Jahrzehnte später – fand letztlich nicht statt, es blieb bei Widerspruch: Caulaincourt versuchte wiederholt, Napoleon die Augen zu öffnen für aktuelle und künftige Realitäten, doch der Kaiser weigerte sich, sie wahrzunehmen. Weigerte sich erst recht, sie in Entscheidungen umzusetzen. So verlagerte sich für mich der Akzent: Mit Napoleons Reaktionen oder Nichtreaktionen auf Caulaincourts Einspruch und Widerspruch zeigt sich Realitätsblindheit, zumindest partiell, wie sie (historisch gesehen) keineswegs auf den Fall Napoleon beschränkt bleibt. Mit dem »Unternehmen Barbarossa« gesellte sich Hitler hinzu, der sich trotz gelegentlichem (meist schriftlich eingereichtem) Einspruch, Widerspruch bei Vorplanung und Planung gleichfalls realitätsblind zeigte, und so wiederholte sich das Desaster.

Ausführliche Angaben zur Person des Marquis Armand de Caulaincourt erspare ich mir und uns; ich setze nicht an zu einer biographischen Skizze über Erfahrungen eines Adligen in der Zeit der Französischen Revolution, über Aufstieg, auf Umwegen, in der Armee der Revolution, dies vom einfachen Reiter zum Marschall, zum Herzog von Vicenza, zum »Großstallmeister des Kaiserreichs« (damit zuständig und verantwortlich für den Marstall, den kaiserlichen Stafetten- und Kurierdienst, für die Reiselogistik und wohl auch den Personenschutz des Kaisers). Entscheidende Präsenz gewinnt Caulaincourt im wiederholten Dialog mit Napoleon. Dies unter dem Aspekt des Szenarios: Wie weit wird Realität wahrgenommen in einer Führungsposition, in der über Menschenleben disponiert wird? Wie viele Menschenleben kostet das Ignorieren von Realitäten, von relevanten Faktoren? Warnungen, die (sprichwörtlich) in den Wind geschlagen werden – mit welchen Folgen, kurzfristig, langfristig?

Als Eröffnung eine Skizze der Konstellation, die etwa 1808 (beim ›Gipfeltreffen‹) in Erfurt charakteristisch gewesen sein dürfte, vier Jahre vor dem Russland-Feldzug.
 Eins der Argumente Napoleons: Zar Alexander sei nicht mehr so, wie er früher war. Er stelle sich taub in allen Punkten, die er nicht hören wolle, sei misstrauisch – eine Primadonna! Was sei los mit ihm? Er habe Alexander den zukunftsweisenden Plan vorgetragen, gemeinsam Indien zu erobern

um England dort zu schlagen – Alexander mit 40 000 Mann durch die Kaukasus-Region, der Empereur mit 40 000 via Konstantinopel, erst mal auf See. Alexander aber weiche aus, gebe halbe Antworten.

Caulaincourt, um Verständnis dafür bittend, dass er offen sein dürfe, äußerte die Vermutung, erst recht nach den eben erfolgten Äußerungen, dass Napoleons Ehrgeiz noch nicht gesättigt sei.

Die Antwort: Caulaincourt mache sich völlig falsche Vorstellungen von seinem Charakter. Er, Napoleon, sei Verstandesmensch, er werde nicht von der Phantasie beherrscht und geleitet, er gehe von Tatsachen aus.

Doch er sprach kurz zuvor von einem Feldzug nach Indien. Caulaincourt hielt dagegen, dass ein System maßvoller Machtentfaltung mit weniger ausgedehnten Grenzen Frankreich dienlicher wäre. Die märchenhafte Machtausdehnung lasse kein Vertrauen aufkommen.

Ein Dialog, der sich über Stunden hingezogen haben soll. In einer der brisantesten, pointiertesten Phasen erklärte Caulaincourt, bei Napoleons Forderungen nach neuen Truppenkontingenten (dies gleich von mehreren hunderttausend Mann) lasse sich schwer vorstellen, dass sie zur Erhaltung des Bündnisses mit Russland beitragen sollten. Er würde so etwas nicht erwähnen, gäbe es nicht weitere Zeichen für Kriegsvorbereitungen. Es sei ihm nicht entgangen, dass in umfangreichem Maße Transportmittel bereitgestellt würden, und zwar für Operationen auf große Entfernungen. Er könne sich nicht vorstellen, dass Napoleon derartige Mittel bereitstellen ließe, wenn er nicht fest entschlossen wäre, sich ihrer auch zu bedienen – sei es für ein politisches Ziel, sei es, um seiner Lieblingspassion zu frönen: der Kriegführung.

Was Napoleon sofort bestritt, schon mit Blick auf seine mittlerweile leicht korpulente Konstitution. Man könne also nicht ernsthaft annehmen, er liebe den Krieg.

Doch er strebe die Universalherrschaft an, und Krieg sei ein Mittel, sie zu erreichen. Dies als Nächstes mit einem Feldzug gegen Russland. Hingegen würde der Zar nicht den ersten

Kanonenschuss abgeben, werde nicht seine Grenzen überschreiten.

Napoleon warf dem Marschall vor, er sei ja schon ein halber Russe, sehe die Dinge nicht mehr objektiv, ihm gehe der Sinn für Realitäten ab.

Caulaincourt konnte nur wiederholen: Er wette seinen Kopf darauf, dass der Zar den Krieg nicht beginnen werde. »Ich will keinen Krieg«, habe Alexander wiederholt erklärt, »und mein Land will ihn trotz aller Beleidigungen und Übergriffe ebenso wenig wie ich, denn es kennt die Gefahren.« Caulaincourt warnte als Kenner russischer Verhältnisse – der politischen, der militärischen, der meteorologischen. Er setzte seine Warnungen fort.

NAPOLEON HÄTTE FREILICH schon durch die Historie gewarnt sein müssen: Das Menetekel des schwedischen Feldzugs gegen Russland, unter Führung des (nicht einmal dreißigjährigen) Königs Karl XII. Voltaire hat eine Biographie über ihn geschrieben.

Hier sollte gleich auch erwähnt werden, dass Karl nicht den ersten schwedischen Feldzug gegen Russland begann und durchführte, es hatte bereits ein halbes Dutzend russisch-schwedischer Kriege gegeben, die sich aber, geographisch, eher an Peripherien abspielten. Dennoch, Erfahrungen mit dem Gegner, dem Dauerfeind gab es damals schon, doch die schienen keine Auswirkungen zu haben auf Geschehen zu Beginn des 18. Jahrhunderts.

Und damit (Voltaire folgend, also nach damaligem Wissensstand) eine Skizze des schwedischen Winterfeldzugs, der in einer Katastrophe endete, die nicht allein auf das Versagen einer Führungsfigur zurückzuführen ist: weiterhin wirksame Faktoren werden erkennbar, vom Meteorologischen bis zum Militärischen. Das Exempel konnte bewusst machen, worauf man sich mit einem weiteren Russlandfeldzug einließ. So gehört diese Vorgeschichte in das Caulaincourt-Projekt. Denn: In der Reisebibliothek, der Feldzugs-Handbücherei Napoleons befand sich auch Voltaires Buch.

Diese Biographie (von etwa 250 Seiten) stelle ich nicht in einer Kurzfassung vor, es geht vorrangig um das Kapitel Russlandfeldzug des Schwedenkönigs. Wenn ich im Folgenden einige Sequenzen aus dem Buch vorlege, ohne Ergänzungen, ohne Präzisierungen aus heutiger Sicht und Kenntnis, so ist das nicht Bequemlichkeit, es soll auch nicht signalisieren: Hier ist nur Material für eine vielleicht doch mal definitive Fassung dieses Textversuchs, sondern: Ich will vermitteln, was *damals* über den Russlandfeldzug des schwedischen Königs bekannt war. Dies in der Darstellung widriger Details, die vor einem erneuten Feldzug hätten warnen können, warnen müssen. Konfrontation mit Realitäten, wie man sie zu jener Zeit sah, nur sehen konnte – und Voltaire hat offenbar genau gearbeitet, nach damaligem Stand der Kenntnis von Dokumenten.

So gebe ich wieder, was zu jener Zeit schon zu lesen war, im Originaltext der von Voltaire bearbeiteten Neufassung. Dies nun in der Übersetzung von Adolf Seubert, bei Reclam erschienen in den dreißiger Jahren des zwanzigsten Jahrhunderts. Damit auch vor dem Russlandfeldzug, den Hitler gefordert und durchgesetzt hatte.

»Von Grodno ostwärts bis zum Dnjepr ziehen sich Sümpfe, Einöden und unermessliche Wälder. An den angebauten Punkten findet man keine Lebensmittel, weil die Bauern ihr Getreide und was sich nur auf diese Art verwahren lässt, in den Boden vergraben. Man muss deshalb den Boden mit großen eisernen Stangen sondieren, um diese unterirdischen Magazine zu entdecken. Russen und Schweden lebten abwechslungsweise von diesen Vorräten; man fand sie aber nicht immer, und sie reichten nicht aus.

Der König von Schweden, der diesen Fall vorausgesehen, hatte Zwieback zum Unterhalt der Armee mitführen lassen. Nichts hielt ihn daher in seinem Marsche auf. Nachdem er den Wald von Minsk, wo man alle Augenblicke Bäume fällen musste, um Wege für Truppen und Bagage herzustellen, hinter sich hatte, stand er am 25. Juni 1708 an der Beresina. […]

Die Marschhindernisse, denen man bis dahin begegnet, waren ein Kinderspiel gegen die, welche man auf dieser neuen Straße fand. Man musste einen fünfzig Stunden breiten Wald voller Sümpfe durchziehen. Fast die ganze Artillerie und alle Bagagewagen blieben in den Sümpfen stecken und versanken darin.

Endlich, nach einem zwölftägigen, höchst beschwerlichen Marsch, auf welchem die Schweden den kleinen Rest von Zwieback, den sie noch besaßen, vollends aufzehrten, langte die Armee, von Hunger und Strapazen erschöpft, an der Desna an. [...]

Zu dieser Not kam noch der schwere Winter von 1709, der sich an diesen Grenzen Europas noch fühlbarer machte als bei uns in Frankreich und einen Teil des schwedischen Heeres vernichtete. Karl wollte der Jahreszeit trotzen wie er seinen Feinden getrotzt hatte; er ließ während dieser tödlichen Kälte seine Truppen weite Märsche ausführen. Auf einem dieser Märsche sah er einmal zweitausend Mann unter seinen Augen der Kälte erliegen. Die Reiter hatten keine Stiefel, die Fußsoldaten keine Schuhe mehr, und nahezu auch keine Kleidung. Sie mussten sich, so gut es ging, Fußbekleidungen aus Tierfellen anfertigen. Oft fehlte es ihnen an Brot. Aus Mangel an Zugpferden hatte man sich genötigt gesehen, fast alle Geschütze in die Sümpfe und Flüsse zu werfen. Die einst so blühende Armee zählte nur noch vierundzwanzigtausend Mann, die dem Hungertode nahe waren.«

Voltaire, resümierend: »Jeder Herrscher, der das Leben von Karl XII. studiert, dürfte von törichter Eroberungslust geheilt sein.«

Napoleon, der das Leben jenes schwedischen Königs »studiert« hatte, der gelegentlich anmerkte, er hätte »aus der Geschichte gelernt«, er wurde damit keineswegs von seiner Besessenheit geheilt. Kritische Hinweise auf Karl und dessen Erfahrungen wurden relativiert, ja, ignoriert. Hinweise auf die enormen, die letztlich unüberwindbaren Distanzen wurden gekontert mit der Erklärung, die Hauptstädte Moskau und Petersburg ließen sich »ebenso erreichen wie alle anderen

[Europas], und wenn ich die Hauptstädte habe, gehört mir auch alles andere.«

Caulaincourt hielt Napoleons Ausreden und Ausflüchten entgegen, Alexanders Sorge sei nicht unberechtigt, dass Russland eine Invasion bevorstehe. Sollte es wirklich zum Krieg im Osten kommen, so werde der sich in keiner Weise mit bisherigen Kriegen vergleichen lassen. Dazu sei Russland zu verschieden von den Ländern, in denen Frankreich bisher gekämpft habe. Und es fiel das Stichwort Klima.

Worauf Napoleon mit der Erklärung reagierte, das sei im Grunde genauso wie in Frankreich.

Der Botschafter wies darauf hin, dass er seit einigen Jahren in Russland lebe, dort weit herumgereist sei und die Erfahrung gemacht habe, dass in klimatischer Hinsicht ganz erhebliche Unterschiede bestünden! Auch wies er hin auf die Weite des Raums, auf den schlechten bis miserablen Zustand der Straßen – soweit überhaupt vorhanden. Nicht mal ein Napoleon könne da in zwei, drei Monaten eine Entscheidung herbeiführen, man würde auf jeden Fall in den russischen Winter geraten, und der lasse sich mit französischen Verhältnissen in keiner Weise vergleichen.

Darauf Napoleon: »Selbst wenn das Klima anders sein sollte – wir sind im Grunde härter als die Russen. Im Übrigen haben wir keine Veranlassung, vom russischen Winter zu reden: Mitte Oktober wird alles erledigt sein.« Und, bekräftigend: Alexander werde in schnellen, kurzen Aktionen niedergeschlagen.

Dazu Caulaincourt: Der Zar sei also mit Recht beunruhigt. Das Einzige, was ihn beruhigen könnte: Wenn Frankreichs Grenzen nicht allzu unorganisch ausgedehnt würden, wenn der permanente Kriegszustand endlich aufgehoben werde.

»Es hört sich fast vernünftig an, was Sie da reden. Aber im Ganzen ist es nichts als ein System der Schwäche. Damit würden wir alles gefährden, was wir unter großen Opfern errungen haben.«

Sire, ich glaube, es wird noch weitaus mehr gefährdet, wenn wir unsere Grenzen über jedes vernünftige Maß hinaus –
»Sie verstehen nichts von Politik, Caulaincourt!«

Der Marschall musste die Warnungen wiederholen. Sein Grundtenor: Der Feldzug nach Russland werde nicht zu einem künftigen Frieden führen, sondern ins Verderben. Man könne von jeder Karte ablesen, wie groß die Entfernungen in Russland seien, wie viele Möglichkeiten die Russen folglich zum Ausweichen hätten. Der Zar habe denn auch erklärt, er würde sich lieber nach Asien zurückziehen, als vor Napoleon zu kapitulieren. Der würde ins Leere marschieren, in Schneewüsten, in denen die Armee dezimiert werde, und das ohne jede Schlacht.

Napoleon: Die russische Armee befinde sich in einem miserablen Zustand. Mit der ersten Schlacht werde dieses Gebilde zerschlagen. Dies von der größten Armee, die es in der Geschichte je gegeben habe. Da seien seine bewährten französischen Soldaten, da seien die Lombarden, Spanier, Portugiesen, die Kroaten, Polen, Deutschen – weit über eine halbe Million! »Gibt es bei solch einem Heer Unmögliches? Ihr Alexander ist geschlagen, sobald das Heer die Grenze überschreitet.«

Dem wurde erneut ein Zitat des Zaren entgegengehalten: Napoleon würde bis ans Ende der Welt ziehen müssen, um Frieden zu finden. Gerade dann werde er, der Zar, Sieger sein. So tapfer die französischen Soldaten auch sein mögen, die übermäßigen Anstrengungen der Märsche, das furchtbare Klima, die im Herbst verschlammten und im Winter vereisten Straßen, das alles werde die Grande Armée entmutigen und dezimieren.

Napoleon, wieder einmal: Er werde durch eine gute Schlacht alles entscheiden.

»Sire, die Russen werden sich dieser Schlacht nicht stellen! Das hätten die gar nicht nötig. Unsere Armee wird sich auf den Märschen in den wüstenartigen Steppen, in den Schneewüsten selbst aufreiben.«

Vergeblich auch, dass Caulaincourt wiederholt Alexander zitierte: »Wenn das Waffenglück gegen mich sein sollte, zöge ich mich lieber bis nach Kamtschatka zurück, als dass ich Provinzen abträte und in meiner Hauptstadt einen Vertrag abschlösse, der nur ein Waffenstillstand wäre. Der Franzose ist tapfer, aber lange Entbehrungen und ein hartes Klima entmutigen ihn. Unser Klima, unser Winter werden für uns kämpfen.«

So etwas zitierte Caulaincourt mit Emphase, doch Napoleon reagierte darauf eher achselzuckend: Wie französische Soldaten mit dem russischen Klima zurechtkämen, das glaubte er besser zu wissen – ohne sich näher über die klimatischen Bedingungen zu informieren. Für ihn weiterhin kein Faktor von Belang.

Auch Entfernungen zählten für ihn nicht. Zwischen Seine und Njemen rund eintausendfünfhundert Kilometer. Dort erst war ›Feindberührung‹ zu erwarten. Dann noch einmal rund tausend Kilometer bis Moskau. Auf diesen immensen Entfernungen war geregelter Nachschub kaum zu gewährleisten. Und: Futter für mehr als hundertsechzigtausend Pferde ließ sich nicht mitführen oder nachschaffen, das sollte man sich unterwegs holen, egal wie, egal wo. Jeder Kavallerist führte eine Sichel mit sich, alles Weitere sollte sich von selbst ergeben. Was dann aber, voraussehbar, nicht geschah: weithin unfruchtbare Steppe, unbebautes, ödes Land – und die wenigen Haferfelder werden abgebrannt. Auf entsprechende Hinweise reagierte Napoleon achselzuckend. Sein Denken war weithin Wunschdenken, also wurde das Beschaffen von Futter kaum zum Thema für ihn. Fatale Unterlassung.

Dann die ebenfalls unrealistische Vorstellung, er werde die russische Armee binnen drei Wochen besiegen. So musste die Versorgung auch nur für drei Wochen gesichert sein. Auch in dieser Hinsicht war und blieb Napoleon gegenüber Warnungen unzugänglich. So was prallte an ihm ab. Er sah sich über sich selbst und damit über solche Probleme hinauswachsen. »Was kann ich dafür, wenn ein Übermaß an Macht mich zu einer Diktatur über die Welt drängt?«

IN EINER NACHLESE (ein wichtiger Punkt übersehen ...?!) werde ich durch Émile Dard davor gewarnt, die hellsichtigen Argumente Caulaincourts in einer der langen (einmal sogar sieben Stunden dauernden?) Auseinandersetzungen mit Napoleon als authentisch zu bewerten. Caulaincourt hat seine Memoiren mehrere Jahre nach dem Russlandfeldzug geschrieben, im großen Familienschloss (das im Ersten Weltkrieg von deutschen Pionieren aus irgendeinem Grund gesprengt wurde, und zwar total!). Er könnte also im Rückblick den Vorausblick verschärft, akzentuiert haben. Und ich sehe mich wieder mal ausgebremst. Die Konfrontation des vorausschauenden Realisten und des ausblendenden Egozentrikers könnte im bisherigen Textentwurf etwas holzschnittartig ausgefallen sein.

Muss ich mich also, um seine Haltung und sein Verhalten zutreffend zu beschreiben, noch intensiver und extensiver mit Caulaincourt beschäftigen, Quellenstudium inklusive? Aber da wäre ich mit einem Grundproblem konfrontiert: meine Kenntnisse der französischen Sprache sind kümmerlich. Folgeerscheinung des altsprachlichen Gymnasiums mit Latein und Griechisch als Brennpunkten der Ellipse. Nachträglich gesehen, hätte ich lieber Französisch gehabt als zweiten Brennpunkt. Nun ist mir eine Sprachgrenze gesetzt.

Ich verharre vor der Frage: Caulaincourt als Lichtgestalt? Als Mann in geeignet hoher Position, der einem Mächtigen die Augen öffnen will für Realitäten, die bereits Keime künftiger Katastrophen in sich tragen? Als Mann, der, im Dienste der Wahrheit, mit Einspruch und Widerspruch womöglich die Ungnade des hohen Herrn herausfordert?

Fotokopien, die ich über Jahrzehnte hinweg aufbewahrt habe und die mir wortwörtlich in die Hände fallen, aus einem Buch heraus, sie öffnen jäh eine neue Perspektive, zumindest für das Jahr nach der Katastrophe: Caulaincourt in auffallend enger Beziehung zu einem ranghohen russischen Offizierskollegen. Und es stellt sich die Frage: Hatte er Napoleon, damit sein Land, mit all den Warnungen bewahren wollen vor einem überflüssigen Feldzug? Oder wollte er den

Zaren schützen vor einem unnötigen Krieg, vor weitflächiger Zerstörung des Landes? Zeigte sich bei seinen Informationen, seinen Warnungen an die Adresse Napoleons offenkundige Klarsicht oder gab es hier eine verborgene Perspektive? Verkürzt: Sprach er frei heraus oder berechnend?

Caulaincourt zwischen den Fronten, lavierend. Zu wenig privates Material (Briefe oder Tagebuchaufzeichnungen), um seine Position, seine Mentalität präzis beschreiben zu können. So werde ich nicht recht klug aus ihm.

Kein Ansatz also, die Geschichte jenes Russlandfeldzugs einzubringen mit Blick oder Seitenblick auf Caulaincourt. Es geht hier nicht um Probleme, vor die sich Napoleon stellte und gestellt sah, es geht um das Erkunden eigener Grenzen der Vermittlung. Die stellen sich auch im Zeitsprung ins zwanzigste Jahrhundert.

WAS CAULAINCOURT VERMITTELT HATTE, wurde von einigen Generälen der Wehrmacht als bedrohliches Vorzeichen für den erneut befohlenen Russlandfeldzug gesehen.

1937 war in Bielefeld und Leipzig eine Auswahl-Ausgabe von Caulaincourts Memoiren erschienen – der Text soll in einem Safe in der Trümmerhalde des gesprengten Schlosses gefunden worden sein. Titel der Publikation: *Unter vier Augen mit Napoleon*. Untertitel: »Denkwürdigkeiten des Generals Caulaincourt, Herzog von Vicenza, Großstallmeister des Kaisers«.

Ich besitze ein Exemplar jener in rotes Leinen gebundenen Ausgabe mit dem Prägedruck, in Silber, des kaiserlichen Adlers. Eins der Exemplare, so lese ich in einem Blog (hier müsste also verifiziert werden!), soll Feldmarschall von Kluge mitgeführt haben; jedenfalls hat General Günther Blumentritt das so berichtet. Auch Guderian und Hoepner sahen in Caulaincourts Aufzeichnungen eine Warnung, ja, ein Menetekel. Das von Hitler – trotz mehrerer Denkschriften – jedoch nicht wahrgenommen wurde, so wie Napoleon die warnenden Hinweise auf die Katastrophe des schwedischen Russlandfeldzugs ignoriert hatte – obwohl er, wie schon erwähnt,

Voltaires Buch in seiner Feldzugsbibliothek mitführte und in Moskau, im Kreml, mit anderen Büchern in einem der Säle seiner Raumflucht aufstellen ließ. So ähnlich hätte denn Feldmarschall von Kluge die deutsche Ausgabe des französischen Russlandreports mitgeführt, als er die Heeresgruppe Mitte befehligte?

Welche der Informationen des Großstallmeisters hätten als Warnung übernommen werden können? Vor allem das *Ausweichen*, Zurückweichen der russischen Armee – gleichgültig, ob geplant oder aus Planlosigkeit –, und man wird immer weiter hinausgelockt in Regionen, in denen die Armee nicht mehr versorgt werden kann: Verbrannte Erde.

Selbst Hitler griff das Stichwort auf. Halder, Chef des Generalstabs, führte ein Diensttagebuch, berichtete hier, stichwortartig, über eine Ansprache Hitlers vor mehr als zweihundert ranghohen Offizieren in der Reichskanzlei am 30. März 1941: Anzeichen dafür, dass man bereit war, aus der Geschichte zu lernen? »Frage des russischen Ausweichens. Wenn der Russe sich absetzen sollte, müsste er es sehr frühzeitig tun, sonst kommt er nicht mehr in Ordnung weg.« Hitler fühlte sich also vor der Gefahr gefeit, in dieselbe Falle zu geraten wie Napoleon; der Überfall musste nur überraschend, der Vorstoß rasch genug sein, dann käme ›der Russe‹ nicht mehr dazu, sich abzusetzen.

Mit ähnlichem Kontext tauchte dieses Wort später im Kriegstagebuch des OKW auf: »Die dem Ostheer gestellte Aufgabe, die Masse des Roten Heeres vor ihrem Ausweichen in die Tiefe des russ. Raumes zu zerschlagen.« Ähnliche Anmerkungen wiederholten sich. Man war offenbar auch im Generalstab sicher, dass sich die russische Armee »planmäßig« absetzen und damit die Invasoren ins Verderben locken wollte. Gerade dies sollte Blitzkriegstaktik verhindern: schneller vorstoßen als der Feind sich zurückziehen, sich absetzen kann, ihn gleichsam überholen, dann abschwenken, den Weg nach Osten versperren, einen Kessel bilden und den »bereinigen«.

Ich werde nun allerdings nicht dazu ansetzen, die Vorgeschichte von »Unternehmen Barbarossa« zu schreiben – auch zu diesem Kapitel des »Dritten Reichs« und seines »Führers« hat sich eine wahre Endmoräne an Sekundärliteratur gebildet. Dabei wird der Fokus nicht auf Hitler allein gerichtet – der Generalstab war mit beteiligt an fortgesetzter Realitätsverweigerung. Hier lässt sich ein Spruch variieren, der während des Rückzugs der Grande Armée kursierte: Sie murrten, doch sie folgten ihm.

Dabei war Napoleons militärisches Abenteuer datumsgenau präsent für die meisten Generäle – sogar für Hitler selbst! Der Überfall auf die Sowjetunion am 22. Juni 1941. Der Einmarsch Napoleons in Russland gleichfalls an einem 22. Juni, 129 Jahre zuvor. Um Parallelsetzungen zu verhindern, erteilte Hitler die Anweisung, Experten sollten der Öffentlichkeit erklären, Napoleon sei erst am 23. Juni in Russland einmarschiert. Das wurde offenbar so durchgesetzt. Hitler, »Wolfsschanze«, 19. Juli 1942, laut Aufzeichnung: »Als in diesem Winter die Schwierigkeiten im Ostkrieg ihren Höhepunkt erreicht hätten, habe irgendein Dussel die These aufgestellt, dass Napoleon ebenso wie wir am 22. Juni zu seinem Russlandfeldzug angetreten sei. Gott sei Dank habe er [Hitler] sofort durch anerkannte Fachmänner diesem Geschwätz mit der Feststellung entgegentreten können, dass Napoleon erst am 23. Juni zum Vormarsch gegen Russland aufgebrochen sei.«

Hinter dieser Datums-Schummelei die abergläubische Vorstellung: Was am gleichen Monatsdatum beginnt, muss den gleichen Verlauf nehmen; ein Tag Unterschied hingegen weist in verschiedene Richtungen. Was indes nicht der Fall war, letztlich.

DIE GESCHICHTE DER KATASTROPHE des napoleonischen Russlandfeldzugs sehen wir, fast unvermeidlich, gekoppelt mit der Katastrophe des Hitler'schen Russlandfeldzugs. Gleichsam doppelt beschriebene Seiten von Annalen, wie bei einem Palimpsest.

Der Feldzug von 1812 und das »Unternehmen Barbarossa«: keine bloß generelle Parallelbildung. Der frühere Feldzug mit zahlreichen, gleichsam zukunftsweisenden Kennzeichen.

Aus Adam Zamoyskis Monographie über *Napoleons Feldzug in Russland* übernehme ich ein Zitat zur Motivation deutscher Teilnehmer am vielsprachigen Heereszug: »Alles in allem hielten die deutschen Kontingente zu Napoleon. Viele von ihnen waren von der Idee beseelt, die Russen aus Europa zurückzudrängen.«

Das Motiv: Wir wollen die Russen von Zentraleuropa fernhalten, es spielte bei der Begründung des späteren Russlandfeldzugs eine zentrale Rolle, nicht nur in Kreisen von Militärs, auch unter Repräsentanten beider Kirchen – heftige Ablehnung des sowjetischen Kommunismus. Das Grundgefühl, vom ›Bären‹ im Osten bedroht zu sein, womöglich bedrängt zu werden, es gewinnt historische Tiefenperspektive. Napoleon, laut Caulaincourt: »Die Russen müssen allen Völkern als Geißel erscheinen. Der Krieg gegen Russland ist ein Kampf im wohlverstandenen Interesse des alten Europa und der Zivilisation. Man sollte nur noch einen Feind in Europa sehen; dieser Feind ist der russische Koloss.«

Andererseits, das muss gleich festgehalten werden: Das Ostheer der Wehrmacht war nur in der Propaganda die moderne, voll motorisierte Armee! Es wurden rund 600 000, womöglich 750 000 Pferde zum Einsatz gebracht. Wie zu Napoleons Zeiten bewegten sich große Heereseinheiten auf Hufen und Füßen. Adam Tooze in *Ökonomie der Zerstörung* (»Die Geschichte der Wirtschaft im Nationalsozialismus«): »In den Wochen vor dem Einmarsch waren 15 000 Panjewagen unter den Infanterieeinheiten verteilt worden, die dann gemächlich hinter den schnell vorrückenden Panzern herzockelten. Die überwältigende Mehrheit der deutschen Soldaten marschierte zu Fuß in Russland ein, nicht anders als zuvor in Frankreich. [...] Das grundlegende Problem beim Kriegseinsatz von motorisierten Fahrzeugen war gar nicht die unzureichende Versorgung mit Kraftfahrzeugen, sondern der chronische Mangel an Benzin und Kautschuk [für Reifen]. Nicht umsonst hatte die Wehrmacht allen Ernstes sogar eine Demotorisierung ins Auge gefasst.«

Doch schon Dezember 41 zeigte sich, dass nicht mal dies realisierbar war. Im Kriegstagebuch des OKW finde ich Ergebnisse einer Frontreise des Majors von Gersdorff vermerkt, und hier, unter anderen Defiziten: »Die Umstellung der Versorgung der mot-Verbände auf Pferde-Fahrzeuge scheitert an dem Fehlen von Pferden. Trotz größter Bemühungen ist es zum Beispiel der 3. I. D.(mot) gelungen, bisher nur 14 Pferde hierfür aufzutreiben.«

Vergleiche zwischen den Heeren der Jahre 1812 und 1941 sind also nicht ›weit hergeholt‹. Was wiederum heißt: Warnungen vor Napoleons Feldzug trafen auch zu vor dem »Unternehmen Barbarossa«. Vor allem unter dem Stichwort Nachschub. Da waren schon in der Ära Napoleon die Zahlen zum Staunen. Allein der (letztlich in der Weite dennoch versagende) Nachschub konnte zu Beginn fast neuneinhalbtausend Fahrzeuge aufweisen, 32 000 Pferde, 6000 Ersatzpferde. Insgesamt verlor die Grande Armée etwa 160 000 Pferde. Dies nicht allein unter »Feindeinwirkung«, auch durch Mangel an Futter, durch übermäßiges Strapazieren. Ähnlich die Verluste der Truppe. »Laut Aussage des Kriegskommissars Bellot de Kergorre war die Armee, als sie Witebsk erreichte, um ein Drittel geschrumpft, ohne eine einzige Schlacht geschlagen zu haben.« Witebsk am Dnjepr, nordöstlich von Minsk, also noch einige hundert Kilometer von den strategischen Zielen entfernt. Und (mindestens) anderthalbtausend Kilometer von den Ursprungsquartieren.

Wieder Zamoyski: »Die Weichsellegion hatte in jeder Kompanie [mit einer Sollstärke generell von etwa hundert Mann] zwischen fünfzehn und zwanzig Mann verloren. ›Bei einem normalen Feldzug‹, erklärte einer ihrer Offiziere, ›hätten zwei echte Schlachten nicht ausgereicht, unseren Effektivbestand in diesem Umfang zu reduzieren.‹ Die italienische Armee war insgesamt um ein Drittel dezimiert, wobei einige Einheiten sogar noch mehr einbüßten – eine hatte 3400 von 5900 Mann verloren. Von den 38 000 Soldaten in Neys 3. Korps waren nur noch 25 000 übrig.«

Hunger ... Durst ... Erschöpfung ... Desertionen ... Krankheiten ... Ein sich selbst dezimierendes Heer, gleichsam aufgefressen von der Weite, in der für Mensch und Tier nicht viel zu holen war. Der Krieg ernährte nicht den Krieg.

Denn schon damals wurde praktiziert: Verbrannte Erde. Ein Augenzeuge: »Die Russen hatten auch damit begonnen, die Straße mit umgestürzten Fuhrwerken, gefällten Bäumen und anderen Gegenständen zu blockieren. Sie ließen überdies eine Menge toter Soldaten und Pferdekadaver zurück, die in der glühenden Hitze schnell verwesten. Am schlimmsten war, dass sie nun auch Bauernhöfe und Dörfer verwüsteten und niederbrannten, die auf dem Weg der Franzosen lagen, und Heuhaufen, Weizenfelder und sonst alles Brennbare anzündeten. ›In der Nacht stand der ganze Horizont in Flammen.‹«

Und vorausweisende Bilder des Rückzugs! Immer wieder: Leichen in Schnee und Eis, über die hinweg gefahren wurde. Ein französischer Kriegsteilnehmer: »Bei jedem Schritt stößt man auf Leichen. Die Kutscher verwendeten sie, um Gräben und Wagenspuren zu füllen und die Straße zu ebnen. Anfangs machte es uns schaudern, aber bald gewöhnten wir uns daran.« Die brutale Entsprechung: Leichen im Straßenschnee, von Panzern plattgewalzt.

Dazu auch noch: Folgen der Massenflucht auf zwei Pionierbrücken über die Beresina. »Man sah Berge toter Leiber von Männern, Frauen und sogar Kindern, von Soldaten aller Truppenteile, aller Nationen, erfroren, zerquetscht oder von russischen Kartätschen zerfetzt; verwaiste Pferde, Kutschen, Kanonen, Wagen. Ein entsetzlicheres Bild als diese beiden zerstörten Brücken und den Fluss voller Eisgang kann man sich nicht vorstellen.« An ähnliche Bilder musste man sich im zwanzigsten Jahrhundert jedoch gewöhnen.

In vergleichbaren Dimensionen auch die Verluste. Zamoyski: »Man kann einigermaßen zuverlässig sagen, dass die Gesamtzahl der französischen und alliierten Truppen, die irgendwann zwischen Juni und Dezember 1812 jenseits des

Njemen operierten, bei etwa 550 000 bis 600 000 Mann gelegen hat. Von ihnen kehrten im Dezember nur etwa 120 000 zurück. […] Auf jeden Fall kann man davon ausgehen, dass insgesamt etwa eine Million Menschen starb, wobei sich die Opferzahlen ziemlich gleich auf beide Seiten verteilen.«

DAS LOGBUCH ALS AUSGEDEHNTER WERKSTATT-BERICHT zum Selbstporträt des Schriftstellers. Und nicht als Lesebuch mit möglichst ausgefeilten Texten. Aber hier mache ich mit mir die Erfahrung, dass ich, wie einprogrammiert, auf Perfektion und Vollständigkeit hinzuarbeiten versuche, wo ich doch eher berichten wollte, berichten will, wo und wie ich auf Grenzen stoße, etwa beim Versuch, das Verhalten von Caulaincourt schlüssig zu beschreiben. Dabei setzte ich an zu einer kleinen Geschichte des napoleonischen Feldzugs in Russland, gefolgt von Hitlers Feldzug in Russland, verbunden mit dem Versuch, die beiden vergeblichen Lektionen zu beschreiben, wobei ich die eigene Lektion, die hoffentlich nicht vergebliche, zu überspielen versuche: Wie ein Werkstattbericht zu einem Werkstück werden will, wie ein Textentwurf dahin tendiert, ein ausgebauter Text zu werden. Wie sich hier etwas selbständig macht, von mir abzulösen beginnt, wie der Text Forderungen stellt, die mit meinen Intentionen, wenigstens hier, nicht übereinstimmen, wie ich mich zurückrufen, zurückpfeifen muss, wo doch die Entdeckungen so aufregend sind, etwa im Kleingedruckten des Anhangs zu OKW-Berichten. Informationen durch Texte, die sich als Quellen empfehlen. Um hier nicht einem Sog zu erliegen, blieb mir nur Notwehr: seitenlang habe ich Berichte zum Scheitern von »Unternehmen Barbarossa« gestrichen, gelöscht, um meine Intentionen wieder ablesbar zu machen. Die dürfen nicht überwuchert werden von Materialien, die interessant sind, mir zumindest interessant erscheinen, die ich also auch gern vermitteln möchte, mit denen sich dieser Textversuch aber gleichsam selbst im Wege steht oder: sich den Weg verbaut.

Also weise ich nur noch auf einen Vorgang hin, bei dem ich

erneut an eine meiner Grenzen stoße: Bericht über »Unternehmen Taifun«. Eine Sollbruchstelle, in doppelter Hinsicht.

TROTZ SCHLAMM, der Lastwagen wie Motorrädern bis hinauf an die Achsen reichte, oft auch noch höher, trotz Schlamm, in dem man bis zur Oberkante der »Knobelbecher«-Stiefel versank: am 2. Oktober 1941 startete das »Unternehmen Taifun«: Fast zwei Millionen Soldaten und etwa zweitausend Panzer setzten von Südwesten und Nordwesten an zur Offensive auf Moskau – das noch knapp zweihundert Kilometer entfernt lag. Unter hohen Verlusten kämpfte man sich weiter vor. Dies unter abstrusem, von Hitler gesetztem Vorzeichen.

Ein Text, den ich im kleingedruckten Anhang des zweiten Bandes des OKW-Kriegstagebuchs aufspüre: Fernschreiben des OKW (Geheime Kommandosache. Chef-Sache! Nur durch Offizier!) an die »H. Gr. Mitte«. 12. Oktober 1941.

»Der Führer hat erneut entschieden, dass eine Kapitulation von Moskau nicht anzunehmen ist, auch wenn sie von der Gegenseite angeboten würde.

Die moralische Berechtigung zu dieser Maßnahme liegt vor aller Welt klar. Ebenso wie in Kiew durch Sprengungen mit Zeitzündern die schwersten Gefahren für die Truppen entstanden sind, muss damit in Moskau und Leningrad in noch stärkerem Maße gerechnet werden. Dass Leningrad unterminiert sei und bis zum letzten Mann verteidigt würde, hat der sowjetische Rundfunk selbst bekanntgegeben.

Kein deutscher Soldat hat daher diese Städte zu betreten. Das Leben deutscher Soldaten für die Errettung russischer Städte vor einer Feuersgefahr einzusetzen oder deren Bevölkerung auf Kosten der deutschen Heimat zu ernähren, ist nicht zu verantworten. [...]

Dieser Wille des Führers muss sämtlichen Kommandeuren zur Kenntnis gebracht werden.«

Und das zehn Tage nach Beginn des extrem mühsamen, überaus verlustreichen »Unternehmens Taifun«! Wenn kein deutscher Soldat die Stadt betreten durfte, so war dies ein klarer Verzicht auf Eroberung. Wichtig hier auch das Wörtchen »erneut«. Es hatte also zuvor schon mal solch eine »Führerweisung« gegeben. Trotzdem wurde die Offensive weiter durchgeführt, bald auch in Schnee und Eis und bei ständig sinkenden Temperaturen. Die zuständigen Kommandeure waren weisungsgemäß informiert durch diverse »Ausfertigungen« des OKW-Befehls.

Was für ein Doppelspiel wurde da getrieben?! Vor allem der Truppe gegenüber, die davon überzeugt worden war, davon überzeugt war, das militärisch Richtige durchzuführen? Dies auch in der Hoffnung, Moskau werde das notwendige, das rettende Winterquartier sein? Hatte Hitler den Angriff zugelassen in der Erwartung, der Vormarsch würde von der massiv aufmarschierten Roten Armee, würde von Bunkeranlagen mit Panzerkuppeln letztlich gestoppt? Ein unter extremsten Belastungen fortgesetzter Vormarsch auf die Hauptstadt, die kein deutscher Soldat betreten durfte?

Es gibt rationale oder pseudo-rationale Erklärungsmodelle für die Entscheidung, Moskau topographisch und metaphorisch links liegen zu lassen: Eroberung der Ukraine als »Kornkammer«, Sicherung der Erdölquellen von Baku ... Generaloberst Jodl, Hitlers engster militärischer Mitarbeiter im Führerhauptquartier, er sah eher irrationale Bewegründe: »Im Übrigen scheut er – Hitler – sich instinktiv, den gleichen Weg wie Napoleon zu gehen. Moskau hat etwas Unheimliches für ihn. Er befürchtet dort einen Kampf auf Leben und Tod mit dem Bolschewismus.« Wie weit wurde das von der Heeresführung mit getragen? Oder war die Führerweisung gar nicht vorgedrungen zu den Führungsstäben? Oder: machten sich Generäle hier selbständig, wollten, mussten blindlings weiterführen, wozu angesetzt war? Jedenfalls wurde die eigentlich untersagte Offensive fortgesetzt unter »teilweise eigenen starken Verlusten«.

Das kann ich mir nicht erklären. Wenn ich nicht (in einer Formulierung von Churchill) »kompilierter Weisheit« folgen will, bliebe mir nur übrig: weiteres Quellenstudium. Ich müsste umfangreiche, voraussichtlich schwierige Archivstudien betreiben, um eine mögliche Antwort zu finden. Dazu fehlen mir etliche Voraussetzungen, ich bin Schriftsteller und kein Historiker. Der müsste in diesem Fall auch Zugang finden zu russischen Archiven – und das ohne Kenntnis der russischen Sprache. Eine wahrlich »blinde Stelle«.

Hier also nur noch eine Textmarkierung für das Ende auch dieses Unternehmens, für den Beginn des Rückzugs, schon vor Stalingrad. General Heinrici Anfang Dezember 1941 in einem Brief an seine Frau: »Der Rückzug in Schnee u. Eis ist absolut napoleonischer Art. Die Verluste sind ähnlich. Die Apathie der Leute steigt. Der Zustand der Truppe ist nur noch als bejammernswert zu bezeichnen. Von der Höhe geht es ins Nichts.«

Doppelt belichtete Bilder! Schon die Grande Armée war für einen Winter nicht ausgerüstet, und so hängten sich Soldaten um, was sie Frauen oder Geliebten mitbringen wollten, Präsente als Siegestrophäen. Selbst Steppdecken über Uniformen als notdürftiger Schutz vor der grimmigen, der grausamen Kälte. Mit Rückblick darauf musste 1941 propagandistisch suggeriert werden, dass auch in dieser Hinsicht keineswegs die Gefahr einer Wiederholung bestand.

Den »Volksgenossen«, die generell wenig Begeisterung gezeigt hatten bei der Proklamation des Einmarschs in Russland, ihnen war weisgemacht worden, das Unternehmen werde keine vier Wochen dauern, dann seien die militärischen Ziele im Wesentlichen erreicht. Im Generalstab hatte man mit vier, fünf Monaten gerechnet. So war Vorsorge für den Winter überflüssig erschienen.

Unausweichlich aber wurde, wenige Monate später, schließlich doch die Frage nach »Winterausrüstung« relevant – die wird in einer der Geheimen Kommandosachen als »beschränkt« bezeichnet. Major von Gersdorff wird Dezember 41 in seinem Frontbericht an das OKW deutlicher: »Die Truppe steht auf dem Standpunkt, dass der Feldzug in Russland ohne genügende Vorsorge für den russ. Winter begonnen worden ist.«

Die Ausrüstung »ist für die Erfordernisse des russ. Winters durchaus ungeeignet und hat während der Frosttage zu erheblichen Erfrierungserscheinungen geführt. Im allgemeinen wird bei starkem Frost mit einem täglichen Abgang von 4–5 Mann [also auch Prozent!] je Kompanie gerechnet. Bei den bestehenden Gefechtsstärken kann daher bei anhaltendem Frost ausgerechnet werden, an welchem Tage von der Einheit niemand mehr übrig ist. Die an gefangenen und gefallenen Russen festzustellenden Vergleichsmöglichkeiten zeigen, daß der Gegner weitaus besser und praktischer für den Winter ausgerüstet ist.«

Da Lieferungen von »geeigneter Fußbekleidung«, von »Strümpfen, warmer Unterwäsche, guten Handschuhen und Kopfschützern« nicht vorbereitet, nicht zu erwarten waren, blieb nur ein Akt der Verzweiflung, dokumentiert in einem Fernschreiben, das (wiederum als »gKdos/Chef-Sache«) am 21. Dezember 1941 das FHQu verließ mit der Anweisung, »Gefangene und Einwohner rücksichtslos von Winterbekleidung [zu] entblößen«.

Hat Hitler, via Propagandaministerium, das Volk getäuscht oder hat er, letztlich, sich selbst getäuscht? Blindheit oder Verstellung im Vorausblick? Und das, mit dem Scheitern, auch im Rückblick?

März 1942 las er im Führerhauptquartier nachts eine Neuerscheinung: *Napoleon – Kometenbahn eines Genies*. Als Verfasser Philipp Bouhler, »Chef der Kanzlei des Führers«. Auch hier wurde Napoleons Russlandfeldzug thematisiert, selbstverständlich. In der Aufzeichnung eines von Hitlers stundenlang dauernden Nachtmonologen heißt es: »Eins zeige das Buch auch sehr klar, daß, wenn Napoleon gescheitert sei, dann nicht zuletzt daran, daß seine Mitarbeiter den Anforderungen nicht entsprachen.« Hier sah Hitler eine klare Parallele: Die meisten Generäle entsprachen nicht seinen Anforderungen, deshalb habe er ja auch den Oberbefehl über das Heer übernommen.

Obwohl in diesem Buch dem Führer zwar nicht nach dem Munde geredet, aber doch geschrieben wurde – die Parallele der Winterkatastrophe von Napoleons und von Hitlers Armeen war unübersehbar, und so wurde das Buch diskret aus dem Handel zurückgezogen.

Wie Napoleon suchte Hitler Gründe für das Desaster nicht in eigener Fehlentscheidung, sondern im Versagen anderer. So war es die Reichsbahn, die nicht hinreichend für Nachschub auf den riesigen Distanzen gesorgt hätte.

Indirekt schien auch Napoleon schuld am Scheitern des Russlandfeldzugs – das entmutigende Vorbild. »Hinzu sei als seelische Belastung gekommen, dass Napoleon am russischen Winter gescheitert sei und dass im Winter 1941/42 der Temperatursturz zu Kältegraden, wie wir sie in den letzten 150 Jahren auch in Russland nicht mehr erlebt haben, so plötzlich eingetreten sei.« Wiederholung einer scheinbar bewährten Ausrede – ganz abgesehen von den falschen meteorologischen Erklärungen: Der Kälteeinbruch war im Winter 1812/13 generell so tief wie im Winter 1941/42 – weithin Mitte dreißig Grad minus.

Ich stehe also wiederholt vor der Frage: Was war Realitätsblindheit, was war propagandistische Verstellung und Entstellung? Ein Punkt, an dem ich bei der Arbeit an diesem Text immer wieder zögre, auch zurückstecke: Um zu beurteilen und angemessen zu vermitteln, wie weit Hitler sich Fakten und Realien gegenüber blind verhalten oder blind gestellt hat, müsste ich mich intensiver und sehr viel extensiver mit ihm beschäftigen; dazu fehlen mir etliche Voraussetzungen. Auch beim scheinbar fokussierten Thema »Wahrnehmung von Realität« – ich brauche, ich bräuchte sehr viel Kontext.

NACHTRAG: In einer kurzen Phase nach dem Zweiten Weltkrieg hatte man vielfach, hatte man weithin gedacht, gehofft: Das bisher größte Massaker der Geschichte muss das Ende aller Kriege sein. Doch der Indochinakrieg schloss sich unmittelbar an.

Nachholende Lektüre von Reportagen des Peter Scholl-Latour über »Dreißig Jahre Krieg in Indochina«. Ein Bestseller von 1979/80: *Der Tod im Reisfeld.*

Die erste der Reportagen bereits von Ende 1945! In jenem Jahr war Scholl-Latour aus NS-Haft befreit und von Fleckfieber geheilt worden. Dennoch, der 21-Jährige machte sich auf den Weg zu einem Kriegsschauplatz. Titel seiner Reportage: »Ihr fahrt in die falsche Richtung«.

Scholl-Latour vermittelt ein symptomatisches Bild: Auf einem Truppentransporter fuhr der junge Reporter mit »Angehörigen der Kolonialarmee« Richtung Fernost. »Im Roten Meer begegnete die ›Andus‹ ganzen Konvois, die in entgegengesetzter Richtung nach Europa steuerten und an deren Masten Siegeswimpel flatterten. An Deck standen britische Veteranen des Burma-Feldzugs, die auf ihre heimischen Inseln, in den Frieden und den Alltag zurückkehrten. […] Die Engländer winkten den französischen Soldaten der ›Andus‹ zu. Durch ein Megaphon war eine englische Stimme mit spöttischem Unterton zu hören: ›You are going the wrong way.‹«

FORTSETZUNGEN der Geschichte von Täuschung und Selbsttäuschung, von Manipulation und Lüge, von Realitätsverlust und Realitätsblindheit. Nach dem Indochina-Krieg (unter verdeckter Beteiligung von Amerikanern!) in gleitendem Übergang der Vietnam-Krieg. Vergebliche Lektionen! Doppelt besetzt auch das Stichwort Afghanistan: Erfahrungen sowjetischer Truppen wurden von NATO-Truppen wiederholt. Vergebliche Lektionen!

Kriegszeiten

JOSEPH HAYDN hat in der Ära der napoleonischen Kriege eine *Missa in tempore belli* komponiert. Der Titel lässt sich abwandeln und übertragen: *Litterae in tempore belli*. Als Kontext, weithin, zu Texten, die ich schrieb: Kriegsmeldungen, Kriegsberichte.

Ich ziehe eine Gedächtnisstütze heran, denn die Zeiträume sind weit, die Ereignisse zahlreich. Vor mir drei Bände im Großformat, kiloschwer, der Sammlung *Die Erste Seite* der Frankfurter Allgemeinen Zeitung.

Ich werde allerdings nicht jeweils auf den Tag genau die Schlagzeilen, die Aufmacher, die Leitglossen datieren, es bleibt bei kursorischem Überblick, fixiert auf die Stichworte *bedrohliche Krise* und vor allem auf: *Krieg*. Verharre beim Blättern jedoch immer wieder, darüber staunend, was wir an historischen Ereignissen in den wenigen Jahrzehnten miterlebt, zumindest medial wahrgenommen haben. Auch wenn mich hier Stichworte gleichsam anspringen, ich folge dem Leitfaden, den ich mir vorgebe. Freilich in einem zeitlich begrenzten Ausschnitt. Ein Textmodell. Ich setze an im Jahr 1954; damals begann ich zu schreiben.

FRANKEICH BANGT UM DIE ZUKUNFT »Tiefer Eindruck des Falls von Dien Bien Phu.« Aus dem Leitartikel: »Wenn auch die Franzosen, wie Dien Bien Phu zeigt, aus der von uns ins Kolossale gesteigerten kriegsgeschichtlichen jüngsten Vergangenheit nichts gelernt haben, so sind sie doch noch glücklicher dran als wir damals.«

(Schon vor einem halben Jahrtausend erhoben sich Stimmen, wenigstens Stimmen gegen die Kriege in Permanenz.

Erasmus von Rotterdam als der sicherlich prominenteste Kriegskritiker jener Zeit. Was er später in Schriften publizierte, formulierte er vorher zuweilen in Briefen. »Ich kann gar nicht sagen, wie sehr ich es bedaure, dass unsere Landsleute sich nach und nach auf den Krieg eingelassen haben, da sie doch schon so oft Opfer der Gemetzel oder, besser gesagt, der Raubüberfälle geworden sind. Oh ihr Theologen ohne Stimme! Oh ihr stummen Bischöfe, die ihr diese Marter schweigend beobachtet!«)

Oktober 1956: *Israelische Truppen fünfzig Kilometer vor Suez.* »Einmarsch trotz einer Warnung Eisenhowers/Offensive in zwei Stoßkeilen«.

Wenige Tage später Ausweitung des Krieges: *Britisch-französische Luftangriffe auf Ägypten.* Auf gleicher Texthöhe: »Räumen die Russen?« Simultaneität dramatischen Geschehens: »Die sowjetische Regierung hat gezögert, sich zu dem Volksaufstand in Ungarn amtlich und verbindlich zu äußern. Sie hat statt dessen die Waffen sprechen lassen. […] Unter dem Zwang der Ereignisse, ohne dessen Beihilfe diese Lektion offenbar nicht zu lernen ist. Die Sowjettruppen haben in Budapest erst Tote lassen müssen, ehe ihre Moskauer Oberherren die ganze Gefährlichkeit des bewaffneten Eingriffs zu erkennen vermochten.«

- - - - - - -

Und ich schrieb, weiterhin. Nicht nebenher, sondern mit wachsender Intensität. Titel kann ich nicht einbringen, es blieb bei (verschollenen) Gedichten, (vernichteten) Prosaentwürfen.

- - - - - - -

Juli 1960: *Hammarskjöld schickt Truppen in den Kongo.* »Zunächst 3500 Mann aus afrikanischen Ländern unter schwedischem Befehl/Chaos in Leopoldville.«

(Schon vor einem halben Jahrtausend erhoben sich Stimmen, wenigstens Stimmen gegen die Kriege in Permanenz. Erasmus von Rotterdam als der sicherlich prominenteste Kriegskritiker jener Zeit: »Wir führen ständig Krieg, und, oh Blindheit des menschlichen Geistes, niemand verwahrt sich dagegen!«)

Oktober 1962: *Chinesische Truppen überrennen Indiens Stellungen im Himalaya.* Auf derselben Zeitungsseite: *Amerika zieht Streitkräfte im karibischen Raum zusammen.* Einen Tag später: *Kennedy verhängt Blockade über Kuba.* »Alle Schiffe mit Waffen sollen zurückgeschickt werden/Amerikanischer Flottenaufmarsch/Warnung an Chruschtschow«.

Wiederum auf derselben Seite: *Die Chinesen dringen mit Panzern weiter vor.* »Schwere Kämpfe im Schneesturm/Indien bittet die Westmächte um Waffen/Moskau schweigt noch.«

- - - - - - - -

Und Hörspiele. Hier erwähnt, obwohl von mir nicht mehr geschätzt: *Der Feuerengel.* Erste Zeilen der damals gedruckten, bald darauf revidierten Fassung:

»Was in Ihrer Zeitung über meine Person, über meine Absichten geschrieben wurde, ist falsch, vollkommen falsch. Und das, obwohl ich Ihnen wiederholt schriftlich –

Moment: was ist falsch?

Die Motivation meiner Taten. Als ob ich aus kulturnihilistischen Gründen diese Brände gelegt hätte!«

- - - - - - - -

April 1965: *Amerikanische Marine-Infanteristen bei Santo Domingo gelandet.* Im August: *Marine-Infanterie schließt Vietcong-Regiment ein.*

(Schon vor ziemlich genau einem halben Jahrtausend erhoben sich Stimmen, wenigstens Stimmen gegen die Kriege in Permanenz. Erasmus von Rotterdam als der sicherlich prominenteste Kriegskritiker: »Kann uns irgend etwas, das von dieser Welt ist, so wertvoll sein, um deswegen Krieg anzufangen, eine so verderbliche, so widerwärtige Sache, die, selbst wenn der Krieg noch so gerecht ist, keinem wirklich guten Menschen gefallen kann? Wenn uns der Ruhm treibt, so ist es sehr viel ruhmvoller, Städte zu gründen, als sie zu vernichten. Das Volk erbaut und unterhält die Städte. Der Wahnwitz der Fürsten zerstört sie.«)

Juni 1967: *Krieg zwischen den Arabern und Israel.* Erste Zeilen des Berichts: »Ungeachtet aller beschwörenden Appelle und diplomatischen Bemühungen ist im Nahen Osten der Krieg zwischen den arabischen Staaten und Israel ausgebrochen.«

Zehn Tage später: *Johnson sucht den Nahost-Konflikt zu entschärfen.* »Zu einem Treffen mit Kossygin bereit/Nach der chinesischen H-Bombe amerikanisches Abwehrsystem?«

(Schon vor ziemlich genau einem halben Jahrtausend erhoben sich Stimmen, wenigstens Stimmen gegen die Kriege in Permanenz. Erasmus von Rotterdam: »Weshalb denn bringen wir gleich das Ganze, was uns von der Welt übrig ist, in akute Gefahr?«)

Erster Februar 1968: *Der Feuerüberfall des Vietcong mitten in Saigon.* »Eindringen in die amerikanische Botschaft/Flugplatz heftig umkämpft/Außenbezirke bombardiert/Auch andere Städte betroffen«.

August desselben Jahres: *Die sowjetische Okkupation der Tschechoslowakei.* »Dubcek und die Parteiführung festgesetzt.« Erste Zeilen des Berichts: »Mit ihrem überraschenden Einmarsch in die Tschechoslowakei haben Truppen des Warschauer Paktes dem Prozess der Demokratisierung des Landes vorläufig ein Ende bereitet.«

Das Hörspiel *Präparation eines Opfers*. Erste Zeilen: »Was ich Ihnen sage, dringt das eigentlich nicht in Ihr Hirn ein, oder was ist da los? Ich habe Sie im Verlauf dieser Voruntersuchung nun schon mehrfach aufgefordert, sich gefälligst in kompletten Sätzen zu äußern. Und jetzt werfen Sie mir schon wieder eine derart fragmentarische Antwort vor! So einen Satzstummel!«

Im selben Jahr allerdings auch *Die Fünf-Uhr-Marquise.* »Die Marquise ging um fünf Uhr aus – mit solch einem Satz, sagte Paul Valéry, könne er niemals einen Roman beginnen.«

Januar 1970: *Der Krieg in Biafra ist zu Ende.* »Nach der Kapitulation der Ibos/Mehrere Millionen Menschen eingekesselt«.

Mein erstes belletristisches Buch: *N*. Erste Zeilen der ersten Seite: »Carlo Maria, ein junger Mann. Er wird als liebenswürdig, ehrgeizig, verschwenderisch, kenntnisreich, vergnügungssüchtig, elegant bezeichnet. Dieser liebenswürdige, ehrgeizige, verschwenderische, kenntnisreiche, vergnügungssüchtige junge Mann lernte ein junges Mädchen kennen. Dieses junge Mädchen war, was junge Mädchen sein sollen: hübsch und reich. Freilich kam es nicht zu einer Verbindung mit Fräulein Alberti aus Antibes, denn Carlo Maria war erst 17 Jahre alt. Mit 18 heiratete er ein anderes Mädchen.«

Dezember 1972: *Amerikaner dehnen ihre Luftangriffe wieder auf alle Teile Nordvietnams aus.* »Bomben auf Hanoi/Washington will Operationen bis zum Abschluß eines Waffenstillstands fortsetzen.«

Im selben Jahr: *Grenzen des Widerstands.* Erster Satz des ersten Essays: »Friedrich Staps, 17 Jahre alt, kaufmännischer Lehrling der Textilfabrik Rothstein, Lentin und Co. in Erfurt, reiste im September 1809 nach Wien, um ein Attentat auf Kaiser Napoleon auszuführen.«

September 1973: *Militärputsch in Chile. Selbstmord Präsident Allendes.* »Regierungssitz nach Luftangriff in Flammen/Arbeiter auf dem Marsch nach Santiago/Heckenschützen.«
(Schon vor ziemlich genau einem halben Jahrtausend erhoben sich Stimmen, wenigstens Stimmen gegen die Kriege in Permanenz. Erasmus: »Oft wundere ich mich darüber, was denn eigentlich, ich will nicht sagen: die Christen, sondern die Menschen überhaupt zu dem Wahnwitz treibt, so eifrig, mit solchen Kosten, unter solchen Gefahren gegenseitig ins Verderben zu rennen. Was tun wir denn anderes im ganzen Leben als Krieg führen?«)
Israel fängt den arabischen Angriff ab. »400 ägyptische Panzer östlich des Suez-Kanals/Schlacht im Golan-Gebiet«.

Folgt ein Zeitsprung: relativ ruhige Jahre. Ich will, ich werde diese Textkonstellation allerdings nicht ausnutzen, um sukzessiv die (mir) wichtigsten Titel einzubringen, samt einstimmenden Textproben. Da könnte ich in der Auswahl ein wenig manipulieren. Bringe in finsterem Zeitraum ein eher düsteres Eröffnungszitat ein, um mich gleichsam abzustimmen mit Zeitgeschehen. Oder setze, Autonomie betonend, einen Titel mit kontrastierender Textprobe ein. Es sollen keine Bezüge konstruiert, keine Ableitungen entworfen werden: direkte Abhängigkeiten eines Autors vom jeweiligen Zeitgeschehen. Hier könnten sich voreilige Schlussfolgerungen einstellen: Düstere Zeit, doch der Autor schrieb Erheiterndes – ist er zynisch? Düstere Zeit und der Autor schrieb düsteren Text – ist er fremdbestimmt? Ich wiederhole meine Absichtserklärung: In jenen Zeiten habe ich geschrieben und im Hörfunk, im Printmedium veröffentlicht, dafür sollen Markierungen gesetzt werden. Doch so, dass kurzschlüssige Folgerungen eher vermieden, verhindert werden. Dokumentiert wird, punktuell: Kontinuität.

Jedoch, weiterhin, keine komplette Auflistung, nur einer der Titel jener Zeitphase: *Ich Wolkenstein*. Erste Seite, erste Zeilen: »Von Köln nach Wolkenstein – längst schon liegt die Reiseroute fest: Von Köln nach München, von München nach Herrsching, von dort über Partenkirchen, Innsbruck ins Grödnertal, Val Gardena, am Ende dieses Tals der Ort Wolkenstein, italienisch Selva, und hier die Burgruine Wolkenstein: die Stammburg, sozusagen, der Wolkensteiner. In dieser Burg hat Oswald von Wolkenstein mehrfach gewohnt, wenn auch kaum für lange Zeit, aber in einem Liedtext zeigt sich so etwas wie Heimweh nach dieser Burg, die ich bisher nur auf einer alten Fotografie gesehen habe: eine senkrechte, mehrere hundert Meter hohe Felswand, und auf dem Geröllsockel, in eine Einwölbung hineingebaut, diese Burg, ein Felsnest.«

- - - - - - -

Dezember 1979, Eröffnung eines Leitartikels: »Die Einmischung Moskaus in die inneren Angelegenheiten Afghanistans hat in den letzten Tagen Formen angenommen, die einer

militärischen Intervention gleichkommen. [...] Doch ob sie die zähen, freiheitliebenden Stammeskrieger in den Bergen je werden vollständig besiegen können, ist ungewiß.«
(Erasmus: »Der Krieg bringt Krieg hervor.«)

ERINNERUNGSKULTUR. Zuweilen taucht dieses Wort auf im öffentlichen Diskurs. Als Kontext: Was wir erlebt haben, soll eine Lehre sein für Gegenwart und Zukunft. Dieser Transfer vielfach umgesetzt in öffentliche Rituale: Kranzniederlegungen an Kriegerdenkmälern. Dies am Volkstrauertag, eingeführt 1928, von Nazis sogleich umbenannt in »Heldengedenktag«. Aber es gab doch noch Verwundete, Invaliden des Ersten Weltkriegs – in jener Zeit, in der bereits der nächste Krieg geplant und vorbereitet wurde von Hitler und willfährigen Generalstäblern. Wie weit wollte man da in der Öffentlichkeit noch Relikten des verlorenen Krieges Präsenz gewähren?

Ich habe in der Autobiographie bereits erzählt, muss noch mal aufgreifen: Als Kind, mitgenommen in eine NS-Jahresschau im Münchner »Haus der deutschen Kunst«, sah ich auch Verwundete dargestellt auf großflächigen Ölgemälden: Wehrmachtssoldaten unter dem Zeichen des Hakenkreuzes. Verwundete, die weiterhin kampfbereit, zumindest »einsatzfähig« waren. Typische Markierung: weiße Binde um die Stirn mit münzgroßem Blutfleck. Dennoch (wieder) eine Handgranate in der Faust, Zielblick Richtung Feind. Ich hatte mir schon als Bub nicht vorstellen können, dass es stets bei derart leichten Verwundungen geblieben sein soll, hatte jenen gemalten Verwundeten allerdings erst im letzten Kriegssommer Erfahrungsbilder entgegenzusetzen: der Lazarettzug am Güterschuppen des Bahnhofs Herrsching.

Und erst jetzt sehe ich, lese ich, in der Rezension einer wissenschaftlichen Publikation, dass mir Symptomatisches aufgefallen war: Verwundung markiert durch weiße Kopfbinde. So etwas wie ein Topos: kein Schädeltrauma, der Kopf von Metall nur gestreift. Also fortgesetzter Kampf »Mann gegen Mann«. Was gleichfalls zugelassen war auf Kriegsfotos und

Kriegsgemälden: eingewinkelter Arm in Schlinge. Die andere (meist rechte) Hand frei zur Fortsetzung der Kampfführung.

Aber damals befanden sich noch ganz andere Erinnerungsträger in der Öffentlichkeit: Schwerverwundete, Amputierte, Invaliden des Ersten Weltkriegs, vielfach bettelnd. Einarmige Männer. Einäugige Männer. Männer mit Achselkrücken (ein Bein amputiert), Männer in Rollstühlen (beidseitig amputiert). Männer womöglich mit groben Deformationen der Gesichter – sofern die Opfer nicht in speziellen Heimen untergebracht, damit vor der Öffentlichkeit versteckt gehalten wurden. Opfer, denen wiederholt Bezüge gekürzt wurden, und so schlossen sie sich zu Demonstrationen zusammen. Wie weit durften dabei Schwerlädierte, Deformierte in Erscheinung treten? Welche Bilder von Kriegsopfern waren, schienen noch akzeptabel im Sinne der anlaufenden Kriegspropaganda?

Der Stapel von Büchern auf der hohen Kante eines der Bücherregale wächst um eine Broschur: Nils Löffelbein, *Ehrenbürger der Nation*. »Die Kriegsgeschädigten des Ersten Weltkriegs in Politik und Propaganda des Nationalsozialismus«. Ich nehme mir vor, das Buch (Dissertation von knapp fünfhundert Seiten!) bei nächster Gelegenheit zu lesen.

Das hatte, das habe ich mir mit gleicher Entschiedenheit vorgenommen bei drei Neuerscheinungen allein über China – vorrangig über »Die große chinesische Hungerkatastrophe 1958–1962«, so der Untertitel. Dann wollte, will ich endlich genauer erfahren, »Wie Europa in den Ersten Weltkrieg zog«, laut Untertitel. Was mich ebenfalls interessierte, interessiert: »Geburt der Gegenwart. Eine Geschichte der Zeit im 17. Jahrhundert«. Und eine »Geschichte des Lagers Dora«. Und »Sowjetische Augenzeugen berichten aus der Schlacht« von Stalingrad.

Dezidiert ausgewählte Bücher, im Buchhandel erworben, vom Verlag erbeten. Nur eine Auswahl an *Sachbüchern*, die darauf wartet, rezipiert zu werden. Aber ich kann nicht einmal Titel wie Untertitel von Büchern vergegenwärtigen, die gleichfalls auf der hohen Kante lagen. Weiß nur noch vage: es war da eins über das Massaker am Platz des Himmlischen Friedens. Lag ebenfalls im Stapel, den ich wortwörtlich auf die hohe Kante gelegt hatte, und der wuchs an, verdoppelte sich, wuchs parallel weiter, ich konnte zusehn, nicht bloß metaphorisch, wie mir das über den Kopf wuchs. So was will ich nicht ständig vor Augen haben, also nahm ich einen der beiden Stapel mit ins Eifelhaus, räumte dem einen angemessenen Platz frei. Doch als ich die Bücher wieder suchte, um mir vor Augen zu führen, was ich beiseitegeschoben, mir aus dem Weg geräumt hatte, da fand ich den Stapel nicht mehr. Hatte ihn so gut vor mir versteckt, dass er, laut Redefloskel, wie vom Erdboden verschwunden war. Ich suchte weiter, irgendwo musste der Bücherpacken ja sein, aber wo?! Ich bereite mich auf einen Zufallsfund vor; systematisches Suchen habe ich aufgegeben. Ich weiß ja schon: Wenn ich mich hintergehen will, dann nicht mit der ausgelegten Spur einer Schnitzeljagd.

Und was habe ich mir unter diesem Aspekt zu sagen? Wohl nur: Vieles, sehr vieles wird für mich, wortwörtlich, belastend. Ich denke, wieder einmal, an die oft herangezitierte Sanduhr: Der weitaus größte Teil des eingefüllten Sandes hat die Glastaille bereits passiert, bildet einen Kegel, die Fließgeschwindigkeit des noch oben verbliebenen Sandes scheint zu wachsen. Und gleichzeitig wachsen die Bücherstapel, mich stumm belagernd. Also doch Verständnis, insgeheim, für jenes Versteckspielchen – mit dem ich vor mir selbst allerdings noch ein wenig deutlicher hervortrete?

MEHR ALS ERINNERUNGSKULTUR: Das zwanzigste »Jahrhundert der Kriege« fortgesetzt gleich zu Beginn des einundzwanzigsten Jahrhunderts. Und ich stehe wieder mal am Fenster, schaue blicklos hinaus, kann mich nicht in Bewegung setzen mit einem forschen: Was stehst du hier noch rum?! Tu was!

Ja, was denn, und schon wieder?! Jene Rede, gehalten vor Demonstranten in der Nähe der Raketenstellung bei Drove – ein Foto ist geblieben, ein Gedicht ... Jene Collage mit dem

Titel *Eskalation*: gesendet, philologisch analysiert in einem Band für Schulen und Universitäten, dennoch längst vergessen ... Jene Kampfschrift *Luftkrieg als Abenteuer* – inzwischen werden Drohnen eingeführt und eingesetzt ... Das Schauspiel *Krieg, Krieg, Krieg!* 2011 in der *mykenae Theater-Korrespondenz* abgedruckt – keine Dramaturgie hat reagiert, das Stück wie nicht vorhanden ...

ENGFÜHRUNG. Während ich das Logbuch wieder mal revidiere: Die Krimkrise, fast unmittelbar gefolgt von der Krise um die Ukraine. Und ich muss sehen und hören, Mitte März 2014, wie der Chef der neu gegründeten russischen Zentralagentur im Staatsfernsehen allen Ernstes die Erklärung abgibt, Russland könne die USA jederzeit in radioaktive Asche verwandeln.

Einspruch, Protest! Doch wo könnte der ansetzen? Wo wäre mein Stichwort, von wem würde es aufgegriffen? Ohne Klangverstärkung von Prominenz? Ich fresse in mich herein, schlucke, schlucke. Stehe am Fenster, weiß nicht weiter. Blick im Eifelhaus in blätterfreier Zeit hinüber zum fernen, hellen Punkt des Trappistenklosters Mariawald am Kermeterhang. Blick in der Brühler Wohnung hinüber zum sanften Höhenrücken der Ville mit der Kirchensilhouette von Kierberg. Der Klosterpunkt, die Kirchensilhouette: Wie lange noch dieser Ausblick? Wann bersten die Scheiben? Wann schmilzt das Glas? Flächenbrand, Flächenbrand – ich mag das Wort nicht mehr hören und werde damit konfrontiert in allzu kurzen Zeitabständen. Macht doch mal Pause, macht womöglich Schluss! Frommer Wunsch, also vergeblich.

Mit allzu voluminöser Kriegshistorie im Kopf, mit weiterhin begleitenden Kriegsmeldungen: Sonntags, wenn es ruhig ist auf der Straße, wenn Glockenläuten einsetzt von den beiden Hauptkirchen in Brühl, gehe ich auf der Dachterrasse umher und sage mir: Es ist Friede, immerhin noch Friede in Zentraleuropa, ich bin, wir sind nicht (mehr), sind (noch) nicht unmittelbar von Kriegshandlungen bedroht. Über mir sehr weit der Himmel. Kondensstreifen von Passagier- und Cargomaschinen im Luftkreuz der Airways – und nicht (mehr) von Bombern: Erinnerungsbilder an Formationen von Flying Fortresses, sehr dicht gestaffelt die Kondensstreifen am Kriegshimmel. Auch dieses Bild wirkt nach.

Projekt: Haus Ermlitz

MITTE DER ACHTZIGER JAHRE: mir schienen die Arbeitskonditionen im Haus der Schwiegereltern zu Düren nicht mehr tragbar. Ein Dachgeschoss im Neubau, genügend Platz für die kleine Familie, innerhäuslich keine gravierenden Probleme, draußen aber Lärm, Lärm, Lärm. Vor dem schmalen Zier- und Nutzgarten die B 56 mit einem »Verkehrsaufkommen«, damals, von mehr als zwanzigtausend Fahrzeugen täglich, einschließlich Werkverkehr zum Ford-Hinterachsenwerk am Stadtrand. Auf gleicher Höhe dort draußen die Kaserne der belgischen Garnison – wiederholt Panzerkolonnen, die morgens gegen vier oder fünf zur Verladerampe am Güterbahnhof dröhnten. Mein Arbeitszimmer unter der Dachschräge zwar »hintenraus«, aber dort hatte in der Senke, nah ans Haus heran, eine Autolackiererei illegal eine Brennkammer gebaut, auf der Exhaustoren über Stunden hinweg mit dumpfem, schwingendem Wummern Lackdämpfe abbliesen. Und in der Gärtnerei nebenan ein kleiner, viel zu oft kläffender Köter, ein »Spitz«. Und doch, man dürfte es den Texten, die ich in jener Zeit schrieb, nicht angemerkt haben, unter welch akustischen Belastungen sie phasenweise entstanden waren – viele Zeilen und Seiten mit Pfropfen in den Ohren geschrieben, getippt.

Und ich erfuhr: Die Evangelische Gemeinde Düren wollte einen »Fronhof« in einem Voreifeldorf verkaufen, ein als renovierungsbedürftig bezeichnetes Anwesen, damit finanziell erschwinglich, »Eigenleistungen« vorausgesetzt.

Fronhof …? Informationen, nachgeholt, eingebracht: herrschaftlicher Gutshof, in dem ein Gutsherr oder Verwalter lebte und die Bearbeitung der oft ausgedehnten Agrarflächen organisierte. Ausgeführt wurden die Arbeiten von hofeigenem Gesinde sowie von (abhängigen) Bauern, die zwar eigene kleine Nutzflächen bewirtschafteten, aber einen (oft großen) Anteil ihrer Arbeitskraft einbringen mussten in der Fron, der man sich nicht entziehen konnte. Solch ein Fronhof (oft auch Gerichtssitz) konnte Teil eines Hofverbandes sein, der wiederum einer weltlichen oder geistlichen Grundherrschaft gegenüber lieferpflichtig war. Das war beim Fronhof Disternich das Kölner Stift St. Maria im Kapitol (meiner Lieblingskirche unter den rekonstruierten romanischen Sakralbauten, die im Bombenkrieg zerstört worden waren). Zum avisierten Zeitpunkt des Verkaufs war der Disternicher Hof seit einhundertdreißig Jahren im Besitz der Evangelischen Gemeinde Düren. Die Ländereien (Streubesitz) waren im Angebot nicht inbegriffen, versteht sich.

Zwei ausführliche Besichtigungen durch Familie und Schwiegereltern, und ich war begeistert: Auf sanfter Hügelstufe, mit Blick über die Ebene zum ersten Nordeifelhang, das Dorf Disternich, und hier, etwas oberhalb des Friedhofs, der ehemalige »Fronhof«.

Beschreibendes Zitat aus einem Gemeindebrief: »Die überwiegend aus dem 18. Jahrhundert stammenden Gebäude des Hofes, bestehend aus Wohngebäude, Stallungen und Scheunen, die als zusammenhängende Vierflügelanlage etwa im Quadrat um einen gepflasterten Innenhof herum angelegt sind, wurden im Jahre 1985 durch die zuständige Behörde wegen ihrer künstlerischen, wissenschaftlichen und besonders ortsgeschichtlichen Bedeutung in die Denkmalliste aufgenommen. Nachdem die Gebäude den heutigen Bedürfnissen eines landwirtschaftlichen Betriebes nicht mehr entsprachen und nachdem der Pächter infolge der Errichtung eines eigenen Wohnhauses auch den Wohnteil nicht mehr nutzte, war eine Verwendung zu finden, die zugleich dem Zweck der Stiftung und dem Erhalt ihrer Bausubstanz gerecht werden konnte.«

Das Herrenhaus straßenwärts verlottert; eine riesige Scheune parallel zum Wohnhaus; Wirtschaftstrakte als Verbindungen. Viele, wenn auch meist kleine Zimmer, zwei von ihnen mit »Kölner Decke«. Zwei Eingänge, vom Hof aus – also nun doch mal getrennte Wohnungen für die junge und für die ältere Familie?! Das ganze Ensemble wie eine Insel im Dorf (heute Müddersheim).

Meine Begeisterung fand nur gedämpfte Resonanz. Abschreckend das riesige Bauvolumen. Und Gisela, erst recht der Schwiegervater, sie sahen DM-Zehntausende verschwinden: erst mal für die Sanierung des maroden, an mehreren Stellen undichten Dachs, Zehntausende für eine neue Heizung, Zehntausende hierhin und dorthin. Und die Angst der Frauen vor den vielen Toröffnungen im Hof, vor allem vor der hochgewölbten Scheunenöffnung ohne Tor – aus diesem Dunkelraum vor allem konnte man überfallen werden. Gravierend kam hinzu: Die Anbindung an Infrastrukturen war mehr als umständlich.

Meine hochgespannten Erwartungen, meine Hoffnungen sanken in sich zusammen. Um sie wieder aufzupäppeln, ohne begleitenden Einspruch, Widerspruch, fuhr ich allein noch mal zum Hof, die beiden Eingangstüren diesmal verschlossen, dafür umso ausführlicher die Besichtigung der leeren Scheune: wie ein riesiges, kieloben liegendes Holzschiff mit Heuresten und huschenden Mäusen. Ich sah mich schon in einer Hängematte, aufgehängt in der weiten Toröffnung, sah mich hineinschaukeln in die Scheunendämmerung, hinausschaukeln in das grell reflektierte Licht des Innenhofs. Immer wieder versetzte ich mich in dieses Anwesen, neudeutsch: ich beamte mich hinüber, hinein. Vergeblich: Weihnachten 1987 war das Anwesen verkauft, an andere.

Doch einige Wochen oder Monate zuvor, da lag sie nah: Die Chance zum Sprung in eine andere Lebensform. Wahrscheinlich hätte sie auch eingewirkt auf meine Texte, zumindest in Akzentuierungen. Eine Alternative, die mich begleitete, in verschiedenen Zeitdistanzen vergegenwärtigt, nun, hier im Logbuch, zumindest ansatzweise wieder ausgespielt, als Entwurf: Präsenz des beinah Realisierten, wäre ich nur hartnäckig genug geblieben. Aber dann hätte sich vieles ganz anders entwickelt, nicht nur literarisch, und ich säße jetzt nicht hier in Brühl, auch dieses Kapitel schreibend.

DIE FRAGE nun, richtungweisend: Hätte die veränderte Wohnsituation, damit Lebensform, nach 1987 einwirken können auf mein Schreiben, womöglich auch thematisch? Hätte ich im Fronhof von Disternich den zuweilen auftauchenden Plan realisiert, die Geschichte eines Gebäudes zu schreiben, in einem von Personen begleiteten Querschnitt durch eine historische Ära?

Auch dieser Plan, wenn auch erst einmal vage, hat eine lange Vorlaufzeit, Anlaufzeit – wie fast all meine Schreibprojekte. Sie begleiten mich, sie entgleiten mir, wir kommen wieder zusammen, Materialien werden gefunden, nicht immer gesucht, irgendwann ist so etwas wie eine kritische Masse von Intention und Material erreicht, damit der Zündpunkt.

So hatte ich schon zu Beginn der siebziger Jahre ein Textmodell entwickelt, freilich nur skizzenhaft; diese Skizze ziehe ich wieder heran, auch wenn der Ansatz kaum weiterführen konnte: eine Geschichte der Engelsburg.

Dabei interessierten mich die früher einmal weit angelegten Außenfortifikationen mit ihren Basteien nicht weiter, es ging mir allein um »il cilindro«, den ursprünglich römischen Rundbau: massiger Pott voller Geschichte und Geschichten. Fundierend die römischen Ziegelmassen, von einer Rampenspirale durchzogen, ganz innen Grabkammern, Aschenurnen hatten hier gestanden, als der Bau noch gekrönt war von Reiterquadriga, Säulen und möglicherweise auch Bäumen, dann wurde die Ziegelmasse zur Festung; wer sie besaß, der beherrschte Rom, es waren meist Päpste, die sie besaßen: Eine Rampe, die den Rundbau nun diametral durchschneidet, Zugbrücken, gedeckte Ausschnitte, Kanonenschießscharten, massive Tore, Lüftungsschächte, zeitweise als Gefängnisse verwendet; eine Säulenloggia, hier schritten Würdenträger in der Abendkühle auf und ab, Blick hinab zum Tiber, auf sehr viele Häuser, zum Petersdom hinüber in den verschiedenen Phasen seines Aufbaus, zum gedeckten Gang, der Vatikan und

Engelsburg verbindet als Fluchtweg mit kleinen Schießscharten oder Luftschlitzen, und da huschten sie bei Gefahr, bei Bedrohung hinter Fackeln in den Ziegelpott. Hier findet man ein ausgemaltes Badezimmer mit Marmorwanne, eine Kapelle von Leo dem Zehnten und eine Falltür, unter der es neun Meter in die Tiefe geht, und einen Saal des Apollo mit Freskenmalereien und ein Öllager, vierundachtzig Behälter für etwa 22 000 Liter, zum Kochen, oder man goss es siedend auf anstürmende Gegner, und da sind Getreidesilos: fünf Behälter in den Boden eingelassen, mit engen Öffnungen, 3500 Zentner konnten hier eingelagert werden, später wurden hier Gefangene reingeworfen, und man findet einen sehr schönen Brunnen in einem der Höfe, hier gab es Theateraufführungen, hier wurden in den kleinen Räumen des Halbrunds Gefangene eingesperrt, Cellini, der einzige Raum mit Kamin, und die Gemächer und Festräume wurden durch Heißluft in hohlen Wänden beheizt und der Wandelgang Alexanders des Siebten, und in weitere Gefängniszellen musste man reinkriechen, wer da verreckte, wurde im Fußboden verscharrt, viele Knochenfunde, auch Inschriften, in die Wände geritzt mit Fingernägeln, und die berühmte Ausstattung des Paulinischen Saales, Wandfresken, Marmorboden, geschnitzte Türen und in einem Gang erotische Fresken, manieristische Erektionen, und ein hochgekuppter Bibliothekssaal, und in der sogenannten Caliostra wurde der Alchimist Giuseppe Balsamo, Graf von Cagliostro, eingesperrt, Bacchanal und Beweinung Christi, eine Schatzkammer für Kirchenschätze, Kirchengeräte, eine Schmiede, eine Kantine, Wachstuben, eine Glocke, die bei Hinrichtungen läutete, ein Bronzeengel, der an das Ende einer Pestepidemie erinnert, und Festräume, eingeweiht und ausgeplündert, parfümiert und vollgeschissen, gelassene Abendstunden und lichtlose Gefängnisjahre, massiger Hohlblock, in dem begraben und begattet wurde, gegessen und geschossen, Grab, Festung, Palast, Gefängnis, Zuchthaus, Kaserne: Dieser Bau als Herausforderung, Geschichte zu studieren, Zusammenhänge herausarbeitend.

Bei dieser Skizze blieb es, jahrzehntelang. Um eine vorfabrizierte Formulierung zu übernehmen: Immer mal wieder spielte ich mit dem Gedanken, die Skizze doch auszuführen, wobei mich die Menschen im zylindrischen Bau interessierten, weniger die Ziegelformationen. Schließlich brachte mir Olga aus Rom einen Band mit historischen Abbildungen der Engelsburg, aber da habe ich, blätternd, in der Fremdsprache Italienisch buchstabierend, schließlich doch Abschied genommen vom Plan, der mir nun vermessen erschien. Abgelöst vom Castel d'Angelo blieb es aber bei der (nun wieder sehr vagen) Idee, die Geschichte eines historischen Baus zu schreiben, wenn auch in kleinerer Dimension von Raum und Zeit.

Eine Zeitlang spielte, ja, spielte ich mit dem Gedanken, die Geschichte eines Gebäudes aus der Sicht eines fiktiv langlebigen Hausmeisters zu schreiben, und hier dachte ich an einen Hausmeister der Berliner Akademie der Künste am Pariser Platz. Dies konzentriert auf die begleitende und einwirkende Geschichte des zwanzigsten Jahrhunderts, von Liebermann bis Speer, die Ruine schließlich als Sitz der Grenztruppe der DDR, massiert präsent am Brandenburger Tor, ein Teil genutzt auch von Künstlern. Aber hier blieb es beim Vorsatz, beim vagen Plan, das Vorhaben verflüchtigte sich.

UND DANN EIN ZUFALL! Brühl 2013: Gang zum Schlosspark oder zu einem der Geschäfte im Städtchen. Auf einem kniehohen Mauersockel zwischen schmalem Vorgarten und Gehsteig breitete eine alte Frau beweglichen Besitz aus, zu freiem Zugriff. Sie gab die Wohnung auf, für den nächsten Tag war Abtransport angesetzt, sie bezog ein Zimmer im Altenheim. Und so legte sie meterlang auf dem Mauersockel aus, was Passanten anlocken konnte: Bastuntersetzer, Teesieb, Plastikschalen, Zeitungskorb, Trinkbecher, Krimskrams, bis hin zu einem miniaturisierten Reagenzröhrchen mit einem Milchzahn. Und eine einzige ›Drucksache‹: ein quadratisches Heft in Hellblau mit dem Foto der Fassade eines Herrenhauses. »Schlösser und Gärten in Sachsen-Anhalt«: Ermlitz.

Ganzseitige Fotos von Salonräumen aus der Zeit vor 1945, kleinere Fotos der zeitweiligen Nutzung als Kindergarten, Fotos auch, die Phasen des Verfalls dokumentieren. Und Namen, überraschend, beim Anblättern der knapp dreißig Seiten: Wagner und Ermlitz, Mendelssohn und Ermlitz, Weber und Ermlitz, Rochlitz und Ermlitz, dazu Stichworte wie Weltkrieg, DDR-Bodenreform, Treuhand ... Da entfaltete sich gleich ein Panorama, deutete sich eine Perspektive an.

Ich nahm das Heft mit. Eingelegt das Programmblatt eines Kammerkonzerts im Hause, 2002. So also war es, ein rundes Jahrzehnt zuvor, von Sachsen-Anhalt ins Rheinland gekommen, lag für kurze Zeit auf dem Mauersockel, ich kam rechtzeitig vorbei, plauderte mit einem jüngeren Mann, der seinen Hausrat komplettierte in bedachtsamer Auswahl, griff zum Heft mit dem in Rot gedruckten Namen, der mir überhaupt nichts sagte.

Doch jäh der Impuls: Die Geschichte des Herrenhauses Ermlitz als Fokussierung von Zeitgeschichte! Dies, immerhin, über etwa fünfhundert Jahre hinweg! Noch nie aber war ich in Ermlitz gewesen, heute Stadtteil von Schkopau.

Bei Fahrten auf der Transitstrecke nach Berlin oder nach Erfurt hatte ich an Autobahnbrücken der DDR immer wieder die transparentartige Aufschrift registriert: »Plaste und Elaste aus Schkopau«. Das prägte sich ein, auch wenn ich an der Chemie-Schiene der Planwirtschaft nur entlangfuhr, atmosphärisch wie überwalzt von finsteren, stinkenden Emissionen. Nun aber löse ich den kleinen Ort Ermlitz, vorerst nur über Google inspiziert, von der Assoziationskette Schkopau, setze an zu virtueller Erkundung. Auch hier will ich erst mal ein Konzept entwickeln, eine Form finden – ein Ortstermin lässt sich leicht nachholen. Allzu früh aber will ich keine Verpflichtungen eingehen mit dem Studium womöglich eines Hausarchivs. Erst mal sehen, unbeeinflusst, wie weit ich hier komme, kommen kann.

Probierbewegungen setzten ein: Ansätze, erste Ausführungen, doch im Dauerstadium des Projektierens.

ERMLITZ: In der Phase größter Entfaltung ein Gutshof, ein Herrenhaus, ein Wirtschaftshof, ein Torhaus, Jägerhaus, Inspektorhaus, dazu Scheunen und Ställe, der Park, weite, landwirtschaftlich genutzte Ländereien. Und zum Weiler gehörten die alte Kirche, die Ermlitzer Mühle an der Weißen Elster.

Mit dem Gutshof des fünfzehnten Jahrhunderts wurden, in langer Entwicklung, Mitglieder der Familie von Bose der Reihe nach belehnt durch sächsische Herzöge, ein Georg von Bose, ein Hieronymus von Bose, ein Königlich-Polnischer und Kurfürstlich-Sächsischer Obristwachtmeister, auch, laut Epitaph (hier in der Schreibweise leicht modernisiert) »Der weiland hochwürdige, wohlgeborene Herr, Herr Carl Otto von Bose auf Ermlitz und Oberthau, Domprobst zu Merseburg, wie auch Stiftsrat und Konsistorialpräsident daselbst, ist geboren den 4. April 1643 und starb den 26. Oktober 1707.« Auch unter seiner Ägide wurde das Gutshaus, Herrenhaus um 1700 neu erbaut. Schlichter Barock, dafür wurden wenig schlichte Schulden gemacht. Als weitere Belastung dann auch noch der Siebenjährige Krieg, durchziehende preußische Trupps quartierten sich ein, Friedrich der Große tauchte vielleicht auch mal auf im neuen Herrenhaus.

Hier, schon hier müssten weitere Informationen herangezogen werden für die virtuelle Ausführung des Entwurfs, dies auch über konkrete Folgeerscheinungen des Preußenkriegs: Trupps, die proviantiert, Pferde, die Futter kriegen mussten, und sicherlich wurde auch hier der Keller geleert, wurden Felder verwüstet, Obstbäume gefällt und verheizt, in Kriegszeiten fast die Regel. Als Folge: die Familie finanziell erschöpft, (Bau)Schulden ließen sich nicht mehr abtragen, Gut Ermlitz wurde verkauft an einen Ratsherrn aus Leipzig, Heinrich Friedrich Innozenz Apel, Jahrgang 1732, zuletzt auch Bürgermeister der benachbarten Messestadt, vermögend durch Seidenhandel, und er ließ sich, gelassene Würde in Person, malen vom renommierten Anton Graff, der zahlreiche Porträtgemälde hinterließ – ein Bild hier, das trotz aller Wirren, Brände, Plünderungen erhalten blieb.

Die Familie Apel wusste Ermlitz als Sommersitz zu schätzen, wohnte sonst aber in Leipzig. Bereits im siebzehnten Jahrhundert hatte ein Vorfahre der Familie vor der Stadt einen Garten anlegen lassen im Stil des Barock, »Apels Garten«, in dem später auch der junge Goethe herumspazierte, wie vom alten Goethe in der Autobiographie vermerkt. Und am Markt das »Apelische Haus«, repräsentativ, also war dort August der Starke zu Gast während Messezeiten. Das könnte ebenfalls ausgeführt werden, mit Details über damaliges Messewesen.

Die Apels taten sich nicht nur hervor im Handel, einer von ihnen, Johann August, Jahrgang 1771, war promovierter Jurist, wurde Ratsherr, machte sich dennoch einen Namen als Schriftsteller, zog sich zum Schreiben zurück in sein »geliebtes Ermlitz«, dort fühlte er sich nicht mehr »eingesperrt« von der damals noch ummauerten Stadt mit ihren bewachten Toren, dort fühlte er sich »von den Göttern geliebt«: Wenn von Göttern die Rede war, so waren das griechische Götter, herauf- und heranbeschworen in klassizistischen Schauspielen, die der Hausherr verfasste, zumeist griechische Namen als Titel. Ich muss aus diesen hochtönenden Versdramen, eher chorisch als dramatisch angelegt, hier nicht zitieren, die Texte lassen sich online inspizieren, digitalisiert. In einer ausgeführten Version der Geschichte des Hauses freilich müssten schließlich aber doch charakteristische Zitate eingebracht werden.

Die Erfahrungen im Verseschmieden (mit höchsten Ansprüchen, ja, im Griff nach den Sternen, wie man damals gesagt hätte), sie zogen eine Untersuchung über Formen der Metrik nach sich, eine Monographie von sechshundertachtzig Seiten, wahrscheinlich ebenso vom Verfasser bezahlt wie die Antikendramen in Einzelausgaben. Der Phase klassizistischer Texte folgte, in erstaunlichem Schwenk, das Verfassen und Veröffentlichen von Gruselgeschichten, die weitaus mehr Resonanz fanden, dies schon gleich mit dem ersten von schließlich sechs Bändchen: Erweiterungen des *Gespensterbuch*s, das Apel mit einem Freund verfasste und 1810 veröffentlichte.

Eine Auswahl aus diesen Geschichten wird zuweilen nachgedruckt, zuletzt 1992. Vor allem aus diesem Grund: Gleich im ersten der kleinformatigen Bände mit großzügigem Satzspiegel die Novelle *Der Freischütz*. Kleine Textprobe: »Der Abend dämmerte, und Wilhelm hatte sich mit Blei, Kugelform, Kohlen und allem Nötigen versehen, um nach dem Abendessen unvermerkt das Haus verlassen zu können. Er wollte sich eben entfernen und wünschte dem alten Förster eine ruhige Nacht, als dieser seine Hand fasste. Wilhelm – sprach er – ich weiß nicht, wie mir so sonderbar zumut ist, ich fühle mich beklommen, dass ich mich vor dieser Nacht fürchte, wer weiß, was mir bevorsteht.«

Was ihm bevorstand, das wird später auch Richard Wagner lesen, »sehr ergriffen und aufgeregt«, wie Cosima notierte, ja, »Richard fürchtete sich, die Lampe auszulöschen«.

Friedrich Kind, erst Rechtsanwalt, dann Schriftsteller (auch er als Gast in Ermlitz), arbeitete die Novelle des Hausherrn um in das Libretto für Carl Maria von Weber.

»Es mochte im Sommer oder Herbst des Jahres 1816 sein, als der nun verstorbene Kammermusikus Schmiedl einen Fremden zu mir brachte, schwarz gekleidet, blass, doch sehr geistreich von Gesicht, ungefähr von meiner Größe, nur noch schmächtiger, den ich wegen seiner, mir im Verhältnis etwas zu lang dünkenden, Arme und Hände für einen Pianoforte-Virtuosen hielt. Er nannte sich Karl Maria von Weber! Ich war höchst erfreut, seine Bekanntschaft zu machen, da mir sein Name durch Komposition einiger Volkslieder aus der Herder'schen Sammlung oder dem Wunderhorn, vieler Lieder von Theodor Körner und selbst, ohne dass wir vorher in der mindesten Verbindung gestanden, einiger von mir, sehr lieb worden war.

Wir fanden uns sehr bald; wir sprachen das Hundertste ins Tausendste. Endlich äußerte er, ich müsse ihm ein Singspiel oder eine Oper dichten. Ich musste lachen; so manches ich schon versucht hatte, etwas dieser Art war mir nie in den Sinn gekommen. Ich gestand ihm offen, dass ich kaum die Noten kenne; er meinte, das sei ihm ganz gleich! Er werde schon mit mir auskommen; nächstens ein Mehreres!«

Auch Weber sodann als Gast in Ermlitz – der Flügel, auf

dem er dort spielte, ist im Hause ausgestellt, wie ich auf einer Fotografie sehe.

Und nun zu Rochlitz, auch er als einer der Gäste von Ermlitz. Über ihn verbindet sich die Geschichte des Hauses mit der Geschichte der Befreiungskriege, 1813 ausgetragen in der Schlacht von Leipzig, also ganz in der Nähe: nur zwanzig Kilometer von Ermlitz bis zur Stadtmitte Leipzig. Und damit: unausweichliche Rückwirkungen, Einwirkungen auch auf Ermlitz. Hausherr August erlebt das noch mit – er stirbt drei Jahre später.

Stichworte genug also für einen Rochlitz-Exkurs. Friedrich war, auch als Mitglied des Thomanerchors, zum Musiker ausgebildet worden, fand aber fürs Erste keine passende Anstellung, war eine Zeitlang tätig als Hauslehrer, begann in Zeitschriften und Almanachs zu publizieren. Zahlreich seine Texte und Schriften, meist unterhaltend, mit wachsendem thematischem Spektrum. Einer der Titel: »Erfahrungen aus dem Tagebuch eines unbemerkten Mannes«. Langjährige, umfangreiche Korrespondenz mit Goethe, der am Weimarer Theater Lustspiele von Rochlitz inszenierte, über Jahre hinweg. Dennoch Rituale der Formalität, der höflichen Distanz. Schlussformulierung in einem der Schreiben an den Herrn Geheimrat in Weimar: »Mit der Ihnen längst bewussten Verehrung unterzeichne ich mich als Ew. Exzellenz bereitwilliger Diener Rochlitz«.

Mit der (relativ späten) Heirat wurde Rochlitz zum Mitbesitzer einer umfangreichen Privatsammlung; der erste Ehemann seiner Frau, renommierter Kaufmann, hatte akkumuliert, was nun die Besitzer wechselte. Mit gelinden Zweifeln lese ich von 1300 Gemälden (darunter ein Rembrandt!), 6800 Gemmen, 80 000 Kupferstichen.

Der Ehemann pendelte in Leipzig zwischen dem Haus seiner Frau und dem eigenen Haus. Und publizierte weiterhin. Beispielsweise Gedichte, von denen Schubert drei vertonte (»Die Sonne sinkt ins tiefe Meer« …) Und Rochlitz stellte Bibelzitate zusammen als Text für ein Oratorium, das Louis

Spohr vertonte: »Die letzten Dinge«. Schrieb eine Biographie über den Violinisten und Komponisten Friedrich Ernst Fesca, der ziemlich, aber nicht völlig vergessen ist: auf dem Phonomarkt, aber eher versteckt, zurzeit drei seiner Sinfonien und mehrere Streichquartette. Auch Fesca, zeitweilig in Leipzig wohnend, dürfte Gast im Hause Ermlitz gewesen sein.

Bekannt wurde Rochlitz vor allem als Musikkritiker, als Herausgeber und Beiträger eines neu gegründeten Journals: *Allgemeine musikalische Zeitung*. Hier berichtete er auch über seinen ausführlichen Besuch bei Beethoven in Wien.

Die sicherlich wichtigste Publikation von Rochlitz: der Bericht über die Völkerschlacht rund um Leipzig. Kein vergessenes Buch; 2013 erschien, pünktlich zum zweihundertsten Gedenktag der Schlacht, eine Neuausgabe: *Tage der Gefahr*. Diesen Report dürfte Rochlitz dem hochverehrten Briefpartner Goethe erst einmal direkt vermittelt haben. In den Tag- und Jahresheften notierte Goethe: »Nach der Schlacht von Leipzig in Weimar gesehen: [mehrere Herren von höchstem Rang und Namen, dann:] Hofrat Rochlitz.

Man blieb in Verbindung, auch mit dem Thema Völkerschlacht. Die im Druck erschienenen Aufzeichnungen des Leipzigers wurden im Haus am Frauenplan gelesen. Laut Goethe ein »Dokument für zukünftige Zeiten«.

Noch April 1822 schrieb er dem Autor: »Ihre treffliche, mir wohlbekannte Schilderung jener Leipziger Unglückstage lese ich wieder und bewundere abermals die besondere Fügung, dass ein Mann von Ihrem Geist und Sinn, in Augenblicken wo uns die Sinne vergehen, [...] zur Feder greift, das Unerträgliche in der Gegenwart zu schildern.«

Offenbar eine zeitweilige Begleitlektüre zum eigenen Kriegsbericht, den Goethe zu dieser Zeit abschloss und im Sommer 1822 veröffentlichte unter dem wenig attraktiven Titel: »Aus meinem Leben. Zweiter Abteilung Fünfter Teil«. Womit signalisiert wurde: Dies ist ein Segment der großen Autobiographie.

Sieben Jahre später besann er sich eines Besseren und gab die Schrift heraus unter dem Titel *Campagne in Frankreich*.

Nachwirkung, Spätwirkung der Lektüre des Kriegsberichts von Rochlitz? Verglichen mit dem weithin distanziert rekonstruierenden Bericht über den Feldzug, mit dem 1792 die Französische Revolution beendet, die Restaurierung der Monarchie erzwungen werden sollte, wirkt das Brief-Tagebuch des (damals) 44-jährigen Rochlitz erheblich spontaner und anschaulicher. Es wurde nicht im gelassenen Rückblick, sondern fast simultan mit den dramatischen Ereignissen formuliert.

Mit Sicherheit wurden im Herrenhaus Ermlitz diese Aufzeichnungen gelesen. Denkbar, ja, wahrscheinlich ist auch, dass Rochlitz als Besucher in wieder friedlicher Zeit von seinen Erfahrungen erzählte, zusammenfassend. Wahrscheinlich auch, dass Erfahrungen der Hausbewohner mit dem gedruckten, nun wohl auch erzählten Bericht korrespondierten: wechselnde Einquartierungen im Herrenhaus, eventuell auch Kranke, die hierher geflüchtet, Verwundete, hierher transportiert. Mit Sicherheit war auch in Ermlitz (wie im nahen Halle) das Dröhnen der rund zweitausend Kanonen zu hören, die bei der Völkerschlacht zum Einsatz kamen – der zahlenmäßig größten, drei Tage währenden Schlacht der bisherigen Kriegsgeschichte, fast eine halbe Million Soldaten im Einsatz auf einem Areal von vielen Quadratkilometern. So konnte Rochlitz von einem Giebelfenster aus mit dem Teleskop nur einen Ausschnitt des Kampfgeschehens beobachten – bis die ersten Vollkugeln und Granaten in der Stadt einschlugen, in der Nachbarschaft, schließlich im eigenen Haus.

Nach der vorausgehenden Schlacht bei Dresden war auch Leipzig erst einmal von napoleonischen Truppen besetzt. Damit auch hier: überaus zahlreich die in weiträumiger Verteilung antransportierten Verwundeten, die versorgt werden mussten, versorgt werden sollten. Vor der Stadt ein neues Lazarett (ohne Fensterglas!) für etwa dreitausend Kranke, gleichsam in Quarantäne. Innerhalb der Stadtmauern von Leipzig rund neuntausend Verwundete und Patienten (mit nicht ansteckenden Krankheiten). Dies in einer Stadt von damals nur etwa dreißigtausend Einwohnern. Die mussten zusätzlich auch einquartierte Soldaten versorgen, die im kalten Oktoberregen nicht vollzählig in Räumen untergebracht werden konnten, viele lagen in Gassen, auf Straßen, auf kleinen Plätzen. Zahlreich die Pferde, auch verwundete, für die es bald kein Futter mehr gab. Die Stadt abgeschnitten von jeder weiteren Versorgung. Weithin rüdes, aggressives, destruktives Verhalten französischer Soldaten. Rochlitz musste zusehen, erfolglos protestierend, wie Soldaten verwundete Kameraden unter einem Wetterdach hervor auf die Straße schleiften, um ihre Pferde trocken unterzustellen.

Etwa 150 000 Franzosen waren heranmarschiert, aufmarschiert. Nun müssen viele von ihnen »Tag und Nacht im Freien liegen, während raue Zugwinde daherstreifen und der Regen den kalten Boden aufweicht«. Um sich wenigstens notdürftig zu schützen, werden in umliegenden Dörfern »Türen, Fenster, Dielen« losgebrochen für kleine Schutzdächer. Wird eine Truppe verlegt, so zünden Soldaten ihre Holzarrangements an, um sich noch mal zu wärmen – die Wachfeuer aus Bänken, Tischen, Zaunpfählen, Bretterwänden, Bäumchen und Baumstücken werden weithin vom Dauerregen gelöscht oder qualmen vor sich hin. Verwüstungen, weitflächig, schon vor den ersten Kampfhandlungen.

Und Napoleon taucht auf. Auch Rochlitz verlässt die Stadt durch das Grimmaische Tor, nutzt die Gelegenheit, den berühmten und verhassten Mann unbehindert aus der Nähe zu betrachten. Aus einem Haus wurde ein kleiner Tisch geholt und vor ihm aufgestellt, »ein Stuhl dahinter, ein loderndes Wachfeuer daneben. Eine Karte, die man – es war raues, stürmisches Wetter – auf den Tisch genagelt, ein kleiner Tubus [Fernglas], meist in seiner Hand: das war Napoleons ganzer Apparat. [...]« Er »saß – auch wenn er die Karte befragte über einen Punkt, worauf er den Finger legte, sprach, schrieb usw. – nie länger als etwa zwei Minuten; dann richtete er sich hastig wieder empor und ging auf und nieder. [...] Sein Gang traf einigemal so, daß er Trupps Verwundeter, die zum Teil in jämmerlichem Zustande auf der Straße nach der Stadt gebracht wurden, ganz sicher erkennen mußte, er wendete weder seinen Schritt, noch den Blick um; die Sache war ihm völlig gleichgültig.«

Nach der von Reflexionen begleiteten Inspektion des damals noch mächtigen Mannes musste sich Rochlitz um sein Haus und das seiner Frau kümmern. »Hundertfünfzig Pferde stehen im Garten oder vielmehr auf dem fast ganz verwüsteten Platz, der mein Garten war.« Er bezahlt einige Soldaten für den Schutz von Haus und Besitz, doch die »Sauvegarde« klaut, stiehlt, plündert ebenfalls. »Eine Art Wahlspruch dieser Menschen ist: Wir müssen sterben, aber ihr sollt mit! – Außer diesen Einquartierten, denen ich nun freilich nichts mehr geben kann, habe ich im Hause meiner Frau stets zwischen 40 und 60 Mann zu versorgen. […] Der Brotmangel nimmt überhand. 13 000 Kranke und Verwundete sind zu versorgen; Napoleon selbst hat befohlen, man müsse noch für 15 000 Raum schaffen.« Was, addiert, der Gesamtzahl der Einwohner von Leipzig entspräche.

Fast ununterbrochen, auch nachts, werden Verwundete in die Stadt geschafft. »Man hat seit gestern Abend unaufhörlich mit Verbinden und Unterbringen von Verwundeten sich abgearbeitet, und noch immer liegen nicht wenige am Markte und in den angrenzenden Straßen unversorgt auf den Steinen, so dass an mehreren Stellen man, ganz wörtlich genommen, durch Blut schreitet. […]

Ich sehne mich nach Schlaf und brauch ihn wahrlich! Ein gutes Mittel, den bei ermattetem Körper lebendig angeregten Geist zu beschwichtigen, sind allgemeine Bemerkungen. Ich will mich an einigen, zu denen der heutige Tag führte, in den Schlummer zu schreiben versuchen.« Was aber kaum gelingt, vor allem nach Beginn der Schlacht, dem massiven Einsatz von Artillerie ringsum. »Ist es doch wahrhaftig, als ob …«

Der Text bricht ab. Die Aufzeichnungen des 18. September werden erst nach mehreren Stunden weitergeführt, denn: Eine Granate war im Haus eingeschlagen. »Das Unerwartete, die ganz eigene mir neue Art des Krachens, Schmetterns, Klirrens, das gewaltsam ausgestoßene Angstgeschrei meiner weiblichen Dienstboten, die laut kreischend in das Zimmer stürzten, wo ich mit den Meinen versammelt war – dies lähmte auf einige Augenblicke uns alle im Schrecken.« Angst vor Wiederholungen, Flucht in das »bombenfeste Gewölbe« des Kellers. Doch am nächsten Tag gleich wieder an den »gewohnten Schreibtisch«, Fortführung der Aufzeichnungen mit »fliegender Feder«.

Ein Wort, das sich nun einstellt, nicht von Rochlitz vermittelt: Kriegsfurie, rasend. Französische Soldaten plündern eigene Lazarette, »wobei auch die kostbaren Sammlungen chirurgischer und anderer Instrumente verloren« gehen, und, weitaus schlimmer: Es wird Feuer gelegt, Verwundete kommen elend um in den Flammen. Vielleicht hatte man das Feuer gelegt nach der Devise: Denen ist ja doch nicht mehr zu helfen, also –

Und wieder taucht Napoleon auf in einer der Gassen, »mit großer Begleitung seiner Garde. Er war in schlichtem, kotbespritztem Überrock; sein Gesicht (ich stand ganz nahe, um es zu erkennen) war weder verlegen noch verwegen«. Er setzte sich ab, rechtzeitig, bevor die Elsterbrücke gesprengt wurde und einem Teil der französischen Truppen der Rückzug, der Abzug, die Flucht versperrt war. Straßenkämpfe. Für die Verteidiger wird das Pulver knapp. Oft sinnloser Widerstand gegen die eindringenden Alliierten, die sich brutal rächen. Eine Kanonenkugel, als Querschläger von einer Gegenmauer abspringend, »kracht an eine eiserne Tür –: kam [käme] sie eine halbe Elle höher an, so drang [dränge] sie mir durchs Rückgrat, und alles war [wäre] aus für mich«.

Bei abflauenden Kampfhandlungen, nachts, schaut sich Rochlitz vor einem der Stadttore um: »Der Boden überall bedeckt von einem Gemenge sterbender und gestorbener Menschen und Pferde, Kanonen, Pulverkarren, Wagen, Kriegsgerätschaften.« Rückkehr in das beschädigte Haus. »Von den Straßen dampft ein scharfer, verpestender Qualm der Exkremente von Menschen und Pferden herauf in die Zimmer.«

»An ein Säubern kann man noch nicht kommen, nur die Eingänge der Tore hat man freigemacht und von den verwundet Umherliegenden so viele untergebracht als bis jetzt möglich. Aber leider liegen auch noch viele umher. ›Wie? und Sie sitzen still und schreiben?‹ Ja, ich sitze still und schreibe, weil mein erschöpfter Körper nicht mehr fort kann.«

Nach kurzer Ruhepause bricht er aber doch wieder auf, schaut sich um, geht zur Thomaskirche, nun Hauptlazarett der verbliebenen Franzosen, »gestopft voll« von Ruhr- und Typhuskranken. Eine Explosion in einer der Nebenkapellen mit angesammelten Tornistern und Waffen. »Grässlich der Anblick, wie die elenden, kaum Lebenden ähnlichen Kranken, gleich Haufen von Gewürm, einer über den andern [aus dem Kirchenschiff] herauskrochen, weil sie nicht wussten, was vorgehe. Alles Erläutern war umsonst, sie mußten mit Gewalt zurückgetrieben werden; es war der gräuelvolle Gedanke unter sie gekommen, man wolle die Kirche mit ihnen in die Luft sprengen, um sie nicht länger ernähren zu müssen.«

Das Elend der Überlebenden (meist nicht mehr lange Lebenden) wird von Rochlitz weiterhin geschildert, ebenso anschaulich, ebenso eindringlich, aber hier dürfte nun genug wiedergegeben, zitiert worden sein, um den außerordentlichen Rang der Aufzeichnungen ablesbar zu machen.

Auch im Hause Ermlitz wird die Völkerschlacht von Leipzig (indirekte) Nachwirkungen zeitigen: Theodor, einer der beiden Söhne von August, war zur Zeit der Völkerschlacht erst zwei Jahre alt, und doch wird er sich, ein halbes Jahrhundert später, intensiv mit diesem Kapitel der Kriegsgeschichte befassen, wird dafür Zeichen setzen.

Der Name Theodor Apel verbindet sich aber erst einmal mit dem Namen Richard Wagner. Theodor war Schüler der Leipziger Nikolaischule, einer der Mitschüler war Richard, es entstand eine Jugendfreundschaft von zunehmender Intensität, dokumentiert in zweiundvierzig erhaltenen Briefen Wagners an Apel, vor allem aus den Jahren 1832 bis 1836.

Auch Theodor begann zu schreiben, in Leipzig wie in Ermlitz. Dies gegen den Willen seiner Mutter, die offenbar der Meinung war, ein schreibender Apel im Hause Ermlitz sei erst mal genug, und so stiftete sie Wagner an, auf einer von ihr finanzierten Böhmenreise (dies sogar mit einem Gefährt des Herrenhauses) dem Sohn die Schreib-Intentionen auszureden, aber da hatte sie nicht den rechten Helfer gefunden. Sechs Wochen waren die beiden jungen Männer in Böhmen, im mondänen Teplitz, in Hotels und Restaurants der Spitzenklasse (Apel kam finanziell für alles auf, versteht sich), aber das Schreiben wurde Theodor nicht ausgeredet. Vielmehr bildete sich, kurzzeitig, eine künstlerische Allianz. So hatte Theodor, unter anderem, ein Theaterstück mit dem Titel *Columbus* geschrieben, zu dem Wagner eine Ouvertüre komponierte, die nur selten aufgeführt, zuweilen aber auf Tonträgern präsentiert wird nebst anderen Frühwerken. Wagner sah in Kolumbus ein Symbol des Aufbruchs in Neue Welten schlechthin, so war auch Beethoven für ihn ein Kolumbus. Unter diesem Aspekt Wagners musikalische Begleitung des Schauspiels, das sich auf Bühnen allerdings nicht durchsetzen konnte, es blieb nur eine Ouvertüre.

Eine Ouvertüre auch für die Suite von finanziellen Bitten, ja, Forderungen von Wagner an Apel. Mehrfach Briefe, mit denen Apel angelockt, fast geködert wurde, dies auch mit Blick auf die stets reich gefüllte Kasse. Dafür versprach Richard das Blaue vom Himmel: Will dem Freund »die vergnügtesten Stunden zu bereiten versuchen ... Gott, was biete ich denn alles für Sinneslockungen auf, um Dich herüber zu zaubern ...«

Dies etwa nach Bad Lauchstädt, zum Theater, das Goethe erbauen ließ und in dem Wagner ein Gastspiel als Dirigent gab; die Aufführung wurde mit einem Fest im führenden Restaurant gefeiert, ein Fest für das gesamte Ensemble, ein Fest, das Apel bezahlte, wohl auch inklusive Folgekosten, denn im Vollrausch wrackten Wagner und ein gleichfalls Betrunkener einen »ungeheuren Kachelofen von massivster Bauart« ab. Wagner berichtet weiter: »Wie das zustande gekommen, waren wir am anderen Morgen sämtlich unfähig zu begreifen.«

Und Apel wird weiter zur Kasse gebeten, nein, gefordert. Hilferufe, etwa weil Wagner »gespielt und verloren, [...] mithin kein Geld« hat. »Gott, ich wüsste nur ein Mittel, wie all dieser Misere ein Ende zu machen wäre, und das wäre, wenn Du augenblicklich zu mir kämst.« Für den erwarteten, den berechneten finanziellen Ausgleich gleich wieder ein verlockendes Angebot: »Du sollst auch die [Minna] Planer haben – sie hat mich ein paar Mal recht sinnlich verklärt.« Hat sie auch, nach obligater Geldspende an Wagner, Theodor Apel sinnlich verklärt?

Zum Namen Wagner kommt der Name Felix Mendelssohn Bartholdy. Das Gespann Richard und Theodor auf einer Spazierfahrt, dabei trafen sie den Komponisten, Pianisten, Dirigenten, offenbar auf seinem Weg nach Leipzig. August 1835 war er zum Direktor (heute hieße es: zum GMD) der Leipziger Gewandhauskonzerte berufen worden, bezog denn auch eine Wohnung in Leipzig, ruhig gelegen in »Reichels Garten« (den Ausblick von der Wohnung über Gärten hinweg Richtung Stadtzentrum wird er in einer seiner akkuraten, aquarellierten Zeichnungen festhalten).

Sahen sich der noch unbekannte Wagner und der gefeierte Mendelssohn nun zum ersten Mal? Kontakt war im April 1835 avisiert worden mit einem Schreiben (des vier Jahre älteren) Richard Wagner an Mendelssohn, offenbar nach lockerer Absprache zuvor: »Verehrter Herr! Ich führe einen Streich aus, den Sie so gütig waren, im Voraus einen gescheiten zu nennen, und bitte Sie beiliegende Sinfonie, die ich 18 Jahre alt schrieb, als Geschenk von mir anzunehmen; ich wüßte für sie keine schönere Bestimmung. Ich mache als Gegengeschenk auf nichts weiter Anspruch, als daß Sie dieselbe in irgend einer Muße-Stunde einmal durchlesen möchten, vielleicht reicht sie hin, Ihnen einen Beweis meines redlichen Strebens und meines Fleißes zu geben.«

Das Treffen von Apel, Wagner und Mendelssohn ist bezeugt aber nicht dokumentiert. Leider auch nicht mit einem Datum. Es dürfte frühestens im Herbst 1835 stattgefunden haben. Bis 1841 behielt der Komponist seinen Posten in Leipzig, es dürfte also mehrere Chancen für Treffen in Ermlitz gegeben haben.

Mendelssohn! Ihn sähe ich, rückblickend, besonders gern als Gast auf Ermlitz. Wagner ist und bleibt mir fern, für Weber hat sich nie die rechte Resonanz in mir entwickelt, Mendelssohn aber liebe ich, auch als Komponisten überwiegend kammermusikalischer Werke.

Mendelssohn als Kronzeuge für angeborene Genialität! Die reichen Eltern haben den Jungen, den Jüngling auf jede Weise gefördert, vor allem als Musiker, aber das erklärt noch nicht den erstaunlich, den unvergleichlich frühen Schub an Kreativität. Zwischen 1821 und 1823 komponierte er die zwölf Sinfonien für Streicher, also im Alter von zwölf bis vierzehn. Vielfach Sätze, die ich auf den CD-Hüllen markiert habe: prägnante Themen, einfallsreiche Durchführung. Immerhin war es Kurt Masur, der mit den Streichern von Leipzig den Zyklus einspielte; zahlreich auch, mit Recht, die Einzelaufnahmen.

Als Felix vierzehn war, erschien im Druck sein Opus 1, das Klavierquartett c-Moll, das vor allem im abschließenden Allegro moderato hinreißende, mitreißende Virtuosität entfaltet.

1826 sodann – er war nun siebzehn – schrieb er die Ouvertüre (noch nicht die Schauspielmusiken!) zu Shakespeares *Sommernachtstraum*! 1816 als annum mirabilis, er komponierte nun auch das Oktett op. 20, für zwei Streichquartette! Begeisterung jedes Mal, wenn ich dieses Werk auf Tonträgern höre – es liegt, simultan, mindestens ein Dutzend Aufnahmen vor. Noch stärker die Einwirkung, Nachwirkung bei einer Konzertaufführung – etwa von Tetzlaff und sieben Spitzenmusikern aufgeführt bei Lars Vogts Musikfestival in meiner Nachbarschaft.

Als dritter Genialitätsbeweis des Jünglings: Das Streichquartett opus 13, bereits mit achtzehn im Wesentlichen ausgeführt, mit dreiundzwanzig bearbeitet, ein Werk von enorm dichter Textur, anknüpfend an Beethovens späte Quartette. 1827, in Beethovens Todesjahr, hatte er denn auch mit der Komposition begonnen. Auch hier, mit Recht, verschiedene Einspielungen.

Der Pianist Alfred Brendel erklärte einmal, Mendelssohn

Bartholdy hätte »als Genie angefangen und als Talent geendet«, aber das ist überspitzt. Denn nach den Jugendwerken erschienen beispielsweise die großartigen Sonaten für Cello und Klavier, erschienen die beiden hochkarätigen Klaviertrios, das späte Streichquartett op. 80, nach dem Tod seiner Schwester, erschien das Streichquintett op. 87 (atemberaubend der langsame Satz!), erschien das in der allerletzten Lebensphase vollendete Violinkonzert, das mir – nun werde ich pathetisch – ans Herz gewachsen ist.

Ich wünsche mir, posthum, dass Felix Mendelssohn Bartholdy im Hause Ermlitz ein besonders freundlicher Empfang bereitet wurde. Und das mehr als nur einmal! Die Verbindung dieses Komponistennamens mit dem Namen des Hauses: eine der stärksten Motivationen zu diesem Projekt!

Worüber könnte, worüber wird man im Hause Ermlitz gesprochen haben? Mit Sicherheit fiel der Name Bach, Johann Sebastian. Man spielte Klavierstücke von Vater Bach, Inventionen, Stücke aus dem Wohltemperierten Klavier. Mendelssohn wie Gastgeber fanden leicht das Stichwort Bach – schon mit zwanzig hatte Mendelssohn in Berlin die erste Aufführung der Matthäus-Passion initiiert und dirigiert, dies nach Jahrzehnten des Vergessens.

Auch hätte der Gast Stichworte genug zu seinem Amt in Leipzig, zu Dirigaten und Reisen. Spricht von der belastenden »Installierung als Hausherr, Mietsmann, Musikdirektor der Abonnement-Konzerte«. Und: »Mich nimmt das viele Dirigieren während zwei solcher Monate mehr mit als zwei Jahre, wo ich den ganzen Tag komponierte.« Er sehne sich »nach Geschäftslosigkeit, um mehr das tun zu können, was mein eigentlicher Beruf ist, zu schreiben, und das Aufführen anderen zu überlassen«. Aber dann werden ihm von diversen Komponisten neue Sinfonien vorgelegt: »Sechs neue Sinfonien – wie die sind, mag Gott wissen. Ich wüsst es lieber nicht – keine davon wird mir gefallen.« Mit den Ablehnungen wird er sich keine Freunde machen. Wie zum Ausgleich: Dirigate auch auf Musikfesten: »Diese Unmasse Musik … Musikungeheuer ... Schock Blitz!« Und die zeitraubenden Erschwernisse von Reisen! »Als ich den letzten Akkord auf der herrlichen Orgel gespielt hatte, musste ich in die Liverpool-Mail, und fuhr sechs Tage und fünf Nächte nacheinander, bis ich in Frankfurt war.«

Umso größer meine Verwunderung darüber, wie viel dieser Mann, der schon mit achtunddreißig starb, trotz all der Reisen und Verpflichtungen künstlerisch realisiert hatte, als Komponist, als Pianist, als Dirigent (dies, wie noch üblich, an Cembalo oder Hammerclavier sitzend).

Zu berichten ist nun von der fast obligaten Tragödie in einer Familiengeschichte: Sturz des 25-jährigen Theodor Apel vom Pferd oder mit einem Pferd (damals trugen Reiter noch keine Helme), das Schädeltrauma führte ab 1836 langsam aber unaufhaltsam zur Erblindung. Doch der Hausherr, Vater zweier Kinder, gab sich nicht auf, Gäste waren auf Ermlitz weiterhin willkommen.

Auch Wagner blieb in (zumindest schriftlicher) Verbindung mit Apel, wenn auch unter dem für ihn charakteristischen Vorzeichen: dem Anpumpen.

Noch im Jahre 1840 traf einer der bittenden, fordernden Briefe Wagners ein: »Ich bin im äußersten Unglück und Du sollst mir helfen. Herr Gott, stehe mir bei! Ich weiß mir nicht mehr zu helfen! [...] Sende mir schleunige Hilfe; mein Leben ist verpfändet, löse es ein! Somit: – ich gehe Dich um dreihundert Taler an. Sieh, das ist mein Ruf aus dem Elend.«

Der Ruf wiederholte sich. Ein weiterer Bittbrief, ja, Apel wurde im Namen der Jugendfreundschaft erpresst, etwa mit einem Brief, den Minna Planer schreiben musste und in dem sie vortäuschte, Richard sei auf dem Weg ins Schuldgefängnis: »Hilfe! Hilfe!« Apel zahlte, aber das schien nicht genug, es wurde, über Minna, nachgefordert: »Wollen Sie unseren Richard aufgeben?« Wurden diese Briefe schon mal von einem erneuten Besuch in Ermlitz begleitet?

Besuche hätten, theoretisch, zur Belastung werden können: Der Hausherr blind, der Vater zweier Kinder früh als Witwer.

Doch Theodor Apel pflegte seine Gastfreundschaft, setzte das Schreiben fort, dem Sekretär diktierend. Es waren dies überwiegend Studien über die Völkerschlacht. In den Jahren 1861 bis 64 ließ er die wichtigsten topographischen Punkte des weitläufigen Kriegsschauplatzes markieren durch anderthalb Meter hohe Steinsäulen mit (knapper) Beschriftung – die sogenannten Apelsteine, schließlich 44 an der Zahl. Wobei mit der Platzierung schon mal ein wenig gemogelt wurde, nicht jeder Bauer wollte solch eine Säule im bewirtschafteten (dann womöglich von Städtern durchtrampelten) Feld sehen, auch sollten die Markierungen fußläufig oder mit Pferd oder Wagen mehr oder weniger leicht zu erreichen sein, also wurde hier und dort nachgebessert, ehe sich die kleine Feier zur Setzung eines weiteren Apelsteins lithographisch festhalten ließ.

Nur ein Beispiel: Stein Nummer 40 markierte, in etwa, die Position der englischen »Raketenbatterie« unter Captain Bogue – da wüsste ich gern, was Apel über den neuartigen, entsprechend überraschenden Waffeneinsatz wusste, damals wissen konnte. Offenbar war die Zielgenauigkeit der kleinen, von schräg stehenden Lattengestellen abgeschossenen Raketen noch gering, es wurde eine preußische Einheit in ihrer Bewegung behindert, Franzosen jedoch wurden kaum getroffen, gar dezimiert. Ein überraschendes Stichwort jedenfalls, auch wenn sich die Raketen von Feuerwerkskörpern kaum unterschieden haben werden, äußerlich. Wie aber wurde die Sprengwirkung erreicht? Wie groß oder gering war die Reichweite? Auch hier werde, würde ich nacharbeiten, recherchieren bei einer Fortführung, Ausführung des zufalls-initiierten Projekts.

Dies auch mit der Ergänzung, dass kaum noch Apelsteine »in situ« zu sehen sind, die meisten wurden von der expandierenden Stadt gleichsam geschluckt. Doch fortgesetzt die Geschichte der Bewohner von Herrenhaus Ermlitz, hier wäre nun auch Sohn Heinrich zu erwähnen, der den Sommersitz zum ständigen Wohnsitz machte, und dort – für einen ausgebildeten Land- und Forstwirt eher ungewöhnlich – Erstausgaben deutscher Klassiker sammelte, damit die in Ge-

nerationen herangewachsene Bibliothek des Hauses auf achtzehntausend Bände erhöhte. Hinzu kam eine Sammlung von Graphiken der obersten Preiskategorie: Cranach ... Dürer ... Rembrandt ...
   Fortsetzung folgt?

Einträge Logbuch: Zensur

STICHWORT ZENSUR. So etwas ist mir erspart geblieben in der Gesellschaftsform, die für mich niemals selbstverständlich, mir eher wie ein Geschenk erschienen ist: Dass mir nie und nirgends vorgeschrieben wurde, vorgeschrieben wird, wie und was ich zu schreiben habe. Funkdramaturgen wie Verlagslektoren haben auch mir Freiräume der Entfaltung gelassen. Zensur fand nicht statt.

Das Stichwort aber gewann haptische Präsenz für mich 1994 in Salamanca. Wie weit Zensur führen kann, ist dort dokumentiert in einem foliantgroßen Buch, das ich nicht bloß unter der Scheibe einer Museumsvitrine sehe, ein Buch, in dem ich blättern darf, Zeichen registrierend der Eingriffe von Zensoren.

Ein Werk des Erasmus von Rotterdam, 1541 in Basel gedruckt. Aus dem mehrere Druckzeilen langen Titel hebe ich das entscheidende Stichwort hervor: *Adagia*. Keine Musikassoziationen hier, es ist die Mehrzahl des Wortes »adagium«, also: Spruchweisheit, Sinnspruch, Sprichwort, Redensart.

Über viele Jahre hinweg wuchsen die Editionen dieser Sammlung im Umfang stetig an. Erasmus, rückblickend: »Ich bin durch die Gärten verschiedener Autoren gestreift und habe in dieser angenehmeren Art des Studiums alle sehr alten und ganz besonders die sehr berühmten Sprichwörter gleichsam wie die verschiedenartigsten Blumen gepflückt und zu einer Girlande zusammengefügt.« Dies in wiederholten Revisionen. Die zweite, große in Venedig. »Ich halte es da mit der Redensart, die von den geschätztesten Männern bevorzugt wird und besagt, dass beim zweiten Anlauf alles besser gelingt!«

Siebenundzwanzig Ausgaben werden es schließlich zu Lebzeiten des Sprichwortsammlers – wie sich Erasmus selbst mal titulierte, ironisch. Reich wurde er mit all seinen Editionen, Übertragungen, Schriften allerdings nicht, es gab damals noch längst kein Urheberrecht; ob und wie sich ein Verleger, ein Drucker dem Kompilator und Autor gegenüber erkenntlich zeigte, lag allein in dessen Befinden und Entscheidung. Wie ein basso ostinato wiederholen sich denn Andeutungen des Erasmus zur kritischen Finanzlage. Doch er hatte klare Prioritäten gesetzt. »Sobald ich Geld habe, werde ich mir zuerst die griechischen Schriftsteller, dann Kleider kaufen.«

Über viele Jahre hinweg also begleitete ihn das große Lehrbuch. Erstaunlich viele Sprichwörter, Redewendungen hier, die über mehr als ein halbes Jahrtausend hinweg präsent geblieben sind, auch in (bald festgeschriebener) deutscher Version. Anton J. Gail bringt in der Einleitung seiner Übersetzungen aus dem Konvolut eine Auswahl – seine alphabetische Reihung gebe ich allerdings auf, Erasmus hat bewusst auf Systematik des Kompendiums verzichtet.

Steter Tropfen höhlt den Stein ... Goldene Berge versprechen ... Weder Fisch noch Fleisch ... Immer dasselbe Lied ... Eine Schlange am Busen nähren ... Wider den Stachel löcken ... Weit vom Schuss ... Gegen den Strom schwimmen ... Aus der Mücke einen Elefanten machen ... Dem geschenkten Gaul schaut man nicht ins Maul ... In den Tag hinein leben ... Schwanengesang ... Fass ohne Boden ... Auge des Gesetzes ... Eine Hand wäscht die andere ... Öl ins Feuer gießen ... Erkenne dich selbst ... Gottes Mühlen mahlen langsam ... Der Zahn der Zeit ...

Und so weiter, und so weiter, et cetera, et cetera, es sind schließlich mehr als viertausend Sammelstücke.

Überleitend eine kurze Charakterisierung seiner Tätigkeit, übernommen aus der (faksimilierten) Ausgabe des »Bilder-Conversations-Lexikons«, das ab 1837 in Leipzig erschienen war, bei Brockhaus. (Also fünf Jahre nach Goethes Tod.)

»Er gehörte zu den gründlichsten Kennern der alten Sprachen, besaß außerdem höchst umfassende Kenntnisse, einen geläuterten Geschmack, war ein beredter Verteidiger hellerer Ansichten und bekämpfte auch als satirischer Schriftsteller die Torheit seiner Zeit. Der Reformation wandte er sich persönlich zwar nicht zu, zu ihren Beförderern muss er aber dessen ungeachtet gezählt werden, obgleich er als Weltmann alles entscheidende Eingreifen in die Gebrechen seiner Zeit vermied, weshalb er auch von den feurigern Geistern seines Jahrhunderts manchen heftigen Angriff erdulden musste und mit Luther namentlich in persönliche Zwietracht geriet.«

Überleitend auch eine biographische Notiz. Im Jahre 1506 brach Erasmus, damals in London, zu einer Reise nach Italien auf, zwei Zöglinge, deren Erzieher und (groben) Leibwächter begleitend. Reisen, das hieß damals auf dem Festland: reiten. Der Vielreisende entsprechend lang im Sattel. Dafür schien er nicht gebaut: »Mein liebes, zartes Körperchen.« Das auch wiederholt und langfristig geplagt wird von zeittypischen, ernährungsbedingten Malaisen wie Gicht und Stein. Er war noch keine vierzig, da schrieb er bereits ein Gedicht auf das Alter, mit allen obligaten Klagen. Die langen Ritte waren nicht immer freiwillig: Mal wurde er von einer Pestepidemie, mal von einem Krieg aus seinem zeitweiligen Ort des Lebens und Wirkens vertrieben. Auf dem Pferderücken, im Sattel zuweilen auch Notizen, Werkentwürfe.

In Turin macht er rasch den Doktor; hier kommt es ihm allein auf den neuen Titel an. Weiter nach Venedig. Dort gibt er eine erweiterte Neuausgabe seiner Sprichwortsammlung heraus bei Aldus Manutius, dem berühmten Drucker und Verleger, der auch die Dramen des Euripides in den Übersetzungen von Erasmus in das Programm übernimmt. (Erasmus: »Ich bin vor allem aus Liebe zum Griechischen nach Italien gereist.«) In der Offizin Manutius, nah der Rialtobrücke, wurden vorzugsweise Schriften griechischer Philosophen verlegt, wurden Schriften von Humanisten im Freundeskreis von Aldus mit neu entwickelten Lettern gedruckt, typographisch zukunftweisend.

Versteht sich, dass ich mich primär im Printmedium über

Manutius und Erasmus informiere. Dennoch, im Seitenblick, gebe ich im Internet das Suchwort *Adagia* ein und finde ein Zitat, das die Venezianer Arbeitssituation des Erasmus von Rotterdam konkret zu schildern scheint.

»Anfang des Jahres 1508 begann Aldus mit dem Druck und Erasmus mit der endgültigen Zusammenstellung des Materials. ›Das war leichtsinnig von mir‹, pflegte er später zu sagen, sooft er auf jene acht Monate fieberhafter Arbeit zurückblickte, während welcher ihn zu allem Überfluss auch noch Nierensteine plagten. Aldus druckte täglich ›zwei Ternionen‹, und unterdessen bereitete Erasmus, unbeirrt vom Lärm und Getriebe der Druckerei, pausenlos kollationierend, übersetzend und kommentierend das Druckmaterial für den folgenden Tag vor. Er fühlte sich wohl in dieser Atmosphäre, bei dieser Arbeit, die für unsere Begriffe etwas Journalistisches an sich hat.«

Immerhin ein Ausschnitt aus einem Begleittext zur siebenbändigen Erasmus-Ausgabe der Wissenschaftlichen Buchgesellschaft Darmstadt. Demnach qualifiziert; nähere Überprüfung eigentlich überflüssig. Und doch, im Hinterkopf leichtes Rumoren: Ist die Arbeitssituation allzu aktualisierend dargestellt? Der damals 39-jährige Gelehrte in einem Raum, einem kleinen Saal, der erfüllt ist von hörbarer Mechanik historischer Satz- und Druckmaschinen? Erasmus, in einem gar nicht stillen Winkel, dennoch konzentriert auf die Arbeit, eine Art Früh-Balzac, der auf kürzestem Weg neu geschriebene Texte in Satz gab?

STICHWORT DRUCKEN, AKTUALISIERT. Noch bevor eigene Texte in Druck gingen, was bei mir ziemlich spät erst einsetzte, hatte ich, in einem Ehrenamt, wiederholt mit einem Druckereibetrieb zu tun, Aufträge besprechend, Ausführungen kontrollierend.

Es dominierte das Linotype-Gerät. Der Setzer an einer Tastatur, rasselnd fielen vorgefertigte Buchstaben aus einem vielfach unterteilten Behälter, wurden jeweils mit flüssigem Blei (schädliche Dämpfe!) zu Zeilen gegossen, die sich reihten und dann im Seitenformat in einem Metallrahmen verschraubt wurden.

Die Druckmaschinen: ein eher stampfendes als rasselndes Grundgeräusch. Dies als fast unausweichliche Assoziationen für jemanden, der noch im Zeitalter des Bleisatzes tätig war.

In der Offizin Manutius hingegen dürfte der Lärmpegel eher gering gewesen sein. Die Setzer vor Kästen, mit pinzettenähnlichen Greifern wurde Buchstabe um Buchstabe hervorgeholt, in der Zeilenschiene linker Hand gereiht. Gedruckt wurde dann nicht in einer Frühform von Offsetmaschinen, sondern Rahmen um Rahmen, Blatt um Blatt wurden in der Presse eingelegt, dann unter Druck gesetzt. (Als Stadtschreiber von Mainz durfte ich das an einer Gutenbergpresse mal nachvollziehen.) Erasmus hätte also nicht unter hohem Lärmpegel leiden müssen – selbst, wenn er in einem Winkel der Druckereiwerkstatt arbeitete: »Aldus Manutius, in dessen Werkstatt die Schrift von meiner Feder vollendet und von seinen Typen gedruckt wurde.«

Arbeit nur in der Werkstatt? Manutius, als europaweit bekannter Verleger und Drucker, war Herr einer umfangreichen Bibliothek, dürfte über ein entsprechend weitläufiges Verlags- und Wohnhaus verfügt haben, Erasmus hätte also wohl auch in der Bibliothek arbeiten können, als einer der Freunde des Hauses. Der (von Erasmus mal erwähnte) Schreiber brachte die jeweilige Druckvorlage dann zum Setzer (ins Erdgeschoss).

Kurzum, das Zitat erschien mir nicht sonderlich glaubwürdig. Also der Griff zur Auswahlausgabe der *Adagia* bei Reclam. Hier fand ich die Vorlage zum Zitat.

»Ich brachte nichts mit nach Venedig außer einer unübersichtlichen, weil ungeordneten Stoffsammlung für das geplante Werk, und zwar nur aus gedruckt vorliegenden Autoren. Reichlich kühn habe ich mich dann zusammen mit ihm ans Werk gemacht, ich schrieb, und Aldus druckte. Die Hauptarbeit war innerhalb von rund neun Monaten getan, wobei mir noch ein [mir] bis dahin unbekanntes Steinleiden zu schaffen machte.«

Es hatte so etwas wie Blow-up stattgefunden in der aktualisierten Version. Wieder ein Anlass, über den Umgang mit Net-Informationen nachzudenken – Arbeitsverfahren auf dem Prüfstand!

Mittlerweile sind auch in wissenschaftlichen Arbeiten Digital-Informationen vermerkt, weithin gekoppelt mit dem Datum des Abrufs. Solche Beiträge sind jeweils ›evaluiert‹ durch Angabe des Verfassers, der Verfasserin. Vor allem PDF-Dateien sind hier wichtig: vielfach eingescannte Druckvorlagen, inklusive Fußnoten.

So weit wie nötig nutze ich das Internet, so weit wie möglich verlasse ich mich auf das Printmedium. Auch hier, vielleicht, eine Neben-Folgeerscheinung der nicht nur eigenen Entwicklung. Zum Werkstattbericht des Logbuchs gehört demnach auch die Erörterung technischer Verfahren.

Die Arbeit am Computer ist längst kein Thema mehr. In der Phase des Übergangs wurde ich nach Lesungen schon mal von einem jüngeren Zuhörer gefragt, ob ich mit einem Computer arbeiten würde; wenn ja, bitte nähere Angaben. Ich verschwieg, dass ich zu jener Zeit noch auf der elektrischen Schreibmaschine tippte, hatte mir eine Antwort zurechtgelegt, die weitere, womöglich insistierende Fragen abblockte: Ich bin über einen städtischen Pool verbunden mit dem Großrechner der Kernforschungsanlage Jülich; die haben derzeit noch Kapazitäten frei. Staunen. Und das Thema war vom Tisch.

Solche Finten sind längst nicht mehr notwendig. Heute könnte eine Frage aus dem Publikum eher so lauten: Haben Sie keine Angst vor Keylogging? Nein, habe ich nicht, mein Haupt-Arbeitsgerät ist offline. So werde ich nicht irritiert durch »Leistungswarnmeldungen«, weil das Gerät im Hintergrund weithin ausgelastet ist mit Virenscanning et cetera.

Auch ich habe mich daran gewöhnt, die (früher delegierte) Arbeitsphase der Texterfassung zu übernehmen, einen möglichst fehlerfreien Datensatz zu liefern.

Unterstützt von seinem Schreiber, erstellte Erasmus, sicherlich in der Bibliothek des Verlegers, die Druckvorlagen, die sofort in Satz gingen. Erasmus, wieder einmal ironisch selbstkritisch: »Welche Notwendigkeit gab es denn, nach dem Wort des Plautus, *in einem Zuge zu fressen und zu furzen*? Wer zwang uns denn, die Ausgabe zu überstürzen?«

Schließlich der »Urwald von Adagia«! Erasmus, distanziert: »Dreitausendmal galt es dasselbe zu wiederholen: Was das Adagium bedeutet, woher es kommt und wie man es anzuwenden pflegt.« Eigentlich ermüdend, doch Erasmus setzte einen Gegenakzent: »Wie bei jeder anderen Arbeit, so hält ganz besonders beim literarischen Schaffen die Abwechslung die Langeweile fern.«

Die Kommentare wuchsen sich vielfach aus zu Essays von mehreren (heutigen) Druckseiten. Da fällt es schwer, mit Zitaten einen Eindruck vom Gesamtwerk zu vermitteln. Hier muss ein Beispiel genügen, dies auch noch stark verkürzt.

Als Beispiel Numero 3001, mit der uns weniger geläufigen Spruchweisheit »Dulce bellum inexpertis, Süß erscheint Krieg den Unerfahrenen«.

»Sehen wir nicht, dass die Allgemeinheit den Frieden liebt und die Monarchen den Krieg anstiften? Dörfer werden verbrannt, Felder verwüstet, Gotteshäuser geplündert, unschuldige Bürger abgeschlachtet, alles Geistliche und Weltliche wird zerstört, während der König würfelt oder tanzt oder sich mit Narren oder bei der Jagd und beim Zechgelage amüsiert.«

Weniger pointierend: »Der Krieg wird aus dem Krieg erzeugt, aus einem Scheinkrieg entsteht ein offener, aus einem winzigen der gewaltigste. Wo denn ist das Reich des Teufels, wenn es nicht im Krieg ist? Wir mögen Krieg und Frieden vergleichen, und es wird klar werden, ein wie großer Wahnsinn es ist, mit so viel Tumult, so viel Strapazen, so einem großen Kostenaufwand, unter höchster Gefahr und so vielen Verlusten den Krieg zu veranstalten, obwohl um ein viel Geringeres die Eintracht erkauft werden könnte.«

So viel zum Kompendium, das ich in der Biblioteca General Histórica de la Universidad de Salamanca mustern durfte. Dreimal wurde das Buch von Zensoren traktiert.

Der erste Zensor hat seinen Namen in das Buch eingetragen: Francisco (de) Ribera. Zeitraum seiner Tätigkeit: 1585. Devise: expurgandus est. Sprich: Dies muss bereinigt werden. Kein anonymer Repräsentant des kirchlichen Zensuramts, vielmehr ein nachweisbarer, dokumentierbarer, sogar in einem Porträt dargestellter Theologe, der in Salamanca lebte und wirkte: Dozent an der Universität. Der Jesuit, Beichtvater der (später heiliggesprochenen) Theresa von Avila, verfasste eine Hagiographie: »Vida de la madre Teresa de Jesús«. Hinzu kam ein umfangreicher Kommentar des Bibeltextes unter dem Stichwort Apokalypse.

»El Padre Ribera«, ein Mann, dessen kräftige Konstitution in einer Chronik rühmend hervorgehoben wurde, er also begab sich an die Arbeit, machte sich über die kommentierte Textsammlung her, und es wurden Wörter unlesbar gemacht, Zeilen schwarz durchstrichen, Absätze mit Papierstreifen überklebt, zusätzlich eingeschwärzt, damit nur ja nichts durchschimmerte. Auch wurden Teile von Seiten herausgeschnitten, ja, ganze Bögen herausgetrennt. Und zuweilen handschriftliche Randbemerkungen, in Latein.

Was könnte er gestrichen haben? Mit Sicherheit eine spezielle Ausführung unter dem Stichwort Silen. »Silene wurden jene Puppen genannt, die im Inneren hohl waren und sich aufklappen ließen. So gefertigt, bot ein Figürchen in geschlossenem Zustand den Anblick eines lächerlichen oder grotesken Flötenspielers, öffnete man es aber, zeigt es dem Betrachter in seinem Innersten plötzlich ein Götterbild.« Es kann aber genauso umgekehrt sein: glanzvolles Äußeres und innen ein Prälat als Lebemann, ausschweifend.

Ein anderer Zensor macht sich an die Arbeit. Er beruft sich auf neue gesetzliche Bestimmungen des Jahres 1613. Das Tätigkeitswort lautet auch hier wieder: expurgare. Sprich: reinigen, säubern. Heute hieße das: löschen. Erstaunlich, demnach wurde also die Arbeit eines Zensors erneut zensiert. Schlussfolgerung: Zensur misstraut der Zensur, kommt erneut auf den Prüfstand.

Es erfolgte ein dritter Durchgang, auf der Grundlage einer wiederum veränderten Regelung von 1640. Auch diesmal kein Name, dafür nennt sich das kirchliche Zensuramt: Santo Oficio.

Aufgeregt blättre ich im voluminösen Band, dessen Papier sich vorzüglich erhalten hat und in dem, offensichtlich, nur die drei Zensoren Arbeitsspuren hinterlassen haben. Dass der erste seinen Namen nannte, es überrascht mich nur im ersten Moment: Er tat ja Gutes, jedenfalls nach eigener Einschätzung, indem er Leser vor Ketzerei schützen wollte. Also trug er sich in ordentlicher Schrift ein. Seine Nachfolger waren vielleicht nicht mehr ganz so stolz auf ihre Arbeit, sie kontrollierten den Kontrolleur, im Abstand jeweils einer Generation.

Wahrscheinlich hat Francisco Ribera monatelang in der damaligen Bibliothek gesessen – oder durfte er das Buch mitnehmen in das Kloster, zum Dienstsitz? Setzte sich hin, um (auch!) diesem Buch Wörter auszutreiben, Sätze zu nehmen, Abschnitte zu rauben. Zufriedenheit, als er seine Tätigkeit beendet hatte? Wie sahen das seine nachfolgenden Kollegen? Fortschreitender Prozess des Expurgierens? Oder wurden Kürzungen, Striche wieder aufgehoben, zuweilen, auf der Grundlage neuer Verordnungen, neuer Gesetze?

Einen Aufsatz über das koordinierte Wirken der Zensoren würde ich gern mal lesen, um mir erneut bewusst zu machen, in welcher Ausnahmesituation ich lebe und schreibe, historisch und geographisch. »Methoden der Zensur des Santo Oficio im sechzehnten und siebzehnten Jahrhundert« als Thema einer Forschungsarbeit. Ein Desiderat – bereits erfüllt?

Abschied, wenigstens hier, von Erasmus, nicht ohne ein weiteres Zitat, diesmal pro domo. In seiner Schrift *Lob der Torheit* äußert er sich auch über »Leute, die mit Bücherschreiben die Unsterblichkeit einfangen wollen. [...] So einer quält sich ohne Ende mit Einfügen, Abändern, Ausstreichen, Neuschreiben, Weglegen, Vorlesen; neun Jahre lässt er das Ding still reifen, nie tut er sich genug, und dies alles um ein Nichts, um ein bisschen Lob, das ein winziges Grüppchen spendet.«

JAHRE NACH DIESER INSPEKTION der Manufakturperiode von Zensur könnte, erst einmal, eine Periode der Selbstzensur einsetzen, womöglich flächendeckend: Alarmierende Nachrichten über kollektive Überwachung durch einen der amerikanischen Geheimdienste, im Verbund mit nationalen Geheimdiensten, auch dem landeseigenen, sowie mit Konzernen wie Google, Yahoo oder Facebook, die zur Weiterleitung von Informationen angehalten, ja, genötigt wurden. IT-Footprints werden verfolgt, Telefonverbindungen werden gespeichert, keiner weiß, wie lange, E-Mails werden bei Suchwort-Fahndungen durchkämmt.

Zuweilen, wenn es mir wichtig wird, schreibe ich reguläre Briefe, als Ausdruck, unterschrieben. Verschicke sie in Umschlag mit Snail Mail, der Schneckenpost. Schrieb kürzlich, halb ironisch, in anderem Zusammenhang, dem Lektor, man könnte in einer E-Mail wohl nicht mehr ohne weiteres erklären, ein Buch, dieses Buch, enthalte Sprengstoff. Schon könnte, in einem Verbund von Großrechnern, das Suchwort *Sprengstoff* registriert werden (obwohl Terroristen so was längst verschlüsseln). Ähnlich könnte es dem Adjektiv *explosiv* ergehen. Auch *Zündschnur* könnte nicht mehr ohne weiteres metaphorisch verstanden werden. In dieses Buch habe ich auch das Wort *Containment* eingebracht, hier könnte das Suchwort-Programm eine Markierung setzen: Behälter von Sprengstoff ...?!

Schon Vorarbeiten zu einem Buch, auch zu diesem Logbuch, könnten erfasst werden, Stichworte, Suchworte vermittelnd: Bücher (mit Blick auf Rudolf Rocker) zum Thema Anarchismus über Fernleihe bestellt! Und zwar online, nicht mehr wie ehedem auf Bestellzetteln, handschriftlich ausgefüllt im Vordruck. Schon sind digitale footprints hinterlassen, einer der »Dienste« könnte Suchanfragen abgreifen, algorithmische Abschätzungen des Nutzerprofils könnten ausgelöst werden, vollautomatisch.

Dafür wird weithin Vorarbeit geleistet. Deutsche Bibliothekare in leitenden Positionen scheinen Sprachdrogen zu verfallen. Dies unter dem Vorzeichen: Bibliographische Daten möglichst großen Nutzerkreisen zugänglich zu machen, am besten global. Eine der Kokain-Prisen: »Neuausrichtung überregionaler Informationsservices«. Noch stimulierender, noch berauschender der Kick: »Cloudbasierte Infrastruktur für Bibliotheken«. Das scheint wie Sniffen zu wirken, man fühlt sich auf der Höhe der Zeit.

So weit ist es schon gekommen: Bibliotheken höchsten Renommees biedern und bieten sich dem IT-Konzern Google an, verschenken (teuer erstellte) Katalogdatensätze in einem (bisherigen) Gesamtvolumen von 50 Millionen. Auch in München möchte man aufschweben in die vielbeworbene Cloud, diesen Megaverbund von Großrechnern, wahrscheinlich in Kalifornien.

Der nächste Schritt könnte sein, vielleicht auch schon in einem der Geheimverträge eingeleitet: Gespeicherte Recherche-Abläufe werden weitervermittelt, damit Nutzer-. ja: Personenprofile. Schon könnte sich der Name mit einem Marker verbinden.

Ein Beitrag von Roland Reuß macht weiter aufmerksam, rückwirkend, auf Vorgänge in den USA: Angestellte einer Bibliothek wurden von einem Geheimdienst genötigt, Leihvorgänge zu vermitteln, dies mit dräuender juristischer Begleitmusik, etwa: Behinderung der Bekämpfung von Terrorismus! Da war Zivilcourage gefragt, wurde Zivilcourage auch gezeigt, doch wie schnell kann da erodiert werden?

Also Vorsicht bei Buchbestellungen, online oder analog? Vorsicht beim Gebrauch möglicherweise vormarkierter Wörter, Begriffe, Formulierungen? Ansätze zur Selbstzensur? Zensur, organisiert, gewinnt an Boden?

UND EINE WOGE baut sich auf (hier aber nur eine Wasserprobe der Wörterwoge): Datenschatten ... Mikroprozessoren ... Satellitenortung ... Zugangskontrollsysteme ... Location Based Services ... Einsatzfelder ... RFID-Funkchips ... Kundenprofile ... Komprimierung von Daten ... Keylogger ... Schadprogramme ... Online-Durchsuchung ... Ermittlungsansätze ... Internet-Protocol-Adresse ... Uniform Resource

Locator ... Logprotokolle ... Identifikationsdaten ... Nutzungsverhalten ... Kommunikationsstrukturen ... digitale Realität ... Ubiquitous Computing ... Mikrokomponenten ... infizierte E-Mails ... Sicherheitslücken ... Kommunikationsschnittstelle ... vorkonfiguriert ... Konfigurationsänderungen ... Radio Frequency Identification ... Signallaufzeiten ... Ortungsmodule ... Satellitenortung ... Standortdaten ... eingebaute GPS-Ortung ... strategische Kontrolle ... präventive Telekommunikationsüberwachung ... Dauerbeobachtung ...

Stanislaw kommt

WÄHREND AUF DER BÜHNE ein königlich wirkender Mann in weitem, weißem Umhang einem Ritter in blinkendem Kettenhemd ein offensichtlich kostbares Schwert überreicht, im feierlichen Gesang unterstützt von einem Chor, der sich vor dem gemalten Prospekt eines Burg- oder Schlosssaales formiert hat, währenddes berichtet der Gastgeber dem Gast, dass sich an Graf Stanislaw, der bald die Loge nebenan betreten wird, äußerlich kaum Besonderes oder Auffälliges zeigt: schmales Gesicht, rasche, die Umgebung gleichsam abtastende Augen, dünne Lippen, was in Bezug auf seine Eigenart beinah verwunderlich sei, andererseits seien solche Lippen umso beweglicher, doch davon später.

Und tief durchatmend, horcht der Gastgeber, Wittlin, noch einmal zur Nebenloge: kein Türenschlagen, keine Schritte, kein Zurechtrücken von Sesseln. Das einzig Auffällige an diesem schlanken, stets elegant gekleideten Mann sei höchstens, dass sein rechtes Bein etwas nachschleife. Aber das behindere ihn nicht, im Gegenteil, er bewege sich schnell, fast könne man sagen: wolfsschnell. Dieses Wort spricht Wittlin so leise aus, dass der Gast nachfragen muss; Wittlin schaut sich rasch um, horcht, flüstert lauter: »Wolfsschnell!« Da nickt Clairmont, lächelt ein wenig. Ein überlegenes oder ängstliches Lächeln?

Fast angestrengt blicken beide nun zur Bühne hinab, sehen hier, wie dem Ritter im Kettenhemd aus einer Seitentüre eine Frau mit wallendem, braunem Haar entgegentritt, singend, wie sich beide nach kurzem Überraschungszögern in die Arme fallen, die Gesichter zum Publikum gedreht, so dass sie in der Umarmung weitersingen können. Der königlich wirkende Mann wendet sich derart entschieden von ihnen ab, dass sein weißer Umhang sich aufbauscht in der Bühnenluft, ein beinah knatterndes Geräusch erzeugt, ehe er mit festem Schritt hinausgeht. Singend verlässt nun auch der Chor den Bühnensaal durch Flügeltüren.

Weil sich absehen lässt, dass der Mann im Kettenhemd und die Frau im blauen Samtkleid für einen längeren Zeitabschnitt singen werden, neigt sich Wittlin wieder zum Gast, berührt dessen linke Schulter mit seiner rechten Schulter, flüstert: Der Graf soll als Kind gebissen worden sein, von einem Wolf, konnte eben noch gerettet werden. Die Bisswunde muss heute noch zu sehen sein, am Oberschenkel: Zahnmarkierungen. Aber sonst: ein, wie gesagt, hagerer, zumindest schlanker, elegant gekleideter, rechts ein wenig das Bein nachziehender Mittfünfziger, begleitet von seiner ein bis zwei Jahrzehnte jüngeren Frau, der Bronislawa. Mit ihr setzt er sich dann in die Loge nebenan und schweigt, wie sich das eigentlich gehört. Aber da soll Clairmont mal abwarten, wie sich das Schweigen entwickelt, wie es sich aushöhlend aufbläht. Ja, anders kann Wittlin das nicht beschreiben: »Es bläht sich aushöhlend auf.« Clairmont schweigt, versucht offenbar, sich das vorzustellen.

Ergänzend bemerkt Wittlin, Graf Stanislaw habe eine ganz andersartige Beziehung zur Oper als beispielsweise er selbst oder sein verehrter Gast aus der Schweiz. Sie würden sich eine Oper ansehen und anhören, würden sich auch einzuhören versuchen, doch gingen sie über dieses Anhören, Hinhören, Hineinhören letztlich nicht hinaus. Anders als bei Graf Stanislaw: ihn packe wiederholt eine wahrhaft verzehrende Leidenschaft zur Oper.

Um dies zu verstehen, müsse man versuchen, sich die Lebensumstände des Grafen zu vergegenwärtigen: er habe, mittlerweile lebensnotwendig angewiesen auf das Einsaugen, das Einverleiben von Geräuschen, in einer beinah kreisförmigen Umgebung des Schlosses die Tiergeräusche teils verschluckt, teils vertrieben. Ein Vertreiben wohlgemerkt nur der Tierstimmen, nicht der Tiere selbst – ein, wie vermutet werde, durch Angst erzeugter Abtrennvorgang der Stimmen von den Stimmträgern.

Wittlin hat das mit hörbar trockenem Mund gesprochen, zieht nun aus seiner Seidenjackentasche eine flache Porzellanflasche, öffnet den Verschluss, bietet die Flasche zuerst Clairmont an, der einen vorsichtigen Schluck nimmt, geduckt: er glaubt, ein verfeinertes Aroma von Knoblauch herauszuschmecken – offenbar so etwas wie ein Korn-Wacholder-Knoblauch-Schnaps, hochprozentig, den Mundraum und eine Strecke Schlund ausätzend, zugleich aber auf überraschende Weise durstlöschend.

Und Wittlin berichtet weiter: Im Tierbereich, beziehungsweise im Tierstimmenbereich ist für Graf Stanislaw, falls er nicht weite, verzweifelt weite Ausflüge macht, im Umkreis des Schlosses nichts mehr zu holen. Aber er ist ja nun auf Geräusche, unter anderem auf Geräusche angewiesen, und so geschieht etwa Folgendes: wenn der Graf in einem der Wohnräume auf und ab geht, leicht, beinah wolfsschnell, und eine Standuhr beginnt zu schlagen, so bleibt er – nach Berichten zuverlässiger Beobachter – wenige Schritte vor der Standuhr stehen, ist offensichtlich ganz Ohr, lässt die hellen, fast gewichtlosen Viertelstundenschläge im Raum verklingen, öffnet erst bei den schwereren, runderen Stundenschlägen fischähnlich den Mund, bildet so eine Einsaug- oder Einflutschöffnung, und mit beispielsweise fünf raschen Schluckbewegungen, die man an seinem (im hageren Hals deutlich ausgeprägten) Kehlkopf leicht beobachten kann, macht er die Stundenschläge unhörbar. Höchstens lässt er das Raumecho des jeweils letzten Stundenschlags übrig, und dieser Nachhall beweist den mit feuchten Handflächen und gekörnter Rückenhaut Horchenden, dass die Standuhr in der Tat geschlagen hat. Und fortgesetzt, als sei nichts geschehen, das Tacken der Standuhr. Wittlin nickt, will damit den Wahrheitsgehalt dieser Geschichte bestätigen, will zugleich ihr Ende markieren.

Schluckt sein Zuhörer wiederholt? Wittlin schaut nur kurz zu Clairmont, will nicht indiskret erscheinen. Nach kurzem Räuspern fragt der Gast, ob sich dieser Vorgang wiederholt. Wittlin lächelt und bestätigt, dies habe sich selbstverständlich schon oft so abgespielt, werde sich auch weiterhin wiederholen: die Stundenschläge wachsen ja stündlich nach! Da nickt Clairmont. Und er will noch etwas wissen – ist nun, zum ersten Mal seit Betreten der Loge, ein lebhafter Gast: Konnte oder kann man kurz nach Verschlucken der Stundenschläge im Magen des Grafen so etwas wie ein Nachschwingen, ein Stundenschlagecho hören? Wittlin wiegt den Kopf: Seine Informanten beobachten derartige Vorgänge nur durch Schlüssellöcher, hören sie durch Türritzen, sie können ihre Ohren nicht an den Bauch des Grafen legen; nur dann könnte eventuell das Nachschwingen oder Schwingecho der Stundenschläge im Magenraum, vielleicht auch im Darmraum zu hören sein. Und Wittlin bekreuzigt sich. Clairmont, aus einer Hugenottenfamilie stammend, bekreuzigt sich nicht.

Ob im Schloss sämtliche Uhren gleichzeitig schlagen, fragt er weiter, oder ist es bei diesen Standuhren, Kaminuhren, Sockeluhren ähnlich wie bei den Kirchturmuhren seines Heimatlandes, die in verschiedenen, in seinem Hörbereich liegenden Dörfern und Städtchen erfahrungsgemäß niemals gleichzeitig einsetzen, sondern vielfach lässt eine Kirchturmuhr den letzten Schlag ausschwingen, während im nächsten Dorf eine andere Kirchturmuhr erst zu schlagen beginnt, und so weiter, reihum: besteht solch eine Verzögerung der Stundenschläge auch im Schloss?

Wittlin erkundigt sich, worauf Clairmont mit dieser Frage hinauswolle. Da entwickelt der Gast folgende Vorstellung: Raum nach Raum durchschreitend, könnte der Graf die Stundenschläge der in seinem Schloss gewiss zahlreichen Uhren einsaugen oder einschlürfen, zwischendurch vielleicht mal ein Fenster öffnend, um die satten Stundenschläge der Kirchturmuhr unterhalb des Schlosses zu schlucken, und nach dem Fensterschließen geht er weiter durch die Räume, schnell, oder wie Wittlin es formulierte: wolfsschnell, und wenn er dabei den ersten Schlag oder die ersten Schläge einer Stand- oder Kaminuhr durch eine Türe hört, gedämpft, damit im Genuss geschmälert, so reißt er diese Türe besonders ungeduldig auf, um in den vollen Genuss wenigstens der restlichen Stundenschläge zu kommen, was ihn gegen Abend zu immer größerer Hast zwingt?

Wittlin schaut Clairmont von der Seite an, prüfend, rückt ein wenig von ihm ab; lächelt der Gast?

VIER: RUDOLF ROCKER, FRAGEZEICHEN

Im weit entfernten Jahr 1974 hatte ich die Erinnerungen des Sozialisten, des Anarchisten Johann Most veröffentlicht in der Gelben Reihe des Hanser Verlags, war damit für das Thema Anarchismus gleichsam akkreditiert. Die Reihe gibt es längst nicht mehr, sie hatte ihre Blütezeit nach 1968 – die Jahreszahl erklärt auch schon, weshalb ein Nachdruck meiner Edition heute kaum noch Interesse wecken würde. Ich blättre: mittlerweile leicht angebräunte Seiten, das ja, und doch bin ich wieder überrascht vom Sprachzugriff jenes Mannes, von seinen oft kessen bis frechen Formulierungen.

Vor der Wende zum neunzehnten Jahrhundert war Most einer der ersten libertären Sozialisten, die Aktivität in der Gewerkschaftsbewegung forderten. Most erkannte, dass anarchistische Gruppen sich weithin isoliert hatten, »damit mehr oder weniger einflusslos« geworden waren, dass eine »Massenerhebung ohne Massen schlechterdings unmöglich« ist, dass man die Massen nur revolutionieren kann, wenn man sich unter sie »mischt« und zwar dort, wo man sie »am leichtesten« antrifft, »und das ist der gewerkschaftliche Boden«. Dafür plädierte Most (zumindest zeitweilig) als Publizist in seiner Zeitung, in Schriften. Und, vor allem, als Redner, der alles rasch und plausibel auf den Punkt brachte.

Vorarbeiten zur Publikation der Erinnerungen von Most hatte ich im Amsterdamer Institut für Sozialgeschichte verbunden mit Recherchen zu Rudolf Rocker. Eine direkte Verbindung: Rocker war Autor auch eines Buchs über Most.

Das Sichten von Dokumenten über Rocker erst einmal mit vagen Intentionen, sprich: ohne Absprache mit dem Verlag. Motivierend, stimulierend: Bewunderung für das selbstlose

Engagement des katholischen Buchdruckers aus Mainz für jüdische Textilarbeiter im Londoner East End. Und für seine publizistische Unterstützung der Republik im Spanischen Bürgerkrieg. So dachte ich schon in Amsterdam an einen weiteren Band der Gelben Reihe: eine Auswahl von Schriften des Rudolf Rocker. Das zog und zog sich aber hin …

Für eine Festschrift zu einem runden Geburtstag des Publizisten Walter Fabian (wir wohnten damals im selben Haus zu Köln) verfasste ich 1980 über Rocker einen Beitrag, von dem sich immerhin ablesen lässt, wo der Zündpunkt meines Interesses lag: seine Aktionen in London als »Modell einer Solidarisierung«. Mit diesem Beitrag hätte der Band bei Hanser eigentlich auch eröffnet werden können.

RUDOLF ROCKER wurde am 25. März 1873 geboren. Sein Vater war Notenstecher, die Mutter stammte aus einer »alten Mainzer Familie«. Die Eltern starben früh, Rudolf kam in ein katholisches Waisenhaus. Nach Beendigung der Schulzeit ging er bei einem Buchbinder in die Lehre, wanderte als Geselle durch europäische Länder. Rocker in einem späteren Zeitungsbericht: »Dabei habe ich überall mit der freiheitlichen Bewegung Fühlung genommen und mich aktiv in ihr beteiligt.«

Durch das Bismarck'sche Sozialistengesetz zur Emigration gezwungen, lebte Rocker von 1893 bis 1895 in Paris, »und hatte während dieser fruchtbaren Zeit Gelegenheit, mich mit den sozialen Bestrebungen der Gegenwart gründlich vertraut zu machen«.

Als Dreiundzwanzigjähriger kam er nach London. März 1896 wurde er um einen Beitrag für die jiddische Zeitung *Arbeter-Fraint* gebeten – erster Kontakt mit Ostjuden im Londoner Ghetto.

Rocker über die Situation der jüdischen Emigranten vor allem aus Russland: »Die jüdische Arbeiterbewegung in London hatte natürlich einen ganz anderen Charakter als in Paris, wo damals nur einige Gruppen jüdischer Sozialisten bestanden. Hier in London aber lebten viele Tausende jüdischer Arbeiter, die das Schicksal nach England verschlagen hatte, unter recht gedrückten wirtschaftlichen Verhältnissen, wie ich sie vorher nie kennengelernt hatte. Die große Mehrheit war in der Konfektionsschneiderei beschäftigt, doch gab es auch genug andere Berufe unter ihnen wie Tischler, Schuhmacher, Bäcker, Zigarettenmacher, Hutmacher usw. London war zu jener Zeit eine Art clearing house für die jüdische Arbeiterschaft. Von Russland, Galizien, Rumänien brachte die Einwanderung stets neue proletarische Elemente, während andere, nachdem sie einige Jahre in London gelebt hatten, nach den Vereinigten Staaten, Kanada, Südafrika und Argentinien auswanderten, so dass sich der Kreis stets veränderte. Viele dieser Arbeiter empfingen in London ihre erste sozialistische Erziehung und trugen die neuen Ideen in andere Länder. Sie bezogen aus London den *Arbeiter-Freund* und die Broschüren, die sie in ihrem neuen Wirkungskreise benötigten, und blieben stets mit den Genossen in England in enger Verbindung. Als sich später die erste jüdische Arbeiterbewegung in Russland entwickelte, gingen manche zurück in die alte Heimat und erhielten ihr Propagandamaterial insgeheim aus England.

Die große Mehrheit der jüdischen Sozialisten in England war Anhänger der Lehren Kropotkins und des freiheitlichen Sozialismus. Ihr Organ, der *Arbeiter-Freund*, wurde zwar als unparteiische Zeitung gegründet, an der Sozialisten aller Richtungen mitarbeiteten, wurde aber später das Blatt der freiheitlichen Ideenrichtung und ist es stets geblieben.

Es würde zu weit führen, hier in allen Einzelheiten zu erzählen, wieso ich die jüdische Sprache erlernte und die Redaktion des *Arbeiter-Freund* übernommen habe, obwohl es an sich sehr interessant ist. Es war sozusagen reiner Zufall, der mir dieses neue Wirkungsfeld erschloss, und ich hatte damals sogar keine Ahnung, wie lange ich dieser Bewegung verbunden bleiben würde.«

Kurz sei noch berichtet, wieso Rocker Redakteur des *Arbeter-Fraint* wurde (Organ der »Föderierten Jiddisch sprechenden anarchistischen Gruppen in Groß-Britannien und Paris«). Der erste, zufällige Kontakt ergab sich, wie erwähnt, mit der Bitte der Redaktion um einen Artikel. Rocker erfüllte den Wunsch, der Artikel wurde ins Jiddische übersetzt und veröffentlicht. Damit ergaben sich weitere Kontakte zur Gruppe *Arbeter-Fraint*, Rocker wurde zu Veranstaltungen eingeladen. Die nahm er gerne an: Ideologische Auseinandersetzungen und Bruderkämpfe unter deutschen Sozialisten in London hatten ihn frustriert, im East End sah er jedoch die Möglichkeit, politisch aktiv zu werden.

Er mietete sich im Stadtviertel der Ostjuden ein, bei einem Handwerker, in dessen Wohnung sich »Genossen des inneren Zirkels der jüdischen Bewegung« trafen. Hier lernte er Milly Witkop kennen, aktives Mitglied der Gruppe *Arbeter-Fraint*. Die damals achtzehnjährige Tochter eines emigrierten ukrainischen Schneiders arbeitete in einem »sweating shop«, einem der Ausbeutungsbetriebe der Textilindustrie im East End. Angesichts unerträglicher sozialer Verhältnisse befasste sich Witkop mit sozialen Fragen und schloss sich der anarchistischen Bewegung an.

Milly wurde später Rockers (zweite) Frau. Ein längerer Aufenthalt Rockers in den Vereinigten Staaten unterbrach den direkten Kontakt mit der Gruppe *Arbeter-Fraint*.

Nach seiner Rückkehr nahm er sogleich wieder die Verbindung auf. Inzwischen hatte die Zeitung ihr Erscheinen einstellen müssen. Rocker, so schlugen die Genossen vor, solle sie neu herausbringen. Dazu war Überredung notwendig, er beherrschte nicht die jiddische Sprache. Doch man wollte dolmetschen und übersetzen, wollte ihm helfen. Daraufhin übernahm Rocker die Schriftleitung des *Arbeter-Fraint*. Die erste Ausgabe erschien Oktober 1898.

Mit Nachdruck lernte er Jiddisch, begann, in der Sprache zu schreiben, verfasste eine Artikelserie, die er als ersten Versuch bezeichnete, »in dieser Sprache die Geschichtsauffassung des Marxismus kritisch zu beurteilen«.

Die Gewerkschaftsbewegung hatte es unter den Ostjuden Londons schwer. Viele der Emigranten wollten nur das Geld verdienen für die Überfahrt nach Nordamerika, waren also kaum dazu motiviert, sich in der Übergangszeit einer Gewerkschaft anzuschließen. Hinzu kamen religiöse und nationalistische Probleme. So lehnten Zionisten und Orthodoxe die Gewerkschaftsarbeit, überhaupt jegliche Berührung mit sozialistischen Bestrebungen ab, sie befürchteten den Verlust religiöser Substanz – die Mehrzahl der jüdischen Arbeiter war konservativ, war orthodox. Hier musste viel Bildungs- und Emanzipationsarbeit geleistet werden. Eins der Mittel dazu: *Arbeter-Fraint*. Man beschränkte sich hier nicht auf Analysen der sozialen Lage, der politischen Situation, man sah auch in Literatur, in Kunst überhaupt ein Mittel, Bewusstsein freizusetzen. Manche jüdischen Autoren veröffentlichten erste Gedichte und Kurztexte im *Arbeter-Fraint*. Das wurde von Rocker entschieden gefördert.

Als er später die Monatsschrift *Germinal* herausgab, legte er besonderen Wert auf die literarische Abteilung. Die Monatsschrift sollte, laut Rocker, »vor allem dazu dienen, die Ideen zu vertiefen und die Leser mit allen freiheitlichen Bestrebungen der modernen Literatur und des zeitgenössischen Denkens bekannt zu machen.« *Germinal* wurde im Untertitel bezeichnet als »Organ für anarchistische Weltanschauung«.

Rocker arbeitete mit verschiedenen Ansätzen für die Emanzipation ostjüdischer Arbeiter im East End: als Redakteur, als Kolumnist, als Lehrer, als Redner, als Organisator. Er wollte möglichst viele Anhänger für den freiheitlichen Sozialismus gewinnen, wollte zugleich die sozialen Verhältnisse im East End verbessern. Ideologischer Purismus der Lehre interessierte ihn nicht weiter; was er vorantrieb, war letztlich Reformismus, während viele Anarchisten die Revolution wollten, die Zerstörung der kapitalistischen Gesellschafts- und Wirtschaftsform. Rocker war da entschieden pragmatischer; er wollte die Arbeiter »nicht mit dem Ideal der fernen Zukunft abspeisen, anstatt an die unmittelbaren Verbesserungen ihrer Lebenslage heranzutreten«.

Hier waren Verbesserungen in der Tat (über)lebensnotwendig: Armut im jüdischen Ghetto. Tausende, so berichtet

Rocker in seinem autobiographischen Konvolut, hatten noch nie in einem Bett geschlafen, man verkroch sich in Höhlen und Löchern. Er sah Tausende von Menschen, die von Hunger und Erschöpfung so geschwächt waren, dass sie zu keiner Arbeit mehr fähig waren; in Lumpen, verdreckt und verlaust, suchten sie Essensreste im Müll, vor allem nach Marktschluss, bettelten und stahlen.

Wer Arbeit hatte, wurde härtesten Bedingungen unterworfen. Der größte Teil der Emigranten war in der Textilindustrie tätig. Die Unternehmer (vielfach selbst Emigranten) wohnten im West End, hier arbeiteten auch etablierte Schneider. Von diesen Unternehmern wurden im East End Subunternehmer angestellt und bezahlt, die ihrerseits Arbeiter einstellten und bezahlten. Von diesen Vollarbeitern wurden wiederum Hilfsarbeiter angestellt und bezahlt: jeder Bügler hatte Hilfsbügler. So war ein »grausames Antreibungssystem« entstanden: Subunternehmer wurden von Unternehmern unter Ausbeutungsdruck gesetzt, Vollarbeiter wurden von Subunternehmern unter Ausbeutungsdruck gesetzt, Hilfsarbeiter wurden von Vollarbeitern unter Ausbeutungsdruck gesetzt: Subunternehmer und Vollarbeiter wurden so gering wie möglich bezahlt und zahlten ihren Arbeitskräften wiederum so wenig wie möglich. Da es genügend Emigranten gab, die unter allen Umständen zu arbeiten bereit waren, besaß dieses System Kontinuität. Bei hohem Auftragsbestand wurde Tag und Nacht geschuftet, und das bis zur völligen Erschöpfung, bis zum Zusammenbruch; bei schlechter Auftragslage wurde gehungert.

Rockers Ziel war es, gemeinsam mit seinen Freunden dieses besonders grausame Ausbeutungs- und Unterdrückungssystem zu beseitigen. Zunächst musste dazu ein Gefühl, ein Bewusstsein von Solidarität unter Arbeitern entwickelt werden, Aufklärung und Instruktion waren notwendig. Das freilich hielten neue Emigranten, vor allem aus Russland, für zu umständlich und zeitraubend, ihnen erschien die soziale Bewegung im East End zu lahm und zu zahm, sie bestanden auf augenblicklicher Zerstörung des Gesellschaftssystems. Rocker und seine Freunde hingegen sahen noch keine Basis für Massenaktionen; freiheitlicher Sozialismus sollte nicht von einer Kadergruppe durchgesetzt werden, und das mit Gewalt, Sozialismus sollte sich durch die Mehrheit der Arbeiterschaft spontan realisieren. Diese Mehrheit galt es zu gewinnen, in geduldiger, jahrelanger Arbeit.

So kam es erst 1912 zur großen Befreiungsaktion gegen das Sweating System. Auslösend ein Streik der vergleichsweise privilegierten jüdischen Schneider im East End. Von den Unternehmern wurde als selbstverständlich vorausgesetzt, dass die Textilarbeiter sich dem Streik nicht anschließen, sondern weiter produzieren würden. Doch Rocker und sein Zirkel riefen sofort auf zu einem Sympathiestreik: Diese Stunde durfte nicht verpasst, diese Gelegenheit nicht versäumt werden; die anarchistische Föderation sprach sich einstimmig für Streik aus.

Darauf fand in der Great Assembly Hall ein Massenmeeting von Textilarbeitern statt, einberufen vom Vereinigten Komitee jüdischer Schneidergewerkschaften. Vor rund 8000 Zuhörern sprach Rocker als Vertreter der Anarchisten-Föderation, ein mittlerweile bekannter, ja, berühmter Redner, der auch in seiner zweiten, der jiddischen Sprache rhetorische Verve entwickelte. Er weckte »tosenden Beifall« mit der Forderung nach einem Streik aller Textilarbeiter. Die Teilnehmer der Versammlung traten sofort in den Ausstand, ohne die (freilich nur formellen) Beschlüsse ihrer Organisationen abzuwarten. Weitere 5000 Arbeiter schlossen sich in den folgenden Tagen an.

Der Streik sollte nicht bloß Sympathiestreik bleiben – Rocker und die Seinen sahen nun die Möglichkeit, Forderungen gegenüber der Master Association durchzusetzen: Festgelegte Arbeitszeiten, keine unbezahlten Überstunden mehr, Aufbesserung der Löhne. Dazu: Auflösung sehr kleiner Betriebe; in den übrigen sollten allein Gewerkschaftsmitglieder eingestellt werden. Selbstverständlich wurden die Forderungen von den Unternehmern erst mal abgelehnt.

Rocker setzte sich in diesem Kampf rückhaltlos ein. Sechs Uhr morgens ging er in die Redaktion des *Arbeter-Fraint*, der nun als Kampfblatt täglich erschien; nach elf nahm er an Sitzungen der Streikkomitees teil, hielt Reden auf drei, vier Streikversammlungen, versuchte als Vorsitzender des Finanzkomitees Gelder zu beschaffen bei Privatleuten und Organisationen. (Es gab damals noch keine Streikkassen – die hätten bei den minimalen Einkünften der Arbeiter kaum gebildet werden können.) Erst nachts gegen zwei kehrte Rocker in die Wohnung zurück, drei bis vier Stunden Schlaf, und wieder Redaktionsarbeit.

Nach der sechsten Streikwoche fand eine Massenversammlung statt; Rocker forderte die Arbeiter auf, weiter durchzuhalten; großer Beifall und einstimmiger Beschluss, den Streik fortzuführen. Kurz darauf gaben die Unternehmer nach: Die Forderungen der jüdischen Textilarbeiter-Gewerkschaften wurden akzeptiert.

Die jüdischen Arbeiter wussten, wem sie vor allem den Erfolg zu verdanken hatten; Rocker berichtet: »Nach dem Streik wurde es mir etwas unbequem, auf die Straße zu gehen, denn die Dankbarkeit dieser jüdischen Arbeiter für meine bescheidene Mitwirkung in diesem Kampf war wirklich grenzenlos.«

DER AKT DER SOLIDARISIERUNG im Londoner East End: starker Impuls, Rocker noch mehr Präsenz zu verschaffen. Denn er war in den siebziger Jahren auf dem Buchmarkt kaum noch vertreten. Wenigstens lag eine (auf etwa ein Fünftel reduzierte) Auswahl-Ausgabe seiner (weithin ausufernden) Memoiren vor in der *edition suhrkamp*. Weitere Schriften und Bücher waren nur noch antiquarisch greifbar – eher Zufallsfunde in jener Ära vor dem World Wide Web (also auch vor einem Zentralverzeichnis Antiquarischer Bücher). Angemessen (aber noch zeitgerecht?) also mein Plan, eine Auswahl von Schriften Rockers herauszugeben.

Auch mit Blick darauf also die Recherchen im »Internationaal Instituut voor Sociale Geschiedenis«. Ich saß in Fensternähe, um – von gedruckten, getippten, handgeschriebenen Texten des Rocker-Archivs aufblickend – über der Herengracht die Möwen zu sehen, die ich fast unablässig hörte.

Nach der Rückkehr schrieb ich Fermin Rocker an, Sohn in London. Der Maler lud mich ein, wollte mir Wirkungsstätten seines Vaters und seiner Mutter Milly zeigen. Auch kam ein Regisseur ins Gespräch und das Projekt eines englisch-deutschen TV-Features über Rocker. Doch die Resonanz auf meinen Editionsvorschlag blieb mehr als verhalten, und so verlor sich der Impuls. Es verflüchtigten sich auch die englischen Kontakte.

Immerhin ergab sich, von Fermin vermittelt, ein Kontakt mit Augustin Souchy, Senior unter Anarcho-Syndikalisten, unter früheren Berufsrevolutionären, vormals aktiv in mehreren Ländern, hauptsächlich jedoch in Deutschland. Zwischen den Weltkriegen arbeitete er in Berlin gemeinsam mit Rocker in der Geschäftskommission der FAUD, der Freien Arbeiter-Union Deutschlands, vereinte mit dieser Union diverse anarcho-syndikalistische Gruppierungen zu einer Internationalen Arbeiter-Assoziation; gemeinsam führten sie in Berlin das »Internationale Sekretariat«.

Souchy unterstützte die anarcho-syndikalistische Organisation Spaniens (CNT) während des Bürgerkrieges. Auch er musste nach dem Sieg der Franquisten aus Katalonien fliehen, wurde in Frankreich interniert, ging 1942 in Mexiko ins Exil, publizierte weiterhin über Freiheitlichen Sozialismus, kehrte 1948 nach Europa zurück. Bekannt wurden vor allem seine Bücher *Nacht über Spanien* und (1977) seine Erinnerungen *Vorsicht: Anarchist!*

Souchy, Publizist im Rentner-Status, hauste in einem Apartment eines Wohnblocks in der Münchner Leonrodstraße. Was mir auffiel, was ich noch vor Augen habe: Der hagere Mann hatte am Gürtel ein metallenes Brillenetui befestigt wie eine Patronentasche, jedoch waagerecht. Meist lag er auf dem Sofa – gesundheitliche, nicht weiter erwähnte Probleme – und doch stand er, sprang er mehrfach auf, holte aus dem Schrank ein Plakat oder eine alte Schrift, Fotos oder Briefe von Rocker, las vor, legte vor, sprach con fuoco.

Zu Beginn der achtziger Jahre wurde er von den Medien entdeckt als eloquenter Gesprächspartner, als wichtiger Zeitzeuge. Ein paar Zitate aus einem seiner Interviews – stellvertretend für unser Gespräch, über das ich keine Aufzeichnungen gemacht hatte.

Der 1983 bald Neunzigjährige sah keinen Anlass, von früherer Überzeugung abzurücken: »Ja, ich bin immer noch Anarchist. Allerdings halte ich es mit dem Philosophen Immanuel Kant. Der hat gesagt: ›Anarchismus ist Gesetz und Freiheit ohne Gewalt.‹

Was wir Anarchisten wollten, ist noch immer durch die Postulate der Französischen Revolution von 1789 ausgedrückt.

Gewalt und Anarchismus haben an und für sich nichts miteinander zu tun. Anarchismus ist nur gewaltfrei denkbar. Mit Gewalt kann man eine Ordnung niederschlagen, beseitigen. Mit Gewalt kann man auch eine neue Ordnung aufrichten, aber mit Gewalt kann man keine freie Gesellschaft schaffen. Wenn man dazu Gewalt benutzt, ist sie ja nicht mehr frei. Gewalt ist Zwang, und Zwang ist der Antipode der Freiheit.«

Noch ein Satz zum Stichwort, Leitwort Anarcho-Syndikalismus: Diese Bewegung »begnügt sich nicht mit dem Kampf für bessere Lebensbedingungen der Arbeiter, sondern die Gewerkschaften in den Betrieben sollten auch die Keimzellen sein für den Aufbau einer neuen Gesellschaft.«

So muss festgehalten werden, dass es nicht um die Befreiung des Individuums aus einem System der Reglementierung, der Konditionierung geht, sondern um spontane Bildung solidarischer Gruppierungen ohne zentrale Leitung. Die Betonung lag auf *freien* Gewerkschaften. Die wurden von hierarchisch geführten Massenorganisationen befehdet, ja, bekämpft.

Auch nach der Begegnung mit Augustin Souchy: der Editionsplan rückte zuweilen in den Hintergrund, nach vorn schob sich der Impuls, einen Text zu entwickeln, der in *Form* umsetzt, was Rocker programmatisch verkündet hatte: Befreiung von Hierarchie. Anders formuliert: Was er in einer weithin erstarrten Gesellschaft verwirklichen wollte, es soll modellhaft einen Text organisieren – Freisetzung statt hierarchischem Konstrukt. Ein Text also, in dem nicht *über* die Befreiung von Hierarchie geschrieben wird, ein Text, der *sich selbst* von Hierarchie befreit.

Stimulierend, animierend ein Artikel von Gustav Landauer: *Anarchische Gedanken über Anarchismus*. Hier suchte ich Legitimation für den Versuch, einen anarchistischen Text über Anarchismus zu entwickeln.

Landauer betonte, die Veränderung der Gesellschaft müsse ansetzen bei der Veränderung des Einzelnen. Es gehe darum, »sein eigenes Wesen neu zu formen und danach die Umgebung, seine Welt, zu gestalten, so weit man ihrer mächtig ist«. Jedoch: »Die neue Welt schaffen, ohne in fremdes Leben einzugreifen.« Und: »Dass diese Freiheit erst im innersten Menschen geboren und erzogen werden muss.«

So legte ich mir zurecht: Wenn sich der »innerste Mensch« verändert, muss sich auch die Form seiner Artikulation ändern. Umgekehrt: freigesetzte Artikulation könnte befreiend rückwirken auf den »innersten Menschen«.

Und die Form? Noch einmal Landauer. Eigentlich müsste sein Beitrag überschrieben sein: Gedanken eines Anarchisten über Anarchie. Denn es ist nichts anarchisch an diesem Text, der verharrt in konventionellem Duktus, in vorgeprägten sprachlichen Abläufen – wenn auch mit prägnanten Einsprengseln. Soll tradierten Gesellschaftsformen eine neue Gesellschaftsform entgegengesetzt werden, so muss, so müsste auch tradierten Textformen eine neue Textform entgegengesetzt werden.

Unter diesen (hier nachträglich akzentuierten!) Vorzeichen ein Experiment, 1980 veröffentlicht im Sammelband *Auf der Zeitachse*: »Rudolf Rocker, ein Fragment«. Kein Essay, der von einem (womöglich festen) Standpunkt aus disponiert über Materialien, Daten, Zitate, damit letztlich über Rocker selbst, sondern: Textstücke, die sich keinem hierarchisch organisierenden Kontext verpflichten, logisch, stringent. In gelegentlichem Textkontrast: Zitate aus einer der großbürgerlichen Zeitschriften jener Ära, damit aus Rockers Gegenwelt. Ein Beispiel:

»Man sieht in England oft blühende junge und auch ältere Damen eifrig und mit großem Geschick rudern, und das helle Vergnügen an der kräftigen Bewegung schaut ihnen dabei aus den Augen – das ist eine gesunde Bewegung! Vornehmer und exklusiver ist es jedoch, an dem Steuerruder einer eleganten Dampfbarkasse zu stehen und die Themse dort, wo das Wasser stiller zwischen Wiesen und Parks entlanggleitet, das Fahrzeug hinauszusteuern. Es ist erstaunlich, wie kräftig die oft zarten Hände solcher steuernden Damen sind und welchen Mut und welche Entschlossenheit sie besitzen. Mit voller Kraft fährt hier das Dampfboot, sicher geleitet von der schlanken Schönen.«

Dies als Medium der Kontrastbildung – damit kann ich mich nicht mehr überzeugen; ich werde im Spielraum der Sprachen des Mannes bleiben, der wenigstens zwei Jahre in Paris, einige Jahre in London verbracht hat, symbiotisch auch mit der jiddischen Sprache.

AUF STÜHLEN UND AUF DEM BODEN mehrere Herren in dunklen Anzügen mit Westen, Krawatten, einer von ihnen mit Zigarre, einer mit steifem Hut, und sie alle haben gepflegte Schnurrbärte. Hinter den Herren, die Angestellte einer Bank sein könnten, zwei Damen in Kostümen der Jahrhundertwende, mit breitrandigen Hüten; auf einem Hut eine breite, weiße Feder, unter einem anderen, leicht beschattet, ein schönes Frauengesicht: slawische Backenknochen, ein schmaler, großer Mund, dunkle Augen.

Es sind Damen und Herren einer Londoner Anarchistengruppe; in ihrer Mitte Rudolf Rocker. Untersetzte, schwere Figur, massiger Kopf; der Schnurrbart die Mundwinkel überdeckend; Drahtgestellbrille; auf dem dichten, welligen Haar kess eine flache Schirmkappe; die breiten Hände auf dem Griff eines Spazierstocks, den er zwischen den Füßen aufstützt.

Dieser Mann fällt auf, sofort, zwischen den freundlichen Herren, von denen zwei mit der schönen Dame sogar Händchen halten, ein offenbar eigenwilliges Mannsbild, seiner besonderen Rolle bewusst. //

... they view the primary purpose of the state as being the defence of private property, and therefore of economic, social und political privilege ...//

Rocker in der Zeitschrift *Jewish Frontier*: »Mein Vater war Protestant, meine Mutter Katholikin, doch gab es in unserer Familie keine religiösen Vorurteile, und wir wurden ziemlich frei erzogen. Obzwar meine Geburtsstadt, Mainz, seit alten Zeiten eine ziemlich starke jüdische Bevölkerung besaß, wurde ich in meiner Jugend mit Juden nicht näher bekannt.« //

... ejns, tswej, draj, fir, arbetlose senen mir, nischt gehert chadoschim lang in farbrik dem hammer-klang, 's lign kejlim kalt, fargesn, 's nemt der sschawer sej schojn fresn ...//

Bekehrungserlebnisse bei der Lektüre von Schriften Bakunins und Kropotkins. Rocker zu früher Lektüre von Bakunins *Gott und der Staat*: »Ich verschlang diese Schrift mit der ganzen Begeisterung meines jugendlichen Empfindens. Was dabei den stärksten Eindruck auf mich machte, war der unbändige Freiheitsdrang, der aus jeder Zeile glühte.« //

... leur idéologie n'est absolument pas synonyme de désordre social ou d'anomie mais au contraire d'ordre social absolu grâce notamment au collectivisme anti-capitaliste ...//

»Es gelang mir«, so Rocker, »einen Kreis von Damen und Herren zusammenzuführen, um dramatische Werke mit verteilten Rollen zu lesen. Auch einige der Bundestagsgesandten, die man sonst nur am Kartentisch zu sehen gewohnt war, nahmen an dem Verein teil, und es überraschte allgemein, dass einer unter ihnen, ein ehemaliger Minister und den Kammern seines Landes wegen seiner reaktionären Richtung besonders verhasst, sich vor allen durch Feuer und Schwung im Vortrag auszeichnete.« //

... believe that workers' organizations that oppose the wage system will eventually form the basis of a new society und should be self-managing ...//

Auf einer Fotografie drei Reihen Männer, internierte Deutsche in einem englischen Lager des Ersten Weltkriegs. Bildunterschrift: »Innere Verwaltung des Bataillons B im

Alexandra Palace«. Und da sitzt Rudolf Rocker in der mittleren Reihe genau zentral, die auf dem Boden hockenden Männer vor ihm ein wenig auseinandergerückt, und er hat den linken Unterarm salopp über das rechte Knie geschrägt, hat die breite Hand am Knöchel aufgelegt, schaut in die Kamera. Sein schwarzer Krauskopf nun ohne Kappe, sein mächtiger Schnauzbart weithin die Mundwinkel überdeckend, und was er –

BEVOR DIE LOGBUCH-DATEI an meinen Lektor geht, schaue ich die Texte wieder einmal kritisch durch und hier scheint mir eine kurze Standortbestimmung angebracht, ja, notwendig: Macht sich mit solchen Versuchen etwas selbständig? Geht Kontakt verloren zur Rezeption, wie sie heute den öffentlichen Diskurs, wie sie das Marktgeschehen bestimmt?

Positionsbestimmung im Seitenblick: Die Frühjahrsausgabe 2014 der Zeitschrift *Neue Rundschau* stand unter dem Leitthema »Manifeste für eine Literatur der Zukunft«. In vielfach spontanem und intensivem Zugriff äußerten sich Autorinnen und Autoren, die durchweg jünger sind als meine Söhne. Als Inaugurator und Koordinator Jan Brandt.

Von ihm übernehme ich einleitend ein Statement, das mir Mut macht, nachwirkend, für den Versuch, eine literarische Form zu entwickeln, die Anarchismus nicht nur heranzitiert, sondern formal umsetzt. Also kein Text im weithin erwünschten »straight on«. Doch damit: unangebracht, vermessen?

Brandt: »Die Sehnsucht nach Reduktion und Begrenzung, die wir jetzt erleben, ist keine Folge des textuellen Überangebots, diese Sehnsucht hat es immer gegeben, weil die Wirklichkeit kompliziert ist und die Flucht in andere, überschaubare Welten verlockend.«

Ja, sage ich mir und nicke mir zu: Flucht in Vereinfachung findet im Logbuch nicht statt. Und, aufatmend: ich könnte also Verständnis finden.

Weithin marktbeherrschende, weil auf den einfachsten Nenner gebrachte Formen der Literatur finden auch bei Olga Martynova keine Resonanz, da wird sie ironisch.

»Als habe es das 20. Jahrhundert nie gegeben. Weicht jemand ein kleines bisschen ab von der einfachsten linearen Narration, heißt es gleich: Innovation! Oder: schwere Kost. Schön, aber verworren. Die geringfügigsten formalen Eigenmächtigkeiten werden als Entdeckungen gefeiert. Oder aber alles, was ungewöhnlicher ist als das: ›Sie schaute aus dem Fenster. Er ließ die Tür ins Schloss fallen. Die lieblose Nacht brach an‹ wird als überkandidelt empfunden. [...] Als habe es weder James Joyce noch Georges Perec, weder Marcel Proust noch Andrej Belyi, weder Virginia Woolf noch Bruno Schulz gegeben. Keinen Musil und keinen Nabokov. Nicht einmal das 19. Jahrhundert! Musikhörer und Kunstbetrachter scheinen mit einem besseren Kulturgedächtnis ausgestattet zu sein als Leser. Niemand wundert sich, dass Gegenwartsmusik anders klingt als Händel, Wagner oder Richard Strauss und dass in den Museen für Gegenwartskunst kein Rodin zu erwarten ist.«

Auch sie votiert für »komplizierte« Bücher. Und wird mehr als ironisch: »Zwar kann sich die Literatur freiwillig vereinfachen und verblöden, aber das ändert nichts: Die Vereinfachung und Verblödung läuft dann einfach noch schneller ab. Die Schere bleibt. Wenn wir als Leser einem Buch folgen, das wir nicht ganz begreifen, werden wir es vielleicht nie einholen, dafür aber unsere Denkmuskeln trainieren. Folgt umgekehrt die Literatur uns Lesern und befreit sich atemlos von allem, was ihren Lauf beschwert, holt auch sie uns nie ein, aber sie verliert alles, was sie hat.«

Bestätigend auch Juan S. Guse, in einer kleingedruckten Anmerkung zu seinem Beitrag: »Lesen ist kein passiver Wellnessakt, sondern Arbeit.«

BESTÄTIGUNG, DENNOCH SELBSTKRITIK. Es liegt vor: Befreiung von hierarchischer Struktur als Textmodell. Somit wie jedes Modell ablösbar durch ein anderes, weiterführendes Modell. Im Rückblick sehe ich im *Fragment* weniger die Öffnung eines Freiraums, eher fragwürdige Beliebigkeit. Könnte sich nicht das Vorurteil bestätigen, Anarchie bedeute Ordnungslosigkeit? Anders gefragt: Ist hier nicht ein Textmuster entwickelt, hinter dem Rocker an Konturen verliert? Blick auf ihn wie durch ein Kaleidoskop, damit: Aufsplitterung?

Ich kehrte zurück zum alten Plan, eine Auswahl von Texten Rockers zu veröffentlichen. Buchbestellungen über Fernleihe. Was ich erhoffte: Meine Bewunderung wird bestätigt, verstärkt. Und ich würde denn im Gespräch mit Michel Krüger die nötige Überzeugungskraft entwickeln können – schon sind Jahre vergangen seit dem Termin im Amsterdamer Institut.

Ein Bändchen: *Vom anderen Ufer*, 1926 in Berlin erschienen; Aufsätze und Artikel, die Rocker zwischen 1903 und 1908 für *Germinal* verfasst hatte, »nun übersetzt, ergänzt und teilweise umgearbeitet, um sie in dieser Form dem deutschen Lesepublikum zu vermitteln.«

Im ersten Buchkapitel: keine Informationen über die Monatsschrift, vielmehr hymnische Evokation: »Germinal! Wie ein ferner Ruf vom anderen Ufer zittert es hoffnungstrunken durch die eisige Winternacht. Germinal! Erneuerer des Lebens, Künder eines neuen Werdens, Geist der Zerstörung, schaffender Geist, wir grüßen dich! Durch das fahle Dämmergebilde einer missratenen Gegenwart fühlen wir den warmen Odem des Kommenden, wir, die mit dem Fluche des Jahrhunderts Belasteten, denen bange Sehnsucht im Herzen frisst wie eine rotglühende Flamme.«

Abschätzig wird sodann von den »Neunmalweisen« geschrieben; ihnen stellt Rocker Menschen gegenüber, die das »Kainszeichen der Freiheit auf der Stirne« tragen, in deren »Seele sich gärender Drang und himmelstürmender Rebellentrotz« birgt, deren Wege über »Abgründe und Tiefbegrabenes« führt, die das »Ungewöhnliche und Seltsame« anzieht, die es »dürstet nach neuen Quellen und verborgenen Wundern. Pfadfinder der Zukunft sind es, Bannerträger der Begeisterung und Bejaher des Lebens. Ihr Blick ist rein, ihr Schritt leichtbeschwingt, denn ihr Geist ist nicht beladen mit den Überlieferungen der Knechtseligkeit, die uns mit eisernen

Ketten an die banalen Tatsachen des historisch Gegebenen festschmieden. Heil euch, ihr Leichtbeschwingten, in deren Seele Zerstörerdrang und Schöpferfreude ihre Kreise ziehen, um neue Welten zu gebären!«

Dazu passt das hochgemute Bekenntnis: »Ich liebe die Jugend, die mit dem Herzen denkt, und der die Erkenntnis nicht von den eisigen Gipfeln der Vernunft kommt – die Jugend der Himmelsstürmer, der Weltverbesserer und Utopisten. Ja, ich liebe sie, diese Wanderer und irrenden Ritter im Reiche der Fata Morgana, die gerade in unserem Lande so dünn gesät sind. Ihre Einbildungen waren noch immer die Wegweiser, die nach einer besonderen Zukunft deuteten, und in denen die Ahnung an ein kommendes Werden glühte.«

Emanzipation der Arbeiter war Rockers Ziel, dafür setzte er sich jahrzehntelang rückhaltlos ein, jedoch: Soll dies etwa die Sprache der Emanzipation sein?!

Weiterer Ansatz, weiterer Anlauf! Doch schon mit dem Gefühl: Es wird problematisch, wird heikel. Gegenüber erstarrten Gesellschaftsformen vor allem der wilheminischen Ära war auch Rocker fortschrittlich in der Entwicklung eines neuen, libertären Gesellschaftskonzepts. Zugleich aber, so zeigt sich bei fortgesetzter Lektüre immer deutlicher, zugleich blieb er weithin altmodisch, altfränkisch, ja, altbacken in der Sprache, die auch Instrument sein sollte der Erneuerung.

Um ablesbar zu machen, was mir die Annäherung an Rocker wiederholt erschwerte, weshalb ich langsam auf Distanz ging: weitere Hinweise und Zitate. Noch einmal: Rocker verstand sich auch als Literat, zumindest in seinen Versuchen, literarische Werke zu vermitteln. In welcher Sprachform geschah das?

Rocker, diesmal in seinen Memoiren: »Es gelang mir, die jüdischen Arbeiter mit den Werken von Ibsen, Björnson, Hamsun, Strindberg, Zola, France, Tschechow, Gorki, Andrejew und vielen anderen bekannt zu machen.« Auch hielt er Vorträge über Bildende Kunst, führte Arbeitergruppen durch Museen und Gemäldegalerien. Dies alles erscheint vorbildhaft. Es muss jedoch gefragt werden, welches Literaturverständnis Rocker jüdischen Arbeitern vermittelte.

Bestellung über Fernleihe: *Hinter Stacheldraht und Gitter.* Ein Vortrag vor Mit-Internierten während des Ersten Weltkriegs. Auch wenn Rocker nicht ausschließlich vor Arbeitern sprach, es lassen sich Rückschlüsse ziehen auf seine spezifische Form der Literaturvermittlung.

»Ich hatte als Thema ›Sechs Charaktere in der Weltliteratur‹ gewählt und suchte meinen Zuhörern den Ideeninhalt, welcher den großen Gestalten des Faust, Don Juan, Hamlet, Don Quichote, Medardus und des Heinrich von Ofterdingen zugrunde liegt, näher zu bringen. Indem ich zuerst die philosophischen und seelischen Gegensätze zwischen den einzelnen Typen scharf hervorhob, versuchte ich meinem seltsamen Auditorium klarzulegen, wie jeder der Sechs die dunklen Probleme des Lebens auf seine eigene Art zu lösen suchte, und ließ endlich durch eine entsprechende Synthese die sechs scheinbar entgegengesetzten Lebenswege am selben Punkte ausmünden.«

An der Spitze seiner Repräsentationsfiguren des abendländischen Bildungsschatzes steht selbstverständlich Faust. »Die letzten Strahlen der scheidenden Sonne sind nun längst verglüht, und die laue Frühlingsnacht breitet lautlos ihre Schwingen über die verlassenen Winkel und Gäßchen, die seltsam im Mondlicht glitzern.

Tiefe, feierliche Ruhe liegt über den schlafenden Häusern, die nur von Zeit zu Zeit unterbrochen wird durch die ernsten Schläge der alten Domuhr und des Wächters wachsames Horn.

Auf einer leichten Höhe im Herzen der träumenden Stadt erhebt sich ein altertümliches, stattliches Gebäude, das noch seltsamer und älter anmutet als die Häuser ringsum. In einem turmartigen Gemach sitzt an einem der schmalen gotischen Fenster ein Greis mit langem, weißem Haar und wallendem Barte und blickt traumverloren über die Giebel der alten Dächer hinweg, die im bleichen Lichte des Mondes grünlich schimmern.«

Folgt eine Beschreibung des Zimmers, und es heißt weiter: »Mit einer müden Gebärde streicht sich der Alte das Haar aus der Stirn und murmelt gedankenvoll in seinen Bart.«

Was er in seinen Bart murmelt, ließe sich seitenlang zitieren, ein Satz genügt: »Geheimes Grauen faßt mich vor dem eignen Wesen, das schwer und rätselhaft vor meinen Augen liegt, wie dieses unbegrenzten Raumes stumme Ewigkeit.«

Welche Samtportieren, Butzenscheiben, Plüschkissen, Häkeldeckchen im Bewusstsein eines Mannes, der sich jahrzehntelang für Emanzipation und freie Organisation der Arbeiterschaft einsetzte!

Ein Punkt, an dem Begeisterung umkippt in Enttäuschung. Annäherung polt sich um in Distanzierung. Denn ich mag mich nicht aufhalten in einem Sprachmedium, das mir contre cœur bleiben muss. Das darf ich nicht bloß konstatieren, hier muss ich weiter zitieren, damit die Reaktion verständlich wird.

Also ein Ausschnitt aus dem Kapitel »Der zweite Weg«. Der führt nach Andalusien, zu Don Juan: »Aus dunklen Augen sprüht der Hölle Glut, des Himmels Seligkeit. Doch weh' dem Weibe, das vom Abgrund dieses Blickes gebannt, der sengend wie die Glut der Wüste in die Seele dringt. Der Sünde rasendes Verlangen hüpft ihr nun im Blut, der Leib reckt sich in wilden Fiebergluten, und jeder Nerv schreit auf in brünstigem Begehren.

Wenn er geräuschlos wie ein Panther durch das Dunkel schreitet, dann ist Gefahr im Anzug, Schicksalsrauschen.«

Das ist Kitsch – jede vorsichtigere, höflichere Bezeichnung würde mogeln. Nicht allein, dass hier der Bildungsbürger den Anarcho-Syndikalisten in Frage stellt – er widerlegt ihn schon mit dem Wort »Schicksalsrauschen«. Wie passt Schicksal, gar rauschendes, in ein Gesellschaftskonzept, das auf Eigenverantwortlichkeit und Selbstbestimmung baut? Kann Emanzipation gefördert werden durch Betäubungsmittel?

Nach diesen Leseerfahrungen der leichte, zugleich schwere (oder schwere, zugleich leichte) Entschluss, die Vorarbeiten zur Edition eines Auswahlbandes abzubrechen. Doch es bleibt Bewunderung für den katholischen Buchbinder aus Mainz, der sich für russische Juden im Londoner East End engagierte.

Einträge Logbuch: Edieren

WEITERHIN DAS STICHWORT EDIEREN. Der Autor vielfach auch als Herausgeber von Texten, die nicht von ihm verfasst wurden, Texte, die ihm besonders wichtig, besonders nah sind – hier sind Rückschlüsse auf Motivation oder Mentalität nicht auszuschließen.

Dreimal war ich auch Herausgeber: zu Johann Most kommt nun Eduard Poeppig, ihm folgt Bettine von Arnim. Die beiden ersten Bücher sind längst nicht mehr lieferbar, eventuelle Restbestände sind mit Sicherheit makuliert. Also kann ich bei einem der Bücher aus Zitiertem zitieren, auch Unzitiertes, das zum Zitierten passt, das Spektrum erweiternd. Dies nach Texten eines (nach Merian und Chamisso) dritten Botanikers, der mich fixierte. Poeppig faszinierte mich vor allem als Erzähler in der Monographie *Reise in Chile, Peru und auf dem Amazonenstrome während der Jahre 1827–1832*. Ein Reprint, Kompendium von 930 dicht bedruckten Seiten.

Erzählende Sequenzen dieses Buchs hatte ich zu einer fortlaufenden Geschichte kombiniert und 1975 bei Insel herausgegeben unter dem Titel: *In der Nähe des ewigen Schnees*. Verbunden mit ausführlichem Nachwort zu Leben und Werk des Botanikers, der nach der fünfjährigen Forschungsreise in Leipzig lebte und wirkte. Er starb 1868.

(In Leipzig habe ich denn auch, in einem Gewächshaus des Botanischen Gartens, das Buch vorgestellt, eingeführt von Wilfried Morawetz – er hatte im Regenwald von Venezuela einen Baukran aufstellen lassen, mit dem er sich in einem Arbeitskorb hochhieven ließ, um die überaus reiche Vegetation in Baumkronen zu untersuchen. Auch setzte er sich ein für Sicherung, Sichtung, Erforschung des Nachlasses von Poeppig. Und starb viel zu früh.)

Zum Titel des Bändchens: Zitat aus Poeppigs *Selbstanzeige der Reisebeschreibung*, 1835 veröffentlicht in den *Blättern für literarische Unterhaltung*. Er berichtete kursorisch von der Forschungsreise durch Chile, damit auch von der Besteigung des Vulkans bei Antuco: »Zwei Nächte vergingen im Biwak in der Nähe des ewigen Schnees und auf einem immerdar zitternden Boden.«

Kein biographischer Abriss jetzt, gleich eine Textprobe: Die Sequenz, mit der ich meine komprimierende Fassung eingeleitet hatte.

»Fortgetrieben von leichten, aber günstigen Winden, näherten wir uns dem gefürchteten Kap Horn täglich mehr. Nur zwei Männer unserer Besatzung konnten sich rühmen, je auf seiner Westseite gewesen zu sein – der eine ein Matrose, der jahrelang sich allein zwischen den Fidschi-Inseln herumgetrieben hatte und, des wilden Lebens müde, endlich Gelegenheit fand, auf einem Walfischfänger Europa wieder zu erreichen; der andere ein Offizier des Schiffs. Während der Erstere, mit ruhiger Autorität auf der Ankerwinde thronend, noch am späten Abend durch seine Erzählungen den jungen Teil der Mannschaft an sich zu fesseln wusste, hörte man wohl auch auf dem aristokratischen Hinterdeck nicht ohne Teilnahme dem anderen Erzähler zu. Mancher forschende Blick flog währenddes wohl über den herbstlichen Himmel nach Süden, wo stets graue Wolken lagerten, und wo auch unser ein trauriges Schicksal harren mochte.

Zeitig am folgenden Morgen begannen die Vorbereitungen auf eine stürmische Fahrt. Durch Zusatz verstärkender Taue wurde den Masten größere Stärke gegeben, die längeren Topmaste und alle leichten Segel entfernt, und was irgend auf Deck mit den Wellen in Berührung kommen konnte, wurde dreifach befestigt.

Obwohl wir die beiden Vorlande, welche den Eingang zu Le Maire's Straße bezeichnen, deutlich vor uns sahen, so wurde doch der Kurs aus Furcht vor den heftigen Strömungen geändert, welche bisweilen Schiffe in Gefahr gebracht haben. Wir segelten längs der Nordküste des Staatenlandes, obgleich zu entfernt, um durch den dunklen Wolkenschleier etwas mehr als beschneite Felsspitzen gewahren zu können.«

Das illustrierte, mit ausführlichem Nachwort versehene »inseltaschenbuch« fand nicht die Resonanz, die ich erhofft hatte: eins der vielen, allzu vielen Bücher, die auftauchen und rasch wieder absinken ins Vergessen.

Doch Poeppig ist für mich präsent geblieben im Dreigestirn meiner ›Hausheiligen‹ von Botanikern. Als Leitfigur begleitete er mich: Der Forscher, beim Aufbruch 24-jährig, der enorme Strapazen und größte Risiken auf sich nahm in Südamerika. Ein Wissenschaftler, der die Augen nicht nur offenhielt für exotische Flora, auch für technische Phänomene und gesellschaftliche Erscheinungsformen – erstaunliche Weite des Spektrums!

Hier muss freilich angemerkt werden: Poeppig war da keine solitäre Erscheinung, selbstverständlich lässt sich umgehend der große Humboldt heranzitieren, der aber ist mittlerweile genug gefeiert worden. Übrigens: er hat Poeppig als Kollegen sehr geschätzt.

Auch mit Poeppigs Schriften: es eröffneten sich (für mich) neue Sprachräume im Kontinuum der Sprache. Eigentlich könnten mir Maria Sibylla Merian und Adelbert von Chamisso hocherwünschte Sprachangebote machen, warum also noch Poeppig? Auch in seinem fortlaufenden Bericht über botanische Forschungen eröffnen sich Sprachräume, die fern vom Fachidiom damaliger Botaniker lagen: er war nicht nur fixiert auf Flora des Subkontinents, sein Blick war offen auch für andere Welten in jener Welt.

So schreibt er über den Handel mit Agrarprodukten, den Anteil der Transportkosten am Endpreis; wichtig ist ihm in dem Zusammenhang auch der damals übliche Zinssatz. Und er schreibt über Techniken des Pflügens und Eggens, über

Mühlen und die Qualität des Mehls, über Blumenkohl und Baumzucht, die durchschnittliche Rinderzahl großer Herden auf Haciendas der Mittelprovinzen, was das Schlachtvieh kostete, was man für Jungtiere zahlte, für luftgetrocknetes Fleisch und wie viele Zentner Talg wurden exportiert und wie viele Häute und wie viele Maultiere und Schafe und Ziegen gab es im damaligen Chile und was kostete ein gutes Pferd und welche Preise hatten die »Verkäufer von Viktualien für Schiffe«, etwa für frisches Rindfleisch, der Zentner; für Hammel, das Stück; für Schweinefleisch, das Pfund; für Truthähne, das Dutzend? Was zahlte man für Schiffsbrot und Kajütenbrot, für Salz und Butter, Speck und Bohnen, für Linsen, Mais, Gerste, Nüsse?

Aber auch und wiederum: Naturforschung, Botanik! *Morenia poeppigiana* – eine zuvor unbekannte Palmenart, die er in Peru entdeckte. In Wasserfarben malte er eine Naturidylle, optisch beherrscht von einer der Palmen rechts, einer der Palmen links, im Hintergrund dichte Vegetation und ein kegelförmiger Berg, ein sich schlängelnder Bach mit Zwischenstufen verbindet Hintergrund und Vordergrund; hier, ganz vorn, von einem Hund beobachtet, ziemlich klein der Naturforscher persönlich, in weißer Hose, blauer Jacke, mit gelbem Hut und er legt einen Palmwedel in einen Papierbogen, als Herbarbeleg. Diese Aquarellskizze Poeppigs wurde später als Lithographie ausgearbeitet, die, handkoloriert, von Martius in die »Historia naturalis Palmarum« aufgenommen wurde.

Und wieder, im begleitenden Kontrastprogramm, erörtert Poeppig den Staatshaushalt von Chile, listet in Tabellen die Einnahmen der Regierung auf, von Zöllen und Steuern bis zu Einkünften durch Gewerbescheine und Stempelpapiere. Nennt auf der Ausgabenseite das Jahreseinkommen des Präsidenten der Republik, seiner drei Minister, der Gouverneure und Richter. Ebenso erfahren wir, wie viel ein General verdiente und wie wenig ein Soldat. Die Soldlisten wiederum aufgegliedert nach Infanterie, Kavallerie, Artillerie, Pioniertruppe. Es wird in dem Zusammenhang sogar über die kleine chilenische Marine geschrieben – auch so ein Kostenfaktor.

VIELSEITIGKEIT jener Naturforscher: hier stellt sich das Stichwort *Wunderkammer* ein, als Ansammlung höchst unterschiedlicher Exponate

Zum Wort *Wunderkammer* die Bezeichnung: Francke'sche Stiftungen Halle/Saale. Damit verbunden: Erinnerung an eine Autofahrt hinaus zum Gebäudekomplex des Waisenhauses, in jener Ära der DDR vergammelnd, verfallend. Trist die Fassade, noch trister der Binnenhof mit abgestellten landwirtschaftlichen Geräten älterer Bauart: Fachwerk faulend Verputz bröckelnd, Zukunft der Stiftung (immerhin des siebzehnten Jahrhunderts) ungewiss, damit auch der Kunst- und Wunderkammer, von der mir erzählt wurde, die allerdings nicht zugänglich war, seit Jahrzehnten vernachlässigt, ja, vergessen.

Nach der Jahrtausendwende lese ich in einem Bildband von aufwendiger Restaurierung des Gebäudekomplexes, sehe, in Farbtafeln, die Rekonstruktion jener Raritätensammlung, nach alten Stichen arrangiert in aufgearbeiteten Sammlungsschränken. »Rückbau in den ursprünglichen Zustand«: nun wieder die Kunst- und Naturalienkammer im Dachgeschoss, dem vormaligen Schlafsaal der Waisenknaben.

Ich blättre, lese, greife auf: Mehr als dreitausend Sammlungsgegenstände … extreme Heterogenität … enzyklopädischer Anspruch … ganzheitliche Weltsicht … konsequent vernetzte Denkweise … Gesamtschau … Gesamtkomposition …

Und eine historische, programmatische Formulierung: »Da nun der Hauptzweck ist, die große Welt (und zwar Natur und Kunst) allhier im Kleineren beisammen zu haben.«

Weiter im Begleittext: »Botanischer Garten und Observatorium waren reguläre Erscheinungen im Umfeld universaler Sammlungen. Bei [August Hermann] Francke [1663 bis 1727] traten noch mathematische und physikalische, astronomische und numismatische hinzu. Er gründete eine Bibliothek, ließ eine Anatomiestube einrichten, und in den erwerbenden Einrichtungen, wie der Verlagsdruckerei, der Apotheke und dem Medikamentenlabor, setzten sich die Kollektionen fort. Die einzelnen Sammlungen und Sammlungsteile waren nicht streng voneinander getrennt, sondern alles schien untrennbar ineinander verwoben.«

Also die *Artificialia*, die *Naturalia*, die *Scientifica* (wissenschaftliche Instrumente), die *Exotica* (Objekte aus fremden Welten), die *Mirabilia* (Objekte zum Bestaunen).

Vorgaben, Angebote zur verbalen Übermittlung von Exponaten finden sich reichlich im Bildband. Aber: zu formulieren, was ich auf Fotografien sehe, es wäre tertiäre Auswertung sekundären Materials, bliebe Begleittext zum Bildband, wäre nur indirekte Erfüllung des alten Wunschs, die mir damals verschlossene Wunderkammer zu sehen. Ich muss aber nicht nach Halle fahren, um eine Wunderkammer zu sehen, Frühjahr 2014 ergibt sich ein entschieden näher liegendes Angebot: In einem Flyer zu einer aktuellen Ausstellung in Düsseldorf (*Kunst und Alchemie*, »Das Geheimnis der Verwandlung«) wird erwähnt, dass auch eine Kunst- und Wunderkammer installiert ist.

Ich durchschreite den weitläufigen, halbdüsteren Saal mit schonend beleuchteten Bildern und Exponaten, stehe zwischen Wand und Stellwand, habe in langsamer Drehbewegung alles im Blick: Korallenstock und Bischofsstab, diverse Pflanzenpräparate, Bronzearbeiten, Ölgemälde. Und es lässt sich, nach Vorgaben des Katalogs, spezifizieren, was ich nicht vollständig einbringe, ich folge eher Verlockungen von Wortofferten.

So lese ich unter dem Stichwort Mineralien: Azurit und Malachit, Galenit und Hämatit, Boulangerit und Cinnabarit, Antimonit und Pyromorphit – Fundstücke, zusammengerückt, aus Spanien und Kroatien, aus Rumänien und Namibia … Wurzelwerk und Teile eines Termitenbaus … Mathematische Modelle: Kugel, Kegel- und Pyramidenstumpf. Kristallmodelle aus Bakelit. Optisches Modell des Auges … Rote Korallenbäume, weiße Korallenzweige. Schwarz die Orgelkoralle, irritierend die Hirnkoralle, eine Steinkoralle auf einer Riesenmuschelklappe … Kleiner Deckelkasten, Deckelpokal, Kabinettschrank … Pflanzliche Substanzen in verschlossenen

Gläschen. Also würden auch Herbarexemplare hinzupassen: Eschscholzia californica Ch. legit Chamisso prope Portum Sancti Francisci Californiae in arenosis A. D.1817 ...? Pedicularis chamissonis ...? Antennaria alpina, R. Br. Adulta a Sinu Sancti Laurentii, junior ex Unalaska ...? Artemisia chamissoniana ...?

Weiter in der Düsseldorfer Rekonstruktion, Präsentation: Straußenei mit figürlichen Reise- und Lebensdarstellungen exotischer Länder ... Akeleipokal, Muschelpokal, Kokosnusspokal, Serpentinflasche, Serpentinhumpen ... Riesenmuschel, Knotentragende Tritonschnecke, Große Rüsselschnecke, Stachelauster ... Schildkrötenpanzer mit Glasperlenbehang ... Holzdaubenkrug, Elfenbeinkästchen, Bronzeleuchterfuß in Gestalt einer Meerjungfrau ... Zoologische Präparate: Kugelfisch und Gürteltier, Riesenturako ... Weihwasserbecken in Form eines Totenschädels, Totenkopfuhr im Silbergehäuse mit Kette, orientalischer Schädel, Porzellanschädel, Elfenbeinschädel ... Roter Seestern, Rostrum eines Sägerochens –

DER SÄGEFISCH: ein Wunder für sich! Form des Rochens, mit beinah armlang vorgeschobenem, auf beiden Seiten mit ›Zähnen‹ gerüstetem Werkzeug. Und: mit Sensoren, die auf geringste Druckveränderungen im Wasser reagieren. Und, noch eindrucksvoller: mit Hunderten von Elektrosensoren, die selbst feinste Kriechströme, schwächste elektrische Felder auf den Rücken etwa von Krabben registrieren, die sogleich attackiert und verschlungen werden.

Von einem ebenfalls extrem sensitiven Sensor lese ich in einer Ausgabe der Bonner Universitäts-Nachrichten. Demnach untersuchte, untersucht ein Wissenschaftler den Infrarot-Sensor des Schwarzen Kiefernprachtkäfers, der darauf programmiert ist, Waldbrände, selbst weit entfernte, zu registrieren, die »frischen Waldbrandgebiete« aufzusuchen, Larven im toten Holz zu deponieren, in einem Gebiet also ohne Fressfeinde. Selbst ein sehr weit entfernter Waldbrand wird von diesen Käfern registriert: »In dem Sinnesorgan sind winzige Kugeln mit Wasser gefüllt und absorbieren IR-Strahlung sehr gut. Durch die resultierende Erwärmung dehnt sich besonders das Wasser schlagartig aus, diese Druckänderung nehmen Sinneszellen sofort wahr.« Dies als Wahrnehmung über hundert oder hundertzwanzig Kilometer hinweg! Das noch erhitzte Gebiet wird von zahlreichen solcher Käfer zielstrebig angeflogen.

IN MEINER VIRTUELLEN WUNDERKAMMER sähe ich gern noch ein weiteres Objekt. Es ist allerdings unsichtbar klein: eine magnetotaktische Bakterie. Einzeller, Mikrobe, aber eine Nano-Wunderwelt im Mikrometerbereich, also im Spielraum von tausendsteln Millimetern. Als Exponat geeignet wäre also nur eine mikroskopierte Abbildung, etwa, wie ich sie in der Zeitschrift bdw 6/14 eher beiläufig entdecke: Bananenform; mittig eine Kette von schwarzen Punkten, dicht aufgereiht: »Magnetosome«. Wieder eins der Fachwörter, denen ich erst reichlich spät begegne und die sich aufladen mit (subjektiv) besonderer Bedeutung.

Ausgangslage und Aufgabenstellung des Einzellers, der Bakterie ist eigentlich recht schlicht: Treibt dahin an der hellen, sauerstoffreichen Oberfläche eines Ozeans, muss aber, um überleben zu können, möglichst rasch in die Tiefe, zu sauerstoffarmem (anaerobem) Sediment. Kann sich aber nicht einfach sinken lassen, kann auch nicht die Tiefe aufsuchen, hat kein Sehorgan. Braucht aber ein Leitsystem, und das erzeugt es sich nach genetischem Programm.

Der Einzeller (noch einmal: etwa ein tausendstel Millimeter klein!) extrahiert aus dem Wasser Nanopartikel von Eisen (Ferro-Magnetit), das zugleich mit Fein- und Feinststaub aus der Atmosphäre herab (gleichmäßig?) verteilt wird. Allein dies schon ist ein hochkomplexer Prozess: In möglichst kurzer Zeit (zu viel Sauerstoff ringsumher!) mit größter Präzision das ganz spezielle Eisenmineral aufspüren und durch die Membranhülle ins Innere transferieren. Dies ermöglichen Proteine mit spezialisiertem molekularem Aufbau: schleusen jedes Partikelchen ferromagnetischen Eisenminerals ins Innere, hier auch sofort in den Bereich, in dem Biomineralisation einsetzt, rund um den Magnetkern einen etwa würfelförmigen Kristall aufbauend. Dies im Spielraum von millionstel Millimetern! An diesen Nano-Kristall rücken in raschem Prozess (jeweils etwa zehn Minuten) weitere Magnetit-Kristalle heran, in gleichmäßiger, gleichförmiger, fast genormter Ausführung, parallel zur Zellachse. Die Magnetosomen-Sequenz als Kompassnadel und Steuerungsorgan zugleich.

Sobald der Einzeller registriert, ich weiß nicht wie, dass die Kette von Magnetosomen lang genug ist, setzt sich die Bakterie mit rotierendem Geißelschlag in Bewegung, bis sie sich ausrichtet an einer Feldlinie des Erdmagnetfeldes. Die Bakterie nutzt nun konsequent die Inklination, also das kontinuierliche Absinken der Feldlinien nordwärts (auf unserer Halbkugel). Sprich: In fortgesetzter Magnetfeld-Orientierung geht es in sanftem, weitem Bogen mit rotierender Geißel oder rotierenden Geißeln kontinuierlich abwärts in die Tiefe, bis das magnetotaktische Bakterium den Meeresboden erreicht, damit ein überlebenswichtig sauerstoffarmes Sediment. Diese hochkomplexe, zugleich extrem miniaturisierte, rasch installierte Installation für eine einzige Tauchfahrt?

Für einen Naturwissenschaftler dürfte der Gesamtprozess nichts weiter sein als die Wahrnehmung und Umsetzung eines Selektionsvorteils: Nur so findet die Bakterie den Bereich, in dem sie überleben kann. Ernüchternd, aber nicht erhellend: Wie kommt denn die hochkomplexe Prozesskaskade zustande? Dieses Integrieren von herangewehten Nano-Ferritpartikeln ... Dieser rasche Einbau jeweils in einen Biokristall ... Diese gleichmäßige Aufreihung, die schließlich auf Feldlinien des Magnetfeldes reagiert, ihnen die Steuerung des wimpernschlagenden Einzellers überlässt ... In exakt eingehaltener Schwimmrichtung das Ausnutzen der Inklination des Erdmagnetfeldes ...

Das alles ist, pardon, derart ausgebufft, so was kann nicht einfach von selbst zustande kommen über trial and error. Ein bisschen anspruchsvoller formuliert: Dieses kybernetische

System wirkt genial durchdacht und subtilst realisiert. Vielleicht bin ich blauäugig, in diesem Bereich, aber für mich ist das, auch das ein wahres Wunderwerk. Derart ausgetüftelte Programme, derart elaborierte Entwicklungen – alles ohne Bauplan, blindlings zielgerecht entwickelt? Fragezeichen, nicht nur von mir gesetzt.

Die Evolution, so lese ich schon mal, hätte »im Wettbewerb unterschiedlicher Verfahren« das »Ziel, den Fortbestand des Lebens sicherzustellen«. Ein *Ziel!* Das musste wohl vorgegeben sein. Von der Evolution, von der Natur selbst?

Passend in diesen Kontext die charakteristische Formulierung, »die Schöpfung« hätte »etliche Milliarden Zeit« gehabt, bestimmte Lebensformen auszubilden. Zuweilen schlüpft in wissenschaftlichen Diskurs eine erweiternde Formulierung herein, unversehens eine neue Perspektive eröffnend. Durch Denklücken (oder Gedächtnislücken) rücken schon mal tradierter Schöpfungsglaube und Evolutionsmodell aneinander heran.

Dies auch im Makrokosmos. Auf dem Umschlag eines Themenhefts von *Spektrum der Wissenschaft* sehe ich einen werbenden Hinweis mit der Formulierung »Bauplan des Kosmos«. Im Wort *Bauplan* ist doch wohl inbegriffen: Ein Wesen, ein Baumeister, der einen Plan entwickelt, erstellt, umsetzt. Nichts demnach, das blindlings von selbst entstand in einer Milliarden von Jahren währenden Kette von Versuch und Irrtum, vielmehr: planmäßige Entfaltung, Entwicklung?

ZUR BESICHTIGUNG der Alchemie-Ausstellung eine Randbemerkung und ein Zitat.

Ich wollte vor Augen haben, was ich damals, in den fünfziger Jahren, gern gesehen hätte, als ich die Erzählung über den Alchemisten schrieb, der keinen Namen mehr für mich hat und dessen Versuche sicherlich gescheitert waren – eine der »Vergeblichen Bewegungen«.

Das Zitat nun aus dem Katalog: »Was die Alchemisten die Künstler gelehrt haben, ist, den Wert des Immateriellen und Flüchtigen anzuerkennen. Das eigentliche Werk besteht demzufolge nicht aus einem greifbaren Endprodukt, sondern aus unaufhörlichen Übergangsprozessen; es ist in stetem Wandel begriffen. [Eine] Abkehr von einer strikt werkorientierten Produktion und die Hinwendung zu einer eher dynamischen Prozessorientierung.«

Abschließend ein Terminus zur Dokumentation von Versuchsanordnungen, Versuchsergebnissen: das »Probierbuch«. Der Begriff scheint mir übertragbar auf das Logbuch. So betone ich das Wort auch optisch: PROBIERBUCH.

NICHT GANZ NEBENBEI: Es ist auch eine Frage der körperlichen Kondition, wie weit man sich auf komplexe Informationen einlässt, wie weit man in der Lage ist, sie zu verarbeiten. Bei gravierender Krankheit, vor allem bei Schmerzen, würden ganze Informations-Provinzen wegbrechen und im Stillen Ozean versinken, da bliebe Aufmerksamkeit, bliebe Bewusstsein auf einen Schmerzherd fokussiert, medizinische Fachbegriffe arbeiten sich in den Vordergrund, andere Fachwörter verdrängend oder verschlingend. Was in leere Räume hinaus Protuberanzen bildete, das wird kontrahiert: Gravitationspunkt, in dem sich verdichtet, was keine Präsenz mehr hat. Vampirisch verschlingende schwarze Kugel, immer weiter entfernt vom »Ereignishorizont«.

JEDOCH: BLICK IN WUNDERKAMMERN IN MIR. Kontext: Von mir ausgehen, Fremdes erkunden, zu mir zurückkehren. Hier mit dem Aufruf von mir an mich: Fang an bei deinen Zellen. Das hattest du dir schon mal vorgenommen, Stichwort: Insulin-Rezeptoren.

Das Info-Material liegt bereit: zweihundert dreispaltig bedruckte Seiten im Format DIN A-4: *Die Moleküle des Lebens*. Reprint von Beiträgen der Zeitschrift *Spektrum der Wissenschaft*, mit dem Zusatz: »Verständliche Forschung«.

In der Einführung eines Zellbiologen wird mir Mut gemacht vor dem Schritt in ein wieder mal fremdes Terrain: »Alle Beiträge sind von bekannten Fachleuten geschrieben, aber so, dass jeder Gebildete folgen kann – auch schwierige

Wissenschaft kann verständlich sein!« Da will ich doch mal sehn, wie weit ich mit meiner Bildung komme ...

Einleitend lasse ich mir von Peter Sitte klarmachen, worum es (auch mir) geht: zu erkennen, aus welchen »Bausteinen« ich bestehe, organisiert nach »Bauprinzipien«, erstellt in einem »Baukastenprinzip«.

Ich hatte die Zahl meiner Körperzellen erheblich unterschätzt. Es sind etwa 10000 Milliarden. Nebenbei erfahre ich: »Im Körper des Erwachsenen werden pro Sekunde allein etwa 2,5 Millionen rote Blutkörperchen neu gebildet und ebenso viele abgebaut.« In jeder Sekunde! Wenn ich diese sechs Silben getippt habe: »In-je-der-Se-kun-de«, so dürften es bereits fünf Millionen sein.

Weiter erfahre ich, dass mein Organismus »nicht auf einer entsprechenden Vielfalt kleinster Bausteine beruht, sondern auf unterschiedlichem Zusammenbau verhältnismäßig weniger, stets gleichartiger molekularer Einheiten«. Erst durch Kombinationen wird der »unerlässliche Komplexitätsgrad erreicht«, notwendige Voraussetzung für höher organisierte Lebewesen. Dem muss ein hoher »Komplexitätsgrad« der Darstellung entsprechen, so schließe ich.

Ich wähle unter den Beiträgen aus: Werde mich über die Zellenstruktur informieren, dann über »die Signalübertragung in die Zelle«, sodann über »Signalübertragung zwischen Zellen«, wahrscheinlich noch, weil auch ich darauf angewiesen bin, über »die Moleküle des Immunsystems« (das bisher bei mir gut funktioniert hat).

Aber nun die »Moleküle des Zellskeletts«. Hier wird mir erst mal klargemacht, was ich mitvollziehen kann: »Das Cytoplasma der Zelle besteht nicht etwa aus einer formlosen Gallerte, in der der Zellkern und die anderen Organellen verstreut liegen; vielmehr ist es hochgradig strukturiert. Ein als Cytoskelett bekanntes Gerüst aus Eiweißfasern erstreckt sich vom Zellkern zur Innenseite der Zellmembran; es gibt der Zelle ihre Form und spielt eine Rolle bei der Zellbewegung und Zellteilung.«

Das vernetzte System wird farbig sichtbar gemacht durch

Fluoreszenzmikroskopie. Unübersichtlich verdichtete »Mikrofilamente«, extrem dünn, im Nano-Bereich. Aber da gibt es gleich wieder Ausführungen in verschiedenen Strukturen, und so mache ich einen Sprung, will erfahren, wie den Zellen, den spezialisierten, mitgeteilt, signalisiert wird, was sie zu tun, was sie auszuführen haben im Verbund mit anderen Zellen.

Hier öffnen sich Wunderwelten, die ich nicht sehen kann, die auch kein Biologe zu Gesicht bekommt, alles nur vermittelt über Modelle, computergeneriert: einschüchternd komplexe Strukturen, die sich milliardenfach in mir befinden.

Also, wie erfährt eine Zelle, was sie wann zu tun hat? »Die meisten der ankommenden Nachrichten gelangen niemals direkt in das Zellinnere, sondern werden an der äußeren Zellmembran von molekularen ›Antennen‹ abgefangen. Diese sogenannten Rezeptoren erkennen ein eintreffendes Botenmolekül und aktivieren darauf eine Signalkette, die schließlich zelluläre Vorgänge wie Sekretion, Kontraktion, Stoffwechsel oder Wachstum in Gang setzt oder unterdrückt.

Die hauptsächliche Barriere für einen ungehinderten Informationsfluss bildet die Zellumhüllung, die Plasmamembran. Hier müssen externe Signale durch spezielle Mechanismen in interne umgewandelt werden; ein weiterer Botenstoff, der sekundäre Bote, leitet die Nachricht dann weiter. Für ihn ist in der Fachsprache auch der englische Terminus *second messenger* gebräuchlich.

Auf molekularer Ebene läuft dieser Prozess über eine Reihe von Membranproteinen ab, von denen jedes durch Konformationsänderung – Änderung der räumlichen Anordnung des Eiweißmoleküls und damit seiner Funktion – die jeweilige Information zum nachgeschalteten Protein weiterleitet.«

Kapiert. Staunend zur Kenntnis genommen. Auch dies noch: »So vermittelt das Rezeptormolekül die Information von der Zelloberfläche durch die Zellmembran hindurch in das Zellinnere; dies geschieht mittels einer Familie sogenannter G-Proteine. Diese Membranproteine werden erst dann aktiv, wenn sie Guanosintriphosphat (GTP) gebunden haben.«

Schon ist es wieder so weit: buchstabieren statt lesen. Nur wenige Zeilen weiter auf der ersten Seite des Beitrags von Michael J. Berridge, bin ich umgeben vom Sprachschaum einer über mir hereinbrechenden Info-Woge: »So wandelt das Verstärkerenzym Adenylatcyclase Adenosintriphosphat (ATP) in zyklisches AMP um; die zum zweiten Signalsystem gehörende Phospholipase C spaltet das Lipid Phosphatidylinosit-4,5-diphosphat (PIP2), das in der Plasmamembran verankert ist in Diacylglycerin und IP3.«

Als Kind hatte ich verhassten Rahmspinat aufgeteilt in sonderbriefmarkenkleine Rechtecke, die ich dann abarbeitete. Hier musste ich das sperrige Sprachmaterial aufteilen in überschaubare Silbenfolgen, um nicht verballhorntes Sprachmaterial zu vermitteln. Doch immer mehr Brocken, die ich nicht schlucken kann: Mitochondrien … mitochondriales Kompartiment … Cytoplasma, kein Organell … Plastide … Vakuole … Kompartimentierungsregel … endoplasmatisches Retikulum … Konzentrationsgradienten … Metabolitteilchen … Vesikel … Chloroplasten … Flavone … Erythrozyten … Mikrofilamente … Mikrotubuli … Intermediärfilamente … Karyoplasma … Lysosomen … hydrolytische Phosphatasen … Zellsaftvakuolen … Peroxisomen …

ENDE DER EXKURSION, der Exploration. Wieder einmal entziehe ich mich, gleitend, einer Infowoge, die über mir hereinzubrechen droht, schäumend. Ich zähle im Logbuch bei den Hauptkapiteln sicherheitshalber auch nur bis sieben, weiß ja nicht, was noch auf mich zukommen kann. Muss *hier* schon als metaphorisch Schiffbrüchiger einen weißen Lappen schwingen. Ohne detailliert verstanden zu haben, was in den Zellen und zwischen den Zellen meines Körpers abläuft, milliardenfach, werde ich weiterleben und mich irgendwann verabschieden müssen. Eingeschränkte Selbsterkundung, noch fern von Selbsterkenntnis. Sequenz des Nonfinito im Selbstporträt als Schriftsteller: Wie stehe ich wieder mal vor mir da auf dem Weg zu mir?

Eine Erfahrung. Allerdings nicht wegweisend, sondern von

mir weg weisend. Leider. Nicht einmal Durchblick, Überblick im eigenen Körper, der mir doch so nah ist, mit dem ich mich eins fühle.

Da gibt es verlockend verbindende Stichworte wie »Lesekopf«! Und mein lesender Kopf liest: Vermittelnd zwischen den Informationen von Genen und der Bildung und Organisation von Proteinen: die Transkription. Kopieren und Übertragen, Übersetzen – primäre Vorgänge in der (embryonalen) Zellenorganisation, die sich zu mir hin entwickelt hat. Die Rede ist von einer (jeweiligen) »Transkriptionsmaschine«, die als eine »Art Lesekopf fungiert, der bald das eine, bald das andere aktiviert und abschreibt«.

Solch ein Lesekopf arbeitet ungeheuer schnell, Tausende von Gen-Informationen pro Sekunde registrierend und transkribierend. Dabei, notfalls, auch Lesefehler blitzschnell ausgleichend.

Das Gehirn, mein Hirn, das zu verstehen versucht, was an hochkomplexen Prozessen (auch) in mir ablief und abläuft, es kombiniert etwa hundert Milliarden Nervenzellen. Auch hierzu ein Beitrag in dem nicht ganz zufällig entdeckten Themenheft.

Ein Begleittext hier zu einer der farbigen, weiträumig angelegten Graphiken: »Im Gehirn regiert König Zufall auf jeder Ebene. So können zwei Ionenkanäle gleichen Typs in derselben Synapse die von ihnen kontrollierten Ionen passieren lassen oder nicht. [...] Die verschiedenen Zufallseinflüsse erklären, warum die Aktivität der Neurone unvorhersehbar erscheint. Auf höherer Ebene gewinnen die Vorgänge jedoch zunehmend deterministischen Charakter: sie werden vorhersagbar.« Das läuft unter der Kategorie »komplexe Dynamik«.

Wie hochkomplex die ist, soll ein Zitat vermitteln: »Eine Pyramidenzelle der Großhirnrinde beispielsweise ist mit rund 10 000 weiteren Nervenzellen verschaltet und empfängt pro Sekunde ungefähr 70 000 mehr oder weniger voneinander unabhängige elektrische Aktionspotentiale. Dieses – weithin zufallsgesteuerte – Trommelfeuer erzeugt ein ›synaptisches

Rauschen‹, eine starke, unregelmäßige Hintergrundaktivität, die aber beeinflusst, wie die Neurone auf einen eintreffenden Reiz reagieren.«

Mein Hirn ist nicht in der Lage, ist auch nicht daran interessiert, zu verstehen, was in einem Hirn, in meinem Hirn weitvernetzt und hochkomplex abläuft. Es ist zurzeit aber fast Mode geworden, die Tätigkeit von Gehirnen zu erforschen und Ergebnisse der Öffentlichkeit möglichst umgehend mitzuteilen, doch hier habe ich ein Stoppschild aufgestellt. So etwas wie Angst, dass die Beschäftigung meines Gehirns mit meinem Gehirn unerwünschte Nebenwirkungen mit sich bringen könnte, dass Vorgänge, zu genau beobachtet, gleichsam ins Stottern geraten könnten. Jedenfalls: unerwünschte Echoeffekte

Hier wird eine frühe Verweigerung reaktiviert. Detlef B. Linke, Leiter der Abteilung Klinische Neurophysiologie der Universität Bonn, Mitherausgeber der Zeitschrift *Ethica*, Autor mehrerer Bücher vor allem zur Hirnforschung, er zeigte mir sein Institut, machte dabei einen Vorschlag: Mir in einer der Arbeitsphasen die Hirnströme zu messen. Er hatte über Sprachzentren des Gehirns habilitiert, ihn interessierte die Verbindung von Kunst und Gehirn, war literarisch interessiert, schrieb Gedichte. Das alles motivierte, nach privater Begegnung, seinen Vorschlag. Die Gerätschaft sah in etwa aus wie eine Badekappe mit zahlreichen Elektroden-Markierungen. Sollte morgens vor Beginn der Arbeit aufgesetzt, angeschlossen werden – die Erwartung spezifizierter Aktivierungen von Hirnregionen.

Davon wollte ich nichts wissen. Die Befürchtung, damals schon und, wie ich nun sehe: über Jahrzehnte hinweg fortwirkend, es könnte so etwas wie Rückkopplung stattfinden, die mich innerlich in eine Art Stotterzustand versetzt. Der Versuch unterblieb.

Stanislaw kommt

WITTLIN UND SEIN GAST schauen über die Brüstung zur Bühne, auf der inzwischen der Mann im Kettenhemd ein Leinenhemd trägt, und zwar ein zerschlissenes, verdrecktes Leinenhemd, das ihm teilweise bis zu den Knien, teilweise bis zu den Knöcheln reicht, weit genug für die Schritte, die er im Tretrad machen muss: mit lappenumwickelten Füßen tritt er auf die unablässig herab- und herangleitenden Stufen, die im Augenblick des Betretens schon unter ihm zurückgleiten, da hebt er Fuß um Fuß um Fuß, tritt Stufe um Stufe um Stufe, eine sehr gleichmäßige, auf die Dauer wohl tödlich gleichmäßige Bewegung, das deutet gelegentliches Taumeln an, auch ein Stolpern auf den Gleitstufen, aber sogleich lässt der Aufseher mit der ledernen Bauchbinde, mit der Pumphose und den Schnabelschuhen die Peitsche knallen, und der Gefangene fasst wieder Tritt: Stufe um Stufe um Stufe gleitet unter ihm weg und hinter ihm hoch, um nach einer Umdrehung des leise knarrenden Tretrads wieder unter seine Füße zu kommen. Aber selbst bei dieser Fronarbeit vergisst er das Singen nicht; Schritt um Schritt gehend, ohne auch nur einen Schritt weiterzukommen, singt er eine Arie, in der er die Gefangenschaft beklagt, die Heimat ersehnt.

Wittlin und mit ihm Clairmont lehnen sich wieder bequem zurück: jetzt sehen sie nur noch die Oberkante des während der Arie langsam kreisenden Tretrads. Das genügt, denn der Gastgeber will erzählen, und der Gast will hören, welche Beobachtungen teils bezahlte, teils unbezahlte Beobachter durch Schlüssellöcher und Türritzen machen, wenn Graf Stanislaw und seine Frau allein in einem Schlosszimmer sind.

Der Graf geht meist ruhelos umher, so berichtet Wittlin,

umkreist auch den Tisch, an dem die Bronislawa sitzt, etwa vor einem Teegedeck, einem Samowar. Der summt so lange, wie der Graf es zulässt: Die Unterbrechung des für einen Samowar typischen, gleichmäßig-einschläfernden Geräuschs könne zuweilen derart lange andauern, dass es den Zuhörern draußen in den Ohren zu pochen beginne.

»Und wenn die Spiritusflamme erloschen ist, der Samowar summt nicht mehr?«, fragt Clairmont. In diesem Fall, so berichtet Wittlin, kreist Graf Stanislaw noch dichter um ihren Tisch, und er lauert beispielsweise darauf, dass sie in der Tasse rührt, den Löffel auf der Untertasse ablegt: mit kurz vorzuckender Unterlippe schluckt er den dabei entstehenden Metall- und Porzellanklang, der Löffel wie in Watte gelegt. Fortgesetzt um den Tisch herumstreichend, beobachtet er dann, wie sie die Tasse anhebt; freilich hat es sich die Bronislawa abgewöhnt, beim Trinken zu schlürfen, denn dieses Schlürfen würde er ihr sofort von den Lippen saugen, mit unhörbarer Schlürfbewegung seiner Lippen, mit kurzer Schluckbewegung seines deutlich ausgeprägten Kehlkopfs. Umso ungeduldiger wartet der Graf auf das Absetzen der Teetasse: in dem Moment, in dem sich Tasse und Untertasse berühren, räuspert sich die Bronislawa, so, wie sich die meisten Schlossbewohner räuspern müssen, das sei schon notorisch; auch dieses Räuspern wird geschluckt, und sie muss entweder ein neues Räuspergeräusch hinterherschicken, das augenblicklich wieder weggeschluckt wird, oder aber sie beginnt zu sprechen. Natürlich hat sie dabei die Hoffnung, weiterhin, dass er doch einmal mit ihr redet, das will sie aus ihm herauslocken. Beispielsweise, so werde berichtet, fragt sie ihn, ob er sich nicht wenigstens nur mal ausgedacht habe, auf einer Wolfsjagd etwa, dass er mit ihr rede, so wie sie jetzt mit ihm rede, beziehungsweise: zu ihm rede. Und schon, während sie solch eine Frage stellt, bewegen sich die Lippen des Grafen, bilden Laute nach, bilden sie mit – und bei den nächsten Sätzen geschieht es. »Geschieht was?«, fragt Clairmont mit leicht heiserer Stimme.

Wittlin schweigt lächelnd, sagt dann: »Er suckelt und

zutschelt den Wörtern das Wortmark aus!« Clairmont nickt, schluckt gleichzeitig, möchte nun wissen, wie das genau vor sich geht. Wittlin ruckelt sich bequem zurecht auf seinem Polsterstuhl, berichtet, dass Graf Stanislaw Geräusche und Sprachklänge gewöhnlich in Bausch und Bogen, mit Stumpf und Stiel vereinnahmt, als akustischer Allesfresser, dass er hingegen bei seiner Frau eine sehr differenzierte Art des Lautsaugens entwickelt hat; und dies werde durch mehrere Umstände gefördert.

Ganz besonders kommt ihm hier zugute, dass er schon einige Jahre mit der Bronislawa verheiratet ist: so kann er sich bei Satzbeginn vielfach schon denken, wie der Satz weitergeht und abschließt. Das macht es ihm leicht, sich rechtzeitig auf die Lautfolge einzustellen: auswählend kann er aus den Sätzen seiner Frau Vokale und auch Konsonanten herauslösen. Kommt es zu unerwarteten Wendungen, zu Sprüngen in ihren Sätzen, so muss Graf Stanislaw dennoch nicht übergehen zu pauschalem Verzehr: im Lauf der gemeinsam verbrachten Jahre hat er gelernt, von ihren Lippen abzulesen, welcher Vokal sich bildet. Außerdem sei hier eine Abart der Schamlosigkeit förderlich, die sich in jeder Ehe entwickle: nicht allein, dass er ihr auf die Lippen schaue, die sowieso ein öffentliches Organ seien, er blicke ihr auch zwischen die Lippen, die Zähne, beobachte mit rücksichtsloser Genauigkeit ihre Zunge, von deren Stellung sich ebenfalls die Lautbildung ablesen lasse: die größte Lippenöffnung beim A, die Zunge dabei löffelförmig auf dem Mundboden, und die spaltförmige Lippenöffnung beim E, die Mundwinkel leicht zurückgezogen, der Zungenrücken hochgewölbt, und der ganz schmale Spalt beim I, das die Oberzähne zeigt, die das E ziemlich verhüllt, und die locker vorgestülpten Lippen beim O, ihre ovale Öffnung, die Zungenspitze hinter den unteren Schneidezähnen, das könne man ja alles leicht im Spiegel beobachten, auch das starke Vorstülpen der nur gering geöffneten Lippen beim U: weil Stanislaw dies alles schon vom Ansatz her registriert, wird der Klang bereits in seiner Entstehung abgelöst von ihren Lippen, abgepflückt von ihrer Zunge, abgehoben von ihren Stimmbändern.

Kein Wunder, so meint Wittlin, dass man vielfach glaube (vor allem in einfacheren Volksschichten, in denen man zur Vergegenständlichung neige), der Graf habe eine spezielle, ungefähr ameisenbärähnliche Zunge, mit der er seiner Frau an die Wörter geht.

Und Wittlin lächelt, horcht hinaus in den Korridor: kein Schleifschritt, noch nicht, zur Loge nebenan. Sich reckend, schaut Wittlin kurz zur Bühne: der Mittelteil eines Schiffsdecks, mondblaues Licht, auf den Planken einige schlafende Seemänner, und der inzwischen aus der Gefangenschaft befreite oder geflohene Mann steht, wieder im Kettenhemd, an der Reling, schräg hinter ihm eine schöne Morgenländerin, mit mandelförmigen oder auf Mandelform geschminkten Augen, vielleicht seine Retterin: sie singt mit ihm ein Duett, das eine fast wiegenliedähnliche Melodie hat. Dabei lässt sich weitersprechen.

Der Graf, so fährt Wittlin fort, fällt in der Regel nicht gleich über den ersten Satz her, den die Bronislawa hervorbringt, er hört sich den Eröffnungssatz, zuweilen auch den folgenden Satz erst einmal an, dabei wird sein Zuhören begleitet von Lippenlecken: als müssten die Lippen gleichmäßig befeuchtet sein, um elastisch die Sätze mitformen zu können. Wenn er nun beginne, Vokale anzusaugen, so dürfe man sich nicht vorstellen, dies geschehe mit einem beliebigen Vokal – er sucht einen ihm besonders schmackhaft erscheinenden Selbstlaut aus, gleichsam als Magenöffner, und das sei gewöhnlich das A.

Wenn man diesen Laut einmal probeweise hörbar mache, so könne man diese Wahl fast verstehen – Wittlin öffnet weit die Lippen, lässt ein A aus sich herauswachsen, laut genug, um Clairmont den vollen Klang zu vermitteln, und wiederum leise genug, um nicht Aufmerksamkeit zu wecken in den Logen nebenan. Wie gebannt schaut Clairmont auf die Lippen des Gastgebers, beugt sich ein wenig vor, um wenigstens die Spitze der löffelförmig am Mundboden liegenden Zunge zu sehen: bereitwillig öffnet Wittlin den Mund noch weiter. Clairmont nickt, lässt gleichfalls ein A aus sich herauswachsen bei weit geöffneten Lippen, die nun Wittlin kritisch mustert:

sie dürfen nicht zu weit vorgestülpt sein, der vordere Zungenrücken darf sich nicht zum Gaumen anheben. Und aufmunternd, fast beschwörend sagt er dem Gast, der das A anhält: Mahnen, Mahlen, Magen. Nahmen, Namen, Nase. Ware, Waage, Wagen. Spaß, Saft, Sprache. Und beide lachen. Muss man es nicht in der Tat zum Fressen gern haben, dieses sanfte, glatte A?, fragt Wittlin. Möchte man nicht den ganzen Mund vollnehmen mit diesem A-Klang, möchte man ihn nicht mit der Zunge umspielen? Noch stärker lacht Clairmont, freilich lautlos: nur ein Schütteln, rhythmisch, des Oberkörpers, ein Vorzucken des Kopfs.

Doch rasch reißt er sich zusammen, räuspert sich: ein Räuspern, das wie ein Befehl klingt, den er sich selbst gibt. Und er lehnt sich wieder zurück, bittet seinen Gastgeber um ein Beispiel: er will genau wissen, wie sich das abspielt zwischen Stanislaw und seiner Frau. Bereitwillig nennt Wittlin eine der ständig wiederkehrenden Fragen der Bronislawa: »Willst du mir nicht endlich einmal etwas sagen?« Nun, da geht es in den ersten zwei Dritteln des Satzes noch gut, meint Wittlin, aber dann setzt das Absaugen ein: »Willst du mir nicht endlich einm l etw s s gen?« Das versucht Clairmont nachzuahmen; erst beim zweiten Mal gelingt es ihm, die herausgesogenen A-Laute völlig unhörbar zu machen: »einm l etw s s gen ...« Er nickt, hat das Beispiel in sich aufgenommen, wird es zu Hause so weitererzählen: »einm l etw s s gen.« Und er bittet um ein weiteres Beispiel.

Hier hat, so erläutert Wittlin, der Graf theoretisch mehrere Möglichkeiten. Aber vom bereits üblichen ersten Schritt aus ergeben sich gewohnheitsmäßig meist die weiteren Schritte: vom A zum O, vom O zum U. Nur wenn die Sätze, die ihm seine Frau zu Gehör bringt, zu sehr den Sätzen gleichen, die er schon oft genug, ja, bis zum Überdruss von ihr zu hören bekam, nur dann wechselt der Graf die Reihenfolge, wählt als nächsten Vokal etwa das I, während er sonst diesen kurzen spitzen Laut gern zuletzt einflitscht. Für gewöhnlich aber, wie gesagt, verleibt er sich als Nächstes die Os und die Us ein.

Dazu will der Gast ebenfalls ein Beispiel hören. Wittlin lächelt, nickt, horcht kurz hinaus, nennt einen der Sätze, die Graf Stanislaw und mit ihm die Lauscher häufig genug zu hören bekommen: »Nun sag doch mal was zu mir; sonst muss ich mich ja ohne Unterlass wiederholen!« Von diesem Satz kann Stanislaw schon allerlei wegschlecken, meint Wittlin und wiederholt genüsslich langsam: »N n s g d ch ml w s z mir; s nst m ss ich mich j hne nterl ss wiederh len.« Das klinge jetzt, wenn er das nachbilde, etwas umständlich, die Bronislawa dagegen spreche ihre Sätze beinah hastig aus, als lasse sich dadurch verhindern, dass er bei den Vokalen ansetzt.

Ja, und als Nächstes, so fragt der Gast, beinah ungeduldig, als Nächstes nimmt sich der Graf das E vor? Das ist ja nun besonders häufig, das ist wahrscheinlich sein Hauptgang beim Vokalfraß. Vokalfraß!, wiederholt der Gastgeber nickend, lächelnd, da denke man gleich an so etwas wie Raupenfraß, Heuschreckenbefall: V k lfr ß!

Bericht

Im Papierwust, der sich auf Schrankflächen, in Schubladen geschichtet hat, spüre ich einen Schreibmaschinen-Durchschlag auf: *Delegierter in Belgrad*. Keine Ahnung, für welche Publikation ich das geschrieben haben könnte. Ich tippe den Bericht ab, unkommentiert (und unbearbeitet), denn: Stanislaw der Schweiger hätte in Belgrad viel in sich einsaugen können!

»October Meeting of Writers Beograd, 1981 – mein erster [und bisher einziger] internationaler Kongress. Ein Repräsentant pro Nation, so höre ich am Telefon, und von jedem wird ein kurzes, schriftlich ausgearbeitetes Statement erwartet zur Situation des Romans am Ende des zwanzigsten Jahrhunderts. So zwirnte ich mir vor dem Abflug fünf Seiten abstrakter Prosa aus dem Hirn, war vorbereitet.

Es fing gut an: Freundliche Jugoslawen holten auch mich am Flughafen ab; ein Abendspaziergang vom Hotel aus; ein jugoslawischer Autor nahm mich mit in eine Hotelzimmerrunde: Polen und Serben. Schon war ich im Zentrum alkoholischer Rotation. Die polnischen Autoren mit der Ansteckplakette der Gewerkschaft Solidarność – auch einige jugoslawische Autoren trugen sie in den nächsten Tagen. Verbrüderungen. Liturgische Gesänge.

Am nächsten Morgen die feierliche Eröffnung des 18. Autorentreffens; die Reden sehr kurz. Dann die Vollversammlung, in einem Bibliothekssaal. Noch keine genauere Vorstellung, wer da eigentlich am Kongress teilnahm. Wer aus der DDR? Kollegen aus der Schweiz, aus Österreich? Schon bei flüchtigem Rundblick zeigte sich: hier waren alle Kontinente vertreten. Laut Liste Teilnehmer aus 31 Ländern zwischen ›Alzir‹ und ›Zambija‹.

Die Plenarsitzung begann mit dem Verlesen von Statements; es bestand bereits eine Referentenliste, und die war schon lang genug für den ersten Tag. Denn Statements waren selten, die sich ausbreitenden, die wuchernden Reden überwogen. Ein junger, sehr eleganter und eloquenter Literaturprofessor aus dem Irak hielt eine Vorlesung. Ein alter chinesischer Schriftsteller in Grau wurde von einem jungen Chinesen in Dunkelblau ans Rednerpult geführt, dort sprach er ein paar Sätze, chinesisch, dann verlas der Adlatus die französische Übersetzung der langen Rede zur Entwicklung der chinesischen Literatur im zwanzigsten Jahrhundert; in der Mao-Zeit war offenbar keine Literatur erschienen, das verkürzte die Rede um ein paar Minuten. Ich war auf die Simultanübersetzung aus dem chinesisch eingetönten Französisch angewiesen, die Dolmetscherin verließ mehrfach die Lust, unüberhörbar, vor allem, wenn sich Namen reihten. Es breiteten sich Darstellungen und Selbstdarstellungen aus. Das große und ganz große Wort hatten vor allem Kritiker und Universitätsdozenten.

Und damit bin ich schon bei der Besetzung dieses Kongresses. Dänemark, zum Beispiel, war gleich dreifach vertreten – zwei junge Lehrerinnen, die Slawistik studiert hatten, ein Dozent; keiner von ihnen hatte Literarisches geschrieben. Als Vertreter Afrikas: ein junger Lehrer und ein gereifter Dozent. Aus den USA: eine Dozentin, die in einer Gesprächsrunde sofort den Vorsitz übernahm und Fragen an alle stellte. Die Leute von Universitäten: allesamt sehr beredt. Ich hätte mich schon sehr unhöflich vordrängeln müssen, um eine kleine Zeitlücke für mein Statement zu finden. Das hätte ich aber erst mal selbst ins Englische übersetzen müssen. Da ließ ich es bleiben.

Am Abend ein Besuch einer Happening-Veranstaltung, bei der, zum Beispiel, ein Mann in schwarzen Schuhen, schwarzer Hose, schwarzem Hemd sehr rasch Milchtetraeder leersoff, während er von unten nach oben weiß bemalt wurde. Besuch eines Dichterhäusleins: Musik und Schnaps. Einladung zu einer privaten Party: gute Gespräche, viel zu essen, sehr viel zu trinken. Da half mir das polnische Trinkerdiplom, das mir zwei Jahre zuvor eine Gewerkschaftlerin zusprach: Du haben einen Kopf aus Stein.

Am nächsten Tag Diskussionsrunden – auf Serbisch, Französisch, Englisch. Der Professor aus dem Irak wiederholte, ein bisschen zusammengefasst, was er in seiner Rede schon ausgebreitet hatte. Ein Senior der australischen Literatur stellte ausführlich seinen literarischen Werdegang vor, ließ sich davon auch nicht durch höfliche, auf das Thema hinleitende Zwischenfragen des serbischen Moderators abbringen: Just let me finish. Eine Dozentin erläuterte ausführlich, warum für sie mit dem Jahr 1981 das Ende des Jahrhunderts noch nicht erreicht sei: viele Klagen, aber auch viel Optimismus in der Welt. Afrika schwieg, bis auf den Dozenten. Ich schlug vor, konkret über die Arbeit an Romanen zu sprechen: Wie, zum Beispiel, nehmen wir Gesellschaftliches mit herein, formal? Das wurde dankbar aufgegriffen, die allgemeinen Darstellungen und die Selbstdarstellungen wurden fortgesetzt. Sanfter Leerlauf bei Mineralwasser und türkischem Kaffee.

Am Abend eine Lesung in der Universität: Jeder der etwa zwei Dutzend Autoren las einige Prosaseiten oder Gedichte vor, eine schöne jugoslawische Schauspielerin mit Löwenmähne leierte die Übersetzungen möglichst rasch herunter. Eine Inderin sang ein Lied ins Mikrophon, der afrikanische Lehrer sang fingerschnippend auch ein Lied, ein bisher stummes Mitglied der vierköpfigen chinesischen Delegation sang eine Arie aus einer Pekingoper. Das waren die Höhepunkte, da vermittelte sich etwas sehr direkt, und der Beifall war groß. Danach: essen, trinken reden, rufen, singen.

Für die nächsten zwei Tage waren Exkursionen angesetzt – ich wählte die zweitägige nach Nowi Pazar, südlich von Belgrad, eine arme Stadt mit zwei Dutzend Moscheen, alle Minaretts mit Lautsprechern. Veranstaltung im Kulturhaus; das Publikum, meist Schüler, musste sich fast zwei Stunden lang fremdsprachige Texte anhören und die rasch verlesenen Übersetzungen, das wurde etlichen zu viel. Ein Empfang; folkloristische Tänze, türkisch, serbisch und albanisch. Alkohol. Jugoslawen und Gäste tanzten schließlich gemeinsam, Arme um die Schultern gelegt.

Rückkehr nach Belgrad, Besuch von Titos Grab im Treibhaus; Blumenrabatten und Ehrenwache. In der Plenarsitzung am Nachmittag wurden die Diskussionen des zweiten Tages zusammengefasst, wieder eine Auftrittsmöglichkeit für den eleganten und eloquenten Professor aus dem Irak. Um es ohne Schnörkel zu sagen: Die offiziellen Meetings waren langweilig, meist unergiebig. Ich hatte überwiegend den Eindruck: Literatur liefert Stichworte für den Auftritt der Cracks. Oder: wir Autoren sitzen phasenweise ruhig da und schreiben, und andere Leute setzt das in Bewegung – in Reisebewegung, in Redebewegung. Ein junger Dichter aus Wales sprach einen walisischen Text, die Professorin neben ihm begann mit der Übersetzung, bevor er fertig war; da wurde eine kleine Intervention notwendig, bei der sie lächelnd die Zähne zeigte. Sich vordrängen. Sich einkrallen. Sich ausbreiten. Die Journalisten unter den Delegierten trugen Notizen ein in kleine Büchlein, auch schrieben fleißig die sonst stummen, ständig gruppierten Chinesen mit.

Das Wichtigste war das gemeinsame Essen, Reden, Trinken, vor allem Trinken nach den offiziellen Veranstaltungen; hier entstanden gute Kontakte, Adressen wurden ausgetauscht, der Wunsch nach Wiedersehen schien nicht nur Floskel. Freilich, über die neuere Literatur von China oder Sambia weiß ich nun nicht mehr als vor dieser Reise.«

Gespräch

Wilhelm Genazino hatte 1983 ein Taschenbuch zusammengestellt unter dem Titel *Beruf: Künstler*. Eine Malerin, ein Zeichner, eine Fotografin, ein Jazzmusiker, eine Tänzerin, ein Schauspieler und mittendrin ein Schriftsteller, sie wurden von ihm nach den jeweiligen Berufskonditionen befragt. Das Gespräch über Schriftstellerei ist weithin aktuell geblieben, auch wenn das »Fischer Boot« längst auf dem Meeresgrund des Vergessens liegt. Also ein Tauchmanöver, mit dem ich einige Erinnerungsrelikte hebe an den schon damals nicht mehr ganz jungen Autor mit offenbar exemplarischen Erfahrungen.

Ich möchte mit einigen Aspekten Ihrer Biographie beginnen, und zwar deswegen, weil diese Biographie wichtige quasi-berufskundliche Aspekte eines Schriftstellerlebens enthält. Ich spiele an auf Ihr Studium, auf Ihre Promotion und auf den langsamen Beginn Ihrer eigenen schriftstellerischen Arbeit. War diese ausgiebige Beschäftigung mit Literatur ein Teil Ihrer Strategie für Ihr heutiges Leben als Autor?

Nach Lesungen kommt diese Frage oft, und sie ist in meinem Fall wohl auch naheliegend. Ich sage dann immer: Ich schreibe, obwohl ich Germanistik studiert habe. Einerseits beschäftigt man sich dabei mit Literatur und literarischen Formen, weil man aus ihnen lernen kann, andererseits wirkt sich solch ein Studium auch als Belastung aus. Erstens hat man ungeheure Größen vor sich und fragt sich zu früh, ob es Sinn hat, dagegen anzuschreiben. Der zweite Punkt hängt mit dem ersten eng zusammen, ich halte ihn subjektiv noch für wichtiger, und das ist das Problem der Spontaneität. Es ist die Frage, ob man noch unbefangen sein kann, wenn man sehr viel Literatur kennt; es kann sich negativ auswirken, wenn man mit Literatur zu sehr vollgesogen ist.

Ich hatte noch während des Studiums zu schreiben begonnen, und zwar auf einem Gebiet, das literarisch noch völlig unbelastet war, und das ist das Hörspiel. Ich habe 1960 mein erstes Hörspiel geschrieben, habe es dem Westdeutschen Rundfunk geschickt (ich kannte dort überhaupt niemanden) und erhielt drei Wochen später die Antwort, es würde gesendet, und zwar so, wie es vorlag, was ich nachträglich gar nicht mehr gut finde, damals aber schmeichelhaft fand. Damit war praktisch ein ›Startschuss‹ erfolgt. Nach einiger Zeit habe ich's noch mal versucht, das ging aber völlig schief: Das neue Hörspiel ist abgelehnt worden, und irgendwann habe ich es weggeschmissen. Beim dritten Anlauf klappte es wieder, und damit war für mich schon eine Art Schiene da. Ich habe während des Studiums mehrere Hörspiele geschrieben, allerdings keine erzählende Prosa, keine Gedichte, keine Essays. Ich hatte keinen heroischen Entschluss gefasst: Ich werde Schriftsteller! Es hat sich während des Studiums so eingespielt. Für mich war dann die Frage wichtig: Wie beende ich das Studium? Ich hatte Deutsch und Englisch zu studieren begonnen mit der Vorstellung, Lehrer zu werden. Dann hätte ich aber das Staatsexamen machen müssen, anschließend den Assessor. Da ahnte ich, dass ich wahrscheinlich nicht sofort in den Staatsdienst gehen würde. Ich habe das Staatsexamen nicht gemacht, bin auf den Doktortitel losgegangen, auch mit der Vorstellung: Wenn es mit dem Schreiben schiefgeht, würde ich mit der Promotion vielleicht eher eine Stelle finden.

Die Art, wie Sie zur Literatur gekommen sind, hört sich alles in allem beiläufig-zufällig an, ein wenig wie ein nebensächlicher Übergang; von der studierbaren Literatur zur eigenen Literatur.

Der Übergang war beiläufig, das stimmt, aber die Entscheidung zur Literatur war schon vorher da.

Das heißt: die Absicht, Schriftsteller zu werden, war ganz fest?

Ja, das merkte ich nach einiger Zeit des Studiums. Und habe ich die Weiche gestellt, indem ich aufs Staatsexamen verzichtete, statt dessen promovierte. Das war für mich die Entscheidung.

Wie alt waren Sie damals?

1960 habe ich mein erstes Hörspiel gemacht, da war ich fünfundzwanzig. 1964 habe ich den Doktor gemacht, das heißt also: innerhalb dieser vier Jahre fiel die Entscheidung.

Ist für die Ausübung eines solchen Berufs eine frühe Fixierung notwendig?

Die Erfahrung lehrt (da muss ich nun wieder ein bisschen als Germanist sprechen), dass fast alle Schriftsteller ziemlich früh angefangen haben. Es gibt ein paar Ausnahmen wie Fontane, zum Beispiel, der erst mit etwa sechzig anfing, relevante Romane zu schreiben. Ich kann mir vorstellen, dass jemand, der erst jahrelang in einem ganz anderen Beruf arbeitet, mit erheblichen Verhärtungen fertig werden muss, wenn er spät erst mit dem Schreiben beginnt. Es ist wie bei den Musikern; die müssen auch ganz früh anfangen, sonst wird das nichts. Heute ist es ja so, dass die meisten Autoren noch zeitiger anfangen als früher. Neulich habe ich eine Verlagsanzeige gesehen, die »Frühe Prosa« eines Autors ankündigte, der erst 26 oder 27 Jahre alt ist. In einem Alter, in dem ich erst mit dem Schreiben angefangen habe, sammelt dieser Autor bereits seine »frühe Prosa«. Es gibt heute offenbar so etwas wie einen Erwartungssog der Verlage, der Medien und des Buchhandels, dass ein junger Autor, der spontan und frisch und stark einsteigt, genau das ist, was wir brauchen.

Nun gibt es, wenn man Ihr bisheriges Gesamtwerk betrachtet, zweifellos so etwas wie eine Spezialität à la Dieter Kühn, nämlich den Roman als Beschreibung geschichtlicher Prozesse, die durch laufende Eingriffe des Erzählers dennoch wieder in Fiktion zurückverwandelt werden. Haben Sie das Bedürfnis, dieser Ihrer Erzähl-Erfindung treu zu bleiben, damit so etwas wie ein Kühn-Markenzeichen entsteht? Und ist ein solches Markenzeichen in unserer Markt-Gesellschaft notwendig?

Diese Gefahr sehe ich deutlich. Mein bisher einziger und größter Bucherfolg war die Biographie *Ich Wolkenstein* – der spätmittelalterliche Dichter, Liedermacher, Großbauer und fahrende Ritter. Dieses Projekt ist erst mal mit Skepsis betrachtet worden. Im Verlag wurde mir gesagt: Eine Biographie geht in Ordnung, aber warum ausgerechnet über diesen Wolkenstein, den kaum ein Buchhändler kennt? Das muss ich erwähnen, weil es hinterher leicht so aussieht, als wäre ich ein Ausbund an Cleverness: hätte ein Sujet gewählt, mit dem ich sowieso erfolgreich sein würde. Dieses Buch ist aber gegen Widerstände geschrieben worden! Dann wurde *Ich Wolkenstein* überraschend ein Erfolg. Dazu trug sicher der Vorabdruck in der »Frankfurter Allgemeinen« bei; wenn 92-mal in der Tageszeitung »Ich Wolkenstein« steht, dann müssen die Leute allmählich denken: Potz Wolkenbruch, was ist da los? Es wurde Neugier erweckt. Es wurden für mich neue Leserschichten erschlossen, vor allem Ärzte, Lehrer, Rechtsanwälte. Nachdem der Erfolg da war, zeigte sich eine Gefahr: Ich wusste nun, so läuft's. Drei Verlage haben bei mir angefragt, ob ich nicht ähnlich groß und repräsentativ eine Luther-Biographie für das Luther-Jahr schreiben wollte. Ich hätte durchaus eine Luther-Biographie nach meiner Methode schreiben können, aber ich habe ein wenig masochistisch reagiert und mir gesagt: Die Leser, die ich mit dem »Wolkenstein« gewonnen habe, ohne das geplant zu haben, die schreibe ich mir mit den nächsten Büchern wieder vom Hals. Das ist mir auf eine so radikale Weise gelungen, dass ich davon selbst überrumpelt war. Spätere Bücher wie der *Sultan von Oman* oder *Auf der Zeitachse* waren vom Buchhandel her gesehen reine Flops. Ich habe gesehen: für die vielen »Wolkenstein«-Käufer war nicht unbedingt der

Name Kühn entscheidend, sondern das ›Sujet‹ Wolkenstein. Ich hatte mit den folgenden Büchern wieder neu anfangen müssen, das heißt: Ich hatte wieder Debütantenauflagen.

Könnten Sie vom Schreiben leben, wenn Sie nicht nach wie vo viel für den Rundfunk arbeiteten?

Nein. Der »Wolkenstein« war [bisher] das einzige Buch, da gutes Geld brachte. Von der Originalausgabe wurden rund 25 000 Stück verkauft – ich habe damit so viel verdient, wie ein Studienrat in zwei Jahren an Gehalt bekommt. So lange habe ich an diesem Buch aber auch gearbeitet. Es kam noch eine Sonderausgabe dazu, und damit so etwas wie ein dreizehntes Monatsgehalt, jeweils. Dann eine Taschenbuchausgabe: das Weihnachtsgeld, sozusagen. Also Zufriedenheit.

Bei meinen anderen Büchern sieht es nicht so gut aus. Aktuelles Beispiel: *Auf der Zeitachse*, mit einem großen Essay über Albert Speer, unter anderem. Von diesem Buch wurden aufgerundet, anderthalbtausend Exemplare verkauft: es kostete 20 Mark, ich bekomme 10 Prozent vom Ladenpreis, das machte in diesem Fall, netto, ungefähr 3000 Mark. Wenn ich den Erlös auf die Arbeitsdauer umrechne (es sind ungefähr 250 Seiten), dann ist das ein Witz, ein böser. Aber so rechne ich nicht. Wenn ich ein Buch schreibe, denke ich nicht an die voraussichtlichen Einkünfte – dann würde ich anders schreiben, nach bewährten Rezepten. Ich versuche es aber jeweils mit einem neuen Rezept, damit ich mir selber schmackhaft bleibe, beim Schreiben. Ich bekenne mich, auch hier, zum Lustprinzip.

Wir reden aber von Einkünften. Und da muss ich einen sehr wichtigen Faktor nennen: das Hörspiel. Ohne das Hörspiel wäre die finanzielle Situation der meisten Belletristen noch viel, viel schwieriger. Ich lebe letztlich vom Hörspiel. Für einen Text von etwa 30 Seiten bekommt man rund 5000 Mark, es können mehr, es können weniger sein, je nach Sender, je nach Wertschätzung des Autors – die unterliegt ja nun auch Schwankungen.

Also: Von Hörspielen kann ich [mit meiner Familie] leben, und zwar so gut, dass ich mir Bücher wie *Auf der Zeitachse* leisten kann. Die Arbeit an einem Hörspiel ist zwar genauso intensiv wie die Arbeit an einem Prosatext, aber sie dauert nicht so lang wie bei einem Buch. Von den Ursendungen allein – wenn ein Hörspiel also nur ein einziges Mal gesendet wird und dann im Schallarchiv verschwindet – könnte ich auch nicht leben. Ich kann von Hörspielen nur leben, weil sich so etwas wie ein Repertoire gebildet hat, und Hörspiele werden wiederholt, werden von anderen Sendern übernommen, werden übersetzt, von ausländischen Funkanstalten gesendet. Das sind dann meist aber nur, im direkt-indirekten Sinne: Trink-Gelder. Aber bei Wiederholungen in der Bundesrepublik gibt es jedes Mal ein Honorar, das sich lohnt – ohne zusätzliche Arbeit. Also, ich muss hier eine Lobesarie auf die Institution Hörspiel anstimmen. Und das nicht nur (ich muss das auch wieder betonen), weil mich Funkanstalten ernähren. Ich preise das Hörspiel auch, weil es mir Lust macht. Meine Lust, speziell: Text und Musik zu vereinen, dazu Geräusche. Da werde ich manchmal zum Klangvampir.

Ganz anders sieht es aus, finanziell, wenn man Theaterstücke schreibt. Ein besonders schwieriger Markt. Theater spielen lieber alte als neue Stücke; wenn doch mal ein neues Stück in das Programm aufgenommen ist, so wird es nicht allzu oft gespielt, und dies eher auf einer kleinen als auf der großen Bühne. So kommen Beträge heraus, die liegen – ich untertreibe nicht, ich habe dieses Spielchen schon ein paarmal mitgemacht – die liegen um die 270 Mark pro Aufführungsreihe.

Die ersten Erfahrungen habe ich mit dem Frankfurter Kammerspiel gemacht; dort wurde ein Einakter von mir elf- oder achtzehnmal gespielt, dafür erhielt ich insgesamt etwa 411 Mark. Da setzt manchmal eine Art innerer Kalkulation ein, weil man sich sagt: Hör mal, du bist eigentlich ein Idiot, versuch doch, von diesem Theaterstück (durch Umarbeitung) eine Hörspielversion zu machen. Wenn mir das gelungen ist, sehe ich den 270 oder 411 Mark mit viel größerer Ruhe entgegen. Von Theaterstücken kann man nur leben, wenn die voll durchziehen, also in großen Theatern im großen Haus gespielt werden, mehrfach. Aber das passiert nur wenigen zeitgenössischen Autoren, und denen oft nur ein einziges Mal. Ich habe dieses große Los noch nicht gezogen.

Trotzdem, ich schreibe weiterhin Theaterstücke, weil ich gern Bilder sehe, Bilder entwerfe. Weil ich im Theater eine zusätzliche Ausdrucksmöglichkeit sehe. Auch wenn ich mit meinen Theaterstücken bisher wenig Erfolg hatte – ich kann mir auch das »leisten«. So düster eben manches erscheinen mochte – es ist nicht so, als müssten die Leser dieses Gesprächs nun schleunigst für mich mit dem Hut rumgehen. Ich komme, bisher, ganz gut aus. Meine Frau verdient ja auch.

Ich möchte Sie auf das Problem der Autorenförderung ansprechen. Sie haben, wenn ich es richtig weiß, für den »Wolkenstein« den Hermann-Hesse-Preis bekommen, den Frankfurter Stadtschreiber-Preis und den Hörspielpreis der Kriegsblinden, aber dann hört es schon auf. Man kann auf den Gedanken kommen, dass man Ihre Arbeit mehr hätte fördern können. Hätten Sie sich – sagen wir vor fünfzehn Jahren – eine umfassende Förderung gewünscht. Und halten Sie Förderung durch Literaturpreise für sinnvoll?

Ich darf erwähnen, dass ich außerdem den Förderpreis des Landes Nordrhein-Westfalen bekommen habe, das dürfte 1972 gewesen sein, und die Preissumme belief sich auf schwindelerregende 2500 Mark! Das sind freundliche Zugaben, die ich gern annehme, aber: Man kann nicht ernstlich glauben, dass solche Zahlungen einen Schriftsteller fördern. Als ich den Hermann-Hesse-Preis bekam, sagte mein Nachbar [des Holzhauses in der Nordeifel], der davon in der Zeitung gelesen hatte, auf Rheinisch zu mir: »Jetzt könnt ihr ja einen Anbau machen, mit der Million, die ihr da gekriegt habt.« Was hab ich gekriegt?! »Ja, en Million.« Wie kommen Sie denn darauf? »Ja, ein Literaturpreis, dat is doch immer ene Million.« Ich hatte aber nur 10 000 Mark gekriegt. Das wollte mir der Nachbar partout nicht glauben: »Dat kaste däm Finanzamt verzälle!«

Auch Leute, die solche Preise vergeben, sie haben die Vorstellung, nun hat der Autor für die nächste Zeit ausgesorgt. Die Literaturpreise hängen – was ihr Budget betrifft – immer noch auf dem Stand von 1955 oder 1960. Inzwischen haben sich Löhne und Gehälter verdoppelt, verdreifacht, aber bei Literaturpreisen zieht kaum einer nach. Ich habe mal mit Hans Magnus Enzensberger über dieses Thema gesprochen, und er hat gesagt, es müsste Literaturpreise geben, die so viel einbringen, dass man sich davon ein Einfamilienhaus bauen kann. Ist das denn zu viel für einen Autor? Natürlich zahlt das niemand.

Mit Literaturpreisen feiern sich manche Preisgeber selbst. Das geht so weit, dass der Preisträger gebeten wird (ich habe das bei der Vergabe des Hesse-Preises erlebt), keine Rede zu halten, damit andere umso länger reden können. Wenn man die Büfetts, die Arrangements, die Hotelkosten für Jurymitglieder und so weiter berücksichtigt, muss man sich fragen, ob Literaturpreise wirklich so schmal ausfallen müssen. Ein Literaturpreis, der 5000 Mark einbringt, ist heute fast ein Witz geworden.

Würde Ihnen eine bedeutsame wirtschaftliche Förderung auch heute noch helfen?

Ich würde gern die Hand aufhalten, natürlich. Bei all den literarischen Experimenten muss ich nicht mehr als nötig auch noch finanziell experimentieren – und das bei doppelter Steuerbelastung! Ich muss, wie all meine Kollegen, auch Mehrwertsteuer entrichten – Ärzte, zum Beispiel, sind davon befreit. Die haben eine stärkere Lobby. Allerdings: Literaturpreise [sofern nicht auf ein einzelnes Werk bezogen], sie sind steuerfrei. Einer ihrer Vorteile. Der andere: Es ist ein Schub, wenn man einen Literaturpreis erhält. Kritiker, Medien zeigen mehr Interesse, das könnte sich förderlich auswirken auf den Verkauf der Bücher oder des preisgekrönten Buchs.

Außerdem: in diesem Beruf hat man es oft mit Selbstzweifeln zu tun und noch stärker: mit Zweifeln über eventuelle Wirkungen – da kann ein Literaturpreis eine Breitband-Vitaminspritze sein.

Darf ich auf die Organisation Ihres Arbeitsalltags zu sprechen kommen? Wie lange arbeiten Sie täglich? Haben sich bestimmte Arbeitsformen eingespielt, auf die Sie heute nicht mehr verzichten können?

Früher habe ich vorzugsweise abends gearbeitet, aber seit etlichen Jahren hat sich herausgestellt, dass ich morgens am besten arbeiten kann. Da waren die Kinder in der Schule, es war ruhig in der Wohnung. So arbeite ich systematisch nur vormittags, und dann ist Schluss für den Tag. Nachmittags lese ich, was ich zur Arbeit brauche, aber an den Schreibtisch setze ich mich nur noch, wenn ich Briefe tippen muss. Diese Aufteilung hat sich für mich als günstig erwiesen.

An dieser Stelle fällt mir einer der wenigen Lehrsätze ein, die ich für wirklich gut halte. Der Satz stammt von Hemingway, und lautet sinngemäß: Man soll mit dem Schreiben aufhören, wenn man weiß, wie es am nächsten Tag weitergeht. Dann stehe ich nicht vor einem großen Loch – nach dem Frühstück.

Heißt das, dass Sie auch schon im Detail wissen müssen, wie es am nächsten Tag weitergeht?

Ja, auch im Detail.

Aber Sie haben auch einen Plan von dem Roman, an dem Sie gerade arbeiten?

Ich schreibe eigentlich sehr spontan. Dennoch habe ich einen Plan, allerdings nur einen sehr groben. Ich gehöre nicht zu den Leuten, die vorn anfangen und mit dem geplanten Schluss aufhören. Ich schreibe dort weiter, wozu ich gerade Lust habe, also mittendrin, vorn oder hinten. Natürlich stellt sich bei dieser Methode heraus, dass einiges von dem, was man geschrieben hat, überflüssig geworden ist, aber sie hat eben den Vorteil der Spontaneität.

Ich frage deswegen, weil Ihre Romane zwar nicht unbedingt einen geplanten, aber dennoch einen präzis kalkulierten Eindruck hinterlassen, und dieser Eindruck legt die Vorstellung eines Plans nahe.

Es existieren, was meine Arbeitsweise angeht, in der Kritik offenbar falsche Vorstellungen. So heißt es gelegentlich, ich würde einen Zettelkasten benutzen. Ich gehe von der Voraussetzung aus, dass ich alles, was mir nicht zum richtigen Zeitpunkt einfällt, zu Recht vergessen habe. Also, ich schreibe erst mal spontan drauflos. Wenn ich den Roman dann in mehreren Phasen durcharbeite, kommt natürlich, bezogen auf die Gesamtgestalt, eine Feinabstimmung innerhalb des Textes hinzu.

Haben Sie gelegentlich Angst davor, eines Tages nicht mehr arbeiten zu können? Kann der Überdruss an der eigenen Kreativität zu einem Problem werden?

Natürlich kann ich diese Erfahrung nicht ausschließen. Überdruss, Unlust kommt vorerst nur dann bei mir vor, wenn ich mich in einem Projekt allzu sehr verfilze. Als ich *Die Präsidentin* schrieb, habe ich eines Tages den Aktenordner mit den Typoskripten voller Wut an die Wand geschmissen. Oder, als ich am »Wolkenstein« arbeitete, stand ich im großen Raum des Eifelhauses, hatte einzelne Kapitel auf dem Boden ausgebreitet und wusste zum Teufel nicht mehr, wie ich die zusammensetzen sollte – ich hätte am liebsten alles mit dem Besen zusammengekehrt. So weit kann es kommen, wenn man sich zu sehr in eine Arbeit verbeißt. Dann lege ich den ganzen Krempel weg und arbeite an einem Hörspiel oder Feature, zum Beispiel. Und es verzieht sich der Qualm, ich sehe das Gelände wieder klar, kann neu ansetzen. Wechseln der Schreibmethoden hilft mir sehr. Damit kommt freilich eine die Kritik verwirrende Vielfalt zustande, die aber auch in meiner Arbeitsmethode begründet ist. Es kommt vor, dass ich morgens, nach dem Frühstück, nicht weiß, woran ich schreiben soll. Da liegt eine Erzählung, aber ich habe keine rechte Lust, hier weiterzuschreiben. Dann arbeite ich, zum Beispiel, an einem Musikessay. Wenn auch das nicht läuft, gibt es ein Drittes. Da ist es natürlich ein großer Vorteil, wenn man über seinen Tageslauf frei verfügen kann.

Gibt es Ihrer Meinung nach für den Beruf des Schriftstellers eine Vorbedingung, die unbedingt erfüllt werden muss? Gehört Phantasie dazu, eine Art rhetorischer Ungezügeltheit – oder was meinen Sie?

Vielleicht kommt man der Antwort am ehesten näher, wenn man von der heutigen Situation ausgeht. Derzeit sind sogenannte Erfahrungsberichte oder »Verständigungstexte« sehr beliebt. Einer der typischsten Texte dieser Art ist eine Tagebuchaufzeichnung über eine gescheiterte Ehe, und das fängt so an: »Montag-Punkt-Scheiße-Punkt-Mann ist weg ...« Wörtlich zitiert. Das teilt sich spontan mit, dahinter steht eine reale Erfahrung, die andere Leute auch gemacht haben, viele haben Probleme mit der Ehe. So ein »Montag-Punkt-Scheiße-Punkt-Mann ist weg«, das hat eine andre vielleicht an einem Dienstag oder Mittwoch erlebt, aber Scheiße war's auf jeden Fall.

Und hier ist der Ansatzpunkt: Worin unterscheidet sich diese Aufzeichnungstechnik von Literatur? Es gibt ja sehr viele Leute, die solche Texte schreiben und wichtig finden, ich finde sie ebenfalls wichtig, aber der Unterschied, den so eine Aufzeichnung zu einem Literaturtext macht, ist etwas, was Sie eben genannt haben: Phantasie muss dazukommen. Und, so schlimm das vielleicht auch klingen mag: eine spielerische Freude des Autors im Umgang mit seinem Stoff. Dass man also nicht in der Montag-Punkt-Scheiße bis zum Hals steckt, sondern an der Sprache arbeitet. Dieses Arbeiten an der Sprache ist ein Mittel, Realität genauer zu erfassen als das in den meisten solcher weithin doch klischeehaften Aufzeichnungen geschieht. Phantasie und Spiel setzen Beschreibungsmöglichkeiten frei. Ein Paradebeispiel dafür ist *Ulysses* von Joyce. Er hat mit Witz, Technik, Sprachbesessenheit, zugleich mit einer Detailgenauigkeit sondergleichen den Tageslauf eines kleinen Akquisiteurs für Zeitungsannoncen geschildert, wie das zuvor undenkbar erschienen wäre. Das ist der Punkt, auf den es ankommt: Phantasie, Witz, Spiel, das alles gehört nicht unbedingt zur Erfahrung, die vermittelt werden soll, aber diese Elemente oder Fermente bringen Intensität in einen Text ein.

Eine letzte Frage – nach der Rolle des Schriftstellers in der Gesellschaft. Ganz allgemein: Gibt es eine moralische Zuständigkeit des Schriftstellers für politische Entwicklungen? Bedürfen wir seiner Mahnung oder seiner Ermunterung – je nachdem?

Da muss ich auf konkrete Ereignisse eingehen. Einer der stärksten Schläge ins Bewusstsein war der kürzlich zu Ende gegangene Falkland-Krieg. Hier war überdeutlich zu sehen, aus welchen nichtigen Gründen ein Krieg geführt werden kann – für mich wieder eine Herabdosierung meiner Erwartungen über zukünftige Entwicklungen. Ich bin nach wie vor davon überzeugt, dass die eigentliche Rolle eines Autors (es sei denn, man ist so berühmt wie Böll oder Grass, dann hört man vielleicht eher hin) nicht darin besteht, allgemeine Statements abzugeben. Für einen Autor meiner Marktposition ist es völlig wurst, ob er sich für oder gegen die Nachrüstung, für oder gegen einen Krieg äußert. Das bleibt vollkommen ohne Echo. Das Einzige, was ich als Schriftsteller tun kann: Das allgemeine und abstrakte Reden über Krieg (das einen Entschluss zum Krieg möglicherweise leichter macht) zu durchbrechen oder zu durchbohren, indem ich zeige, wie es Menschen im Krieg ergeht. Es ist, glaube ich, falsch, wenn man von einem Autor erwartet, dass er am allgemeinen Reden teilnimmt, sich wie ein [Minister] Genscher wie auf Knopfdruck zu Fragen des Umweltschutzes, der Konfliktforschung, der Entspannung zwischen Ost und West äußern kann. Ein Autor soll konkret beschreiben, was allzu oft abstrahierend beredet wird.

FÜNF: AUCH WEGNER MACHT ES MIR SCHWER

DANN UND WANN öffne ich die Mappe, in der ich Notizen, Entwürfe gesammelt habe zu Armin T. Wegner.

Zum ersten Mal hatte ich, als Student, über diesen Schriftsteller im »Soergel« gelesen, der Illustrierten Literaturgeschichte des Expressionismus. Und ich nahm mir vor, später einmal über ihn zu schreiben. Begann, etliche Zeit nach dem Studium, Materialien zu sammeln in einem Karton mit dem Filzstift-Signet ATW.

In jener Zeit des Sammelns, Lesens und Notierens sah ich Wegner in klaren Konturen: Vorrangig als Autor, der wohl als Erster in Deutschland auf den Kollektivmord an Armeniern hingewiesen hat, eindringlich und hartnäckig, dies vor allem mit Fotos, die er aus der Türkei geschmuggelt hatte. Sodann als Autor, der ein Vierteljahr nach der NS-Machtergreifung einen großen Brief an Hitler schickte mit einem Plädoyer für verfolgte Juden. Der sodann verhaftet und in Konzentrationslager eingewiesen, nein, verschleppt wurde. Ein Mann, den ich bewunderte.

Und ein Zeitgenosse, über lange Zeit hinweg: 1886 in Wuppertal geboren und 1978 in Rom gestorben. Ich hätte ihn, theoretisch, also mal besuchen können; dem damals fast völlig vergessenen Schriftsteller wäre ich vielleicht willkommen gewesen. Doch andere Projekte hatten Vorrang, jahrzehntelang.

Folgt die Story eines Versuchs der Annäherung, der Vergegenwärtigung. Damit, auch hier wieder: Erfahrungen, die ich mit mir machte, während ich mich der historischen Person zuwandte.

In dieser Konstellation sehe ich mich wie einen der historischen Maler, die sich in figurenreichen Gemälden zuweilen selbst einbrachten, eher am Rande, doch schon dadurch identifizierbar, dass sie den Blick auf den Betrachter richteten, wohl wissend, dass sie auch damit Aufmerksamkeit, Hinwendung anlocken.

Doch jetzt: Armin T. Wegner!

ICH REKAPITULIERE in Stichworten, in notierten Formulierungen, was in einer biographischen Skizze oder in einem Essay ausgeführt werden müsste: Kindheit in Elberfeld, Berlin, Glogau, Breslau. Mobilität der Familie ergab sich mit dem Beruf des Vaters: hoher Beamter der Preußischen Eisenbahn. Häufige Anwendung der Peitsche beim verschüchterten Sohn, Armin galt als schwächlich: »Ganz allein war ich dem großen, mächtigen und gewalttätigen Manne ausgeliefert.« Aufkommender Widerstand wird niedergebrüllt, zu Boden geschlagen: »Aas von einem Sohn!«

Im Jahr vor dem Ersten Weltkrieg promovierte er. Thema: »Der Streik im Strafrecht«. Der junge Jurist wollte nicht in den Staatsdienst, wollte sich auch nicht selbständig machen als Anwalt, er wollte Schriftsteller werden. Begann mit expressionistisch gestylten Gedichten und pazifistisch motivierten Aufrufen: Ablehnung jeder Form von Gewalt.

Und doch, so registriere ich erst diesseits der Jahrtausendwende, feierte er privat den Krieg, bezeichnete sich in einem Brief an eine Geliebte als »Abenteurer« mit dem »Wissen des Krieges an sich und mit der höchsten idealen Aufgabe, die es geben kann, die Seele meines Volkes im Kampf zu ersehen«. Das ist nicht nur syntaktisch krumm. Doch er wurde deutlicher: »Ich finde es durchaus groß und erhaben (das Begreifen dafür ist mir im Laufe der Monate aufgegangen), wenn Menschen für die höchste Idee, die sie haben (d.i. das Vaterland) ihr Leben einsetzen und dafür verbluten.« Eine der ersten Irritationen beim Versuch der Annäherung an Wegner. Leitwort: Grundhaltung.

Trotz der artikulierten Affinitäten zum Militarismus wurde er einer der ersten, frühesten Kriegsdienstverweigerer, meldete sich zum Sanitätsdienst. Stichworte: Sanitäterlehrgang,

Einsatz in Polen, Eisernes Kreuz. Er galt als unzuverlässig, eigensinnig, ihm wurden Disziplinarmaßnahmen angedroht. Wurde andererseits »volle Zufriedenheit mit seiner Leistung« bescheinigt als dem Sectionsführer von »12 ihm unterstellten Krankenpflegern«.

September 1915 wurde er versetzt in das Osmanische Reich, damals verbündet mit dem Deutschen Kaiserreich im Kampf gegen England. Auch Gebiete des heutigen Irak, des heutigen Saudi-Arabien, des heutigen Syrien als türkischer Machtbereich. Die militärische Schlagkraft der osmanischen Armee war (im Urteil deutscher Offiziere) allerdings gleich null. Sanitäre Verhältnisse in militärischen Einrichtungen galten als katastrophal. Ruhr, Cholera, Fleckfieber, Typhus – beinah permanente Epidemien. Sanitäter wurden dringend benötigt.

Mitte Dezember: Wegner in Bagdad. Bereits nach einem Tag wurde er mit Typhus in das Krankenhaus der Bagdadbahn eingeliefert, blieb dort einen Monat. Sodann Dienst im Hospital Abdul Achad. Mitte April bis Mitte Mai: wieder Krankenhaus der Bagdadbahn, Abteilung Latrinenarbeiter: »Typhus abdominalis und Dysenterie«. Genesungsurlaub in Deutschland.

Rückkehr ins Osmanische Reich, Mitte Oktober. »Das Auswärtige Amt ersucht hiermit sämtliche Zivil- und Militärbehörden, Vorzeiger den Dr. jur. Armin Wegner, der sich mit einer Expedition des Deutschen Roten Kreuzes zu Zwecken der freiwilligen Krankenpflege über die österreichisch-ungarische Monarchie, Rumänien und Bulgarien auf der Türkei befindet, frei und ungehindert reisen, auch nötigenfalls ihm Schutz und Beistand angedeihen zu lassen.«

Aufarbeiten von Notizen im Marbacher Literaturarchiv: allein drei Archivkästen des sehr umfangreichen Nachlasses mit Dokumentationen zum Armenier-Genozid: Verfolgung, Vertreibung, Ermordung armenischer Kinder, Frauen, Männer. Hier bleibt die Rolle Wegners ganz besonders relevant, in seinem Engagement, vor allem in seiner Vermittlung.

Zum Beispiel mit seinem Bericht über das Massaker in Urfa: Rund 3000 Armenier suchten Schutz in einer Kirche, sie wurde von türkischen Mitbürgern angezündet; wer zu flüchten versuchte, wurde niedergemacht – etwa zweieinhalbtausend fanden in der Kirche, auf dem Vorplatz den Tod. In der Stadt selbst wurden weitere Tausende massakriert. Wegner übernahm einen zeitgenössischen Bericht: »Einen angesehenen Mann fingen sie, schlachteten ihn auf offener Straße, hingen den nackten Leichnam an einen Haken vor einem Metzgerladen und verkauften das Fleisch pfundweise als Hundefutter.«

Als Sanitäter versuchte sich Wegner durch Exkursionen »von dem Ausmaß der Verfolgung zu überzeugen«. Zitat: »Ich stand während des Krieges fast zwei Jahre in türkischen Staatsdiensten. In dieser Eigenschaft reiste ich mit dem Stabe des Feldmarschalls von der Goltz nach Bagdad, wobei mein Weg die beiden Hauptrouten der armenischen Deportation entlang führte, die Straße von Konstantinopel über Aleppo nach Mossul und die Euphratlinie nach Deir as Soor.«

Er sah Siedlungen, aus denen die armenische Bevölkerung vertrieben worden war. »Ich bin über die Trümmerstätten der verschiedensten Schauplätze dieses Krieges gegangen, aber ich muss sagen, dass nichts einen so schauerlichen und grauenhaften Eindruck machte wie diese Orte, in denen alles unberührt stand, die aber vollkommen von Menschen verlassen waren.«

Die Einwohner, soweit nicht an Ort und Stelle ermordet, wurden in Hungermärschen in die Wüste getrieben, die heute zu Syrien gehört. »Mit Kummer und tiefster Erschütterung habe ich gesehen, wie im Krieg die ausgetriebenen Armenier auf ihrem Todesweg in die Wüste in ihrem Schnupftuch eine Handvoll Erde mit sich trugen, um sterbend sich noch den Boden der Heimat auf die Brust zu legen.«

Wegner ließ sich von Augenzeugen berichten: »Dann begann die Deportation mit einer dreitägigen Wanderung. Am vierten Morgen kam eine Schar Reiter und stürzte sich auf die wehrlosen Reisenden, ihnen alle Kleider vom Leibe reißend. Sie nahmen auch alles vorhandene Geld mit sich fort und gaben den Arabern die Kleider. Daraufhin wurde der ganze Haufen von Männern, Frauen, Kindern nackt weitergetrieben. In einem Tal wurden sie dann von Freischärlern mit Äxten, Fleischhacken und Dolchen niedergemetzelt. Er [der Berichtende] warf sich unter einen Leichenhaufen. Die Freischärler machten sich auf und davon. Nach drei Tagen krochen 31 noch lebende Menschen aus ihrem grausamen Versteck heraus. Sie stiegen über die nächsten Hügel nach Westen zu. Einer nach dem anderen blieb am Weg liegen.«

Wegner suchte Flüchtlingslager von Armeniern auf, machte zahlreiche Fotos: »Bilder des Entsetzens und der Anklage«. Strenges Fotografierverbot der türkischen Behörden, Wegner schmuggelt später die Fotos hinter einer Bauchbinde aus dem Kriegsgebiet.

Zwischenzeitlich zurück in Deutschland, versuchte er bereits Herbst 1915 die Öffentlichkeit zu informieren. Er suchte und besuchte Vermittler, vorrangig Theodor Wolf, Chefredakteur des *Berliner Tageblatts*, den Publizisten Maximilian Harden, sodann Harry Graf Kessler und Walther Rathenau.

Außerdem: »Ich suchte die bedeutendsten Politiker und Reichstagsabgeordneten in Berlin auf, aber ich fand wenig Gehör bei ihnen. Viele entzogen sich, obwohl ich ihnen den Grund meines Kommens meldete, unter den nichtigsten Gründen einer Begegnung. Überall aber, und auch bei den amtlichen Stellen, die über die Vorgänge in Armenien durch ihre Konsulate und die Deutsche Botschaft in Konstantinopel auf das Beste unterrichtet waren, hörte man immer wieder die Entgegnung: Es handele sich hier um eine innere Angelegenheit der Türkei, in die Deutschland sich nicht [ein]mischen dürfte. Wenn wir zu viele Forderungen stellten, würde die Türkei zum größten Schaden von uns abfallen und zur Entente [England und Frankreich] übergehen. Diese Politik aber, die ich immer verworfen habe, ist eine Politik der Schwäche und Feigheit gewesen, die uns keineswegs zum Vorteil gedient hat. Gegenüber den Vorgängen in Armenien durfte es für einen europäischen Staat keinen Zweifel einer Haltung geben.«

Wegner registriert taktisch berechnendes Stillhalten (damit Stillschweigen): »Ganz unschuldig waren freilich auch die Deutschen nicht. Der Tagesbefehl der deutschen Truppenführer der VI. Armee enthielt den strengen Befehl für alle deutschen Soldaten, sich nicht um die armenischen Angelegenheiten zu kümmern, und das hieß für die Türken: Du kannst alle Grausamkeiten begehen, wie du willst, wir werden dich nicht hindern.«

Hier gewinnt historisches Geschehen an Aktualität. Verdrängung des Faktums Völkermord auch auf deutscher Seite. Im Nachwort einer präzis erarbeiteten Publikation (*Die Austreibung des armenischen Volkes in die Wüste*. Herausgegeben von Andreas Meier. Mit einem Essay von Wolfgang Gust. Göttingen 2011) werden irritierende Perspektiven aufgezeigt. Was mir vermittelt wurde durch dieses Buch, das gebe ich weiter, akzentuierend.

Zu der Zeit, in der Wegner in Berlin für Interventionen optierte, vergeblich, hieß es in England in einem offenen Brief: »But what can stop the massacres? Not the allied powers at war with Turkey. Only one power can take action for that purpose. It is Germany.«

Weiteres öffentliches Statement: »It will always remain a terrible stain on Germany's honor among the generations to come.«

Seit einiger Zeit wird vor allem von unserer Regierung in Berlin der NATO-Partner Türkei dazu aufgefordert, sich endlich zur Vertreibung und Ermordung von rund zwei Millionen Armeniern zu bekennen. In diesen öffentlichen, moralisch nachhaltigen Appellen habe ich bislang allerdings nichts gehört und gelesen von deutschem Mitwissen, von deutscher Duldung, ja, von deutscher Beteiligung – zumindest am Rande. Ich übernehme im Folgenden Zitate aus dem Essay von Wolfgang Gust.

Zur Begründung der verweigerten Stellungnahmen, Interventionen von deutscher Seite ein Zitat aus einem Schreiben des damaligen Kanzlers von Bethmann Hollweg. »Unser einziges Ziel ist es, die Türkei bis zum Ende des Krieges an unserer Seite zu halten, gleichgültig ob darüber Armenier zu Grunde gehen oder nicht.«

Es kommt noch schlimmer. Wolfgang Gust weist darauf hin, dass ein ranghoher deutscher Offizier, Eberhard Graf Wolffskehl von Reichenberg, »höchstpersönlich das Kloster beschießen ließ, in das sich armenische Deserteure geflüchtet hatten«. Und »dass deutsche Offiziere Handlungen durchführten, die von ihrem militärischen Auftrag nicht gedeckt waren«. In einem internen Schreiben an den deutschen Botschafter wurde denn auch die Frage gestellt, »ob es zweckmäßig ist, dass ein deutscher Offizier an einer Expedition gegen einen inneren türkischen Feind teilnimmt«.

Noch einmal Gust: »Der Leiter der Operationsabteilung im türkischen Großen Hauptquartier, Otto von Feldmann, der folglich an der Quelle saß, schrieb nach dem Krieg: ›Es soll und darf aber nicht geleugnet werden, dass auch deutsche Offiziere – und ich selbst gehörte zu diesen – gezwungen waren, ihren Rat dahin zu geben, zu bestimmten Zeiten gewisse Gebiete im Rücken der Armee von Armeniern freizumachen.‹«

Vor allem nach dem »Unternehmen Barbarossa« weiß man, was mit Freimachen gemeint ist: liquidieren. Der Stellvertretende Direktor der Bagdadbahn betonte später, »dass die Deutschen nicht allein nichts getan haben, um die Armenierverfolgung zu verhüten, sondern dass gewisse Befehle zu diesem Ziel sogar von ihnen ausgegangen, d.h. unterschrieben worden sind.«

Heutiger deutscher Appell an die Türkei, den Genozid endlich mal als Genozid zu bezeichnen, kommt als kleiner Bumerang zu uns zurück. Doch man duckt sich, lässt ihn vorbeiwirbeln. Nun heißt es ihn einfangen. Der Bumerang ist beschriftet: »Talin el alman«, die *Lehre der Deutschen*! Wegner: »So pflanzte sich der Ruf durch die Wüste fort«, wenn von besonderen Grausamkeiten der Deportation berichtet wurde. So mancher, »der die Folgen dieser Lehre sah, verbarg schaudernd sein Gesicht in seinem Burnus«.

Noch einmal Wegner, in einem Vortrag: »Das deutsche Volk, das auf das Engste mit dem türkischen Reiche befreundet war, hat dadurch auch eine Mitverantwortung an den von seinen Bundesgenossen ergriffenen Maßregeln übernommen, umso mehr wenn diese Maßregeln sich gegen ein Volk richten, das die gleiche christliche Religion verehrt und einer Rasse angehört, die ihm nahe verwandt ist. So wurde das deutsche Volk zum Mitschuldigen eines Verbrechens gemacht, von dessen Vorgängen es nicht das Geringste ahnte. Hier wie überall in der Geschichte dieses Krieges herrschte das gleiche Prinzip der Lüge, auch über diese unausdenkbaren Gewalttaten sind wir auf das Schändlichste hintergangen worden.« In der Tat, hier war Stillschweigen befohlen worden von höchsten Stellen.

Vor allem nach jenem Krieg legte Armin T. Wegner eine umfassende Dokumentation an, wandte sich an Dutzende von Personen mit der Bitte um Fotografien – es sollen zuletzt an die 8000 Dias und vor allem Papierabzüge gewesen sein. Eine Auswahl zeigte er bei Lichtbildvorträgen – sofern die nicht verboten waren.

Aus einem Berliner Pressebericht, März 1919: »Im wissenschaftlichen Theater der Urania kam es gestern Abend gelegentlich eines Vortrags, den Dr. Armin T. Wegner über die ›Austreibung des armenischen Volkes in die Wüste‹ auf Einladung der Deutsch-Armenischen Gesellschaft gehalten hat, zu stürmischen Szenen, die zu Prügeleien im Zuhörerraum und auf den Treppen ausarteten.

Der Vortragende sprach von den Greueln, denen 2 Millionen Armenier ausgesetzt gewesen seien, welche während des Krieges aus allen Teilen des Landes in die arabische Wüste vertrieben worden wären, angeblich, um Verrat zu verhüten. Obwohl der Redner ausdrücklich betonte, dass nicht das türkische Volk, sondern die Machthaber für diese Greuel verantwortlich seien, erhoben sich bei anwesenden Türken Stimmen des Widerspruchs, wurden aber von den in größerer Zahl anwesenden Armeniern niedergezischt. Minutenlang musste der Vortrag unterbrochen werden.«

1924 hielt Wegner in Wien erneut den (diesmal revidierten) Lichtbildvortrag (abgedruckt und mit Fotos koordiniert in der Dokumentation von Meier und Gust).

Einige Zitate aus den bildbegleiteten Ausführungen. »Die Bilder, die ich Ihnen zeigen werde, habe ich unter der Gefahr gemacht, vor ein Kriegsgericht gestellt zu werden, und später mit meinen Tagebüchern unter der Leibbinde versteckt über die Grenze geschmuggelt. Nicht alle diese Bilder habe ich selber aufgenommen, ich habe sie zur Ergänzung herangezogen, da viele meiner Fotografien durch die Hitze gelitten hatten und verdorben waren. [...]

Man führte die Männer von ihren Frauen getrennt unter nichtigen Vorwänden geschlossen vor die Stadt und in die Berge, um sie mit aneinandergebundenen Händen reihenweise niederzuschießen. Wenn die Russen bei ihrem Vorrücken durch einen dieser Orte drangen, fanden sie mitunter nur noch einen Haufen halb entkleideter Leichen, die unbestattet hinter einer Mauer oder in einer verlassenen Schlucht umherlagen. Noch bequemer war es, sie Rücken an Rücken gebunden in den Fluss zu werfen, wo sie bei Trapezunt in dem seichten Wasser 10 bis 12 Tage an dem Felsen haften blieben und verwesten.«

Weitere Zitate zur Durchführung, Ausführung der Deportationen in den Tod könnten folgen, doch damit geriete ich rasch in eine Zone der Überschneidungen, Überlappungen mit Texten anderer Augenzeugen.

ATW stellte sich selbst dar, hob sich selbst hervor als Haupt-Augenzeugen des Genozids: »Es ist der Mund von tausend Toten, der aus mir redet.« Oder: »Was ich aus dem Munde der Vertriebenen selber vernahm ... was ich selbst gesehen habe ... ich habe gesehen, wie ...« Ja, er hat sehr viel gesehen, vermittelte das auch, reicherte jedoch seine Erfahrungen an mit bezeugten Erfahrungen anderer – dies, ohne das jeweils zu vermerken. Sprich: er zitierte ohne Anführungsstriche. Das hatte er eigentlich nicht nötig, konnte schließlich mehr als genug Details vermitteln, doch er beobachtete nicht nur, er recherchierte, und da zeigt sich: Der Haupt-Augenzeuge Wegner war eher einer unter anderen, vor allem: *nach* anderen. Hier muss Johannes Lepsius genannt werden, den Wegner auch persönlich kennenlernte. Der katholische Geistliche hatte die Deutsch-Armenische Vereinigung gegründet und über den Armenier-Genozid mehrere Schriften veröffentlicht, die Wegner systematisch auswertete.

BEREITS 1897 war in Berlin der erste Bericht von Lepsius erschienen: *Armenien und Europa*, »Eine Anklageschrift«. Die war also zwanzig Jahre vor den Erkundungen des deutschen Sanitätsoffiziers in türkischem Dienst erschienen. Und es zeigt sich: Der Genozid war nicht zeitlich umgrenzt wie ein Pogrom, das Gemetzel zog sich hin über ein Vierteljahrhundert.

Verschieden sind die Schwerpunkte, Brennpunkte der Vermittlung. Lepsius berichtet vorwiegend über Massaker, Wegner hauptsächlich über die Vertreibung von Armeniern in die syrische Wüste, damit in den sicheren Tod.

Der Bericht von Lepsius ist online freigeschaltet. Ich hebe dennoch einige Punkte, einige Sequenzen hervor.

Aus dem Vorwort: »Eine Reise durch Anatolien und Syrien führte mich im Mai dieses Jahres [1896] auch durch zwei der Provinzen, die in den vorhergehenden Monaten durch die armenischen Unruhen und Blutbäder betroffen waren. Auf der ganzen Reise durch Anatolien bin ich keinem Mohammedaner begegnet, der nicht in seinem Urteil über die Ereignisse der letzten Monate von der selbstverständlichen Voraussetzung ausging, dass die Niedermetzelung und Ausplünderung des armenischen Volkes von der Regierung angeordnet sei und dem Willlen des Sultans entspreche. Die türkische Landbevölkerung sprach überdies ganz offen aus: Die Mullahs hätten in den Moscheen gesagt, daß der Scheich ul Islam, das geistliche Oberhaupt der mohammedanischen Welt, die Ausrottung der Armenier befohlen habe.«

Hier (und erst recht im Folgenden) wird herausgestellt, was im Diskurs über den Genozid weithin bedeckt gehalten wird: Es waren Aktionen von Islamisten gegen Christen. Bei Wegner finde ich das eher am Rande erwähnt. Auch sonst wird es kaum hervorgehoben. Lepsius legt hier jedoch reiches »Tatsachen-Material« vor.

Er gliedert auf. Im ersten Teil: »Trockene Zahlen«. Im zweiten Teil: »Etwas für starke Nerven«. Hier vor allem hat sich Wegner bedient, mehr auf Wirkung der Mitteilungen bedacht als auf Authentizität eigener Beobachtungen und Wahrnehmungen. So führt nun erst einmal Lepsius das Wort.

Noch im Vorwort vermerkt er: »Es ist auch von Wert, darauf hinzuweisen, daß England, Amerika und Frankreich schon längst [das schreibt er 1896!] eine überaus gründliche Literatur über die armenische Frage besitzen, die Deutschland vollständig abgeht.« Also bereits *vor* der Waffenbrüderschaft Deutschland-Türkei im Ersten Weltkrieg! Damit in einer Zeit gesuchter und gefeierter Kontakte zwischen Kaiser und Sultan. Einige Titel von Publikationen, auf die sich Lepsius beruft – allesamt Beiträge aus dem Jahr 1896. »Armenia, an Appeal … England's Responsibility towards Armenia … Martyrologe Arménien … Les Souffrances d'Arménie … Les Massacres d'Arménie.« (Der letzte Beitrag übrigens von Clemenceau.)

Lepsius stellt erst einmal klar, dass in dieser Frage »die unerhörtesten Fälschungen« vermittelt wurden. Vor allem die Version, die von der Türkei ausging und verbreitet wurde: Auslösend seien »die verbrecherischen Handlungen armenischer Briganten« gewesen. In der deutschen Presse sei denn auch, »mit vereinzelten Ausnahmen, die Schuld der ›rebellischen‹ Armenier, als Anstifter allen Unheils, in bengalische Beleuchtung gesetzt« worden. In der Tat, der Armenien-Genozid ist vielfach bengalisch beleuchtet worden. Lepsius hingegen wollte in klarem, nüchternem Arbeitslicht die Vorgänge erhellen. »Also die Tatsachen«!

Die müssen hier nicht der Reihe nach rekapituliert werden. Es soll nur angedeutet werden, in welchem Ausmaß in den Schlachtprovinzen gewütet und gemetzelt wurde. Und: wie viel Vorarbeit Lepsius für Wegner geleistet hat, indirekt.

»Wir sind im Begriff, in der Untersuchung nicht *eines*, sondern *hunderter* von Massacres einzutreten, die seit Oktober vorigen Jahres ununterbrochen bis zu diesem Tage in Armenien stattgefunden.« Hier musste für die deutsche Öffentlichkeit noch Basisarbeit geleistet werden, während bereits »europäische Hilfskomitees 60 000 Personen mit Lebensmitteln versorgten«.

Lepsius geht systematisch vor, die Situation in allen armenischen Provinzen beschreibend.

Hier nun hatte ich längere Sequenzen abgetippt, mit dem Ausdruck als Vorlage. Und ich mache wieder einmal Erfahrungen mit mir, die mich erst einmal enttäuschen. Offenbar habe ich nicht immer genug Resistenz gegenüber Informationen. Wenn ich Details finde, die wenig bekannt sind, wovon ich hier ja nun ausgehen kann, so will ich sie unbedingt weitereichen. Zwar ist auch dies ein Erfahrungsbericht, Werkbericht, aber ich registriere auch hier den Ansatz, möglichst perfekt und vollständig abzurunden. Was im Kontext des Logbuchs aber nicht in der Generalperspektive liegt, damit in meiner Intention. Im Klartext: Dieser Werkbericht ist nicht Vorstufe zu einer Monographie über den Armenien-Volksmord. Das lässt sich nicht einfach so miterledigen. Es geht ja nun auch primär um die versuchte Textannäherung an Wegner. Und da bleibt hier nur zu vermerken, dass auf dem Umweg über Lepsius erste Distanz entsteht. Wie bei einem Palimpsest wird unter Wegners Texten zu diesem Thema weithin Text von Lepsius ablesbar. Das nachzuweisen, wäre Aufgabe einer philologischen Untersuchung. Nicht (mehr) meine Sache.

Mit diesen Zwischenbemerkungen soll aber nichts abgetan werden. Ausgleichend zu Wegners eher punktuellen Berichten, scheint mir der Überblick von Lepsius über die ersten ein, zwei Jahre des Genozids absolut notwendig.

Erwähnt werden muss noch, dass Lepsius weitere Publikationen über den Volksmord herausbrachte. 1916 erschien ein *Bericht über die Lage des Armenischen Volkes in der Türkei*, eine »streng vertrauliche« Publikation, die von der Zensurbehörde verboten wurde. Und Lepsius war gezwungen, in die Niederlande zu emigrieren.

WEGNER GING EINEN ANDEREN WEG. Nach dem Krieg transformierte er Gesehenes, Gehörtes und Gelesenes in vier »Türkischen Novellen« (1921), die laut Cheflektor und Dichter Oskar Loerke weder »türkisch« waren noch »Novellen«, vielmehr »kleine Romane«. Da muss ich hinzufügen: *sehr* kleine Romane.

Eine der Novellen trägt den Titel *Der Sturm auf das Frauenbad*. Hier griff Wegner zurück auf ein Massaker vor seiner Zeit; was er übermittelte, war ihm vermittelt worden.

Dreihundertfünfzig Armenierinnen wurden 1896 in Erzurum im Frauenbad vergewaltigt und ermordet. Ein Pogrom zugleich in der Stadt, nach der Parole: »Die Kinder Muhammeds müssen ihre Pflicht tun. Kein Armenier soll verschont werden. Das ist der Befehl des Palastes!«

Textprobe: »Türkische Obsthändler und Korinthenverkäufer erbrachen die Türen der Häuser, polterten die Treppen hinauf und warfen die Schlafkissen zu den Fenstern hinaus. Sie gossen Kerosin darüber und steckten es in Brand. […] Kurdische Bauern, die auf den Markt gekommen waren, hieben mit geschwungener Axt in das Dickicht der Menschen. Ein einziger Schrei rollte die Straße hinab: ›Im Namen des Padischahs! Tod oder Islam!‹«

Der rollende Schrei – allzu oft wird Wegner in den halbfiktiven Texten schwülstig: ranzig gewordener Spätexpressionismus.

Weiteres Zitat: der Andrang vor dem Sturm auf das Frauenbad. »Ein Zittern lief durch den Leib der Menge. Die Köpfe wandten sich; mit vorgebogenem Hals, ineinandergekrallt, schoben sie sich die Gasse fort. Der vereinsamte Platz füllte sich mit dem Rauch der Kathedrale, über deren zitternde Menschenspaliere die Hände der Flammen tasteten. Der Atem der Tausende keuchte. Glut stand in den geröteten Augen. Die Vordersten, von ihrer Begierde gehetzt, jagten über die freie Straße. Die schwarze Masse, bebend vor Brunst, folgte ihnen über den Schrei zertretener Kinder, raste den Hügel hinab, durch die Höhlung, über den Platz und stieß an die Pforte der Bäder.«

Wie es dann weitergeht, sprachlich, das lässt sich hinreichend von dieser Sequenz ablesen. Sprachmaterialien, die sich querlegen auf dem Weg der versuchten Annäherung. Sprachformen, Artikulationsmuster von Wegner erschweren wiederholt eine Annäherung, zwingen Arbeitspausen auf, schaffen Distanz. Die immer wieder entschieden verkürzt wird in der Generalperspektive des Textversuchs: seine Grundhaltung herauszuarbeiten in verschiedenen Zeitphasen, Konstellationen. Und hier nun stellt sich wieder die alte, auslösende Bewunderung ein.

OSTERMONTAG 1933 schrieb Wegner einen Brief an Hitler. Heutiger Titel: *Die Warnung*. Ein »Sendschreiben an den deutschen Reichskanzler Adolf Hitler«. Etwa zehn Druckseiten. Hier gleich der Anfang, im Auszug.

»Herr Reichskanzler! In Ihrer Bekanntgabe vom neunundzwanzigsten März des Jahres hat die Staatsregierung die Acht über die Geschäftshäuser aller jüdischen Bürger verhängt. Beleidigende Inschriften: ›Betrüger! Nicht kaufen! Den Juden den Tod!‹, gemalte Wegweiser: ›Nach Jerusalem!‹, leuchteten an den Spiegelscheiben, Männer mit Knüppeln und Faustbüchsen [Handfeuerwaffen] hielten vor den Türen der Läden Wache. […]

Jüdische Richter, Staatsanwälte und Ärzte werden aus ihren wohlverdienten Ämtern gestoßen, man sperrt ihren Söhnen und Töchtern die Schulen, treibt die Hochschullehrer von der Kanzel und schickt sie auf Urlaub, eine Gnadenfrist, die niemandem zweifelhaft sein kann, beraubt die Leiter von Schauspielhäusern, Schauspieler und Sänger ihrer Bühnen, die Herausgeber von Zeitungen ihrer Blätter.«

Und er wies hin auf Albert Einstein, auf Albert Ballin, auf Emil Rathenau. Doch es geht nicht nur um Prominenz. »Wir haben das Blutopfer zwölftausend jüdischer Männer im Kriege angenommen; dürfen wir mit einem Rest von Billigkeit im

Herzen ihren Eltern, Söhnen, Brüdern, Enkeln, ihren Frauen und Schwestern verwehren, was sie durch viele Geschlechter erworben haben, das Recht auf Heimat und Herd?«

Und, wieder appellierend: »Herr Reichskanzler, es geht nicht um das Schicksal unserer jüdischen Brüder allein, es geht um das Schicksal Deutschlands! Im Namen des Volkes, für das zu sprechen ich nicht weniger das Recht habe als die Pflicht, wie jeder, der aus seinem Blut hervorging, als ein Deutscher, dem die Gabe der Rede nicht geschenkt wurde, um sich durch Schweigen zum Mitschuldigen zu machen, wenn sein Herz sich vor Entrüstung zusammenzieht: Gebieten Sie diesem Treiben Einhalt! [...]

Hundert Jahre nach Goethe, nach Lessing kehren wir zu dem härtesten Leid aller Zeiten, dem blinden Eifer des Aberglaubens zurück. Besorgnis und Unsicherheit nehmen zu, die überfüllten Züge ins Ausland, Verzweiflungsklagen, Schreckensauftritte, Selbstmorde! [...]

Unter hundert Deutschen befindet sich stets ein Jude, und dieser soll stärker sein? Setzt nicht ein mächtiges Volk sich selbst herab, wenn es Wehrlose dem Haß Enttäuschter preisgibt? [...]

Schützen Sie Deutschland, indem Sie die Juden schützen. Lassen Sie sich nicht beirren durch die Männer, die mit Ihnen kämpfen! Sie sind schlecht beraten!«

Von Hitlers Kanzlei in München, Brienner Straße, wurde der Empfang des Schreibens mit formeller Höflichkeit bestätigt. »Sehr geehrter Herr Doktor! Herr Heß hat mich beauftragt, Ihnen Ihr Schreiben vom 20. vor. Mts. [April] zu bestätigen. Das beigefügte, für den Führer bestimmte Schreiben wird diesem, sobald sich eine Gelegenheit findet, vorgelegt werden. Mit deutschem Gruß! i. A. Bormann.«

Mit einem Zusatzstempelchen wird erklärt, weshalb das Schreiben erst am 8. Mai auf den Postweg gebracht wurde: »*Erledigung verzögert* da nach Berlin, statt nach München gesandt.«

Hat Kanzleichef Bormann gar nicht erst in das Sendschreiben reingeschaut, auch nicht Rudolf Heß als Stellvertreter des

Reichskanzlers? Das Schreiben wurde abgelegt oder abgeheftet; der Fall schien erledigt.

BEREITS VOR DER MACHTERGREIFUNG hatten sich Wegner und Lola, seine jüdische Frau, ein Refugium an einem der Seen der Mark Brandenburg gekauft; die Anschrift als Briefkopf: Neuglobsow am Stechlinsee/Mark/Haus Siebenwälder.

Lola verließ mit ihren beiden Kindern (aus erster Ehe) bereits 1933 Deutschland, versuchte erst in Schweden, dann in England den Söhnen eine angemessene Schulbildung zu ermöglichen, ihnen damit Chancen für eine Zukunft in der Emigration zu eröffnen. Das Waldhaus, beinah fluchtartig verlassen, es wurde vermietet.

Dies an eine falsche Person. »Abends hat unsere Mieterin, dieses bedauernswerte Geschöpf, das sich zuletzt von trockenem Brot nährte und die Winterhilfe in Anspruch nahm, die Reihen meiner Bücher durchsucht, in der Hoffnung, etwas zu finden, bis es ihr schließlich gelungen ist. Auf meinem eigenen Telefon hat sie sich mit der Staatspolizei in Berlin verbinden lassen, bis die Gebühren auf fünfzehn Mark stiegen [heute etwa 150 Euro], die sie nie bezahlte, und die Post ihr den Telefondraht durchschnitt. Es ist gottvoller Widersinn, dass ich so wahrscheinlich noch selber die Gebühren für das Gespräch bezahlen muss, das mich in das Konzentrationslager brachte.«

Vielfach wird angenommen: Der Brief an Hitler als Auslöser der Verhaftung. Eine gleichsam festgeschriebene Version. Auch Wolfgang Thierse, Präsident des Deutschen Bundestages, schrieb (oder ließ für sich schreiben): »Für seine mutigen Worte hat Armin T. Wegner einen hohen Preis gezahlt: Verhaftung, Gefängnis, dann sog. ›Schutzhaft‹ in den Konzentrationslagern Oranienburg, Börgermoor und Lichtenburg mit brutalen Misshandlungen.«

Jedoch: nach Bestätigung des Eingangs des Schreibens geschah ein Vierteljahr lang gar nichts. Kein Verfahren eingeleitet, kein Hinweis an die Gestapo; der Brief, den man wohl nicht recht einordnen konnte, war offenbar vergessen. Relevant, brisant wurde hingegen der Fund der schnüffelnden Mieterin: die Ausgabe der gleich nach der Machtergreifung verbotenen Zeitung *Rote Fahne*. So galt Wegner automatisch als Kommunist, damit als Staatsfeind.

»Erschwerend kam bei meiner Verhaftung ferner dazu, dass ich mit einer Jüdin verheiratet bin, die gleichfalls Schriftstellerin ist, und dass man in dieser jüdischen Verwandtschaft eine Erklärung und Verstärkung meiner früheren pazifistischen Einstellung sieht. Ganz besonders schlimm aber wurde es, als man erfuhr, dass meine Frau wenige Tage vor meiner Verhaftung in das Ausland gereist war, und zwar in das schwedische Seebad Mölle, wo sie sich zur Zeit noch befindet. Denn nun tauchte die Vermutung auf, sie könne dort vielleicht aus irgendwelchen internationalen Gründen weilen oder gar zur Verbreitung von Greuelpropaganda. Man erteilte mir Schreibverbot, sperrte und kontrollierte die Auslandspost und nahm mich in Schutzhaft.«

Einen Tag vor der Verhaftung schrieb und schickte Wegner einen Brief an Lola, die wiederum einen Tag zuvor nach Schweden abgereist war. Ein Schreiben, das im (mehrfach konsultierten) Buch des Wallstein Verlags erstmals publiziert wurde. Dieser ausführliche Brief vom 15. August 1933 ist mehr als irritierend.

»Gestern war wieder so herrliches Wetter, ich saß den ganzen Tag draußen unter den Bäumen im Walde und schrieb an meinem Roman. Die Arbeit ging gut vorwärts, noch wenige Seiten, vielleicht werde ich diese Woche fertig. Gerade die letzten Kapitel und die Studien, die ihnen vorausgingen, waren sehr lehrreich und fesselnd für mich. Zwischen der jungtürkischen Bewegung von 1908 und der nationalsozialistischen Volksbewegung von 1933 ergeben sich so viele Ähnlichkeiten, damals nannten die jungtürkischen Verschwörer sich Sozialpatrioten, ist nicht schon der Ausdruck sehr ähnlich und überaus treffend? Kemal Pascha hat ja nur auf einer späteren Stufe nach dem Kriege die gleiche Bewegung fortgeführt. Indem ich beide vergleiche, vertieft sich mir der

Einblick in beide Strömungen, ich lerne sowohl die nationalsozialistische wie die jungtürkische besser verstehen und begreife aus den schicksalhaften Bluttrieben eines Volks heraus sogar das Verhalten der Jungtürken gegen die Armenier, was mir früher nur schwer gelang. Du weißt ja, dass es mein Fehler und meine Stärke ist, alles im Leben auf mein künstlerisches Werk zu beziehen, und so begrüße ich aus diesem Gesichtspunkt auch die nationalsozialistische Bewegung, die mir manches klärende Licht auch auf die früheren jungtürkischen Verhältnisse wirft. Hier wie da das erwachende Selbstgefühl eines mit Unrecht zurückgesetzten Volkes, hier wie da die erbitterte Feindschaft gegen den Fremdkörper im eigenen Volkstum (Armenier, Juden).«

Hier wird rückwirkend entwertet: Sein Engagement für Armenier, sein mutiger Einsatz für Juden. Nun wirken auf Wegner ein die »schicksalhaften Bluttriebe« des Volkes, was immer das sein mag, und dieses Ferment führt zu einer auf fatale Weise gelasseneren Bewertung des Armenier-Genozids wie der Judenverfolgung: Auswirkungen des »erwachenden Selbstgefühls eines mit Unrecht zurückgesetzten Volkes«.

Dabei denkt Wegner offenbar an den ›Schandfrieden von Versailles‹. Die Juden, im Brief an Hitler in deutsche Geschichte integriert, sie sind plötzlich »Fremdkörper im eigenen Volkstum«. Was ist im geräumigen Zelt auf seinem Waldgrundstück bei Neuglobsow geschehen?! Wegners Verstand außer Kraft gesetzt von »schicksalhaften Bluttrieben« auch seines Volkes?!

Ich kann mir, kann uns ein weiteres Zitat aus dem Brief nicht ersparen: hier zeigt sich mehr als nur Faszination für Sprache und ›Weltanschauung‹ der Nazis, hier findet fatale Identifizierung statt. (Die schreibende Identifizierung mehr als erschwert! Also muss zitiert werden.)

»Erst gestern sagtest du mir, in so großen Zeiten darf man nicht fern von allem in seinem Walde sitzen und an seinem Werke schreiben, ja, du zeigtest sogar Anerkennung für die gegenwärtige [nationalsozialistische] Bewegung in Deutschland, obwohl es dir als Jüdin doch besonders schwerfallen mußte, solche Worte zu sprechen. Ich will aber diesen Vorwurf gerne tragen, weil ich nach mancherlei Schwankungen einsehen lernte, daß in diesem Fehler auch meine Stärke liegt.

Gerade hier draußen, in den Tiefen des deutschen Waldes, unmittelbar verbunden mit dem Wehen dieser wunderbaren Landschaft, fühle ich tief, klar und geheimnisvoll auch das Wehen, Wachsen und die Seele des deutschen Volkes, ihr näher und schicksalsverbundener, als ich es im Getriebe der Großstadt und dem Streit der Tagesstimmen empfinden könnte.

So zu sein, zu leben und für diese Aufgabe zu wirken, das ist ein Pfand, das ich vom Schicksal gerade als Deutscher von meinem Lande und meinem Volke erhielt, das ich hochzuhalten und zu verteidigen habe vor der Zukunft des deutschen Volkes!«

Was sind denn das für Töne?! Wie kann ich das in Verbindung bringen mit dem mutigen, fast selbstmörderisch mutigen Brief an Hitler? Das ist ja die totale Diskrepanz! Wie lässt die sich überbrücken, eventuell?

Eine mögliche Interpretation wäre, für mich mit erleichternder Wirkung: Hier wird vorgetäuscht zur Absicherung, zum Selbstschutz in einer Zeitphase besonderer Bedrohung. Der Brief geschrieben mit der sicheren Erwartung, dass er ebenfalls geöffnet und von einer NS-Behörde ›geprüft‹ wird. Dass auf diese Weise abgefedert wird, für ihn selbst, für seine Frau. Dass man gegebenenfalls nicht ganz so hart angefasst, nicht ganz so brutal behandelt wird, wie einem das von verschiedener Seite zugetragen wird. Eher von Angst diktiert. Ein berechnendes Schreiben.

Hält dieses Erklärungsmodell den Fakten stand? War auch Wegner der Propaganda-Rhetorik verfallen, zumindest partiell, zumindest zeitweise? Müsste ich nun systematisch nach einem NS-Virus bei ATW suchen in den vielen Normkartons des Nachlasses? Dies aber in der beständigen Hoffnung auf Exkulpation? Impuls, ja, aber mit aufschiebender Wirkung, ich muss erst einmal ›durch‹.

NUR EINEN TAG nach dem (fiktiven oder faktischen) Briefbekenntnis zur blutgebundenen Schicksalsgemeinschaft mit dem deutschen Volk unter Hitler wurde Wegner verhaftet.

Ansatzweise führte er eine »Agenda« über jene Zeitphase. Format und Umfang etwa eines Taschenbuchs. Vordruck für jeden Tag des Jahres 1933, allerdings fand nicht jeweils ein Eintrag statt – dann oft auch nur knapp. 6. August: »Heute war ich den ganzen Abend in schwermütiger Stimmung.« Die Aufzeichnungen enden am 11. August, die darauf folgenden Seiten bleiben leer. Stattdessen beginnen Aufzeichnungen in kleinformatigen Wachstuchheften (archiviert in Marbach).

Notizen zur Haftzeit bleiben knapp. 17. August: »Vernehmung auf der Geheimen Staatspolizei«. Nach dieser »Überschrift« bleibt die Seite leer.

19. August: »Sonnabend. Im Columbiahaus. Abends Fahrt nach Oranienburg.«

Auch Wegner wurde (neben zahlreicher Prominenz vor allem der Politik) im Columbia-Haus durchgeschleust. Vor der Einlieferung in das KL Oranienburg erfolgte ein systemtypisches Verhör durch ein SS-Mitglied der Totenkopfbrigade.

»Wissen Sie, warum Sie verhaftet wurden?

Ich habe geglaubt, durch Erziehung und Belehrung die Menschen vom Morden abbringen zu können.

Und woran glauben Sie jetzt?

Ich glaube an nichts mehr.

Ausgezeichnet! Ganz ausgezeichnet, daß wir so einen Mann hierher bekommen. Bei uns lernen die Leute nämlich alle wieder glauben! An den Knüppel, an die Peitsche lernen sie glauben.«

Wegner, auch Wegner als Opfer. Damit scheint die Grundposition wieder einmal festgeschrieben: ATW als Gegner des Regimes. Doch mit seiner Verschleppung in, sukzessiv, drei Konzentrationslager werden mir wieder Irritationen aufgezwungen. Aber das ist noch zu milde ausgedrückt: Es werden Punkte erreicht, an denen ich nicht weiterweiß in meinem Versuch, seine Grundhaltung zu skizzieren. Bei genauerem Hinsehen lösen sich scheinbar klare Konturen auf.

KZ ORANIENBURG. Bereits 1934 erschien in der Tschechoslowakei, in Karlsbad, ein »Erster authentischer Bericht eines aus dem Konzentrationslager Geflüchteten«. Es war dies Gerhart Seger, Mitglied des deutschen Reichstags über vier Wahlperioden hinweg. Ich folge seinen Aufzeichnungen.

»Bei unserem Eintreffen im Lager wurde uns von dem Sturmbannführer Krüger gleich versichert, wir wären hier nicht in einem Gefängnis und unterständen nicht etwa Polizeibeamten, sondern wir wären in einem Konzentrationslager der SA, und was das zu bedeuten hätte, würde uns schon noch aufgehen.«

Erniedrigungen, Misshandlungen, Folterungen. Seger kann nicht die Zahl der zu Tode gefolterten Insassen nennen, verweist nur auf »zwei Fälle, die ich genau kenne, von denen ich aber leider sagen muß, dass sie nicht die einzigen ihrer Art sind. [...] Am 14. Tage unseres Aufenthalts hatten wir den zweiten Toten, den 31jährigen Arbeiter Sens aus Zerbst. Ich habe ihm in seiner letzten Stunde Wasser gebracht und sonst beigestanden. Die Spuren der Misshandlungen an seinem Körper, blutunterlaufene, tiefblau und schwarz gefärbte Stellen auf dem Rücken von den Schulterblättern bis zum Gesäß, auf den Oberschenkeln und an den Waden, habe ich gesehen. Ich kann also bezeugen, daß auch dieser vollkommen gesund gewesene Arbeitersportler vom Sturmbannführer und zwei SA-Männern, also mit drei Gummiknüppeln, zu Tode geschlagen worden ist. Er verschied durch Herzschlag infolge der durch die zahllosen und wahnsinnigen Schläge am ganzen Körper aufgetretenen Blutstauungen.«

Weiter zum KZ, in das auch Wegner verschleppt wird: »Das Schlimmste in Oranienburg war die Einrichtung von Dunkelarrestzellen. Die am häufigsten benutzten waren zwei ehemalige Trockenkammern der Gießerei, noch von ihrer früheren Verwendung her mit schwarz angestrichenen Wänden. ›Licht‹ und ›Luft‹ kamen in diese Zellen nur durch einige in den eisernen Türen befindliche Löcher von wenigen Zentimetern Durchmesser. Zur Not hatten in diesen Zellen drei bis vier Mann Platz, es haben aber Tage und Nächte lang bis zu vierzehn Mann darin gelegen.

Diesen Dunkelarrest verhängte der Kommandant bei jeder Gelegenheit, meist ohne den betreffenden Gefangenen zu hören und, je nach Laune, mit ganz verschiedener Dauer. Es haben Gefangene bis zu viereinhalb Wochen ununterbrochen in diesem Dunkelarrest gesessen.

Diese Art von Arrestzellen reichte aber für den Sadismus des Lagerkommandanten nicht aus, denn wenn die Zellen nicht gerade überfüllt waren, konnten sich die zu Arrest Verurteilten immer noch nachts auf dem Fußboden lang legen. Das war noch zu viel der Humanität. Deshalb ließ der Lagerkommandant Dunkelarrestzellen bauen, die, völlig aus Stein, eine Bodenfläche von 60 zu 80 Zentimetern hatten, so daß also ein Mensch darin gerade aufrecht stehen konnte. So mancher Gefangene ist gleich nach seiner Einlieferung und ersten Verprügelung in eine dieser Stehzellen gewandert, und mit wunden Füßen wieder herausgekommen.

Tatsächlich war diese grauenhafte Erfindung des Lagerkommandanten nichts anderes als eine Art aufrechtstehender Sarg. Ein Raum mit einer Bodenfläche von 60 zu 80 Zentimetern erlaubt gerade das Stehen; keine noch so geringe Beugung der schon nach kurzer Zeit erstarrenden Glieder ist möglich. In einen Zementsarg eingeschlossen zu sein, kein Glied rühren zu können, fühlen, wie die Glieder von unten her starr werden, zu schmerzen beginnen, wie die Knie durchsacken und an die Wand stoßen, nicht wissen, wohin mit den Armen, wie noch länger stehen – es ist eine Hölle. [...]

Der Schutzhaftgefangene Neumann wurde acht Tage und acht Nächte, 192 Stunden! 192 Stunden! im Stehsarg eingeschlossen. Er kam mit wahnsinnig schmerzenden, geschwollenen Füßen wieder heraus, die Knie waren wund vom Anprall an die Wand – grauenhaft.

Das ist eine ›Disziplinarstrafe‹ in Oranienburg, die aus geringstem Anlaß vom Kommandanten völlig willkürlich verhängt wird.«

Auch Armin T. Wegner im KZ Oranienburg: 8. Kompanie, 1. Zug. Doch er durfte an Lola schreiben, die mittlerweile nach Schweden emigriert war. Selbstverständlich wurde ausgehende wie eintreffende Post »geprüft«; in großen Buchstaben wurde auf Briefe und Karten gestempelt: *Kontrolle*, oder: *Gesehen*. Das wusste man im Lager. Das prägte die Form der Mitteilungen. Nun Wegner mit einer erstaunlichen Mitteilung: »Ich habe hier bei der Post und Zensurabteilung einen sehr angenehmen Posten.«

Gerhart Seger zur Postabteilung: »Als die Belegschaft des Lagers im Laufe der Sommermonate stark zunahm, sah sich die Verwaltung genötigt, eine eigene Postabteilung einzurichten. Es versteht sich bei der Wesensart der Nationalsozialisten ganz von selber, daß die Abfertigung der Post und die Kontrolle zu zahllosen Schikanen benutzt wurde. Es ist nur natürlich, daß keinerlei politische, etwa gar gegen die Regierung oder den Nationalsozialismus gerichteten Bemerkungen in den Briefen enthalten sein durften, ebenso durfte selbstverständlich kein Wort der Wahrheit über die Erschlagung und Mißhandlung der Gefangenen durch Briefe aus dem Lager herausdringen. Schon Bemerkungen privater Art, die sich ohne jede Hervorhebung konkreter Tatsachen auf das persönliche Befinden bezogen, gingen manchem Kontrollierenden schon zu weit. Zahlreiche Briefe wanderten einfach, ohne daß die Gefangenen etwas davon erfuhren, in den Papierkorb.«

Wie ist Wegner an dieses Pöstchen gekommen? Wie hat er sich verhalten, »im Dienst«? Was war Tarnung, was war Grundhaltung? Ich finde hier keine Antwort. Doch in Verbindung mit dem nächsten KZ, in das Wegner verschubt wurde?

KZ BÖRGERMOOR: Barackenlager, heute vom Erdboden verschwunden, die Position markiert durch eine Info-Tafel, einen Felsblock mit Aufschrift. Eins der fünfzehn Konzentrationslager im Emsland, zwischen Papenburg und Lingen. Meist kleine Lager, doch Esterwegen wurde später (neben Dachau) zu einem »Musterlager« der SS.

Die Parole »Vernichtung durch Arbeit« war noch nicht im

Umlauf, wurde in der Praxis jedoch schon umgesetzt. Unter bewusstem Verzicht auf schweres Gerät (Dampfpflüge) sollte mit Hacke und Spaten Emsland-Moor weiträumig urbar gemacht werden, als Nutzfläche vor allem für Gemüseanbau. Die Arbeitsnorm lag (zeitweilig) bei etwa zwölf Kubikmetern Torf pro Tag und Häftling.

Bereits 1935 wurde die europäische Öffentlichkeit über die Zustände in einem der Konzentrationslager an der Ems informiert durch den in der Schweiz veröffentlichten Bericht des emigrierten Wolfgang Langhoff (*Die Moorsoldaten*). Er war Schauspieler in Düsseldorf gewesen, wurde später Intendant des Deutschen Theaters in Berlin, »Hauptstadt der DDR«. Was Wegner (den Langhoff zweimal in Börgermoor traf) nicht vermittelt, das vergegenwärtigt Langhoff: Schlag-Lichter.

Transport ins Emsland mit der Bahn; stundenlanger Fußmarsch vom Bahnhof zum Lager weit draußen: »Wir ziehen durch das Tor des staatlichen preußischen Konzentrationslagers Börgermoor bei Papenburg. [Ich kürze Übergänge ...]

In der Mitte der Baracke steht der Kommandant und schnauzt: ›Aasbande! Untermenschen! Ihr seid den Fraß nicht wert, den ihr hier bekommt! Viel zu human sind wir mit euch Banditen!‹

Wir werden in drei großen Schüben durch die enge Barackentür ins Freie gejagt. Durch eine Gasse von SS-Männern, die mit Füßen, Kolben und Latten, an denen noch Nägel sind, auf uns einschlagen.

Ergebnis: drei Schwerverletzte, wovon der eine monatelang im Lazarett lag mit Brustfellentzündung, der andere Nierenblutungen hatte und der dritte eine schwere Hüftverletzung davontrug. Wir anderen hatten nur geprellte Arme, Hintern und Beine.

Wir schuften monatelang bei brennender Hitze, die Haut hängt in Fetzen von unserem verbrannten Oberkörper, im Regen, der bis auf die Haut geht, später bei eisiger Kälte, Hagel und Schnee, wenn der scharfe Wind, der vom Meer her kommt und auf dem flachen Land keinen Widerstand findet, wie mit Messern durch die Kleider schneidet und der Moorboden gefriert und hart wie Stein wird. Oft bricht einer von uns zusammen und wird von zwei Kameraden und einem Posten ins Lazarett gebracht. Und ewig die Antreiberei, die demütigenden Beschimpfungen, das peinigende Gefühl, kein Mensch mehr – irgendein Tier zu sein, in Scharen zusammengetrieben, in zehn langen Ställen untergebracht, mit Nummern versehen, gejagt und geprügelt.«

Auch Wegner: ins Emsland transportiert: »Staatl. Konzentrationslager I, Schutzhäftling 43, Baracke Nr. 1. Börgermoor, Ems.«

Weiterhin Korrespondenz, zumindest mit seiner Frau. »Hier in Börgermoor habe ich es zwar nicht so gut wie in Oranienburg, wo ich in der Zensur und Postabteilung einen Ehrenposten bekleidete, aber ich habe doch ein großes Glück, daß meine Vorgesetzten mir auch hier mein aufrichtiges Deutschtum gewissermaßen vom Gesicht [ab]lesen und mir in vielem entgegenkommen.«

Erstaunliches Bekenntnis zum »aufrichtigen Deutschtum«! In Phasen, in denen mir, unter dem Vorzeichen des Bekenntnisses, der angenehme Ehrenposten (Wegner als VIP im KZ?) eher dubios erscheint, fragte ich mich erneut: Was war Vortäuschung, was Klartext?

Auch im KZ Börgermoor: Wegner genoss einen Sonderstatus. Das musste er sich selber eingestehen. »Ein großes Glück war es für mich, daß viele unter den SS-Männern hier und unter meinen Vorgesetzten von meinen Reisen im Orient gehört und gelesen hatten, was sich bald im Lager herumsprach.«

Nicht nur einer, sondern gleich mehrere belesene SS-Männer in der Lagerführung? Und die auch hier (kurioserweise oder korrekt?) als »Vorgesetzte« bezeichnet ... Wegner als aufrechter Deutscher in einer Art Dienstverhältnis im KZ? Er hielt sogar Vorträge vor der Lager-SS.

Und wurde »als Sanitäter in die Revierstube [ab]kommandiert«. Ihm wurden »vor allem die mikroskopischen Untersuchungen von Sputum, Harn usw. auf Tuberkeln oder andere Bazillen übertragen.«

Dann »übertrug man mir eine völlig neue und unbekannte Tätigkeit: die Stelle eines Küchen- und Proviantmeisters. Es ist eine ziemlich selbständige Tätigkeit, die bisher von einem SS-Mann geleistet wurde und bei der ich unmittelbar einem Polizeiobersekretär unterstehe.«

Wie kam Wegner zu einer Sonderstellung auch in Börgermoor? Dass er eine Lore mitschieben musste, das geschah offenbar nur am ersten Tag oder in den ersten Tagen. Dann war die Schinderei für ihn beendet. Ein Glück für ihn, dass er schonend behandelt wurde. Aber was wurde dafür von ihm erwartet? Wozu mag er sich bereit erklärt haben? Dass er den Suffköppen der Lager-SS Vorträge halten durfte, das hatte sicherlich gewisse Voraussetzungen. Welche? Klärt sich das eventuell im Konzentrationslager Lichtenburg?

Im zweiten der »Lichtenburger Hefte« finde ich Auszüge aus einem Bericht, den der Sozialdemokrat Fritz Kleine nach seiner Flucht in die Tschechoslowakei 1934 in Karlsbad veröffentlichte als »Appell an das Gewissen der Welt«.

»Das äußere eisenbeschlagene Burgtor wird geöffnet. Ein SS Doppelposten, ausgerüstet mit Gewehr, Pistole, Seitengewehr und Gummiknüppel, bewacht den Raum zu einem zweiten Tor aus Gitterstäben. Nachdem wir ein drittes Tor passiert haben, waren wir in dem vorderen Zuchthaushof. Von allen Seiten strömten SS Leute herbei und umringten uns, nachdem wir von den Autos abgestiegen waren. Aber noch geschah nichts. Erst als die Polizeibeamten mit ihren Autos den Hof wieder verlassen hatten, ging es los! Der stellvertretende Kommandant der Lagerwache, Zimmermann, ein Truppführer der Standarte 26, übernimmt die Leitung unseres Empfangs: ›Laufschritt marsch-marsch, rechts schwenkt, links schwenkt, marsch-marsch!‹ Jeder hält sein Gepäck, und zwischen Kirche und Wachlokal hindurch geht es nach einem hinteren Hof, einem wüsten Sandplatz. ›Wollt ihr laufen, ihr Schweine, verfluchtes rotes Gesindel – euch werden wir Beine machen!‹ Mit Gewehrkolben, Seitengewehr und Gummiknüppel stößt die SS zwischen uns, stellt uns von hinten ein Bein, so daß viele durcheinander und übereinander fallen. Wir hatten bei unserem Transport zwölf Schwerkriegsbeschädigte und Arbeitsinvaliden, auch diese mußten den ›Sport‹ mitmachen. Sie lagen mehr im Sand als daß sie auf den Beinen standen. Das ging eine volle Stunde hindurch. Immer wieder ›Hinlegen, auf – Laufschritt marsch-marsch!‹ […] Der Schweiß tropfte, viele machten schlapp und blieben im Sande liegen. Die Koffer und Pappkartons waren aufgegangen und der klägliche Inhalt, Wäsche, Lebensmittel, Schuhputzzeug, lag über den ganzen Platz verstreut. Endlich hieß es: Jeder sein Zeug zusammensuchen und antreten in zwei Gliedern! ›Hinteres Glied kehrt, jeder seine Sachen vor sich ablegen, sämtliche Taschen entleeren!‹ Streichhölzer, Notizbücher, Schriftstücke und Taschenmesser wurden uns abgenommen. Wir mußten uns völlig entkleiden und den SS Leuten die Anzüge zur Durchsuchung reichen.«

Die Lagerordnung wird verlesen; Kleine zitiert: »Alles laute Sprechen sowie Singen ist verboten! Rauchen verboten! Jeder Widerstand wird sofort mit der Waffe unterdrückt. […] Ohne unseren Willen kommt hier lebend keiner heraus.«

Stellvertreter des Kommandanten Entsberger in den Jahren 1933 und 1934 war der bereits erwähnte Zimmermann. Unter den Schindern der Lager-SS fiel er durch chronischen Sadismus auf. Ein Foto des Uniformierten zeigt eine brutale Visage. Brutalität freilich im SS-Konsens. Bezeugte Anweisung von Entsberger an Zimmermann: »Schleift den Krepel zu Tode!«

Besonders gefürchtet waren Verhöre durch Entsberger oder Zimmermann im Keller mit den Dunkelzellen. Zu brutalsten Misshandlungen genügten als Scheinmotivation geringste ›Vergehen‹. Einem SS-Mann wird nicht die vorgeschriebene »Ehrenbezeugung« auf einem der Höfe des heruntergewirtschafteten Schlosses erwiesen, oder man singt nicht laut und deutlich genug mit beim Deutschlandlied zum Abend.

Eins der Stichworte für Zimmermanns speziellen Sadismus: Arbeit im »Latrinenkommando«. Werner Dietrich: »Eine Strafarbeit war das Reinigen der Aborte und Latrinen, wozu die SS mit besonderer Vorliebe Intellektuelle einsetzte.« Wer höher steht, muss erniedrigt werden. Was menschenmöglich ist, wurde in den Konzentrationslagern nachhaltig dokumentiert, hier hätte Dante reichlich Material gefunden zur Ausgestaltung des Infernos. Ich kann mir und uns nicht das folgende Zitat ersparen aus einem Bericht von Richard Dietrich, dem Großvater des Lichtenburg-Historikers: eine der ›Inszenierungen‹ des Obersadisten Zimmermann.

»Die zentnerschweren Kübel sollte ein Mann tragen. Es ging nicht, denn die Last war zu schwer. Eines aber war schon erreicht: Der Mann war beschmutzt von oben bis unten. Zwei Mann zu Hilfe! Auf die Schultern mit dem Kasten, fort nach dem Entleerungsort. Dieser befand sich hinter einer Saukuhle. Ein metertiefes Loch mit Schlamm, Jauche und Fäkalien angefüllt. Der betreffende Genosse musste mit dem Kübel hier durch. Am Ende der Suhle musste er dann mit den Händen den Kotkasten entleeren. In diesem Zustand mußte er dann sein Essen einnehmen. Diese Quälerei ging so weit, daß es der Pfarrer der Lichte am Ende nicht mehr mit ansehen konnte und Einspruch einlegte.« Allerdings folgenlos.

Hier wird eine ergänzende Mitteilung notwendig: »Der evangelische Pfarrer war NSDAP-Mitglied. In seinen Predigten rief er die Häftlinge zu Demut und Läuterung auf und erklärte ihnen die ›wahren‹ Gründe ihrer Schutzhaft: ›Tragt euer Leid in Geduld, nehmt die von Gott verhängte Strafe auf Euch. Denn Gott hat Euch hierher gebracht, nicht das Innenministerium. Gott will Euch zur Umkehr zwingen!‹«

In diesem gottgewollten Vollzug denn auch ein Ernst Zimmermann als Vollstrecker. In einem verborgenen Winkel des Internet habe ich herausgefunden: 1956 wurde der ehemalige Rapportführer vom Schwurgericht Bonn zu viereinhalb Jahren Zuchthaus verurteilt.

Ende Oktober 1933 teilte Wegner seiner Frau mit: »Seit über einer Woche befinde ich mich in der Lichtenburg, einem alten

Festungsschloss bei Torgau in Sachsen.« Beruhigend die Mitteilung: »Auch hier hat man mir wie in Börgermoor gestattet, für die Belegschaft der SS Reisevorträge zu halten.« Mit angenehmen Begleiterscheinungen: »Hier in der Lichtenburg geht es mir bis auf mein nie ganz behobenes Gallenleiden jetzt auch äußerlich recht gut. Die Vorträge machen mir viel Freude. Zuweilen gehe ich auf Außenarbeit zum Ausschachten eines versandeten Teiches in dem alten Dominium Lichtenburg oder zur Feldarbeit im Garten.« Wie soll ich Wegners Position, seine Haltung und sein Verhalten in den Konzentrationslagern einschätzen?

ZU DEN QUELLEN im Marbacher Literaturarchiv! ATW-Einschlagmappen aus zahlreichen Archivkästen in den Kompaktschränken des Kellers. Erhalten blieben die kleinformatigen Wachstuchhefte mit Aufzeichnungen und Notizen aus der Haftzeit. Winzige Schrift auf blau gedrucktem Raster (»Rechenhäuschen«). Etwa vierzig Seiten. Auf der Innenseite des schwarzen Heftumschlags: Dr. Armin T. Wegner, Häftling Nr. 43, Baracke 1. (Im Börgermoor.)

Auf dem ersten Blatt in großer Schrift ein Zitat von Hitler. Dies auch in weiteren, späteren Heften – in Erwartung von Durchsuchungen der wenigen Mitbringsel von Häftlingen? Gleichsam Sprachköder für den KZ-Aufseher: Hitlerzitat gleich beim Öffnen des Wachstuchhefts? Auffallend groß geschrieben auch: »Einteilung für meinen Vortrag für die SS«. Auch hier stellt sich mir die Frage: Täuschungsmanöver für den Fall einer Kontrolle oder doch Zeichen von NS-Engagement? Formelhaft: Ich weiß nicht, woran ich bei Wegner bin.

Zuweilen steckt ein Zettel oder ein kleines Dokument in den »Lagerbüchern«. Hier finde ich etwa die »Kostverordnung des Lagerarztes« von Lichtenburg, Oktober 33: aufgelistet die Grundnahrungsmittel für Gallen-Patient Wegner. Individuell abgestimmte Diätküche, Schonkost für einen Häftling im KZ: ganz neuer Aspekt …! Wie war so ein Privileg möglich im Kontext der besonders brutalen Lagerpraxis?

Wegner blieb Spielraum für private Beschäftigungen, für Lektüre und Notate. »Ich beginne die Lagersprache zu studieren.« Diverse Aufzeichnungen unter diesem Stichwort, darunter die Notiz: »Wiederholungsworte im Gespräch: endlos, restlos – das ist verheerend.« Aphorismen: »In Deutschland dreht sich, von der Kaffeemühle angefangen, alles nach rechts.« Er aber auch?

Die Wiedergabe der Notate ließe sich fortsetzen, jedoch: es überwiegt Unpolitisches, oft Beiläufiges. Offenbar hat Wegner viel gelesen im Konzentrationslager, es wiederholen sich bibliographische Hinweise, folgen Anmerkungen zu Büchern. Auch Gedichte, eher: Gedichtversuche in den Wachstuchheftchen. Aufzeichnungen zur Stimmungslage. »In dem Wasser schwimmt ein Fischlein, das ist glücklicher als ich.« Dies als (nicht weiter gekennzeichnetes) Zitat aus einem der Lieder, die von Arbeitskolonnen weisungsgemäß angestimmt wurden auf dem Weg zur Maloche. »In dem Wasser schwimmt ein Fisch, / Der ist glücklicher als ich.«

Man konnte Glück haben. Auffällig aber ist, dass Wegner in allen drei Konzentrationslagern zuvorkommend behandelt, dass ihm sogar Schonkost bereitet wurde. (Die wurde ihm, in der »Lichte«, wohl von einem Gasthaus in Prettin geliefert.) Ich kann mir seinen Sonderstatus vor dem Hintergrund zeitgenössischer Berichte von Opfern nicht erklären. Wegner als so etwas wie ein »Ehrenhäftling«. Im Status demnach der SA-Männer, die (nach der SS-Aktion gegen Röhm und die Führung der SA) auch in die »Lichte« eingeliefert wurden. Nur SA-Männer in Führungspositionen wurden ›hart angefasst‹, die meisten aber, »als Ehrenhäftlinge betrachtet, konnten sich Zeitungen und Bücher sowie ein Mittagessen aus einem Gasthof in Prettin zukommen lassen«.

Für seinen Status in den Lagern finde ich kein passendes Erklärungsmodell. Ansatzweise höchstens dies: Die Lager-SS hatte oder hegte Erwartungen, die sich mit seinem Namen verbanden, mit der Publikation vor allem von Reiseberichten: Der Mann kann gut schreiben, er könnte eigentlich auch für uns schreiben. Es wurde zuweilen versucht, Konzentrationslager in ein positives Licht zu rücken, vor allem dem Ausland gegenüber. Zuweilen wurden ja Proteste erhoben gegen die Verschleppung renommierter Personen, die womöglich mit dem westlichen Ausland in Verbindung standen, etwa über die Institution Rundfunk. Da hörte man nun in der BBC oder in der Radiodiffusion von brutaler Behandlung, von miserablen hygienischen Bedingungen, von unzureichender Ernährung (die Vernichtungslager in später eroberten polnischen Gebieten existierten ja noch nicht), und so hätte die positive Gesamtdarstellung eines bekannten, womöglich übersetzten Autors wünschenswert sein können. Diesen Autor konnte man nicht erst »durch die Mangel drehen« und anschließend motivieren zu aufschönender Darstellung.

Ein Erklärungsmodell, dem allerdings die Basis fehlt: nicht mal der kleinste dokumentierte Hinweis in ATW-Briefen oder KZ-Dokumenten. Pure Spekulation, abgeleitet vom Öffentlichkeitsbild des privilegierten Häftlings. Also, ich kann keine Erklärung anbieten, kann nur wieder konstatieren: Ich stehe vor einem Rätsel, für das ich keine Lösung sehe. Wenn ich nicht weiterweiß, wie soll ich dann weiterschreiben? Auch Vorgänge, die sich chronologisch anschließen, können hier nicht weiterhelfen. Ich will kurz skizzieren, worum es da geht.

NACH DEN MONATEN in Konzentrationslagern mit Schonkost und Lektüre: kein Berufsverbot. Wegner wollte sogar zu Lesungen oder Vorträgen ins Ausland reisen.

»Man hat mich wissen lassen, dass man gewiß nichts dagegen einwenden würde, wenn ich, wie in früheren Jahren, eine gut begründete Vortrags- und Pressereise in das Ausland nachweisen kann (natürlich nicht gerade nach Frankreich und ähnliche Länder). Nun habe ich ohnehin ja schon im Sommer und Herbst eine Vortragsreise nach Norwegen mit gleichzeitigen journalistischen Berichten an die deutsche Presse in die Wege geleitet. […] Ich muß sehr korrekt handeln und durchaus darauf achten, alles so einzurichten, daß ich mir nicht die Rückkehr nach Deutschland versperre und bei meiner Rückkehr mir keinerlei Schwierigkeiten entstehen. Dazu kommt, daß meine Schriftstellerorganisation mir ganz kürzlich etwas zukommen ließ, ohne das ich ja überhaupt nicht gewußt hätte, wovon ich leben soll, und daß man die Erwartung und Verpflichtung daran knüpfte, ich möchte dieses Geld nicht etwa dazu benutzen, nach Paris zu reisen.« Erstaunlich kulant bei einem Autor, der aus drei Konzentrationslagern kam!

Der Sonderstatus mit Ehrenposten in Konzentrationslagern ... Die Möglichkeit, in einer Ausweitung der Privilegien, zu Veranstaltungen nach Norwegen zu reisen ... Gespräche mit »günstig gesonnener« Gestapo ... Was lief da ab, hinter den Kulissen? Ich habe hier keinen Einblick. Jedenfalls nicht beim Stand meiner Kenntnisse, die ich – über ATW-Begleitliteratur hinaus – im Marbacher Literaturarchiv kursorisch gewonnen habe.

Hier spielen auch subjektive Gründe mit. Dem Mann, zu dem mich Bewunderung geführt hat, ihm will ich nichts Negatives, nichts Ehrenrühriges unterstellen. Stichworte dazu scheinen jedoch vorzuliegen. Mir fehlt nun aber zu viel Kontext, um näher und genauer auszuführen. So bleibt nur, zu konstatieren, dass Bewunderung wiederholt zu Verwunderung führte. Dies zumindest. Die Arbeit am Textentwurf gerät wiederholt ins Stocken.

Störendes Stichwort

LEISTUNGSWARNMELDUNG! Ein Wort, das in der Autobiographie bereits auftauchte, im Computerkontext, ein Wort, das ich nun frei adaptiere: Leistungswarnmeldung interpretiere ich hier psychosomatisch. Dafür spricht diese Erfahrung: Wenn mich Arbeit generell, Arbeit an diesem Buch speziell, ans Limit führt, so wird das vom Körper signalisiert, mehr oder weniger deutlich.

Dienstälteste Form des Signalements: Herzarrythmien. Hausformulierung: Rumpeln im Karton ... Psychosomatik pur, flüstre ich mir zu und versuche, mich mit meinem Körper wieder abzustimmen.

Neuere Form der Leistungswarnmeldung: Jähes Ansteigen des Blutdrucks, erkennbar an Flimmern in den Augenwinkeln außen – als würden sich winzige Lichtstäbchen in einer Nährlösung tummeln. Auch können sich bei Schreiben und Lesen Verkantungen bilden im Schriftbild. Dann ziehe ich sofort die Reißleine, schlucke, was mir hilft, strecke mich aus.

Einträge Logbuch: Strukturen

STICHWORT STRUKTUREN. Und wie sie Projekte scheitern lassen, Kommunikation zerbrechen können. Dies, ausgerechnet, bei einer geplanten Filmserie für Kinder.

Ja, ich habe auch für Kinder geschrieben: mein Publikum zwischen acht und dreizehn. Dem legte ich zuerst eine Geschichte vor, es folgten Bücher.

Stichwort Story: 1974 erschien eine Anthologie mit dem Titel *Das Einhorn sagt zum Zweihorn*. Zusatzzeilen: »42 Schriftsteller schreiben für Kinder«. Erschienen im Kölner Verlag von Gertraud Middelhauve, die mir anderthalb Jahrzehnte später eine Wohnung vermittelte, in der Etage, in der ihr Verlag arbeitete.

Im Rückblick sah ich in mir als Autor von Texten für Kinder eine Ausnahme im Literaturbetrieb (abgesehen etwa von Härtling und Herburger), bis ich die Anthologie hervorkramte und, das Inhaltsverzeichnis lesend, überdeutlich sah: Fehleinschätzung, falscher Pinselstrich im Selbstporträt als Autor!

Ein paar der Namen von Autoren, die auch für Kinder schrieben: H. C. Artmann (ja, natürlich, der H. C.!), Thomas Bernhard (überrascht mich völlig!), Peter Bichsel (selbstverständlich), Wolf Biermann (warum nicht), Johannes Bobrowski, Nicolas Born (hätte ich rückblickend auch kaum erwartet), Barbara Frischmuth, Günter Herburger, Ernst Jandl, Elfriede Jelinek (auch nicht im Erwartungsspektrum), Günter Kunert, Siegfried Lenz. Erst ein Dutzend, nun alphabetisch aufgelistet, dennoch: ein Gruppenbild ist anskizziert. Hier füge, reihe ich mich gern ein.

Und betone noch einmal, dass ich – bei aller Komplexität, die uns umgibt und herausfordert – immer mal wieder Lust hatte, straight-on zu erzählen. Aus der Story *Die Pferdesprache* wurde später das Kinderbuch *Prinz Achmed und die Pferde des Sultans*. Auch dieser Roman für Kinder: längst vom Markt genommen. Erst recht die Vorläufer-Story: verschwunden, versunken mit der Anthologie. Meine Hörspielversion: verstummt, wohl definitiv, in einem Funkarchiv – falls das Band nicht gelöscht wurde, zur ›Entlastung‹.

Und Tonträger? Die Einlesung eines meiner Kinderbücher auf CD: rasch wieder vom Markt genommen, nur 173 Stück verkauft. Ebenso die Audiokassette einer (hervorragenden) Funkproduktion; dennoch, die *Abenteuer einer Leseratte* sind im Medienorkus versunken. Offenbar habe ich, insgesamt, als Autor von Texten für Kinder nicht den rechten Ton gefunden – bis auf einen Titel, der im Verlagsprogramm gegenwärtig noch mitläuft. Trotz Enttäuschungen, ich blicke nicht mit gefurchter Stirn zurück auf jene Schreib-Abenteuer, mit denen ich erst einmal mich selbst unterhielt. Nur, wenn das gelingt, kann etwas überspringen. Doch vielfach springt der Funke nicht weit genug.

Dennoch hier der Anfang der Pferdesprachen-Story. Ich füge kommentierend nur noch rasch hinzu: Die Geschichte eines Jungen, der sich emotional vernachlässigt fühlt von einem Elternteil (muss hier so schändlich neutralisierend formuliert werden). Mit der folgenden Intrada läuft eine Geschichte an, die zum Schluss eskaliert mit einer Stampeda im Garten des Sultans.

DER PRINZ BAND ABENDS sein Lieblingspony am Kinderbett fest: Da schlief es im Stehen, schnaubte mal jedes Stündchen. Am Morgen kletterte der Prinz auf den Ponyrücken, ritt ins Badezimmer, putzte sich und dem Pony die Zähne, kämmte sich die Haare, dem Pony die Mähne. Dazu benutzte er denselben Kamm. Aus dem Badezimmer trabte der Prinz in das Esszimmer des Sultanspalasts. Er war nämlich der Sohn eines Sultans und wohnte demnach im Morgenland. Seinen Vater sah der Prinz allerdings nur äußerst selten, dann auch meist nur aus der Ferne. Auch bekam er nie heraus, welche von den Lieblingsfrauen des Sultans eigentlich seine Mutter war.

So saß er denn allein im Esszimmer auf dem Ponyrücken; er stieg nicht auf einen Stuhl um. Die schweigenden Diener mit den Dienerturbanen und Dienerpumphosen schütteten Hafer auf einen der Teller mit Goldrand: das Frühstück für das Pony. Für den Prinzen gab es Haferbrei. Zucker stand zum Streuen bereit, den leckte meist das Pony weg. Deshalb nannte der Prinz, als er sprechen lernte, den Zucker nur ›Pferdesüß‹. So fing es an mit seiner Pferdesprache.

Nach dem Frühstück wurde erst mal tüchtig geritten. Bei schönem Wetter draußen, bei Regenwetter im Palast. Die Türhüter öffneten mit einer knappen Verbeugung die Palastzimmertüren, wenn sie sein Pony herantraben hörten. Selbst durch das Schlafzimmer des Sultans ritt er manchmal – eine der seltenen Gelegenheiten, wo er wenigstens mal den Kopf seines Vaters zu sehen bekam. Der lag nämlich zu dieser Zeit meist noch mit der jeweiligen Hauptlieblingsfrau im riesigen Sultansbett und schlief oder döste. Wenn er döste, so knurrte er einen Gruß und winkte dem Prinzen matt zu.

In leichtem Hausgalopp ritt er weiter in das mit vielfarbigen Mosaiksteinen ausgelegte Badezimmer des Sultans, ritt danach durch das Ankleidezimmer, in dem auf mannshohen Stangen mindestens ein Dutzend fertiggewickelter Turbane steckte. Und selbstverständlich reihten sich hier Schnabelschuhe, hingen Pluderhosen und reich bestickte Jacken bereit.

Wenn der Prinz mal durch dieses Zimmer ritt, während der Sultan sich hier mit Hilfe von Kammerdienern ankleidete, so hieß es höchstens: ›Wie geht's? Was machen die Pferde?‹ Und der Sultan wendete sich beispielsweise den Turbanen zu, suchte einen aus. Er hatte viel Zeit zum Aussuchen, bewegte sich gar nicht rasch dabei, und doch sprach er nicht weiter mit seinem Sohn.

ÜBERLEITEND muss ich betonen: Es ist nicht leichter, für Kinder zu schreiben! Eine Herausforderung, der ich mich auch nur in größeren Zeitabständen stellte. Denn Kinder geben keinen Rabatt. Das merke ich am deutlichsten bei Lesungen. Wenn sich Erwachsene da erst mal ein bisschen langweilen, sagen sie sich: Warten wir ab, vielleicht wird es besser. Höflichen Aufschub von Hör- und Lesebefriedigung aber dulden Kinder nicht. Wenn sie nicht gleich auf den ersten Seiten, in den ersten Minuten packt und bannt, was ihnen vorgelegt oder vorgelesen wird, so schalten sie ab. Das kann in einer Lesung unübersehbar werden; Kaugummis werden lang und länger gezogen ... Asterix-Hefte werden hervorgekramt ... Drei Mädchen gehen gemeinsam aufs Klo ... Alarmzeichen; entweder läuft die Kommunikation nicht, oder die Geschichte trägt nicht. Erfahrungen hier, die entweder zur Resignation führen oder zum Neuansatz. Kinderbücher hatten bei mir auch in dieser Hinsicht keinen Sonderstatus: Ich revidierte, schrieb um. Und stellte mich erneut dem Kinderpublikum.

Das ist entschiedener geworden, damit wuchsen die Herausforderungen. Im Bürgerzentrum von Köln-Chorweiler vor 30 oder 40 Kindern lesen, die auf Turnmatten hocken, kauern, liegen – diese Kids einer Satellitenstadt aus Wohnblöcken und Hochhäusern eine Dreiviertelstunde lang mit nichts als einer vorgelesenen Geschichte in Bann schlagen, in Spannung halten, das strengt an, das saugt aus. Jede Lehrerin, jeder Lehrer weiß, weshalb bei Kindern die Phasen der Konzentration kürzer werden, weshalb die Kommunikation schrumpft – aber dies kann mein Thema nicht sein, ich konstatiere nur: Ich spürte die Konkurrenz der Bildmedien, und es war für mich ein kleiner Triumph, wenn ich mit nichts als einer Geschichte, die ich mir »ausgedacht« hatte, erreichen konnte, dass Asterix-Hefte in den kleinen Rucksäcken blieben, dass Kaugummis selbstvergessen und nicht schielend langgezogen wurden, dass Kinder nur aufstanden, um sich neben mich zu setzen, weil sie ins Buch schauen wollten – auch um zu prüfen, ob ich mich genau an den Wortlaut hielt und keine Zeile ausließ.

Wenn ich schließlich, sanft ausgelaugt, einen bitterstarken Kaffee schlürfte, sagte ich mir, sagte den Veranstaltern: Das ist Basisarbeit! Hier werden – hoffentlich – auch Motivationen, wenigstens Zusatzmotivationen geschaffen für künftige Lektüre. Natürlich habe auch ich zuweilen die Sorge, als Autor, die Gesamtzahl von Leserinnen, Lesern könnte deutlich geringer werden – so etwas wie ein Leseknick abwärts. Nun aber noch: winzige Etappensiege ... Kinder in einem Bürgerzentrum, in einer Schule, in einer Buchhandlung tatsächlich aufhorchend ... Aufatmen: noch mal geschafft!

Und warum schreibst du (auch) für Kinder? Diese Frage stellte ich mir zu Beginn der siebziger Jahre, als ich die ersten Bücher für Kinder veröffentlichte; ich stellte sie mir erneut zu Beginn der neunziger Jahre, als ich zum zweiten Mal begann, für Kinder zu schreiben.

Wäre ich primär Kinderbuchautor (gewesen), ich hätte mir die Frage wohl kaum so pointiert gestellt. Wenn aber ein Autor, der überwiegend für Erwachsene schreibt, wiederholt auch Kinderbücher veröffentlicht, so ergeben sich Fragen nach seinen Motiven von selbst.

Unter den möglichen Antworten auf die Frage konnte ich dieses Motiv ausschließen: das kommerzielle. Kinderbücher schreiben heißt nicht: für einen lukrativeren Markt. Selbstverständlich gibt es lockend erfolgreiche Kinderbücher, die Chancen sind hier aber genauso gering wie auf dem Markt der Bücher für Erwachsene. Für meine Angebote bestand vorab keine Nachfrage, die musste erst entstehen. Am wirkungsvollsten sind hier immer noch Empfehlungen unter Leserinnen, Lesern. Es muss freilich Außerordentliches geschehen, ehe Kinder ein Buch anderen Kindern weiterempfehlen. Auch als Autor von Kinderbüchern hatte ich zuweilen die Sorge, die Neuerscheinung könnte in der Flut von Büchern der Saison untergehen. Ich habe wiederholt miterlebt, wie Kinderbücher verschwinden können, sich gleichsam wieder auflösen. Restbestände meines ersten Kinderbuchs wurden makuliert, Restbestände meines zweiten Kinderbuchs wurden in Kaufhäusern verramscht, das dritte Kinderbuch, bei Insel, kümmerte vor sich hin – es sah allerdings auch wie ein DDR-Buch für Senioren aus.

Anderthalb Jahrzehnte später (so schreibe ich wiederum mehr als anderthalb Jahrzehnte später), schrieb ich doch wieder für Kinder. Was trieb mich an?

Ich schrieb Kinderbücher erst einmal für mich selber. Schrieb Kinderbücher für das Kind in mir. Ich könnte hier auch betonen: für den naiv gebliebenen Leser in mir. Ich wollte mir eine folgerichtig aufgebaute Geschichte erzählen, die womöglich auch spannend ist. Dies wie eine Probe aufs Arbeitsexempel! Für Erwachsene schreibe ich in meist komplexen Verfahren, erarbeite Texte mit (notwendigen) Brechungen; für Kinder schrieb ich straight-on. Dies wiederholt auch als Herausforderung an mich selbst: Kannst du das auch? Vielfalt der Methoden: auch das charakterisiert mein Schreibprogramm.

MIT DEM ZAUBERPFERD NACH LONDON. Dieser Roman für Kinder wurde von der Cheflektorin des damaligen Verlagshauses abgelehnt und bald darauf vom Luchterhand Verlag publiziert. Und wurde (damals noch auf Vinyl, einer LP der Deutschen Grammophon) eine der frühesten Audio-Produktionen für Kinder. Dies auch in einer Hörspielfassung des Westdeutschen Rundfunks.

Ja, eine Zeitlang sah es so aus, als würde das Zauberpferd mich zu einem Erfolg tragen: der Westdeutsche Rundfunk plante eine Verfilmung in sechs Folgen. Also, im Branchenjargon: eine große Kiste. Ich begann sofort, die Bretter dafür zurechtzusägen, sie zusammenzunageln: schrieb sechs literarische Drehbücher. Das heißt: in einer Spalte, was gesprochen, in einer anderen Spalte, was gezeigt werden sollte. Dies ohne Fachvokabular – das war nicht meine Sache, nicht meine Aufgabe, für den Spielfilm in Fortsetzungen mussten erst einmal sechs in sich abgeschlossene Storys entwickelt werden, frei nach dem Kinderroman. Was dort vielfach nur angedeutet war, musste nun ausgeführt werden, vor allem in Dialogen, die in der Buchfassung nicht dominierten, nicht dominieren konnten. Es wurde also Neues entwickelt.

Drehbuch nach Drehbuch wurde von der zuständigen

Redakteurin angenommen, mir wurde das sogenannte Ausarbeitungshonorar überwiesen – in der Regel ein erstes Drittel des jeweiligen Gesamthonorars. Und es wurde die Produktion vorbereitet, organisatorisch. Für Szenen im alten Orient: Außenaufnahmen in Marrakesch. Für Flugszenen et cetera in der damals noch längst nicht so dicht besiedelten Welt, auch mit Häusern noch ohne Fernsehantennen auf dem Dach: Regionen in der damals noch existierenden Tschechoslowakei.

Und, sehr wichtige Entscheidung: ein Regisseur wurde eingesetzt. Den Namen nenne ich nicht, höflicherweise. Er war mir von der Redaktion empfohlen worden als »Routinier«, der bereits in Rätsel- oder Quizsendungen Regie geführt hatte. Stimmte mich etwas skeptisch. Doch ich wurde beruhigt: erste Wahl!

S. sollte die sechs, komplett vorliegenden, redaktionell ›abgesegneten‹, mit dem Ausarbeitungshonorar jeweils vorab bezahlten literarischen Drehbücher umschreiben in technische Drehbücher, also mit Kameraeinstellungen et cetera.

Und was kam zum Vorschein? Auch wieder, erst einmal, ein literarisches Drehbuch, und zwar eines, in dem fast alles anders, ganz anders wurde.

Damit der Kontrast wenigstens im Ansatz erkennbar, ablesbar wird, der Anfang meines Kinderromans, in der Fassung, die 1973 als Hardcover erschienen war.

DIESE GESCHICHTE beginnt vor mehr als tausend Jahren, und zwar so: Ein morgenländischer Junge mit Schnabelschuhen und Pumphose steht in einer morgenländischen Straße vor einem Haus. Bevor er anklopft, beschaut er sich das Haus erst mal genauer: hier wohnt nämlich der berühmte Zauberer Hassan Abdallah Ali.

Das Haus eines Zauberers – darunter hatte der Junge sich eigentlich einen mittelgroßen Palast vorgestellt oder zumindest ein Haus mit bunten Türmen, die gleichzeitig von sehr weißen Tauben und sehr schwarzen Raben umkreist werden. Aber dieses Haus unterscheidet sich kaum von den benachbarten Häusern: gekälkte Mauern, ein flaches Dach, ein ummauerter Garten, aus dem Palmen hochragen.

Er hat Herzklopfen, als er an der Haustür pocht, auf die zwei gekreuzte Zauberstäbe gemalt sind. Nach etwa fünfzig raschen Herzschlägen trapst und schnauft drinnen etwas heran, öffnet die Tür: eine dicke Frau. Sie nickt dem Jungen zu, fragt ihn, wie er heißt und was er wünscht. Der Junge nennt seinen Namen: Saadi. Und erklärt ihr, dass er vor einigen Tagen mit seiner Schwester und seiner Tante in einer Vorstellung des Zauberers war. Sie hatten ihm danach einige Fragen über Zauberkunststücke gestellt, so war man ins Gespräch gekommen. Dabei hatte der Zauberer sie aufgefordert, ihn mal zu besuchen; jetzt ist er hier.

Die dicke Frau nickt, nennt ihren eigenen Namen: Suleika, und lässt ihn eintreten. Sie watschelt neben ihm her durch einen Flur, in dem Bilder verschiedener Zauberer hängen, teils mit morgenländischen Turbans, teils mit abendländischen Spitzhüten. Saadi erzählt der dicken Frau, dass er und seine Schwester in einer Schreinerei arbeiten und dass der Zauberer sich sehr dafür interessiert hat.

Mehr kann er ihr nicht berichten, denn trotz ihres langsamen Watschelgangs stehen sie nun vor einem Raum, in dem jemand feilt. Suleika klopft an die Wand neben dem Türvorhang. Ein Mann ruft: »Herein, wenn's kein Zauberer ist!« Sie treten ein.

An einem großen Werktisch steht der Zauberer Hassan Abdallah Ali, freilich ohne Turban und Zaubermantel, wie er sie in der Zaubervorstellung trug. Er hat nur Hemd, Pumphose und Schnabelschuhe an. Saadi schaut den Zauberer deshalb etwas verdutzt an. Der lächelt: »Ich merke schon, du vermisst zum Beispiel meinen Turban. Aber ich kann nicht den ganzen Tag mit diesem Riesending herumlaufen, der wiegt schließlich sechzehn Pfund. Davon kriegt man Nackenschmerzen.«

Das ist eine verständliche Erklärung. Saadi nickt und schaut sich um: mitten im Raum ein großer Gegenstand, von Tüchern verhüllt.

DAS ZAUBERPFERD STÜRZT AB. An den Anfang der sogenannten Umsetzung durch den Regisseur erinnere ich mich noch genau. Wie erwähnt: auch erst wieder ein literarisches Drehbuch, doch der besonderen Art.

Außenansicht eines Hauses im Morgenland, eine Explosion, Rauch quillt aus den Fenstern. Innenaufnahme: ein Raum mit zerstörter Einrichtung, es ist noch nicht viel zu sehen in all dem Qualm, schließlich aber: ein Springbrunnen (im Arbeitszimmer eines konstruierenden Zauberers!) ist kaputtgegangen, Wasser auf dem Boden. Von draußen kommt die schwergewichtige Haushälterin herein, der Zauberer versteckt sich unter dem Tisch, hat ja was ausgefressen bei der Konstruktion des Zauberpferds, charakterisiert damit gleich schon mal die hausinterne Beziehung. Die Haushälterin trampelt herein, fällt über ein extra quergelegtes Brett in das extra freigegebene Wasser, platsch! Undsoweiterundsoweiterundsoweiter.

Wenn es wenigstens guter Slapstick gewesen wäre – etwa wie die Marx Brothers auf dem Zauberflug nach London. Aber es wurde mir angeboten als die bessere, filmgerechtere Version meiner Geschichte. Die fing an mit dem Zauberer in der Werkstatt beim Bau des Zauberpferds, beim Montieren der Maschinerie im Bauch der Ebenholzkonstruktion, und weil der Zauberer mittlerweile, altersbedingt, seine Fingerfertigkeit zu verlieren beginnt, müssen die beiden Kinder helfen, mit ihren dünneren Unterarmen und gelenkigeren Fingern in die Maschinerie greifend, nach Anweisungen von Hassan Abdallah Ali. Folgt sein Probeflug, bei dem ihm ziemlich schwindlig wird. Nichts davon im neuen literarischen Drehbuch!

Ich tippte einen langen Brief an die Redaktion, gab meine Meinung auch telefonisch kund: Ich hätte versucht, ein gutes Menü in mehreren Folgen für die Kinder zu bereiten, mit guten Zutaten, guten Gewürzen, nun kommt der Regisseur daher, der Routinier, und der weiß natürlich genau (ein Autor hat von so was ja keene Ahnung!), was das Publikum will, auch das Kinderpublikum, und so wird dem Currywurst mit Fritten und Mayo vorgesetzt.

In einem Antwortbrief der Redakteurin hieß es prompt: Herr S. ist »kein Currywurst-Hallodri«!

Na, genau das! Ich bestand darauf, dass mir das Drehbuch der zweiten Folge vorgelegt würde, bevor ich, eventuell, meine Zustimmung geben würde, dies nach Absprache über alle Änderungen, die notwendig schienen.

Doch man wollte mich unter Druck setzen: Entscheidung für den Regisseur sofort, denn bei diesem Zweikommasoundsovielmillionenprojekt mit Außenaufnahmen in Böhmen und in Marrakesch, mit Hubschrauberaufnahmen für die Rückprojektionen zum Zauberpferd im Studio, für all dies müssten die organisatorischen (heute würde man sagen: logistischen) Vorbereitungen anlaufen, und zwar baldigst.

Darauf ging ich nicht ein, bestand darauf, dass ich das zweite Drehbuch des Herrn S. erhielte.

Das kam denn auch, Folge zwo, und hier war kein Wort mehr von mir! Absurder Quark wurde mir zugemutet: Kolumbus kehrt von seiner Weltumsegelung zurück (!), bringt das Gold der Indios mit (!), eine Art Siegesparade durch Barcelona. Währenddessen kommen Geschwister und Zirkusreiter mit dem Zauberpferd am Ort des Geschehens an, es ergibt sich allerlei Hinundher, Rechtsundlinks, Raufundrunter, es kommt zu einer Verfolgungsjagd, natürlich, schon lang drauf gewartet, der Junge erschwert die Verfolgung durch wiederholten Wurf von Feuersteinen mit der Wirkung von Mini-Handgranaten, damit sich die Knalleffekte auch hübsch reihen, ohne Pyrotechnik läuft ja nix. Und dann der Casus Belli: Der Bruder wird vor den Augen der Schwester gefoltert (oder der Zirkusreiter in erzwungener Anwesenheit der Geschwister?) Das war schon nicht mehr metaphorische Currywurst, das war Sado-Scheiß. Und so habe ich klargestellt: So was akzeptiere ich nicht, nehmt einen anderen Regisseur!

Als Antwort: Ultimaten. Sofortige Akzeptanz des Regisseurs, der sich ja bereits eingearbeitet hat, die Zeit drängt, die Produktionsmaschinerie muss anlaufen, sofort.

Ich ließ die Ultimaten verstreichen. Und es geschah, was sich die Redaktion einfach nicht vorstellen konnte: Ich blieb bei meiner Ablehnung der Currywurst-Drehbücher, der Brutalkonzeption des Routiniers. Und das hieß: Ich verlor, als freier Autor, viel Geld: die Sende- und die (fast sicheren) Wiederholungshonorare.

Nun hatte der WDR bereits etwas Geld ausgegeben für dieses Projekt – was jetzt? Es sah eine Zeitlang so aus, als würde das Staatstheater Wiesbaden meine Kindertheater-Fassung des Buchs uraufführen (nach all den Jahrzehnten übrigens noch immer nicht aufgeführt), da wollte der Westdeutsche Rundfunk sich anschließen, die Uraufführung filmen und in sechs Folgen portionieren. Und man schlug mir Folgendes vor zur Honorierung: Die erste Sendung der Serie ist mit dem Ausarbeitshonorar bereits abgegolten. Und was die erste Wiederholung betrifft, so betrachtet der WDR zwei Drittel des bereits überwiesenen Ausarbeitungshonorars als »Guthaben« bei mir und verrechnet das.

Allen, denen ich das erzählte, blieb die Spucke weg. Ich hatte die sechs literarischen Drehbücher geschrieben, hatte dafür das mir zustehende Ausarbeitungshonorar erhalten und das wollte man mir jetzt wegnehmen?! Eigentlich hätte ich Schmerzensgeld oder Schadensersatz fordern müssen, weil die Redaktion bei einem Regisseur blieb, der mir nachweislich alles verhunzen wollte. Na, ich war auf Touren, bat beim Verwaltungsdirektor um einen Termin. Er wollte erst nicht so recht glauben, was ich ihm vortrug, rief den Leiter der Honorar- und Lizenzabteilung (»Holi«) hinzu, der musste zugeben, dass meine Darstellung zutraf.

Briefe hin und Briefe her, Hickhack. Ich war es schließlich leid und wandte mich an den damaligen Intendanten.

Höflich-huldvolle Audienz bei Herrn von Sell, diplomatisch geführtes Gespräch im weiträumigen Büro des Funkhauses. Keine abschließende, schriftliche Stellungnahme, zurückzahlen musste ich aber doch nicht mehr. Irgendwie versandete oder versickerte das Ganze. Ich war, wie man so sagt, um eine Erfahrung reicher. Eine Erfahrung, die mir symptomatisch schien, und damit Schlusspunkt in dieser Affäre.

Aber noch kein Schlusspunkt im Bericht mit dem Stichwort »Zauberpferd«. Das verbindet sich mit einer weiteren Erfahrung.

Vor allem beim Schreiben von Kinderbüchern habe ich gelernt, wie dicht die Symbiose sein kann mit der (jeweiligen) Zeit. Ich hatte mich als Kinderbuchautor fast schon vergessen, da schrieb mir Lektor Humann, er würde dieses Buch gern in das geplante Startprogramm der Reihe »Fischer Schatzinsel« aufnehmen. Überraschung! Freude!

Das Buch musste nicht nur neu bebildert werden (Kinder wollen nicht Bilder von Kindern sehen, sondern Illustrationen von Profis!), es musste auch neu gesetzt (»erfasst«) werden, und so las ich das etwa zwei Jahrzehnte alte Buch noch mal durch. Dabei blieben mir kleine Schocks nicht erspart ...

Ich deute einige Punkte der Story an. Hassan Abdallah Ali baut also eine Variante des berühmten Ebenholzpferdes; seine Konstruktion kann allerdings durch die Zeit fliegen. Er selbst kann das Holzpferd nicht durch Raum und Zeit steuern, ihm wird allzu rasch schwindlig. So fliegen das Mädchen, Morgiane, der Junge, Saadi, und ein Zirkusreiter, Beyhan, mit dem Pferd ins Abendland.

Erste Landung im Frankreich des Mittelalters: Das Holzpferd als Teufelswerk, das verbrannt werden soll ...

Zweite Landung in einer belagerten Stadt im Deutschland des Dreißigjährigen Krieges: Das Ebenholzpferd wird eingesetzt für Aufklärungsflüge ...

Dritte Landung im modernen London: Das Pferd erscheint geeignet als Werbeträger ... Doch ein Märchenfreak entführt das Pferd zurück in die Vergangenheit – und wird unaufhaltsam jünger, weil ihn kein Zeitzauber schützt.

Spätestens bei der Lektüre der Kriegsepisoden stöhnte ich auf: Grrr, pädagogische Fingerzeige ... ! Der Zirkusreiter unternimmt mit dem Zauberpferd einen Erkundungsflug, wird beschossen, schießt zurück; als die Geschwister das erfahren, machen sie ihm gelinde Vorwürfe. Ich mag hier kein Zitat heraussuchen, habe solche Stellen ja auch mit Schwung gestrichen, aber ich erinnere mich an den Grundtenor: Wie kannst

du da mitmachen?! Es waren solche Stellen, die mir (damalige) Zeitgenossenschaft bewusst machten. Nach 1968 boomte die kritische Pädagogik – man denke nur an all die progressiv pädagogischen Texte in der *edition suhrkamp* ...
Viele Hoffnungen wurden auch Anfang der siebziger Jahre gesetzt in die endlich einmal richtige »Erziehung des Menschengeschlechts« – heute realisieren wir in allzu vielen Ländern den Kollaps der Zivilisation; das hat Rückwirkungen auf Konzeptionen und Konzepte der Pädagogik. Damals glaubten wir noch an die Wirkungsmacht des Appells, vorausgesetzt, er wurde richtig formuliert. Religiöser Fanatismus: nicht gut ... Krieg: gar nicht gut ... Werbung: nicht so gut ... Solche pädagogischen Schlenker in Erzähltexten kann ich nicht mehr ertragen. Ich stehe nicht allein mit der Überzeugung von der Wirkungslosigkeit abstrahierender pädagogischer Hinweise; entscheidend sind vielmehr soziale Modelle, die gelebt werden.

Hinzu kommt: Eingebaute Statements mit positiver Grundeinstellung entsprechen längst nicht mehr meinen Erzählmodellen für Erwachsene wie für Kinder; Erzähltes soll sich nicht zum Vehikel machen, soll sich nicht selbst kommentieren.

Beispielsweise: Beyhan, der Zirkusreiter, sieht, in der Neufassung, einen dahintaumelnden, schließlich zusammenbrechenden alten Mann, landet, nach ängstlichem Zögern, neben ihm, verbindet ihn – die Schulter ist von einer Musketenkugel zertrümmert. Kriegsrealität, dies im nah herangerückten Detail. Und keine allgemeinen Sprüche mehr! Vor allem, wenn ich für Kinder schrieb: Ich bestärkte in mir den Glauben an dicht, prall, bunt erzählte Geschichten, die als Handlungsmuster einwirken und nicht mit eingeschmuggelten Statements, mit Fingerzeigen aus der Geschichte heraus und an der Geschichte vorbei. Nur eine Geschichte, die bannende Wirkung ermöglicht, kann auch Nachwirkung haben. Und wenn es nur diese Nachwirkung ist: dass Gelesenes motiviert zu weiterem Lesen.

DAS SCHREIBEN von erzählenden oder erörternden Texten, von Büchern, es wird zeitweilig begleitet vom Briefeschreiben. Es geht hier um Briefe, die meine Texte begleiten, nicht um private Briefe. Privates ist genug erzählt worden im Licht des *Magischen Auges*.

Weiter bleiben ausgeklammert: Briefe an den Verlag, der seit 1996 meine Bücher veröffentlicht, also auch dieses. Es bleibt bei Briefen an frühere »Vertragspartner«. Die sind rar geworden im Bereich des Hörfunks, der uns lange Zeit ernährt hat, für den ich aber, in beschleunigtem Generationswechsel, begleitet von einschneidendem Mentalitätswechsel, so etwas wie ein Dino geworden bin, fern, fern am Ereignishorizont. Sonst aber: weiterhin Briefe mit und ohne Umschlag: Snail-Mail, E-Mail.

Im Folgenden kann und will ich nicht umfassend dokumentieren, kann nur signalisieren: Womit ich mich so herumschlug, vielfach. Post, die Routineverläufe begleitet, wäre weder interessant noch relevant; solche Korrespondenz mag, falls aufbewahrt, in der jeweiligen Funkanstalt, im jeweiligen Verlag getrost abgelegt oder weggelegt bleiben. Von wichtigen Briefen allerdings habe ich im Zeitalter der Typoskripte jeweils einen Durchschlag gemacht und aufbewahrt, wenn auch ungeordnet.

Selbstverständlich rücke ich nur Sequenzen aus Briefen ein, die *ich* geschrieben habe, nicht von Briefen, die an mich gerichtet wurden. Hier müssten Absprachen erfolgen; das kann ich mir ersparen. Über meine Briefe kann ich frei verfügen, da sind Rückfragen, Rückversicherungen nicht notwendig, auch nicht, wenn es heikel wird – auch so etwas darf in einem Logbuch nicht ausgespart bleiben. Eine kleine Auswahl, offenlegend und zugleich diskret, soweit möglich. Virtuelle Überschrift: Ein Autor und die Rezeption seiner Bücher. Dies nicht über Texte von Rezensenten, das könnte peinlich wirken. Es geht primär um Autor und Verlag (Suhrkamp/Insel), und dabei: um die Genese einer Krise. Dies jedoch mit Vorlauf. Ich setze an im Jahr 1981 – da war ich fast ein Dutzend Jahre Autor des Hauses in der Frankfurter Lindenstraße.

Doch halt: so ganz ohne ein paar Vorab-Informationen geht es doch nicht. Erst einmal: Vor Erscheinen eines neuen Buchs können Presseexemplare verschickt werden an Redaktionen und Rezensenten. Die Zahl der Freiexemplare steht oft in Relation zum berechneten oder erwarteten oder erhofften Erfolg, es können einige hundert sein. Es sind meist Exemplare der frühzeitig fertiggestellten Erstauflage, verteilt mit dem Vermerk, das Exemplar sei nicht verkäuflich, Rezensionen bitte nicht vor Stichtag der Erstauslieferung. Was dann folgt, ist Abwicklung, mit erfreulichen oder unerfreulichen Umsätzen.

Ganz anders die Spielregeln zwischen Autor und Funkanstalt. Da haben wir es primär mit Redakteuren und Dramaturgen zu tun; sie entscheiden, ob eine Arbeit angenommen wird oder nicht. Falls ja, wird ein Vertrag geschlossen, über die Abteilung Honorare und Lizenzen. Dabei werden Ausarbeitungs- und Sendehonorar festgelegt, einvernehmlich. Viele Jahre war ich, nach Beteuerungen und Zusicherungen, davon ausgegangen, dass ich für meine Hörspiele gute Honorare erhielt – dies in einem Rahmen, einem Spielraum, der für unsereins allerdings nicht transparent ist. Bis ich Kollegen befragte, und da eröffneten sich andere Dimensionen. Verschieden angesetzte Honorare, obwohl im öffentlich-rechtlichen Rundfunk höhere oder niedrigere ›Umsätze‹ nicht möglich, nicht relevant sind.

Ein neues Hörspiel, ein neuer Honorarvorschlag und meine Bitte um ein Gespräch mit der gesamten Redaktion – damit später nichts falsch übermittelt wird. Mein Grundtenor: Hört bitte mit den Kinderhonoraren auf.

Mehrstimmiger Einspruch: Du hast immer Spitzenhonorare erhalten!

Ich nannte Vergleichszahlen. Und nach knapp zwanzig Minuten war das ursprünglich angesetzte Honorar um fast ein Drittel erhöht. Kleines Siegesgefühl, zugleich aber: Das hätte ich längst machen müssen, schließlich lebe ich (lebte ich damals) überwiegend von Sendehonoraren.

Nach solchen Erfahrungen kann es dazu kommen, dass man, leicht zermürbt, einem Verlag anbietet: Übernehmt die Verhandlungen. Verlage können in der Regel höhere Honorare aushandeln. Auch nach Abzug der üblichen Provision steht man als Autor etwas besser da. Nur kann auf diese Weise das Binnenklima zwischen Autor und Redakteur eingetrübt werden: Wir haben bisher so gut zusammengearbeitet, warum plötzlich ein Verlag zwischen uns?!

Also, in Einzelfällen: Ein Verlag übernimmt die Verhandlungen bis zum Abschluss, verfügt damit über das »Inkassorecht«, zieht das gesamte Honorar ein, leitet den vertraglich vereinbarten Anteil weiter an den Autor. Punkt. Oder Doppelpunkt.

ES FOLGEN AUSSCHNITTE aus Briefen an den damaligen Verlag – in einem Gebäude, das, reich an Geschichten und an Geschichte, längst abgerissen ist. Briefe nicht an den Verlag als Institution, sondern an Personen, mit denen man es als Autor vorrangig zu tun hat (falls nicht der Verleger selbst die Hauptkontaktperson ist, das setzt aber Prominenz voraus). Direkte Kontakte mit der Herstellung, meist geht es um die Gestaltung des Buch-Umschlags, um U1. Weit abgerückt hingegen: Herren jener Geschäftsführung (bis auf eine Ausnahme, da entwickelte sich fast so etwas wie Freundschaft, die späteren Belastungen aber nicht standhielt). Die erste Gesprächspartnerin, über Jahre hinweg, die Cheflektorin. Eine Lady, also eher Respektabstand als Vertrautheit. Worüber Duzen kaum hinwegtäuschte.

Einfacher hingegen der Umgang mit der Organisatorin von Lesungen – die werden, in der Regel, von ihr mit Veranstaltern, vor allem mit Buchhandlungen, vereinbart, inklusive sämtlicher Details vom Honorar bis Hotel. Hinzu kommen Veranstalter, die sich direkt an Autorinnen und Autoren wenden. Was bei erfolgten Verabredungen, Vereinbarungen wiederum mit dem Verlag abgestimmt wird.

Und damit, endlich, die Zitatsequenz. Da es hier eher um Strukturen geht, spare ich Namen aus. Keine verspäteten Enthüllungen, vielmehr Kontext zu Texten eines Autors.

BEI DEINEN FRÜHEREN VORSCHLÄGEN, eine Lesereise zu machen, hatte ich mich ja immer als etwas renitent erwiesen, ich will aber nun doch mal dokumentieren, dass ich dennoch nicht reisefaul bin. In direkter Verbindung (bis auf Einzelfälle) der Veranstalter mit mir kam für die nächsten Wochen zustande:
28.10.: Neu-Münster; 29.10.: Ratzeburg; 30.10.: Lübeck; 4.11.: Kassel; 5.11.: Bonn; 6.11.: Düren; 9.11.: Gießen; 10.11.: Göttingen; 11.11.: Reutlingen; 12.11.: Dietzenbach; 13.11.: Bad Homburg; 24.11.: Bonn; 25.11.: Wiesbaden. Also doch einige Termine in einem Monat, alle mit Herrn Neidhart, versteht sich.
Dies nur als ein paar Zwischenzeilen. In Belgrad war es warm, in Frankfurt dann wieder kalt, nun niese ich. Arbeite aber weiter an Bettine. War ja doch eine ziemliche Literaturbetriebsnudel! Na, und wie sie späte erotische Beziehungen auszuschlachten gedachte …!

Ich weiß nun nicht mehr, ob Dich dieser Brief noch vor dem Urlaub erreicht, aber zu lange möchte ich ihn nicht aufschieben, so wird er Dich halt notfalls erwarten.
Das Gespräch über den »wilden Gesang der Kaiserin Elisabeth« hat mich, Du kannst es Dir vielleicht vorstellen, nicht gerade frohgestimmt. Ich habe mir alles noch einmal durch den Kopf gehen lassen, habe mir Deine Bleistiftnotizen angeschaut und sehe, generell, keine Möglichkeit, Deine (purgierten) Vorstellungen von diesem Text mit meinen Schreibabsichten zu vereinen.
Wenn ich so durchblättre, auf den ersten Seiten, auf denen Du noch Notizen gemacht hast – Du hast beispielsweise die Wortzusammensetzungen moniert. Also: statt »Wolkenwucherungen« nur »Wolken«. Aber das sind doch zwei sehr unterschiedliche Erscheinungen: eine Wolke und eine Wol-

kenwucherung. Bei einer Wolkenwucherung sehe ich hochquellenden Cumulus vor mir, mit Schauern. Ich hatte da nun geschrieben: »dünne Regenschleppe«, Du warst für »feine Regenschleppe«. Na ja, brauchen wir nicht weiter drüber zu streiten, das hat wenig Gewicht. Aber wichtig wiederum: Elisabeth »saugt« vor dem Losreiten diese reine irische Luft ein. Du möchtest das gemildert haben zu einem: atmet ein. Und das ist wieder ein Unterschied wie zwischen Wolke und Wolkenwucherung. Das Einsaugen, speziell einer Frau, erschien Dir zu »vampirisch«, aber Elisabeth von Österreich ist nun mal eine etwas exzentrische Frau, für die wäre das Einsaugen ganz selbstverständlich, besonders in solch einer Situation – ich bin sicher, auch Nichtkaiserinnen würden da die Luft einsaugen.

Und damit kommen wir zu dem, was Dir an dieser Geschichte zu »direkt«, zu »geschmacklos« erschien. Beispielsweise diese »Gesichtspackungen aus zerquetschten, heißen Erdbeeren«, das »aufgelegte Kalbfleisch« – gerade das Körperliche aber dominiert in dieser Geschichte der Elisabeth, und dazu gehören auch die von Dir monierten Hautporen etc.

Damit kommen wir zu den entscheidenden Punkten, den sexuellen oder auch nur erotischen. Dass der Adjutant mit seiner Zunge die Ohrmuschel der jungen Frau »ausfährt«, das erschien Dir ebenfalls geschmacklos. Ich finde, das ist zwar keine alltägliche, aber weit verbreitete Form der Zärtlichkeit – warum soll sie nicht in den Gesichtskreis der Kaiserin kommen und damit in den Textbereich der Leser? Dass der Adjutant eine junge Frau im Stehen nimmt, hast Du in der gesamten Passage kritisch bekringelt – aber dies ist nun mal die Geschichte einer Obsession: sie fühlt sich von diesem Anblick zugleich angezogen und abgestoßen. (Und selbstverständlich wird hier nicht, wie Du das im Brief als Möglichkeit angedeutet hast, die Elisabeth selbst beschlafen, sie sitzt, im Text, ganz eindeutig hoch zu Ross auf einem Hügelkamm und sieht den Vorgang in einer Sandmulde. Die Geschichte kann und darf hier also nicht zu Ende sein, wie Dein Brief das voraussetzt!!)

Jetzt kommt die Brotgeschichte zum Schluss, der längste

Textabschnitt dieser Erzählung. Hier gipfelt nun in der Tat die Obsession, die Phantasiewucherung der frustrierten, noch jungen Frau. Deinem Vorschlag, dieses ganze Kapitel zu streichen und einen andren Schluss zu schreiben, kann ich nicht akzeptieren – damit würde alles ins Leere laufen. Nach der eskalierenden Textentwicklung kann es keinen milden Schluss geben!

Es geht also nicht um Retuschen und Änderungen hier und da, es geht um das, was diese Geschichte ausmacht. Du hast sie mir zurückgereicht. Sie auf Länge zu bringen durch die Kombination mit einer (Kurz)Biographie der Kaiserin Elisabeth ist für mich nicht einsehbar, das sagte ich schon. Mit Kompromissen würde ich die Geschichte kaputtmachen, und sie hätte dann immer noch nicht den Umfang, den Du für eine Solopublikation voraussetzt. Also kein *es*-Bändchen [edition suhrkamp], gar nichts!

Das wär ja ein schönes Nikolauspräsent: Viel Rute und verdammt wenig Zuckerwerk! Im Ernst: dass *Ludwigslust* verramscht wurde, ärgert mich gewaltig. Das kommt jetzt erst so richtig heraus, beim Telefonat vorhin war ich erst mal überrumpelt. Die hohe Politik des Hauses, Originalausgaben lebender Autoren lieferbar zu halten, trifft in meinem Fall nicht zu. Aber über solche Maßnahmen kann man ja sprechen. Was mich nur ärgert, besonders: Ich erinnere mich jetzt mit ziemlicher Sicherheit, dass wir über die anderen *st*-Titel [suhrkamp taschenbuch] gesprochen haben, dass Du damals den *Stanislaw* verteidigt hast gegen das Verramschen, weil Du das Buch magst, und den Band *Ludwigslust* ausgenommen hast, weil das eine Originalausgabe ist. Es will mir nicht in den Kopf, dass dieses Buch nun doch verramscht wurde. Und mit der Zukunft kann ich mich da nicht trösten, es ist als Buch erst mal weg, für Jahre, vielleicht für immer. Scheiße!

Ich bitte Dich sehr eindringlich: Teilt mir rechtzeitig und in allen Fällen mit, wenn weitere Bände von mir verramscht werden, beispielsweise in der *edition*. Dann würde ich mich rechtzeitig mit Exemplaren eindecken und säße nicht da mit einem einzigen, nach Lesungen halb zerfledderten Exemplar, weil ich alle anderen zukunftsgläubig verschenkt habe.

Ich merke [1984] seit einiger Zeit (an verschiedenen Auswirkungen), dass die Stimmung auf dem literarischen Markt für mich nicht mehr so günstig ist. Von *N* bis *Wolkenstein* – wahrhaftig kein Anlass, mich über mangelnde Begleitung der Kritik zu beklagen! Beim *Wolkenstein* etwa 120 Rezensionen, laut Verlagsaufstellung. Dann ein Knick. Den habe ich gewollt. Denn hier war für mich ein Entscheidungspunkt: Nimmst du das Schreibmuster, das sich (gegen alle Autorenerwartung und Verlagsprognose) als erfolgreich herausgestellt hatte, als Vorlage für weitere, dann berechenbar erfolgreiche Bücher? Drei Verlage hatten sich damals, vorausschauend, vorausplanend, an mich gewendet mit der Anfrage, ob ich nicht eine große Luther-Biographie schreiben wolle. Abgelehnt. Ich wollte es mir und den Lesern schwerer machen. Das ist mir auch gelungen. Immerhin, es sind zumindest diskutable Bücher entstanden, wie der *Sultan von Oman*, wie *Herr Neidhart*, wie *Der wilde Gesang der Kaiserin Elisabeth*. Ich bereue keins der Bücher – sie hätten, zum Teil, komprimierter sein können. Beim *Sultan* habe ich das, von Kritik lernend, nachgeholt in der Taschenbuchausgabe. Auch beim *Neidhart*.

[…] Die drei Lesungswochen liegen hinter mir, die Resonanz war sehr groß, überall schöne Fülle, starker Beifall, lange Gespräche. Nun liegen noch Einzelveranstaltungen vor mir, in Berlin, in Bochum, in Köln, in Bonn und so weiter, aber ich will Dir schon mal kurz berichten.

Der Buchhandel scheint mir wirklich sehr engagiert, das ist mir auch mehrfach versichert worden. Das Buch [*Der Parzival des Wolfram von Eschenbach*] scheint eine Eigendynamik zu entwickeln, zusätzlich zur werbenden Aktivität Deines Verlages. Das Plakat ist äußerst beliebt – ein Buchhändler hat mir erzählt, am Samstag Mittag sei nach Ladenschluss ans Schaufenster geklopft worden, weil man unbedingt wissen wollte, wer das sei [Parzival als einer der Drei Könige des Rogier van der Weyden]; ich habe bei einigen Buchhandlungen erlebt, dass es Vormerklisten gab für den Zeitpunkt gleich nach der Lesung; Plakate, die draußen aufgehängt wurden, sind oft geklaut worden. Das sind nur Nebenphänomene, aber angenehme. Zum ersten Mal auch erlebe ich es, dass Autoren mir begeistert schreiben oder mich begeistert anrufen: Du weißt, wie zurückhaltend Autoren da untereinander meist sind. Begeisterte Buchhändler haben mir Bücher, Faksimileausgaben oder Wein geschenkt, als Zusatzleistungen. Das alles hat mich sehr animiert.

Ich habe übrigens mit allen Buchhändlern vorsondierend vom neuen Neidhart-Buch erzählt (*Neidhart aus dem Reuental*), und die Resonanzen waren sehr ermutigend. Alle waren auch der Meinung, dass ein anderer Titel nötig sei – und ich habe ihn eben ja schon in Klammern eingeschmuggelt. Auch wurde ein neues Umschlagbild gewünscht, und da habe ich schon ein sehr attraktives, witziges gefunden [im kleinen Museum von Cefalù]. Ich arbeite mit größter Lust und Energie an diesem Buch, ich werde es voraussichtlich bis Jahresanfang vorlegen können. Was hieltest Du von Herbst '87? Aber darüber können wir ja noch sprechen. Dies nur als kleiner Stimmungsbericht, als Lebenszeichen, als ausführlicher Gruß.

Es war wohltuend, Dich noch mal zu sehen. Beim Mainzer Abendessen hast Du nebenbei angemerkt, es kämen Taschenbuchtitel von mir in den Sonderverkauf. Ich dachte, es würden zwei, drei Titel sein. Schließlich sind ja schon einige meiner Titel den Weg des »Sonderverkaufs« gegangen. Du bist in diesem Punkt nicht präziser geworden – sonst hätte das einen Aufschrei bei mir gegeben. Den hast Du auf diese Weise nicht gehört. Dass nun auf einen Schlag 7 (sieben!) Titel anstehen für den Sonderverkauf, also meine gesamte st-Produktion, das konnte ich nicht erwarten, das sieht aus nach »Totalausverkauf«, nach »Räumungsverkauf«. So jedenfalls muss das auf Kunden von Modernen Antiquariaten wirken. Aber die Entscheidung im Verlag ist gefallen.

Ich schaue nach vorn. Ich greife Deine (einige Zeit zurückliegenden) Vorschläge auf, Titel, die im Taschenbuch vorlagen (damit meist in den revidierten Fassungen, auch in Neufassungen) wieder in das Hardcover-Programm einzuschleusen. Das möchte ich nun mit Vorschlägen präzisieren.

Im Frühjahr 95, zu meinem 60. Geburtstag: ein Band, der meine wichtigsten Erzählungen zusammenfasst, bündelt: N, die Erzählungen aus *Der Himalaya im Wintergarten, Der wilde Gesang der Kaiserin Elisabeth* (die 7000 Exemplare in der collection fischer sind mittlerweile bis auf einen Restbestand von 70 Exemplaren ausverkauft, eine Neuauflage wird nicht geplant, die Rechte wurden mir zurückgegeben), *Die Minute eines Segelfalters* und *Der König von Grönland*. Damit kommt der Erzählungsband in der Gegenwart an, 1992 in Köln, und das ist mir wichtig.

Das Ganze würde ein stattlicher, repräsentativer Band, der mit Nachdruck den Erzähler DK präsent macht. Und den Stilisten Kühn, der in der gegenwärtigen Literatursituation etwas am Rande steht, aber das könnte sich durchaus mal ändern. Dazu kann dieser Band Gewichtiges beitragen. [...]

Ich halte es für sinnvoll, wenn ich Siegfried in die Vorüberlegungen und Vorplanungen ›einweihen‹ würde, und ich schreibe ihm einen Brief ähnlichen Inhalts. Einverstanden?

In der letzten Zeit habe ich mit Briefen an Dich nur Pech. Wachsende Vorbehalte?

»Wenn es dann gelungen ist, eine neue Zäsur in der Rezeption Deiner Bücher zu erreichen, dann könnte man darüber nachdenken, das Ältere auch wieder zu bringen.« Deute ich Deine diplomatische Formulierung richtig, so besagt sie: Wenn Du erst einmal Erfolg hast mit Deinen Büchern, so könnte man über solch ein Projekt [der Sammelband mit Erzählungen] unter Umständen reden ...

Ja, ich weiß: Die Titel, die in den Sonderverkauf kamen, hatten nicht den gebührenden Erfolg, buchhändlerisch. Aber als Autor bin ich nicht teilbar. Auch der relativ erfolgreiche *Beethoven*-Roman gehört zu meinen Büchern, und mit den

Originalausgaben des *Wolkenstein* und des *Parzival* bin ich über 30 000 gekommen. Muss ich doch mal erwähnen ...
 Ich sehe die Auflagen-Differenzen selbst. Aber meine kühne Hoffnung war: Durch eine nachdrückliche Präsentation des Erzählers Kühn (anlässlich eines Geburtstags, der normalerweise hervorgehoben wird) könnte eine Zäsur in der Rezeption seiner erzählenden Texte auch *geschaffen* oder *vorbereitet* werden. Tatsächlich eine vergebliche Hoffnung?

Ich war sechs Wochen in Irland, das sich für diese Zeit in eine Mittelmeer-Insel verwandelt hatte. Nun sichte ich die Post und finde eine Todesanzeige für Hilde. Es ist für mich schwierig, darauf angemessen zu reagieren beim Tod einer Frau, die früher Deine Frau war.
 Ich habe eine feste Assoziation, die sich mit ihrem Namen verbindet: Es muss bei der Verleihung des Bundesverdienstkreuzes an Dich gewesen sein, die Feier in kleinem Rahmen im Hotel vor Isenburg, ich saß die halbe Nacht mit Uwe Johnson zusammen, ein sehr intensives Gespräch, dabei tranken wir eine Menge Wein, und als der letzte Aufbruch war, geleitete uns Hilde hinaus: hielt Uwe Johnson am linken Ellbogen, mich am rechten Ellbogen, bugsierte uns behutsam zum Jaguar.

Vergangenen Freitag also unser Gespräch in N., bei dem Wetter und Ambiente versöhnlich stimmten: Sonne über dem Innenhof, Filet auf dem Tisch, Fledermäuse in der Dämmerung ... Es wurde ausgesprochen, was, wie Du sagtest, vor etwa zehn Jahren hätte ausgesprochen werden müssen. Ich finde es gleichfalls richtig, auszusprechen, was zur Sprache kommen muss. Dabei bist Du wohl, indirekt, davon ausgegangen, dass ich eine Menge einstecken kann. Davon gehen auch andere aus: Kühn schlägt sich durch. »Na, Kühn, altes Schlachtross«, sprach mich MRR an, lange her. Dieses Schlachtross hat jetzt erhebliche Blessuren erhalten. Die Nachwirkungen des Gesprächs in N. sind deutlich: in ganz direktem Sinne fühle ich mich angeschlagen. In den ersten drei Tagen danach war ich derart groggy, dass ich mich dreimal am Tag hingelegt habe, um zu schlafen. Das hörte erst auf, als ich mich entschloss, diesen Brief zu schreiben. […]

All dies, so musste ich den Eindruck haben bei unserem Eifel-Gespräch, all dies hat letztlich nur den einen Grund: Dass ich trotz erheblicher Veränderungen der Marktlage weiterhin komplexe Texte schreibe, oder – wie Du sagtest – Texte mit zahlreichen Brechungen. Die Zeit komplexer Texte aber ist offenbar (vorerst) vorbei; Bücher, die heute Erfolg haben, sie sind, sagtest Du, straight-on geschrieben.

Eine gute Antwort ist mir in dieser Situation eingefallen, die möchte ich wiederholen: Unsere gesellschaftliche Situation ist sehr komplex geworden, da kann die Antwort von Literatur doch wohl nicht sein, immer einfacher zu werden. Ich ergänze: Vielschichtige Strukturen ringsum, und in der Literatur schlichte Homophonie? Gleichsam ein Naturrecht für Geschichten, die einen klaren Anfang haben und sich chronologisch fortsetzen zu einem klaren Ende?

Du hast hierzu einen englischen Begriff der Soziologie zitiert zum Trend der Gesellschaft zu vereinfachten Modellen. Ist damit ein zwingender Maßstab gesetzt für Erzähler? Auch in Blick auf diese Parameter hast Du betont, dass mein Schreibverfahren nicht mehrheitsfähig sei. Dass ich mit Texten in komplexer Schreibweise wohl kaum über eine Auflage von 2000 hinauskommen werde. Es sei denn, ich hole die Leser dort, wo sie schon seien: bei einer bekannten historischen Figur. Das zeigte der Beethoven-Bridgetower-Roman. Hätte ich in diesem Buch nicht mit Brechungen erzählt (das Geschehen im Kopf des schwarzen Geigers), so hätten statt der etwa 10 000 Exemplare deren 100 000 verkauft werden können. […] Aber: einen Roman schreiben über einen Musiker von so hoher, pardon, Komplexität, das schließt straight-on-Erzählen aus. Die Komplexität des Werks dieses Komponisten muss wenigstens ansatzweise eine Entsprechung finden in einer Komplexität des Erzähltextes über ihn. Ich habe die kühne Vorstellung, es ginge auch um eine Kategorie, die in den letzten Auseinandersetzungen überhaupt keine Rolle mehr spielt: um *Kunst*.

Und, mit Verlaub, soooo schlecht ist das Buch ja nun auch nicht gelaufen! Und die Rezensionen waren überwiegend hymnisch – schau Dir mal das Werbeblatt an, das damals für den Buchhandel hergestellt wurde.

Nun werden mir die Verkaufszahlen der letzten beiden Bücher vorgehalten: 1600 von der Erzählung *Minute eines Segelfalters*, 2100 von der Moritz-Novelle. Die Gründe dafür sollen nun wohl auf der Hand liegen: Die, in der Tat, komplexe, gebrochene Erzählweise der Erzählung, und die Moritz-Novelle sei ja auch nur für die Happy few geschrieben ...

Jetzt ist offenbar ein Knackpunkt erreicht. Die Achtung des Verlegers ist in Verachtung umgeschlagen, das zeigt sein knapper Brief, auf den ich knapp antworten werde, mit gleicher Post. Meine Zukunftsaussichten sind trübe: Die Verkaufszahlen der letzten beiden Bücher gering, die Rezeption durch die Kritik zwar positiv, aber nicht von durchschlagender Wirkung.

Hier ist ein Negativbild entstanden, das sogar Fakten verändert. Bezeichnend, dass in Deiner Erinnerung die Besprechungen der Moritz-Novelle nicht erfreulich sind. In meiner Erinnerung hingegen: kein Verriss, verschiedene Lobeshymnen, beispielsweise in der SZ, in der FR. Aber, in der Tat: an Wochentagen, nicht zu Wochenenden, nicht groß im Umfang, zuweilen Monate nach dem Erscheinen des Buchs. Selbst, wenn es dann »Meisterwerk« heißt, es findet nicht mehr die rechte Resonanz, wirkt sich vor allem nicht mehr aus – weder im Verlag noch im öffentlichen Diskurs noch im Sortiment ...

Nun wurde ich durch den Buchhandel (und nicht durch den Verlag!!) darauf hingewiesen, dass alle meine Suhrkamp-Bücher in den gebundenen Ausgaben als »vergriffen« deklariert sind. Ich habe mir das daraufhin selbst mal angesehen, auf der aktuellen Bildschirm-Version des VLB: Es reiht sich der Vermerk »19«, also »vergriffen«. Bei anderen Büchern ist die Preisbindung aufgehoben. Kurzum, ich bin im Programm des Suhrkamp Verlages nicht mehr präsent. Darüber kann ein versehentlich noch nicht gelöschtes »VA« nicht hinwegtäuschen. [...]

Ein ergänzendes Detail am Rande: In der Liste erster Bücher von Suhrkamp-Autoren (kürzlich veröffentlicht in der Werbe-Illustrierten) wurde ich als Autor des Suhrkamp Verlages schon gar nicht mehr aufgeführt. Zur Erinnerung: Es war das Buch »N«, 1970 erschienen: als Originalausgabe »vergriffen« (auch laut telefonischer Auskunft der Auslieferung), als Taschenbuch ausverkauft, verramscht.

Für den Buchhandel ist damit klar: Diese Bücher gibt es höchstens noch im Modernen Antiquariat. Also bin ich für das Sortiment abgeschrieben. Die feinen Unterscheidungen von Herrn Dr. M. zwischen Sonderverkauf und Ausverkauf haben keine Breitenwirkung; in der Branche sind das Synonyme für: Ramsch. Die Bücher werden verramscht; daran ändern auch Sprachregelungen der Geschäftsführung nichts. Dass Bücher, deren Preisbindung erst einmal aufgehoben wurde, später wieder zum alten Preis angeboten werden könnten, das ist ein Punkt, der im Sortiment Ärger macht. Ein Buch, das als vergriffen bezeichnet wird oder dessen Ladenpreis aufgehoben ist, es ist für den Buchhandel passé. Alles andere wäre Kasuistik.

Wie es dazu gekommen sein könnte, darüber habe ich mit dem NDR-Literaturredakteur Wend Kässens gesprochen. Und der meinte, darüber dürfte ich mich nicht wundern; meine Bücher unterschieden sich sehr voneinander, also müsste ein Kritiker jeweils neu ansetzen, könnte dabei kaum auf frühere Rezensionen über mich zurückgreifen, und so würde ich Arbeit machen. Auch wären meine Texte nicht leicht zu lesen; bei den vielfach geringen Rezensionshonoraren aber sind Texte beliebter, die nicht allzu umfangreich sind und nicht allzuviel Lesewiderstand bieten. Natürlich sei das alles anders bei sowieso renommierten Autoren.

Nicht schön, nicht gut. Es ist aber nun gerade die Vielfalt der Schreibverfahren und Inhalte, die meine Arbeit cha-

rakterisiert. Es gibt genug Autoren, die ein bewährtes literarisches Muster mit neuen Stoffen reproduzieren. So findet man leicht ein Markenzeichen. Für mich aber ist, pathetisch gesagt, jedes Buch ein Neuanfang, wenn möglich auch in der Schreibmethode. Solche proteische Erneuerung wird von Kritikern und Kritikerinnen offenbar nicht sehr gerne mitvollzogen. [...]
Das Einzige was ich tun kann: Über das zu schreiben, was mir wichtig ist, und es so zu schreiben, wie mir das richtig scheint. Das Neue an der Misere aber ist, dass nun auch meine Arbeitsbedingungen, sprich: Publikationsmöglichkeiten in Frage gestellt werden. Das aber möchte ich nicht als Götterspruch hinnehmen, ich muss hervorheben, dass es zu dieser Lage auch gekommen ist, weil es in den letzten sechs, acht Jahren (nach *Parzival*) versäumt wurde, entschiedene Akzente auch mal für mich zu setzen. Vielmehr: mühsames Gezerre, ehe mal eine Anzeige für mich herausgerückt wurde ... Und das wiederholte Argument, dass es bei meinen Erzähltexten viel, viel, viel besser sei, wenn man keine Leseexemplare herstelle, damit würde das arme Sortiment ja doch nur verschreckt ... Und so weiter, and so on.

Kurzum: ich will es dem Hohen Hause nicht ganz so einfach machen, mich kurz vor meinem 25-jährigen Verlagsjubiläum zu miniaturisieren, wenn möglich bis zur Unsichtbarkeit.

Die Begründungen, weshalb ich vom Insel Verlag die Rechte eines halben Dutzends Bücher zurückerhalte, nicht aber die Rechte der vier Mittelalter-Bände, sie sind zum Teil überraschend. Weil E. sie lektoriert hat? Das war ihr Beruf. Und das war auch in diesen Fällen immer wieder problematisch, wie Du Dich erinnern wirst. Wiederholt musste ich mich gegen vorgeschlagene Eingriffe wehren, die weder inhaltlich noch sprachlich zu vertreten waren. Es ging so weit, dass sie erotische Anspielungen bei Wolfram [von Eschenbach] redigieren (= abschwächen) wollte. Das alles ist in Briefwechseln dokumentiert.

Weil hier schon das Stichwort Vertrag fällt – noch ein anderer, älterer Punkt. Du erinnerst Dich an meine Anfrage vor längerer Zeit: Es wurden vom *Parzival des Wolfram von Eschenbach* ein 33. und ein 34. Tausend gedruckt, bevor auch nur 30 000 Exemplare verkauft waren, laut Abrechnung. Du hattest es [unter anderem] damit erklärt, dass 1546 Exemplare [als Presseexemplare] verschenkt worden seien, zwischenzeitlich. Das habe ich noch immer nicht nachvollziehen können.

Denn: sollte es eine nachträgliche Werbemaßnahme für mein Wolfram-Parzival-Buch gewesen sein? Das war ja allen Buchhandlungen und Redaktionen vor Erscheinen in einer längeren Leseprobe vorgestellt und empfohlen worden. Sollte das also ein allgemeines Geschenk des Verlages gewesen sein, etwa zu Weihnachten? Wenn es »ad majorem gloriam casae« geschehen ist, so müsste hier nachträglich verrechnet werden. Denn dies geht weit über den sogenannten »Überdruck« hinaus, über den der Verlag verfügen kann, ohne dem Autor gegenüber Rechenschaft ablegen zu müssen. Anderthalbtausend Exemplare (!!) – das ist doch wohl eine genauere Erklärung wert, auch wenn schon einige Zeit vergangen ist.

Sie werden von der Honorarbuchhaltung über das Schreiben vom 11. Mai informiert worden sein, in dem »mehrere Fehler« eingestanden wurden, sämtlich zu Ungunsten des Autors. Der hatte schon einmal, bei gleichem Titel [eines Hörspiels] das überfällige Honorar anmahnen müssen. Und das war nicht die erste Intervention in Fragen Abrechnung; seinerzeit war eine siebte Auflage meines Parzival-Buchs ausgeliefert worden, als, laut Abrechnungen, die fünfte noch längst nicht ausverkauft war. Eine professionelle Verlagsbuchführung kann sich in solchen Fällen nicht mit nachgeholten Pressegeschenken, mit Computerfehlern und allgemein menschlichem Irren (»Missgeschick«) herausreden. Das alles macht keinen guten Eindruck und könnte hinreichend Anlass geben zu unfreundlichen Interpretationen.

Es geht diesmal um Zahlen, die ich mir nicht recht erklären kann. Bei der geplanten Verkaufsaktion von Resten der drei Mittelalter-Bücher über Zweitausendeins hattest Du mir folgende Zahlen zu den Lagerbeständen durchgegeben: Wolkenstein 1085, Neidhart 100, Parzival 1105. Diese Zahlen wurden von Herrn L. bestätigt. Und ich erfuhr: Die jeweils letzten Auflagen sind gebunden – keine Rohbögen oder Ähnliches.

Nun schaue ich in die letzte Abrechnung, vor einigen Tagen hier eingetroffen. Und ich rechne nach.

Wolkenstein: 31 000 Exemplare, Rest 1085, macht 29 915. Verkaufte Exemplare 26 672. Differenz 3243. Ich gehe nun davon aus, dass die Trilogie-Kassetten [Schuber »Trilogie des Mittelalters«] von den Beständen gefüllt wurden, nicht durch eine Sonderauflage – stimmt das so? Auf Widerruf ziehe ich denn 1584 [verkaufte] Exemplare der Kassette ab, plus 368 Restexemplare. Bleiben offen: Wolkenstein 1281 [nicht honorierte] Exemplare.

Die gleiche Rechnung bei Neidhart aus dem Reuental. 13 000 gedruckt, 100 Exemplare übrig, also 12 900. Verkauft 9903 Exemplare. Differenz 2997. Abzüglich Kassetten[exemplare] bleiben offen: 1035 Exemplare.

Und die Rechnung noch einmal beim Parzival. Gedruckt 34 000. Rest 1105, macht 32 895. Verkauft 29 226. Differenz 3669. Abzüglich Kassetten[exemplare] bleiben offen: Parzival 1707 Exemplare.

Insgesamt ginge es [allein bei diesen Büchern] um eine Differenz von 4023 [offensichtlich nicht honorierten] Exemplaren. Bitte lass mir das schlüssig erklären.

Ich bestätige noch einmal Deine doppelte Briefzusage, dass die Restexemplare der mehr als 20 Bücher, die ich seit 1970 im Hause Suhrkamp/Insel veröffentlicht habe und deren Rechte ich zurückerhielt, im September makuliert werden. Ich hatte das selbst vorgeschlagen [als Alternative zu einer umfassenden Ramsch-Aktion], ich halte das auch nachträglich für richtig. Subjektiv gleicht das einer Entscheidung, ob man sich lieber hängen oder köpfen lassen will. Ich habe mich für eins von

beidem entschieden. Damit ist ein noch deutlicherer Schlussstrich gezogen.
 Dieser Schlussstrich sollte nun aber nach-gezogen werden. Ich halte es für eine überaus groteske Situation, dass das Verlagshaus vier meiner Bücher zurückbehalten will, ohne jede Zukunftsperspektive. Wenn ich einen neuen Verlag finde, so wird man mich nicht amputiert nehmen wollen. Du hast mir zum erzwungenen Neuanfang aus Buchingen alles Gute gewünscht. Es sollte aber nicht beim Wunsch bleiben, hier bedarf es noch einer Tat: Gib mir die Rechte auch der vier Mittelalter-Bücher zurück. [Als viertes war für den Klassik Verlag vorgesehen: »Tristan und Isolde des Gottfried von Straßburg«.]

Eine letzte Bitte, eine kleine technische, die ich Ihnen nicht ersparen kann nach Ihrem konsequenten Schweigen in der Krisenzeit – eine der weiteren persönlichen Enttäuschungen. Aber ich bin halt nur ein Autor unter vielen, und der musste nun sein 24-Jahres-Ränzel davontragen. Um mir noch ein paar Schenkexemplare rechtzeitig zu sichern, hatte ich 40 Exemplare der wunderschönen Segelfalter-Ausgabe bestellt. Bitte machen Sie doch Herrn H. hausintern klar, dass sämtliche Restbestände von Kühn bis Ende September vernichtet (makuliert) werden, laut Unseld. Und dass ich keine Lust habe, auf meine Konkursmasse noch mehr als einen halben Tausender [Listenpreis!] draufzulegen. Man soll mir den in solchen Fällen üblichen Preis berechnen, plus Porto, und das zahle ich sofort.

Restbestände, Lagerbestände meiner Publikationen bei Suhrkamp und Insel werden bis zum Ende dieses Monats makuliert. Eingeschlossen werden nun auch die Mittelalter-Bücher. Nach dem 30.9.95 werden damit Sonderverkäufe (Ramschverkäufe) meiner Bücher nicht mehr möglich sein.
 Ich nehme Dich in allen diesen Punkten beim Wort. Adieu –

ES MUSSTE Nachdruck ausgeübt werden, in Schriftform, um die Ablösung perfekt zu machen – die Wolkenstein-Biographie hatte, in diversen Ausgaben, vor allem jedoch als

Taschenbuch, die Gesamtauflage von 100 000 überschritten, da wollte sich der Verleger sich nicht gern (auch) von diesem Titel trennen.

Was dies dennoch erleichterte: Ich hatte keine Schulden im Verlagshaus. Autoren, die regelmäßige Zahlungen erhalten, sie haben es in vergleichbarer Konstellation, Konfrontation erheblich schwerer, schließlich können sich da erhebliche Beträge summiert haben. Womit sich wiederum Zwangsverpflichtungen ergeben können: sich freikaufen oder weiterliefern.

Freilich kann ein Verlag einen Autor leicht austricksen, wenn es um die Rechte geht, Stichwort Lieferbarkeit. Vereinfacht, als Modell: Der Verlag braucht letztlich nur zehn, zwanzig Exemplare eines Buchs auf Lager zu halten, rückt ab und zu auf Bestellung durch den Buchhandel ein Exemplar heraus, beweist damit: Titel ist weiterhin lieferbar. Solange das der Fall ist, bleiben Haupt- und Nebenrechte beim Verlag. Nebenrechte: das können Funkhonorare sein, etwa für Lesungen, das können Honorare für Hörbuchfassungen sein. Es kann sich eventuell also lohnen. Kein Wunder, dass Verhandlungen zur Rückgabe von Rechten oft langwierig sein können. Falls die Verlagsleitung nicht signalisiert: Nun ist aber Schluss, alles muss raus!

Was in der unkommentierten Reihung von Briefauszügen quasi objektiv, womöglich ›abgehoben‹ wirkt, es war ein Prozess mit Emotionen. Eine derart einschneidende Erfahrung lässt sich nicht cool und locker als eine Art Betriebsunfall verbuchen, da geht es ans sprichwörtlich Eingemachte. Es wird ja nicht bloß eine Geschäftsbeziehung beendet, es werden Fäden gekappt, die Personen verbanden nach Jahren der Kooperation, dies vor allem mit Lektorat und Herstellung. Das führt nun zu kleinen Klimastürzen: Partner verstummen, wie auf Weisung von oben. (Hier muss ich gleich aber festhalten: Mitarbeiter, Mitarbeiterinnen, mit denen ich kooperierte, sie hatten mit den Sonderformen der finanziellen Abrechnung nichts zu tun, in diesem Punkt bin ich ganz sicher – keine Verschwörungstheorie meinerseits.)

Aus der Skala der Reaktionen: Die Vorgänge regen und wühlen auf ... Gefühle der Enttäuschung ... aufflackernde Wut ... Resignation und rebellische Regungen ... in sich verkriechen und aus der Haut fahren – dies alles in wildem Mix. Da halfen auch nichts gelegentliche Ansätze der Begütigung – nach ein paar Kompromissen wäre weitere Zusammenarbeit zwischen Verlag und Autor doch eigentlich möglich, zumindest denkbar. Was auch Kolleginnen, Kollegen in ähnlicher Situation signalisiert werden konnte, wie ich höre. Aber die Begütigung führte nicht zur Selbstbegütigung: Das Binnenklima hatte sich entschieden verändert, so was kann durch Statements nicht verbessert werden, da laufen Gespür und Diskurs auf verschiedenen Ebenen. Auf Beteuerungen gab ich nichts, konnte ich nichts mehr geben, also setzte sich der »infight« fort. Wie ich auf die Turbulenzen reagierte, exemplarisch psychosomatisch, das habe ich in der Autobiographie beschrieben, es muss im begleitenden Logbuch nicht wiederholt werden.

Resümierend nur noch: Rund sechzigjährig mit einer Tabula rasa konfrontiert zu sein, alles auf Anfang, völliger Neustart: wahrlich zentrales Kapitel der Autobiographie, des Selbstporträts eines Schriftstellers.

IN JENER ZEIT eine Einladung nach Salamanca. Ofelia Martí-Peña und Brigitte Eggelte hatten ein Symposion oder Kolloquium über meine Bücher initiiert und organisiert für Anfang November 1994. So hob ich (wortwörtlich) ab zum Flug von Köln nach Salamanca, via Madrid. Die Einladung, die Reise, die ermunternde, belebende Selbstbegegnung mit meinem bisherigen Werk: (ungeplant) zur rechten Zeit, in psychischer Rückwirkung. Die setzte auch ein im Kreis spanischer (und deutscher) Germanisten. Die Beiträge wurden Jahre später dokumentiert in einem Sammelband, abgeschlossen mit einem Gespräch, das die beiden Herausgeberinnen mit mir führten. Dabei eine kleine Hymne auf die Tage in Salamanca – auch in noblen Restaurants, auch in der großartigen Landschaft der Umgebung. Belebung. Animation. Stimulation.

Und (fortgesetzt) die Arbeit an der Biographie, am »Lebensbuch« über Clara Schumann. Vielleicht spielte (›subkutan‹) motivierend, stimulierend mit: Was auch immer diese Frau erlebte – fördernd oder behindernd, erleichternd oder erschwerend, befreiend oder belastend –, sie wollte, nein, sie musste als Pianistin, als Künstlerin tätig bleiben oder, wie man heute eher sagen und schreiben würde: musste sich verwirklichen. So rückte ich im Buchtitel das Wort »Klavier« an den Namen heran: *Clara Schumann, Klavier.* Mein erstes Buch im neuen Verlag.

Auf dem Weg dorthin hätte ich (zu Gesprächen, Verhandlungen) mein gesamtes, (wieder) lieferbares Werk diskret in eine Jackentasche stecken können: ein Bändchen der Reclams Universalbibliothek mit dem belletristischen Erstling *N*. In Ditzingen hatte ein Lektor die Auslöschungsziffer 19 auf dem Bildschirm entdeckt und sofort nach den Rechten gefragt. Ich, im ersten Telefonat: Ihr seid ja schneller als der Schall!

Man hatte gehofft, fast erwartet, das Büchlein könnte Schullektüre werden; ein Nachwort, zusätzlich ein Beitrag in einem Begleitheft, sollten das fördern, doch Reaktionen der Schulbehörde oder von Schulen blieben aus.

Die Arbeit an jenem Buch: Perspektive, die mich aus der Misere herausführen sollte, schließlich auch herausführte. So wurde die Clara-Schumann-Biographie autobiographisch wichtig: öffnete einen Raum weiterer Selbstverwirklichung als Autor. Ein Neuanfang.

Stanislaw kommt

DER ZWISCHENVORHANG GESCHLOSSEN, dumpfe Umbaugeräusche, während im Orchestergraben ein erregungsdämpfendes Zwischenspiel aufgeführt wird. Wittlin legt den Kopf in den Nacken, horcht mit halboffenen Lippen: der rasche Schleifschritt? Clairmont lauscht mit: für einige Atemzüge ist die Musik nicht mehr vorhanden. Dann ein knappes, hartes Räuspern des Gastgebers, der das Gesicht wieder der Logenbrüstung zuneigt; sogleich räuspert sich auch Clairmont. Und fast gleichzeitig glaubt er Räuspern in verschiedenen Logen auf gleicher Höhe zu vernehmen, Räuspern in oberen Rängen, Räuspern vom Parkett herauf, Räuspern aus dem Orchestergraben: Räusperlaute umherschnellend, fledermausgleich.

Kein Wunder, sagt Wittlin, das Gespräch wieder aufnehmend, kein Wunder, dass nach dem regelmäßig sich wiederholenden Vokalbefall, nach dem sich meist anschließenden Konsonantenfraß die Bronislawa kein volles Vertrauen mehr hat in das Sprechen: sie habe zuweilen das Gefühl, so hörte man sie sagen, und zwar wiederholt, ihre Wörter würden klein, schrumplig, porös, selbst wenn Stanislaw noch gar nicht angefangen habe, ihnen das Wortmark auszusaugen: sein Schweigen, schon sein bloßes Schweigen gehe ihnen zuleibe, fresse oder sauge sie von innen her aus, und sie habe infolgedessen manchmal die Vorstellung, die Wörter zerpulvern oder zerstäuben, sind schon weg, ehe sie überhaupt hörbar werden, wie vom Erdboden verschluckt. Und dem Gast zulächelnd, sagt Wittlin: W v m rdb d n v rschl ckt. Lässt dann, spaßhaft, den Kopf vorzucken zu Clairmont: V rschl ckt! Bricht weitere Wiederholungen ab, ehe sich dieser Laut selbständig macht als Schluckauf, der ihn leerpumpt.

Wie um sich abzulenken, schaut er in verschiedene Logen auf gleicher Höhe, während seine linke Hand selbständig die Porzellanflasche sucht, sie anhebt: er öffnet sie, trinkt, reicht sie Clairmont, der ohne Zögern zugreift, sich beim Trinken auch nicht duckt oder zurückdreht, wie er das in westlichen Opernhäusern machen würde: er trinkt mit der gleichen Offenheit, wie er sie in bereits zahlreichen Logen beobachtet hat. Schon durchzieht das Opernhaus ein, freilich noch feines, Aroma von Wacholder- und Knoblauchschnaps: unruhige, ja, fiebernde Erwartung?

Rasch stellt Clairmont eine Frage: Wenn der Bronislawa die zerbröckelnden, zerbröselnden Wörter im Hals steckenbleiben, sich zu Wortschleim auflösend in der vermehrten Feuchtigkeit von Mundhöhle und Rachenraum, und wenn der Graf zu diesem Zeitpunkt noch nicht annähernd gesättigt ist, und in Hörweite sind keine Geräusche mehr zu holen: was geschieht dann im Raum, in dem die Bronislawa mit ihrem Mann allein ist, von draußen belauscht, beobachtet?

Da setzt sich, so berichtet Wittlin, das rasche Umherstreifen fort, das Umkreisen der Bronislawa auf Stuhl, Sessel oder Sofa, und dieses Herumlaufen, Umkreisen beschleunigt sich, wenn die Bronislawa noch immer nicht spricht, seine Schrittgeräusche im kahlen, entsprechend halligen Raum verstärkt. Nun zieht die Bronislawa zuweilen den Kopf ein, hebt zugleich die Schultern an, auch ein wenig die Knie, instinktiv, denn: auf einer lockeren Steinplatte, die durch hohles Klappern seine Schrittgeräusche zusätzlich betont, stampft er in immer rascherem Beinwirbel auf der Stelle, saugt mit beschleunigten Lippenbewegungen Stampflaut um Stampflaut ein, nur gelegentlich lässt er eins der Geräusche entkommen, das Aufschlagen eines Absatzes auf der Steinplatte, das Umherzucken eines vergrößernden Raumechos, und solch eine Geräuschentfaltung steigert sofort wieder seinen Appetit: noch schneller der Trittwirbel auf der hohl klingenden Platte. Sicher wünsche sich die Bronislawa zuweilen, diese Platte würde, größer und schwerer, über ihm herabgesenkt, denn rücksichtslos setzt er die so sichtbar unerlöste Bewegung fort.

Wirft der Graf nun, fast atemlos, die Arme in die Luft, den Kopf in den Nacken, um Kraftreserven zu lösen, so weiß sich die Bronislawa nur zu schützen, notdürftig, indem sie einen Schrei zu ihm hinüberschickt: der ist wie ein Schlag in seinen Nacken, der lässt ihn unvermittelt einhalten, und wenn er nicht, geistesgegenwärtig, sofort auch diesen Schrei oder wenigstens einen Teil dieses Schreis aufschnappt, so kappt er zumindest sein Echo.

Spätestens jetzt bereut die Bronislawa diesen Schrei, der nicht freiwillig aus ihr kam. »Wieso bereut sie den?«, fragt Clairmont mit wieder heiserer Stimme. »Nun, dieser Schrei löst bei ihm gewöhnlich einen Wunsch aus, ein Begehren: er will die Bronislawa zur Geräuscherzeugung benutzen, Sie verstehen?« Clairmont blickt den Gastgeber fragend an. Wittlin aber legt, bevor er Auskunft gibt, noch einmal den Kopf in den Nacken; nach seiner Erfahrung kann es jetzt wirklich nicht me r l nge dau rn, bis Graf Stanislaw k

Gespräch

März 2010 erschien in der Zeitschrift *Universitas* die Transkription eines Gesprächs, das Adelbert Reif mit mir führte. Ich überspringe die einleitende Sequenz des »Wortwechsels« unter der Überschrift »Ich möchte neue Muster der Biographik entwickeln«.

Mit dem Buch N – das N steht für Napoleon Bonaparte – haben Sie erstmals den »Raum der fiktionalen Biographie« betreten, zu dem Sie im Laufe Ihrer literarischen Arbeit gelegentlich zurückkehrten, zuletzt in Ihrem Buch Ich war Hitlers Schutzengel. *In beiden Büchern fragen Sie nach Alternativen: Hätte Napoleon auch eine andere Rolle in der Geschichte spielen können? Welche Alternativen hätten sich ergeben, wenn auch nur eines der zahlreichen Attentate auf Hitler erfolgreich gewesen wäre? Was reizt Sie an solchen historischen Fiktionen?*

Im historischen Rückblick erscheint alles konsequent: Eines ergibt sich aus dem anderen. Im Ablauf eines Lebens ist jedoch eine Vielzahl von Entscheidungspunkten ›zwischengeschaltet‹ mit Wahl- oder Entscheidungsmöglichkeiten. Im Buch *Ich war Hitlers Schutzengel* versuchte ich, konkret auszuführen, was geschehen wäre, wenn Georg Elsers Attentatsversuch auf Hitler im Münchener Bürgerbräukeller 1938 erfolgreich gewesen wäre. Als mein Buch bereits gedruckt wurde, las ich in einer Beilage der *Zeit* ein Interview mit dem britischen Hitler-Biographen Ian Kershaw. Auch er vertrat die Meinung, dass Hermann Göring, der »Zweite Mann«, nach Hitlers Tod Reichskanzler geworden wäre. In dem Fall hätte nach Einschätzung eines ranghohen Gestapo-Mannes weder der Krieg gegen die Sowjetunion noch der Holocaust stattgefunden – trotz Görings scharfmacherischer Hetze gegen die Juden. Er war zu berechnend und zu bequem, um sich in politische Abenteuer mit höchst ungewissem Ausgang zu stürzen.

Die Fiktionen legen allerdings nahe, dass keineswegs eine wirklich demokratische Regierungsform etabliert worden wäre, sondern eine autoritär-konservative, vor – nach wie vor – militärischem Hintergrund. Das führt mich zu der Frage: Hat es aus Ihrer Sicht in Deutschland die berühmte »Stunde null« wirklich gegeben?

Wenn ich retrospektiv Wochenschauen aus den ersten Jahren nach diesem Weltkrieg anschaue, dann höre ich aus Tonfall und Sprechweise des Kommentators noch den trompetenartigen Klang heraus, mit dem in Wochenschauen der NS-Zeit die ›Siegesmeldungen‹ verkündet wurden. Und ein gefeierter Schauspieler wie Horst Caspar, der im Durchhaltefilm *Kolberg* eine führende Rolle gespielt hatte, setzte nach 1945 seine Karriere ungebrochen fort. Beispiele dieser Art ließen sich reichlich anführen. Die »Stunde null« war kein punktuelles Ereignis, eher ein zeitlich ausgedehnter Vorgang. Autoritäre Muster wurden erst nach und nach abgebaut. Vielleicht fand eine Zäsur am ehesten in der Literatur statt: die frühen Gedichte etwa von Günter Eich unterscheiden sich erheblich von dem, was im Dritten Reich in der Literatur erwünscht war.

Betrachtet man das Gesamtspektrum Ihres Werkes, so setzen Sie sich immer wieder mit der Zeit des Nationalsozialismus auseinander. Ich nenne hier nur die Titel Schillers Schreibtisch in Buchenwald *(2005),* Gertrud Kolmar: Leben und Werk, Zeit und Tod *(2008) und zuletzt 2010* Ich war Hitlers Schutzengel*. Auch einige Ihrer Porträtstudien wie die über Albert Speer oder den Jagdflieger Erich Hartmann gehören dazu. Was treibt Sie so vehement zur historisch-literarischen Auseinandersetzung mit dem Nationalsozialismus?*

Ich war nahe daran, Hitlerjunge zu werden, das hat meine Mutter allerdings erfolgreich hintertrieben – obwohl ich freiwillig mitmachte bei Geländespielen. 1945 war ich zehn Jahre alt. Schon in der Zeit davor spitzte ich die Ohren, wenn Menschen der nächsten Umgebung geheimnisvoll-besorgt tuschelten. Zum Beispiel darüber: In der allerletzten Phase des Krieges wurde durch Herrsching, unser Dorf am Ammersee, eine Häftlingskolonne eskortiert, und die Uniformierten skandierten: Wer nicht pariert, wird umgelegt ... Wer nicht pariert, wird umgelegt ... Was ich da zu hören bekam, es hat sich eingeprägt, ja, eingebrannt. Motivationen, direkt und indirekt, sich mit dieser Zeit zu befassen.

Manchmal präzisiert freilich auch Zufall die Thematik. Im Goethe-Jahr sah ich in Weimar eine Ausstellung von Kisten, die in Buchenwald von Häftlingen zum Transport von Kulturgütern geschreinert worden waren. Dabei erfuhr ich, dass in der Lagerwerkstatt auch ein Duplikat von Schillers Schreibtisch hergestellt worden war, um das Original vor Bombenangriffen auf Weimar zu schützen. Ein Skandalon, das sehr viel über damaliges Politik- und Kulturverständnis aussagt. Ich versuchte das aufzufächern im Bericht.

Bleibt für Sie der Nationalsozialismus ein nach wie vor nicht abgeschlossenes Kapitel in der deutschen Geschichte?

Absolut. Was wir über die Condition humaine wissen, hat sich randscharf präzisiert durch das, was in der Zeit des Dritten Reiches passiert ist. Da geschahen in Tateinheit Verbrechen, von denen man nicht für möglich gehalten hätte, dass sie in einem zivilisierten Land geschehen können. Unser Bild vom Menschen hat sich verdüstert.

Wird das Thema Nationalsozialismus für Sie in Zukunft noch von literarischer Bedeutung sein?

Ich spreche nie über Texte, die noch nicht reif sind zur Publikation. Aber so viel kann ich Ihnen verraten: es wird eine

Fortsetzung geben. [Die denn auch 2013 vorlag: *Das Gesetz des Irrsinns*.]

Auf welche Weise erfolgt bei Ihnen die Wahl des Stoffes zu einem bestimmten Buch?

Da spielt auch Zufall mit. Mein Vater hatte über lange Zeit hinweg eine englische Zeitschrift abonniert, *History today*, in die ich gelegentlich einen Blick warf. So stieß ich auf einen Aufsatz mit dem verblüffenden Titel *Four Indian Kings*. Die Geschichte von Irokesenhäuptlingen, die 1710 nach London verbracht worden waren, um die ›Segnungen‹ der europäischen Zivilisation kennenzulernen. Auf dieser historischen Grundlage entstand meine Erzählung *Festspiel für Rothäute*. In einem anderen Zusammenhang kam ich auf die Geschichte der französischen Hochstaplerin Marthe Hanau, die sich in der ersten Hälfte des 20. Jahrhunderts in der Finanzwelt einen unrühmlichen Namen gemacht hatte. Ein Zufallsfund, wenn Sie so wollen. Aber kein Zufall, dass ich ihn aufgegriffen und umgesetzt habe. Zufall spielt in der Wahl des Leitthemas aber wiederum keine Rolle in Büchern wie *Ein Mozart in Galizien* und *Goethe zieht in den Krieg*; hier zeigt sich eine Vorliebe auch für scheinbar schwache Figuren wie Mozarts Sohn und Goethes Enkel – Personen, die nicht im Rampenlicht, eher im Streulicht stehen.

Und wie bereiten Sie sich auf die eigentliche Arbeit an einem Buch vor?

Ich sammle nie erst das komplette Material, arbeite es durch und beginne dann zu schreiben. Ich setze Material sofort um. Arbeite also eher konzentrisch. Das setzt voraus, dass ich jeweils weiß, so ungefähr wenigstens, welchen Stellenwert ein Kapitel im Gesamtkonzept haben wird. Bei einer anderen Schreibmethode würde ich wahrscheinlich an Spontaneität verlieren.

In Deutschland haben während der ersten Hälfte des 20. Jahrhunderts unter anderen Emil Ludwig, Stefan Zweig und Lion Feuchtwanger Maßstäbe für die literarische Biographie gesetzt. Sind diese Darstellungsmuster aus Ihrer Sicht heute überholt?

Zu meiner Verwunderung und Enttäuschung ist das Genre Biographie ungemein altmodisch geblieben. Anders als vieles, das in den letzten Jahrzehnten in erzählender Prosa an Entwicklungen stattgefunden hat, tut sich in der Biographik kaum etwas. Es wird, wie bei Stefan Zweig, großer Wert auf Homogenität gelegt, auf Kontinuität. Das müssen wir heute anders sehen, nach all den historischen Brüchen. Das Diskontinuierliche ist charakteristisch für unsere Realität. Das hat Folgen für die Form. Mich motiviert zum Schreiben von Biographien auch dies: ich möchte neue Muster entwickeln. Man muss versuchen, auch in der Biographik innovativ zu sein. Etwa, indem ich auch die Arbeitsweise thematisiere, die Leserschaft quasi über meine Schulter schauen lasse. Oder: Durch zahlreiche Leerzeilen mache ich Diskontinuität auch im Druckbild sichtbar.

Sie haben einmal von einer »Relativitätstheorie der Biographik« gesprochen.

Ja, damit meinte ich: Eine historische Figur wird im Laufe der Zeit sehr verschieden, ja, konträr dargestellt und interpretiert. Ich will aber noch etwas zum biographischen Schreibverfahren sagen. Nach Impulsen aus Frankreich achten wir heute auf Mentalitäten, auf Vergegenwärtigung auch von Alltag. Ein Beispiel: Wir sehen, in der Optik von Kunstgeschichte, romanische Kirchen isoliert als architektonische Meisterwerke. In der Ära der Romanik aber waren sie vielfach eingebettet in ein Ambiente von Ackerbauflächen, Wirtschafts- und Klostergebäuden. So etwas herauszuarbeiten und darzustellen ist ein relativ neuer Aspekt und erweitert erheblich das Spektrum der Vergegenwärtigung.

In einem Ihrer »Werkstattberichte« äußern Sie sich einmal dahingehend, dass es für Sie beim Verfassen biographischer Texte entscheidend auf den Faktor »Empathie« ankomme, auf die Fähigkeit, sich in die zu porträtierende Person »einzudenken, womöglich einzufühlen«. Folgt daraus, dass Sie sich bestimmten historischen Gestalten niemals annähern würden, um sie zu porträtieren?

Ich würde nie im Leben eine Biographie über Heinrich Himmler schreiben, diese traurige, miese Figur eines Massenmörders. Auch nicht über eine Figur wie Goebbels, der permanent Lügen produzierte und Kriegshetze betrieb.

Wo liegt bei Ihrer Arbeit die Grenze zwischen biographischer oder historischer Realität auf der einen Seite und literarischer Fiktion auf der anderen Seite?

Im Roman *Beethoven und der schwarze Geiger* erzähle ich die Geschichte einer historischen Figur im Spielraum des Wahrscheinlichen. Dass Beethoven in Afrika war, ist nicht überliefert. Sicher ist hingegen, dass er seine A-Dur-Sonate zunächst dem farbigen Geigenvirtuosen George Bridgetower widmete, dann aber Monsieur Kreutzer. Der gekränkte Mulatte will nun Beethoven zur Komposition einer neuen »Sonata mulattica« bewegen. Dazu entwirft er das Buch einer gemeinsamen Reise nach Afrika. So will er den Komponisten motivieren. Ich halte mich streng an die Figur Beethoven, versetze sie aber in ein völlig neues Ambiente.

»Ich schreibe eigentlich Bücher über Themen und Figuren der Vergangenheit, um mich auf diesem Umweg, diesem scheinbaren Umweg besser in meiner Gegenwart zurechtzufinden«, bemerkten Sie einmal. Wie weit kann historisches Geschehen als eine Art Wegweiser in der jeweiligen Gegenwart dienen?

Überhaupt nicht. Die Beschäftigung mit Vergangenheit dient eher als Kontrastmittel, wie es bei Röntgenaufnahmen verwendet wird. Die Kontrastierung macht deutlicher, wie wir heute leben, denken, fühlen. Den Spruch »Die Menschen sind sich immer gleich geblieben« halte ich für kurzschlüssig. Natürlich gibt es anthropologische Konstanten: Tränen bei Trauer. Aber die Beziehung zwischen Mann und Frau, die Einstellung zur Hygiene und nicht zuletzt das Verhältnis zum Tod – das alles hat sich entschieden geändert.

SECHS: HARTLAUB, FRAGMENTARISCH

FELIX HARTLAUB! Auch er begleitete mich über Jahrzehnte hinweg, zumindest zeitweilig, dies seit der Wiederentdeckung über eine Taschenbuchausgabe mit dem Titel *Im Sperrkreis*, erschienen 1955. Eine Auswahl von Texten Hartlaubs, herausgegeben von seiner Schwester Geno. Dies als erweiterte Ausgabe von »Impressionen und Aufzeichnungen«, bereits 1950 in Stuttgart erschienen: *Von unten gesehen*. Ein Buch, das ich als Bub allerdings nicht wahrgenommen hatte; ich war als Leser nicht frühreif wie Felix.

Von der Kritik mit Recht gefeierte, fast bejubelte Aufzeichnungen des jungen Gefreiten, vor allem aus dem Führerhauptquartier »Wolfsschanze« in Ostpreußen – Hartlaub, promovierter Historiker, als Mitarbeiter am Kriegstagebuch des Oberkommandos der Wehrmacht. Er machte, verdeckt, Aufzeichnungen im »Auge des Zyklons«.

In jenem Jahr (meines Abiturs) hatte ich die Ausgabe (mit den inzwischen leicht gebräunten) Seiten nicht nur gelesen, sondern durchgearbeitet – Textmarkierungen und Notizen erinnern daran.

Ebenfalls 1955 erschien als Hardcover *Das Gesamtwerk*, gleichfalls herausgegeben von Geno Hartlaub. Neben Texten aus »Tagebüchern« (die es freilich nicht gegeben hat, es waren vielmehr diverse Aufzeichnungen) auch die Sparte »Dichtungen«: frühe literarische Texte, die das Spektrum erheblich erweiterten, vor allem mit der Novelle *Parthenope*. (Zu Hartlaubs Lebzeiten nicht im Druck erschienen.)

Wiederholte Lektüre der Aufzeichnungen mit anhaltender Begeisterung, aber ich kam nicht recht in Schwung beim Konzipieren der Biographie, die ich für überfällig hielt, subjektiv und objektiv. Andere Projekte rückten in den Vordergrund, ich fand keinen Ansatzpunkt. Schließlich fühlte ich mich (2005) vom Projekt freigesprochen durch die Rezension einer neu erschienenen Biographie über Hartlaub. Ich empfand das als Entlastung.

Und löschte Textentwürfe auf der Festplatte, auch im »Papierkorb«, um mich vor eventuellem ›Rückfall‹ zu schützen. Das half aber nicht viel, schließlich gab es noch den Weinkarton mit Hartlaub-Literatur; dort war alles Nötige markiert. Der Karton blieb vorerst abgestellt, weiterhin fehlten Anknüpfungspunkte an den Autor, der zweiundzwanzig war, als ich geboren wurde und nur einundreißig bei Kriegsende – zugleich sein Lebensende. Ich brauche *Berührungspunkte*, ehe ich mich auf das Abenteuer einer biographischen Arbeit einlasse.

Posthume, wenn auch einseitige Begegnung mit Hartlaub: Starke Herausforderung, darüber nachzudenken, wie es zu biographischer Hinwendung kommen kann. Offenbar spielen oder wirken auch autobiographische Gründe mit, die ein Wissenschaftler leicht neutralisieren, objektivieren, kaschieren kann, bei dennoch subkutaner Einwirkung. In offenem Verfahren kann das eingestanden werden. Was sich wiederum auf die Leserschaft übertragen lässt in der lektürebegleitenden oder ihr folgenden Frage: Warum die zeitweilige Lesefixierung auf eine fremde Person, womöglich aus ferner Zeit? Was könnte hier mitspielen, vermitteln, was könnte stimulierend überspringen?

Stichworte für eine Frage, die mir gelegentlich gestellt wird, meist nach Lesungen: Wie kommt es zur Wahl einer historischen Person, die ich schreibend vergegenwärtigen will, wo ist mein Antrieb, meine Motivation?

Versuch einer Antwort: Das kristallisiert sich erst heraus während der Arbeit. Der erste Impuls ähnlich wie bei der Begegnung mit einer lebenden Person: Gefühl von Aversion oder Attraktion. Entsprechend die Floskel von der Chemie, die stimmt oder nicht. Erst bei fortgesetzter Binnen-Kommunikation kristallisiert sich heraus, weshalb sich Fixierung jeweils entwickeln kann. Das scheint retrospektiv übertragbar. Erkundung anderer Lebensmuster als Form indirekter Selbstbegegnung (womit sich freilich nicht immer Selbsterkundung ergibt). Worauf spreche ich an? Was findet Resonanz in mir – oder nicht? Wo öffne, wo verschließe ich mich? Heraus-Forderungen.

Beispielsweise Oswald von Wolkenstein, Dichter, Komponist, Sänger, Abenteurer der Frührenaissance: Ihn habe ich als literarische Vaterfigur gleichsam adoptiert, beeindruckt von der Vielseitigkeit seiner Liedtexte, die letztlich das gesamte literarische Spektrum seiner Zeit abdeckten, umsetzten, weiterentwickelten.

Beispielsweise Maria Sibylla Merian: ihre Spannweite zwischen Naturforschung und Bildgestaltung, dies in Personalunion.

Beispielsweise Clara Schumann: lebenslange Fixierung auf künstlerischen Ausdruck; Leidenschaft, Besessenheit, die sich nicht unterdrücken ließ.

Beispielsweise Gertrud Kolmar: Dichterin, die sich stets im Hintergrund aufgehalten hat, bewusst, betont. Image der Unscheinbarkeit und hochkarätige Lyrik.

Und Felix Hartlaub? Erst mit der Arbeit an der Schlussfassung meiner Autobiographie stellten sich Stichworte ein als Anknüpfungspunkte. Damit Ansätze zu *Fragmenten* über einen Autor, der etliche Texte als Fragmente hinterlassen hat. Mit einem Begriff der Kunstgeschichte: Non-finito.

STICHWORT NON-FINITO. Hier habe ich ein Bild vor Augen: »Ansprache Friedrichs des Großen an seine Generale vor der Schlacht von Leuthen«. Der Maler: Adolph Menzel.

Auf diesem Ölgemälde im Format von mehr als vier Metern Breite, drei Metern Höhe, zu besichtigen, zu bestaunen in der Nationalgalerie Berlin, ist die Schneerest-Landschaft, ist die Riege von hochrangig Uniformierten perfekt ausgeführt; vier Nebenfiguren jedoch und vor allem: Friedrich der Große sind lediglich in Umrissen angelegt – geisterhaft wirkende Erscheinung(en) zwischen realistisch gemalten Figuren.

Im Verlauf von Jahren, Jahrzehnten raffte sich Menzel zuweilen auf zur Fortführung der Arbeit – die geisterhafte Erscheinung des Preußenkönigs jedoch blieb weiß. Und dies, obwohl (oder vielleicht weil) Menzel sich in einem umfassenden Zyklus von Holzschnitten sowie mit einigen Gemälden dem Sujet Friedrich gewidmet hatte, ihn also recht genau vor Augen haben konnte. Was offenbar nicht mehr zutraf beim Preußenkönig vor der Winterschlacht gegen eine dreifach überlegene Allianz von Franzosen und Österreichern – da konnte nur ein inbrünstig gesungener Choral und eine die Gegner überraschende, »schräge Schlachtordnung« helfen. Auch die offenbar entschieden motivierende Ansprache des Königs an seine versammelte Generalität.

Dies allerdings nicht durchweg bei sichtlich angespannter Aufmerksamkeit, die ein konventionelles Historiengemälde vorgetäuscht hätte. Vielmehr: Einem der Offiziere rutscht der schwere, pelzgefütterte Uniformmantel von der Schulter, und er versucht, ihn unauffällig wieder hochzuhieven, voll darauf konzentriert. Und das im Bildvordergrund! Hinter dem lockeren Halbkreis weitere Herren von militärischem Rang, zwei von ihnen im Gespräch einander zugewandt, sie scheinen nicht zu hören, was bald darauf historische Bedeutung gewinnen soll vor der kriegsentscheidenden Schlacht Anfang Dezember 1757, in einer Vorszene hundertzwei Jahre später auf die Leinwand gebannt.

Der preußische König Wilhelm I. wollte dieses Monumentalwerk käuflich erwerben, wünschte sich die Gruppierung jedoch etwas theatralischer gestaltet: Der König deutlicher hervorgehoben, womöglich erhöht stehend. Immerhin lehnte das Gemälde bereits an der Wand eines Saales, der Menzel im Berliner Schloss zur Verfügung gestellt wurde für ein gigantisches Krönungsgemälde, das in der oberen Hälfte nur von einem Rolltreppchen aus gemalt werden konnte vom kleinwüchsigen Menzel.

Mit Kreidestrichen versuchte er auf dem Appell-Gemälde

ein neues Arrangement der Figuren zu skizzieren, brach den Versuch einer »fundamentalen Revision« jedoch ab. So blieb das Werk jahrzehntelang im Status quo. Die erwünschte Umgestaltung, damit weitflächige Übermalung wäre ihm contre cœur gegangen. Er bestand, beharrte – wie er das selbst formulierte – auf dem Recht des Künstlers, »von der geschichtlichen Wahrheit, an welche er sich bis dahin gebunden erachtete, abweichen zu dürfen«.

Somit, in diesem Sonderfall: lange Pausen. Doch die Leerstellen wollten sich nicht auffüllen, das Bild des kleinwüchsigen Preußenkönigs wollte sich nicht einstellen, einfinden. Auch das Quartett der vier Offiziere hinter der Heeresführung fand noch keine Gesichter. So wird auch hier Aufmerksamkeit von Bildbetrachtern gleichsam angesogen. Diese Erfahrung habe ich jedenfalls bei mir, mit mir gemacht, wiederholt vor dem Gemälde stehend, verharrend.

Vielleicht aus Wut über die Änderungswünsche des Königs, vielleicht aus Frust, weil das Bild nach Jahrzehnten noch immer nicht seine Vollendung fand, wurde Menzel aggressiv: »Mit gesteigerter Erbitterung auf der großen Leinwand umhergewütet«, notierte er. Schließlich zerkratzte er Gesichter und Augen zweier Offiziere, verschonte dabei nicht mal den berühmten Husarengeneral Ziethen (»aus dem Busch«). Ein Gemälde also, das zugleich Entstehungsgeschichte dokumentiert, in Phasen von Motivation und Resignation, von Annäherung und Abwendung.

So etwas also läuft, in der Kunstgeschichte, unter dem Begriff: Non-finito. Unvollendet. Manchmal, auch hier, hat ein Non-finito stärkere, längere Einwirkung auf uns, es fordert heraus, es stimuliert.

FELIX HARTLAUB! Erstes Stichwort, erster Berührungs- und Anknüpfungspunkt: Wie geht man mit einem dominierenden Elternteil um, auch über Kindheits- und Jugendjahre hinaus? (Mögliche) Beziehungen hier zwischen autobiographischen Erfahrungen und biographischer Hinwendung zu einer Person der Vergangenheit.

Wortführend, richtungweisend: sein Vater. Der Kunsthistoriker Dr. Gustav Friedrich Hartlaub, zuletzt (bis Frühjahr 1933) Direktor der Städtischen Kunsthalle Mannheim, renommiert als Verfasser etlicher Schriften und Bücher. Er erwartete Großes vom Sohn, förderte und forderte schon das frühreife Kind. Zwei Jahre vor der Schulzeit konnte Felix lesen und schreiben, konnte Gedichte und Sagen auswendig hersagen, musste dies staunenden Besuchern gelegentlich vorführen in der Rolle des Wunderkindes, und sei es nachts: wurde geweckt, musste die eine oder andere Erfolgsnummer aufsagen, durfte sich wieder hinlegen. Schon mit fünf zeigte sich eine vom Vater gefeierte und gesteuerte Doppelbegabung: das zeichnende und schreibende Söhnchen des Kunsthistorikers.

Der (von Nazis abgesetzte) Museumsdirektor hätte seine Träume erfüllt gesehen in der »Ausstellung der Zeichnungen von Felix Hartlaub, die von der Schirn Kunsthalle Frankfurt 1993 im Dormitorium des Karmeliterklosters gezeigt« wurde – so im Text des Hauses. Zeichnungen vielfach in der Nachfolge Kubins, der mit Vater Hartlaub befreundet war, und mit dem sich Bub Felix so sehr identifizierte, dass er die eine und andere Zeichnung mit dem Namen des Vorbilds signierte, arglos. Auf seinen Zeichnungen dominieren Groteskfiguren, satirisch verzerrte Erscheinungen, Phantasmagorien. Es herrscht da ein Horror Vacui, der kaum einen Quadratzentimeter ohne Striche, ja, Gestrichel zulässt. Ich kann es nicht so recht beklagen, dass Felix etwa 18-jährig Bleistift und Tuschfeder (beinah) endgültig beiseitelegte. Also keine simultane, eher eine sukzessive Doppelbegabung.

Aber keineswegs gleichrangig! Primär das Schreiben. Wie früh schon waren Texte von erstaunlicher Dichte entstanden! Kostprobe aus einem Brief, den Felix mit dreizehn aus Scharbeutz/Ostsee an den Vater gerichtet hatte: »Ich hatte mich zwar sehr auf das Meer gefreut, hatte aber immer gedacht: so schön wie die Alpen, wie Gletschereis und Schneefelder der Scesaplana, wie Matten und Kuhglockengeläut der Hochtäler kann es doch niemals sein. Und als ich am ersten Tage allein zum Strand herunterkam, als ich das Meer daliegen sah in seiner unendlichen Weite und Größe, als die vielen, vielen weißen Segel vom Winde geschwellt den Horizont heraufglitten und der frische Seewind daherkam, die Wellen zu weißem Schaum aufpeitschend, da merkte ich, dass das Meer geradeso großartig ist. Und ich spürte irgendeine Verwandtschaft zwischen Gebirge und Meer; ich weiß nicht, worin sie liegt, vielleicht nur in der Schönheit.«

Der Vater stellte sich um, verfolgte fortan, kritisch lenkend, die Entwicklung des schreibenden Sohnes. Der beklagte einem Freund gegenüber, dass er (nach dem Abitur!) dem Vater die Frühfassung einer Erzählung (*Die Reise des Tobias*) präsentierte. »Leider habe ich die große Dummheit begangen, in einer unsicheren Stunde meinem Papa den bisher vorliegenden Teil vorzulesen, anstatt damit bis zum Abschluss zu warten. Obwohl ihm manche Einzelheiten und auch der Gesamtplan gut gefielen, hat er gegen entscheidende Züge Kritik erhoben und schwere Konstruktionsfehler herausanalysiert. Ich muss zwar einigen seiner Vorwürfe recht geben und will die Sache trotzdem weiterführen, aber der kalte Guss wirkt nicht sehr ermunternd.«

Im Jahre 1939 sodann gesteht er Freund Kiewe: »Mein Vater ist sehr coulant, doch wächst das Missverständnis zwischen uns aufs Organischste. Er will partout seinen Frieden machen, zeiht mich der pathologischen Schwarzseherei, hat wenig Vertrauen zu meinen literarischen Plänen. Die Abhängigkeit in meinem Alter ist schon etwas sehr Ungesundes – man entwickelt sich gänzlich auseinander.«

Der Vater, der im Leben des Sohnes weithin dominierte, selbst dann noch, als Felix Mitte zwanzig und älter war. Also notwendige Zitate aus Hartlaubs Briefen an den »Pappi«. Eine Wortform, die er freilich selten benutzte, er zog das Kürzel vor: »L. P.« So lautet wiederholt die Anrede, schriftlich, an den lieben Herrn Papa.

Zitat aus einem Brief vom Februar 1937. »Ich verstehe Dich vollkommen, wenn Du meine Mitteilungen lieblos findest. Doch irrst Du, wenn Du dies als gegen Dich gerichtetes Tarnungs- und Abschüttelungsmanöver auffasst. Und dann kann ich nicht verstehen, wie gerade Du als Kenner der ›Entwicklungsreihen‹ der verschiedenen Phasen und Stile menschlicher Entfaltung nach meiner kindlichen Schreibfreudigkeit – reiner Wortschmaus, primitive Freude an der Beherrschung der sprachlichen Mittel – zurückverlangen kannst. Du trägst ein rein subjektives Wunschbild vom Leben eines jungen Mannes in Dir, dem ich nicht entspreche, was Dich ärgert.«

Der Sohn, der nicht ständig die Rolle des bevormundeten, zurechtgewiesenen, auf den scheinbar rechten Weg gebrachten Sohnes spielen wollte, er schrieb ein halbes Jahr vor dem von Hitler inszenierten Krieg: »Etwas verstimmt war ich über die etwas frostige Art, mit der Du meinen Wünschen eigene Schriftstellerei betr. entgegenkamst – weil sie auch zu früheren Äußerungen im Widerspruch stand. Ich glaube doch, dass dort meine eigentliche Aufgabe liegt.«

In welchem Maße Äußerungen des Vaters verstimmend wirken mussten, zeigt auch das folgende Zitat, gleichfalls aus dem ersten Halbjahr 39: »Dass mein Osterbrief missfiel, tut mir sehr leid. Ich kann mir gar nicht denken wieso. Qualifikationen wie ›lieblos hingeschmiert‹ sagen mir gar nichts und gehen wohl auch nur bis Untertertia.«

Und er wird noch deutlicher: »Der etwas offiziersmäßige Ton, mit dem Du diese Dinge behandelst, scheint mir nicht ganz angemessen; ich kann mich überhaupt schwer an ihn gewöhnen, so verständlich und berechtigt im Übrigen Deine Ungeduld ist. Also praktisch gehe ich mit Deinem Brief ganz konform. Aber im Tieferen stimmt er mich wenig zuversichtlich. Ich vermisse einfach ein gewisses wohlwollendes Vertrauen in meine schriftstellerischen Möglichkeiten, in denen ich persönlich, bei allen schweren Zweifeln, doch einzig und allein mein Leben sehe. Du erkennst sie nur als Geleis neben anderen an. […] Ich glaube aber, wie gesagt, dass meine Natur für diese Mehrgeleisigkeit einfach nicht ausreicht und dass ich mich, so gewagt es ist, auf die eine wirkliche Möglichkeit beschränken muss.«

Was der Vater zu soufflieren versuchte: Werde Wissenschaftler, strebe eine akademische Laufbahn an. Und, mitgedacht: Da kannst Du ja immer noch versuchen, nebenbei Deinen literarischen Neigungen nachzugehen.

Die vorigen drei, vier letzten Zeilen: kein Zitat ohne Anführungszeichen, eher freie Paraphrase von Intentionen. Eigene Erfahrungen dabei als Formulierungshilfen, präzisierend: die mühsame, langwierige, konfliktreiche Ablösung von einem ›Elternteil‹. Echohafte Verstärkung eigenen Widerspruchs: Nein, ich schlage keine akademische Laufbahn ein, gehe meinen Weg. Auf eigenes Risiko. Und möchte nicht ständig ›eines Besseren belehrt‹ oder irgendwie bekehrt werden. Konkreter: Eine Dissertation, ein akademischer Abschluss ja, aber keinen Schritt weiter zu einer »Festanstellung« im akademischen Bereich!

So kann das Problemgemenge zwischen G. F. und Felix Hartlaub mit eigenen Erfahrungen (partiell zumindest) ausgeleuchtet werden. Wechselwirkung: eine eigene, zurückliegende Erfahrung deutlicher sehen mit Blick auf (zeitlich noch weiter zurückliegende) Erfahrungen eines Hartlaub. Wiederum: Mit Blick auf eigene Erfahrungen die Erfahrung Hartlaubs noch deutlicher sehen.

Das ist zu allgemein, zu ›abgehoben‹ formuliert, ich muss konkreter werden. Ich habe lange, habe bisher gezögert, ein auf fünf Buchstaben reduziertes Wort einzubringen: »Mikos«. So habe ich das aufgegriffen in einem Brief an den »lieben Pappi«. Der hatte sich im Schreiben vom 9. Mai 1943 ermunternd geäußert »zur Niederhaltung eigener Mikos«, sprich: der »Mikos« des Sohnes. Vater Hartlaub schrieb das Kürzel auch mal aus, in einer Aufzählung von Punkten, die ihn bei Sohn Felix mehr als irritierten: »Äußere Melancholie, Selbstanklage, Selbstbespiegelung, ein Sinn von Minderwertigkeitskomplexen.« So bedurfte der Sohn – zumindest in der Vorstellung des Vaters – ständigen Zuspruchs, »gutgemeinter Animierungen«, vor allem in der konsequenten Ausrichtung auf eine spätere akademische Laufbahn, wenn auch mit huldvoll konzedierten Freiräumen für die Entwicklung von Texten eigener Wahl, dies aber so weit wie möglich unter Pappis redaktioneller Mitwirkung. In der Version des »Eselsbuchs«, einer familieninternen, in Marbach mit einem Sperrvermerk versehenen Sammlung von Einträgen vor allem des Vaters: »Meine Versuche, ihm innerliche Hilfen zu geben«, trotz »oft etwas ›gereizter‹ Kommunikation«.

»Mikos«: ohne Erläuterung wird das Kürzel heute kaum jemand verstehen, typischer Fall für einen Stellenkommentar. Hier gleich verbunden mit einer Beteuerung: Ich will nicht hinaus auf schlichte Identifizierung. Wie sollte dies auch möglich sein bei derart extrem unterschiedlichen Lebensformen – wenn auch in einer Zeit, die mit einem Jahrzehnt in meine Lebenszeit hereinreichte. Dennoch, kein Schulterschluss, simuliert, suggeriert, eher eine plötzliche Berührung der Schultern, wie aus Versehen – das überspringende Kürzel »Mikos«. Minderwertigkeitskomplexe wurden Felix unterstellt in der betont, fast herrisch souveränen Sicht des Vaters, Minderwertigkeitskomplexe wurden mir wiederholt vorgehalten von dominierender Mutter. An konkrete Auslöser kann ich mich nicht erinnern, der Vorwurf wurde offenbar erhoben in Situationen, in denen ich mich zögerlich verhielt, mir etwas nicht recht zutraute. »Wieder Mikos ... wieder mal deine Mikos ...?«

Ich denke mir, sage mir: Da habe ich mich herausgearbeitet. Oder: mir blieben bestätigende, festschreibende Situationen erspart. Dabei bin ich als Autor unablässig begleitet von Selbstkritik, herabstufend. Heute von einem Einfall, einer Ausführung stimuliert, morgen darüber eher deprimiert. Das bringt es ... Nein, das taugt nichts ... Das trägt ... Nein, das bricht oder knickt ein ... Toll! ... Nein, Mist!

Mikos... Posthume Begegnung mit Hartlaub führt zu einer Selbstbegegnung. Vor allem, weil ich dieses Kürzel gründlich vergessen, demnach verdrängt habe. Eine fremde Biographie, die wieder mal einen Abschnitt der eigenen Biographie erhellt, schlaglichtartig punktuell. »Na, mal wieder Mikos ...?« Nein, solche Äußerungen, wie von oben herab, sie bauten nicht auf. Ihn nicht und mich nicht.

Erneute Beteuerung: Ich vermeide kurzschlüssige Gleichsetzung von dominierendem Vater bei ihm, von dominierender Mutter bei mir. Das wäre abstrus. Dennoch: eine Grundstruktur scheint übertragbar zu sein. Beim langwierigen Prozess der Erarbeitung der Autobiographie ist mir deutlicher als sonst bewusst geworden, welche Rolle über Jahre hinweg meine Mutter für mich spielte. Also liegt die Frage nah: Wie war es in der Hinsicht bei Hartlaub und seinem Vater? Wie ist Felix damit klargekommen, wie hat er sich aus der Schlinge befreit, die das Atmen erschwert?

Parallel-Entwicklungen. Dennoch: das Fremde muss auch fremd bleiben, das Andere auf Distanz gehalten werden. Erst recht bei Gustav Friedrich Hartlaub, 1884 bis 1963.

HARTLAUB, DER VATER, war der erste unter deutschen Museumsdirektoren, die wegen ihres Engagements für moderne Malerei kurze Zeit nach der Machtergreifung von den Nazis attackiert und suspendiert wurden.

Er war in früheren Jahren gefeiert und befehdet worden vor allem als Kurator der Ausstellung »Neue Sachlichkeit«. Dort sollte die Ablösung der Malerei vom Expressionismus dokumentiert werden. Zeichen wurden dabei gesetzt mit Bildern von Kanoldt und Schad. (Die Ausstellung des Jahres 1925 wurde zur Legende; 1994 wurde in der Kunsthalle Mannheim eine Rekonstruktion der Ausstellung präsentiert.)

Bereits Mai 1933 wurde G. F. Hartlaub von der Nazipresse scharf attackiert. Im Fokus vor allem ein Gemälde, das Hartlaub 1928 für das Museum erworben hatte: Marc Chagall, *Der Rabbiner*. Sujet und Malweise wurden gleicherweise verunglimpft – das Gemälde war für uniformierte Barbaren ein eklatantes Beispiel »entarteter Kunst«. Gabriele Lieselotte Ewenz berichtet (in ihrem Kommentarband zur Textedition der Hartlaub-Texte ab 1939), der Museumsdirektor sei nicht nur in der lokalen Presse angegriffen und diffamiert worden,

Nationalsozialisten hätten ein »entwürdigendes Spektakel« inszeniert, organisiert: Das Gemälde »wurde auf einem Heuwagen durch die Stadt gefahren, vor das Wohnhaus der Familie Hartlaub geschleppt«, wurde abschließend in einem Laden »an den Pranger gestellt« mit dem Schild: »Steuerzahler, Du sollst wissen, wo Dein Geld geblieben ist.«

Felix im Herbst 1933 an Kiewe: »Ich sehe geruhsamen Herzens den raschen Verfall aller Beziehungen meines abgebauten Vaters, das allmähliche Veröden des Hauses.«

Doch G. F. Hartlaub sorgte (nach einer Schockstarre?) für Belebung nicht nur des Hauses. Ein Publikationsverbot schien nicht zu bestehen, er begann Beiträge in Feuilletons zu veröffentlichen. Gelegentlich leistete der Sohn Vorarbeiten, recherchierend. Einer für weitere Namen: Francesco di Giorgio.

Und Felix schrieb (unter anderem!) eine Rezension über eine Neuerscheinung zu Hans Holbein dem Jüngeren, die G. F. Hartlaub unter seinem eigenen Namen veröffentlichte, 1938.

Weiter: Felix recherchierte in Berlin zum Thema Spiegel für eine Monographie des Vaters (die er freilich erst nach dem Krieg publizieren konnte).

Vater Gustav und Sohn Felix spielten sich also doch aufeinander ein, zumindest in einem Sektor ihrer Tätigkeiten. Was aber von wechselseitiger Kritik begleitet wurde, auch vom Sohn an den Vater: »Ich weiß, daß Deine Artikel viel Beifall finden und sehr brauchbar sind. Daß sich das Feuilleton-Niveau der Ztg gesenkt hat, glaube ich nicht. Vielleicht besteht die Gefahr, daß sie Dich zu einer Art Plauderonkel machen. – Mein Urteil ist stark subjektiv gefärbt. Ich sehe an Deinem Stil etwas, was ich an mir selbst bekämpfe und darum überall mit übertriebener Schärfe angreife.«

TROTZ ALLER DISKREPANZEN: sogar noch Januar 1945 nahm Hartlaub erhebliche Mühen auf sich, um vor allem den Vater zu besuchen – die Hartlaubs waren von Mannheim nach Heidelberg gezogen. Noble Adresse: Schloss-Wolfsbrunnenweg. (Hier auch, am Ende der Hangstraße oberhalb des Schlosses, die Villa, in der Albert Speer gewohnt hat; in der Veranda des Hauses im Grünen das Gespräch, das ich, wie zwischen anderen Buchdeckeln hinlänglich berichtet, für den Westdeutschen Rundfunk aufnahm.)

Aus Zossen (Kontext später) meldete er den Eltern seine »glückliche Rückkehr«. Hier stellt sich ein Stichwort ein, das wiederum eine, wenn auch periphere, Beziehung schafft zwischen Autobiographie und Biographie, zwischen Biographie und Autobiographie: der bekannte, weithin erwünschte Lese-Effekt des *Wiedererkennens*. Das verbindende: Ja, so war es! Das lese und höre ich zuweilen von Leserinnen, Lesern: So ähnlich (oder: genauso!) habe ich das gleichfalls erlebt. Verbindende Erfahrungen, durch Lektüre reaktiviert.

Als charakteristisches Beispiel unter dem Stichwort Wiedererkennen: Zugfahrten in letzter Kriegs- und erster Nachkriegszeit. Ich greife auf: Hartlaub kehrt, nach dem Besuch bei Vater und Stiefmutter, von Heidelberg zurück nach Berlin, via Frankfurt.

Erläuternde Vorbemerkung: Dass die Fahrt »infolge des trüben Wetters ganz annehmbar« verlief. Es schloss ein: Kein Flugwetter für die Alliierten, auch wenn sie den deutschen Luftraum längst beherrschten, keine Bomberflotten bei Hochnebel, Nebel, Dunst, nicht einmal Tiefflieger, die Züge, dabei besonders gern Dampflokomotiven, mit schweren Bordwaffen beschossen: spektakuläre Abläufe für Bordkameras.

»Die Fahrt nach Fr[ankfurt] verlief infolge des trüben Wetters ganz annehmbar, natürlich stehend und ungeheizt. Dazu kam dann in dem unsagbar zugerichteten Fr. eine regelrechte Keilerei auf der Elektrischen usw., so dass ich schließlich doch völlig ausgehungert und durchgefroren in Eschersheim eintraf. – Etwas dramatisch war dann am späten Nachmittag die Weiterfahrt von Fr. die zum Teil auf dem Puffer stattfand.«

Fahrten in ungeheizten Waggons, »natürlich stehend«, Zugfahrten auch außerhalb von Waggons, wenn auch nicht auf Puffern, so doch auf Trittbrettern. Was ich im *Magischen Auge* dazu erzählte, wird mit dem Briefzitat erneut stimuliert, aktiviert: Ich sehe mich in schwarzgefärbtem US-Militärmantel und mit edelweißberaubter Gebirgsjägerkappe als Fahrschüler des Jahres 1946 nicht bloß eingekeilt stehen zwischen Personen und Objekten, zuweilen musste ich, auch im Winter, auf der offenen Plattform damaliger Personenwaggons fahren oder auf dem durchlaufenden Trittbrett von Abteilwagen früher Bauart. Dies zumindest bei der Rückfahrt aus München-Pasing Richtung Herrsching – im Verlauf der Fahrt wurde der Zug dann leerer, ich konnte nachrücken ins Wageninnere.

Auf den Puffern zwischen Waggons zu stehen während der Fahrt, das habe ich allerdings nie riskiert, die Gefahr des Abrutschens bei all dem Geschaukel und Gerüttel war groß.

Im Sommer waren Fahrten auf der Plattform zwischen Metallstufen und Tür zum Wageninnern, waren Fahrten auf dem Trittbrett eher willkommene Abwechslungen, obwohl wir nicht nur erfrischendem Fahrtwind ausgesetzt waren, auch rußpartikelreichem Qualm der Lokomotive, die wir damals noch nicht nostalgisch aufgeschönt sehen konnten. Dies am wenigsten, wiederum, in der Wintersaison, die in den ersten Nachkriegsjahren besonders streng waren, nachweislich. Da schützten auch eine Gebirgsjägerkappe und ein US-Mantel kaum; besonders kalt wurden die Hände an Metallgriffen.

Am liebsten hätte ich, bei strengem Frost, den halblangen Marineledermantel meines Vaters angezogen: einige Kilo schwer, blaugrau gefärbt, dickes Innenfutter. So geschützt hatte er an Deck gestanden, den Himmel beobachtend: Flakschutz des ihm anvertrauten Frachtschiffs auf der Nordroute. Wahrscheinlich, ja, mit Sicherheit wäre mir das kostbare Kleidungsstück auf dem Weg zum Gymnasium in Pasing geraubt oder im Schulbau geklaut worden, ich hätte ihn ja nicht ständig anbehalten können. So hängt er heute im Wandschrank des Eifelhauses.

Ich hole ihn hervor nach Jahren völliger Nichtbeachtung, sehe mit Bewusstsein zum ersten Mal das Etikett unter dem Kragen. Hergestellt in Dresden. Darunter, im Vordruck: »Herr«, in Druckbuchstaben mit Blaustift: KÜHN. Wiederum gedruckt das Herstellungsjahr 1941.

Ich ziehe mir das rare Stück an. Spüre an den Handgelenken den Gummizug des soliden Innenfutters: aus der Praxis für die Praxis entwickelt. Obwohl ich nicht breitschultrig bin, kneifen die Ärmelansätze unter den Achseln; die Bewegungsfreiheit der Arme ist eingeschränkt – Leder wird nachgesagt, dass es im Lauf von Jahren schrumpft.

In der fast schon knarrenden Lederhülle gehe ich auf und ab und wundere mich, dass dieses Unikum nicht, wortwörtlich, auf der Strecke geblieben ist. Nach der Kapitulation radelte mein Vater mit einigen Marinesoldaten von Dänemark Richtung Heimat; an den Lenkstangen hatten sie Marinewimpel aufgesteckt. Von einer britischen Streife oder an einem Check Point wurden sie in Norddeutschland angehalten, die Wimpel wurden moniert, doch eher in diesem Tonfall: Lasst den Quatsch, macht das ab. Bei dieser, bei solch einer Gelegenheit wurde der Ledermantel des Oberleutnants nicht beschlagnahmt, konfisziert, requiriert, als praktisches Kleidungsstück für Posten oder als Souvenir. Ich staune wieder, nachträglich, wie diszipliniert alliierte Truppen waren, in der Regel.

WIEDERERKENNEN in breiter Skala. Physisch: die verbindende Erfahrung, eingekeilt zu stehen bei längeren Zugfahrten oder dem oft schneidenden Fahrtwind ausgesetzt zu sein auf Trittstufe oder Trittbrett. Psychisch: die verbindende Erfahrung, mit »Mikos« konfrontiert zu werden in einer Weise, die für die Entwicklung von »Mikos« eher förderlich war in jener Zeit überwiegend undifferenzierter Umgangsformen. Einwirkungen mit Nachwirkungen.

Was ich deutlich beschrieben, klar formuliert lese, es kann mir helfen, deutlicher zu sehen, klarer zu formulieren in eigener Sache. Dies, wiederum, artikuliert und publiziert, kann oder könnte anderen helfen, eigene Erlebnisse deutlicher, eigene Erfahrungen klarer zu rekapitulieren, damit wiederum zu adaptieren.

Das erlebe ich, in beglückender Bestätigung, im Jahr nach dem Erscheinen meiner Autobiographie. Ein Leser, freier Unternehmer, schickt mir einen autobiographischen Text, fokussiert auf seine Mutter. Eigenverlag, März 2014. Im Begleitbrief (handschriftlich, nicht als PC-Ausdruck) lese ich: Eine »Schrift, die ich gleichzeitig mit der Lektüre Ihres Buches verfasst habe«. Was auch mit gelegentlichen Verweisen in Fußnoten dokumentiert ist.

Folgerung: Indem ich mich eigener Biographie zuwende, kann ich Leser motivieren, sich eigener Biographie zuzuwenden.

Und es setzt mehrfach Wiedererkennen ein, gleichsam im Zirkelschluss. Etwa: Auch in jener Familie bei Nürnberg wurde über Erfahrungen im Bombenkrieg, generell im Krieg nicht gesprochen. Höchstens knappe, gleichsam standardisierte Erwähnungen. »Verdrängen und (ver)schweigen hieß die Devise. Schnell weiter, die Kraft musste für andere spätere Unbill aufgespart werden!«

Weiterer, existentiell hochgradig besetzter Punkt: »Zärtlichkeiten, Liebkosungen und körperliche Nähe von Seiten der Eltern sind mir nicht in Erinnerung geblieben. Wenn es sie denn gab, dann in homöopathischen Dosen.« Wobei sich auch G. S. fragt, in welchem Maß emotional distanziertes Verhalten im Gesellschaftskonsens vorgegeben war zu jener Zeit. Er verweist auf Festschreibungen von Verhaltensmustern auch durch die »NS-Autorin Johanna Haarer«. Also nicht nur Aufarbeiten von Erinnerungen, auch »Recherchen und begleitende Lektüre«. Kursierende Geschichten in der Familie, beispielsweise zur Mitgliedschaft der Mutter beim BdM, sie werden abgeglichen mit wissenschaftlich relevanten Publikationen. Und damit entstehen Fragen.

Indirekt aufgegriffen sehe ich auch meine wiederholte Frage, wie weit erinnerte Bilder von vermittelten Bildern nicht nur (mit)geprägt, sondern womöglich generiert werden können. Für die Mutter sind »vor allem die ›Schwarzen‹ auf den Panzern in respektabler Erinnerung geblieben«. Doch der Sohn fragt sich: »Oder hat sie nur das zigfach kolportierte ›Bild‹ des ›Negers auf dem Panzer‹ imaginiert, ohne es selbst erlebt zu haben?«

Weiter, für mich gravierender: Auch bei G. S. spezifische

Erfahrungen mit der Mutter: »Ihr unnahbares, kaltes und bisweilen auch abweisendes Verhalten.«

Hier stelle ich mir gleich die Frage oder: stelle ich mich der Frage, ob ich in der Autobiografie die Rigorositäten und Emotionsdefizite meiner Mutter nicht um einige Grade heruntergedefiniert habe, in stilisierender Darstellung.

Unter Rückmeldungen auf die Autobiografie war mir eine Stimme aus der Verwandtschaft besonders wichtig: Bericht über eine Erfahrung, hier aus Diskretion nicht weitergereicht, sie war mir erst nach doppeltem Anlauf erzählt worden. Hier denn nur, abstrahierend: Eingeständnis psychischer Not und als Antwort: kalte Abfuhr. Erfahrung einer »Emotionslosigkeit«, die jene damals junge Frau fast bis zum Kollaps leiden ließ. Also, ich habe beim Porträt meiner Mutter in diesem heiklen Punkt keineswegs überzeichnet.

Spiegelnd wiederum: die verbindende Erfahrung mit einer Mutter in höherem Alter. »Ich bilde mir ein, dass sie gegen ihr Lebensende hin wieder sanfter und zugänglicher zu mir wurde. Oder hatte ich mich geändert? Letztlich werde ich auch über mich manche Erkenntnis erhalten. Jedenfalls schmerzt mich immer noch, dass ich zu ihren Lebzeiten keine Klarheit über unser Verhältnis gewinnen konnte.« Resümee: »Letztlich führte der Weg [der posthumen Annäherung an die Mutter] nur über mich selbst.« Wieder eine Spiegelung.

Bei einem Telefonat (Stichwort: Dank für die Übersendung) waren wir uns bald einig: Wir haben mit mancher notwendigen Frage zu lang gewartet. Nun hieß es nacharbeiten.

Und mir wird erneut bewusst: Eigene Erfahrung entwickelt Resonanz für Erfahrungen anderer … Vergleichender Blick zu anderen schärft den Blick auf sich selbst … Genauer Blick auf sich selbst schärft den Blick auf andere … Wechselwirkungen. Selbst posthumer, virtueller Umgang mit anderen kann eigene Konturen hervorheben, im Selbstbewusstsein, in der Selbsteinschätzung, im Selbstgefühl.

Zuletzt übernehme ich, quasi als Zusatzmotto für die Autobiografie, von G.S. ein Zitat des Filmemachers Edgar

Reitz: »Die Beschäftigung mit der Vergangenheit öffnet die Augen für die Gegenwart.«

FOLGT DAS STICHWORT: DISSERTATION. Sie dürfte die Einlösung eines moralisch erzwungenen, zumindest suggerierten Wunsches des akademischen Vaters gewesen sein: Erwerb eines Titels von hohem gesellschaftlichem Stellenwert. Die Arbeit ist im Druck erschienen: *Don Juan d'Austria und die Schlacht von Lepanto*. Biographisch zukunftsweisend erschienen als eine der »Schriften der Kriegsgeschichtlichen Abteilung im Historischen Seminar der Friedrich-Wilhelms-Universität. Herausgegeben von Walter Elze, Berlin 1940.« Also musste Hartlaub für die Druckkosten nicht aufkommen – und die waren damals hoch.

Der Doktorvater war Militärhistoriker, bekannt durch Titel wie: *Tannenberg ... Graf Schlieffen ... Friedrich der Große ... Der Prinz Eugen ...* Ein Vierteljahr nach der Machtergreifung trat er in die NSDAP ein, seine akademische Position absichernd.

Die Arbeit seines Doktoranden ist eher narrativ als diskursiv. Vor allem wird die Seeschlacht weniger analytisch als erzählerisch dargestellt, zumindest in der Form von Wiedergaben. Später wird Hartlaub hier sogar Stoff für einen Roman sehen, zumindest theoretisch.

»Alle Erzähler sprechen von dem entsetzlichen Getöse; mit dem Krachen der Salven vereinte sich das Splittern des Holzes, die Rufe der Verwundeten und Ertrinkenden, das grässliche Feldgeschrei der Türken. Da von beiden Seiten Brandgeschosse, Pechkränze und dergl. geschleudert wurden, brachen auf vielen Schiffen Brände aus, von denen die Funken weithin flogen. Wolken von Pfeilen gingen über die Christen nieder, von denen bald die Verdecke, Schanzkleider und Masten wie Igel starrten. [...]

Schweres Regengewölk zog auf, es wurde rasch dunkel. Brennende Schiffe erhellten die Nacht, überall erschollen festliche Trompeten, ausgelassene Lieder, Hammerschläge und Kettenklirren: die gefangenen Türken wurden an die Ruderbänke gefesselt. Das Meer war dicht mit Schiffstrümmern bedeckt, an denen sich Türken festhielten. Sie klammerten sich auch an die Ruder der christlichen Galeeren. Man schüttelte sie ab, erschlug sie von den Booten aus.«

Für Felix war die Promotion eher sekundär, peripher. Er distanzierte sich. Das zeigte sich auch in einer Serie von Karikaturen, die er über den jungen Helden zeichnete und in enger Sütterlinschrift mit Anmerkungen begleitete.

Etwa: »Allgemeine Bewunderung erweckte Don Juans gerechtes und von höchster sittlicher Reife zeugendes Verhalten bei der Verteilung der Beute; den Haremsweibern des Kapinda-pascha, die in Gefangenschaft geraten waren, widmete er keinerlei Aufmerksamkeit. Sein deutsches Rassegefühl machte ihn unempfindlich für die heißen Blicke der morgenländischen Schönheiten, die mit einem solchen Herren gern vorlieb genommen hätten …«

Etwa: »Don Juan empfing die Nachricht vom Siege am Bug des Flaggschiffs stehend, an der exponiertesten Stelle; sein Schild starrte von Pfeilen, drei Kugeln hatten seinen Helm durchschlagen. Für die Botschaft hatte er nur ein leichtes Lächeln. Er war der Siege stets mit dämonischer Sicherheit gewiß gewesen …«

Die bald »schon leicht fossil« erscheinende Dissertation wurde nicht zum Portal einer Karriere im Universitätsbereich, vielmehr hatte Felix »allerlei Pläne und Ideen in literarischer Hinsicht. […] Sollte ich nicht endlich, endlich einmal etwas tun, was mir wirklich liegt? Wer weiß wieviel Zeit noch ist und wann wir endgültig den Kanonen vorgeworfen werden. Natürlich möchte ich gerne noch weiter lernen, was mit der Vorbereitung für das Stex [Staatsexamen] der Fall wäre. Aber erst einmal endlich etwas Eigenes versuchen!«

So, Dezember 38, in einem der zahlreichen Briefe an den »lieben Pappi«. Stiefmutter Erika, ein Jahr nach dem Tod von Mutter Félicie Mathilde (im Jahre 1930) im Ehestand, wurde vergleichsweise weniger angesprochen.

IM SPIELRAUM DES WAHRSCHEINLICHEN lag auch dies: Dass Erörtern und Erzählen, Diskursives und Narratives von Hartlaub zusammengeführt wurden in einer Biographie. Eine erste Anregung kam von einem kleinen Münchner Verlag (Karl Alber). Unter Hinweis auf die (fremdfinanziert gedruckte) Dissertation schrieb Johannes Maaßen im Namen des Verlegers: »Ich habe inzwischen Einblick genommen und möchte bei Ihnen anfragen, ob wir Sie ermuntern dürften zu einer Biographie über Don Juan d'Austria für unseren Verlag.«

Hartlaub, für seine (frühen) literarischen Texte noch ohne Verlag, war erfreut. Über Johann von Österreich jedoch wollte er nicht ein zweites Mal schreiben, schlug stattdessen vor: Ambrosius Spinola.

Über diesen Adepten muss ich mich erst mal kundig machen, im Internet. Bevor ich einige der Ergebnisse wiedergebe, eine Zwischenbemerkung.

Auch ich musste früher viel laufen, mich viel bewegen, um informatives Material aufzuspüren, heranzuziehen: ging in eine Bibliothek, an den Katalog, zog ein Schublädchen heraus, kippte Kärtchen, nahm heraus, notierte, lief zu einem Regal, ging zu einem Kopierer, stellte ein Buch zurück, ging zum Katalog, zog ein weiteres Schublädchen heraus, suchte einen Verfassernamen, machte einen Titel ausfindig, füllte ein Bestellkärtchen aus, reichte oder warf es ein, auch dazu Schritte treppauf oder treppab, durch Räume oder Flure – das Beschaffen von Informationen für eine Arbeit war mit körperlichen Bewegungen verbunden, während diesseits der Jahrtausendwende der Sammelpunkt von Informationen weithin stationär ist, vor dem Laptop, dem Bildschirm, hier wird mir blitzschnell Material sogar von einem anderen Kontinent überspielt, auch Bilder mit hohem Auflösungsgrad.

Ambrosio Spinola Doria, Marqués de los Balbases, geboren 1569 in Genua, gestorben 1630, ein Heerführer, Feldherr. Genauer: Generalleutnant der spanischen Truppen im Kampf gegen die Niederländer.

Was Hartlaub an dieser Figur interessierte, womöglich faszinierte, ich kann es mir nicht im Geringsten vorstellen. Diverse militärische Aktionen auf dem Schauplatz eines (Religions)Krieges, der schließlich achtzig Jahre währte ...? Dass Spinola drei Jahre lang beteiligt war an der Belagerung von Ostende ...? Dass er mit mehr als zwanzigtausend Mann in die Kurpfalz einmarschierte ...? Dass sich meuternde italienische Truppen von seinem Heer lösten ...? Dass er Jülich belagerte ...? Dass er ein Jahr mit der Belagerung von Breda verbrachte ...? Ich sehe keine Motivation außer: Interesse an Militaria. Auch in der Mentalität: eine Vorgabe für den »Kriegshistoriker«?

Ein interessantes Projekt jedenfalls für einen Verleger. Freilich, Hartlaub zeigte sich nicht eben überschwänglich bei einem Sondierungsgespräch. Dennoch war es dem Verlag wichtig, am Projekt »festzuhalten, was immer kommen mag«. So in einem Schreiben des Jahres 1941. »Ich sehe aus allem, was Sie in Ihrem Brief schreiben, wie sehr Sie selbst bemüht bleiben werden, die Arbeit in Angriff zu nehmen und abzuschließen, wenn irgend es sich Ihnen mit Zeit und Gelegenheit fügen wird.«

Das Vorgespräch mit dem Verlag versandete. Ein neuer Verlag bekundete Interesse, ein weiteres biographisches Projekt kam zur Sprache: über Alphonse de Lamartine (1790 bis 1869). Vater Hartlaub im Familientagebuch: »Ich habe ihm geraten, vom dichterischen Versuch vorläufig abzulassen, sich nicht in Fragmenten zu erschöpfen, sondern sofort an den ›Lamartine‹ zu gehen. Außerdem das freie Zeichnen, möglichst auch Zeichenkursus.« Geschrieben nach zweieinhalb Jahren Krieg!

Diese Anregungen fanden kaum Gegeninteresse bei Hartlaub und so war das Namedropping Spinola-Lamartine-etc. bald beendet. Wenigstens in dieser Hinsicht: keine Auswirkungen des Studiums von Geschichte und Romanistik beim eigensinnigen, wenn auch nicht zielbewussten Sohn. (Während Schwester Geno, das »Genolein«, zielstrebig ein Buch nach dem anderen schrieb, was Felix einigermaßen irritierte.)

BEVOR DIESER TEXTENTWURF weiterhin Eigendynamik entwickelt, greife ich noch mal den Begriff *Non-finito* auf. Richtungweisend waren bisher subjektive Anknüpfungspunkte. Ausgespart blieben und bleiben Lebenskapitel, die in einer Biographie, selbst in einer biographischen Skizze ausgeführt werden *müssten*.

Zum Beispiel: Felix Hartlaub in Italien, kurz vor dem Krieg, ja, noch zu Kriegsbeginn. Verlockend vor allem das wiederholte Stichwort Perugia – jene Stadt auf dem Hügelrücken, die in meiner Erinnerung genauere Konturen bewahrt hat als viele andere Städte, die ich durchstreift habe. Felix vermittelt Reiseeindrücke in Briefen, die vor den Augen des Kunsthistorikers in Mannheim bestehen sollen.

Doch auch hier wieder: Abwinken des Sohnes. »So, dies ist aber die letzte Schilderung, die Ihr von mir aus Italien bekommt; ich bin irgendwie zu selbstsicher in solchen Landschaftsbeschreibungen geworden, erlebe die Dinge wieder viel zu sehr im Formulierfilter. Gott sei Dank gibt es hier so eine Theorie von Croce, dass das Erlebnis nur, wenn gestaltet, etwas Essentielles wäre; sonst wäre ich ganz verzweifelt.«

Non-finito, und hier ein weiteres, koordinierendes Stichwort: literarische Arbeiten des Felix Hartlaub. Stellvertretend für den Komplex Novelle und Erzählung der Eröffnungssatz von *Parthenope oder Das Abenteuer in Neapel*. »Noch am Abend seiner Ankunft in Neapel ging der französische Artillerieleutnant François Renaudet zur Hafenkommandantur, um sich zu melden und Instruktionen über die Hafenbefestigungen entgegenzunehmen, die er hier leiten sollte, wie bisher in Gaeta.« Wirkt auf mich wie ein Text von Stendhal.

Was meine Annäherung an Hartlaub als dezidierten Literaten erschwert: Auch diese Novelle ist phasenweise etwas zähflüssig. Unabhängig davon kommt beim Thema frühe Texte erschwerend hinzu: Er hat auch Gedichte geschrieben. Die sind noch nicht ediert. Ich habe einige als Typoskripte im Keller des Marbacher Literaturarchivs gelesen; dabei stellte sich, assoziativ, gleich ein früher geläufiges Wort ein: Primanerlyrik.

Non-finito, nächstes, assoziierendes Stichwort: Hartlaubs spezifische Schwierigkeiten im Umgang mit Mädchen, mit Frauen. Geständnis vor Freund Kiewe, 1933: »Von kurzen Unterbrechungen, fingerhutweisem Genuss, kurzen Glücksvisionen abgesehen, radikalisiert sich meine Einsamkeit immer mehr. Mädchenproblem nach wie vor ungelöst.«

Ein Name muss aber zumindest genannt werden: Erna Gysi, Mutter von Klaus Gysi, mit dem sich Felix in der Odenwaldschule angefreundet hatte. Eine geborene Potolowski; der Schwiegervater hatte zwei noble Handschuhläden in Berlin; Erna zeitweilig als Model speziell für Handschuhe. Heirat mit dem Arzt Hermann Gysi; nach der Scheidung lebte sie in Zehlendorf, führte ein offenes, gastliches Haus, in dem auch Hartlaub willkommen war. Er verliebte sich, etwa 1937, in die zwei Jahrzehnte ältere Frau und berichtete Rudolph Kiewe: »Doch wird mir langsam, langsam klar, dass auf meiner Seite alle Symptome einer ganz großen Liebe gegeben sind. [...] Sie sieht wunderbar aus, jung in einer völlig märchenhaften Weise.«

Bleibt offen, ob die Schwärmerei Resonanz bei ihr fand. Sie lebte mit dem Bankier Kurt Levy zusammen. Vater Hartlaub, der auch potentielle Liebesbeziehungen seines Sohnes redigieren wollte, ihm wagte Felix von der Beziehung im Schwebezustand nichts zu berichten, täuschte vielmehr vor, er sei in Irene Lessing verliebt. Doch Bruder Michael, dem Buchhändler, gestand er: »Irene ist die langjährige Braut von Klaus G. Ich war mal ganz kurz mit ihr befreundet, was ich gegenüber zu Hause aufblies, um etwas anderes zu tarnen.«

Erna Gysi, Mitglied der KPD, emigrierte 1938 mit Levy und dessen zwei Töchtern nach Frankreich, wurde 1939 und 40 interniert im Camp de Gurs, dem größten Sammel- und Internierungslager des damaligen Frankreich. Bis zum Tod im Jahre 1966 kehrte sie offensichtlich nie mehr nach Deutschland zurück, arbeitete in Frankreich als Übersetzerin.

Und reale Beziehungen? Hier bleiben, für mich, weiße Flächen auf figurenreichem ›Gemälde‹. Das nicht, weil hier Dokumente fehlen (zahlreiche Briefe an Melita Laenebach), sondern weil ich hier nicht weiter recherchieren will. Obwohl dies im derzeitigen Mainstream der erste, fast wichtigste Ansatzpunkt wäre: Wie waren Hartlaubs sexuelle und womöglich emotionale Beziehungen zu Frauen, vor dem Krieg, während des Krieges? In diesem Punkt ein vorsätzliches *Non-finito*. Was bei Hartlaub offenbar keine primäre Rolle spielte, soll im Text nicht groß herausgestellt werden.

Damit ist der Entschluss integriert, es in diesem Textversuch beim Erkundungsgang zu belassen. Als Basso ostinato die Frage: Wie kann (biographische) Empathie entstehen, welche Rückschlüsse ergeben sich auf den Autor?

CHRONOLOGISCH überleitende Stichworte: Rekrut Hartlaub im Etappendienst. Sicherung des Kraftwerks Knapsack (in der Nähe von Köln), Sicherung des Kaiser-Wilhelm-Kanals, beide Mal durch Fesselballons – gegen tieffliegende, damit eventuell treffsichere Bomber. Wie ein Schneider auf großer Tischfläche hockend, verbrachte auch Hartlaub einen Teil der Dienstzeit damit, (s)eine von Flaksplittern der eigenen Luftabwehr durchlöcherte »Himmelswurst« zu flicken. Dann wurde sie mit Helium gefüllt, konnte erneut aufsteigen.

Stellvertretend für prägnante, pointierende Aufzeichnungen auch zum Kriegsbeginn: ein Doppelsatz zum Thema Stubenkameraden. »Ich muss mein psychologisches Lavieren verstärken. Fast alles sehr anständige, z. T. sehr originelle Kerle, aber sie beginnen zu verrohen, zu verzweifeln über den langen Krieg, mit dem sie es nun zu tun haben. Gestern die erste solenne Keilerei.« Und das bereits Ende Oktober 1939, als der Krieg noch keine zwei Monate währte!

Der führte Hartlaub zeitweilig auch nach Rumänien, zur Schutztruppe der Erdölquellen des neuen Verbündeten.

»Das Morgenrot spiegelt sich im Asphalt. Die Sonne steigt rasch hinter den Bergen hoch. Wind kommt aus ihrer Richtung. Wolkenflur wird am westlichen Horizont zusammengeschoben. Das Maisfeld raschelt, die obersten Blätter schon weiße Flammen, bald ist die ganze Ebene hell. Nur in den tiefeingeschnittenen vielfach gekrümmten Bachbetten, die die Straße zerschneidet, noch Kühle, Nässe, eine Spur Reif.«

Ich zitiere mal wieder. Auch dies als Punkt, der mich zuweilen auf Distanz gehen ließ zum Projekt, das ich von der Festplatte verbannt glaubte. Die Herausforderung, fast Nötigung, Hartlaub immer wieder zu zitieren, fast im Bann seiner Formulierungskunst. Nun möchte ich aber nicht wie ein Affe an der Urwaldliane von Zitatbaum zu Zitatbaum schwingen, ich muss eine Balance finden zwischen charakteristischen Textabschnitten und eigenen Intentionen. Und hier bleibt es bei der Leitfrage, wie (weit) Verbindungen zwischen Biographie und Textwerk evident werden können.

Am angemessensten erschiene mir, zuweilen, ein Band mit einer Auswahl seiner Texte, vor allem der Aufzeichnungen, beginnend etwa mit der Italienreise, dann von erster militärischer Pflichterfüllung in diversen Etappen. Zwischengeschoben dann notwendig ergänzende, weiterführende Einschübe. Also nicht ein Vortext, dem sich eine Textsammlung anschließt, vielmehr eine chronologische Folge ausgewählter Texte und, eingeschoben, kürzere oder längere Texte, mit denen ich begleite. Etwa über den Vater. Über die Anlage des doppelten Sperrkreises von Führerhauptquartier »Wolfsschanze«. Über die Zerstörung Berlins, so weit er sie miterlebt hat, in der Schlussphase. Hintergründe erhellen, Begleiterscheinungen herausstellen. Und es kommt jeweils wieder Hartlaub zu Wort.

»Oft war auch eine Sirene kaputt an einer Raffinerie; die jaulte dann die ganze Nacht. Das Ohr versuchte, ein An- und Abschwellen herauszuhören, an dem Ton herumzukneten; aber in Wirklichkeit war er immer derselbe, gerade und stur wie ein Lineal. Gegen Morgen, wenn man sich glücklich daran gewöhnt hatte und eingeschlafen war, hörte es dann plötzlich auf, wie mit dem Messer abgeschnitten ...«

Kurz nach dem Überraschungssieg über Frankreich wurde Soldat Hartlaub von einem Archivrat respektvoll angeschrieben. »Das Auswärtige Amt beabsichtigt, die Akten des französischen Außenministeriums ab 1919 für die deutsche Politik auszuwerten. Zu diesem Zweck soll in großem Umfange dieses uns zurzeit zugängliche Material in Paris fotokopiert werden. Für die Auswahl der geeigneten Aktenstücke werden sachkundige Historiker benötigt, die selbstverständlich gut französisch können und auch in neueren Akten gearbeitet haben. Vielleicht würde es Sie, sehr geehrter Herr Dr. Hartlaub, reizen, sich an dieser wirklich einmaligen Arbeit, die für die deutsche Geschichtsforschung von größter Bedeutung ist, zu beteiligen. Ich bitte Sie daher um Ihren freundlichst umgehenden Bescheid, ob Sie gegebenenfalls bereit und in der Lage wären, für ungefähr 3 bis 4 Monate im Auftrag des Auswärtigen Amts nach Paris zu gehen und dort mit einer Reihe anderer Historiker die gekennzeichnete Arbeit zu übernehmen.«

Ja, er war bereit und in der Lage, dieses Angebot wahrzunehmen. Verlockend auch die Perspektive: Ein ganz anderes Leben führen in Paris …! Zumindest eine Erwartung. »Bescheinige ›glückliche‹ Ankunft. Reise programmmäßig, Unterbringung Hotel d'Orsay, entzückendes Zimmer, Riesenhotel, zum größten Teil mit deutschen Hilfsvölkern belegt. Die Kommission sehr heterogen zusammengesetzt, ich bis dato bei weitem der Jüngste. Niemand weiß, wie mich einordnen, ich begegne äußerster Reserve.« Was sich teilweise ändern wird, denn ihm wird bald schon die Aufgabe übertragen, Kollegen und Besucher in lokale Freudenhäuser einzuführen.

Generell aber Reserven, auch ihm gegenüber. »Die Franzmänner sehen einen so bitterböse an, und von den Landsleuten (wir essen jetzt immer mit der ganzen Ambassade zusammen) ernte ich nicht minder atomzertrümmernde Blicke ob meines Phänotyps. Abends vorm Spiegel wundere ich mich immer, dass noch etwas übrig ist bei dieser dauernden Bearbeitung durch zwei Mühlsteine. Ob ich einmal im Leben noch dahin kommen werde, mich unbefangen im Straßenbild bewegen zu können?« Beim antisemitischen Rassismus der NS-Staatsdoktrin erregt Hartlaubs prononcierte Nasenform unbegründeten Verdacht. Das wird sich noch verstärken.

DIE TÄTIGKEIT in der Archivkommission des Auswärtigen Amtes als Vorspiel zur Archivarbeit in diversen Führerhauptquartieren.

Eine Anfrage, März 1941. »Im Wehrmachtführungsstab werden nun einige Kriegshistoriker für gewisse wissenschaftliche Arbeiten benötigt. Ich wollte Sie fragen, ob Sie Lust hätten, hierbei mitzuarbeiten. Es ist nicht ausgeschlossen, dass sich hierbei für Sie auch nach dem Kriege eine Anstellung ergibt.«

Etwas später, nachhakend: »Es wird Ihnen hier, wo Sie durchaus keine untergeordnete, sondern sowohl wichtige als auch interessante Dinge tun sollen, schon gefallen.«

Stimme aus dem Bekanntenkreis: »Plötzlich hatte er seine Berufung in eine Kriegsgeschichtliche Kommission beim OKW in Berlin erhalten. Seine Aufgabe ist objektiv äußerst interessant und aufregend; man muss freilich lachen, wenn man dabei an ihn denkt, seine antimilitarist., antinaz. Gesinnung, seine unaktivistische, ›unheroische‹ Haltung, Auslandsschwärmerei usw. (Vorbereitende Materialsammlung für das Kriegstagebuch des F!) Ausgerechnet Felix! Eine geradezu phantastische Kombination!«

So kam Hartlaub in den erweiterten Sperrkreis des Führerhauptquartiers bei Rastenburg in Ostpreußen. Mai 1942 »traf er feldmarschmäßig mit dem Tornister beladen in Wolfsschanze ein. Beim ersten Anblick zeigte sich seine zwanglose und durchaus nicht militärische Haltung.« So Kollege Dietz.

Hartlaub in einem Brief an die Stiefmutter: »Der Ablauf der Kriegsereignisse und das Bewusstsein, in eine märchenhaft günstige Beobachterposition hineingetorkelt zu sein, füllt mich im Grunde ziemlich randvoll aus.« Und im Brief an eine Freundin: »Die persönliche Konstellation, die ganze Vorgeschichte etc. ist völlig einmalig und unwahrscheinlich. Ich kam hierher als ›Kriegshistoriker‹ (Weil ich meine unglückselige Doktorarbeit über eine olle Seeschlacht gemacht habe und in diesem Zusammenhang durch Bekannte an die ›Kriegsgeschichtliche Abteilung‹ in Berlin geholt worden war.) Selbiger hoffnungsvolle junge Kriegshistoriker wurde aber bei seinem Eintreffen hier zunächst schaurig heruntergeputzt, mit niedrigsten Registraturarbeiten befasst und nachdrücklich auf seinen Gefreitenstand hingewiesen sowie darauf, dass die kriegsgeschichtliche Erhellung des Krieges nur dem mit Generalstabsausbildung versehenen Offizier möglich ist (was sich tatsächlich so verhält). Trotzdem musste ich in Kürze kleinere Partien des Tagebuches so gut wie selbständig abfassen.«

»In eine märchenhaft günstige Beobachterposition hineingetorkelt zu sein«: keine Gleichsetzung, auch hier nicht, hier schon gar nicht, so was wäre höchst unpassend, doch einen Vergleich, strukturell, kann ich mir nicht ausreden, nicht verbieten: Meine Mitarbeit, siebziger Jahre, im gentechnischen Ausschuss der SPD Mittelrhein. In der Autobiographie habe ich ausführlich davon berichtet, kann es hier beim Stichwort belassen, auf die Wiedergabe konkreter Details verzichtend. Generell nur: Auch ich war in eine günstige Beobachterposition fast hineingetorkelt – eine überraschende Anfrage, vielleicht auch mitmotiviert durch meinen Doktortitel (den ich nur selten einbringe). Ich nahm die Einladung an: Expedition in einen naturwissenschaftlich und gesellschaftlich hochrelevanten, ja, brisanten Bereich. Erfahrungen, Beobachtungen schienen vorgegeben, und ich nahm mir sofort vor, die ehrenamtliche Tätigkeit mit Aufzeichnungen zu begleiten. Zu erwarten waren ja auch Erfahrungen mit mir selbst in einem völlig anderen Medium, anderen Ambiente, speziell der Personen: politisch engagiert im Ausschuss, wissenschaftlich tätig in den Institutionen, die ich aufsuchte.

Wieder mal wird hier eine Beziehung hergestellt oder offengelegt, aber ich will, ich muss herausfinden, was zu biographischer Empathie führt, führen kann.

LETZTLICH FÜHRTE DON JUAN D'AUSTRIA den Gefreiten Dr. phil. Hartlaub in das Führerhauptquartier. Ohne diese Berufung wäre er wohl, nach kurzer Dienstzeit in Rumänien, beim Ostfeldzug zum Einsatz gekommen – damit hätte seine viel zu kurze Lebenszeit noch weiter verkürzt werden können. Die Mitarbeit am Kriegstagebuch des Wehrmachtführungsstabes, dann des Oberkommandos der Wehrmacht, sicherte ihm wenige Jahre relativer Sicherheit, Jahre auch, in denen er einige seiner wichtigsten Texte schrieb.

Andererseits, als angedachte Alternative: Ohne Dissertation, ohne Freistellung zur Archivarbeit hätte er das Frühjahr 45 eventuell überleben können. Es ist vielfach bezeugt, dass Hartlaub eher die Karikatur eines Wehrmachtsoldaten darstellte, in seinem Gehabe, seinem Gestus, seiner total unmilitärischen Erscheinung, die freundlich als »ulkig« beschrieben wurde, ihm auch (durch einen Feldwebel) eine Bezeichnung einbrachte wie »Wahnsinnskomiker«.

Sein zivilistisches Erscheinungsbild weckte unter Kameraden, gelegentlich sogar bei höheren Rängen, allerdings auch Hilfsimpulse, und so wäre denkbar, dass er eher in einer Schreibstube der Etappe den Krieg verbracht hätte als an einer der allzu vielen Fronten des Dritten Reichs. In der Etappe wusste man sich eher in Sicherheit zu bringen als im Schluss-Chaos ›planmäßiger Absetzbewegungen‹. Und wir hätten 1993 vielleicht seinen achtzigsten, 2003 womöglich seinen neunzigsten Geburtstag feiern können und damit: ein wohl nicht mehr überwiegend fragmentarisches Œuvre.

Hartlaub in drei Führerhauptquartieren: In Berchtesgaden (kaserniert mit Ausrichtung auf Hitlers *Berghof*), in Winniza (Ukraine), vor allem im FHQu bei Rastenburg.

Ein Schriftsteller im wichtigsten der Führerhauptquartiere, in einem der Sperrkreise: absolut singuläre Situation, Konstellation!

Die weitläufige Anlage war im Rastenburger Stadtwald von der Organisation Todt in kurzer Zeit erbaut worden: überwiegend Baracken, erst einmal, in einem Waldgebiet, das vor seiner Sperrung der Erholung von Menschen aus Rastenburg diente; sie fuhren meist mit der Bahn bis zum Haltepunkt Stadtwald, in der Nähe von Kurhaus und Moynsee.

Die Sperrkreise römisch eins und zwei waren durch die

Bahnlinie (nur noch für militärische Nutzung) der Länge nach geteilt: zwei annähernd gleichgroße Sperrgebiete, streng voneinander getrennt. Der Doppel-Sperrkreis war wiederum von Sperrkreis III umgürtet, weitflächige Zone der Absicherung mit Flaktürmen, Wachtürmen, MG-Nestern, Minenstreifen und hohen Zaunanlagen. Mit allen Stäben und Mannschaften waren im Gesamtsperrkreis an die 2000 Personen dienstverpflichtet – unter ihnen nur etwa zwanzig Frauen, als Sekretärinnen und Köchinnen.

Im separierten Sperrkreis östlich vom Zeiser See, nördlich vom Nixengrund, war Hartlaub dem »Führer« in der Luftlinie recht nah, jedoch total von ihm abgeschottet, er bekam ihn nie zu sehen. Denn in Sperrkreis I gab es wiederum eine besonders gesicherte Zone mit Führerbunker und den Baracken und Bauten der Heeresführung.

General Warlimont (der wiederholt auch Niederschriften von Hartlaub gegenliest und bis hin zur Zeichensetzung schulmeisterlich überprüft), er wird nach dem Krieg berichten: »Nur wenige hundert Meter von dem Haltepunkt der Nebenbahn nahm der neue Sperrkreis II den Stab auf. Hinter hohen Drahtverhauen, von der Straße aus nicht sichtbar, waren dort rund um ein einfaches Waldgasthaus, sonst Ausflugsort der Rastenburger Bevölkerung, einige Holzbaracken aufgestellt, in denen sich der größere Teil der Arbeitsräume befand.«

Die Baracken wurden im Lauf der Zeit vielfach mit Beton ummantelt. Auch wurden Betonbunker angelegt. Dies alles in dichtem Waldgebiet. Zur Tarnung waren auf Dächern von Baracken Sträucher gepflanzt, auf Bunkern Bäume aufgestellt – aus der Luft war die Anlage nicht zu lokalisieren. Scheinbar idyllische Naturnähe, doch das hieß in jener Region mit angrenzenden Feuchtbiotopen, Sumpfgebieten auch: ständiges Fröschequaken und vor allem: Mückensirren. Von Wachmannschaften wurde das Führerhauptquartier denn auch »Mückenheim« genannt, Uniformierte im Sommer vielfach mit schützenden Netzen über den Köpfen.

Ansonsten keinerlei Bedrohung, der Krieg war weit, weit entfernt – für die Bevölkerung in Berlin, zum Beispiel, hatte er mit fast unablässigen Bombenangriffen lebensgefährliche Präsenz. In den Sperrkreisen hingegen konnte man sich völlig sicher fühlen. Das empfand Hartlaub als zuweilen unerträglichen Kontrast, auch als Verlust an Wirklichkeit.

Gefreiter Dr. phil. Hartlaub, laut Geschäftseinteilung einer der acht Mitarbeiter der sogenannten Forschungsgruppe, war Percy Ernst Schramm unterstellt, einem Historiker, der hauptsächlich zuständig und verantwortlich war für die Führung des Kriegstagebuchs (KTB). In einer Biographie müsste ihm ein eigenes Kapitel gewidmet werden. Erst nach dem Krieg wurde ihm bewusst, dass der unermüdliche Mitarbeiter, auf den er immer mehr Arbeiten abwälzen konnte, eine letztlich doch herausragende Figur war, also wurde er einbezogen in Begleittexte zur späteren Edition des KTB.

Über das erste Erscheinen des neuen Mitarbeiters im Sperrkreis zwo war man teils irritiert, teils amüsiert. Tagebuchnotiz eines Mitarbeiters. »Hartlaub war ganz reizend und von erstaunlicher Offenheit, denn er ist ein verschlossener, zurückhaltender Mensch. Er scheint hier keine richtige Ansprache zu haben. Auch nicht in Professor Schramm, der, wie er sagt, ›geistiges Format‹ hat, ihn aber eben doch nur als Untergebenen, vielleicht gerade noch als Assistenten behandelt. Vor allem sei ›Percy‹ jetzt hauptsächlich mit seinen persönlichen Arbeiten beschäftigt. Er schreibt an einem Buch über die deutsch-englischen Beziehungen, an dessen Erscheinen ihm eben mehr zu liegen scheint als an dem ganzen KTB. Percy geht zwar zur täglichen ›Lage‹ bei Warlimont, bringt das Material mit, diktiert seine Notizen und dann muss Hartlaub alles mit den entsprechenden Weisungen und Karten ergänzen, neu fassen, die so mühevollen ›chronologischen Übersichten‹ machen. Ja, das KTB wie wir es erhielten, wäre zur Hälfte seine Arbeit. So befände er sich in einem ständigen Kampf mit dem vielen Papier!« Informationswogen, und die wachsen bedrohlich an.

Damit Überlastung, früh schon. »Bei mir ist an Loskommen überhaupt nicht zu denken. Percy steckt tief in einer großen halboffiziellen Denkschrift; der Oberleutnant ist mehr oder weniger zusammengeknaxt infolge Überarbeitung und Kritik, so dass das ganze Tagebuch auf uns, d. h. auf mir, sitzen bleibt. Ich komme infolgedessen wenig raus; habe wieder, wie immer in den Übergangs-Jahreszeiten, viel mit Augen-Kopfschmerzen und Schlaflosigkeit zu kämpfen.«

Stress: »Am schlimmsten ist der zwölfstündige Kuriernachtstellendienst, ohne eine Minute Ruhe neuerdings. Die Weltgeschichte häuft sich in Form von Fernschreiben vor einem auf dem Tisch, muss quittiert, registriert, mit Uhrzeiten versehen, den verschiedenen Zuständigen unmittelbar durch die Nacht ans Bett gebracht und nach deren schlaftrunkenen Weisungen weiter behandelt werden usw. Eine falsche Zahl, eine kleine Gedächtnislücke – die Folgen sind unabsehbar.«

Wiederholt ist, auch von anderen, bezeugt, dass man kaum mithalten konnte mit all den Informationen über Kuriermeldungen, Fernschreiben, Telefonate, wiederholt sah man sich hinter Entwicklungen herhecheln, musste nacharbeiten, aufarbeiten. Dies bei ständigem Schlafdefizit und anderen, speziellen Belastungen.

Denn auch im Sperrkreis des Führerhauptquartiers hatte Felix Schwierigkeiten wegen seines »Aussehens«. Physiognomisch auffällig an der sonst eher unspektakulären Erscheinung: die scharf betonte, auf ›typisch jüdisch‹ taxierte Nasenform.

Bereits in der Schule hatte sein ›jüdisches Aussehen‹ Irritationen ausgelöst. Auch im Straßenbild war er Uniformträgern aufgefallen. Juni 38: »Im Zuge der Straßenrazzien auf J wurde ich infolge meines Aussehens zweimal angehalten und nur auf Vorzeigen meines ar. Nachweises entlassen.«

Ein Jahr später: »Manchmal scheint es mir eine atemraubende Kühnheit, mit dieser Nase in Deutschld weiterkommen zu wollen. – Vielleicht ist es nur eine Welle, hoffen wirs. Ich habe nichts Faktisches erlebt, aber es ist sehr erschwerend.«

April 1942: »In allererster Linie steht mir – es ist jetzt durch ganz eindeutige Äußerungen belegt – mein Aussehen im Wege.«

Ebenfalls 1942: »Mein Chef ist im Moment wohl stark überlastet und nervös und verdaut wohl noch lebhaft an meiner Physiognomie und unmilitärischen Habitus, der natürlich wenig günstig wirkt.« Extrem pointierte Konstellation: Dieser Zivilist, nur lose drapiert mit der Uniform, dieser Gefreite mit der scheinbar jüdisch akzentuierten Nase im zweiten Sperrkreis des Führerhauptquartiers!

Das wirkte sich aus: trotz vorbildlicher Mitarbeit wurde er nicht befördert. Grund: »das Fehlen von genügend arischen Ahnen«, so Walter Dietz.

Offenbar wollten Mitarbeiter und Vorgesetzte der heiklen Angelegenheit nicht weiter nachgehen, zu leicht hätte man ihnen, falls fündig geworden, vorwerfen können, dass Hartlaub trotz physiognomischer Akzentuierung überhaupt zur Mitarbeit an der vom Führer angeordneten Kriegsgeschichte herangezogen worden war. So wurde nur gemunkelt, aber nicht weiter agiert. Man ließ den Fall auf sich beruhn. Zu seinem Glück. Und zum Glück für uns Leser von Texten aus dem FHQu (es hätte eigentlich Feldhauptquartier heißen müssen).

In der mental ariden Binnenwelt des Hauptquartiers (laut Jodl, dem Generalstabschef, eine Mischung von Kloster und Konzentrationslager) wiederholte sich das kleine Wunder: Hartlaub schrieb sich frei, in Briefen wie in Aufzeichnungen. Verdeckt führte Hartlaub Entwürfe zu einem Erzähltext über das Führerhauptquartier fort, auf Amtspapier der Wehrmacht in Sütterlinbuchstaben, ständig bereit, das Blatt abzudecken, sobald sich ein Kollege/Kamerad im Barackenbüro seinem Schreibtisch näherte – sein Absicherungssystem war letztlich perfekt.

Felix, schon ein halbes Jahrzehnt zuvor: »Das Einzige, was ich habe bzw. vielleicht einmal werde haben können: la lingua tedesca und was sich damit anstellen läßt.«

Der Mitarbeiter in Sperrkreis zwo phasenweise auch als Autor erzählender Prosa. Das darf nicht bloß erwähnt werden, also, mal wieder, ein Zitat, abgetippt aus dem markierungsreichen

Taschenbuch von 1955. (Wenn mein Logbuch erscheint, ist diese Ausgabe sechs Jahrzehnte alt. Also: kleines Jubiläum der ersten Begegnung eines Lesers mit dem Werk eines Autors, der präsent geblieben ist.)

»Im Kasino, soweit man es von der Anrichte aus übersehen kann, brennen noch ein paar Tischlampen, der Zigarrengeruch ist in ziehender Bewegung; irgendwo muss ein Fenster offenstehen, ein kleiner Wink für die, die wieder kein Ende finden können. Diesmal ist es nur noch der Kreis der Reservemajore; auch Onkel M. ist dabei und hat eben einen belegten halben Vogelruf ausgestoßen. Sie sitzen steif aufgerichtet in den riesigen Klubsesseln, fast wie die Mumien, nur mit den Unterarmen hantieren sie manchmal über der Tischdecke; dort funkeln noch braungoldene Likörreste. Die Köpfe ganz dunkel in dem ziehenden Gewölk; es ist merkwürdig, was hier mit den Köpfen vorgeht. Das Gesicht läuft auseinander; sie essen sich ein zusätzliches Gesicht an, das ihnen nicht mehr völlig gehört. Namentlich die Augen sehen bei einzelnen irgendwie verquer und ungemütlich daraus hervor; sie trauen dem Embonpoint nicht. Am Schädel aber wird unmerklich hier ein Endchen abgehoben, dort eine Delle eingeebnet, in der noch ein kleiner Satz persönliche Rückständigkeit stagnierte. Ein langsamer, aber ganz unaufhaltsamer Deformierungsprozess oder eine Umprägung, wie man will. Manchmal fährt auch ein massiver Holzhammerschlag dazwischen, Marke zwanzigster Juli.«

Felix Hartlaub: der Name als Stichwort für eine Leseerfahrung. Seine Aufzeichnungen ab 1939 (Industrieschutz ... Frankreich ... Rumänien ... Führerhauptquartiere ...) gehören zu den Texten, die, in großen Zeitabständen wiedergelesen, immer noch, immer mehr überzeugen, ja, begeistern. Bei allen Brüchen, (Quanten)Sprüngen, nicht-linearen Entwicklungen meiner Biographie: hier ist auch die Erfahrung von Kontinuität. Was nicht heißen soll, heißen darf: Beharren auf altem Kodex. Auch im meinem Lektürekanon finden Veränderungen, Verschiebungen statt – was nicht mit auftrumpfendem Namedropping belegt werden muss. Kontinuitäten auch in der Einschätzung von Details: Was ich am Textrand markierend hervorgehoben hatte, scheint mir auch heute noch richtig akzentuiert. Kleines Aufatmen: Da wächst Identitätsgefühl nach.

HARTLAUB ERHIELT DEN ZUSÄTZLICHEN AUFTRAG, den zweiten Teil der »Entwicklung im Südosten«, also auf dem Balkan, für das Kriegstagebuch zu erarbeiten, systematisch. Auch hier: vom Andrang der Informationen erzwungene zeitliche Distanz des Sachbearbeiters zum Geschehen, dies zumindest von Wochen, zuweilen von Monaten. Und damit: nicht mehr das (weithin vorherrschende) Stakkato des Kriegstagebuchs, eher die ordnende Syntax von Geschichtsschreibung. Ein Kapitel der laufenden, der fortlaufenden Kriegsgeschichte, wie aus sehr großer Entfernung dargestellt vom Historiker und Gefreiten. Stilprobe eins.

»Unter den verschiedenen Ausgangsgebieten der Aufstandsbewegung im ehemaligen Jugoslawien nahm Serbien von Anfang an eine Sonderstellung ein. Auf der Grundlage eines geschlossen siedelnden, kleinbäuerlich-patriarchalischen Bevölkerungsbestands hier eine starke nationalistisch-monarchistische Bewegung mit ausgesprochen anti-kommunistischer Tendenz. Sie erstrebte die Wiederherstellung der früheren jugoslawischen Monarchie und der Vorherrschaft des Großserbentums.«

Die Rote Armee auf unaufhaltsamem Vormarsch Richtung Westen, die Alliierten, nach der Landung in der Normandie, auf unaufhaltsamem Vormarsch Richtung Osten. Dennoch das Bestreben, möglichst präzis den weiterhin fortgesetzten Bergkampf gegen Partisanentrupps zu beschreiben, in Sätzen. Eine als Chefsache etikettierte Nebensache. Das FHQu als Zentrum akkumulierter Realitäten, in dem sich Wirklichkeit jedoch weithin verflüchtigte. »Die Angst, hier in dieser völlig unwirklichen Stabsluft den Kontakt mit dem ungeheuren Stofflichen dieses Krieges zu verlieren.«

Und: »Außerdem bin ich derartig in den ›ganz großen‹ Zusammenhängen drin, dass, so unmenschlich das sich auch anhören mag, der Untergang ganzer Städte nur noch als sekundäres Detail empfunden wird. Dieses Eingestelltsein aufs Ganze wirkt sich merkwürdig lähmend aus, sowie man etwas zum Einzelfall sagen möchte. Außerdem habe ich diese Dinge zu deutlich kommen gesehen und vieles von der persönlichen Reaktion vorweggenommen – in schlaflosen Nächten seit ein, zwei Jahren.«

Und: »Man merkte es schon während der wenigen Urlaubstage, die man doch so nötig hatte: Ohne die Lagemeldungen, die Karten, ohne das Postfach voll Eingänge konnte man gar nicht richtig leben. Und darin konnte auch eine Art Mission liegen, eine unbarmherzig verzehrende. Das eigene Leben war ja längst weggetrocknet, eigene Entwürfe, Arbeiten – alles längst aus, er war nur Schreibfinger, Leseauge, Sehkanal –«

Hartlaubs Balkanstudie ist in der großen Edition des KTB abgedruckt – etwa hundertfünfzig Seiten. Selbst bei diesem Tätigkeitsfeld zeigt sich, fast exemplarisch, die Verbindung von Leben und Werk – trotz aller Stilisierungen von Texten, die sich freischwingen. Auch die Arbeit am doch eher drögen, unattraktiven Thema hat der Gefreite im Führerhauptquartier umgesetzt in einen Erzähltext: *Im Dickicht des Südostens*. Dies ist der Anfang, abgetippt aus der Edition von 2002.

»Die große Karte 1:1 000 000 It[alien]-Balk[an] hat er in seinem Rücken an der Wand befestigt. Es ist nicht sehr bequem, sich dauernd auf dem Stuhle herumzudrehen oder sich den Hals nach rückwärts verrenken zu müssen. Aber die übrigen Wände sind schon alle vollgehängt. Den meisten Platz nimmt die große Ostkarte weg, die Ostlage verfolgt er schon seit mehreren Tagen nicht mehr. Dann das kleine Führerbild mit dem Dirndl-Kind, das ihm einen Blumenstrauß entgegenstreckt, eigentlich mehr von sich weg streckt, Postkartenformat, aus Berchtesgaden mitgebracht. Er hat es sich bei der O. T. [Organisation Todt] rahmen lassen, gegen ein Kistchen Zigarillos, zwei bis drei Stück hätten auch schon genügt. Hässlich ist nur der tiefe Schatten unter dem Mützenschirm, nur die Kinnspitze hat Sonne, dabei ist sonst so viel Sonne auf dem Bild. Anfang Mai muss es aufgenommen sein, die Felsen hinten haben noch blendende Schneeadern.«

Manche der Aufzeichnungen hätten Hartlaub den Kopf kosten können, vor allem mit dem folgendem Zitat über sich als Kriegstagebuchführer, der »immer weniger wird, trotz des guten Essens, immer durchsichtiger; bald kann er nicht mehr die Panzerschranktür aufziehen. ›Sie zählen hier wohl zum Inventar, Sie werden hier sicher noch rumgespenstern, wenn die russischen Fremdenführer hier die amerikanischen Reisegesellschaften durchschleusen.‹«

Es war also längst mitbedacht, dass es ›schiefgeht‹. Solch eine Textsequenz wäre, falls aufgedeckt, als Defaitismus, als Wehrkraftzersetzung bezeichnet und mit Erhängen oder Erschießen geahndet worden.

Hellsichtig nimmt Hartlaub auch vorweg, auf welch exemplarische Weise sich ein ranghoher Offizier aller Wahrscheinlichkeit nach über seine Tätigkeit im Führerhauptquartier auf richterliches Befragen äußern wird.

»Ja um Himmels willen, wir waren ja nur kleine ausführende Organe, was haben Sie denn gedacht. Ich sah von Anfang an haargenau, wie die Sache enden würde, aber was konnte ich schon sagen als nur gerade geduldeter Reserveonkel, wo die Feldmarschälle das Maul hielten wie Rekruten. H. habe ich übrigens in den ganzen Jahren nur ein-, zweimal gesehen. Sie können sich den Zusammenhang gar nicht indirekt genug vorstellen, das ging um ein paar Dutzend Ecken herum, mein Gott, das war ein riesiges System von sich überlagernden Dienstbereichen, Kommandostäben, Sperrkreisen, wenn man da jeden einzelnen haftbar machen wollte ...«

ZU BERICHTEN IST NOCH VON HARTLAUBS TOD. Diese Ankündigung suggeriert konsequente Ausführung eines selbstverständlich vorliegenden Plans, was aber nicht der Fall ist. Zu gestehen, zu vermerken ist eine Merkwürdigkeit: In den ersten vier, fünf Fassungen dieses Buchs hatte ich es unterlassen, über Hartlaubs Tod zu schreiben. Kein geplantes Non-finito, es war eine Leerstelle geblieben, und ich hatte das kontinuierlich übersehen. Nicht so Jürgen Hosemann, mein Lektor: Dezenter Hinweis aus Frankfurt, beinah zeitgleich zur jähen Selbstkonfrontation mit einer Form des Vergessens, das möglicherweise in ein Verdrängen überging. Dabei war ein hochrelevanter Autor spurlos verschwunden im Chaos des Untergangs des NS-Reichs – und ich entzog mich in der Textbegleitung? Nacharbeiten, aufarbeiten!

Was folgt, ist keine umfassende (militärhistorische) Darstellung, schon gar nicht im Logbuch-Kontext; einige Punkte müssen jedoch hervorgehoben werden.

Auch Hartlaub musste November 1944 seinen Barackenschreibtisch in Sperrkreis II verlassen; sowjetische Truppen näherten sich Ostpreußen, die Bunker der Anlage sollten gesprengt werden. In einer »Notiz« lese ich: »Auf Befehl des Chefs des Oberkommandos der Wehrmacht, Generalfeldmarschall *Keitel*, sind auf Grund der derzeitigen Lage an der Ostfront alle Vorbereitungen getroffen worden, um die ›Anlage Wolfsschanze‹ nicht unzerstört dem Feind in die Hand fallen zu lassen.«

Ich spüre in dieser Anweisung ein (für mich) neues Wort auf: »Sprengkalender«. Der blieb erst einmal verschlossen und versiegelt. Nach dem Öffnen, nach der Ausführung: Riesenbrocken Stahlbeton im Gelände, das heutzutage besichtigt werden kann, unter polnischer Fremdenführung.

Noch am 17. November 44 hatte Hartlaub aus dem Sperrkreis an Melita Laenebach geschrieben, die mittlerweile »ausgebombt« war – eine damals übliche Formulierung. Am 20. November wurde »Wolfsschanze« geräumt, es ging zurück nach Berlin, erst einmal in den Stadtteil Dahlem. Nähere Angaben zur provisorischen Dienststelle, zu Hartlaubs Tätigkeit liegen vor in Aufzeichnungen von Percy Ernst Schramm, können hier jedoch ausgeklammert bleiben. Denn schon Anfang Februar 45 wurde auch Hartlaub in das Hauptquartier des OKW in Zossen verlegt, südlich von Berlin. Hier doch mal ein Schramm-Zitat, angemessen kurz: »Ich war mit Hartlaub in eine kleine Holzbaracke verwiesen, in der ich mit ihm die laufenden Arbeiten erledigte.«

Die Fortsetzung der Arbeit war bedroht, denn immer wieder erfolgte »Auskämmung«, inoffiziell: »Heldenklau«. Dies als Tätigkeitsfeld eines »Sonderstabs beim OKW für Verwaltungsvereinfachung und Personalabbau, dessen Aufgabe das Auskämmen von frontverwendungsfähigen Arbeitskräften« war. Wenigstens zweimal war es Schramm gelungen, Hartlaub vor dem Verheizen an den zurückweichenden Fronten zu bewahren, Hartlaubs Unabkömmlichkeit beim Führen des KTB betonend. Doch im März wurde Hartlaub schnell schon mal in der Anwendung der Panzerfaust eingewiesen – eines der »Scherzartikel«, wie er schreibt, die »vorläufig mehr sinnbildlichen Charakter« hatten. Auch wenn er sich längere Zeit auf das Kampfgeschehen im Balkan konzentriert hatte, er wusste im OKW-Zentrum seit langem, dass der Krieg verloren war, spätestens seit Rheinfront und Oderfront durchbrochen waren.

Hartlaub machte sich (für jeden Autor leicht nachvollziehbare!) Sorgen um das Konvolut seiner Aufzeichnungen, seiner Fragmente. Bereits im September hatte er den Eltern geschrieben: »Ich habe mich entschlossen, das wenige, was ich an literarischen oder wissenschaftlichen Entwürfen mit mir rumschleppte, aufzulockern und auszulagern, weiträumig. […] Zu Euch schicken war mir jetzt zu riskant. Ich habe also einen Teil M. geschickt mit der Bitte, es zu ihrem Luftschutzgepäck zu tun, im Vertrauen auf ihr bis jetzt bei den Angriffen bewährtes Glück. […] Anzufangen ist mit den Sachen gar nichts, da es nur Entwürfe und dgl. sind, an die ich vielleicht später wieder einmal anknüpfen könnte.« Eine Partie von Manuskripten ging ausgerechnet nach Dresden.

Albtraumhafte Vorstellung: Alles, was man in Jahren geschrieben hat, könnte mit einer der zahllosen Explosionen von Bomben oder Granaten ausgelöscht werden – das Herstellen von Kopien der Handschriften wird für Hartlaub kaum möglich gewesen sein, schon gar nicht in einem Raum, in dem mehrere Uniformierte arbeiteten – ohne Fotokopiergerät in der Nähe.

Immerhin durfte Felix noch mal Urlaub machen, wie schon erwähnt: bei der Familie in Heidelberg. Dann wurde für ihn Wirklichkeit, was im abgelegenen Wald von Rastenburg nur zeichenhaft wahrgenommen worden war: Kriegsrealität. Die war in Sperrkreis zwo jahrelang auf Distanz gehalten worden, Krieg eher als Problem der Formulierungen als von Erfahrungen, aber nun wurde es ernst: Mitte April die Schockmeldung, sowjetische Truppen seien nur noch achtzehn Kilometer von Zossen entfernt. Überstürzte Evakuierung der Mitarbeiter in Ausweichquartiere am Südrand Berlins. Die erste Flucht-LKW-Kolonne wurde von deutschen Flugzeugen unter Beschuss genommen – man glaubte rasch vorrückende Russen auszumachen. Auf einem der Lastwagen »Percy«. Es heißt, er hätte in zwei Lederkoffern die wichtigsten Unterlagen des KTB mitgeführt und mit rechtzeitigem Fluchtsprung in eine Deckung gerettet.

Untergebracht wurde die OKW-Behörde in rasch freigeräumten Gebäuden in Berlin-Wannsee. Die Vernichtung von Unterlagen, die Zerstörung von Nachrichtenapparaturen war in Zossen nicht mehr möglich gewesen – am 20. April konnten die Anlagen von russischen Offizieren begutachtet und auf eigene Nutzung umgestellt werden.

Auch der Gefreite Hartlaub gehörte schließlich zu denen, die fünf Minuten nach zwölf zum Fronteinsatz abkommandiert wurden. So ist in der Hartlaub-Sekundärliteratur festgeschrieben: er sollte sich in der Seeckt-Kaserne zu Spandau melden. Nachdem es ihm noch gelungen war, die Gysis in Berlin-Schlachtensee zu besuchen, folgte er dem Ruf zu den Waffen, obwohl die Freunde sicherlich vehement davon abrieten, mit dem Vorschlag, die paar Tage bis zum sicheren Untergang unterzutauchen, und sei es in der versteckt, zumindest verdeckt liegenden Villa der Lessings am Ufer des Schlachtensees. Von einer Freundin wurde er zum S-Bahnhof Nikolassee (Wannseestrecke) begleitet. Von dort an verlor sich seine Spur. Er gilt als vermisst, als verschollen.

Eine Version, an die ich mich (wie andere auch) gewöhnt hatte. Sie schien plausibel, zumindest im äußeren Ablauf. Was Hartlaub zur Entscheidung in letzter Minute geführt haben konnte, es blieb und bleibt rätselhaft. Er wusste ja nun, dass der Schlusspunkt bald, sehr bald gesetzt würde – trotzdem legte er seinen Kopf in das weit aufgerissene Maul des russischen Bären?

Felix Hartlaub: In diesem Kontext einer der vielen, allzu vielen, die in einer Phase das Leben verloren, als der Krieg seit Monaten, letztlich seit dem Winter 41/42 verloren war, dennoch weitergeführt wurde, weil Hitler eine politische Lösung (über Verhandlung) strikt ablehnte, auf seinem Weltuntergangsszenario beharrend zur eigenen posthumen Glorie.

In einem Essay über Albert Speer (im Druck erschienen 1980) hatte ich zumindest anzudeuten versucht, wie viele Verluste im total überflüssigen Nachspiel des völlig überflüssigen Krieges zu verzeichnen waren, wie viele lädierte und getötete Menschen, wie viele ausgelöschte Städte. In diesem Kontext wäre denn zu berichten vom absolut widersinnigen Tod des Historikers in der Endphase des Zweiten Weltkriegs, vom Tod eines sonst überaus hellsichtigen Schriftstellers, der blindlings ins Verderben lief. Denn in jener Phase des April hatte die sowjetische Großoffensive auf die Reichshauptstadt bereits eingesetzt, das gesamte Stadtgebiet lag unter russischem Artilleriefeuer oft schwerster Kaliber, wurde permanent bombardiert von mehr als tausend sowjetischen Flugzeugen.

Die Folge: chaotische Verhältnisse. Gefürchtet waren vor allem die SS-Trupps als fliegende Standgerichte, die jeden ›Defaitisten‹, jeden auch nur potentiellen Überläufer umgehend erhängten oder erschossen. Eine so diffuse Erscheinung wie Hartlaub wäre da allzu leicht verdächtig erschienen, das auch noch mit seiner ›typisch jüdischen‹ Nase.

In diesem Kontext wollte ich ein Schlussbild einbringen, virtuell in Hartlaubs Namen. Ein Epitaph in besonders charakteristischer Konstellation.

In die Intrada eines meiner letzten Hörspiele (*Mit dem*

Führerbefehl 27/4 im Tunnel) hatte ich einbezogen, was zuverlässig überliefert ist: Hitlers Schreibtisch, von Speer im XXL-Format entworfen für den saalgroßen Arbeitsraum der Neuen Reichskanzlei, und auf dieser intarsienreichen Edelholzfläche (auf der wohl kaum einmal Arbeitsunterlagen oder Generalstabskarten ausgebreitet worden waren) lagen in den letzten Tagen des Untergangs dicht aufgereiht Schwerverwundete, die im Notlazarett unter der Reichskanzlei noch nicht (oder nicht mehr) behandelt werden konnten. Ärzte und Helfer waren total überlastet.

Für mich das Schlussbild jener Ära schlechthin: Auf dem anmaßend großen Schreibtisch im angeberisch großen Arbeitsraum ein halbes Dutzend Moribunder. Jedes der Opfer hätte von Kriegserfahrungen erzählen können; dazu hätten sich überlieferte Quellen nutzen, umsetzen lassen. Dabei hätte ich ein wenig arrangieren können: Einer von ihnen eine Zeitlang im Einsatz an der südlichsten Front, in Nordafrika; einer von ihnen an der nördlichsten Front, hoch droben in Norwegen; einer von ihnen an der westlichen Front, zwischen Maas und Atlantik; einer von ihnen an der östlichen Front zwischen Oder und Wolga; einer von der Marine, einer von der Luftwaffe, auch sie zum abschließenden Erdkampf abkommandiert, beim kontinuierlichen, konzentrischen Rückzug Richtung Berlin. Und sie alle hat es dabei (erneut?) ›erwischt‹. Der Irrwitz der militärischen Ausdehnung des ›Großdeutschen Reiches‹ hätte mit ihren Berichten markiert werden können. Im »Großraum« Berlin waren sie denn, zum letzten Aufgebot zusammengetrommelt, verwundet worden.

Nach dem Schreien der Verwundeten: ihr Verstummen bei anhaltendem Kriegslärm, Kriegsgetöse, Kriegsgedröhn. Denn (auch!) diese Verwundeten konnten möglicherweise nicht mehr behandelt werden. Erstarrt das Bild gereihter Toter auf Hitlers Schreibtisch in der Ruine der Reichskanzlei.

Gefreiter Felix Hartlaub, 31, vermisst, verschollen zwischen Nikolassee und Spandau. Das hätte sehr bald nach der fluchtartigen Räumung der OKW-Zentrale in Zossen geschehen müssen, spätestens bis zum 22. oder 23. April – dann änderte sich die Gesamtlage beinah schlagartig. Der Gestellungsbefehl hätte im allgemeinen Wirrwarr erstaunlich schnell ausgestellt werden müssen: Überstellung vom Archivdienst in den Waffendienst. Von größter Relevanz ist also das Ausstellungsdatum des Befehls. Ist das Dokument noch erhalten, irgendwo?

Wäre wichtig, denn es wird ein Datum ins Spiel gebracht, das alles zum Kippen bringt: Hartlaub wäre erst am 2. Mai zum S-Bahnhof Nikolassee begleitet worden. So lese ich im Stellenkommentar von Ewenz, der Herausgeberin der zweibändigen Ausgabe von Hartlaub-Texten zwischen 1939 und 1945: »*In den eigenen Umriss gebannt*« (Frankfurt 2002). Hier lauten die allerletzten Zeilen des Stellenkommentars: »Nach einem kurzen Urlaub, den er in Berlin verbrachte, sollte sich Hartlaub bei einer Kampfformation in der Seeckt-Kaserne in Spandau melden, wo er jedoch nicht eintraf. Irene Lessing begleitete ihn noch am 2. Mai zur Berliner S-Bahnstation Nikolassee [mdl. Mtlg. von Irene Gysi]. Felix Hartlaub gilt seitdem als vermisst.«

Kuriose Form der Mitteilung, denn die Frau, die Hartlaub zum Bahnhof begleitete, sie war identisch mit der Frau, deren mündlicher Mitteilung die Editorin vertraut: Irene Gysi, geborene Lessing. Eine Zeugin, der auch wir vertrauen können?

Dem Kommentierten Personenregister entnehme ich einige Angaben: Jahrgang 1912, erste Ehefrau von Klaus Gysi; Studium der Wirtschaftswissenschaften in Berlin, London, Paris; 1939–40 Internierungslager Gurs; 1946 Mitglied der SED; Mitarbeiterin in der Zentralverwaltung für Industrie; 1951–57 Leiterin des Verlags »Rütten & Loening«, Berlin (Ost); Leiterin der Abteilung für kulturelle Beziehungen mit dem Ausland im Ministerium für Kultur der DDR.

Ich ergänze: Irene Olga Lydia Gysi starb 2007 … War geboren in St. Petersburg … Ihr Vater, Diplomingenieur, leitete diverse Unternehmen, die wiederum dessen Vater gegründet hatte, von einer Hufnagelfabrik bis zu einem Werk, das

Dieselmotoren für Lokomotiven und Schiffe produzierte. Die Lessings als angesehene, begüterte Familie, die im Verlauf der Revolution aus Russland ausgewiesen wurde, sich in Deutschland ansiedelte. Irene, die emigrierte Russin, emigrierte aus Deutschland rechtzeitig nach Frankreich, wurde mit Kriegsbeginn im Camp de Gurs in der Nähe der Pyrenäen interniert, konnte dennoch Kontakt aufnehmen mit Klaus Gysi in einem Nachbarlager, die beiden flohen zu Fuß nach Toulouse, fanden dort Kontakt zu Alexander Abusch und Albert Norden, beide später in Führungspositionen der DDR. Die Emigranten auf der Flucht erhielten den überaus heiklen Auftrag, verdeckt nach Berlin zurückzukehren, dort die illegale Arbeit der KPD zu unterstützen. Sie schlüpften unter in der Villa, die Mutter und Schwiegermutter Erna Gysi hatte verlassen müssen. Konspirativer Sitz mit guter Anschrift: Am Schlachtensee 130.

Dort besuchte Hartlaub wiederholt die »beiden Süßen«, wie er das Ehepaar gern anschrieb. Ein Gespräch mit Gysi auf der Dachterrasse der Villa wurde auch fotografisch dokumentiert.

Irene Lessing-Gysi: selbstbewusste, souveräne Frau. Charakterisierendes Zitat, auch von ihrem Sohn Gregor Gysi in Umlauf gebracht: Ein Mitarbeiter der Redaktion (welcher?), der unangemeldet im Büro der Chefin erschien, wurde harsch zurechtgewiesen: »Jetzt gehen Sie noch einmal raus und klopfen an. Und sollte ich ›Herein‹ sagen, aber nur, wenn ich das sage, dann kommen Sie rein und fragen mich, ob Sie mich stören dürfen.«

Ich sehe keinen Anlass, in Frage zu stellen, was Irene Gysi über die letzte Begegnung mit Hartlaub mitteilte. Ein privat und politisch derart wichtiges Datum verwechselt oder vergisst man nicht, schon gar nicht in der Position dieser Frau, die über die Lage in Berlin vergleichsweise genau informiert war. Gysi wurde von der Sowjetischen Militäradministration (SMAD) rasch zum Bezirksbürgermeister von Zehlendorf ernannt (Nikolassee und Schlachtensee gehören verwaltungsmäßig zu Zehlendorf). In jener Zeit eine wenig populäre Aufgabe: Man musste die Beseitigung von Leichen organisieren, eventuell auch den Abtransport von Beutegut Richtung Osten, musste, soweit vorhanden, die Verteilung von Lebensmitteln sicherstellen, die, zum Teil, von der Roten Armee zur Verfügung gestellt wurden.

Chronologisch weiterführende Informationen: Klaus Gysi ist identisch mit dem späteren Chefredakteur der Zeitschrift *Aufbau*, dem Leiter des Aufbau-Verlags, dem Minister für Kultur der DDR, schließlich dem Botschafter der DDR in Italien. Und, noch am Rande vermerkt: eine Schwägerin von Irene Lessing-Gysi (Trennung nach vierzehn Jahren Ehe) war die Schriftstellerin Doris Lessing; die Nobelpreisträgerin somit als Tante von Gregor Gysi.

Irene Gysi, geborene Lessing: eine Person von Reputation. Sie wird für Hartlaub in dieser Zeit zur Schlüsselfigur. Von ihr wird sein letztes Datum genannt. Und damit gerate ich in die Klemme. Denn unausweichlich stellt sich die Frage: Wie war damals die militärische Lage in Berlin, sechs Tage, bevor in Karlshorst die Kapitulationsurkunde für die gesamte Wehrmacht unterzeichnet wurde?

Also ein wenig Kriegsgeschichte als Background zum Verschwinden des Militärhistorikers und Schriftstellers Hartlaub.

Bevor ich dazu ansetze, eine Randbemerkung: Dies ist eine der Situationen, Konstellationen, die einen als Biographen unter Strom setzen. Faktengier setzt ein: Wie war die Lage am 2. Mai 1945?! Der Text über die Person, die (zitatreich) im Mittelpunkt steht, in notwendiger Verbindung mit historischem Kontext.

Die sowjetische Großoffensive auf Berlin erfolgte im letzten Drittel jenes Monats April. »Berlin, die Reichshauptstadt, war das größte, jemals von einer Armee im Kampf zu erobernde urbane Siedlungsgebiet.« So lese ich im ersten Halbband des Kompendiums *Der Zusammenbruch des deutschen Reiches 1945* (München 2008). Als weitere Information vorab, aufschlussreich für die Bombardierungs-Strategie der Alliierten: »Mit 70 Prozent Totalschaden stellte die Stadtmitte ein totes

Viertel dar. Im Gegensatz zu den Wohngebieten waren bei Kriegsende noch 65 Prozent aller Industrieanlagen im betriebsfähigen Zustand.«

Dieses Trümmerfeld mit vorgelagerten Industrieanlagen sollte bis zum letzten Mann und zur sprichwörtlich letzten Patrone verteidigt werden. Männer und Patronen waren zahlenmäßig jedoch äußerst begrenzt. Etwa 44 000 Mann sollten Berlin verteidigen, eine zusammengewürfelte Truppe aus versprengten Einheiten, schlecht ausgerüstet, mit zu wenig Munition, zu wenig Treibstoff. Den Ausgleich konnten, trotz aller Propaganda, auch nicht die 42 000 Senioren erzwingen, die zum Volkssturm zusammengetrommelt wurden. Und das bei miserabler Ausrüstung, auch mit alten Beutewaffen, zum Teil also ohne Munition.

Letzte Aufgebote eines sinnlos fortgesetzten Krieges in nun garantiert aussichtsloser Lage. Denn rund um Berlin marschierten sowjetische Truppen auf: zweieinhalb Millionen sollen es gewesen sein. Unter ihnen 464 000 Mann gut ausgerüsteter Kampfeinheiten mit mehr als 1500 Panzern, 12 700 Granatwerfern und Geschützen, mehr als 2000 Salven-Raketenwerfern »Katjuscha«, zu deutsch: Stalinorgeln. Hinzu kam die sowjetische Luftwaffe, die über dem Stadtzentrum allerdings recht bald kaum noch zum Einsatz gelangen konnte »wegen der über der Stadt stehenden Rauch- und Staubglocke«. So wurden eher Außenbezirke mit Bordwaffen ›beharkt‹, wurden bombardiert.

Mit Blick auf Hartlaub sehe ich mich gezwungen, die Geschichte der Eroberung Berlins wenigstens ansatzweise im Detail zu verfolgen, zu vergegenwärtigen.

Erster Schock als Denkimpuls: Eine farbige, doppelseitige Karte: »Die Schlacht um die Reichshauptstadt Berlin vom 26. April bis zum 2. Mai 1945«. Dort sind etliche, kometenschweifähnliche Vormarschpfeile in Rot eingetragen, an allen Seiten der Berliner Peripherie und sämtlich mit den Pfeilspitzen in unmittelbarer Nähe des Regierungsviertels »Zitadelle«. Hitler selbst in einem Intermezzo von Klarsicht: »Es kommt dann auf einen heroischen Kampf um eine letzte kleine Insel an.«

Ja, die Stadtinsel wurde immer kleiner. Spandau und das benachbarte Staaken waren seit dem 26. und 27. April von sowjetischen Einheiten besetzt. Vier Tage zuvor waren Russen in Potsdam eingedrungen. Am 23. April fanden Kämpfe statt in Zehlendorf. Aber die Russen waren schon sehr viel weiter. Es fanden bereits Gefechte auf dem Alexanderplatz statt, nur noch zwei Kilometer von der Reichskanzlei entfernt, mit dem »Führerbunker«.

Dass der Zusammenbruch unmittelbar bevorstand, war auch Hitler anzusehen. Im Anhang des 8. Bandes der Edition des KTB entdecke ich »Aufzeichnungen eines älteren Generalstabsoffiziers, im März/April 1945 öfters Teilnehmer an den Lagebesprechungen im Führerbunker der Reichskanzlei«.

Der nicht benannte Offizier bekam Hitler zu Gesicht. »Er bot körperlich ein furchtbares Bild. Er schleppte sich mühsam und schwerfällig, die Beine nachziehend von seinem Wohnraum in den Besprechungsraum des Bunkers. Ihm fehlte das Gleichgewichtsgefühl; wurde er auf dem kurzen Weg (20 bis 30 Meter) aufgehalten, musste er sich auf eine der hierfür an beiden Wänden bereitstehenden Bänke setzen oder sich an seinem Gesprächspartner festhalten. Er hatte die Gewalt über den rechten Arm verloren, die rechte [eigentlich die linke] Hand zitterte ständig. Die Augen waren blutunterlaufen; obwohl alle für ihn bestimmten Schriftstücke mit dreimal vergrößerten Buchstaben auf besonderen ›Führerschreibmaschinen‹ geschrieben waren, konnte er sie nur mit einer scharfen Brille lesen. Aus den Mundwinkeln troff ständig der Speichel – ein Bild des Jammers und des Grausens. Geistig war Hitler, verglichen mit seinem körperlichen Verfall, noch frisch.«

Diese Frische reichte allerdings nur aus, um sich weiterhin Illusionen über die Lage zu machen und abstruse Befehle zu erteilen, mit denen die Zahl der Opfer weiter und immer weiter erhöht wurde.

Hartlaub, dem Militärhistoriker, wird bewusst gewesen sein: Es war der seltene, wahrscheinlich einmalige Fall eingetreten, dass eine Staatsführung es derart weit kommen ließ, dass sinnlos gewordener, alles noch nicht Zerstörte zerstörender Straßenkampf, Häuserkampf bis zur letzten Tür- oder Bunkerschwelle durchgestanden wurde. Die Schlacht *um* Berlin war zur Schlacht *in* Berlin geworden.

Auch von diesem mörderischen, auf deutscher Seite selbstmörderischen Kampf gibt es Filmaufnahmen: russische Artillerie in Berliner Straßen; jedes Haus, in dem sich noch Widerstand regte oder möglicherweise noch regen konnte, wurde in Schutt und Asche gelegt, alte Leute, Frauen, Kinder unter sich begrabend. Viele Fragezeichen hinter der Kernfrage, wie es überhaupt zu diesem Kriegsexzess kommen konnte. Hier kann nur das Erklärungsmodell herangezogen werden von der fatalen Symbiose nationalsozialistischer Aggression und der symbiotischen Tendenz zu Selbstdestruktion, Selbstvernichtung.

Schon seit Tagen weigerten sich immer mehr Truppenführer, auf die absurden, total realitätsfernen Führerweisungen und OKW-Befehle zu reagieren, die in hektischer Folge den Führerbunker verließen – soweit die Vermittlungstechniken überhaupt noch funktionierten. Das strategische, das taktische Ziel war fortan: Die Truppen nach Westen führen, zur Elbe, und bei Amerikanern in Gefangenschaft gehen.

Das OKW-Kriegstagebuch wurde seit der Räumung von Rastenburg und der Flucht aus Zossen formell nicht weitergeführt. Doch es wurden Aufzeichnungen gemacht, immer noch. Da ist zur Lage am 1. Mai notiert: »Im Stadtkern von Berlin verteidigt sich die tapfere Besatzung auf verengtem Raum in heldenhaftem Ringen gegen die bolschewistische Übermacht. Schwerstes feindl. Artilleriefeuer und rollende Luftangriffe dauern an.«

Das Hauptquartier des OKW war bereits nach Norddeutschland ausgelagert worden. Großadmiral Dönitz als Nachfolger von Reichsmarschall Göring. Am frühen Nachmittag erhielt er einen Funkspruch von Goebbels und Bormann: »Führer gestern 15.30 verschieden.« Folgte eine Auflistung neu besetzter Führungspositionen.

Erst am Abend, nach 22 Uhr, wurde über Restsender des Reichsfunks Hitlers Tod gemeldet, verbunden mit einem Aufruf von Dönitz an Volk und Wehrmacht zur Fortsetzung des Kampfes.

Auch am 2. Mai wurden die offiziösen Aufzeichnungen fortgesetzt. Dabei wurde bestätigt, was in der Nacht zuvor gemeldet worden war: Hitlers Tod. Dennoch: »Die Reste der tapferen Besatzung von Berlin kämpfen im Regierungsviertel, in einzelne Kampfgruppen aufgespalten, weiter.«

Das war an der Realität vorbeiformuliert. General Helmuth Weidling, Befehlshaber eines (weithin vernichteten) Panzerkorps, er war von Hitler Ende April zum Kommandanten der Stadtverteidigung ernannt worden. Für ihn von vornherein aussichtslos: »Berlin kann nur an der Oder verteidigt werden.« Bei einer Lagebesprechung im Führerbunker gab er unmissverständlich zu verstehen, dass die Russen etwa am 1. Mai die Reichskanzlei erreichen könnten. Auf dem Reichstag hissten Rotarmisten denn auch am 1. Mai die Siegesfahne, am 2. auf dem Brandenburger Tor.

In der Nacht zum zweiten Mai wurde auf Anweisung des Stadtkommandanten per Telefon und Funk Kontakt aufgenommen mit der russischen Armeeführung; eine Delegation überbrachte die Kapitulationsurkunde für die Resttruppen im Stadtbereich. Ab 6 Uhr morgens herrschte, offiziell, Waffenruhe in Berlin. »Im Einvernehmen mit dem Oberkommando der sowjetischen Truppen fordere ich Euch auf, den Kampf einzustellen.« Was bis gegen 15 Uhr geschah.

So viel zur Gesamtlage Ende April, Anfang Mai 45. Und nun, wie überliefert: Am 2. Mai wurde Hartlaub von Irene Lessing-Gysi zum S-Bahnhof Nikolassee begleitet, dem pompösen Bau einer Bürgerburg vom Beginn des Jahrhunderts.

Irene begleitete Felix wohl nicht nur aus Höflichkeit, aus Freundschaft: Die überaus resolute Frau aus Petersburg sprach selbstverständlich Russisch, konnte Hartlaub freireden bei eventuellen Kontrollen durch die neue Besatzungsmacht.

Die Begleiterin hat offenbar nur noch registriert, wie Hartlaub im Repräsentationsbau verschwand, in der weiträumig überwölbten Empfangshalle. Wollte er nicht weiter begleitet werden?

Gespenstische Szene. Hitler tot, der Stadtkommandant hatte kapituliert. Die Stadt ohne Strom, ohne Wasser. Lediglich das Telefonsystem funktionierte noch einigermaßen. Es fuhren keine Bahnen mehr. Oder wurde die Wannseebahn bereits wieder in Betrieb genommen, zumindest abschnittweise?

Bahnhof Nikolassee: Punkt irritierten Abschieds posthum auch für mich. Bei gelegentlichen Fahrten mit der S-Bahn zur Station Wannsee oder weiter nach Potsdam, war der Zwischenhalt in dieser Station immer auch eine Gedenkminute für Hartlaub: Auf diesem Bahnsteig hat er zuletzt gestanden, könnte er gestanden haben. Nun, erst Jahre später, stellt sich die Zusatzfrage: Wozu war Hartlaub im sowjetisch besetzten Nikolassee zum Bahnhof gezogen an jenem 2. Mai?

Als er in der überwölbten Halle des Bahnhofsgebäudes verschwand: der Moment, in dem er sich die definitive Tarnkappe überstreifte? Sichtbar unsichtbares Verschwinden? Dies zu einem Zeitpunkt, an dem alle Stadtteile besetzt waren, in denen vielfach schon neue, von der Besatzungsmacht eingesetzte kommunistische Bürgermeister wie Klaus Gysi ihre Arbeit aufgenommen hatten, nach Anweisungen des legendären Stadtkommandanten Bersarin, der seit dem 28. offiziell im Amt war. Unter diesem Datum auch sein berühmter Befehl Nr. 1 an die Berliner Bevölkerung.

Ich kann mir absolut nicht vorstellen, dass der hellsichtige Hartlaub ernsthaft geglaubt hatte, er könnte Spandau erreichen, um sich in der Seeckt-Kaserne zu einem allerletzten Aufgebot zu stellen. Zwar hatte er schon nach einem schweren Bombenangriff auf Berlin registriert, dass man kaum noch wusste, was im angrenzenden Stadtviertel geschehen war, Regionalisierung von Informationen, aber schon ein Telefonat mit der Kaserne hätte Klarheit verschaffen können, und sei es durch einen Russen am anderen Ende der Leitung.

Ich bin sicher, nach allem, was über Irene Lessing-Gysi bekannt ist, dass sie den Freund nicht ins Leere laufen ließ, ihm vielmehr ein russisches Schreiben mit auf den Weg gegeben hat, das er notfalls vorweisen konnte. Irgendeine Scheinmotivation, im Namen der neuen Verwaltung unter sowjetischer Ägide? Vermittler einer Botschaft an Genossen? Kein überliefertes Stichwort dafür, nichts als eine Vermutung, freilich im erweiterten Spielraum der Wahrscheinlichkeit.

Und was hätte für Hartlaub selbst der Sinn, das Ziel des rätselhaften Aufbruchs sein können? Er könnte versucht haben, einen Ausschlupf westwärts zu finden. Das war nicht aussichtslos. Schon bei den letzten Kämpfen, so lese ich im zitierten zweiten Halbband, führte die Rote Armee »ihre Operationen so, dass für die deutschen Truppen ein Ausweg in südwestlicher Richtung offen blieb«. Wer sich dort absetzte, leistete keinen unnötigen Widerstand mehr. So war auch nach der lokalen Kapitulation zu erwarten, dass in jener Region die militärische Präsenz vergleichsweise gering war. Ein Durchkommen war also zumindest denkbar.

Und warum wartete er in Berlin, bei den Freunden, nicht erst die weitere Entwicklung ab? Hier stellt sich gleich die Gegenfrage: Was hielt ihn denn in Berlin? Die Liebschaft mit Melita Laenebach war sanft implodiert. Irene und Klaus starteten ihre neuen Karrieren. Verbindungen mit früheren Mitarbeitern, Kollegen, Kameraden: abgerissen. Vor allem jedoch: auch er war ständig bedroht. Männer, speziell im Alter zwischen 18 und 30 Jahren, wurden von Russen aufgegriffen und erst mal interniert. Das hatte System: Arbeitsfähige Männer und Frauen wurden zur Zwangsarbeit in die Sowjetunion verschleppt; ich lese von »wahllosen Deportationen, massenhaften Zwangstransfers« – mit oft hoher Todesrate auf dem langwierigen Transport nach Osten. »Diese Deportationen zur Zwangsarbeit betrachteten die Sowjets in sehr eigenwilliger Rechtsauslegung als rechtmäßige Reparationsmaßnahmen.«

Als lockendes Ziel nun Heidelberg? Eine der wenigen nicht zerstörten Städte ... Die Eltern am noblen Schloss-Wolfsbrunnenweg ... Wieder belebender Diskurs mit der

Runde von Akademikern ... Als Fernziel der Versuch, sich selbständig zu machen als Schriftsteller.

Wie auch immer die Motivation für Fahrt und Marsch Richtung Norden gewesen sein mochte – es war extrem riskant. In jener chaotischen Gesamtlage wurden wahllos Schüsse abgegeben. Oder man geriet schließlich doch in Gefangenschaft – und dann? Jedenfalls: Felix Hartlaub hat den Aufbruch vom 2. Mai 1945 nicht überlebt.

Störendes Stichwort

Es ist im Kontext des Logbuchs nicht einzubinden, nicht einzuordnen: Textquerschläger.

Ich bin schon hinaus über die statistische (ständig ansteigende) Lebensdauer von Männern in hochindustrialisierten Ländern Mitteleuropas, da verliert das Droh- und Donnerwort TOD an Abstraktheit, das Wort rückt näher und näher heran, rückt mir auf den Leib. Und ich eigne mir Geschichten an, verwandle sie in Szenarien, für mich: Tod in topographisch umgrenzter Friedenszeit.

Das Wunschszenario: zu sterben wie mein Pflegevater Dieter Schoeller, Vater des Schulfreundes, von dem ich im *Magischen Auge* erzählt habe – auch er schon verstorben. So rückt das abschließende Geschehen immer näher heran.

Dieter, sportlich-elegante Erscheinung, hatte im Haus, in dem auch ich ein dreiviertel Jahr wohnte, seine drei (heranwachsenden, ja, erwachsenen) Kinder eingeladen, es dürfte ein Geburtstag gewesen sein oder sonst ein Anlass zu einem kleinen Familienfest. Am Abend brachen Tochter und beide Söhne auf. Dieter fühlte sich leicht ermüdet, ruhte sich aus im Sessel, während Ruth, seine Frau, noch in der Küche beschäftigt war. Als sie ins Wohnzimmer zurückkehrte, war mein »Pflegevater«, ja: entschlafen. Die Kinder, noch nicht weit weg, wurden zurücktelefoniert.

Wenn ich mir das oft genug erzähle, könnte mich das konditionieren? Verinnerlichtes Muster? Oder jäh ein Unfall mit Hirntrauma? Eine Unterzuckerung, wie bei meiner Mutter, die, so bilde ich mir ein, leicht nach Azeton roch beim Anfall, dem Notfall? Oder, was ich noch eher befürchte, zuweilen unter Hochdruck stehend, vor allem beim Schreiben:

ein Schlaganfall? Oder ein irreversibler Schwächeanfall mit Atemnot: der angeborene Herzklappenfehler, nun offiziell als »Herzinsuffizienz«? Und rasch finden sich Stichworte ein zu einem »worst-case«-Szenario«.

Achtziger Jahre, Neuwied, Gespräch mit einer Altenpflegerin. Sie erzählte, was ich damals mit leichtem Gruseln zur Kenntnis nahm, mich aber nicht weiter beschäftigte, mich nun jedoch einholt: Eine Greisin im Pflegeheim, seit Jahren ohne Bewusstsein, durch eine Magensonde (PEG) am Leben erhalten. Darunter konnte ich mir nichts Genaueres vorstellen, fragte nicht nach technischen Details, hörte nur: Die Frau ohne jede Regung, ohne jede Reaktion, liegt über Jahre hinweg da mit täuschend geröteten Wangen, wird in wechselnden Zeitabständen von Familienmitgliedern besucht, die eigentlich nur darauf warten, dass sie endlich das Zeitliche segnet. Was aber nicht geschah, auf unabsehbare Zeit auch wohl nicht geschehen sollte: wurde ja ernährt durch die Magensonde. Einmal eingesetzt, kann die nur durch richterliche Entscheidung entfernt werden.

Ich war damals um die fünfzig, konnte die Geschichte noch auf Distanz halten, innerlich. Nun aber gewinnt sie an bedrohlicher Präsenz.

Noch stärker die Einwirkung durch den »Erlanger Fall«, 1992. Berichtet wird darüber im zweiten Band des *Lexikons der Bioethik*. Ich fasse zusammen. Eine Neunzehnjährige erlitt eine »schwere traumatische Hirnverletzung«. Drei Tage später waren »erwartungsgemäß alle Hirntod-Zeichen nachweisbar«. Nun wurde aber festgestellt: Die junge Frau war schwanger, fünfzehnte Woche. Wäre das Beatmungsgerät abgestellt worden, hätte dies »unweigerlich zum Tod des Kindes im Mutterleib« geführt. Für den Brutkasten jedoch war der Fetus zu jung, damals rechnete man erst ab der 26. Woche mit Überlebenschancen bei Intensivbehandlung. So ließ man den »Fetus im künstlich ernährten und beatmeten Leichnam der Mutter« weiter heranwachsen. Dies begleitet von emotional aufgeladenen Diskussionen nicht nur unter den beteiligten Ärzten über die »Uterusausnutzung einer hirntoten Mutter«: »Der Leichnam nur noch als für den Fetus lebensnotwendiger natürlicher Brutkasten genutzt.« Was zuvor in wenigen anderen Fällen erfolgreich verlaufen war, es ging hier schief. So nistete sich ein im Bewusstsein das (vermittelte) Bild der weiblichen Leiche, die per Magensonde und Infusionen ernährt, die künstlich beatmet wurde, während der Fetus noch ein wenig heranwuchs. Kann oder muss alles gemacht werden, was technisch möglich geworden ist?

Dritter Schockimpuls: Die Meldung über den Tod des vormaligen israelischen Ministerpräsenten Sharon, der acht Jahre lang im Wachkoma gelegen hatte. Medizinische Diagnose: irreversible Komatöse. Ich lese: »Komatöse Patienten sind bewusstlos und ohne Zeichen eines Schlaf-Wach-Rhythmus. Die Augen sind geschlossen.« Und bleiben es. Keine Wahrnehmungen mehr, keine Reaktionen. Dem Patienten kann längst der »personale Status abgesprochen« werden. Zuletzt das »persistierende apallische Syndrom«.

Neue Wörter und Formulierungen von erheblicher Einwirkung! Weitere (für mich) fremde Wörter kommen hinzu bei der Lektüre essayistischer Einträge im *Lexikon der Bioethik*: Sopor und Somnolenz ... Hypoxien und Apoxien ... Hyperkapnie und Azidose ...

Wörter (auch wenn ich sie nicht verstehe), Wörter, die sich mir in den Weg legen, Wörter, die sich drohend auf mich beziehen, potentiell, Wörter von hohem spezifischem Gewicht, nun kann ich sie nicht mehr auf Distanz halten, sie fordern mich heraus zu vorwegnehmenden Entscheidungen: Will ich, im »worst-case«, in einer womöglich nahen, aber doch lieber fernen Zukunft zu einem Patienten werden, der künstlich ernährt und künstlich beatmet wird in unbefristeter Verlängerung nicht des Lebens, sondern des Sterbens? Da werde ich wohl einige Sätze formulieren müssen, die von gravierender Auswirkung sein können – in einer Phase, die ich nicht mehr erlebe, obwohl noch nicht hirntot?

TOD als schwarzer Kern, noch jenseits des »Ereignishorizonts«, doch schon umkreisen ihn Wörter, Fachwörter in immer engeren Umlaufbahnen, werden schließlich eingesogen. Wann?

Anmerkung zur Umkehrung des Zell-Wunders mit dem Stichwort »mortificatio«: das Absterben, das bereits Alchemisten als Zerstückelung der Lebenselemente sahen. Was von der Molekularbiologie bestätigt wird. Im Sterben, im Tod erhalten Zellen keinen Sauerstoff mehr und das wird (auch in mir) folgende Vorgänge auslösen, weithin synchron, statistisch gesehen: Die Unterteilungen in Kompartiments in den Zellen lösen sich auf, vor allem im Kompartiment der DNA-Sequenzen, die auf das Auftrennen, das Zerschneiden von gewendelten DNA-›Strickleitern‹ programmiert sind; diese Enzyme machen sich in sämtlichen Zellen über die Informationsträger her, zerschneiden, zerstückeln sie – als würden Baupläne von einem Reißwolf zerstört. So wird vom Genom-Programm, das den Aufbau meines Organismus erhalten und unterhalten hat, nichts Verwertbares übrig bleiben. Dann bin ich, jenseits von Atemzügen und Herzschlägen, wirklich tot. Bleiben Erinnerungen anderer, bleiben Objekte, die zu mir gehörten, bleiben Texte – hoffentlich auf alterungsbeständigem Papier.

Kernsatz: Mit dem Problem der Sterblichkeit ringt der Homo sapiens seit Jahrtausenden. Und findet, nein: *erfindet* Möglichkeiten, sich zu besänftigen mit diversen Konzepten ewigen Lebens – Wunschdenken reinster Ausprägung, seit den ersten Dynastien ägyptischer Herrscher fortlaufend dokumentiert.

In Ägypten freilich allein bezogen auf das Fortleben von Pharaonen nach dem Tode. Nur in dieser Schicht konnte man es sich leisten, Konzepte für ein Leben nach dem Tod erarbeiten und festschreiben zu lassen. So wurde schon zweieinhalb Jahrtausende vor unserer Zeitrechnung in Hieroglyphen fixiert, zumeist in Stein gemeißelt, wie man den Tod besiegen wollte. Oder: wie man glaubte, den Tod annullieren zu können.

Einige wortwörtlich richtungweisende Formulierungen

der Totenliturgien. Ein Appell: »Erhebe dich, König NN, du bist nicht gestorben!« Ein Gebet: »Re-Atum, dein Sohn kommt zu dir; dieser NN kommt zu dir, lass ihn doch aufsteigen, schließe ihn doch in deine Arme! Er ist dein leiblicher Sohn in Ewigkeit.« Ein erhörtes Gebet: »Geöffnet sind die Türen des Horizonts, zurückgeschoben sind seine Riegel.«

Geleitende, leitende Texte der Liturgie wurden in Vorkammer und Grabkammer von Pyramiden in die Wände gemeißelt, auch in die zeltdachförmige Decke. Texte, über zwei Jahrtausende hinweg tradiert von Priestern, die zur Geheimhaltung verpflichtet waren.

»Du bist zum See geschwommen, / du hast die Große Treppe erreicht, / die Beine sollen für dich stampfen, / die Arme sollen sich für dich rühren; / dir sollen Tauben geschlachtet werden, / das Himmelsvolk soll sie für dich zubereiten.«

Ich versuche gar nicht erst, ägyptische Vorstellungen über ein Jenseits systematisch darzustellen, kann ohnehin nur rekapitulieren, was Jan Assmann im Buch *Totenliteratur* (»Das älteste religiöse Textkorpus der Menschheitsgeschichte«) übersetzt und kommentiert hat, gemeinsam mit Andrea Kucharek. Oder was ich in einer Ausgabe der Zeitschrift *amun* lese, mir überreicht nach Besichtigung einer Privatsammlung ägyptischer Altertümer.

Wie ich heute über Tod denke, zu denken versuche, das mache ich mir deutlich in zeitlich weiträumiger Kontrastbildung.

Also, da capo: Schon vor Jahrtausenden war man überzeugt, zumindest in der von Priestern begleiteten Schicht der Herrschenden, dass es ein Leben nach dem Tode gibt. Dies in einem westwärts gelegenen Jenseits.

Eine der wichtigsten Voraussetzungen für den sinnvollen und erfolgreichen Übergang: Der Körper musste konserviert, mumifiziert werden. Man brauchte ihn ja als Toter, der weiterleben konnte – sofern man sich zu Lebzeiten richtig vorbereitet hatte, soweit man angemessen begleitet wurde, in Texten, die von Priestern zur Sicherung des Übergangs wortgetreu repetiert werden mussten, in liturgischen Abläufen, vorgeschriebene Handlungen begleitend. Zum Beispiel beim Entnehmen von Innereien des Verstorbenen. Denn auch Eingeweide wurden konserviert und in hölzernen, ritualisierend bemalten Kästen aufbewahrt, in der Grabkammer. Auch dort gab es eine Scheintür für den Übertritt ins Jenseits, für die Rückkehr aus dem Jenseits – vor allem mit Blick auf stetige Ernährung durch Opfergaben. »Empfange dein Brot, das nicht schimmelt / und dein Bier, das nicht sauer wird!«

Bis dahin konnte der Weg weit und schwer sein. Der Verstorbene musste vorbereitet sein auf das Totengericht unter Vorsitz von Osiris. Der war, als Herrscher, von seinem Bruder Seth ermordet und zerstückelt worden. Die zweiundvierzig Teile wurden in den Nil geworfen, wurden an verschiedenen Stellen angeschwemmt, wurden von Göttin Isis, der Schwester und Ehefrau des Zerstückelten, eingesammelt und zusammengeführt, Osiris wurde wiederbelebt, dies so erfolgreich, dass er als wiederauferstandener Toter ein Kind zeugen konnte. (In einer anderen Tradierung wurde beim Zusammenstückeln der Penis weggelassen.) In welcher Form, Scheinform auch immer – er war nach der Zwischenphase seines Todes disponiert für den Vorsitz im Reich der Toten

In dem sogar geatmet wurde! Auch hierfür war eine Gottheit zuständig, die sich durch Gebete und Opfer gewogen zeigen sollte: Amun, »Spender des Lebensatems«. Das Privileg des fortgesetzten Atmens wurde Verstorbenen vermittelt durch eine »Liturgie der Mundöffnung zum Atmen«, bestärkt und bestätigt durch die Schrift »vom Durchwandeln der Ewigkeit«. In genauem Wortsinn: wegweisende Literatur, dem Toten mitgegeben als »sprachliche Grabbeigabe«. Ja, man brauchte verbale Protektion, um in das neue Sozialambiente des Jenseits eingelassen zu werden, dort in verklärter Form weiterlebend. Prägnante Formulierung der Kommentatoren: »Über den Tod hinaus ausgedehnte Biographie«. Schwindelerregende Dimension!

In wiederholten Anläufen habe ich ja nun versucht, den (mir vermittelten!) Kosmos zu inspirieren, nicht nur getrieben von der Neugier, zu erfahren, wo ich mich für begrenzte Zeit aufhalte. Und da schweben wir, umhüllt von überaus verletzlicher Atmosphäre, in einem Weltraum absoluter Kälte, mörderischer Gammastrahlung – wo wäre da etwa der Raum, in dem ich mich mit meinen Eltern wieder treffen könnte, um endlich Fragen loszuwerden, die ich nicht rechtzeitig stellen konnte oder stellen wollte? »Leben nach dem Tode« – absolut paradoxe Formulierung! Es gibt keine jenseitige, irgendwo irgendwie abgehobene Welt, vielmehr: »keine todestranszendente Wirklichkeit«. Blackout, total.

Unerwartete Begegnung

Völlig überraschend, dazu auch noch topographisch nah an mich herangerückt: Hermes Trismegistos! Ein Beitrag von Norbert Knauf im »Jahrbuch des Kreises Düren 2013«: *»Hermes Trismegistos« und die Schlange, die sich selbst verschlingt.* »Die Entdeckung einer geheimen alchemistischen Darstellung in der Kapelle von Heimbach-Blens in der Rur-Eifel«. Ein Gemälde, Öl auf Leinwand, Hochformat, 68 Zentimeter breit, 83 hoch, Ende sechzehntes Jahrhundert, an einer Seitenwand der St. Georg-Kapelle.

Und das in Blens! An der Oberkante eines steilen Uferhangs dieses Kirchlein, von einem der Pfarrer gestiftet, Anfang neunzehntes Jahrhundert, dennoch sehr schönes, spätbarockes Schnitzwerk der halbhohen Kanzel und des ausgefächerten Altars, wegen eines Umbaus übernommen aus einer sehr viel älteren Eifelkirche. Der helle Glockenklang, vor allem spätnachmittags wahrgenommen, halb sieben. Diese Kapelle plötzlich verbunden mit dem Namen, der für mich jahrelang, jahrzehntelang keine Präsenz mehr hatte: Hermes Trismegistos. Geradezu magische Konstellation!

Kein großes Kunstwerk, dieses Gemälde, so lese ich, so beweist es die Abbildung, sicherlich eine Auftragsarbeit, vielleicht vergeben von einem frühen Herrn der vom Erdboden verschwundenen Burg oder der Vorform des heute etwas verwitterten Herrenhauses Blens.

Ich folge der Beschreibung des farbig reproduzierten Gemäldes. Links im Vordergrund der Gott Apoll, jugendlich, mit seinen Emblemen, dem Bogen und der Lyra; der Körper nur zum Teil drapiert von wogendem Textil in manieristischer Manier. Ihm gegenüber, sitzend, ein alter Mann, mehr

Haare unter dem Kinn als über der Stirn, er notiert auf einer Schreibtafel, was Apoll verkündet. Soll Aristoteles darstellen, ich stelle anheim. Zwischen den beiden – über einem runden, schwarzen Loch – die schätzungsweise vier Meter lange, ziemlich genau zu einem Quadrat garnierte Schlange, die sich selbst in den Schwanz beißt: sehr altes alchemistisches Symbol. Im Hintergrund, auf stufenförmigem Gemäuer, vier Knaben in symbolischem Aufstieg. Vor leicht bewölktem Himmel dominierend eine steile Pyramide, vor ihr, mit umhülltem Haupt, eine Hand erhoben, eine rätselhafte Erscheinung. »Der Mann im blaugrauen Kapuzengewand vor der Pyramide hat seine linke Hand mit fünf ausgestreckten Fingern erhoben. Möglicherweise ist dies ein Hinweis auf die ›Quinta essentia‹, den Ursprung der vier Elemente. Bei dieser Person kann es sich nur um ›Hermes Trismegistos Aegypti‹ handeln. Darauf deutet die ägyptische Pyramide im Hintergrund eindeutig hin.«

Selbst wenn das ikonographisch so eindeutig doch nicht sein sollte: Plötzlich ist hier – auf völlig unerwartete, ja, unwahrscheinliche Weise vermittelt – der geheimnisvolle, beinah magische Name!

Hermes Trismegistos: entdeckt im Rare-Book-Department des Haverford College. Für mich damals (und weiterhin) eine höchst mysteriöse Erscheinung, irgendwann irgendwo aufgetaucht in Ägypten, wenn auch nicht im Alten oder Mittleren Reich, sondern in der ptolemäischen, der hellenistischen Zeit. Verfasser kryptischer, womöglich suspekter Schriften, die ich, nein: von denen ich damals in englischer Übersetzung gelesen hatte. Und dann vergessen habe. Und jäh herangerückt, Ende 2013, mit der Lektüre des Aufsatzes, im Eifelhaus. Dort kann ich hinabblicken auf Blens.

Ich schlage nach in der Faksimile-Ausgabe des *Bilder-Conversations-Lexikons* aus dem Verlag Brockhaus, im Band von 1838.

»Hermes ist der griech. Name des Merkur; Hermes Trismegistus, d.h. der dreimal größte Hermes, nannten aber die

Griechen den Thaut oder Theut, den zuerst von den Ägyptern und Phöniziern vergötterten Erfinder der Buchstabenschrift und aller nützlichen Kenntnisse und Wissenschaften. Alle geheime Wissenschaft wurde später auf ihn bezogen und so erhielt das Wort *hermetisch* überhaupt die Bedeutung von geheimnisvoll, geheim, uneindringlich. Hermetisch versiegelt oder verschlossen nennt man namentlich ein Gefäß dann, wenn es so verschlossen ist, dass keine Luft in dasselbe eindringen kann. Auch das Wort *Hermeneutik*, welches die Auslegekunst, namentlich der heil. Schrift, bezeichnet, ist von Hermes abzuleiten.«

Zwar sehe ich das Gemälde, erheblich verkleinert, wiedergegeben in farbiger Abbildung, aber ich wollte, musste es im Original sehen: die magische Konstellation verifiziert, optisch, haptisch. Zweimal war ich in der Kapelle, das Bild aber hatte ich nicht entdeckt – offensichtlich abgehängt: eine leicht aufgehellte Fläche der linken Seitenwand, unterhalb der Empore mit kleiner Orgel.

Dritter Versuch: auf dem Rückweg von einer Wanderung im Kermeterwald ein Zwischenstopp im Dorf. Fast sommerlich warmer Spätnachmittag Ende März, und doch kaum eine Person vor oder neben einem der Häuser, da muss ich einer Kinderstimme folgen, die Mutter wird geholt, kann mit ungefährem Hinweis weiterhelfen. Gang durchs Dorf. Zwei füllige Frauen mit schlanken Hunden können nähere Angaben machen, eine begleitet mich bis vors Haus der Person, die hier vielleicht nicht genannt sein will. Vorgang unter dem Zeichen der Verschwiegenheit: Das Bild in einem sicheren Versteck. Denn in der Kirche konnte es nicht bleiben. War zuvor gesehen worden als irgendwie allegorische Darstellung von Jugend und Alter. Nun wurde jedoch klar: Keinerlei Bezug zu Christentum, gar zur Kirche. Und niemand weiß, wie viel es wert sein könnte; auch ein Kölner Museumsexperte ließ das offen. Eine Firma wurde konsultiert unter dem Stichwort Sicherheit, Ergebnis war ein Kostenvoranschlag in Höhe von zweieinhalb tausend Euro, das überstieg womöglich den

Marktwert des Gemäldes. Also abwarten, sicherstellen, sprich: verstecken. Was ja nun passt zum Bild mit kryptischem Sujet.

Wie war es überhaupt nach Blens, ausgerechnet nach Blens gekommen? Mitgeteilt werden kann mir nur: Es hatte einen unbestimmten Zeitraum auf dem Speicher eines Bauernhauses im Dorf gelegen, war bei einer Aufräumaktion entdeckt worden. Doch wie und warum es auf den Speicher gekommen war, es ließ sich nicht ermitteln.

Eine Infrarotaufnahme war gemacht worden und siehe da, auf der Rückseite war in großen Buchstaben zu lesen, das Bild sei Eigentum der Kapelle Blens. Demnach war es irgendwann schon mal aufgehängt und irgendwann wieder abgenommen, weggelegt, vergessen worden. Ich als der Erste, der das Mitglied des Pfarrgemeinderats nach dem Bild fragt – mal abgesehen von zwei Verwandten. Ich begründe mein Interesse, weise hin auf die Zeit in den USA, auf meine Buchentdeckung, das Eis ist gebrochen. Es war auch nur dünn, ein Gespräch unter Nachbarn, mein Haus in Sichtweite. Also auf zum Versteck, das ich nicht verrate – wenn dieses Logbuch gedruckt vorliegt, befindet sich das Bild wohl nicht mehr unter Verschluss, die Kirchengemeinde braucht Geld für Reparaturen und Renovierungsarbeiten der Kapelle.

Anhaltendes Rascheln von Knallfolie, und ich halte es in Händen. Ja, die Figur, die Apoll darstellen soll, links … die ins Quadrat gelegte Schlange …

Die muss kurz kommentiert werden mit einem Zitat aus dem Katalog zur Düsseldorfer Alchemie-Ausstellung: »Dieses Symbol diente den Alchemisten als Zeichen der ständigen Kreisläufe von Entstehung und Vergehen, Geburt und Tod, Auflösung und Verfestigung – dies galt für den Kosmos ebenso wie für die Prozesse im Destillationsapparat.«

Ja, und der alte Mann mit Schreibtafel … die puttoähnlichen Knäblein auf der stufenförmigen Mauer … der Mann mit Kapuze vor der steilen Pyramide …

In einer Pyramide, sogar der von Cheops, soll, laut Legende, Hermes seine Grabstätte gefunden haben, er, der große ägyptische Weise, Ahnherr und Schirmherr auch der Alchemie. Aber, so frage ich mich: Warum ist er so klein dargestellt? Ob nicht eher der alte Mann im Vordergrund gemeint ist, dem der junge Gott Primärwissen nicht nur diktiert, sondern verkündet? Ein Wissen, das Hermes Trismegistos in hermetischer Codierung weitergibt, weil es nicht für jedermann geeignet sein soll?

Umdrehen: sichtlich alte Leinwand, noch nicht maschinengewebt, also mit kleinen Noppen, Knoten. Der Rahmen im Rahmen; handgeschmiedete Nägelchen halten die Leinwand seit Jahrhunderten fest. Vier ungefähr quadratische Flächen aufgeklebter Leinwand: dort war also retuschiert worden. Ich habe keine UV-Taschenlampe, mit der bei Vorbesichtigungen in Auktionshäusern die Profis erkennbar werden. Die besitzanzeigende Schrift ist mit bloßem Auge nicht mehr zu erkennen.

Wieder die Schönseite. Nicht nur anschauen: ansaugen, aufsaugen. Wahrscheinlich das einzige Mal, dass ich dieses Gemälde sehe und bestimmt das einzige Mal, dass ich es in Händen halte. Verdichtete, wenn auch nur indirekte Präsenz des virtuellen Hermes Trismegistos.

Informationen im Printmedium. Florian Ebeling, *Das Geheimnis des Hermes Trismegistos*, München 2009.

Gleich einleitend wird klargestellt: Hermes Trismegistos war »eine fruchtbare Fiktion von nachhaltiger Wirkung«. H. T. als synthetische Erscheinung. Die ägyptische Komponente: Thot, bereits dreitausend Jahre vor unserer Zeitrechnung verehrt als »Erfinder der Schrift und der Rechenkunst«, als »Schutzgott der Schreiber«. Also, über mehr als vier Jahrtausende hinweg, eine kleine Verbeugung Richtung Ägypten.

H. T. wurde vielerlei zugeschrieben, zu verschiedenen Zeiten und von diversen Vermittlern, erst ägyptisch, dann griechisch-hellenistisch. Im Mittelalter, erst recht in der Renaissance wurde er mit wechselnden Akzentuierungen interpretiert, kommentiert, ediert. Was dabei jeweils vermittelt wurde, das wird von Ebeling kaum zitiert, er konzentrierte sich auf die Rezeptionsgeschichte: welche Formen vermittelter Präsenz etwa im Mittelalter? Damals entstand, unter dem Namen des Trismegistos, das *Buch der Philosophen*, aus dem später oft zitiert wurde, auch von Meister Eckhart, von Thomas von Aquin, von Giordano Bruno, sogar noch von Leibniz. Das Thema wird im Prolog des Pseudo-Trismegistos vorgegeben.

»Vierundzwanzig Philosophen waren versammelt. Nur ein Problem blieb ihnen offen: Was ist Gott?

Da beschlossen sie nach gemeinsamer Beratung, sich Bedenkzeit zu lassen und einen Termin festzusetzen, noch einmal zusammenzukommen. Dann sollte jeder seine These über Gott vorlegen, und zwar in der Form einer Definition. Aus den verschiedenen Definitionen wollten sie etwas Gewisses über Gott ermitteln und mit allgemeiner Zustimmung festsetzen.« Folgen jene vierundzwanzig Definitionen. Aber nicht hier.

Ich stelle mir die Frage, was mich an Hermes-Texten fasziniert haben könnte, damals im Rare-Book-Room des College. Was führt auf scheinbar weitem Umweg über Theben und Blens wieder zu mir heran?

War H. T. für mich, damals in den USA, wichtig als Philosoph? Kaum freiwillige Lektüre philosophischer Schriften, ich denke weniger in Begriffen als in Bildern. Für H. T. indes war Philosophie auch eher eine Form der Theologie (des Monotheismus).

Und H. T. als Begründer und Schirmherr der Alchemie? Er wurde ikonographisch auf einen Sockel gestellt als würdiger, alter Herr in herrscherlichem Outfit und mit der Weltkugel in der Rechten. So repräsentierte er eine Alchemie, die sich nicht primär für metallurgische Veränderungen interessierte, sich eher als Vorgang, als Prozess einer inneren Läuterung verstand: »Prima materia« umgewandelt in »Ultima materia«, dem Stein der Weisen, der seinerseits diverse Formen der Umwandlung einleiten kann, sogar die Läuterung eines im Labor arbeitenden Menschen in einen Philosophen im Stadium der Erleuchtung.

Und H.T. als Mystiker? Langfristig erfolgreich weggesteckte Erinnerung an einen Lichtmoment, in sehr frühen Jahren. Nicht ein »lichter Moment«, auf so etwas bin ich schreibend angewiesen, fortlaufend, sondern, noch einmal: als Lichtmoment. Vage Erinnerung an eine Spätherbst- oder Winterstunde, Dunkelheit draußen, im Zimmer nur schwache Beleuchtung, und jäh ein laienhaft meditationsähnlicher Moment, ich fühlte mich wie ausgefüllt von Licht. Keine Licht-Erscheinung, keine Licht-Leuchtkugel, vielmehr: in mich einsinkendes, sich in Kopf und Körper ausbreitendes, warmes Licht. Und sich rasch wieder verflüchtigend. Hatte sich kurz mal das »Dritte Auge« geöffnet?

Jedenfalls ein Lichtmoment, in der Erinnerung gleichsam versiegelt. Nun wieder ins Bewusstsein geholt, quasi im Streulicht des neu erschienenen H.T. Weil ich nie Tagebuch führte, bleibt die Frage offen: Ein Lichtmoment *vor* der ersten Lesebegegnung mit H.T. oder danach? Offenbar jedoch, ohne Stilisierung, so was wie eine Ellipse mit doppeltem Brennpunkt: Lichtmoment hier, phantasmagorische Erscheinung dort. Beides unreal-real. Begegnung als Selbstbegegnung.

Kann ich die Akte H.T. wieder schließen? Was ich damals in Pennsylvania nicht wahrgenommen habe, nicht wahrnehmen konnte, das setzt sich nun fest im Bewusstsein, zumindest in dieser Arbeitsphase: Konservierung und Tradierung von Geschriebenem.

Hier werden zwei Bilder vermittelt in einer Zeit, da ich wahrnehme, wie einige meiner Taschenbuchausgaben bereits zu vergilben beginnen, vom Säuregehalt wohl bald auch angefressen. Von auratischer Resistenz hingegen die (auch wieder fiktive) *Tabula Smaragdina*. Dies erst einmal als Titel einer der Hauptschriften, die H.T. zugewiesen, zugesprochen wurden.

Als (wörtlich genommen:) ›Festplatte‹ der Konservierung und Tradierung diente jene Schrifttafel aus Smaragd. Im Kompendium der Legenden über Hermes Trismegistos wurde, wird auch dies festgeschrieben: Die Tafel wurde im Grab des

Hermes gefunden, dies, natürlich, in der Cheops-Pyramide. Für die Bildung von Legenden ist nichts zu groß. Bei so viel Freizügigkeit sind Übergänge von Legende zu Legende gleitend. So wird auch Noah mit der Smaragdtafel in Verbindung gebracht: in seiner Arche soll er auch die – eigentlich wasserfesten – Schriftsätze vor der Sintflut gerettet haben.

Berühmt wurde vor allem die Einleitung des Smaragdtafeltextes in der gefeierten Verbindung von Makrokosmos und Mikrokosmos. »Wahr, wahr, kein Zweifel daran, sicher, zuverlässig! Das Obere stammt vom Unteren und das Untere vom Oberen. [...] Nach Art der Entstehung des Makrokosmos entsteht der Mikrokosmos. Dies ist mein Ruhm, und deshalb werde ich der dreifach mit Weisheit ausgestattete Hermes genannt.«

Und das zweite Bild: Hermes Trismegistos als Vermittler von altem, offenbartem Wissen über die Sintflut hinweg. So sah er, auch als Prophet gefeiert, die flächendeckende Katastrophe der Sintflut voraus und ließ in Hieroglyphen das Wissen seiner Zeit in die Wände des Tempels von Achmim einmeißeln. Die Hiero-Glyphen (wörtlich: Heilige Zeichen) wurden nach Ablaufen des Jahrtausende-Hochwassers wieder freigelegt und von einem nachsintflutlichen Hermes in Übersetzung vermittelt.

Sprachwerke, von der Sintflut überschwemmt: eindrucksvolles Bild, Assoziationen zulassend oder weckend.

Und die Hermestexte? Ich nehme mir vor, eine verlässliche Ausgabe zu besorgen. Ich will ablesen können, was mir damals, in Pennsylvania, wichtig war oder wichtig gewesen sein konnte, was subkutan langfristig einwirkte, selbst wenn es nicht manifest geworden ist; nun aber, in Blens, ausgerechnet in Blens, wird es jäh aktiviert.

Womit ich aber fast schon rechne: Es hat eher die geheimnisvolle Erscheinung mein Interesse geweckt als die ihr zugeschriebenen hermetischen Texte. Dennoch will ich sie heranziehen, ich möchte mir auch unter diesem Vorzeichen auf die Spur kommen: Kontinuität oder ein damals nur kurzfristiger Enthusiasmus, sich verflüchtigend? Wie auch immer: Hermes Trismegistos hat erneut an Präsenz gewonnen, schattenhaft, schemenhaft. Vielleicht finde ich lesend heraus, warum. Und was dies über mich selbst aussagt.

Einträge Logbuch: Nachwirkungen

STICHWORT NACHWIRKUNGEN. Personen, Figuren, die mich lange Zeit begleitet haben, die ich in längerer, in langer Zeit begleitet habe, zuweilen holen sie mich wieder ein. Oder ich werde an sie erinnert, werde auf sie hingewiesen und es folgen Nachträge. Die werden dokumentiert in Neufassungen. Das hat gelegentlich Irritationen ausgelöst: Warum schreibt der Kühn um, schreibt neu, was schon mal gedruckt vorlag? Hier ist bei mir eine seltene Voraussetzung gegeben: Der Verlagswechsel nach zwei Dutzend Jahren der Kooperation, damit die technische Notwendigkeit des Neusatzes von Taschenbüchern. (Eine der Spielregeln der Branche: Ein Buch, das einmal als Hardcover erschienen war, wird im Allgemeinen auch in einer Neufassung nicht wieder als Hardcover erscheinen.) Dies zum Technischen. Und wo sind die Motivationen für mich als Autor?

Es geht hier vor allem um biographische Bücher. Zwei Hauptgründe, eine Biographie zu bearbeiten, zu revidieren, zu erweitern: neue Materialien oder neue Interpretation.

Bevor ich konkret werde, eine Anmerkung zum Schreiben von Biographien. Max Frisch hat suggeriert, dies hänge gleichsam symbiotisch mit ersten Erfahrungen des Alterns zusammen. Einspruch, Euer Ehren! Erste autobiographische Aufzeichnungen hatte ich bereits 1988 in einem Privatdruck für Freunde vorgelegt. Und die Wolkenstein-Biographie erschien 1977, da war ich 42. Thema und Phänomen Altern: noch jenseits des »Ereignishorizonts«. Also: keine Frage des Alters, dass Biographisches relevant ist, hier klinken sich ja auch junge Gelehrte ein.

Und damit, als Erstes, ein Name als Stichwort:

BEETHOVEN! Nachwirkung, Weiterwirkung eines biographischen oder hier eher: eines pseudobiographischen Projekts kann auch einsetzen, ohne eine Fortschreibung, eine Revision, eine Neufassung auszulösen. Es arbeitet in mir weiter, was nicht einwirkt auf die jeweilige Druckversion, es macht sich eher selbständig. Als erstes Beispiel der Roman *Beethoven und der schwarze Geiger*.

Hier wurde, hier wird von einem Ereignis erzählt, das 1813 virtuell stattgefunden hat: Beethoven reist 1813 mit einem schwarzen Geiger nach Westafrika, zum heutigen Dakar, mit anschließendem Abstecher ins Landesinnere.

Dabei ging ich aus von einem dokumentierten Faktum: Beethoven und der farbige Geiger George Bridgetower brachten im »Konzertsaale des k.k. Augartens« die ersten beiden Sätze der später so genannten Kreutzer-Sonate zur Uraufführung. Das Werk trug in der Partitur aber erst mal einen ganz anderen Titel: *Sonata mulattica*. Einer der typischen Scherze des Großmeisters.

Ich wollte den Titel, verdeutscht, für den Roman übernehmen, aber »Mulattensonate«, so wurde im Insel Verlag zu bedenken gegeben, *Mulattensonate*, das klingt rassistisch, und so habe ich den überlieferten Titel eingebracht – der zuweilen auf kuriose Weise falsch weitergegeben wurde, ausgedruckt auf Buchbegleitzetteln des Sortiments: »Beethoven und der schwarze Geiger«, hieß es da mal oder »Beethoven und der schwangere Geiger«.

Beethoven, der – vor allem mit seiner Kammermusik – mein »Hausheiliger« der Musik ist, er wird im Roman so vergegenwärtigt, wie das vielfach und weithin überliefert ist; er wird nur in das fremde Ambiente versetzt, in dem Bridgetower den Weg »back to the roots« sucht, in dem Beethoven mit stimulierend fremdartigen Formen des Rhythmus konfrontiert und von ihnen stimuliert wird.

Hier ist auch schon das Stichwort für einen Nachtrag. Ich habe mich von dieser Figur nicht verabschiedet mit dem Abschluss der revidierten, neu organisierten Fassung. Kein Anlass zu erneuter Revision jetzt, aber die Figur, die Person begleitet mich weiterhin, zumindest phasenweise, dabei gewann dieser Punkt akzentuierend an Gewicht: Beethovens zunehmende Schwerhörigkeit. Die gerade in jenem ansonsten ereignisarmen, auch produktionsschwachen Jahrgang 1813 in Taubheit überging.

Das einzubringen, einzubeziehen hätte das Romangeschehen erheblich belastet, ja, weithin behindert, doch im Bewusstsein ließ sich das nicht eliminieren, es wuchs etwas nach, und das soll hier, im erweiterten Blick in die Werkstatt, wenigstens skizzenhaft präsent werden. Denn das kann meine Bewunderung für den rigorosen Komponisten nur noch steigern: Wie kreativ er blieb unter der enormen psychischen Belastung der unaufhaltsamen Ertaubung, noch dazu begleitet von beinah chronischen Problemen im Magen-Darm-Trakt, wiederholt betont von Koliken. Eine robust wirkende Erscheinung, klein aber kompakt in der Körperform, dennoch fast unablässig geplagt durch Symptome, die von Ärzten nicht oder kaum therapiert werden konnten. Wozu allerdings kam, dass der Meister sich auch bei ärztlicher Behandlung als störrisch erwies. Heutige Mediziner würden sagen, er wäre nicht »compliant«.

Ich habe mir eine längst vergriffene Dokumentation über *Die Krankheiten Ludwig van Beethovens* (Wien 1987) beschafft. In Bankls und Jesserers »Pathographie seines Lebens und Pathologie seiner Leiden« folge ich den Einträgen bis hin zum Jahr der virtuellen Afrikareise, begleite Beethoven zugleich mit Seitenblicken auf die synchrone Werkgeschichte. Ein Plan entwickelt sich: Dokumentierte Berichte konfrontieren mit zeitgenössischer Rezeption, gleichfalls umfassend dokumentiert, chronologisch: *Ludwig van Beethoven. Die Werke im Spiegel seiner Zeit.* »Gesammelte Konzertberichte und Rezensionen bis 1830. Herausgegeben und eingeleitet von Stefan Kunz«.

Ein Nachtrag, gleichsam im Nachgang, einer Figur folgend, die in meinem Bewusstsein, in meinem Resonanzbereich präsent geblieben ist. So etwas wie eine erneute Hommage.

Die sich freilich nicht ablöst vom Roman. Denn angesichts der Dokumentationen frage ich mich in neuem Ansatz: Was hätte Beethoven dazu motivieren können, mit Bridgetower nach Afrika zu reisen? Die verlockende Vorstellung einer eventuellen Erstaufführung der Sonate im Senegal? Eine leichtere Lösung des Frauenproblems? Die Lust auf Abwechslung, auf Abenteuer womöglich? Neugier auf die Musik Afrikas? Oder hätte nicht dies der entscheidende Impuls gewesen sein können: Dass »Brischdauer« auf Schamanen hingewiesen hatte, die erstaunliche Heilungen vollbringen konnten, nachweislich? Auch deshalb und dafür die langwierige, eventuell auch riskante Segelfahrt, bedroht von Piraten und Stürmen? Nach all den vergeblich eingeträufelten Ölen, nach der wiederholten Galvanisierung durch Stromimpulse – nun ein Schamanentanz, der ihn befreit? Wäre das allein nicht schon die Reise wert gewesen?

Bis 1813 war Beethoven »harthörig« aber nicht taub. Erst von jenem Jahr an, in dem ich ihn mit »Brischdauer« auf die Reise schickte, ging Schwerhörigkeit in Taubheit über. Vor allem auf dem rechten Ohr hörte er nicht mehr. So setzte er die zuweilen grotesk aussehenden Hörrohre am linken Ohr an. Ließ sich von Klavierbauer Streicher einen Kasten konstruieren, der sich über dem Resonanzboden des Pianoforte wölbte und zugleich über seinem Kopf, Schallwellen reflektierend, damit verstärkend. Was sich aber nur zeitweilig als hilfreich erwies.

Wie verzweifelt der Komponist war, zeigt seine Notlösung: er präparierte ein Lattenstück, das er auf dem Resonanzboden des Pianoforte aufsetzte und dessen oberes Ende er zwischen die Zähne nahm, um wenigstens in Vibrationen wahrzunehmen, was er spielte. Oder auch nur: dass er spielte.

Noch einmal: Diese Notizen sind nicht Vorspiel zu einer erneuten Revision des Romans; die geplante Collage (am sinnvollsten für den Hörfunk) wäre ein separater und separierter Nachtrag, der Krankengeschichte und Werkgeschichte verbindet, probeweise.

EIN WEITERES BUCH MIT NACHWIRKUNGEN: *Ich war Hitlers Schutzengel*. Auch hier kein Nachtrag, den ich eventuell in eine Neuausgabe, womöglich Neufassung einarbeiten möchte, es bleibt auch diesmal bei einer Skizze, die dokumentiert, wie ein publiziertes Buch in mir nacharbeiten, nachwirken kann.

Dort kam, akzentuiert, der Schutzengel zur Sprache, der laut tradierter Kirchenlehre jedem Menschen zur Seite steht, also auch dem geborenen Österreicher Adolf Hitler. Der Schutzengel verhinderte die absolut erfolgversprechenden Attentatsversuche von Elser, Tresckow, Stauffenberg. Ja, es lag eher im Bereich des Unwahrscheinlichen, dass die Attentate fehlschlugen.

Dabei hätte der Schutzengel schon vor den dreißiger, vierziger Jahren aktiv werden können: Während der Jahre des Ersten Weltkriegs, in denen auch Hitler – erst Rekrut, dann Gefreiter – in das Frontgeschehen einbezogen wurde.

Von Hitler, auch von ihm, war der Krieg zu Beginn noch bejubelt worden. Nach kurzer Grundausbildung wurde der Rekrut dem Reserve-Infanterie-Regiment Nr. 16 zugewiesen: »Regiment List«. Ein rasch zusammengestellter, fast zusammengestoppelter Trupp von etwa 6000 Mann, unzureichend ausgebildet, schlecht ausgerüstet, dennoch an die Front in Frankreich geschickt. Bereits August 1914 war die Front erstarrt im Stellungskrieg – über Hunderte von Kilometern hinweg wurde auf beiden Seiten ein immer komplexeres Grabensystem angelegt, streckenweise in Ruf- und Sichtnähe zum jeweiligen Gegner. Attacken, Angriffe, kleine Offensiven konnten unter durchweg sehr hohen Verlusten nur geringfügige Geländegewinne verzeichnen. Truppen wurden sinnlos verheizt.

Auch Regiment List wurde ins Feuer gejagt. Erst einmal Beschuss, der heute als »friendly fire« bezeichnet wird: Württembergische Kameraden, die bayerische Kombattanten für Engländer hielten, in der Dunkelheit, sie massiv unter Feuer nahmen.

In einer der vielen sinnlosen, sinnwidrigen Aktionen (frei nach der Devise: Irgendwas müssen wir schließlich unternehmen!) wurde die Truppe am nächsten Tag in MG- und Artilleriefeuer gejagt – ein belgisches Dörfchen sollte erobert werden. Hitler, in einem Brief: »4mal dringen wir vor und müssen wieder zurück, von meinem ganzen Haufen bleibt nur einer übrig außer mir, endlich fällt auch der. Mir reißt ein Schuss den ganzen rechten Rockärmel herunter aber wie durch ein Wunder bleibe ich gesund und heil.«

Dies wäre denn ein erstes Wunder gewesen, bewirkt durch den fiktiven Schutzengel, Noch einmal Hitler: »In 4 Tagen war unser Regiment von 3½ tausend Mann auf 600 zusammengeschmolzen. Das ganze Regiment zählte nur mehr 3 Offiziere.« Zahlen, die in der »Geschichte des Regiments List R. I. R 16« bestätigt wurden, wie Volker Ullrich im ersten Band seiner Hitler-Biographie anmerkt. »Von den ursprünglich 3000 Soldaten des Regiments waren rund 70 Prozent gefallen oder verwundet.« Es war also, statistisch gesehen, eher unwahrscheinlich, dass Hitler das Gemetzel überlebte.

Aber es wird noch enger! Nach der »Feuertaufe« kam Hitler als Meldegänger zum Einsatz. Eine Aufgabe, bei der man durchaus die Begleitung eines Schutzengels gebraucht hätte. Unter dem fast permanenten Artilleriefeuer, wechselseitig, wurde wiederholt auch die telefonische Verbindung zwischen Befehlsstab und Frontbereich zerstört – noch waren Funkgeräte nicht frontreif entwickelt.

Um die Situation, die Konstellation genauer zu umreißen, ein Zitat von Ian Kershaw: »Am 9. November 1914 war Hitler dem Regimentsstab als Ordonnanz zugewiesen worden, und zwar als einer von acht bis zehn Meldegängern, deren Aufgabe in der Übermittlung der Befehle des Stabsquartiers an die Bataillons- und Kompaniechefs an der Front bestand. Die drei Kilometer lange Strecke legten sie zu Fuß oder manchmal mit dem Fahrrad zurück.«

Weil man am Ende der Strecke in die Kampfzone geriet, wurden jeweils zwei Meldegänger mit demselben Befehl auf den Weg geschickt. Wenige Tage nach Dienstantritt waren, nach lokaler Kampfhandlung, drei der Meldegänger tot, einer verwundet. Für einen besonders riskanten Einsatz wurde Hitler mit dem Eisernen Kreuz II. Klasse ausgezeichnet. »Es war der glücklichste Tag meines Lebens. Freilich meine Kameraden, die es auch verdient hatten, sind fast alle tot.« Er aber war verschont geblieben – ausgespart wie aufgespart für späteres, historisch desaströses Wirken.

Und es wurde noch einmal eng! Kershaw: »Zwei Tage darauf war das Glück nicht zum letzten Mal in seinem Leben auf Hitlers Seite, als er das Zelt des Regimentsgefechtsstands verließ und Minuten später eine französische Granate explodierte und beinahe der ganze Stab getötet oder verwundet wurde.«

In zugeordneter Anmerkung lese ich: »Der britische Journalist Ward Price hat später Hitlers charakteristische Ausschmückung der Geschichte aufgezeichnet, in der er behauptet, einer inneren Stimme gefolgt zu sein, die ihm wie ein militärischer Befehl gesagt hätte, er solle den Schützengraben sofort verlassen.«

Dies als »missing link« zu meinem Buch. Dort hatte ich postuliert, dass ein Schutzengel (nur) über die Innere Stimme auf seinen Schützling einwirken kann. Zwei Jahre nach Erscheinen meines Buchs der vier Fiktionen sehe ich nun, dass Hitler selbst von einer Inneren Stimme gesprochen hat. Die brachte er allerdings nicht mit einem Schutzengel in Verbindung, er sah sich eher als Protegé des »Herrgotts«, den er wiederholt heranzitierte, auch im Rückblick auf den Ersten Weltkrieg, in dem er auf geradezu unwahrscheinliche Weise verschont geblieben war.

Das mehr als nur potentielle Opfer wurde zum Kriegstreiber, dies mit den bekannten Folgen. Meine Fiktion erhält, nun rückwirkend, noch mehr Relevanz und Stringenz. So könnte der Buchtitel erweitert werden: »Ich war Hitlers Schutzengel bereits im Ersten Weltkrieg.« Da sollten wir lieber nicht von so etwas wie einem Sinn der Geschichte sprechen. Eher ließe sich das so sehen: Als hätte der Teufel seine Hand im Spiel gehabt. Schlichte, volkstümlich wirkende Interpretation und doch –

NOCH EINMAL: Ist ein Buch gedruckt, gebunden, ausgeliefert (dies zuweilen in doppelter Wortbedeutung!), so könnte, müsste eigentlich der Schlusspunkt gesetzt sein. Zumindest in der Erwartung der Leserschaft, die sich jeweils neu formiert, rund um Stammleser, die mir besonders wichtig sind.

Keine neuen Materialien, keine notwendig neue Interpretation zur Biographie über die große Dichterin Gertrud Kolmar. Doch es blieb eine Frage offen, und die ging mir nach: Warum konnte sie sich nicht dazu aufraffen, warum ließ sie sich nicht davon überzeugen, dazu überreden, als Jüdin rechtzeitig zu emigrieren, mit ihrem Vater? War das bezeichnend für Person und Charakter, oder zeigt sich (auch) hier Symptomatisches für jene Bevölkerungsgruppe in jener Zeit? Knapper: War das letztlich tödliche Zögern charakteristisch für die Person oder eher typisch für Zeitgenossen?

Hier stellt sich eine Vergleichserscheinung ein, ebenfalls aus dem Reich der Literaten, nun aber als Person, die Wert darauf gelegt hat (in Erscheinung, zuweilen auch Kleidung), ein gestandenes Mannsbild zu sein: Carl Zuckmayer. Sein Lebenslauf legt eine Antwort nah: Ja, er ist nachweislich zur rechten Zeit aus dem Machtbereich der Nazis geflohen, hat damit, verglichen mit der Kollegin Kolmar, eine klare Entscheidung rechtzeitig in einen Entschluss umgesetzt, der auch realisiert wurde.

In einem Antiquariat entdeckte ich den Marbacher Katalog zur Zuckmayer-Ausstellung 1996. Schon beim Anblättern sehe ich, dass sich ein Zuckmayer so zögerlich verhalten hat wie eine Kolmar.

Ich greife einige Zitate auf: Markierungen der Umwege zur Emigration. Zwar hatte sich Zuckmayer, Warnungen folgend, in sein »Haus Wiesmühl« in Henndorf, Österreich, zurückgezogen, verharrte dort jedoch nach der unausgesprochenen Devise: Bis hierher und nicht weiter. Dies bis zur Annektion Österreichs im Jahre 1938.

»Und ich Esel wollte nicht weg – konnte es nicht glauben, dass man Jemanden, der nichts getan hat als so gut er es versteht der deutschen Sprache zu dienen, der im Jahr 14 Kriegsfreiwilliger war und vier Jahre in der Front gestanden hat, tatsächlich verfolgen werde, nur weil er nicht ganz auf den gerade vorgeschriebenen Leisten passt – Gott-sei-Dank habe ich eine Frau, die gescheiter ist als ich, wozu in diesem Fall noch nicht einmal viel gehörte, sie musste mich erst dazu zwingen, Österreich zu verlassen, weil ich zunächst das Weggehen von einem so geliebten Stück Boden und vom Haus und Hof überhaupt als eine Art ›Aufgeben‹ betrachtete und mir einbildete, ich könne, dort bleibend, etwas verteidigen. Das war aber vollkommen illusorisch. [...] Tatsächlich konnte ich nach 6 Tagen Naziherrschaft nur noch mit grössten Schwierigkeiten und knapper Not entkommen – sollte nach Dachau.«

Und 1955, rückblickend: »Mein Standpunkt in der ganzen Angelegenheit war von 1933 bis heute immer der: keinen Schritt freiwillig heraus zu gehen – auf meinem Recht, Deutscher und deutscher Dichter zu sein, zu bestehen, keinen Fußbreit Boden zu räumen, von dem ich nicht mit Gewalt verdrängt werde.«

Ja, er machte sich Illusionen, wollte die Gefahr nicht sehen, erst einmal. So hätte es auch bei ihm zu spät werden können mit der Flucht, sein Leben hätte wie das der Lyrikerin in Auschwitz enden können. Er hat sich zur Emigration nicht selbst motiviert, er musste von seiner Frau überzeugt werden, nachdrücklich und hartnäckig. Sie übernahm die Regie für den Theaterautor, dessen Figuren sich nicht nur auf einem fröhlichen Weinberg tummelten oder im wilhelminischen Berlin agierten, sondern auch in einem Aktionsfeld der Gewalt wie in seiner freien »Bearbeitung des amerikanischen Kriegs-Stücks *Rivalen*« für eine der Bühnen des Berliner Theatermanns Barnowsky. Unter diesem Vorzeichen lässt sich, theoretisch, annehmen, er sei ein Mann gewesen mit politisch geschärftem Blick, und doch, er konnte oder wollte die Gefahr nicht sehen, machte sich Illusionen. Dies freilich nicht mehr im Rückblick des Jahres 1965.

»Ich kriege heute noch, vielmehr heute erst *recht* eine Gänsehaut, wenn ich bedenke, dass wir *fünf* Jahre sozusagen im Scheinwerferbereich des Obersalzbergs, in Greifweite der ›Österreichischen Legion‹, in Prügelnähe von Dachau gesessen haben, und auch noch Stücke geschrieben und Feste gefeiert ...«

Und in einem weiteren Brief: »Ich lebte nämlich damals noch in der trottelhaften Vorstellung dahin, dass wir immer so weiter in der Hemmdorfer Wiesmühl herumsumpern würden.«

Alice, seine Frau (genannt Jobs) überredete ihn zur Flucht in die Schweiz. Sie entwickelte dazu auch die Logistik – mit einem Ablenkungsmanöver in Berlin. Auch die Schweiz schien ihr bald nicht sicher genug – es kursierten Gerüchte, das Land würde, wie Österreich, mit militärischem Nachdruck annektiert. Zuckmayer 1939: »Jobs zerrt aber sehr stark nach Amerika, womit sie prinzipiell recht haben wird, aber ich möchte so ungern ungerufen (oder falsch gerufen) da hingehen und dann zum literarischen Tellerwaschen gezwungen sein.« Schließlich aber großes Aufatmen, als die Zuckmayers in New York herzlich empfangen wurden.

Nun werde ich nicht die Rolle von Alice entschiedener herausarbeiten, nach Quellen – virtuelles Thema zumindest für ein Funkfeature oder einen Zeitschrift-Essay, womöglich für eine Monographie –, es soll nur noch konstatiert werden: Es war im Fall Kolmar nicht nur die Entscheidungsschwäche einer Frau, gekoppelt an die Entscheidungsschwäche eines sehr sesshaften, an Gewohnheitsabläufe gebundenen Vaters, vielmehr: das zögerliche, das ausweichende Verhalten von Vater und Tochter war symptomatisch für einen Teil der Bedrohten, jüdisch oder nicht.

SIEBEN: DIE PRÄSIDENTIN IM CASINO

DIE PRÄSIDENTIN, Untertitel: »Roman eines Verbrechens«, erschienen 1973. Das Buch hat diverse Publikationsstadien durchlaufen, die sind dokumentiert, müssen hier nicht aufgeführt werden. Doch ein kurzer Hinweis zum Inhalt als Ausgangsbasis einer Expedition in ein Territorium, das den meisten von uns fremd ist, uns jedoch weithin beherrscht: Hochriskante Spekulationen auf Finanzmärkten – und katastrophale Folgen, die vor allem Nichtbeteiligte zu spüren kriegen.

Die Präsidentin: so wurde die Französin Marthe Hanau genannt, auch *Napoléonne des Finances*. Und wegen ihres für europäische Verhältnisse noch ungewohnt powernden Geschäftsstils: *Die französische Amerikanerin*. Sie agierte vor allem in den zwanziger Jahren des zwanzigsten Jahrhunderts. Durch Manipulationen von Aktienkursen, durch Gründungen von Scheinfirmen, durch ›kreative‹ Buchführung erschuf sie in Paris ein Finanzimperium. Zur Steuerung der öffentlichen Meinung (bis hin zu Kursmanipulationen) wurde *La Gazette du Franc* gegründet, bald schon Flaggschiff des Konsortiums. Ich habe im Roman erzählt, wie sich Marthe Hanau in der Finanzwelt einen Namen machte, wie sie Geschäft und Politik (auch durch die Wochenzeitung) gewinnbringend aufmischte und Tausende von Kleinanlegern betrog, ja, ruinierte.

Nun wollte ich nicht bloß das turbulente Leben, die aufwendige Selbstdarstellung der (auch körperlich) massigen Erscheinung vergegenwärtigen, ich wollte herausfinden und vermitteln, wie Image geschaffen, wie Betrug organisiert, wie Manipulation realisiert wird. Das nicht nur in pauschalen Erwähnungen, allgemeinen Hinweisen.

Typisch für vereinfachende Pauschalisierung: die Verfilmung des Falls Hanau unter dem Titel *La banquière*, mit Romy Schneider in der Hauptrolle. Wie Marthe Hanau (mit fiktivem Namen notdürftig kaschiert) an das schnelle und große Geld kam, wie konspirativ angelegter Betrug durchgeführt wurde, genau das blieb im Spielfilm ausgespart. Im Begleittext war auch nur von »unkonventioneller Finanzpolitik« die Rede. Im Übrigen: das Porträt einer »starken Frau«. Und Szenarien des Reichtums mit blitzblanken Oldtimerwagen, gutsitzenden Panamahüten, eleganten, häufig wechselnden Kostümen.

So was wäre mir zu wenig gewesen. Ich begann zu recherchieren. Ließ mich dabei auch von meinem Vater beraten, damals, in Bochum.

Ich sehe ihn im Raum mit holzgetäfelten Wänden. Auf der weiten Schreibtischplatte die Kaffeetasse, daneben der Kristallglas-Aschenbecher, an dessen Rand die Pfeife ausgeklopft wird, um sogleich neu gestopft zu werden aus der Dose mit englischem, fermentiert duftendem Tabak. So sehe ich ihn Aktienkurse prüfen, dabei sicherlich Geschäftsberichte nutzend, weitere Informationen heranziehend, was vor Etablierung des Internets ziemlich umständlich, ziemlich mühsam, ziemlich zeitraubend war. Doch man wollte sich genau informieren, um präzis entscheiden zu können. Informationen also über Immobilien, Maschinenpark, Umsätze, Auftragslage der jeweiligen AG. Es war eine Ära, in der Banker sich als »ehrbare Kaufleute« sahen, auch so gesehen werden wollten.

Die letzten Berufsjahre war Helmuth Kühn Börsenchef der Westfalenbank. Das Bankgebäude schien mir damals, bei gelegentlichen Besuchen in Bochum, wie eine uneinnehmbare Festung: steinplattenverkleideter Bau mit etwa 450 Mitarbeitern. Viel Marmor in der weitläufigen Schalterhalle, livrierte Rezeption.

Sukzessive Reduzierung des Imponiergehabes. Ich konnte, in späteren Jahren, nicht mehr, das Gebäude betretend, nach links abschwenken, erst mal zur Toilette, da war plötzlich eine

Zwischenwand, Trennwand eingezogen: Der Raumbedarf ging zurück mit der Zahl der Mitarbeiter, mit dem Schrumpfen der Umsätze, der Gewinne. Die Bank wurde zuletzt »like a cold potato« verkauft und weiterverkauft – erst an die HypoVereinsbank, weiter an die Falk-Bank, die sich in eklatanter Fehlkalkulation übernahm, die Hypo musste die Bank zurückkaufen und hat sie filetiert – vier Filetstücke gingen an partielle Eigentümer.

Den Roman hatte ich geschrieben und veröffentlicht in der Erwartung, fast Befürchtung, der historische Fall könnte erneut aktuell werden, wenn auch unter anderen Vorzeichen.

Lukrativ, auch in jener Branche: das Image. Daran hatte Marthe Hanau zielstrebig gearbeitet – damals gab es wohl noch keine Persönlichkeitsberater in der Welt der Wirtschaft und Finanzen. Wenn die Kunden, die Klienten schon nicht Methoden der Transaktionen durchschauen sollen, so muss wenigstens die Frontfigur einer Finanzkonstruktion einen überzeugenden, Vertrauen erweckenden, Geld anlockenden Anblick bieten, Eindruck machen.

Eins der Geschäftsmodelle der Hanau: Manipulation von Börsenkursen über einen hausgemachten »Börsenbrief«. Das Stichwort taucht im Roman zwar mal auf, zur Technik der Kursmanipulation aber sollte ich ein wenig nachtragen.

Hanau & Co. erwerben in großem Umfang billige Aktien einer weniger beachteten Gesellschaft. Zeitgleich werden im Börsenbrief Gerüchte eingestreut über Geschäftserfolge des Unternehmens. Selbstverständlich wird verschwiegen, dass die renommierte Herausgeberin des Börsenbriefs sich hinreichend mit Aktien der Gesellschaft eingedeckt hat. Ihr heißer Tipp verlockt Abonnenten, solche Aktien zu erwerben. Der Kurs steigt. Weitere, durch diese Kurssteigerungen animierte Kunden erhöhen den Umsatz. Wegen des geringen Marktumfelds der Aktien steigen die Kurse steil an. Die Hanau macht den Sack zu, stößt die Anteile ab, streicht hohen Kursgewinn ein. Der plötzliche, selbstverständlich anonyme Verkauf führt zum Kurseinbruch, zum Kursabsturz. Geprellte

Anlieger bleiben auf ihren wieder sehr billigen Aktien sitzen oder verkaufen sie mit hohen Verlusten. Doch Hanau hat ihren Schnitt gemacht.

Ein Geschäftsmodell, das sich so bewährt hat, dass es fast neunzig Jahre später immer noch erfolgreich umgesetzt wird, wie sich in Frankfurt bei einem Prozess zeigt.

Auch das Geschäftsmodell Verschachtelungen funktioniert weiterhin. Im Frühjahr 2014 lese ich, dass sich »mehr als 28000 Anleger der Fubus-Gruppe auf den weitgehenden Verlust ihres Kapitals einstellen« müssen. Dies in einer Gesamtsumme von etwa 600 Millionen Euro. Anleger wurden, wie zu Hanaus Zeiten, angelockt mit Zinsen weit außerhalb, oberhalb des Spielraums der Wahrscheinlichkeit – bei verlockender, delirierender Verzinsung von fünf, womöglich von acht Prozent schalten offenbar viele Hirne ab.

Zum Geschäftsmodell Hanau/Paris wie Fubus/Dresden gehört vorsätzliche Komplexität, sprich: von außen schwer, am besten überhaupt nicht mehr durchschaubare Verbindungen, Vernetzungen einer Muttergesellschaft mit zahlreichen Schwester- und Tochtergesellschaften. Hier lassen sich Gelder hin und her schieben, hier eröffnen sich Spielräume für künstliche Erträge und falsche Jahresabschlüsse, für Bilanzfälschung in Tateinheit mit Kapitalanlagebetrug. So die offiziellen Termini, auch als Begründungen für Verhaftungen, damals wie heute.

WEITERES GESCHÄFTSMODELL: Wetten. Die neue Finanztechnik groß angelegter Wetten, rückübertragen auf Marthe Hanau, könnte bereits wie folgt realisiert worden sein.

In Italien taucht ein offenbar dynamischer Politiker auf, Benito Mussolini. Der Journalist von *Popolo d'Italia*, der Revolutionär wird Oktober 1922 vom König zum Ministerpräsidenten ernannt. Hanau wettet nun auf einen Aufschwung der italienischen Wirtschaft unter der dynamischen, wenn auch etwas dubiosen, sicherlich aber bedenken-, ja, skrupellosen Erscheinung des Newcomer. Da Hanau gut vernetzt ist, könnte ihr eine Insider-Information zukommen: Mussolini plant Steuererleichterungen sowie Privatisierungen, konjunkturfördernd.

Marthe Hanau wird sich fädenziehend im Hintergrund aufhalten beim Wettmanöver. Sie schickt einen Strohmann vor. Unter Pseudonym schreibt er Beiträge für die *Gazette du Franc*. Unter seinem Klarnamen steht er in enger Verbindung mit der »Action Française«, der französischen Rechten, die selbstverständlich mit Mussolini sympathisiert. Diese Organisation wiederum hat ihre ›Hausbank‹. Die könnte das Wettspiel einleiten. Wobei die Hanau die Wett-Einlage diskret erhöht.

Und wer hält dagegen? Eine der Banken, die ohnehin in Konkurrenz stehen zum Finanzimperium der Hanau. Gute Gelegenheit, der eins auszuwischen. Wiederum ist die Hanau daran interessiert, dass die Gegenseite ihre Einsätze erhöht: So ein Musso kann es doch ganz einfach nicht schaffen, die marode italienische Wirtschaft wieder anzukurbeln. Das wird in Leitartikeln der *Gazette* des Jahrgangs 1923 immer wieder betont: Der kleine Volksschullehrer aus Predappio ... der Revoluzzer, der sich ins Schweizer Exil absetzen muss ... der Mann, der sich dem Wehrdienst entzieht ... der Messerstecher ... der Mann mit diversen Gefängnisaufenthalten ... So einer kann doch nur Chaos stiften!

Und es wächst die Gruppierung, die auf fortgesetzten Niedergang der italienischen Wirtschaft unter dem großmäuligen Volksschullehrer und Revoluzzer setzt.

Dann die geschickt platzierte Nachricht: Wirtschaftlicher Aufschwung in Italien, unter Mussolini! Das Wachstum ist zwar gering, aber immerhin, ein Trend aufwärts. Action Française und Hausbank kassieren den voluminösen Wettgewinn; intern wird Marthe Hanau ein satter Anteil transferiert.

In der satirischen Zeitschrift *Le Canard enchaîné* erschien Ende der zwanziger Jahre eine Karikatur: »Der Traum der Madame Hanau«. An einer Straßenecke (mit Gaslampe) ein stockwerkhohes, plastisches Plakat einer Maske mit weit aufgerissenem Maul; auf der Straße ein feister Bürger mit Hut, in der Linken einen langen Sparstrumpf haltend und mit der Rechten prallgefüllte Geldbeutel in das Maul werfend, in dem bereits einige Beutel lagern. Und für immer verschwinden: 1928 »le krach de la Gazette du Franc«. Die Karikatur vermittelt das Stichwort »Opfer«.

Weithin wichtig: die Mentalität von Mitwirkenden in der Finanzbranche. Mein Vater hatte mich hingewiesen auf einen symptomatischen Vorgang der zwanziger Jahre: Eine Firma kaufte eine andere Firma, ohne das Angebot zu prüfen, man verließ sich blindlings auf die Angaben des Verkäufers – und zahlte mächtig drauf!

Da hatte ich mir Geschäftsleute anders vorgestellt: knallhart rechnend, rational entscheidend. Nun war ich mit einem Fall konfrontiert, der eher darauf schließen lässt, dass man mit dem Geschäftspartner gut zurechtkam, dass in der persönlichen Beziehung alles stimmig schien, dass man davon ausging, es würde demnach auch in geschäftlicher Hinsicht alles korrekt, ja, lukrativ verlaufen. Es wurde eher nach Gefühl als mit Berechnung agiert, eher nach dem berühmten »Näschen« als bei klarem Kopf.

Kein Ausnahmefall, in die Historie abgerückt. Als mein Vater noch lebte, hatte ich ein Schüler- und Studentenkonto auf ›seiner‹ Bank. Erspartes, Zurückgelegtes. Es wurde relativ sicher (»konventionell«) angelegt. Nach seiner Pensionierung schlug mir eine Beraterin der Bank vor, das Geld nicht weiter in Rentenpapieren anzulegen oder in »Blue chips«, den Aktien großer Firmen, sondern in einem hauseigenen Immobilienfonds.

Ich fragte, wie der Fonds denn heiße.

»Immobilienfonds mit Ostphantasie«.

Da konnte ich nur lachen. Die Beraterin war konsterniert, ja, fühlte sich beleidigt. Ich sagte, zu einem Fonds mit einem derartig windigen Namen hätte ich kein Zutrauen, geschweige denn Vertrauen.

Ich sollte recht behalten. Mir wurden Probenummern der *Wirtschaftswoche* (oder war es das *Handelsblatt*?) zugeschickt. Meist sind es, im Rahmen einer Werbekampagne, drei, vier Exemplare, denen folgt die Anfrage, ob man abonnieren will. Die Zeitschrift wurde mir aber, ohne Anfrage zwischenzeitlich, einige Monate lang zugeschickt – fehlte im Computerprogramm ein Löschzeichen? Ich durchblätterte jeweils die neue Ausgabe, steckte sie in den Papierkorb. Doch eine der Überschriften löste einen Adrenalinschub aus: »Immobilienskandal bei der Westfalenbank«.

Die Story in Kurzfassung: Nach der Wende wurden im Ostteil von Berlin sowie im östlichen Hinterland der vormaligen Hauptstadt der DDR Immobilien eingekauft, die von Bankern nicht weiter besichtigt, schon gar nicht »evaluiert« worden waren. Die Herren verhielten sich letztlich wie jene schlichten Gemüter, die über Internet eine Immobilie erwerben, ohne sie sich anzuschauen, und später erst feststellen, dass sie – na ja.

Im »Großraum Berlin« waren Immobilien in selbstverständlich hervorragender Lage angeboten worden, Liegenschaften mit optimaler Anbindung, alles wunderschön auf dem Marketingpapier der Offerten. Das wurde blindlings akzeptiert, sicherlich auch, weil die Verhandlungspartner einen vertrauenerweckend kompetenten Eindruck machten, fit oder soigniert aussehend, statusgerecht gekleidet. Erst später realisierte man, indirekt oder direkt, dass allzu viel heiße Luft in den Offerten war. Gelder verschleudert. Wenn sich solche Fälle wiederholen, sagte ich mir, muss ich mein Bild von kühl rechnenden, überlegt entscheidenden Männern der Geschäfts- und Finanzwelt noch entschiedener revidieren. Derselbe Unfug wiederholt sich in Varianten. Frühe Beispiele warnen nicht, fast jeder fängt von vorne an.

Als Käufer eines (wenn auch kleinen) Anteils an diesem, ja, Phantasieprodukt, wäre ich mit reingefallen. Unter Freunden und Bekannten hörte, höre ich von Entsprechungen. Prämiensparen, na schön, mag bisher sinnvoll gewesen sein, jetzt machen wir mal was Richtiges! Schwuppdiwupp sind 50 Prozent vom Geld weg. Sie wollen keine Aktien, keine Rentenpapiere? Wie wäre es dann, zum Beispiel, mit Anteilen an einer niederländischen Versicherungsgesellschaft? Schwuppdiwupp ist die Hälfte des Geldes weg. Wie wäre es mit einem geschlossenen Fonds zum Bau eines Riesenfrachters? Ein Drittel des Geldes wird abgebucht unter der Rubrik »weiche Kosten« – hohe Provisionen für alle Beteiligten. Und dann: Frachtkosten gehen dramatisch zurück, Schiffe bleiben vor Anker, der Superfrachter wird gar nicht erst auf Kiel gelegt, das Finanzprodukt versinkt in trüben Gewässern. Na, wie wäre es wenigstens mit einer Investition in brasilianischen Immobilien? Stellen sich heraus als Anschwemmungsland in der Amazonasmündung, und die Einlage ist weggeschwemmt. Aber argentinische Staatsanleihen – so viele Hornochsen im Land, das kann doch gar nicht schiefgehn! Geld futsch. Und so weiter, and so on.

Im »Roman eines Verbrechens« hatte ich erzählt, wie sich im damaligen Frankreich etliche Personen von einer opulent ausgestalteten Vertrauenskulisse anlocken und dazu verleiten ließen, Gelder dem Konsortium der Hanau anzuvertrauen – und zu verlieren. Das ließe sich übernehmen im aktualisierend fortgeschriebenen Roman. Der Hinweis auf Verlierer darf nicht bloß leitartikelhaft erfolgen, auch hier muss erzählt werden, auf eine Figur fokussiert. Hier naheliegend: ein Mann in Bochum; beraten in der vormaligen Westfalenbank, Anteile erworben am »Immobilienfonds mit Ostphantasie«, und reingefallen. Zuerst, beim Banktermin: »Ihnen zuliebe mache ich den Abschluss, obwohl ich das nicht so ganz verstanden habe ...« Einige Zeit später: »Wieso ist da plötzlich dieser Minusbetrag ...? Scheiße, wo kommt denn das Ding her: minus, minus ...?«

ES GEHT IN DIESEM TEXTENTWURF nicht primär um Entsprechungen, Wiederholungen, Parallelen, im Vordergrund steht vielmehr die Frage, wie sich heutige Veränderungen damaliger Betrugsformen literarisch umsetzen lassen, ergänzend, weiterführend. Dies in einer Fortschreibung des Finanzkrimis? Wieder mit einer Frau als Hauptfigur, einer modernen Schwester der Hanau? Beim Untertitel aber wird es, muss es auf jeden Fall bleiben: »Roman eines Verbrechens«.

Hier rückt wie von selbst ins Blickfeld: Zoe Cruz. Aus griechischer Immigrantenfamilie, verheiratet mit einem Einwanderer aus Nicaragua. Mutter von drei, vier Kindern. Sah gut aus, wurde mit der Schauspielerin Juliette Binoche verglichen. Setzte sich in der als testosteronreich bezeichneten Männerwelt der Banken mit Härte durch. War vor allem gefürchtet, weil sie Einspruch, Widerspruch, Opposition lautstark niederbrüllte, wurde in diesem Punkt mit Hillary Clinton verglichen. Die »Alphafrau« wurde als Zarin bezeichnet, als »wicked witch«, als böse Hexe, und, wegen ihrer Durchsetzungskraft, Durchschlagskraft auch als »cruise missile«. Ms Cruz Missile.

Sie machte Karriere als Händlerin der Großbank Morgan Stanley. Ihr Vorgesetzter, John Mack, stammte gleichfalls aus einer Immigrantenfamilie, aus dem Libanon. Er galt als einschüchternd aggressiv, war berüchtigt dafür, dass er in Wutanfällen Telefone zertrümmerte. Konnte aber auch erheblichen Charme entfalten, wenn er freundlich überzeugen wollte, »a sensational salesman who could charm the eyes of a rattlesnake«, frei übersetzt: Er konnte es so weit bringen, dass ihm eine Klapperschlange schöne Augen machte.

Er schätzte riskante Geschäfte, sie gleichfalls. Beide arbeiten bis zu sechzehn Stunden täglich, in jener Branche keine Ausnahme. Freilich blieb sie ausgeschlossen bei Freizeitunternehmen von Kollegen »such as golf outings, football games and boys' nights out«. Sie versuchte es in einem Golfclub speziell für Frauen, sah aber bald ein, dass sie hier nicht sonderlich erfolgreich sein würde, zu groß auch die Zeitverluste durch Üben.

Ihren Mann konnte sie auch kaum mal begleiten, er machte eine steile Karriere bei Credit Suisse: »The Wall Street power couple«. Sie machte steigende Umsätze: »a healthy appetite for risk«. 2006 verdiente sie mit Gehalt und Bonus rund 30 Millionen. Immer riskantere Geschäfte mit Wetten, immer höhere Verluste, schließlich waren es Milliarden. Die Investmentbankerin (schließlich Co-President bei Morgan Stanley) hatte vielleicht *auf* Subprime-Hypotheken gewettet statt *gegen* sie.

Stichwort Subprime: Ich lese von komplett fremdfinanzierten Einfamilien-Häusern in den USA. Dort wurden Immobilienkredite an Bankkunden vergeben, die weder Einkommen noch Vermögen nachweisen mussten, nicht mal einen Job. Wie zum Ausgleich setzte man auf delirierende Prognosen unablässig steigender Häuserpreise.

Jahrelang florierte dieser Handel mit Immobilien-Hypotheken von US-Bürgern, die nicht in der Lage waren, gar nicht in der Lage sein konnten, die (aufgeschwätzten, aufgedrängten, anfangs erstaunlich billigen) Kredite zurückzuzahlen (natürlich mit sukzessiv anwachsenden Zinssätzen).

Ja, Kredite wurden fast wahllos vergeben, Geld war enorm billig im Zinssatz, überflutete alles, Kredite waren verlockend, Abschlüsse brachten Provisionen ein, akkumulierte Provisionen brachten Boni ein.

Und dann das alchemistische Zauberkunststück: Kredite wurden zu Wertpapieren umformuliert, umgewidmet, es wurde Geld gemacht mit Schulden, die nie zurückgezahlt werden konnten. Subprime-Kredite unsicherer Schuldner wurden gebündelt und an Investoren weiterverkauft. Anders formuliert: Risiken aus Kredit- und Versicherungsgeschäften wurden in Wertpapiere verpackt und handelbar gemacht. So sollten, nominell, Risiken gestreut werden, wurden aber versteckt.

Und wieder Zoe Cruz. Ihre Verluste »metastasized into much more severe losses«. Rapide Verschlechterung des Binnenklimas: »the shit hits the fan«, Scheiße hinauf bis zum Ventilator-Propeller. Zoe wurde November 2007 entlassen. Mack, sinngemäß: Du oder ich. Und jetzt rat mal, für wen ich mich entschieden habe. Eine der Stimmen im Hause: Die Verluste nehm ich ja gern in Kauf dafür, dass wir sie endlich quitt sind.

Zoe verschwand eine Zeitlang von der Bildfläche oder ging in Deckung, bis sie 2010 auf dem Finanzmarkt wieder auftauchte als Gründerin eines Hedgefonds, dem »Voras Capital Management«. Firmensitze des Unternehmens: New York und Hongkong. Selbstverständlich sollte das Finanz-Eldorado London hinzukommen.

Aber erst einmal brauchte Ms Cruz Kapital. Erstaunlicherweise (aber mich wundert bei dieser Branche längst nichts mehr) schoss ausgerechnet Morgan Stanley zwanzig Millionen Dollar zu, setzte damit ein Zeichen, die Einlagen erreichten schließlich das Zehnfache. Mehr war aber nicht drin – führende Hedgefonds disponieren über Milliarden. Das Image der Cruz blieb nach dem Rauswurf offenbar doch lädiert (»her name recognition wasn't enough to attract new investors«). Branchenresonanz: »Oooo, that's not good.« Hinzu kam die Konkurrenz von rund 250 neu gegründeten Hedgefonds – und es gab bereits Hunderte!

(Die Bezeichnung Hedgefonds, Hedge Fund will suggerieren: Kapital externer Investoren ist sicher umzäunt, wird gut verwaltet, wird gehegt und gepflegt. Aber ganz im Gegenteil: alle Zäune wurden niedergerissen. Branchenspruch: »Hedge« is anything but a hedge. Selbst unter Beteiligten gilt es als schwierig »to define what exactly is hedging«. Lässt sich letztlich so wenig bestimmen wie die Abgrenzung zwischen klugem Investment und reinem Spiel.)

Voras Capital Management agierte branchenüblich: Mit Investoren wurden Wetten abgeschlossen. Hier auf allgemeine wirtschaftliche Entwicklungen, macroeconomic trends. Es lief, es ging nicht gut, Morgan Stanley zog die Einlage zurück, die mittlerweile 57-jährige Cruz musste das Experiment beenden – It's over! »Don't call, don't write, don't cry, don't beg, and definitely don't offer her a job!«

Zoe Cruz Missile als aktualisierte Schwester der Hanau: Könnte ich sie in den Mittelpunkt einer Fortschreibung, eines Ergänzungskrimis rücken? I don't know any person familiar with the matter – und nur ein Insider könnte mich mit dem Erzählmaterial versorgen, das ich hier (erst recht!) bräuchte.

Außerdem, die Cruz lebt noch, ich möchte nicht mit amerikanischen Rechtsanwälten konfrontiert werden, die Persönlichkeitsrechte einklagen und in Rechnung stellen. Zoff mit dieser Repräsentantin der Wallstreet, die womöglich eine juristische Fernlenkwaffe auf mich abfeuert?! Lieber ein Text ohne »ZC«, stattdessen mit einer fingierten Figur. Schließlich ist und bleibt für mich entscheidend die Beschreibung, die Vergegenwärtigung von Methoden der Mega-Zockerei.

Jedoch: Vor uns sind keine Hürden gestaffelt, über die man nach einigem Training hinwegspringen kann, hier ist gleich vornean eine Art Eskaladierwand aufgestellt, wie sie Rekruten in der Ausbildung überwinden müssen, womöglich mit Gepäck: ran und rüber! Lässt die Wand sich umgehen? Wohl kaum, wir sind konfrontiert mit einem Faktor, der Schwierigkeiten einer romanhaften Darstellung von Finanzgeschehen potenziert: Der extrem hohe Grad an Komplexität. Es werden Programme und Produkte entwickelt, die selbst von Anbietern, von Wertpapierhändlern nicht immer zu durchschauen sind.

Typische Dialogsequenz in einem der Filme (hier von Costa-Gavras) über den Finanzmarkt: »Was verkaufen wir da eigentlich?« Die lakonische Antwort: »Ich dachte, du wüsstest es.« Hier wird nicht erhellt, hier werden vage Vorstellungen bestätigt: Die machen sich und uns was vor. Die wissen selbst nicht mehr, was sie verkaufen. Das wächst denen wohl über den Kopf.

Genau hier aber muss angesetzt werden: Was läuft da schief? Oder. Was wird auf die schiefe Ebene gesetzt? Was läuft ab im Hintergrund? Genau dies wäre das Stichwort für die Einführung von Personen, von Spezialisten, die Finanzprodukte entwickeln, digital. Es genügt nicht, mal wieder das flottierende Schlagwort von Finanzprodukten als »Massenvernichtungswaffen« einzubringen, es sind ja nicht all diese Produkte von verheerender Wirkung, aber es braucht ein gehöriges Quantum an Grips und Geduld, um herauszukriegen, was in jener exotischen Welt in den Metall- und Glastürmen geschieht. Was lässt diese Leute ticken? Spielt auch Faszination mit am Umgang mit geheimnisvollen Produkten? Dies in einer fast konspirativen Tätigkeit?

Geschäftsmodelle, für die sich auch ambitionierte Filme nicht so recht interessieren, schon gar nicht im meist widrigen Detail; diese Strategien sollten endlich mal eingebracht werden in einen Erzähltext. Roman eines Verbrechens: auch ein Krimi.

In diesem Krimi heißt die Hauptperson nicht mehr Marthe Hanau, aus mehreren Gründen auch nicht Zoe Cruz, ich nenne sie Sheila Hartley (»tough as nails«).

Eine Frau, natürlich, mit begleitender Story. Der wollte ich eine Vorgeschichte geben, hatte dazu eine Vorlage gefunden, was nicht schwer war; dennoch, mal wieder, Freude über die Entdeckung im »Finanzteil«. Muss ich unbedingt einbringen, verschafft Tiefenschärfe, zumindest ansatzweise!

Diese Vorgeschichte hätte in etwa so ausgesehen, hier anskizziert. Sheila hatte »kreative Buchführung« übernommen für einen Compagnon, der zugleich ihr Partner war, in Hongkong. Er führte eine Exportfirma, die – nominell – Elektronikartikel direkt an Kunden lieferte; es handelte sich allerdings nur um virtuelle Produkte für virtuelle Abnehmer. Sogenannte Luftnummern. Dazu produzierte Sheila Geschäftsberichte mit fingierten Aufträgen, fingierten Transaktionen; Kontoauszüge mit erfundenen Zahlen. Rechnungen aus Hongkong wurden von ihr persönlich ausgestellt, zumeist in London. Zusätzlich Erfolgsmeldungen, die Investoren anlocken sollten, die auf Anlagestrategie mit Sicherheitsnetz schworen: Handel mit realen Produkten! Mit verstärkter Hebelwirkung übertraf Sheila sogar Umsatz- und Gewinnziele des Compagnons. Eine Erfolgsgeschichte: Unter dem Deckmantel vermeintlich idealer Marktrationalität mit Fiktionen Geld verdienen.

Schließlich implodierte die Scheinfirma in Hongkong, Trennung vom Partner, Sheila tauchte zwei Jährchen unter, tauchte wieder auf als Gründerin des soundsovielten Hedgefonds.

Die Sequenz über das Geschäftsmodell Luftnummern bleibt jedoch eingerückt als Beispiel für Zusatztexte, die mir erst notwendig, dann überflüssig erscheinen. Die erst integriert, dann eliminiert werden. Auch unter diesem Stichwort: zeitversetzter, die Textarbeit begleitender Dialog mit mir selbst.

Der kann etwa so verlaufen: Hier die Sequenz würde bestens zur Vorgeschichte dieser Frau passen, die ja nicht sofort einen Hedgefonds gegründet haben wird, sondern erst einmal –

Ja, was hast du denn da eingebaut …?! Das sprengt doch auf, bläht zumindest auf! Klare Linien, bitte klare Linien …!

Ja, aber da sind halt immer wieder diese im Detail verlockenden Materialangebote! Ich kann denen nicht immer widerstehen, Entdeckerfreude über Fundstücke, die sich letztlich doch in den Text –

Ach Quatsch, das ist hier reingemurkst. Da soll doch kein Nikolaussack vollgestopft werden! Da packt mich gleich wieder die Kürzungswut!

Ja, ja, dreimal ja. Das Buch nimmt zu, das Buch zieht den Bauch ein, es atmet, aber mir, mir wird schon mal der Atem knapp. Erst wieder durchatmen. Neu ansetzen, endlich neu ansetzen.

Sheila Hartley: Ihr CRT-Hedge, so betonte sie, mit dem Image von Solidität werbend, war »mathematisch aufgebaut«, die Strategie basiere »auf komplexen Modellen«. Das wirkte schon als Slogan attraktiv, Mathematik wurde (zeitweilig) als Lösung aller Finanzprobleme gefeiert. So setzte auch Hartley auf Zusammenarbeit mit hochkarätigen Mathematikern. Die entwickelten Computermodelle, Tradingprogramme, die jeweils termingerecht signalisierten: Verkaufe Aktie AC/DC, kaufe Future R2d2, schichte Derivat GoldDust um in Performance2000.

Aber hier muss sich Sheila erst mal ein Weilchen aus dem Text zurückziehen, denn ich muss ergänzend ausführen: Solche digitalen Programme zur Erzeugung von Umsätzen und Gewinnen wurden und werden von hochkarätigen, entsprechend dotierten Cracks entwickelt und ständig weiterentwickelt, den Quants. Die Bezeichnung ist nicht abgeleitet von Sujets der Quantenmechanik, es handelt sich um quantifizierende Analysten. Nicht untypisch für so eine Laufbahn: hat Physik und Mathematik studiert, dies mit irgendeiner Spezialdisziplin, die keinem in der Finanzbranche etwas sagt, aber viele beeindruckt (zum Beispiel: Partielle Differentialgleichungen der Funktionentheorie). Solch ein Crack arbeitet nun vorwiegend mit Algorithmen.

Auch bei diesem (übernommenen) Stichwort muss ich mich kundig machen. Und lese in einem Lexikon: Ein Algorithmus ist eine »endliche Liste von Instruktionen, die klar definiert sind. Für jedes Problem liefert der Algorithmus nach endlich vielen Schritten eine Lösung, indem er eine Instruktion nach der anderen ausführt.« In der Finanzwelt adaptiert als Steuerungssystem für Käufe und Verkäufe, im Rahmen eines hochkomplexen Programms, dem ständig Daten nachgefüttert werden müssen.

Mindestens ein Repräsentant dieser trickreichen Cracks müsste im Parallel-Roman zur *Präsidentin* eingeführt, vorgestellt werden. Das würde für mich als Erzähler aber gleich schon das Aus bedeuten. Denn was solche Spezialhirne entwickeln, das ist, das bleibt (nicht nur) für mich Black Box: Was sich zwischen Input und Output entwickelt, lässt sich nicht mehr nachvollziehen, schon gar nicht mitvollziehen. Selbst Quants verstehen das nicht immer, vor allem, wenn mehrere gemeinsam an einem algorithmischen System arbeiten. Erst recht versagt hier das Instrumentarium erzählender Literatur. Adäquate Wiedergabe müsste mit Formeln gespickt sein, aber was würden die uns Outsidern vermitteln? So muss hier, beispielsweise auch hier, eine Leerstelle bleiben im Textversuch. Ständig begleitend die Frage, ob das entwickelte, sich entwickelnde Erzählmodell kompatibel bleibt mit Realitätsvorgaben.

Als Black Boxes (blackboxes) werden übrigens auch innovative, strukturierte Finanzprodukte bezeichnet, intern. Hier werden Wertpapiere gebündelt mit kalkuliertem Anteil an (faulen, ja, toxischen) Hypotheken, Problemdarlehen mit Derivaten wie Optionen, Futures, Swaps. Ich lasse die Termini (notgedrungen) unkommentiert, denn: »Je weniger transparent ein Produkt ist, desto mehr für die Firma ist darin versteckt. Sogenannte OTC-Derivate, die außerbörslich (over the counter) gehandelt werden, und strukturierte Produkte (komplexe, intransparente Derivate mit allen möglichen Finessen) waren das Geschäft, dem man sich zuwenden musste.« So Greg Smith (von dessen Buchbericht ich viel gelernt habe).

Er soll gleich auch noch klären, was es mit Derivaten auf sich hat: »Derivate sind Finanzprodukte, deren Wert sich von künftigen Preisen und Kursen anderer Produkte ableitet. Sie können sehr komplex sein und genießen inzwischen den Ruf als Urheber verheerender Schäden.« Vielfach Spekulationen auf Zukunft, somit: »Futures«.

Smith erläutert das System mit einem recht einfachen, doch griffigen Vergleich: Der gutgläubige Partner kauft Konservendosen, die laut Etikett Thunfisch enthalten sollen, doch wenn er sie öffnet – ist es Hundefutter. »Wie kann das sein, fragt man sich, im Geschäft hat man mir gesagt, das sei Thunfisch. Doch dann schaut man auf die Rückseite der Dose. Dort steht in einer Schrift, die so klein ist, dass man sie fast nicht entziffern kann: ›Enthält vielleicht *keinen* Thunfisch. Enthält vielleicht Hundefutter.‹ Die Regierungen von Griechenland und Italien, der libysche Staatsfonds, die Stadt Oakland, der Staat Alabama und zahllose andere Einrichtungen und Organisationen haben ihre Dosen geöffnet und Hundefutter vorgefunden.«

Nun erst recht: Auch Finanzmathematiker und Spezialjuristen, die finanzielle Molotow-Cocktails mixen, sie müssten Präsenz gewinnen im neuen Roman über die Finanzindustrie, ihre Arbeitsweisen müssten zumindest skizziert werden, *aber*: Wenn schon, wie ich lese, innerhalb verschiedener Abteilungen etwa einer Investmentbank »Chinese walls« hochgezogen sind, und damit: fehlender Durchblick, Überblick sogar im Hause selbst, wie hoch ist dann erst einmal die Chinesische Mauer, vor der ich als Autor stehe? Unübersehbar ausgedehnt, unüberblickbar hoch: THE CHINESE FIREWALL. Nicht bloß ein Autor als Kannitverstan, auch hochdotierte Mitarbeiter ohne Durchblick, das liegt also auch in der Struktur des Ganzen. So kann ich nur entwerfen, auf Widerruf, was hinter der Chinesischen Firewall geschieht, kann es nicht in allen notwendigen Details ausführen.

Dieses Grundproblem kann ich nicht achselzuckend auf sich beruhen lassen, als Erzähler fühle ich mich herausgefordert. Doch immer wieder: vergeblicher Anlauf! Ich stoße an (meine) Grenzen des Verstehens, mit einer Sprache konfrontiert, die für mich weithin Fremdsprache bleibt: Anlagevehikel … Wertaufholung … Tracker-Zertifikate … Swaps … Barrier Reverse Convertibles … Outperformance-Bonus-Zertifikate … Beitragsvorenthaltung … Strategische Restrukturierungsmaßnahmen … asymmetrische Geschäfte …

Als ich schon mal Schwierigkeiten bei Erarbeitung dieses Themenkomplexes erwähnte, beim rituell eröffneten Gespräch mit dem Publikum nach einer Lesung, da wurde ich, kürzlich, mit der fast lauernden Frage konfrontiert: Könnte nicht sein, dass Sie hier den Anschluss verloren haben? Beim Nachgespräch, Glas Wein in der Hand, zeigte sich rasch, dass der kritisch Fragende, ein Mediziner, selber nie versucht hatte, Anschluss an jenen Themenkomplex zu suchen, sich da heranzuarbeiten, seine Frage, so wurde eingestanden, war mehr »auf Verdacht« gestellt worden, über mein Alter rätselnd. Es blieb denn auch bei einigen allgemeinen Äußerungen über die Finanzwelt.

Das genügt (mir) nicht. Es geht auch um eine Positionsbestimmung in dieser unserer Welt: Was umgibt uns, was wirkt auf uns ein, was könnte Folgen für uns haben? Wohin entwickelt sich eine Gesellschaft, die extrem obskure Geschäftsformen ermöglicht hat über Politiker, die von Lobbyisten instrumentalisiert werden? Mein Textversuch als so etwas wie eine Sonde: wie weit kann sie eindringen?

Mit einem simplen Vergleich: Ich versuche, ein Bild aufzuhängen, schlage einen Nagel in die Wand, komme nicht mal einen Zentimeter tief, schon stoße ich auf Beton, der Nagel krümmt sich, ein neuer Ansatzpunkt muss gesucht werden. Der Vorgang ist absehbar, dennoch wird der Versuch wiederholt, das Bild, das ich mir mache, muss ja nun exponiert werden. Doch der Beton bleibt. Dennoch muss ich immer wieder neu ansetzen.

Ich kann also, in Klartext übersetzt, nicht davon ausgehen: Wenn ich weiter und immer weiter recherchiere, werde ich schon noch Einrichtungen und Abläufe in der Finanzwelt nachzeichnen können. Selbst in einem Team wäre das nicht zu schaffen, bei gut überlegter Arbeitsteilung. Es kann nicht, erzählend, Transparenz erzeugen. Es zeigte sich ja, dass selbst innerhalb einer Investmentbank oder eines Hedgefonds Firewalls bestehen. Und dass strukturierte Finanzprodukte nicht einmal von deren Tradern, deren Bankern durchschaut werden können; selbst koordiniert entwickelnde Quants verlieren da den Überblick, den Durchblick. Die Komplexität zwingt zur Reduktion, zur Segmentierung des Blickfelds. Das ist schon mal eine Erkenntnis, mit der ich mich auf dem Weg in die fremde und doch nahe Welt belohne. Dieser Textversuch nicht nur als Werkstattbericht, auch als Vermittlung einer Schreib-Erfahrung.

Eine der Erfahrungen, die ich mit mir mache bei der zeitweiligen Beschäftigung mit der widerborstigen Materie: Ich gab mich lange Zeit zufrieden mit dem scheinbar alles erklärenden Begriff »Deregulierung«. Sagte mir, sagte anderen: Die Finanzkrise wurde möglich durch die Aufhebung von Regulierungen in der Finanzwirtschaft. Warf mir das Wort selbst vor, warf es anderen vor mit der Autosuggestion, der mehr oder weniger erfolgreichen, ich wüsste so ungefähr, was Deregulierung bedeutet. Aber dann, bei genauerem Überdenken: Ich wusste es eigentlich doch nicht so recht. Wusste nur, glaubte zu wissen: Es war etwas gelockert worden, das verschaffte Finanzakteuren den erwünschten Spielraum, den sie gnadenlos und rücksichtslos nutzten, weiterhin nutzen. Und wie! Aber wie?

Ich musste mir einen Stoß, einen Ruck geben, wollte endlich wissen, was es mit der Deregulierung genauer auf sich hat, in sich hat. Aber das gebe ich hier nicht wieder, damit würde ich (wieder) ansetzen zum Erklären, während ich doch erzählen will, ausprobierend, wie weit ich damit komme.

Doch schon stößt der metaphorische Nagel wieder auf metaphorischen Beton. Wer heute hochkomplexe, weithin unanschauliche, strukturell undurchschaubare Strukturen der Gesellschaft erhellen will, setzt sich Killerwogen von Informationsmassen hoher und höchster Komplexität aus. Wortreiche, sprachmächtige Komplexität wird vielfach schon künstlich generiert, geschäftsfördernd.

So werden, wie ich höre, vorsätzlich komplexe Finanzprodukte bei der Emission von Geschäftsbedingungen begleitet, die bis zu tausend Seiten lang sein können: rechtsverbindliche Konditionen für Finanzpartner, Investoren. Bei derartigem Umfang kann man fast mit Sicherheit davon ausgehen, dass ›kein Schwein‹ so was liest. Also auch nicht registriert, was als dezent warnender Hinweis auf Seite 529 oder 638 steht, womöglich als kleingedruckte Fußnote. Schon schnappt die Falle zu, spätestens bei allgemein rückläufigen Entwicklungen, bei Krisen.

Akteure der Finanzindustrie, etwa Banker, lesen nicht gern, erst recht nicht allzu kompliziertes Zeug? Mein Vater konnte schon in den sechziger Jahren (sprich: vor einem halben Jahrhundert!) berichten, dass Mitglieder von Vorstand und Aufsichtsrat der Bank im Ruhrgebiet kaum mal *Financial Times* oder das Wirtschaftsressort der NZZ lasen, sich lieber von ihrem Chauffeur die BILD-Zeitung rüberreichen ließen.

Also: von einem Mehrhundertseitentext muss ein Exzerpt, ein Summary angefertigt werden, und da hängt es sehr von den jeweiligen Hausjuristen, Justitiaren ab, wie viel von dem »rüberkommt«, was von einem hochkarätigen, hochdotierten Spezialistenteam kreiert wurde. So, wie Computer abstürzen können, so können letztlich auch Gehirne abstürzen. Genau dazu werden solche Killerwellen von Informationen generiert.

Erörterungen, Erörterungen …! Komme ich erzählerisch weiter in diesem Entwurf, diesem Szenario, wenn ich mich weniger auf Finanzmanager und Algorithmiker konzentriere, mehr auf »trader«? Im Kontext dieses Projekts also auf Wertpapierhändler wie eine Sheila Hartley, die potenten Kunden Black Boxes andienen oder aufhalsen?

Jedoch: ob solch ein Vermittler Golf spielt oder nicht, ob er säuft oder kifft, ob er in Las Vegas mit barbusigen Hostessen in einem Whirlpool sitzt oder nicht, ob er als Online-Pokerspieler tätig ist oder nicht – damit würden nur Randphänomene erzählerisch präsent, nicht aber ›innovative‹ Finanztechniken, dies vor allem in Form von Wetten. Die spielen eine neue, weithin dominierende Rolle. So setzt denn auch Sheila Hartley nicht allein auf selbstregulierende Algorithmen (die werden angeführt, wenn das Image ihres CRT-Fonds aufpoliert wird), sie wettet gegen das britische Pfund, womöglich mit Leerverkäufen, wettet auf Aktienkurse von Allianz oder Santander, wettet (vielfach manipulierend) auf alles, was sich finanziell aufwärts oder abwärts bewegen kann. Und Gelder von Kontrahenten verdampfen.

Neuer Ansatz, nächster Versuch! Der Erweiterungsroman, Fortführungsroman würde bloß zur Hälfte erzählt, bliebe der Fokus allein auf Manager der Finanzmärkte gerichtet, auf Quants, auf Strats, die komplex strukturierte Finanzprodukte entwickeln – Fonds und Banken brauchen Kunden, Klienten, die bereit sind, hochspekulativ zu agieren – zumeist im Rückgriff auf Gelder, die ihnen nicht gehören.

Einzuführen wären beispielsweise Stadtkämmerer, früher meist Hüter von Rücklagen, die sich mehrfach zu Casinospielern in eskalierenden Dimensionen entwickelten. In der Zeit, in der ich an diesem Werkstattbericht arbeite, wird fast regelmäßig über Finanzskandale auch außerhalb von Banken berichtet, über Verzocken, Verheizen, Verbrennen von Geldern, die dringend gebraucht würden in sozialen und kulturellen Einrichtungen.

Spektakulär, zum Beispiel, die Causa Monika R. Eine Frau von Ende dreißig, Referatsleiterin im Finanzmanagement des Landes Salzburg. Sie setzte im ersten Jahrzehnt des neuen Jahrtausends Euromillionen zu Hunderten in Marsch, meist verlustreich: zeitweilig fast eine Dreiviertelmilliarde. Dennoch war sie unbeirrbar der Auffassung, sie hätte ihre Aufgabe, ihren Dienst mit vollem Einsatz erfüllt, ja, sie gebe ihr Leben für den Landeshaushalt. Sie verbat sich Einmischungen des Finanzrats, betrachtete dies als »feindlichen Akt«, akzeptierte nicht Entscheidungen der Herren, war der Meinung, die wären gegen ihre Geschäfte, weil sie die nicht verstünden. So reduzierte sie auch die Verluste bis »nurmehr rund 340 Mio. Euro offen« waren, ein Betrag, der »leicht verdient« werden könne. So viel zum Selbstbewusstsein der Leiterin des Budgetreferats der Finanzabteilung des Landes Salzburg.

Der Fall Monika R. ist noch nicht geklärt, während ich dies schreibe. Etwa vier Dutzend Aktenordner liegen dem Gericht vor, Aussage prallt auf Aussage. Dennoch, was ich für die (exemplarische) Partnerfigur einer Sheila Hartley bräuchte im Parallelroman, das lässt sich zusammenlesen und auf eine fiktive Figur übertragen, die realen Hintergrund hat. Ich gebe, ich gäbe der Romanfigur einen beliebigen Namen: Katharina (»Kate«) Leske.

Also: eine Frau von Mitte dreißig, die auf Kosten ihres Amts an ein paar Fortbildungskursen (verlängerte Wochenenden) teilgenommen hat und prompt, weil sie einen so überzeugenden Eindruck macht, zur Referatsleiterin einer Landesbehörde ernannt wird, ausgestattet mit weitreichenden Vollmachten. Sie kooperiert mit einer immer größeren Zahl von Banken, mit freien Finanzdienstleistern, mit Online-Brokern. Rasch wird ihr Geschäftsfeld unübersichtlich, von außen gesehen, aber es schaut keiner hin.

Ich übernehme den Begriff Kontrollvakuum, modifiziere: Kontrollfreiraum. Stelle mir die Frage, wie Leske lange Zeit frei agieren kann, im Alleingang. Ihr Vorgesetzter, mitverantwortlich, könnte hinweisen auf zeitraubende Umgestaltungen von Infrastrukturen, Verlagerungen von Schwerpunkten, dies wiederum verbunden mit Besprechungen, Sitzungen, Konferenzen – da bleibe keine Zeit für Bilanzprüfungen, nicht jeder Geschäftsvorgang könne abgesegnet werden.

Was »Kate« einbringt: Effizienzdenken, das vor tabuisierten Handlungsweisen nicht zurückscheut. Loggt sich unter Passwörtern von Kollegen ein … Umgeht das Vier-Augen-Prinzip, das jeweils zwei Unterschriften unter Geschäftsabschlüsse voraussetzt, kopiert elektronisch Unterschriften von Bevollmächtigten hinein in Geschäftsgenehmigungen … Weist fiktive Gewinne aus … Kauft Hochrisikopapiere, setzt vor allem auf derivative Produkte, auf Zertifikate, lässt sich ein auf Handelspositionen mit hohen Ausfallrisiken, macht Verluste, bucht sie ab in einem zwar eingerichteten, zuvor aber nicht genutzten Konto; durch digitale ›Versiegelung‹ gelingt es ihr, dieses Spezialkonto vor Kontrollinstanzen des Ministeriums zu verbergen … Manipuliert nachträglich Protokolle über Sitzungen des Finanzbeirats …

Und mit welchen Geldern wird spekuliert? Leske wird betonen: Es sind keineswegs Steuergelder, ist vielmehr in einem Landesfonds gebunkertes Geld. Es könnte sich um einen Versorgungs- und Unterstützungsfonds handeln. Auf Hunderte hier angesammelter Millionen hat sie Zugriff ohne Rückfrage bei Vorgesetzten. Die sind mit anderem beschäftigt. Man weiß nur nicht so recht, womit.

Eine Sheila Hartley sucht und findet leicht Kontakt mit einer »Kate« Leske, die zu hochspekulativen Geschäften, zu riskanten Wetten mit hohen Renditen (oder erheblichen Verlusten) disponiert ist. Nach ersten, beiderseits lukrativen Abschlüssen wird das Geschäftsklima optimiert: Im Namen ihres Hedgefonds lädt Sheila »Hardline« über die Londoner Dependance die junge Referatsleiterin zu einer Auszeit in St. Tropez ein. Oder, falls Katharina zum Wintersport tendiert: das Angebot eines Ski-Weekend in Obertauern, offiziell ausgewiesen als Seminar. Oder sie wird zu einem Fußballspiel der Champions-League eingeladen, Flug, Hotel, Tickets, Begleitung, Betreuung inklusive. Wird trotz nominellen Anfütterungsverbots wiederholt zu Geschäftsessen eingeladen, auch und vor allem von Banken, mit denen sie gleichfalls kooperiert – versteht sich, ohne Abstimmung, ohne Rückfragen bei Kollegen oder Vorgesetzten der Finanzabteilung. Referatsleiterin Leske schließt mit diversen Investmentbanken, auch mit dem Hedgefonds der Hartley Geschäfte ab mit eskalierenden Risiken. Schließlich sind es mehr als 250 Derivatgeschäfte. Aber sie ist mit Vollmachten ausgestattet, die ihr fast blindlings überlassen wurden: Image als Faktor der Performance.

Dass die Verlustziffern anwachsen, belastet »Kate« nicht weiter: Es sind schließlich, wie von ihr gern wiederholt wird, keineswegs Steuergelder, die verloren gehen, es sind ›nur‹ Ausgleichsreserven eines Sozial-Portfolios. Das Geld, das sich dort angesammelt hat, scheint wie die Märchendukaten vom Himmel gefallen zu sein. Letztlich Cyberkapital.

Als schließlich Ausgleichsreserven in Höhe einer Dreiviertelmilliarde »zusammengefressen« sind, gerät »Kate« Leske keineswegs in Panik, auch verliert Sheila »Hardline« nicht ihre Coolness, sie hat bereits dreißig oder vierzig Millionen Dollar allein bei Spekulationsgeschäften mit »Kate« für den Fonds verdient.

Die Leske meldet ihren Vorgesetzten weiterhin nichts von den Verlusten – sie hat längst begonnen, auf Kredit zu spekulieren. Nach dem Motto: Unbegrenzt verdienen oder verlieren. Sie will »die Sache selbst in Ordnung bringen«, für Ausgleich sorgend, ohne Kollegen oder Vorgesetzte zu beunruhigen. Dies ganz allein, denn noch immer schaut man ihr nicht in die gezinkten Karten.

Die »richtlinienwidrigen« Geheimdeals, die Fehlspekulationen fallen nicht einmal auf bei Prüfungen der Finanzabteilung durch den Bundes- wie den Landesrechnungshof. Später wird man dort erklären, man sei leider hinters Licht geführt worden, wichtige Protokolle seien vorenthalten, entscheidende Zahlen gefälscht worden. Man hatte also nicht professionell nachgefragt, nachgehakt! Staunen: Wie lange so viel schiefgehen konnte, ohne dass es aufgefallen war ...

Ihr Vorgesetzter: »Ich bin sehr erschüttert. Das darf nie wieder passieren.« Und vielleicht noch: »Diese Sache wird ewig an uns klebenbleiben.«

Ein weisungsberechtigter, ebenfalls zur Kontrolle verpflichteter Sachwalter im Hause wird öffentlich erklären, er hätte die Geschäfte in den Grundzügen zwar verstanden, »bei der Komplexität sieht das aber schon ein bisserl anders aus, ehrlich gesagt«. Und im Nachtrag: »Bei manchen Finanzprodukten musste ich Trader fünfmal fragen, was das nun eigentlich ist, aber da wusste man das auch nicht so genau ...«

Wiederum ein Mitglied der Führungsriege: »Wir haben da jahrelang weggeschaut.« Und noch eine Aussage, die ich verwenden, übertragen könnte, weil sie symptomatisch ist: »Wir haben wochenlang gebraucht, um überhaupt zu verstehen, worum es da geht.«

Weitere Argumentations-Vorlagen. Man konstatiert, das interne, das regulatorische Kontrollsystem hätte versagt ... Man hat glaubwürdige Warnungen ignoriert, bezeichnet sich bei späterem Befragen als sachfremd und überlastet – zu viele E-Mails, Tag für Tag ... Weitere, branchentypische Erklärung: »Ich hatte nur begrenzten Zugang zu vielen relevanten Akten, einschließlich interner Kommunikation und Kontoauszüge.« Oder nur: Man könne keine genaueren Angaben machen über Vorgänge, »die dem Crash vorausgingen«. Der sich rationalen Entwicklungsmustern völlig entzieht, der Crash als zwanzig- oder fünfundzwanzigfache »Standardabweichung« ...

Zeitsymptom: Versagen von Kontrolle. Kein Wunder, dass sich nach der viel erörterten, reichlich analysierten Finanzkrise von 2007/8 letztlich kaum etwas, eigentlich gar nichts geändert hat: Es wird weiterhin gezockt, werden weiterhin Milliarden verbrannt von Männern, die früher Bankiers genannt wurden, die nun Banker heißen, zuweilen auch als Bankster bezeichnet werden, womöglich als Finanzmonster.

Ja, selbst dieser Ausdruck kann zutreffen. Eins der Monster hat öffentlich verlautbart: Es genügt nicht, dass wir Erfolg haben, andere müssen scheitern. Noch deutlicher, noch krasser: Man würde am liebsten einem der Feinde auf dem Finanzmarkt bei lebendigem Leibe das Herz rausreißen und es fressen.

Da assoziiere ich eher aztekische Rituale als modernes Management. Das aber verhält sich vielfach atavistisch, wenn es drauf ankommt; zumindest agiert es egoistisch, auf persönliche Bereicherung fixiert. Dies weiterhin unter der Devise: Solange die Musik spielt, tanzen (oder zocken) wir weiter.

VERSAGEN VON KONTROLLE: Stichwort, das ich noch mal aufgreifen muss. Nachrichten über das Versagen von Kontrolle bei Großbauprojekten erreichen uns beinah wöchentlich. Kontrollen der (und in der) Finanzindustrie werden immer wieder gefordert und versprochen, doch es ändert sich nichts.

Eklatanter Fall: Eine der vier großen US-Banken, die JP Morgan Chase, hat 2012 zwischen sieben und neun Milliarden Dollar Verlust gemacht, vor allem durch Zockerei der Londoner Dependance. Die hatte eigentlich die Aufgabe, Risiken abzusichern, ging aber die allergrößten Risiken ein. Federführend war dabei vor allem der französische Trader Bruno Iksil, wegen seiner raum- und konkurrenzverdrängenden Handelsvolumina (mit Derivaten und Derivaten von Derivaten) auch als »Wal« bezeichnet, als »Moby Iksil«. Der hatte vor einigen Jahren mit hochriskanten Aktionen beträchtliche Gewinne eingefahren, konnte von da an schalten und walten, wie er wollte, auch als Milliarden verdampften.

März 2013 fand ein dreitägiges Senats-Hearing statt, an dem man über Internet teilnehmen konnte: »JP Morgan Chase Whale Trades: A Case History of Derivatives Risks and Abuses«. Da habe ich ziemlich bald resigniert – ermüdend lange Einleitungsreferate zweier Senatoren, ausufernde Selbstdarstellungen von Zeugen, das alles im Spezialjargon der Branche. Wieder einmal das Gefühl, hier baut sich eine Informationswoge auf und die wälzt sich über mich hin, ich verschwinde in Sprachgischt.

Ich greife unter vielen Stichworten den Zentralbegriff »Kontrolle« auf. Wie war es möglich, so der erste der Senatoren, dass nicht andauernd Alarmsignale ertönten, dass nicht wiederholt »Warning Flags« erhoben und geschwenkt wurden? Es waren doch, wie proklamiert, Lehren gezogen worden aus der Finanzkrise von 2008, man hatte ein »Top Level Risk Management« eingeführt, ein »Internal Risk Management Control System« mit einem Risk Committee, dem ein Risiko-Experte angehören musste, verantwortlich gegenüber dem Chief Risk Officer. Alles klar im Organisationsschema, aber: Es wurden nicht einmal Grenzwerte für riskante Operationen eingeführt. Und ziemlich bald schon wurde von »Materialermüdung« des Gremiums gesprochen – wohl auch verursacht durch Opposition innerhalb des Hauses (so vermute ich): Händler werden geltend gemacht haben, intern, sie könnten nicht mit angezogener Handbremse agieren.

Mangel an Kontrolle, »Laxheit« der Führungsgremien, Defizite im Überblick (und Durchblick). Einer der »Comptroller« gab vor dem Untersuchungsausschuss zu, dass man einige Zeit brauchte, um festzustellen, »wie komplex und ernst die Situation war«. Und: »Wir registrierten beträchtliche Schwächen in der gesamten Firma, und die waren besonders offenkundig im CIO-Sektor.« Also im Derivatehandel.

Es kam zu einer emotionalen Stellungnahme eines Beteiligten: »Mr Chairman, es geht doch darum, wir haben 65 Oberschlaumeier gekriegt, ich meine, das waren hochkarätige Leute, die unsere Vorbedingungen erfüllten. Sie haben den Auftrag, aufzupassen. Und was tun sie? Sitzen die da und passen auf? Das wäre ja eigentlich ihre Aufgabe. Aber da wurden Gelder von Konten unserer Kunden entnommen, und die merkten es nicht! Sie sagten kein einziges Wort! Sie schlugen nicht Alarm! Und hier wird verlautbart, die würden jetzt mit der Untersuchung beginnen. Ich habe immer gedacht, das wäre von vornherein ihre Aufgabe: aufpassen, was abläuft. Die haben da 65 Leute! Ich überlege, was passiert denn da? Wozu haben diese Leute ihren Auftrag? Sie beklagten zuletzt nur: ›Wir sehen, dass in letzter Zeit Verluste gemacht wurden.‹

Das stellt die doch bloß! Jetzt erst fangen die mit dem Untersuchen an?! Die Untersuchung hätte darin bestehen müssen, dass sie mit unseren Leuten reden, die vor Ort sind, und herauskriegen, ob die ihren Job erfüllen oder ob sie herumsitzen, Füße auf dem Schreibtisch, und Kaffee trinken. Keiner ist auf seinem Posten. Keiner übt wirklich Kontrolle aus. Wir kriegen nur was heraus, nachdem es passiert ist, über Pressemitteilungen oder so. Wir finden das sehr frustrierend.«

Entwurf eines der Finanzakteure: James O'Shaugnessy Jr., CEO (Chief Executive Officer) der Investmentbank »Global Distribution«. Experte in »Balance-sheet risk management«. (Kein Wort der Erläuterung dazu: sperriger Sprachfremdkörper.)

Zuerst jedoch: Wer war O'Shaugnessy *Sen*.? Der hatte sich profiliert während der Erdölkrise 1973, war, mit Vollmachten der UOC (United Oil Company) in den Nahen Osten geflogen: Schadensbegrenzung. Die ihm auch gelang, im Rahmen des politisch und wirtschaftlich Möglichen. Sein Aufstieg in der UOC-Hierarchie war damit programmiert.

Sein (von Mitarbeitern und Partnern nachsichtig registriertes) Kennzeichen: Eine Plastiktüte mit Unterlagen für ein Gespräch, eine Verhandlung, eine Konferenz. The man with bag … James carrying a bag … So prägte sich das ein, machte Eindruck auf den Sohn, doch er übernahm das nicht. Sein Name verband sich vielmehr mit einem speziellen, in Amerika hochgeschätzten, finanziell sehr aufwendigen Hobby.

Turbokarriere des Sohns mit mentaler und persönlicher Unterstützung des Öl-Tycoons. Harvard Business School … London School of Economics … MBA … Der junge Wertpapierhändler der Singapore FE-City Bank »jumped into trading«. Sein Gesellenstück lieferte er dem Hause mit einem Insider-Coup: Über einen Studienfreund, dem er im Gegenzug eine gute Position in der Bank vermittelte, erfuhr er vierzehn Tage vor der Bilanzpressekonferenz der RDOG, dass die Gewinnerwartungen überdurchschnittlich hoch ausfallen würden; sofort kaufte er (noch dahindümpelnde) Aktien in großem Umfang auf, stieß sie nach dem Hochschnellen des Kurses (»schoss durch die Decke«) rasch wieder ab, konnte für die Bank satten Gewinn einfahren, der ihm einen ersten Sonderbonus einbrachte.

Er wurde von Global Dis abgeworben, setzte den steilen Aufstieg fort: »he fucked up«. Profilierte sich mit Entwurf und Design komplexer Finanzprodukte wie Range-Accrual-Swaps, handelte mit Future-Optionsscheinen, war umtriebig in Devisenoptionsgeschäften, Zinsbegrenzungsgeschäften, operierte mit diversen exotischen Zinsderivaten. (Ich übernehme auch diese Spezialbegriffe, ohne sie zu übersetzen oder gar zu kommentieren – das könnte ich auch gar nicht. Fremdkörper, und das sollen sie hier auch bleiben ...)

Zum großen Deal setzte O'Shaugnessy Jr. an mit Design und Styling hochkomplexer Hypothekenanleihen, mit CDOs (Collateralized Debt Obligations). Der Designer zugleich als brillanter Tradesman, er hatte bald einen Spitznamen weg: PN. Aufgelöst: Performance Nessy. Standardisierte Begleiterklärungen seiner Verhandlungen: »Sie können sich auf mich verlassen ... Ich werde dich nicht enttäuschen ... Ich schwöre bei allem, was mir heilig ist ...«

Gefürchtet waren seine Wutanfälle. Die wurden schon von Ansätzen möglicher Kritik angetörnt: »Dauernd auf uns rumhacken, uns für alles verantwortlich machen, als würden wir, verdammt nochmal, bloß absahnen. Da sollen die mal so eine Hundertstundenwoche durchstehn, als nine-to-five banker [von neun Uhr morgens bis fünf Uhr am nächsten Morgen], das Essen nachts auf dem Schreibtisch serviert, und weiter – sollen die mal durchstehn, würden ja gleich burn-out! schreien, burn-out, und anschließend ab in die Depression.«

Seine großen Deals bezeichnete er jeweils als »Locomotion«, römisch beziffert. Mit »Locomotion IV« nun will er die finanzielle Basis schaffen für den Erwerb einer »Big Boy«, der größten und stärksten Echtdampflokomotive der Vereinigten Staaten, seit Jahrzehnten außer Dienst, in nur wenigen Exemplaren erhalten.

O' Shaugnessy Senior hatte im waldreichen, dünn besiedelten Maine ein weitläufiges Jagdrevier erworben; in großzügig angelegter Lichtung der Jagdsitz, der sich zur Familienresidenz auswuchs. In radikaler Erweiterung der Lichtung legte James Jr., unterstützt vom Vater (längst in hochdotiertem Ruhestand), ein Lokomotiv-Museum an, beide fasziniert von der »urigen« Kraftdemonstration historischer Forney- und Shay-Lokomotiven. Untergestellt waren sie in einem im Betriebsgelände abgebauten, auf dem Estate wieder errichteten halbringförmigen Lokschuppen mit vorgelagerter Drehscheibe, ebenfalls übernommen von einer aufgegebenen Anlage. Zuweilen wurde, unter tatkräftiger Unterstützung von Senior (selbsternannter Lokomotivwart) eine der drei Oldtimer- Lokomotiven unter Dampf gesetzt, auf die Drehscheibe gefahren, vor Besuchern wie bei einem Fototermin gedreht, sodann in Bewegung gesetzt auf dem wenige hundert Meter langen Demonstrationsgleis im Wald. Und wieder zurückgesetzt und eingestellt. Bewährte Namen wurden übernommen: »El Gobernador«, eine 2 E, doch trotz des Namens nicht überaus leistungsfähig, dafür optisch höchst eindrucksvoll.

Wurde eine der Lokomotiven aus dem Schuppen ins Freie, auf die Drehscheibe rangiert, auf eins der beiden Demonstrations-Gleisstücke hinausgefahren, so standen Senior und Junior im Führerstand, läuteten, seitlich herausgebeugt, abwechselnd die Signalglocke, betätigten die Dampfpfeife mit ihrem rasch ansteigenden, wieder absinkenden Sound.

»Locomotion IV« soll nun auch Mittel bereitstellen für den avisierten Erwerb einer restaurierungsbedürftigen Big Boy-Lokomotive der Bauart Mallet, mit der Achsfolge 4-8-8-4, mit mächtigem Kuhfänger am Bug; angetriebene Achsen auch unter dem Tender; über 200 Tonnen, mehr als 8000 HP, »uriges Urvieh«. Das Relikt muss auf dem Abstellgleis vor Detroit demontiert, auf Tiefladern nach Maine transportiert, neu montiert werden bei gleichzeitiger Generalüberholung. »Union Pacific Big Boy«: unter Echtdampflok-Freaks so hoch angesetzt wie die Blaue Mauritius unter Philatelisten. James O'Shaugnessy Jr. will sich künftig nur noch vor und auf dieser Riesenlok fotografieren lassen – wird sich einprägen!

Mit dem Lok-Szenario gerate ich allerdings in die Nähe des Hanau-Ausstattungsfilms mit aufpolierten Oldtimern. Solange ich Big Boy unter Dampf setze, dampfe ich am Hauptproblem vorbei. Die »Echtdampflokomotive« macht den Erfolg von James O'Shaugnessy Jr. sichtbar; vorrangig müsste jedoch erzählt werden, wie er sich zur Top-Position emporhangelte, emporarbeitete.

Das kann ich nicht frei erfinden, ich brauche eine Vorlage, ein Modell. Es bietet sich an ein Bericht des *Wall Street Journal* vom Mai 2012: Wie ein französischer Derivatehändler in der Londoner Zweigstelle der Großbank J. P. Morgan Chase mit einer aggressiven Wette auf einen Schlag fast eine halbe Milliarde für die Bank einspielte. Die Frage mal wieder: speculating or gambling?

Ich lasse den Namen des Spielers aus, es geht allein um ein Geschäftsmodell. Angemessener formuliert: um das Modell einer Transaktion. Ich übernehme und übertrage Grundzüge, soweit ich sie verstehe. Ein Versuch also auf jederzeitigen Widerruf. Mehr kann ich nicht bieten, als Outsider. Ausprobieren aber will ich auch das.

Erst ein Vergleich: Bei uns gilt der DAX als Index für Kursentwicklungen von dreißig Top-Aktiengesellschaften. Dem entspricht in den Staaten (unter anderem) ein Index für hundert Unternehmen. Für diesen Index muss ich einen Namen erfinden, um mein Szenario abzurücken vom Index, der dokumentiert ist. Ich schlage mir vor: CoC-Index. Soll heißen: Company of Companies. Nach dem Rating einer der drei führenden Agenturen gut positioniert mit AA-. Damit eine Gruppierung durchaus kreditwürdiger Unternehmen.

Die Branche horcht auf: Große Positionen des CoC-Index werden verkauft, die Indexziffer sinkt. Was ist im Busch? Wer setzt was in Bewegung? Diverse Analysten vermuten: »Nessy« von der Global Dis könnte dahinterstecken – his big risk appetite! Er outet sich auch bald schon mit einer Herausforderung: wettet auf weiteres Absinken des CoC-Index, ja, auf Ausfall, Absturz, freien Fall.

Die genaueren Spielregeln, der Realität abgeguckt: Der

Index ist 2003 aufgelegt worden und wird (mit den Derivaten, auf denen er basiert) Ende Dezember 2006 fällig. Wird bis zum Ablauf der Transaktion eine der hundert Firmen insolvent, so ist dies eine Patt-Situation. James setzt darauf, wettet darauf, dass bis zum Endtermin mehr als nur die eine Firma Gläubigerschutz beantragen muss. Darauf wettet er im Namen der Bank mit 300 Millionen Dollar. Wer nimmt die Herausforderung an? Einer der großen Hedgefonds meldet sich und setzt auf Stabilität der Companies, damit auf steigenden Indexkurs: A bet on the strength of the group of companies.

Dem Hedgefonds könnte sich eine Institution anschließen, beispielsweise eine Kölner Sparkasse, die ohnehin mal am großen Rad (mit)drehen will. Die Gegenseite erhöht den Wetteinsatz sogleich um fünfzig Prozent, in der Erwartung, dass der Gegenspieler, mit dem man ohnehin ein Hühnchen zu rupfen hat (persönliche Animositäten), sich nicht als »chicken« erweist. James nimmt, ohne Rücksprache mit dem CEO von Global Dis, die Herausforderung an: 450 Millionen für Global Dis, wenn eine zweite, womöglich dritte Firma des Index bis zum Schlusstermin einknickt; 450 Millionen für den erweiterten Fonds, wenn es bei der einen Firma bleibt. Darauf setzt die Gegenseite mit Überzeugung, der Fonds verspricht den Anlegern fünfzehn Prozent Rendite, der Wetteinsatz könnte eigentlich erhöht werden auf eine halbe Milliarde, doch man hat sich auf 450 Millionen geeinigt, dabei soll es bleiben. Die Wette gilt! Auch bei den extrem erweiterten Spielregeln der Branche: Das gesprochene Wort gilt! Daran muss man festhalten, sonst bricht alles zusammen.

Die Positionen sind bezogen: Global Dis, vertreten durch James O'Shaughnessy Jr., wettet auf den Kollaps einer zweiten der hundert Companies bis zum Schlusstermin der Transaktion. Ein Fonds, beispielsweise mit der Bezeichnung »Croesus Capital Partners (CCP)« bezieht Gegenposition, setzt auf weitere Stabilität der Indexgruppe. Und scheint recht zu behalten – im November sieht es gut aus für den Fonds, schlecht für James.

Selbstverständlich kommen Gerüchte auf. Es gibt da eine

Company (Investitionen in Ship Building), die als bedroht gilt – scharfe Konkurrenz aus Fernost. Analysten werden angesetzt. Ein Insider vermittelt, was sich nicht nachweisen, doch nachvollziehen lässt: Der Fonds bekundet in höchster Diskretionsstufe die Bereitschaft, eine Überbrückungszahlung einzuleiten unter der Voraussetzung, dass die Company erst nach dem Stichtag Gläubigerschutz beantragt. Es ist die Rede von hundert Millionen, die von den 450 Millionen abgeschrieben werden müssten, bei gewonnener Wette.

Aber da hat man nicht mit James gerechnet. Er beauftragt die relativ neue Ratingagentur Ferguson & Ferguson mit erneuter Überprüfung und Bewertung des Index, speziell der Ship Company. Nicht unwichtig in dem Zusammenhang: Auch Global Dis hat Geld angelegt bei der Agentur, mindestens zehn Prozent des Gründungskapitals. Da kann man schon mal ein Wörtchen mitreden. Der Auftrag wird nominell im sechsstelligen Bereich honoriert, die genaue Ziffer ist bei den Verrechnungsmodi zwischen Global Dis und F&F eine Frage der Buchungstechnik.

Die Gegengruppe verstärkt die Pressearbeit: Gute Zukunftsoptionen der Ship-Company, vor allem bei erhöhter Nachfrage nach Flüssiggas-Tankern, speziell für Norwegen. Der Index zieht wieder an.

Für James und die Bank sieht es düster aus. Doch jäh der Umbruch: Fehlkalkulationen in der Firma, sie meldet Konkurs an. Damit ist allerdings noch nichts entschieden, dies ist die eine, die erste, die einzige Position, die ausgeklammert wird. Kommt die entscheidende zweite Insolvenz hinzu? Banges Warten, großes Zittern – welche der 99 Companies könnte termingerecht kippen?

Mitte Dezember der Knall hier, der Schock dort: eine Textilfirma beantragt Gläubigerschutz. Spiel, Satz und Sieg für James und die Global Dis: die Bank kann 450 Millionen als Gewinn verbuchen, CCP muss den Betrag abschreiben.

Die Transaktion nun als »Geschäft der Schmerzen«, ja, als »Witwenmacher«. James Jr. (»golden boy«) streicht einen Sonderbonus ein. Kommt auf etwa 15 Millionen im Jahr.

Rückt auf zum CEO von Global Dis, zieht um vom Stockwerk über der Händlerzentrale zur »senior executive section« im 49. Stock des Bankgebäudes. Arbeitet auch mit am Image von Global Dis: Die Bank beteiligt sich nicht, zumindest offiziell nicht, am Hochfrequenzhandel, der mehr und mehr in die Kritik gerät. Man hält dagegen: »Schließlich spielt die Story noch eine wichtige Rolle bei unserem Unternehmen in der Öffentlichkeit.« Betont wird die Führungsrolle im Anlageuniversum.

UND NUN die große, die zentrale Szene im virtuellen Roman eines Verbrechens: Ein Mega-Deal (»Locomotion IV«) wird ausgeheckt. Hier genügt mir nicht, zu konstatieren, was oft genug wiederholt wird in pauschaler Formulierung: Sorgfältig inszenierte Betrugsmanöver dienen dazu, Insider zu bereichern und bei Outsidern abzusahnen ... Wenn dieser Textversuch einen Sinn erhalten soll, muss ich konkret, muss ich genau werden. Auch beim Entwurf einer groß angelegten Wette im globalen Finanzcasino.

Dabei muss ich auch Atmosphärisches einbringen. Im anglo-amerikanischen Sprachraum surfend, habe ich Sprachmodelle, branchenübliche Floskeln aufgespürt; solches Material bringe ich ein.

ORT DES MEETINGS: Manhattan-Building von Ferguson & Ferguson (Ratingagentur, Financial Guaranty). Es sitzen am Tisch: Sheila Hartley, CRT-Hedgefonds-Management. »Nessy«, auch »PN« genannt, von Global Dis. Achilles Makropoulos, in Vertretung von Gerry Ferguson III., »Finanzdienstleister«. Siebenunddreißigstes Stockwerk, abhörsicherer Raum mit Blick auf den Hudson River.

Einleitend muss der dritte Teilnehmer vorgestellt werden. Im Branchenjargon: »Ich scanne den ab.«

Makro, zweiter Mann der Ratingagentur. Sein Vater: Steuerberater in Patras. Sohn Makro blieb der Zunft treu, studierte Steuerrecht, finanzierte das Studium mit Stipendien und Krediten. Fächerte das Studium auf: Internationales

Steuerrecht. Zuweilen, diskret eingestanden, das Gefühl, er schaffe es nicht. Arbeitete sich jedoch heraus. »Master's degree in international economics from the School of International and Public Affairs at Columbia University«. Erster Job in London. Allerdings Probleme (schlechte Chemie) im Chief Investment Office: sein Boss hatte was gegen Leute aus der »Levante«. Das Vorurteil ließ sich der Boss nicht ausreden. Ein Mitarbeiter: »Achilles was routinely shouted down by him in conferences.« Makro setzte dagegen: »Den schmeiß ich unter den Bus.« Was aber nur halbwegs gelang. Als Konsequenz: Absprung von London nach New York. Er half F&F aus einer Vertrauenskrise: Wir nehmen den Kampf auf mit den großen Drei der Ratingbranche, wir sind jünger, sind schneller, engagieren uns verstärkt in Zentraleuropa. Dies mit einem Flair für Krisen: Die bringen Bewegung in den Markt, beschleunigen die Geldzirkulation, eröffnen Zugang zu mehr Informationen.

Bei hausinternen Global Strategy Sessions pflegt Achilles Makropoulos einleitend zu erklären, er hätte nicht viel beizutragen, holt dann jedoch aus zu langatmigen Erörterungen der Finanz- und Wirtschaftslage, vorgetragen mit griechischen Akzentuierungen.

Makropoulos begrüßt Sheila und James im Namen von Gerry [Ferguson], zurzeit auf dem Estate in Florida. Er habe es in letzter Zeit ziemlich übertrieben. [Extreme Vernetzung als Voraussetzung für den Agenturjob, aber] Gerry kam vom Blackberry nicht los. Als Makro kürzlich gegen fünf in der Frühe mal wach wurde, hingen bereits sieben Gerry-Mails in der Warteschleife. Money never sleeps, aber Gerry konnte einfach nicht abschalten: Burn-out. Ärztliche Überwachung. Makro hat ihn zwei Tage zuvor noch besucht, bringt weitreichende Vollmachten mit für den anstehenden Deal.

Und gleich noch ein Punkt: In Abstimmung mit Gerry hat er eine getürkte E-Mail-Spur angelegt – führt in weitem Bogen um das Projekt herum. Gerry ist generell für den Deal, sieht freilich auch Risiken: »Wenn das auffliegt, bin ich tot.«

Makro hat ihm in die Hand versprochen: Nach der Konferenz erfolgen weitere Abstimmungen mit Sheila und James ausschließlich über »reitende Boten« im City-Kurierdienst. Gerry, derzeit etwas dünnhäutig: »Nur ja keine Footprints im Net!«

Sheila findet das ok, hat ohnehin schon längst das Gefühl, ihre Phonekontakte sind nicht mehr abhörsicher. Und digitale Vermittlung? Na ja.

Wie bei Konferenzen weithin üblich, erst eine lockere Anmerkung, stimmungsfördernd: Ihr CRT-Fonds wird in der nächsten Pressekonferenz eine neue Social Activity verkünden – zehn betreute Minensuchhunde für Afghanistan. Kleines, anerkennendes Gelächter am Tisch. [Angepeilte Auswirkung: Noble und ethische Motive als effizienter Weg zum lukrativen Engagement von Investoren.] Im Übrigen erwartet sie einen »fat tail hedge«.

Na, dann können wir ja durchstarten.

Auf dem Tisch ein virtuelles Paket, geschnürt von Quants der Global Distribution. Das Finanzkonstrukt versteckt sichtbar in vergoldetem USB-Stick. Der Prototyp! Gespeichert: ein gehöriger Anteil von verbrieften Immobilienkrediten. Die hochtoxischen Papiere gleichsam zerhackt, umgewidmet, evaluiert; [diese akkumulierten Risiken] gebündelt mit attraktiven Anlage-Offerten. Das synthetische CDO mit digitalem Quirl gemixt – das Mischungsverhältnis so geheim(gehalten) wie die Rezeptur von Coca-Cola.

Das komplexe, exotische Finanzprodukt wurde von der Marketing-Abteilung der Global Dis attraktiv tituliert: PROMETHEUS 2007 – ACDS [Acquisition/Distribution]. Keiner der drei im Raum weiß genauer, was im Strukturierten Finanzprodukt enthalten ist. Nur: seine Quants, so »Nessy«, dürften ganze Arbeit geleistet haben. Doch man will auf Nummer Sicher gehen: Sheilas Cracks werden (ohne »Beipackzettel«!) ein Quantum zweitklassiger Hypothekenanleihen hinzumischen, mit mehr oder weniger nahen Verfallsdaten.

Das vom CRT-Fonds bald zusätzlich ›angereicherte‹, hochkomplexe Finanzinstrument erhält im Verlauf der konspirativen Konferenz passende Spitznamen: »Unser Monster ... Unser Frankenstein ...« [Aus dem internen Sprachschatz der Investmentbank Goldman & Sachs] Die offizielle Bezeichnung wird von Sheila spontan verkürzt: PROMETHEUS 07. Whooow: kleiner Anhauch James Bond ...

Makropoulos zu O'Shaugnessy: Sag mal, deine Quants, sind die alle, ich meine, ist keiner von denen irgendwie inkon – also, sind die ganz dicht, halten dicht?

Hör mal, die haben das Ding fast schon wieder vergessen. Haben uns den Frankenstein geliefert, dem Sheila jetzt noch die Reißzähne, ich würd sagen, die sie ihm nachschärft, also etwas schärfer zuschleifen wird. Unsre Quants sind längst schon damit befasst, einen, na sagen wir, Golem zu produzieren [ein mathematisches Modell], oder, wenn du so willst, einen Godzilla, der die Citys aufmischt, schöne Frau im Griff, versteht sich. Also, die Anwendung, offiziell, ganz offiziell, das Trading des Frankensteinprodukts – allein unsre Sache, ganz allein unsre Sache, hundertprozentig abgeschirmt. Sonst ist das ein Griff in den Lokus, ein Griff in die Scheiße, um das mal klar, ganz klar –. By the way, Sheila, wie ist das in deinem Team, wie viele sind da, sagen wir mal: impliziert, voraussichtlich, mit dem Beipack zum Paket?

Ich hab zwei absolut zuverlässige Strats an der Hand, die stimmen sich mit deinen Quants dann ab. Reine Frage der Technik. Schwieriger wird es schon eher mit dem Rating, soll zuletzt ja kippen.

Makro: Also, F&F wird das Produkt mit dem obligaten Gütesiegel versehen. Könnte allerdings etwas schwierig werden, passende Analysten anzusetzen. Verunsicherungen im Hause. Einer der Besten hat kürzlich das Handtuch geworfen beim Rating einer synthetischen CDO: Ich kann das nicht verstehn, ich blick da nicht durch, mag das nicht bewerten.

Aber Makro generiert Hoffnungsschimmer: Er kriegt schon noch ein paar motivierbare Analysten im Hause zusammengetrommelt, GD muss schließlich eine gediegene Marketingbroschüre rausbringen zu 07. Im Rating-Komitee wird Makro selbstverständlich für eine Bestnote optieren. Allerdings nicht

Triple-A, eher was wie AA+, wir müssen schließlich einen Spalt offenhalten für die Neubewertung, Abwertung, für den Ausstieg – reden wir nachher noch drüber, vor allem mit Blick auf das Timing. Wäre Gerry hier, er käme jetzt garantiert an mit seinem Spruch: Hoffentlich sind wir reich und in Rente, eh die Kartenhäuser zusammenklappen. Ist hoffentlich bald wieder an Deck. Aber jetzt zu unserm Frankenstein. Sheila und James: alles klar mit der Strategie?

Sheila: Also wir vom CRT setzen von vornherein gegen Prometheus, setzen dagegen – big bet, really big bet. Kann dafür einstehn, dass der Wettbetrag abgedeckt ist. Ich hab meine absolut risikofreudige Kate in Austria, also die könnte mit ihrem Landesfonds im Rücken, dreihundert, vierhundert Millionen, ein spezieller Fonds, Kate ist zwar im Minus, zur Zeit, aber der Fonds als solcher – meine externen Investoren sind ja keine Wirtschaftsprüfer, also ein Fonds in Austria. Und vielleicht, ja, die Sparkasse in Cologne, die wollen schließlich auch am großen Rad drehen – alles schon mal angedacht, in den Raum gestellt. Jedenfalls hat sie ihre Mannschaft rechtzeitig stehn.

Und dann, reitende Boten, wirklich per Kurier, da liegt Makro absolut richtig, no footsteps, präzise Abstimmung, ihr stuft runter, und dann, ja, dann zünden, Fernzündung, klar, zünden die Sprengsätze im Kielraum des Flaggschiffs, wir lassen es glorreich untergehn. Crash makes cash. Makro, ihr müsst nur euer Rating rechtzeitig nach unten korrigieren. Ich find es gut, dass ihr von vornherein einen kleinen Abstrich – kein Triple-A, aus einem AA+ kann denn ohne weiteres ein AA– werden, veränderte Marktlage oder so, oder noch eins runter oder zwei runter, müsst ihr entscheiden, nur dass wir da synchron – Wertung runter, Wette gilt ... Aber Global Dis, ihr als virtuelle loser – habt ihr irgendwie, ja, vorgesorgt? Also nicht vorgesorgt, ich meine eher: vorgedacht? Seid der Öffentlichkeit nach dem Crash ja eine Erklärung schuldig.

Und James: Gerade mit Blick auf euren special mix muss Global Dis einplanen, wie wir uns beim Countdown aus der Schlinge ziehn. Im eher Kleingedruckten wird GD im Verkaufsprospekt hinweisen auf eine »Stanford Group of Quants« (halbironischer Beiname »Die drei Musketiere«), die für die Algorithmik des Produkts verantwortlich zeichnen, für das Global Dis als Emittent schließlich die Verantwortung übernimmt.

Und nach der Implosion? Da wird in der Richtung argumentiert: Die Stanford Group, sogenannte Stanford Group, dieses Highbrow-Subunternehmen hat uns ein kontaminiertes Ding geliefert, die Musketiere lassen sich aber nicht haftbar machen, haben sich in alle Winde – einer in der Ukraine, was weiß ich – so in dem Stil. Sobald das Ding platzt, haben wir natürlich eine Rotte von Anlegern am Hals, womöglich juristisch – aber da kann ich nur sagen, wir gehen bis zur letzten, zur allerletzten Instanz, die werden eher entseelt zu Grabe sinken, eh die einen Cent von uns –.

Generell muss ich sagen: Wir machen schließlich Verluste, nominell Verluste, wenn CRT die Wette gewinnt – damit stehen wir PR-mäßig aber ganz gut da, wir müssen abschreiben, und zwar tüchtig, haben uns ja selber mit *Prometheus* eingedeckt, haben den vergifteten Typ im Keller, dunkle Mächte im Hintergrund, Verschwörung, Schattenbank versus Investmentbank, so was zieht immer, die Musketiere mit vergifteten Degenspitzen, oder so. Jedenfalls, wir sitzen mit den Kunden, den Investoren in einem Boot, nominell, nominell –.

In dem Zusammenhang, was Makro vorhin sagte von der E-Mail-Spur, also der falsch gelegten – natürlich werden wir uns absichern, also dem einen schick ich eine E-Mail, er soll die Einlage für die Wette lieber doch nicht erhöhen, und für einen Händler die Mail, er soll den Handel mit den Indexderivaten vorläufig einstellen – aber vorher, geschlossne Front, ist ja klar, gegenhalten, gegenhalten, CRT darf auf keinen Fall recht behalten, let's squish 'em in the mud – so was in der Art. Aber Hauptsache bleibt ja nun – offiziell, wenn es mit *Promi 07* den Bach runtergeht, da handelt sich Global Dis krasse Verluste ein, nicht bloß buchungsmäßig, sondern echt, sozusagen echt. Damit sind wir dann bestens aufgestellt, ebenfalls als Opfer, wurden selbst gelinkt, das werden wir ausspielen, geltend machen, wie auch immer.

Makro: Ich muss jetzt mal für F&F – auch mit Blick auf Gerry, hab ihm gegenüber ja eine gewisse Verantwortung übernommen –, angenommen, irgendwo entsteht doch eine Leckstelle, und das Wettkonzept geht vorzeitig – also, die Frage ist, ob wir einen Plan B brauchen, für den Notfall einen Plan B, eh wir unsre Füße in den Sumpf stecken. Und dann womöglich im Loch stecken! Mit drei Kindern am Hals und zwei Frauen – ich bin da ziemlich haftempfindlich!

Sheila: Machen wir jetzt in »worst-case situation« oder bosseln wir an unserm beschissenen Deal?

Makro: Gehört beides zusammen. Wär ja nicht die erste Black Box, die in die Luft fliegt. Wenn vom 07-Wettdeal irgendwas ruchbar würde – das gäb einen Aufschrei, ein paar von den Pressegeiern lauern doch nur auf so einen Fall –, und dann ist F&F nicht mehr Triple A, dann verglühn wir. Und die speziellen Freunde von Moody's reiben sich die Hände. Möchten wir aber nicht sehn, wir möchten auf keinen Fall so was zu sehn kriegen.

Mal im Ernst, Makro, ganz im Ernst: Ich bin sicher, Gott hat für jeden von uns einen Plan, hat jedem von uns ein Ziel gesetzt. Und mein Ziel ist nun mal ein siebenstelliger Bonus.

Ey, James, wirst ja pathetisch! Brauchst 'ne kalte Dusche? Haben alle facilities im Hause!

Nehmen wir die Sache doch so, wie sie ist. Da kann ich Sheila wirklich nur – wer soll uns denn verpfeifen?! Steigt doch keiner durch bei dem Deal. Und falls es doch auf Hauen und Stechen kommt, da sollen die sich getrost mal durch die Akten beißen. Bis die durch sind, ist Gras drüber gewachsen, Golfgras. Makro, versteh mich recht, wir nehmen das ja ernst, was du mit Plan B und so – aber dass Sheilas Group für Ausgleich, unter der Hand, undercover, über Dublin oder Caymans [Cayman Islands, eins der Steuerparadiese] – das alles bleibt doch Toptop-Secret. Da kann ganz einfach nichts durchsickern. In der Hinsicht müssen wir unsren Blutdruck, wir müssen ja nicht unbedingt unsern Blutdruck hochtreiben, ist sowieso schon hoch genug bei dem Deal, da müssen wir nicht, äh, nicht noch extra, würd sagen, also das können wir doch außen vor, wirklich außen vor lassen, oder?

Außen vor, das ist schnell mittendrin. Und dann steckt F&F in der Scheiße. Da können wir den Laden dichtmachen.

Ey, Makro, was die Straffheit unsrer Nachrichtenkontrolle betrifft, da sind wir, denke ich, in einer guten und glücklichen Position. Bei GD wie bei CRT. Keine Vorgespräche, keine Vorplanungen im Vorstand, schon gar nicht im Aufsichtsrat. Ich denke, um realistisch zu sein, sollten wir davon ausgehn, dass unser Deal nicht ruchbar wird. Ich hab das sichere Gefühl, wir kriegen oder biegen das Ding so hin, dass es ohne Fall B, Plan B … Also ich möchte doch einigen Nachdruck darauf legen, dass ich finde, unser Konzept sollte auf der Annahme basieren, dass es, äh, wasserdicht, würd sagen wasserdicht ist. Und bleibt. Also: Tagesordnungspunkt Verkaufsstrategie.

James wird sich [als Chief-trader] vorzugsweise an ausländische Investoren wenden, an »fucking Germans«, wird die ABN Amro einbeziehn, die Royal Bank of Scotland, die Anglo-Irish Bank, die vor allem, die garantiert, in Dublin sitzen genau die Richtigen. Er weiß auch schon, wie er die Kadetten kitzeln wird: mit den Degenspitzen der »Drei Musketiere«. Werden die Phantasie hinreichend beschäftigen … Seit wann hat man eigentlich die Pflicht, Investoren eingehend über Anlageprodukte zu beraten? Ausgerechnet Iren, ausgerechnet Deutsche, die so verdammt gern hervorheben, dass sie den totalen Durchblick haben? Bei Anzeichen von Unsicherheit lässt sich auf folgender Wellenlänge operieren: Sie können (du kannst) mit Sicherheit davon ausgehn, dass Global Dis keinen Anreiz darin sieht, eine Transaktion zu starten, die darauf abzielt, Geld zu verlieren. Und so verticken wir das Zeug.

Aber jetzt muss unser Dings erst mal lanciert werden. Falls das in Telefonaten nicht rüberkommt, wird PN losjetten und direkt verhandeln, im Frankfurter Edelpuff, im Nobelrestaurant von Singapur-City, in schottischem Event-Schloss, auf irischem Top-Golfplatz. Ich werde die Kadetten der Reihe nach evangelisieren. Mit den irischen Playern wird erfahrungsgemäß alles rasch ins Loch geputtet. Fucking Germans, speedy Chinese, dirtytricky Russians werden nachziehn, müssen das ACDS-Manna in ihren Zirkeln verteilen. Was meine Trader betrifft, die legen Frankenstein selbst Witwen und Waisen ans Herz.

Die Rollen sind also verteilt. F&F hält die segnende Hand über allem, wird das finanziell nicht zu bereuen haben, anteilmäßig. Global Dis wird hundertprozentig auf weiteres Boomen des Immobilienmarkts setzen, auf Superperformances von *Prometheus 07*, wird todsichere Provisionen kassieren. Seid umschlungen, Millionen, seid verschlungen, Millionen! Die hätte man schon mal im Sack vor der zweiten, ganz heißen Nummer: Sheila wird im Namen von CRT *gegen* das Produkt wetten: der Todeskuss, schließlich, für *Prometheus*-Anleger.

Wir sollten also langsam mal mit Sheila abklären, wie generell der Zahlungsausgleich, Stichwort Stromverteiler, wie wir den Ausgleich, intern –. Also, CRT wird die Wette auf Baisse von *Prometheus* gewinnen, Global Dis steht kurzzeitig als Verlierer da, was uns PR-mäßig mal ganz guttut, zwischendurch, bei all dem unqualifizierten Gemecker – quasi Einladung zur Solidarisierung, you know, auch meine Bank als Opfer einer dieser, jener finanziellen Zweckgesellschaften, Schattenbanken, macht sich doch gut. Und wir reichen die halbe Milliarde oder so rüber, ›schreiben die ab‹, offiziell, ganz offiziell, nur jetzt ist die Frage, wie wir das intern – ich denke, was wir tun sollten, ist, nach der Sitzung sollten wir, sagen wir, um sechs wieder zusammenkommen, die Vorschläge, na ja, abwägen. Um das schon mal in die Gänge zu bringen, stell ich unsre drei Zahlen in den Raum: 4 – 4 – 2. Wie die Achsfolge einer Dampflok.

Das heißt: F&F als Tender?! Da spielt Gerry nicht mit! Wir halten schließlich den Kopf hin, bürgen mit unsrer aufgefrischten Reputation. Ohne unser Rating läuft die Chose nicht. Ich würd also eher sagen: 3 – 3 – 3. Was an Wetteinsätzen über das Limit hinausgeht, wird gleichfalls gedrittelt. Von mir aus dazu noch ein Obolus für eure Minensuchköter.

Folgt der (auch mit Sprengsätzen im Finanzkonstrukt geförderte) gewinnbringende Absturz von ›07‹. *Prometheus* wird an den Fels des wachsenden Schuldenbergs geschmiedet und man hackt ihm die Leber weg.

Global Dis wird, als scheinbarer Verlierer der Wette, eine Erklärung abgeben. Etwa so: »Wir fokussieren uns als Unternehmen weiter darauf, transparenter und verantwortlicher zu sein und besser auf die Bedürfnisse unserer Kunden einzugehen.« Und als tröstliche Botschaft an die VIPs unter den Investoren: Mit »locomotion V« wird sich alles wieder ausgleichen.

CRASH, global! Und eine irische Zeitung berichtete über Telefonate im führenden Management der Anglo Irish Bank, dies mit Ausschnitten. Auch wurde über Funk und Fernsehen übermittelt das hämische Gelächter von Bankenchef und Finanzchef der bankrotten Bank über die treuherzige EU-Hilfe (»Rettungsorgie«), zum größten Teil getragen von »Scheißdeutschen«. An eine Transkription des Telefonats ist schwer zu kommen, der Server mit der Datei der höhnischen, der sarkastischen, der zynischen Anmerkungen zu kleinen Sparern und großen Investoren, dieser Server scheint zu streiken. Doch es gibt genug Bruchstücke, um den Verlauf modellhaft rekonstruieren zu können. Dies verbunden dem Stichwort *Prometheus 2007 – ACDS*. Auch die Anglo Irish hat sich hier drangehängt, von Global Dis beraten, hat sich zudem in Milliardenhöhe im Subprime-Sektor engagiert. Und nun: Kursverluste, freier Fall.

Hey, das ist ja Kernschmelze! Der Laden geht hoch?
Oder unter, je nachdem. Die Subprimes ziehn uns runter. Und dieser Scheiß-Prometheus, da haben die uns gelinkt. Zu viel von dem toxischen Zeug im Keller.
Aber wir sollten, laut Aufsichtsrat, unbedingt an die Grenzen gehn! Hart am Wind segeln. Dabei sind wir halt gestrandet. Erst mal in die Büsche schlagen, Wunden lecken ...
Von wegen. Können wir uns jetzt nicht leisten. Nix Zwi-

schenurlaub, Brian! Unsre Liquidität: eng wie ein Entenarsch. Musst Geld eintreiben, Geld eintreiben.

Haste der Notenbank, dem IWF schon Zahlen genannt?

Ja, sieben Milliarden.

Wie kommste denn auf *die* Zahl?!

Nur mal aus dem Arsch gezogen. Wenn wir zu viel nennen, werden die kopfscheu. Sehen die *Anglo* womöglich als Milliardengrab. Brauchen aber dringendst Finanzspritzen. Sollen siebenmal abspritzen, fürs Erste. Musst denen klarmachen, mit schlichten, richtiggehend schlichten Worten: Wir brauchen die Knete, die Notenbank hat sie, also soll sie das rüberreichen. Notfalls müssen wir Druck machen. In dem Sinne: Wenn wir so pleite sind, wie wir das sind, dann gerät der gesamte Finanzsektor in Gefahr, da geht Irland in den Sinkflug über, also her mit der Scheißknete.

Da werd ich harte Bandagen anlegen müssen.

Dafür bist du unser Director of Capital Markets.

Scheiß drauf! Steh total unter Strom. Gestern haben die Arschlöcher in meiner Abteilung tatsächlich einen Anruf von Interbank Deposit durchgeschaltet. Die hab ich aber zusammengefaltet! Die Interbank will spätestens übermorgen das corporate deposit zurück. Den ganzen Batzen. Aber wir haben nicht genug Cash. Sagst das ja selber. Also Fehlanzeige.

Dann musst du eben, da müssen wir irgendwie – Not kennt kein Gebot – geh an die Stiftungsgelder, kratz alles zusammen, Kundenkonten und, und Sparrücklagen. Wir holen uns das deposit wieder.

Sagst du so. Das Problem ist nur, wir geben ihnen das Geld, und dann, eh – die ballern uns in die Eier. Wir müssen die fünfeinhalb Milliarden rechtzeitig zurückkriegen, und da kann ich nur sagen, das wird verdammt, gottverdammt schwierig.

Mit anderen Worten, sie müssen, die müssen – wir müssen das auf Biegen und Brechen, also wir werden das in die, in die Bank einzahlen [Interbank Deposit], und die Bank, die muss das der Versicherungsgesellschaft geben [Irish Life & Permanent] und der Versicherungsgesellschaft der Versicherungsgesellschaft [Irish Life Assurance], und die Versicherungsgesellschaft muss das an die Bank da, also wieder an die Bank weiterleiten [Corporate Deposit], und die nimmst du in altbewährter, altirischer Weise an den Kanthaken. Geld muss zirkulieren, zirkulieren …!

Aber das Zirkulieren braucht, also das dauert seine Zeit. Und bis dahin – Untergang des Hauses Usher, eh, oder wie, oder was?

So richtig erholt haste dich bisher aber nicht. Verdammt noch mal, in Brüssel liegt die Knete zuhauf, wir brauchen die Scheißknete, dringend, dringendst, also holen wir die Knete da, wo sie ist. Fertigmachen zum Bail-out! Überbrückungskredit! Läuft nur, läuft einzig und allein unter diesem Zauberwort. Yeah: Überbrückungskredit. Und da lautet die Zahl erst mal: sieben. Heiliger Bimbam, heilige Zahl. Wir brauchen, verdammt, wir brauchen die sieben Start-Milliarden. Sieben Milliarden Überbrückung, sogenannte Überbrückung, sonst – wirklich, du musst denen klarmachen, Brian, trichter denen das gnadenlos ein: Wenn wir fallieren, richtig offiziell, also wenn erst mal die *Anglo Irish* einknickt, umkippt – Dominoeffekt, komm denen mit dem Dominoeffekt, wirkt immer, hau es denen um die Ohren, Domino – wenn das, wenn das wirklich – also dann kracht es auch bei unseren Kollegen und dann kracht es in unsrer Wirtschaft und dann kracht es im Staatsgefüge, dann ist die Kacke am Dampfen – ist alles systemisch, systemisch, reib denen das unter die Nase, musst denen das richtig androhen, über hot line, also Nachdruck, Nachdruck.

Und wenn Brüssel uns hopsgehen lässt, mit all dem toxischen Scheiß im Keller?

Werden die nicht, Brian, die werden sich hüten. Wir sind schließlich die Galionsfiguren am irischen Flaggschiff. Also, wir müssen den Pinschern in Brüssel klarmachen, ohne uns würd alles zusammenkrachen. Aber die Regierung hat ja – nun danket alle Gott! – die haben diese Garantie ausgesprochen, da hat unsre Lobby gut vorgearbeitet. Wir müssen nix nachweisen, nix belegen, einfach sagen, knallhart, wir brauchen soundsoviel Milliarden, dann kommen die auch rüber.

Bail-out! Kannst sicher sein, die Scheißdeutschen werden schon dafür sorgen, die werden es richten. Die stehn stramm. Jawoll, wir kommen für alles auf, Treu und Glaube, jawoll, wir zahlen – wie viel braucht ihr?

Deutschland, Deutschland über alles – eh? Über alles in der Welt, wie?!

Musst das jetzt nicht anstimmen, machen wir zum Schluss gemeinsam. Erst mal knallhart die sieben Milliarden anstreben, anzielen, reinziehen. Und dann teile ich, zur Abwechslung mal als Chief Executive persönlich, also ich teile EU und IWF mit, unserer Bilanzbuchhaltung sei ein bedauerlicher Fehler unterlaufen, irren ist menschlich, sagte die Henne und stieg vom Hahn, Computerfehler gibt's bekanntlich auch, also in Wirklichkeit brauchen wir circa zehn Milliarden extra. Sobald die Notenbank erst mal sieben Milliarden für uns abgedrückt hat, da können die nicht mehr zurück. Sind auch viel zu beschränkt, um alles genau nachzuprüfen. Dazu reicht der Grips vorn und hinten nicht. Unsere Strategie muss eiskalt, also wir müssen eiskalt die Strategie verfolgen, sie, also die Notenbanker, die alle in die Affäre reinziehen, dann kriegen wir sie so weit, dass sie wieder einen dicken Scheck ausschreiben. Also, wir lassen die immer tiefer in die Bankenrettung rutschen und dann müssen die nachlegen. Die Neunmalklugen da, die trauen sich nicht, blöde Fragen zu stellen, um nicht dumm dazustehn.

Und unser Risikomanagement?

Erstens hab ich mich selbst kontrolliert, wir müssen schließlich den Markt schlagen. Zwotens hab ich seinerzeit im Kontrollsystem gearbeitet, ich kenn die Fragen der Herren Risikokontrolleure längst auswendig, hab jede Menge passende Antworten parat. Mir egal, wer von denen über den Jordan geht. Also, da capo: Geld her, aus Brüssel. Wer so dämlich ist wie die EU, soll auch blechen. Dazu gehört auch unser Anleger-Kleinvieh.

Belaste die Gläubiger, entlaste die Banken – okay. Also, sobald wir die sieben im Kasten haben – kleiner Zuschlag, noch mal zehn Milliarden?

Ja, neuer Tag, neue Milliarde. Und wenn es nachher plus/ minus dreißig sind. Eher plus. So müssen wir das ans Laufen kriegen. Ich steh das durch, ich hab stählerne Eier. Wir halten den Ball im Spiel. Wir kriegen das Ding geschaukelt. Und zwar absolut korrekt. So korrekt, wie das korrekter gar nicht mehr geht. Weiß überhaupt nicht, warum die Regulierer so nervös sind – nie und nimmer werden wir die Staatsgarantie missbrauchen, nie und nimmer. Da sei Gott vor, wir handeln keinesfalls rechtswidrig, aber das Scheißgeld müssen wir eintreiben. Als Überbrückungskredit – dass ich nicht lache! Unisono werden wir erklären, dass wir das Geld der kleinen Scheißer von Steuerzahlern und die Kapitalien germanischer Großinvestoren, da erst recht, also dass wir das zurück, all das zurückerstatten, sobald wir es haben – also niemals, so wahr uns Gott helfe.

NOCH EINMAL: Notwendig ausgleichender Hinweis auf Personen, wie sie (schon) vom Finanzimperium der Marthe Hanau in den Ruin, in einzelnen Fällen sogar in den Tod getrieben worden waren. Ich hatte damals ein exemplarisches Opfer erfunden, einen Veterinärarzt. Der taucht nun wieder auf, diesmal aber nur als Herausforderung, im aktualisierend fortgeschriebenen Roman eine adäquate Figur einzuführen, im Kontext mit Vorgängen diesseits der Jahrtausendwende. Nach dem fiktionalisierten Telefonat der beiden Banker nun eins der Opfer von Anglo Irish. (Werden einige Milliarden toxischer Papiere auslagern in eine neu installierte Bad Boy Bank, da sollen diese Giftzwerge im Verein mit weiteren Giftzwergmilliarden gefüttert, aufgepäppelt, zumindest gehegt werden, bis sie – nicht mal der Himmel weiß, wie – marktreif werden und abgewickelt werden können. Aber da wird man lange wickeln.)

Fiktiver Name des Opfers: Shaun MacKelvin. Beruf: Selbständig, kleines Zahnlabor. Ort: Bundoran, County Leitrim, im dünn besiedelten Nordwesten Irlands.

Ein Banktermin, wohl 2005. Es wird MacKelvin geraten, speziell als Selbständigem, die Gunst der Stunde zu nutzen, alles auf größere Füße zu stellen, Kredite aufzunehmen, die zurzeit extrem günstig sind, Irland wird von billigen EU-Geldern gleichsam überschwemmt, da heißt es abschöpfen, aus dem Vollen schöpfen. Gerade in Leitrim wird, wie er ja selber weiß, überaus rege Bautätigkeit entwickelt, es stehen etwa zwei Dutzend Siedlungen auf dem Programm, vorzugsweise Ferienhäuser, meist Hanglage mit Blick auf den Atlantik, also todsichere Investitionen bei expandierendem Tourismus. Eins dieser Häuser, von Anglo Irish vorfinanziert, es könnte sich auch für ihn als überaus lukrativ erweisen.

MacKelvin ist zögerlich, hat Bedenken. Sein kleiner »Laden« für Zahnersatz trägt sich so einigermaßen, er macht schließlich die Arbeit im Wesentlichen allein, manchmal wird es eng, Zahnersatz lässt sich auch in China bestellen, das wird immer mehr genutzt, auch von irischen Kollegen.

Ihm wird entgegengehalten, dass er sich nicht groß erklären, seine finanzielle Lage nicht detailliert darstellen, gar nachweisen muss, man hat Vertrauen zu ihm, keine großen Formalitäten, gerade als Selbständiger hat er ein Anrecht darauf, zu partizipieren, er wird ja auch für seine Zukunft vorsorgen wollen mit seinen 58 Jahren. Maßgeschneiderter Finanzierungsplan: Die Anglo Irish vermittelt ihm einen überaus günstigen Kredit für den Neubau eines Ferienhauses in bereits erschlossenem Gebiet. Für die begleitende Finanzierung, auch für die Altersversorgung kann ihm, gleichfalls auf Kredit, eine goldene Ringeltaube vermittelt werden: ein Anteil an einem brandneuen Finanzprodukt, emittiert von der amerikanischen Großbank »Global Dis«: *Prometheus 2007 – ACDS*. Auch hier: keine weiteren Formalitäten, der Kredit für den Kauf eines Anteils kann per Handschlag besiegelt werden. Was die Zinsen betrifft, so wird sich dieser Punkt von selbst erledigen, dank des stetigen Wertzuwachses von Finanzprodukt wie Immobilie. Wer jetzt nicht zuschlägt und unterschreibt, wird das Nachsehn haben.

MacKelvin gibt sich einen kleinen Ruck, unterschreibt die beiden Kreditverträge. Der Berater gratuliert (sich selbst: doppelte Provision!).

Drei Jahre lang preist MacKelvin sich glücklich, im Chor mit zahlreichen Iren (vor allem der boomenden Baubranche), dann der lautlose Knall, die Implosion. Die Subprime-Blase sinkt in sich zusammen, das *Prometheus*-Finanzprodukt stürzt ab.

Also wieder das Stichwort: Folgeerscheinungen der globalen Zockerei. Beispiel MacKelvin: Die flankierende Finanzierung des Neubaus fällt aus – und die Kreditzinsen sind gestaffelt, aufwärts. Das Prometheus-Finanzprodukt eher als Ikarus-Konglomerat im Sinkflug, Sturzflug. MacKelvin fühlt sich in die Enge getrieben, an die Wand gedrückt.

Was gleichfalls Rückwirkungen auf ihn hat: Einbrüche im Gesundheitswesen, die irische Regierung kürzt 2010 auch Zuschüsse für die zahnärztliche Versorgung bedürftiger Versicherter, also gehen Bestellungen, Aufträge zurück. Zugleich werden Steuern erhöht, auch Beiträge zu Krankenkassen, werden Leistungskataloge eingeschränkt, erfolgt ein Stopp für die Einstellung von Ärzten und Pflegekräften, Klinikstellen fallen weg: Reductions of access to health services ... Anstieg der Morbidität und Mortalität. »Recessions can hurt but austerity kills.« Auch Shaun stimmt ein in die Klagen: Soziale Projekte werden gekürzt, medizinische Versorgung wird reduziert, alles Geld geht in die Tilgung der Schulden; alles wird erstarren, bald rührt sich nichts mehr im Lande ...

Ja, zehn Prozent der Angestellten im öffentlichen Dienst werden entlassen. Einige hunderttausend Vollzeitjobs (vor allem der Baubranche) gehen verloren. Bruttosozialprodukt nimmt ab, Steuereinnahmen schrumpfen, Staatsdefizit steigt. Austerity policy ... Was in Management-Etagen großmannssüchtig verzockt wurde, muss an der gesellschaftlichen Basis ›abgestottert‹ werden. »Wer hat uns das eingebrockt?« Eher abstrakt erscheinende Komponenten: das Prinzip Verantwortungslosigkeit unter Regierungsvertretern, organisierter Betrug durch eine relativ kleine Zahl von Bankern. Etwas plakativ: Bankraub in Tateinheit, aber nicht *bei* Banken, sondern *von* Banken – sie berauben Bürger. Anders formuliert: Expansion einer Ingroup führt zu fast kollektiven Reduktionen für eine gesamte Bevölkerung. Ein Land zur Geisel genommen, in den Schuldturm gesteckt, während Schuldige unbehelligt bleiben: noch immer schützender Nimbus der Finanzprominenz.

Öffentliche Einrichtungen bieten (beratende) Hilfestellungen, aber keine (direkten) Hilfen im Kampf gegen die Überschuldung von Bürgern, die mit hineingerissen werden in den Strudel: Wie schränkt man sein Leben ein, als Beitrag zur Begrenzung eines Schadens, den man nicht selbst angerichtet hat, und sei es nur am Rande beteiligt?

April 2013 gibt ISI (Insolvency Service of Ireland) eine Broschüre heraus, die auch als PDF runtergeladen werden kann: »Guidelines on a reasonable standard of living and reasonable living expenses«, also »Richtlinien für einen angemessenen Lebensstandard und einen angemessenen Lebensunterhalt«. Erarbeitet und herausgegeben in Kooperation mit dem Justiz- und dem Finanzministerium. Auf den Cent genau wurde errechnet, wie man knapp oberhalb des Existenzminimums situationsgerecht leben und Schulden sukzessiv abtragen kann, um beizutragen am Ausgleich für milliardenfach verzockte Gelder.

Und sein Haus in einer der sechsundzwanzig Siedlungen allein in Leitrim county? Da wurde am Bedarf vorbeigebaut. Dächer gedeckt, Fenster eingesetzt, Wände gestrichen, Objekte schlüsselfertig, doch niemand schließt auf, schließt ab. Häuser in weiteren Siedlungen: längst nicht schlüsselfertig, manchmal stehen nur Außenmauern, zum Teil überdacht. »For sale«. In anderen »Geistersiedlungen« sieht es noch schlimmer aus: Bauskelette; dort floriert nur Grünzeug, höchstens kurzgehalten von Pferden, die nicht mehr gehalten und deshalb ausgesetzt, »ausgewildert« werden, Pferde, die frei durch die Landschaft streifen – wie es heißt, in wachsenden Herden ...

ABGESANG

DASS MEIN BEWUSSTSEIN sich ausbreiten, in fremde Bereiche eindringen kann, oder: dass ich mich über Sprachsonden hinausarbeiten, hineinarbeiten kann in zuvor fremde Sprachräume meiner Mutter- und Vatersprache, solche Exkursionen sind nur möglich, wenn und solange der Körper mitspielt, bereit zu Expeditionen, auch auf Gewässern, auf denen sich mächtige, womöglich übermächtige Wogen aufbauen können.

Doch dann, doch jäh: Das Herz, sonst kaum wahrgenommen, es verschafft sich spürbar Konturen, nachgezeichnet, nachgezogen als Signalement: Bin hier/bin hier/bin hier. Nun braucht das Herz, mein Herz nur ein paar Rumpelsprünge zu machen im Brustraum, der mir gleich wieder erscheint wie ein mit Finsternis angefüllter Karton, in den es eingesperrt ist, in dem es querschlägt, kurze Pausentakte einlegend, und ich beginne zu horchen, zu lauschen: Dehnt sich das Pauseintervall aus …? Lässt das Herz etwas lang warten auf den nächsten Schlag …? Jäh wird aus Expansion Kontraktion …? Und der Bewusstseins-Archipel ist nicht mehr größer als der Brustraum mit dem zuckenden Objekt, dem ich gut zuspreche …? Protuberanzen, die zu weit hinaus reichen, sie krümmen sich ein, werden zurückgesogen, das Herzobjekt ruft: Hier, hi-er, hi- -er, hi- - - er! Und ich frage mich, muss mich fragen: Was hattest du sonst noch an Informationen resorbieren, absorbieren wollen, allein in diesen Junitagen 2014? Ich lese ab, stichwortartig; ein Textmodell.

Großbritannien muss sein Verhältnis zur EU … Machtprobe zwischen Parlament und Regierungschefs … in der Affäre um Merkels Handy Ermittlungen … bemängelt die Essensqualität in Kitas … Dresdner Unternehmer beim Berliner

Großflughafen abkassiert ... mit 1,6 Kilogramm Kokain erwischt der Chef vom Rauschgiftdezernat Kempten ...
Ungelesene Artikel, Beiträge – Rumpelsprünge im Brustraum – mit Finsternis angefüllter Karton, in dem es querschlägt – kurze Pausentakte – ich beginne wieder zu horchen, zu lauschen: Dehnt sich das Pausenintervall aus ...? Lässt das Herz etwas lang warten auf den nächsten Schlag ...? Konturiert sich nun auch schmerzhaft – schmerzhaftes Stocken – natürlich nachts, in der Stunde des Wolfs, allein, Olga in Athen, vom Körper genutzte Ausnahmesituation, die Nacht vor einem Feiertag, reduzierte Besetzung im Krankenhaus. Angst vor dem ganz großen Stocken, ich stehe auf, tiger umher in der Wohnung, will nicht in Schlaf oder Halbschlaf überrumpelt werden, wie beim Freund, dem das Herz in der Nacht einfach stehenblieb, also etwas tun, irgendwas, dem Herzen gut zureden, zur Wurzelbürste greifen, kreisförmig die Herzregion massieren, Lexotanil schlucken mit einem Glas Milch, noch nie in der Nacht Milch getrunken, nun rät mir die Innere Stimme dazu. Milch, Wurzelbürste, gehen, gehen, gehen aus Angst vor dem Stillstand –

Dabei setzt die Schlacht um die Stadt Donezk sich fort ... Kiew versucht, die abtrünnigen Gebiete um die Stadt mit Luftangriffen und Artillerie zurückzu ... Tradition der Blutrache bedroht das Leben eines 14-jährigen albanischen ... Google will transparent ... Pro Sieben setzt auf analoge ... Handlung aber hat wenig mit dem tatsächlichen Leben und der Kriminalstatistik ... New York tut sich auf Ground Zero schwer mit ... Roboter dringen immer weiter in den ... warum die französische Rechtspopulistin die große Siegerin der –

Rechtsruck, Rechtsruck, darauf sollte ich reagieren, damit müsste ich mich befassen, Rechtsruck, Rechtsruck, doch das Herz, Herz ruckt aus der Bahn, rumpelt, ruckelt, synkopiert, ich registriere nur noch jenen Bericht, lese bloß an, rudimentäre Selbstverpflichtung als Staatsbürger, der sich auf dem Laufenden halten will, nun jedoch abgelöst wird vom Erdenbürger mit befristeter Aufenthaltsdauer, auslaufendes Modell ... Herz synkopisch, offbeat, synkopisch, offbeat, mit jeder Synkope werden Wörter, Wortfolgen, Wortblöcke weggeschubst, gekickt, gekickt, der Bewusstseins-Archipel nicht größer als der Brustraum mit zuckendem Objekt, von dem ich abhänge, es meldet sich, wenn Protuberanzen zu weit hinaus, ruft: hier, hier, hi-er, hi- -er, hi- - -er, Denkimpulse nur noch in den Lücken, was hatte ich eigentlich noch, was wollte ich, anknüpfen, anknüpfen, Rumpelsprünge im Innern, was soll denn, Rumpelei im Finstern, aufpassen, hinhören, nachfühlen, jetzt nur noch deutlicher: Quersprünge, Querschläger, Offbeat, Offbeat, Off –?

Dieter Kühn
Das Magische Auge
Mein Lebensbuch
1.300 Seiten. Gebunden

Brandbomben auf Köln, brennende Nachbarhäuser, und Mutter Helene sagt zum sechsjährigen Sohn: Schau es dir genau an! Und es gab viel zu schauen: erst Herrsching am Ammersee, wohin die Familie flieht, dann das vom Bombenkrieg völlig vernichtete Düren. Aber Kühn belässt es nicht beim Beobachten und Schreiben, er mischt mit: Macht Wahlkampf auf dem platten Land, arbeitet in der Drogenhilfe und in einer Gentechnik-Kommission. Zum ersten Mal erzählt der Mann, der in seinen Büchern von bedeutenden historischen Persönlichkeiten erzählt, von sich selbst und seiner Zeit – auf eine Weise, die jede konventionelle Autobiographik sprengt.

Das gesamte Programm finden Sie unter
www.fischerverlage.de

Dieter Kühn
Ich Wolkenstein
Die Biographie
Band 19008

Stark erweiterte und überarbeitete Neuausgabe
des Mittelalter-Klassikers

Dieter Kühns berühmtes Buch über Oswald von Wolkenstein (1377–1445), der neben Wolfram von Eschenbach und Walther von der Vogelweide als bedeutendster deutscher Dichter des Mittelalters gilt, ist durch wissenschaftliche Forschung abgesichert und zugleich voll sprühender Phantasie. Kühns mitreißende Darstellung der spätmittelalterlichen Welt und seine Übertragungen der Wolkenstein-Lieder in unser heutiges Deutsch, die »einem rote Ohren machen« (Adolf Muschg), sind ein einzigartiges Lesevergnügen, Abenteuer- und Kulturgeschichte.

In den drei Jahrzehnten seit Erscheinen der ersten Auflage dieses Mittelalter-Klassikers sind allerdings wichtige Dokumente zu Oswalds Leben entdeckt worden, ist die Entschlüsselung der Liedtexte fortgeschritten, sind umfassende Untersuchungen zu jener Ära der Frührenaissance erschienen. So hat sich Dieter Kühn zu dieser erheblich erweiterten Neufassung des Buchs entschlossen – das bisherige Bildnis des Wolkensteiners musste übermalt werden.

Fischer Taschenbuch Verlag

Dieter Kühn
Gertrud Kolmar
Leben und Werk, Zeit und Tod
Band 18179

Dieter Kühns große, vielstimmige Biographie der Gertrud Kolmar erzählt die Geschichte einer der wichtigsten deutschsprachigen Lyrikerinnen und ihrer jüdischen Familie, die in die ganze Welt emigrieren musste. Präsent wird die literarische und politische Szene – das weite Panorama der Zeit.

»Kühn ist der Moderator der Dichterin, nie der allwissende Deuter. Er hat eine ›polyphone Biografie‹ geschrieben, in der Gertrud Kolmar nur mit ihrer authentischen Stimme zu Wort kommt. Damit bezeugt er seinen Respekt, seine Ehrfurcht.«
Herbert Wiesner,
Die Welt

»Dieter Kühn hat die Kunst des historischen Erzählens neu erfunden.«
Wolfgang Schneider,
Frankfurter Allgemeine Zeitung

Fischer Taschenbuch Verlag